意大利民商法丛书

担保物权制度

〔意〕安杰洛·基亚纳莱
恩里科·加布里埃利 著
李超 译

商務印書館
创于1897 The Commercial Press

Angelo Chianale, Enrico Gabrielli

DELLE GARANZIE REALI

“意大利民商法丛书”总序

——知识予力量，比较悟真理

林语堂先生在其著名的演讲稿《论读书》中，将读书学习之参悟要津诠释为“开茅塞，除鄙见，得新知，增学问，广识见，养性灵”。而带有比较思维地读书、学习则将读者的参悟推至更精深的程度，诚如中国著名法学家江平先生在给中国政法大学比较法学研究院的开院题词所写：“比较中出真理”。法学之研习很强调比较，细言之，强调比较的对象、比较的思维和比较的方法。法学之比较式研习，其目的不在于辩解何国的何立法或者何法学理论之优劣，而是从比较中探索人类能够达成共识的法之真谛、法之理念和法之基本原理，最终实现透过比较参悟真理的主旨。唯此，有关“中国式现代法”的讨论才能够具有厚积淀、广视野的坚实基础。

人类社会不同国家的法律，地域性是其固有的外在表征，但其内涵却是实质上交融着不同法律文化尤其是人类文明的共同成果，例如对人的认识、对财产的保护、对合同及其履行规则的底线恪守、对侵权行为的追究、对犯罪行为的惩处、对程序的关注等。中国法治之路的构筑在形成自己独有特色的同时，也需要对其他国家法律与法治经验进行观察和比较分析，这就是我们组织出版本套丛书的初心。

中国法学界初识意大利法律可追溯至20世纪初期。[1]从1900年至1910年，不少国外法学作品被翻译成中文，其中包括孟德斯鸠的《论法的精神》（当时的译名为《万法精理》，张相文译，1903年）、卢梭的《社会契约论》（当时的译名为《民约论》，杨廷栋译，1902年）、那特硁的《政治学》（冯自由译，1902年）等二十余部法学经典著作，也包括《法国民法典》《德国民法典》《意大利刑法典》《荷兰刑法》《美国刑法》等三十余部不同国家的经典立法，更有《罗马法》《民法学教科书》《刑法学》《行政法》《法学通论》等二十余部国外教材的译本问世。[2]《意大利刑法典》的中文译本的面世，开启了中国了解意大利法律的大门。

20世纪90年代中文版《意大利民法典》的问世，将意大利立法中最经典的成果和在欧洲法学理论中极具影响力的意大利民商法学理论的研究结晶呈现给了中国法学界与法律实务界。1942年的《意大利民法典》是当代意大利民商法学理论与立法理论的集中展示，它体现出如下的主要立法特征：（1）民商事立法的私法体系之统一性；（2）对罗马法和欧陆国家近现代私法理论与立法经验的继受与发展之融合性；（3）立法技术之科学性。《意大利民法典》有明确编号的条款共2969条，但是自其公布之日起至今已有82年，历经十数次修改，条款变化较大，共涉及至少468个条款。其中整

1 费安玲：《意大利法学研究在中国》，载于氏著：《私法要论》，中国政法大学出版社2019年版，第406页。

2 田涛、李祝环：《清末翻译外国法学书籍评述》，载《中外法学》2000年第3期。

条增加的有 217 个条款，部分增加的有 20 个条款，整条删除的有 198 个条款，部分删除的有 33 个条款。变化较大的条款主要出现在有关婚姻、家庭财产、公司和消费者权益等方面。但是即使有如此大的条款修改，却依然保持其民法典立法整体框架的稳定，且不会因法典内容的修改而导致条款编号的不断错位式变化。由此，法律职业人和其他社会公众依然可以轻松地在《意大利民法典》中寻找相关规则。当然，读一国之民法典以了解其立法规则，仅是“得新知，增学问，广识见”的初级阶段，如何透过民法典条款去探究支撑规则的法学理论则是不可或缺的高级阶段。毫无疑问，这需要法学著作的阐释加以辅助。

中国近现代法治之路已行进逾百年，虽有蹒跚，但始终未滞。不过遗憾的是，其间一直尚未有体系化的直接源自意大利法学家们著述的作品被推介到国内，如同何勤华教授所言，这导致“对于意大利这样一个具有特色传统的重要国家的法律，我国法学界一直没有予以足够的重视”[3]。江平教授、谢怀栻教授、杨振山教授等学术界前辈们也多次与笔者讨论过改变这一状况的重要性。

2012 年深秋的一日，在位于罗马城的意大利林琴科学院院士、著名的私法学家彼得罗·雷西尼奥（Pietro Rescigno）教授的律师事务所内，阳光透过窗外大树的枝叶斑斑点点地洒落在会议室的桌面上。彼得罗·雷西尼奥教授、意大利著名私法学家恩里科·加布里埃利（Enrico Gabrielli）教授、意大利著名罗马法学家桑德罗·斯奇巴尼（Sandro Schipani）教授与笔者进行了数个小时

3　何勤华、李秀清主编:《意大利法律发达史》，法律出版社 2006 年版，“序”，第 1 页。

的讨论，鉴于中国法学界对意大利民商法了解程度有限，也鉴于意大利现有的民商法作品或是过于基础性的教材，或是过于专题性的著作，最终决定专门组织十几位意大利民商法学教授撰写一套较为完整的意大利民商法系列作品，直接从意大利文译为中文并在中国首次问世，其称为“意大利民商法丛书”。此丛书乃首次尝试，从方案设计到作品问世，历经了相当长的时间，其间数次遭遇难题纠缠，但我们坚持走到现在而从未放弃。可能会出现初衷设想圆满但效果需要再努力的情况，但是我们的初心不变。有关本丛书的内容，读者可以通过阅读细品之，笔者不在此赘言。唯期冀通过我们的努力，有助于中国法学界和法律实务界的同人们在各自开阔的信息视野中纳入一束新信息，以实现广纳新智、内敛提升、稳步发展的法治之初心。

在本丛书的翻译出版过程中，我们得到了盛誉百年的商务印书馆馆领导的大力支持，学术出版中心的王曦主任为本丛书的问世付出了巨大努力，特致诚挚谢意。

是为序。

费安玲

2024 年 7 月 28 日于京城静思斋

“意大利民商法丛书”前言

一

不断发展中的罗马法历经了不同时代：

其一，罗马法体系的起源时代。从罗马始源到公元6世纪立法者优士丁尼及当时最优秀的法学家们共同推进法律的法典化；

其二，罗马法体系与中世纪法律制度并存的时代；

其三，地理、政治、独立和社会大革命的时代。中世纪的制度被推翻，在法典化进程中，罗马法得到创新和扩展，民法典与宪法共同构成法典、法律以及法学的巅峰。

二

正如《学说汇纂》开篇所强调的那样[1]，就一切事物而言，“起源”就是被打上不可磨灭印记的那部分。研究起源，对理解事物的

1　参见D.1,2,1；《学说汇纂（第一卷）：正义与法·人的身份与物的划分·执法官》，罗智敏译，〔意〕纪蔚民校，中国政法大学出版社2008年版。

本质和引导其后续的发展至关重要。在事物的后续发展中，起源仍然保持生命力。

在法治建设的关键历史节点上，中国希望深化对罗马法体系“起源”的理解，这无疑是中国法律文化高度发展的一个标志。在长达一个世纪的复杂历程中，中国独立自主地决定融入罗马法体系。在这个体系内，中国努力开辟一条具有中国特色的道路。中国也期望通过这一体系，向世界传递中国人民的法律实践和革命经验的独特贡献及其发展。

对我来说，努力为这一目标提供开拓式合作，是我作出极大投入的原因。近期离世的、尊敬的同人江平教授使我得以参与其中，黄风、杨振山以及许多年轻同人们也参与进来，他们都很出色，我希望能够逐一列举他们所有人。在这些人中，我要提到我的同人费安玲教授，她是“罗马法与意大利法研究中心”主任（也是我们后来共同设立的“中意法典化与法学人才培养研究中心”的中方负责人），并成为 2019 年成立的中国政法大学中意法与罗马法研究所所长。她建议我们编写这套“意大利民商法丛书”，对此我满怀热情地表示接受。这个建议与我们迄今为止已完成的出版物是相辅相成的：首先是罗马法原始文献即罗马法的“起源”性资料；其次是六届的“罗马法·中国法与民法法典化国际研讨会”会议文集，该系列研讨会将于 2024 年秋天举办第七届；再次是在长沙、武汉、厦门、苏州等地不同大学举办的众多其他相关会议的会议文集；最后是在学术期刊上发表的论文，这些出版物大多是对罗马法原始文献的思考与对现代法的探讨相衔接，或以对罗马法原始文献的思考为前提的。与此同时，本丛书旨在成为拓展中国和意大利两国之间法学对话的新篇章，并突出其民法、民法学家们以及民法方法论。

三

我将该丛书主编工作交由两位很有能力且权威的同人，即属于我的导师那辈人的彼得罗·雷西尼奥教授和我的同事恩里科·加布里埃利教授。

彼得罗·雷西尼奥教授，1928 年生于萨勒诺，是意大利著名法学家。他在那不勒斯取得学位后，在 F. 圣托罗–帕萨雷利（F. Santoro-Passarelli）的指导下继续深造；曾在剑桥大学和图宾根大学进行学术访问，并于 1952 年还非常年轻的时候就获得了马切拉塔大学的教职。随后，他在帕维亚大学和博洛尼亚大学任教（1960—1970 年）。自 1970 年起，他担任罗马智慧大学法学院民法学教授，自 2005 年起担任该校名誉教授。他还曾在卢森堡大学和海德堡大学开设课程，并在意大利和欧洲的其他大学以及拉丁美洲举办课程、讲座和研讨会。他对民法的所有主题都进行了深入的学术研究，特别关注塑造公民人格的社会媒介形态和人格权，他在著名的《意大利私法教科书》中对这些主题给予了阐释，该书多次再版（第一版是 1973 年，最新一版是 2000 年），最近在意大利林琴国家科学院还专门举办了纪念该著作出版 50 周年研讨会。作为林琴科学院（他自 1976 年起成为院士）和其他科学院等重要学术机构的成员，雷西尼奥教授还是意大利国家生物伦理学委员会、意大利作者和出版社协会法律委员会以及一些政府专门委员会的成员。

自1951年以来，他还从事高水平的律师业务。此外，他还主编了"私法学丛书"（1982—1988年，共23卷），并与恩里科·加布里埃利教授共同主编了"合同法丛书"（1999—2016年）。他还是学术期刊《民法》（自1957年起）、《意大利司法》（自1967年起）和《商法》（自1980年起）的主编之一。2014年，根据意大利共和国总统的提议，他成为意大利共和国大十字功勋骑士勋章的获得者。

恩里科·加布里埃利，1956年生于罗马，在罗马智慧大学法学院获得学位，并在民法学家A. 卡陶代拉（A. Cataudella）和罗马法学家R. 奥雷斯塔诺（R. Orestano）的指导下继续深造。他是一名资深律师，曾根据罗马法院的任命，担任意大利农业合作社联合会有限公司的司法清算人（2000—2002年）；根据意大利银行行长的任命，担任Banca Credito Commerciale Tirreno股份有限公司的清算专员，并担任过许多其他职务，包括金融银行的仲裁人。他于1990年担任安科纳大学副教授，随后于1992年在乌尔比诺大学获得教职，1999年被罗马第二大学聘为教授，后兼任该校法学院院长（2013—2022年）。他的学术活动转化为许多著作，他特别关注合同以及财产担保和质押理论的研究。在这些领域，他研究了非占有质押，并推进了转质押理论。他大力发展与西班牙及拉丁美洲同人们的合作，作为学术出版物的组织者，他还参与了多部丛书的主编工作：除了前述与雷西尼奥教授的合作外，他还与E. 皮科佐（E. Picozza）合作出版了"经济法丛书"（2004年），与Fr. 加佐尼（Fr. Gazzoni）合作出版了"物权登记丛书"，并独立主编了《民法典评注》（2009—2014年）等。此外，他还是《意大利判例》和《私法》杂志的主编之一，也是许多其他期刊的编委会成员。

四

"丛书"，是指体系化的著作。公元2世纪罗马法学家彭波尼（Pomponius）回顾到，法学家们最初很可能采用摘录方法对法律文本进行评注，这种方法在如今的"评注"中依然沿用。公元前2至前1世纪，这种方法在法科学性重建中得到采用（"建立市民法"，ius civile fundare），由法学家昆图斯·穆丘斯（Quintus Mucius）引入，将多种法律制度归纳为"种类"（"分类设立市民法"，ius civile generatim constituere）。并且，借助法学家塞尔维乌斯（Servius）及其弟子们的工作，开始创建这些种类的"序列"，以发展出更宽泛的顺序（即"按顺序整理汇编"，libros digestos scribere）。[2] 这些宏观类别和序列最初非常有限，后来根据在不同法律制度之间发现的主要共性而加以扩展，逐渐形成并阐明了罗马法体系越来越广泛的内在一致性，提出并纳入对推理和结论的批判性与理性可验证性的贡献，并与法律规范语句的经济逻辑、概率以及经济、心理和文化层面的社会现实中出现的诉讼相结合。在法学研究中，"科学"（scientia）与"审慎"（prudentia）、"专门知识"（peritia）、"专业技巧"（ars）等词汇并列；而拉丁文"digerere"一词在希腊语中译为"sústēma"，其义为"体系"。昆图斯·穆丘

2 参见D. 1, 2, 2, 39，41，44；见前注1。

斯和塞尔维乌斯引述的某些归纳–演绎的推理形式可能会导致僵化，为了弥补这种僵化，彭波尼提炼出他自己所巧妙运用并有着细微差别的术语，他指出：“如果没有日益完善法的法学家，法就不会稳定存在。”[3] 这些准则不仅被纳入并凸显在优士丁尼及其法学家编纂的法典之中，同时也指向未来，指向在我们这个多元化而统一的当今社会。

意大利在实现国家政治统一后，于1865年颁布了第一部《民法典》。随后在1869年，朱塞佩·萨雷多（Giuseppe Saredo，1832—1902年），这位曾在萨萨里、帕尔马、锡耶纳和罗马讲授众多法学科的学者，在佛罗伦萨出版了“意大利民法丛书”的第一部（第一册，2018年再版）。该著作类型名称也被例如P. 科利奥洛（P. Cogliolo）在其著作“罗马法和《意大利民法典》中既判力例外的理论与实践丛书”（第一册，都灵，1883年）中使用。此外，该名称也得到了广泛传播，例如波蒂埃的“债与契约丛书”的法文原版和意大利文版，以及于1803年出版的萨维尼的《论占有》[“民法丛书”，意大利文版：*Il diritto del possesso. Trattato civile*，由P. 孔蒂其尼（P. Conticini）翻译，1839年在佛罗伦萨出版]。

1942年的《意大利民法典》，其主要分类和宏观类别部分偏离

3　参见D.1,2,2,13；见前注1。此处参见G. 格罗索（G. Grosso）关于对法律作为理性验证和筛选的传统与经验的思考：G. Grosso, “Il valore della tradizione e Il tradizionalismo dei giuristi”。该文章后被汇编入以下著作中：*Tradizione e misura umana del diritto*, Milano, 1976。其中也强调了传统的革命性潜力，并将这些思考融入创新进程中。另参见*Schemi giuridici e società nella storia del diritto privato romano. Dall'epoca arcaica alla giurisrpudenza classica: diritti reali e obbligazioni*, Torino,1970。

了1865年《意大利民法典》和1804年《法国民法典》的模式，但也没有盲目接受德国潘德克顿学派的成果。在这里，我不打算深入探讨这个问题。我只想强调的是，在1942年《意大利民法典》各编的排列顺序中，将"人"置于了首位。我要指出的是，这是接受了罗马法学家的信息，[4]并在2021年《中华人民共和国民法典》中得到进一步推进，该《民法典》第2条明确体现了这一点。1942年《意大利民法典》还考虑了"家庭"的经济关系，并在此基础上，将"继承"置于其后，这种联系对于价值较大的遗产而言，已经显著地转变了其在潘德克顿学派编纂民法典时的意义。正如我在过去的文章中[5]所强调的那样，我们应以《意大利民法典》所表达的人的优先地位为视角，对劳动法被纳入《民法典》作出诠释。《意大利共和国宪法》第1条已经显著地重新定位了这一点："意大利是一个建立在劳动基础上的民主共和国。"

五

本丛书的主编将每一册的撰写工作交由一位或多位同人负责，他们不仅是各自领域的权威专家、一流学术著作的作者，也是深谙法律实务的学者。

4　参见 Gai. 1, 8; D. 1, 5, 2; J. 1, 2, 12。

5　参见 S. Schipani, "Vie dei codici civili e Codice civile cinese", in *Codice civile cinese e sistema giuridico romanistico*, a cura di A. Saccoccio-S. Porcelli, 9ss.; 该文另刊于 *Roma e America,* 41/2020, 185。

《民法典导论》由雷西尼奥和我负责，我撰写了其中关于民法典的路径与《意大利民法典》的内容，其余部分由雷西尼奥教授撰写。

《民事主体·家庭·继承》由下列作者撰写：安杰洛·巴尔巴（Angelo Barba），锡耶纳大学私法学教授；温琴佐·库法罗（Vincenzo Cuffaro），罗马第三大学私法学教授；米凯莱·塞斯塔（Michele Sesta），博洛尼亚大学私法学荣休教授，自 1987 年起在法学院和法学研究部讲授私法、民法和家庭法，他也是博洛尼亚科学院院士；玛丽亚·维塔·德·乔吉（Maria Vita De Giorgi），佛罗伦萨大学私法学副教授。

《所有权与用益物权制度》作者：安东尼奥·甘巴罗（Antonio Gambaro），米兰大学民法学和比较私法学荣休教授、意大利林琴国家科学院院士；保罗·加洛（Paolo Gallo），都灵大学法学院私法学教授。

《债法总论》作者：翁贝托·布雷恰（Umberto Breccia），比萨大学教授，比萨大学历史性学术荣誉——切鲁比诺勋章获得者。

《合同总论》由恩里科·加布里埃利负责对博洛尼亚大学已故教授弗朗切斯科·卡尔卡诺（Francesco Galgano）（先于经济学院讲授商法，后于法学院讲授私法和民法）的相关著作进行更新再版。

《合同分论》作者：奥雷斯特·卡尼亚索（Oreste Cagnasso），都灵大学经济学院商法学教授；安杰洛·卢米诺索（Angelo Luminoso），卡利亚里大学荣休教授，曾任该校民法学教授。

《劳动法》作者：安东尼·瓦莱博纳（Antonio Vallebona），罗马第二大学法学院劳动法学教授。

《企业、公司与证券》作者：拉法埃莱·莱纳（Raffaele Lener），罗马第二大学法学院商法学与金融市场法学教授；加埃塔诺·普雷斯蒂（Gaetano Presti），米兰圣心天主教大学银行、金融和保险学院商法学教授；马泰奥·雷西尼奥（Matteo Rescigno），米兰大学法学院商法学教授。

《担保物权制度》作者：安杰洛·基亚纳莱（Angelo Chianale），都灵大学法学院私法学教授；恩里科·加布里埃利（Enrico Gabrielli），罗马第二大学私法学教授。

《权利的保护》作者：萨尔瓦托雷·帕蒂（Salvatore Patti），罗马智慧大学政治学院私法学荣休教授。

六

费安玲教授承担了组建中文翻译团队的艰巨工作。这项工作属实复杂且辛苦，一些曾在意大利大学法学院攻读法学博士学位的年轻教授慷慨地投入其中。这是一项艰难的任务，在教学职称评定中没有得到充分的认可（在意大利也是如此），它要求译者深入理解充满活力的中国法律体系。而中国法律体系的语义范畴、术语、概念和分类又与意大利文存在显著差异，甚至连句法结构也不尽相同，因此翻译者需要具备深厚的法律知识。此外，费安玲教授还负责接洽了本丛书的出版事宜。

于我而言，参与此项正在逐渐成形的项目是一种荣幸。围绕着我们的市民共同法，即市民法（cives），随着我们更多地交换意见，本项目的价值也将随之增长。

桑德罗·斯奇巴尼
罗马智慧大学荣休教授
阿根廷布宜诺斯艾利斯大学、秘鲁天主教大学、
哥伦比亚埃克斯得尔大学荣誉博士
都灵科学院通信院士
（温博宇译　费安玲校）

目　　录

第一编　绪论

第二编　质押

第三编 抵押

第四编 融资担保

第一编

绪　论

第一章　物权担保概述

作为一般概念，“担保”一词含义广泛，具有非常大的不确定性，如其在使用时可以指称一般的担保权，也可以指称性质完全不同的法律事实，还可能指某个法律上的现象。正是由于这种使用的广泛性，致使理论界将其界定为一个具有宽泛外延的一般概念，也正因如此，该概念本身并无太大意义。

担保的类型在商业实践和债权债务关系中不断扩展，比如意大利法律最近引入的所谓的“融资担保”（garanzie finanziarie），进一步扩大了担保的范围。作为一种代名词，“担保”一词可以使法学家将各种具有自身特点的交易结构类型归结于一个范畴之下，概括它们共有的特征。

在唯名论层面，有必要讨论担保（garanzia）和担保现象（garanzie）。[1]

事实上，即便在现代社会，如果我们想要精确地界定担保的概念，描述其扮演的角色，那么有必要结合传统模式，在一个更广泛

1　参见 E. Gabrielli, *Il pegno "anomalo"*, Padova, 1990, 124; Id., *Sulle garanzie rotative*, Napoli, 1998, 11 ss.; Id., *Il pegno*, in *Tratt. dir. civ.*, dir. da R. Sacco, Torino, 2005, 3 ss.; Id., *Garanzia e garanzie reali,* in F. Mastropaolo (a cura di), *I contratti di garanzia*, in *Trattato dei contratti,* dir. da Rescigno e Gabrielli, 2006, t. Ⅱ, 1001。

的概念层面——包括那些能够赋予担保这种形式实际追求的功能特征的合同法上的工具和技术——来定义和描述它。

长期以来，担保的物权属性是理论界讨论的中心议题，这种反思既包括“担保”一词是否可以涵盖所有物权担保种类，也包括是否可以界定其可能的外延和边界，进而将其纳入更广泛的物权法律制度体系中。

物权担保的定义，是对物权担保组织结构进行的抽象和概括，本身就很复杂，但目前出现一种错误的趋势，即希望通过质押来重构和解释抵押，这种趋势没有意识到逻辑上的错误，因为这么操作的后果将会导致将两种法律结构完全不同的形式进行同类化（assimilare）。

早在1865年的《意大利民法典》中，就已经出现了前文所述的不确定性，由此导致理论界的争议：一部分学者认为抵押担保和质押担保属于物权，但另一部分学者却予以反对，否认它们属于物权，理由是物权担保体现的是一种强制执行之诉的模式（modalità dell’azione esecutiva）。[2]

---

2 参见 Pugliatti, *Esecuzione forzata e diritto sostanziale*, Milano, 1935, 380; L. Coviello, *L’ipoteca è un diritto reale?*, in *Riv. dir. civ.*, 1936, 1 ss.; Id., *Delle ipoteche nel diritto civile italiano*, Roma, 1936, 2 ed., 37; R. Franceschelli, *L’ipoteca come diritto reale*, in *Riv. dir. comm.*, 1938, Ⅰ, 274 ss.; Barassi, *I diritti reali limitati*, 1947, 34。关于第二种观点，参见 Carnelutti, *Diritto e processo nella teoria delle obbligazioni*, in *Studi Chiovenda*, 1927, 311; Id., *Natura giuridica dell’ipoteca*, in *Riv. dir. proc.*, 1939, Ⅰ, 3 ss.; Id., *Istituzioni di diritto processuale civile*, 4 ed., Ⅰ, 1952, 212 ss.; Liebmann, *Il titolo esecutivo riguardo ai terzi*, in *Riv. dir. proc.*, 1934, Ⅰ, 146; Carnacini, *Contributo alla teoria del pignoramento*, Milano, 1936, 262。（转下页）

事实上，在界定抵押担保的属性时，曾将其称为债权（diritto di credito）或因物之债（obbligazione *propter rem*）。[3]在试图挽救抵押担保的物权属性时，为了将担保物权与用益物权相区别，将担保物权理解为针对物的交换价值的权利（diritti sul valore della cosa），而将用益物权理解为使用的权利（diritto di uso）。

但是，围绕质押的本质，[4]则经过了漫长的争论，争论主要在两种相反的观点中展开：一种理论认为，质押是对物的交换价值的权利；另一种则认为，质押是一种复合的法律关系（rapporto complesso），这种关系的核心是一种物权。[5]

先取特权的物权属性，也曾面临类似的问题：一些学者认为先

（接上页）另参见 Gorla, *Le garanzie reali dell'obbligazione*, Milano, 1935, 306。该学者也对将质押权纳入诉讼范畴的观点持批判态度，他指出，"所有的这些观点都是无的放矢，因为很简单，质押是一种物权"。参见 Gorla e Zanelli, *Del pegno. Delle ipoteche*, 4ed., in *Comm. cod. civ. Scialoja e Branca*, Bologna-Roma, 1992, 181 ss.。

一种特别的观点，参见 M. Giorgianni, *Contributo alla teoria dei diritti di godimento su cosa altrui*, Ⅰ, 1940, 152; Id., *L'obbligazione.(La parte generale delle obbligazioni)*, Ⅰ, rist. 1968, 86。

就该问题，更为广泛的讨论和批判，参见 Salv. Romano, *Natura giuridica del pegno di crediti*, Milano, 1928, spec. 7 ss.; C. Maiorca, *"Ipoteca (diritto civile)"*, in *Nuovis. dig. it.*, Ⅸ, 1963, 52 ss.; Comporti, *Diritti reali in generale*, in *Tratt. dir. civ. e comm.*, dir. da Cicu e Messineo, Milano, 1980, 240 ss.; Ravazzoni, *Le ipoteche*, in *Trattato di dir. priv.*, dir. da Rescigno, 20, 2 ed., 1998, 7 ss.; Id., *Garanzia (diritti reali di)*, in *Dig. disc. priv., Sez. civ.*, Ⅷ, Torino, 1992, 602。

3　Comporti, *op., cit.*, 240 ss.

4　就质押性质的论证，参见 Chironi, *Trattato dei privilegi, delle ipoteche e del pegno*, vol. Ⅰ, Torino, 1917, 59 ss.; Salv., *op. cit.*, 1 ss.; Gorla, *op. cit.*, 77 ss.; C. Maiorca, *Il pegno di cosa futura e il pegno di cosa altrui*, 101 ss.; Rubino, *La responsabilità patrimoniale.Il pegno*, in *Tratt. di dir. civ.*, dir. da F. Vassalli, Torino, 2 ed., 1956, 184 ss.; Pratis, *Della tutela dei diritti*, Torino, 1985, 4; Comporti, *op. cit.*, 240 ss.。

5　Rubino, *La responsabilità patrimoniale.Il pegno*, 187 ss.

取特权——无论是一般先取特权还是特别先取特权——都属于物权；而另一些学者则认为应区分两种不同的情形，并且认为只有特别先取特权属于物权。[6]

作为一种实体性权利，无论是抵押权、质押权还是特别先取特权，都应被归入物权担保的范畴，如今已经成为理论界根深蒂固的理念，并且可以从立法规定中找到依据，这些依据是这些权利都呈现足以将其归入物权的特征：比如它们都是排他权，都具有追及性，都具有优先受偿效力，都是绝对权。[7]

实际上，就质押而言，为了界定其权利属性，理应结合法律赋予质押权人的主要权利来进行判断：首先，质押权是一种实体权利，也是一种绝对权，所有的人都负有不得损害或减损担保的义务（对于这种权利而言，至少就功能方面而言，应当认为权利人有维持对物的占有的权利。质言之，权利人有权拒绝向任何未向其清偿债务的人交付物）。[8]其次，其享有追及权，即权利人有权扣押物并对其强制执行，即便在强制执行时标的物已经被转让给其他人也不例外。最后，其享有优先受偿权，即当担保财产被变卖后，权利人有权优先于其他债权人用变卖所得实现自己的债权。[9]

从以上描述的情形可以看出，质押权的形式结构包括了物权的

---

6 关于理论界相关争论的重构，参见 Comporti, *Diritti reali in generale*, 245。

7 E. Gabrielli, *Il pegno*, 3 ss.

8 Rubino, *La responsabilità patrimoniale.Il pegno*, 244.

9 参见上书，第 187 页。另见 Gorla e Zanelli, *Del pegno. Delle ipoteche*, 67。戈拉和扎内利认为，质押权人对质押物享有以下权利：（1）担保物权，表现为优先受偿权和对受让第三人强制执行权；（2）基于质押人的意愿而留置质押财产的权利；（3）恢复对物的占有的权利；（4）孳息收取权；（5）扣押质押财产的权利；（6）变卖质押财产的权利；（7）以自己名义提起损害赔偿之诉的权利。

两个内容：绝对性（assolutezza）和对物的直接支配性（immediatezza del potere sulla cosa）。

第一个要件——理论界一致认为追及权可以作为绝对性的佐证，即根据追及权，质押权人能够追及至物的所在实现自己的债权，即便质押物已经为第三人获得也不例外——是权利的绝对性的体现，在质押权中也可以看到该属性，并且扩展至质押财产的添附物、改良物和法定孳息，并且随着物的消灭而消灭。

基于质押权人享有的追及权的效力，在交付的质押财产上设立的质押物，质押权对所有——与质押债权人存在利益冲突——的人都有效，特别是与基于所有权取得事由的主体发生冲突时表现得更为明显。如果在质押期间，质押权人丧失对质押物的占有，质押权人可以提起返还财产之诉，还可以提起其他与保护占有相关的诉讼。这进一步强化了质押权的绝对权特征。

至于对物的直接支配性，理论界则围绕其是否是担保物权的显著特征而展开争论[10]：一些学者认为应将其归入追及权范畴，因为权利人可以针对第三人或受让人来对物进行强制执行，而这是在第三人购买质押财产的那一刻就被决定了的。也就是说，质押权人无需任何人的配合就可行使权利，因此其强调“担保的法律功能直接作用和影响于物”，但这种观点忽略的是，当第三人购买质押财产时，对质押财产的强制执行只是一种将来可能发生的事实，并以债务人将来不履行债务为条件。实际上，当这种情况发生时，对位于第三人处的质物行使强制转移权将自动具备实现的条件，它来源于质押

10　参见 Ravazzoni, *Garanzia (diritti reali di)*, 603。

效力，并且法律规定的强制执行机关的干预仅是为了在具体诉讼中帮助权利人行使该权利，而不是为了确定质押执行之诉的特别前提条件。[11]

与前述观点相反，部分学者认为应区分物权的追及性和固有性（inerenza），[12] 并认为对物的直接支配性应被纳入后者。[13]

根据上述第二种理论，在质押权利中，质押权人对于质押的标的物享有一种固有的权利，即质押物的功能在于担保债权实现。也就是说，实现其交换价值并根据法律规定优先用于实现债权。如此一来，质押权"不但完美地融入物中，并且伴随整个法律过程，而其对抗第三人的特征，表现为权利保护的一面，而非表现为所谓的追及权"[14]。

在抵押担保中，固有性源自《民法典》第 2809 条第 2 款，该款规定抵押权"是不可分割的，并且对所有设定抵押权的财产、该诸财产中的任何一项或任何一部分均具有约束力"。此外，抵押权还扩展至抵押财产的改良价值和添附物，并随着物的灭失而消灭。

追及权是对绝对性的补充，在每种物权中都与物权类型的形式结构相一致，在抵押中属于抵押财产的固有属性，始终伴随抵押担保，在某种程度上可以说是自抵押担保设立时就伴随抵押担保，因为每次抵押财产被转让都会引起追及权，因此也可以说是"固有性

11 Rubino, *La responsabilità patrimoniale. Il pegno*, 188.

12 Carpino, *Garanzie reali su beni mobili corporali*, in *Riv. ital. sc. giur.*, 1973, 204.

13 M. Giorgianni, *Diritti reali (diritto civile)*, in *Nuoviss. dig. it.*, Ⅴ, Torino, 1960, 748 ss.

14 Comporti, *Diritti reali in generale*, 246; Ravazzoni, *Garanzia (diritti reali di)*, 603.

的一种体现形式”[15]。

因此，抵押权是一种物权，并且是内在于抵押物的权利，对此可以从《民法典》第 2808 条之规定中推出：一方面，该条规定赋予抵押债权人针对受让抵押财产的第三人就抵押财产强制执行的权利；另一方面，作为物权显著特征之一的绝对性，完全体现在上述权利中，因为它赋予债权人要求任何人向其交付抵押财产的权利。[16]

就抵押权的保护而言，抵押权人有权提起确认物权之诉，以消除因相互矛盾的情况而导致的权利的不确定性，还有权像占有人一样提起返还财产之诉，该类诉讼可以针对任何占有抵押财产的第三人——无论是从为债务人利益提供抵押的第三人处还是从受让抵押财产的第三人（以下简称“受让第三人”）处基于抢夺而取得的占

15　Fragali, *Ipoteca (dirtto privato)*, in *Enc. dir.*, XXII, 1972, 751. 另参见 Rubino, *L'ipoteca immobiliare e mobiliare*, in *Tratt. di dir. civ. e comm.*, dir. da Cicu e Messineo, Milano, 1956, 14。

16　Fragali, *op. cit.*, 751; Ravazzoni, *Le ipoteche*, 8 ss. 拉瓦佐尼认为抵押权体现了物权的典型特征，并指出，如果想要借助追及权（il diritto di sequela）来反驳，那将变成对债权的一种非常特殊和强烈的保护，因为这意味着债权人可以就物的变卖所得，相较于所有人获得优先受偿权，这是在债的一般特征的基础上增加了一种不属于债的规则。但是对于“immediatezza”这一概念，仍有讨论的空间。

“immediatezza”这一概念，在传统上是指对物直接支配的权利，其基本含义是权利人在行使权利时无需他人的配合。如果是在这个意义上，它并不适用于抵押和质押。但是，如果我们是在一个更广泛意义上使用这一概念，那么我们可能会得出不同的结论。但需要明确的是，此时会出现此处援引的理论所指出的问题，即此时讨论的问题“完全转变成关于物权的特征的讨论，而与所讨论的对象无关。实际上，此时是将物权的特征应用于某一具体的类型，而其边界则有待确定，至于解决方案，可能会因人们对概念的理解不同而不同”［参见 Ravazzoni, *op. cit.*, 8; Id., *Garanzia (diritti di)*, 603］。

有。此外，当抵押财产灭失或毁损时，《民法典》第2813条和第2743条还授予抵押权人保全性的救济措施：当抵押财产面临灭失或毁损的危险时，抵押权人有权要求法官发布命令以禁止实施可能带来危险的行为。而且，为保护抵押债权人的利益，法律还允许其以自己的名义提起确认地役权之诉，此时其行使的是自己的权利，而非代位性的诉讼。

从属性是担保物权的典型特征，其彰显了担保物权的功能在于担保其所从属的债权实现，[17]同时，在担保物权的存续方面具有重要的意义，因为对于抵押权，不能脱离其所担保的债权而单独处分。因此，当抵押债权消灭时，基于债权与担保物权的内在联系，抵押权也将随之消灭。

可以对两种权利之间的从属关系进行限制，包括部分限制，比如在某些情况下可以解除担保关系。但是相反，抵押关系对债权关系的影响则是纯粹反射性的，因为担保关系的消灭，并不会对债权关系产生实质性的影响。[18]

《民法典》第2809条明确规定了抵押的不可分性（和确定性）。其具体表现是，抵押权的效力及于全部抵押财产以及抵押财产的每个部分，如果是多个不同的抵押财产，则及于每个财产。这意味着，即便要保护第三人或当事人的信任，原债务关系不受任何可能导致抵押财产被分割或被减少的交易的影响。不可分性显然也适用于抵押债权，这指的是，即便抵押债权因部分清偿而消灭，原抵押

---

17 关于抵押的从属性，参见 Rubino, *L'ipoteca immobiliare e mobiliare*, 23 ss.; C. Maiorca, *Ipoteca (diritto civile)*, in *Noviss. dig. it.*, Ⅸ, Torino, 1963, 62 ss.。

18 Ravazzoni, *Le ipoteche*, 11; Id., *Garanzia (diritti reali di)*, 605.

担保仍然保持不变，抵押权仍及于全部抵押财产。[19]

至于确定性——该特征旨在克服和突破隐性抵押——则包括两个方面的含义，即一方面是与担保财产有关，另一方面则与被担保的债权有关。就第一个方面而言，这指的是，抵押权的效力仅及于具体的、特定的财产，而非及于抵押人的全部财产。

债权的确定性在两个层面发挥作用：就担保之外的关系而言，债权确定性具有重要的意义，它确定了债权人可以主张优先受偿权的金额上限，为第三人提供了保护；就担保内部关系而言，债权的确定性指的是，抵押财产仅对其设立时确定的债权承担担保责任，因此不允许也不可能用一个之前未受抵押担保的债权来替换现已消灭的抵押债权。[20]

通过对现有法律规定的解释，可以得出特别先取特权具有追及性的结论：鉴于作为特别先取特权客体的物，其用途正是用来实现债权人的债权，因此，即便物已经被转让给其他人，又或者当强制执行时物已经不再属于债务人的财产，此时特别先取特权人仍可用该物来实现自己的债权。但是，不同于一般的优先权（此类权利属于债权，其针对的是债务人的全部财产），行使特别先取特权（该权利作用于特定的不动产或动产——即便其不属于债务人也不例外——这些财产与所担保的债存在特定的关系）时，即便给该特别先取特权之后产生的第三人的权利造成损害，也仍然合法和

19　Ravazzoni, *Le ipoteche*, 14; Id., *Garanzia (diritti reali di)*, 605; C. Maiorca, *Ipoteca (diritto civile)*, 60.

20　Ravazzoni, *Le ipoteche*, 13; Id., *Garanzia (diritti reali di)*, 606. 拉瓦佐尼指出，在这个意义上，“抵押必须明确指向一个确定的债权关系，并在登记中载明具体的金额”。

受保护。[21]

对此，人们还指出，[22]《民法典》通过第2748条承认特别先取特权的物权属性，但该条规定中的权利冲突规则，不适用于一般先取特权，因为后者不能对抗担保物权。[23]

因此，从《民法典》的规定可知，特别先取特权具有追及性。此外，还可以肯定的是，享有特别先取特权的债权人，有权提起确认物权之诉和返还财产之诉，当特别先取特权的客体因可能发生移转而受到损害时，他还有权提起预防性保全诉讼，甚至在某些情况下，还可以主张留置权。[24]

正如权威观点所指出的那样，无论是抵押、质押还是特别先取特权，围绕其物权性的讨论和界定，在实践中意义不大，因为实际中很少会发生需适用物权编的相关规定来解决具体问题的情形，因此太过遥远；即便发生了难以解决的问题，也可以通过有关抵押和质押的法律规定予以解决。[25]

---

21 参见 Comporti, *Diritti reali in generale*, 248; Tucci, *I privilegi*, in *Trattato Rescigno*, 20, 2 ed., Torino, 1998, 603。图奇认为，有必要明确，在债务未履行前和司法部门准可强制执行前，基于优先受偿权的事由，已经确定一些用来担保债权的特定财产。就这些财产而言，债权人相较于其他债权人享有优先地位，即在将来分配变卖所得时优先分配给这些债权人。但是，这并不意味着可以牺牲担保物权为代价。

22 Comporti, *op. cit.*, 248.

23 参见 Ciccarello, *Privilegio del credito e uguaglianza dei creditori*, 33 ss.。

24 Comporti, *op. cit.*, 247.

25 Gorla e Zanelli, *Del pegno. Delle ipoteche*, 181 ss.; Realmonte, *Il pegno*, in *Trattato Rescigno*, vol. 19, t. Ⅰ, 2 ed., 1997, 800.

第二编

质　押

第二章　质押在物权担保中的体系定位

一、质押概述

（一）质押物权

1942 年《民法典》的立法者将“质押”规定在“权利保护”一章，由此将其功能定性为债的担保工具，即当债务人不履行债务时，可以就质物进行强制执行以实现债权。[1] 事实上，《民法典》第 2784

1　关于质押，围绕现行《民法典》讨论的相关著作很多，限于篇幅，仅列举以下主要著作及文章：Lordi, *Del pegno*, in *Commentario D'Amelio e Finzi*, Ⅴ, 1943; Rubino, *La responsabilità patrimoniale. Il pegno*, in *Trattato Vassalli*, 2 ed., 1956, (*Recensione* alla prima edizione di Oppo, in *Riv. dir. comm.*, 1944, Ⅰ, 104); Gorla e Zanelli, *Del pegno, delle ipoteche*, in *Commentario Scialoja e Branca*, 4 ed., 1992, 175; Montel, "*Pegno*", in *Nss. dig.* it., 1965, Ⅻ,; Ciccarello, "*Pegno*", in *Enc. dir.*, ⅩⅩⅪ, 1982; Realmonte, *Il pegno*, in *Trattato Rescigno*, vol.19, t. Ⅰ, 2 ed., 1997; Id., *voce «pegno (Ⅰ, in generale)»*, in *Enc. giur.*, 1990; Ruscello, *Il pegno sul credito. Costituzione e prelazione*, 1984; Pratis, *Della tutela dei diritti*, 1985; E. Gabrielli, *Il pegno "anomalo"*, 1990 (*Recensioni* di D. Messinetti, *Le strutture formali della garanzia mobiliare*, in *RCDP*, 1991, 783 ss.; G. Giacobbe, in *RDC*, 1991, Ⅰ, 228; Guglielmucci, in *Rass. DC*, 1991, 972; Costanza, in *RTDPC*, 1991, 1031; Capriglione, in *BBTC*, 1991, Ⅰ, 115; Ragusa Maggiore, in *Dir. fall.*, 1991, 411; Morera, in *Vita not.*, 1990, 469; Perrotta, in *RCDP*, 1992, 152; Sepe, in *Mondo bancario*, 1990, 60; Aranda Rodriguez, *Anuario der. civ.*, 1990, 1273); Id., voce *Pegno*, in *D. 4 ed. civ.*, ⅩⅢ, 1995, 329; Poli, *Il pegno di azioni*, 2000; Briolini, *I vincoli sui titoli di credito*, （转下页）

条就质押的概念做了规定，根据该条：“质权是债务人或第三人为债务人履行债务而设立的担保。”由该定义可见，《民法典》第 2784 条在规定质押的概念时，不是基于质押的性质，而是基于质押的功能。

该定义事实上表明了以下内容：一方面，该定义实际上表明了质押具有从属性的特征，即其从属于被担保的主债务——显然这是担保的功能所致——正是因此，质押必须与一个（其设立所要担保的）主债权相关联；另一方面，从该定义可知，质押担保的必要条件之一是存在被担保的债权，由此导致的结果是，主债权是否有效也会影响质押的效力。

事实上，在现行《民法典》之前，意大利立法者在规定质押时曾区分民事质押和商事质押，并分别进行规定，其中民事质押被规定在 1865 年《民法典》第 3 卷第 19 章第 1878 条至第 1890 条，商事质押被规定在 1882 年《商法典》第 1 卷第 15 章第 454 条至第

（接上页）2002; Stella, *Il pegno a garanzia di crediti futuri*, Padova, 2003; Dell'Anna Misurale, *Profili evolutivi della disciplina del pegno*, 2004; E. Gabrielli, *Il pegno*, in *Tratt. dir. civ.*, dir. da Sacco, Torino, 2004, (*Recensioni* di D. Henrich, in *Zeitschrift für Europaisches Privatrecht*, 4, 2007, 1170); M. C. Bianca, in *Riv. dir. civ., I*, 2007, 133; Maimeri, in *Banca, borsa e tit. cred.*, 2006, Ⅰ, 601; Sassani, *Il pegno rivisitato. Un trattato moderno su un istituto antico*, in *Riv. esec.*, 2006, 447; A. La Torre, *Il «pegno» nell'«impegno» di un giurista «impegnato»*, in *Giust. civ.*, 2005, Ⅱ, 543; Chinè, *Pegno. Pegno rotativo,* in *Enc. giur. Treccani,* 2006; E. Gabrielli, *Garanzia e garanzie reali,* in F. Mastropaolo (a cura di), *I contratti di garanzia*, in *Tratt. Rescigno e Gabrielli,* 2006; Lobuono, *I contratti di garanzia*, in *Tratt. notariato,* dir. da P. Perlingieri, Napoli, 2007; E. Gabrielli, *I contratti di garanzia finanziaria*, in *Digesto 4, Disc. priv., Sez. civ., Agg.*, 2007; Id., *Le garanzie finanziarie. Profili generali*, in Gabrielli-Lener (a cura di), *I contratti del mercato finanziario*, in *Tratt. Rescigno e Gabrielli*, 2 ed., 2010; Giova, *La proporzionalità nel pegno e nell'ipoteca*, Napoli, 2012; E. Gabrielli, *Pegno (Aggiornamento)*, in *Digesto*.

460条。相较而言，1942年《民法典》对质押的规定被认为优于之前的规定，[2]因为该规定在对质押制度进行设计时，更加强调其作为担保法律关系的一面，而非强调其作为权利和设权行为（negozio costitutivo）的一面。

但是，新的法律仍然没有解决“质押”概念的界定问题，这是因为“质押”一词含义广泛，其在使用时可以指称多个内容，如既可以指称一般的担保权，也可以指称质押债权人的权利；既可以指称质押财产，还可以指称涉及相关权利的意思表示或质押合同。[3]正是由于这种使用的广泛性，致使“质押”这一术语在使用时往往存在模糊性和不确定性，但新的法律并未解决前述“质押”一词的概念界定问题。

尽管理论界也意识到术语“质押”可能会因其含义的模糊性而引发误解，但仍采纳了新规定的做法，并认可了新规定的立法考量。即，与其强调作为质押基础法律关系的质押合同，不如更强调质押的功能[4]和效果（创设担保——质押债权人的权利内容），因为后者更具意义。[5]

2　关于这种观点，参见 Ciccarello, *"Pegno"*, 682; Gorla e Zanelli, *Del pegno.Delle ipoteche*, 10。

3　参见 Lordi, "*Pegno civile*" e "*Pegno commerciale*", in *NDI.*, Ⅸ, 1939, 620。其他持相同观点的，参见 Rubino, *La responsabilità patrimoniale. Il pegno*, 183; Ciccarello, *op. cit.*, 682; Pratis, *Della tutela dei diritti*, Torino, 1985, 3; Realmonte, *Il pegno*, 797。

4　Rubino, *op. cit.*, 183; Carpino, *Garanzie reali su beni mobili corporali*, 190; Pratis, *op. cit.*, 6.

5　参见 Rubino, *op. cit.*, 183。鲁比诺强调，为了保证语言的准确性，质押（pegno）一词最好专用来描述指代“质押权利”（diritto di pegno），《民法典》就几乎是这样。此外，“鉴于质押权利优先于引起质权的合同，因此从权利的角度而不是从合同的角度描述也更为恰当”。

根据理论界的权威说法，质押制度被定义为“债务人或第三人，为担保将来的债权能够得以实现，将其动产交付给债权人，在债务人不履行债务时，债权人就该动产可以优先于其他债权人受偿，即便该动产已经转让给第三人也不例外”[6]。

上述定义还提到了质押实现，[7]但围绕质押实现，理论界一直存在着激烈的学术争论，并存在两种观点：一种观点将质押实现界定为一种针对质物交换价值的物权；[8]而另外一种则将质押实现界定为一种综合的整体关系（rapporto complesso），但这种关系是以物权为核心而构建的。[9]

一种理论认为，与抵押和特别先取特权（privilegi speciali）相同，质押是一种实体权利（diritto sostanziale），[10]并应当被认为是一种担保物权。这种理论可以从立法者对相关规定的解释和分析说明中得到印证。因为前述解释和分析表明，质押担保权具有一些特征，而这些特征足以使其被归类于物权，这些特征包括：排他权（il diritto di astensione generica）、追及权（il diritto di seguito o inerenza）、优先受偿权（il diritto di prelazione）。

事实上，为了界定质押权利的性质，需要仔细审视质押行为授予质押债权人的主要权利，这些权利包括：实体权利性质上的绝对权（该权利是相较于他人负有的一般义务而言），这种权利具有排

6 Rubino, *La responsabilità patrimoniale. Il pegno*, 183.

7 关于对质押法律定性的详细论证，参见 E. Gabrielli, *Il pegno*, 3 ss.。

8 持该观点的是基罗尼，参见 Chironi, *Trattato dei privilegi, delle ipoteche e del pegno*, vol. Ⅰ, 77。

9 持该观点的是鲁比诺，参见 Rubino, *op. cit.*, 187 ss.。

10 参见 Fragali, voce *Garanzia*, in *Enc. dir.*, XVIII, 1969, 464。

除所有的社会成员消灭或减损所给予的担保的权利（这种权利被认为包括——至少就其功能等方面而言——维持物的占有的权利，即拒绝将物交付给任何未履行债务的人的权利）；[11] 追及权，即追及至物的所在并对物强制执行的权利——即便该物已经转让给了其他人；优先受偿权，即可以优先于其他债权人就物变卖的价款获得清偿的权利。[12]

（二）质权的权利内容

从现行法律规定的框架可知，质权（diritto di pegno）包含两种物权所具有的典型的权利内容：针对物的权利的绝对性和对物的直接支配性（immediatezza）。

第一个方面（绝对性）——该属性与所谓的追及权相一致。而基于追及权，质押债权人可以直接对物行使强制转移权，即使该物已为第三人购得——也被称为权利的绝对性，在质押中体现为：基于质权的不可分割性（《民法典》第 2799 条），质押效力及于质物的从物、改良价值以及法律收益，并随着质物的消灭而消灭。

由于质权人具有追及权，因此质权的效力及于所有与质权人存在利益冲突的主体，特别是那些因所有权人的原因而享有权利的人，之所以如此，是因为在质押的情形中，质押财产为质押债权人

11　Rubino, *La responsabilità patrimoniale.Il pegno*, 244.

12　参见上书，第 187 页。另见 Gorla e Zanelli, *Del pegno. Delle ipoteche*, 67。根据上述学者的观点，基于动产质押产生的效力包括：（1）担保物权，表现为优先受偿权和可以对抗第三方购买人的强制转移权；（2）压制债务人意愿的留置权；（3）收回物的权利；（4）收取孳息的权利；（5）扣押物的权利；（6）以更便捷的方式出售的权利；（7）质押债权人享有的提起损害赔偿诉讼的权利。

或第三人所占有，而该占有或是基于载有明确日期的书面文件，或是基于相关的单据，或是基于被授权专门从事典当业的机构的其他书面形式设立（《民法典》第 2787 条、第 2910 条）。此外，与抵押的情况相同，法律还允许丧失了对质物占有的质押债权人，可以在提出保护占有之诉的同时（《民法典》第 2789 条），提出返还财产之诉。上述措施又进一步强化了质押权的绝对权的特征。

至于质押物权[13]对物直接支配性这一特征，理论界仍然存在着争议：

一种理论认为应将其归为追及权，因为在包括第三人获得物的情况下强制执行物的这种可能和权利，在第三人购买物的所有权时就已经自动产生了，该权利的行使无需任何人的配合协助，这表明“担保的法律效果是直接作用于物的”，且无需强调在这种情形下对担保财产强制执行仅是一种可能和以将来不履行债务为条件。实际上，当这种情况发生时，对位于第三人处的质物行使强制转移权将自动具备实现的条件，它来源于质押效力，并且法律规定的强制执行机关的干预仅是为了在具体诉讼中帮助权利人行使该权利，而不是为了确定质押执行之诉的特别前提条件。[14]

与前述观点相反，部分学者认为应区分物权的追及性和固有性（inerenza），[15]并认为对物的直接支配性应被纳入后者。[16]

---

13 参见 Ravazzoni, *Garanzia (diritti reali di)*, in *Dig disc. priv., Sez. civ.*, Ⅷ, Torino, 1992, 603。

14 Rubino, *La responsabilità patrimoniale.Il pegno*, 188.

15 Carpino, *Garanzie reali su beni mobili corporali*, in *Riv. ital. sc. giur.*, 1973, 204.

16 M. Giorgianni, *Contributo alla teoria dei diritti di godimento su cosa altrui*, 135 ss., spec. 161 ss.; Id., *L'obbligazione.(La parte generale delle obbligazioni)*,86; Id., *Diritti reali (diritto civile)*, in *NNDI*, Ⅴ, 1960, 748 ss.; Carpino, *op. cit.*, 204.

根据上述第二种理论，在质押权利中，质押权人对于质押的标的物享有一种固有的权利，即质押物的功能在于担保债权实现，即实现其交换价值并根据法律规定优先用于实现债权。如此一来，质押权“不但完美地融入物中，并且伴随整个法律过程，而其对抗第三人的特征，表现为权利保护的一面，而非表现为所谓的追及权”[17]。

（三）基于功能理念的质押。权利的形式结构：作为“效用保留”的质押

1942 年《民法典》关于质押的新规定，打开了基于功能理念来对担保进行界定的大门，[18]因为在质押担保的定义中，侧重的不是质押设立的形式或模式，而是通过质押所产生的效力。即在质押设立后，出质人（债务人或第三方出质人）对质押财产的法律处分权将受到限制，并且在债务人不履行债务时，债权人可以出于实现自己债权的目的，对质押财产行使强制执行权和强制转移权（potere esecutivo ed espropriativo）。

由此，针对质押中的担保概念和物所发挥的具体的担保作用，可以将其表述和重构为“效用保留”（riserva di utilità），[19]即对物的保留（riserva ad *rem*），而这种保留体现为对物（*res*）事实上的直

17　Comporti, *Diritti reali in generale*, in *Tratt. dir. civ. e comm.*, dir. da Cicu e Messineo, Milano, 1980, 246; Ravazzoni, *Garanzia (diritti reali di)*, 603.

18　这种理念（concezione）在界定担保的概念时，更强调担保所要承担的具体功能，而不考虑担保的形式或据以设立担保的典型模式。针对该理论，具体参见 E. Gabrielli, *Il pegno "anomalo"*, 57 ss., spec. 123 ss.; Id., *Il pegno*, 23 ss., 114 ss.。

19　E. Gabrielli, *Il pegno "anomalo"*, 125 ss.; Id., *Il pegno*, 9.

接支配。

上述有关质押的教义学定义，如今也被最高法院所接受，并被其用于界定质押担保的内涵。[20]

通过对质押担保的形式结构分析，[21]我们可以明显看出，在这种法律事实中，为质押债权人创设了一种对物的保留权（riserva *ad rem*）。事实上，质押权人的权利并非及于债务人的所有财产，而是限于特定的物上，即只有该特定物的效用被予以保留，以便当债务人不履行债务时，可以通过诉诸强制执行的方式来实现债权人的利益。

从逻辑和时间顺序的角度而言，只有在先创设对物的效用保留后，方可通过行使法律赋予质押债权人的对质押财产的强制执行权来实现该利益：对申请执行的债权人而言，一旦获得了保留的利益，也意味着其行使了质押权，而该利益正是其行使权利的结果。

---

20 Cass., Sez. Un., 2 ottobre 2012, n. 16725, in *Foro it.*, 2013, 558, spec. 562. 在该判决中，法院在解释其理由时，采纳了这种理论，并将质押定义为“质押是指创设一种对物的效用的保留”（si concreta nella creazione di una riserva di utilità）。最高法院承认，对这种利益的保留可以进行经济评估，“它通过在法律中引入对被质押财产或被质押的权利的交换价值（价值不仅包括使用价值，还包括交换价值）进行评估的机制实现。如果说，并非只有物适于承担交换价值，债权和其他权利也可以承担，那么适宜承担交换价值的债权和其他权利也应具有物的自然属性（natura di *res*），必须接受客观量化”。

相同的观点在其他判决中也曾出现，具体参见 Cass., 27 aprile 1999, n. 4208, in *Dir. fall.*, 2000, Ⅱ, 1203, con nota di Ragusa Maggiore, *Sulla opponibilità al fallimento del pegno su “buoni cassa” collegati alla emissione di titoli obbligazionari*; in *Nuova giur. civ. comm.* 2000, Ⅰ, 718, con commento di De Poli, *Pegno su titoli obbligazionari e fallimento del costituente*。

21 E. Gabrielli, *Il pegno “anomalo”*, 62 ss.; D. Messinetti, *Le strutture formali della garanzia reale*, 783; E. Gabrielli, *Il pegno*, 11 ss.

如前所述，[22] 术语“效用保留”［或者对物的保留（riserva *ad rem*）］并不意味着质押权的客体是“价值”，因为物的价值不能成为法律关系的客体。[23]

对早期理论的澄清[24]，同样可以解释最近一种关于电子化证券（titoli dematerializzati）* 担保理论的模糊之处，这种理论在论述担保效力的客体时使用的表述是“一种对价值的权利”（diritto al valore）。[25]

针对将质押视为一种针对质物的价值[26]（的物权）的观点，需要重申的是，当在讨论中使用针对价值的权利——有时也会用术语经济效用（utilità economica），即认为通过取得担保及将来通过实现担保而可能获得的经济利益——时，不管用什么名称，总之，不应

22　参见 E. Gabrielli, *Il pegno "anomalo"*, 66, spec. n. 20。

23　有关从功能角度界定质押的理论，前文已经有所表述，这里再次提醒的是，这种理论不赞同那种认为质押权针对的是物的价值的观点和学说。［对后一种理论的批判，参见 Rubino, *La responsabilità patrimoniale. Il pegno*, 185。在该作品中，该学者认为“当具体确定对物的价值的权利的内容是什么时，我们看到的将无非是一种可以对抗任何人（*erga omnes*）的强制转移权（esproprio），此时我们又回到了前一种理论中”。］

认为质押的权利是一种物权，该权利的内容是针对其他人的强制转移权的观点，没有考虑到以下方面：对物的价值的权利显然包括针对任何人的强制转移权，但其并非到此为止，事实上，它还强化和丰富了所有与担保和优先受偿权相关的权利。

对此，在某些判决的说理部分也有体现，例如 Cass., Sez. Un., 2 ottobre 2012, n. 16725。

24　在此意义上，另参见 Rubino, *op. cit.*, 185, n. 3; A. Candian, *Le garanzie mobiliari. Modelli e problemi nella prospettiva, europea*, Milano, 2001, 99, n. 172。

*　titoli dematerializzati 是指没有实际物质载体的债券，在某种程度可以说是电子化债券。——译者

25　对此的批判性意见及理论，参见下文。

26　就更早更古老的论述，相关的总结和索引可参见 Rubino, *op. cit.*, 185。

将“价值”一词理解为它是在界定权利的客体（也不是质押财产），而应理解为一种具有实体性质的权利。即在债务人不履行被担保的债务时，债权人对质物的变卖所得所享有的权利，该权利可能为债权人所专有，也可能是与其他具有相同顺位优先受偿权的债权人共同享有（如果存在其他具有相同顺位的优先受偿权的债权人）。

如前所述，最高法院已经采纳“效用保留”这一术语并将其用于对质押担保的概念界定，[27] 教义学上的这一术语表明，物权担保最本质和真正的功能是，从担保人的财产中确定和区分出一部分的财产（即所谓的保留物，riserva *ad rem*）以专门用于实现质押债权和质押债权人的利益。在这个意义上，可以说质物的“效用”（utilità）源自债权人实现债权的要求。人保（garanzia personale）的情况则不同，在人保中，担保人是用其全部财产而非部分财产，来担保债权人利益的实现。[28]

从诉讼的角度来看，在质押权的形式结构中——该权利独立于司法干预和执行程序，且无需征得债务人或质物（或被质押的债权）所有权人的同意——事实上已经包含了质权人通过非司法途径实现质押债权的绝对权能（potere assoluto），即通过直接行使法律

---

27 参见 Cass., Sez. Un., 2 ottobre 2012, n. 16725。在该判决中，法院指出：“这种效用的保留可以进行经济性的评估，它通过在法律中引入对被质押财产或被质押的权利的变现价值和交换价值（价值不仅包括使用价值，还包括交换价值）进行评估的机制实现。如果说，并非只有物适于承担交换价值，债权和其他权利也可以承担，那么适于承担交换价值的债权和其他权利也应具有物的自然属性（natura di *res*），必须接受客观量化。”

28 如前所述，传统的观点认为质押是针对物的价值的权利，但部分理论对此不予认可，理由是对物的价值的权利虽然包括针对其他人的强制转移权，但其并非到此为止，它还具有强化和丰富所有与担保和优先受偿权相关权利的作用。

赋予其的权能——这些权能正是担保物权的权利内容——立即对质押财产发生强制执行和强制转移的效果。

质押中的担保功能，是通过债权人的强制执行力来体现的，这种强制执行力既可以通过非司法途径的自力救济模式实施，也可以通过执行之诉的公力救济模式实施。[29] 如此，质押权人可以在实现担保功能的同时，根据其享有的优先受偿权（prelazione）优先于那些与其存在利益冲突的权利主体——即因出质人原因而享有权利的人和其他债权人——得到保护。[30]

至于质押财产在法律效力上的功能，事实上是旨在保障当债务人不履行债务时能够通过强制手段来实现担保债权，这种强制

29　参见 Gorla e Zanelli, *Del pegno. Delle ipoteche*, 17。根据戈拉和扎内利的观点，担保的主要功能和作用体现为强制执行，即通过这种强制执行可以有效地防范担保物被转让的风险和被剥离的风险，并能够对抗其他债权人。担保的次要功能和作用体现在，当质押财产被转让给债务人或受让人时，“通过行使质权可以向他们施加压力，促使他们偿还债务和恢复对质物的占有以及对质押财产的使用收益。从这个意义，可以说质押使债务清偿变得更为可能，也为债权人提供了更大的安全保证。而历史上，曾有一段时间只强调担保所具有的次要功能，即施压作用”。

30　Rubino, *La responsabilità patrimoniale.Il pegno*, 187. 根据该学者的观点，一方面，如果从强制执行的功能的视角来看，追及权和优先受偿权形成“一个有机的统一整体，后面两种手段在弥补第一种手段不足的同时也使其产生效力，尽管从功能的角度来看，只有追及权和优先受偿权才是质押的特征”；另一方面，如果从形式结构的视角来看，强制执行诉权、追及权和优先受偿权则构成三个不同的权能。在该作品中（第 272 页），该学者还指出，优先受偿权的本质特征是“将质押债权人置于一种优先于质物所有权人的其他债权人的地位（这种优先地位并非仅是事实的反映，而是一种优先的法律地位），与此同时为其创设一种优先的法律关系；反之，只有在预先存在这种实体权利的情况下，质押债权人才可以自己行使优先受偿权或向法官主张行使该优先受偿权。对无担保债权人而言，这种关系并不意味着其有消极不作为的义务（obbligo di astensione），而只是一种技术意义上的实际的从属状态”。

手段既可以是自力救济的方式，也可以是公力救济方式——具体取决于案件的情况，可能是债权人单独提起执行之诉，也可能是与其他人共同提起执行之诉。总之，如果债务人在履行期限届满时不履行债务，或当双方当事人未约定履行期限且债权人要求履行而债务人不履行时，债权人可以对物启动强制执行措施。

此外，根据《民法典》第 2748 条第 1 款之规定，如果某债权有质押担保，那么在就变卖质物所得进行分配时，该债权不仅优先于一般先取特权（privilegio generale）（第 2747 条第 1 款），也优先于动产特别先取特权（privilegio special mobiliari）——但法律另有规定的除外（第 2745 条）。

（四）质押权的执行功能以及质押权人的自我保护

在债权保护方面，质押制度——也即在特定情况下可能需要通过强制执行来实现债权——为质押债权人的利益而规定了一系列的权利（diritto）、权力（poteri）和权能（facoltà），它们共同构成了担保物权的形式结构，起着强化担保的作用；就产生的法律效果而言，这些权利表现为一种以服务质押操作为目的、基于连贯设计理念而形成的有机整体，而在操作中既会涉及实体权利，也会涉及程序性权利。

由质押权人针对质押财产发起的执行行为要受到各种规则的综合调整，这些规则有的是有关一般强制执行程序的规定，有的是有关特别强制执行程序的规定。之所以如此，一方面是因为《民法典》为质押债权人通过非司法途径进行自我保护规定了多种手段和形式，这些手段和形式被分别规定在《民法典》第 2794 条、第

2796 条、第 2797 条和第 2798 条中，并且同时存在；另一方面是因为质押权人在进行自我救济时又需遵循有关强制执行的一般规定（《民事诉讼法典》第 502 条第 1 款）。

对此，有学者认为，立法者是通过一系列特别规定“为质押在强制执行阶段设计的多种特别实现方式”[31]，通过这些规定，立法者为质押财产的强制执行规定了多种方式，不同的方式之间在某些方面存在差异，这使得质押权人可以从这些方式中选择一种以实现自己的权利。[32]

由上可知，质押债权人既可以选择按照普通执行程序——《民事诉讼法典》第 502 条对相关的程序做了明确的规定——来实现质押权，也可以选择按照自力救济性的特别执行程序来实现质押权，总之，质押债权人享有选择权。如果债权人选择普通执行程序，那么必须将执行依据和催告支付令通知被执行人，但对质物的扣押并非必须。至于《民事诉讼法典》第 501 条规定的有关出售申请的 10 日延缓期应自催告支付令的通知送达之日起开始计算，因为此时扣押的功能已被质押设立的意思表示所替代。

选择普通执行程序还是自力救济性特别程序，应由债权人根据具体情况评估后作出判断，因为如果其已经获得了执行依据，那么其可以采取授权债权人许可出售之外的方式，也即避开这种执行方式带来的不便，因为在后一种执行方式中，一方面，其他权利主体可以依据《民法典》第 2797 条第 2 款之规定提出异议，从而导致执行中止；另一方面，其他债权人也能够扣押质物。

31　Rubino, *La responsabilità patrimoniale. Il pegno*, 260.

32　参见上书，第 261 页。

正如理论界已经正确指出的那样，质押债权人相较于其他债权人享有先取特权，因为其可以在没有执行文书的情况下要求用质押财产来实现自己的债权，而此时其他债权人——仅在持有执行文书且该执行文书是为了将特别程序转为普通程序时——才能参与变卖所得的分配。之所以如此，原因是先取特权体现为债务人不得对质押财产进行处分，因此当根据《民事诉讼法典》第 502 条之规定，发动普通执行程序时无需持有执行文书，而这也证明了扣押显得多余。[33]

此外，质押实现的特别程序——债权人可以通过这种方式在债务人破产期间对债务人强制执行，但应满足两个条件：一是其享有优先受偿权的债权须得到破产人的确认；二是根据破产法规定的方式获得破产法官的许可[34]——规定，宗旨是为了保障债权人能够实现其尚未实现的债权，且可以独立于普通的司法审判。质言之，为了使债权人能以最快的速度采取措施，并在没有执行文书和查封扣押的情况下通过强制执行实现债权。[35]

值得注意的是，应当区分质权权利内容中的预防性权利（potere cautelare）和自我保护性权利（potere di autotutela）：第一种权利表现为《民法典》第 2795 条规定中有关质押财产毁损、价值

---

33 Vaccarella, *Titolo esecutivo, precetto, opposizioni*, 2 ed., Torino, 1983, 52.

34 只要破产法官在听取债权人会议和破产管理人意见后，认可债权人享有因担保而产生的优先受偿权，并予以授权，那么在破产期间仍然可以基于质押而进行强制执行。有关论述，参见 Bongiorno, *La tutela espropriativa speciale del creditore pignoratizio*, in *RDP*, 1990, 1043 ss.; Vaccarella, *op. cit.*, 52, n. 12; E. Gabrielli, *Il pegno*, 351 ss.。

35 参见 Rubino, *La responsabilità patrimoniale. Il pegno*。

减损时债权人享有的权利；第二种权利表现为《民法典》第 2794 条、第 2796 条和第 2798 条所规定的内容。

质押债权人享有要求提前变卖质物的权利，行使该权利的条件是，在债权到期前，质押财产的情形恶化以至于债权人"有理由担心质押财产将不足以保障债权"，并且任何情况下都需向法官提出申请以请求"许可出售质物"。相反，自力救济性强制执行是质押债权人享有的具有排他性的、通过非司法途径实现债权的权利，行使该权利的条件是债权已届清偿期且债务人未履行债务。

事实上，一旦担保债权在到期后未获清偿，那么质押债权人可以根据《民法典》第 2796 条之规定，在其认为合适的时机，要求依据《民法典》第 2797 条规定的形式出售质物并用变卖所得实现其债权。根据《民法典》第 2804 条第 2 款和《民法典》第 2807 条，上述规则也适用于质押财产是债权和其他权利的情形。

此外，质押权人还可以要求按照《民法典》第 2798 条规定的方式，就质押的物、债权或其他权利进行折价清偿，直至债权实现为止。

由此，我们可以在质押制度中发现一系列体现自力救济的规定，它们表现为多种与权利保护和权利实现的实际情形相适应的程序。[36] 比如，《民法典》第 2794 条规定的留置权（diritto di ritenzione），《民法典》第 2796 条和第 2797 条规定的强制出售权——通过私人协商或债权人公开拍卖的方式实施，以及第 2798 条规定的折价清偿权（但法律规定该种方式必须向执行法官提出申请）。

36　参见 G. Costantino, *Le espropriazioni forzate speciali*, Milano, 1984, 307。

将质押归入权利保护部分，事实上也强调了质押和抵押在功能上的一致性，并且通过这种方式强化了这样一种观点，即有关不同类型担保之间的规定具有相互补充性。[37]因为在整个物权担保制度的有机体中，[38]可以肯定的是，在“质押和抵押之间存在一种对应性，并且有关抵押的法律规定可以适用于质押”[39]。

但是，根据理论界的权威观点，与特别先取特权相同，抵押和质押的物权性质，就实践而言鲜有非常重要的意义（scarso rilievo），因为通过抵押和质押的规定无法解决具体问题，进而需要诉诸物权法的规定来解决案件，这看起来似乎是一件遥远的事情。[40]

（五）质押担保和优先受偿权

在质押担保的法律结构中，可以将质押担保和优先受偿权分离开来，因为后者与质权的基本权利内容和绝对权属性不相符，只是法律基于质押综合法律关系而赋予质押权人众多权利中的一种。正因如此，在质权的形式结构中，优先受偿权仅表现为法律规定的一个方面。质言之，是对质物效用保留的结果，是能够优先于其他民事主体获得事先保留的质物效用的必要条件。事实上，对质押权

---

37 Realmonte, *Il pegno*, 798.

38 关于这一点，参见 Gorla e Zanelli, *Del pegno.Delle ipoteche*, 14; Pratis, *Della tutela dei diritti*, 7。

39 Gorla e Zanelli, *op. cit.*, 14. 相关判例，参见 Trib. Milano, 16 luglio 1997, in *Gius. civ.*, 1997, 2569。

40 Gorla e Zanelli, *op. cit.*, 181 ss.; Realmonte, *Il pegno*, 800; Chianale, *Le Ipoteca*, in *Tratt. dir. civ.*, dir. da Sacco, Torino, 2005 (2 ed., 2010), 161.

人而言，其享有的一系列权利、权力和权能都独立于优先受偿权，这些权利既有实体性权利，比如《民法典》第2794条第2款规定的留置权，也有程序性权利，比如强制转移权和直接强制执行的权利。

由上可见，优先受偿权的目的是保障在变现质押设立所保留的经济效用时，质押债权人可以优先于其他债权人受偿。优先受偿权是在质押设立后产生的，使得优先受偿权人在与无担保债权人（creditori chirografari）发生权利冲突时，可以据此来对抗无担保债权人。

然而，也有理论将质押担保和优先受偿权相等同，认为优先受偿权是担保权的第二核心内容（contenuto essenziale）。[41] 笔者认为这种理论应被驳斥，[42] 尽管这种理论也同意优先受偿权具有的只是一种补充功能，即是对效用保留功能的补充，且对物的效用保留才是教义学上物权担保的核心。

就担保权利的上述两个方面而言，尽管二者统合于同一制度之下，但确是可分的，因为相较于担保功能，优先受偿权仅是一种辅助性工具，担保实现的过程本身就是最好的证明。

事实上，由于质押担保对物的支配性和追及权，质押权在任何

41　参见 Spinelli, *Le cessioni liquidative*, vol. Ⅰ, 1959, Napoli, 211; Ravazzoni, *"Garanzia (diritti reali di)"*, 603。

42　关于区分质押担保与优先受偿权的详细论述，参见 Messineo, *Manuale di diritto civile e commerciale*, vol. Ⅱ, parte Ⅱ, 8 ed., Milano, 1951, 87。

也有观点认为担保和优先受偿权是一致的，对此的批判观点参见 E. Gabrielli, *Il pegno "anomalo"*, 62 ss.; D. Messinetti, *Le strutture formali della garanzia mobiliare*, 793 ss.; Realmonte, *Il pegno*, 831; Stella, *Il pegno a garanzia di crediti futuri*, 80; E. Gabrielli, *Il pegno*, 9。

情况下都具有绝对性特征，而优先受偿权则是对该绝对性特征的强化，特别是针对第三人的排他性而言，因为绝对性并非仅针对消极义务主体，也针对竞存的权利主体，这些主体一般情况下（即没有优先受偿权）应处于同一地位。

因此，即便每种担保类型的形式结构存在不同，但在物权担保的一般理论层面，可以将担保（garanzia）和优先受偿权（prelazione）区分开来，因为担保侧重强调的是行为的内部关系，即在担保合同当事人之间产生的关系；相反，优先受偿权侧重强调的是外部效果，侧重的是权利流转制度：权利是否具有对抗第三人的效力，以及如何解决担保人、质押债权人和第三人之间的利益冲突。[43]

《民法典》的相关规定已经体现了对担保和优先受偿权的区分——这指的是，就特定的构成要件而言，有时表现为担保的要件，有时表现为优先受偿权的要件（参见《民法典》第2787条、第2788条、第2894条、第2800条以及过渡性规定第237条[44]）——在任何情况下都不能认为这是相互矛盾的，包括未转移占有的情形。事实上，转移占有只是“优先受偿权的必要条件，而非充分条件，未转移占有只对会对质押权人是否能够对抗第三人产生重要影响”[45]。

43 关于这一点，参见D. Messinetti, *Le strutture formali della garanzia mobiliare*, 794 ss., 807 ss.。

44 参见Realmonte, *Il pegno*, 831。该学者强调并准确指出：“实际结果远远超出了优先受偿权的范畴，事实上，即使没有优先受偿权，这同样具有重要意义。对此，我们只需想想质押债权人与第三方购买人之间的关系就能明白：即便质押债权人的质押权是基于一个不能保证其享有优先受偿权的法律文件而设立的，其仍然能够以其质押权来对抗第三方购买人。”

45 Barbiera, *Garanzia del credito e autonomia privata*, Napoli, 1971, 118.

区分担保和优先受偿权，即质押内部关系（rapporto *inter partes*）和对第三人的外部关系（*erga omnes*）的区分，还得以使我们进一步区分设立质押的法律文件（titolo per la costituzione）和质押物权的设立。

在以设立担保物权为目的的行为中，行为本身首先创设了一种担保功能，同时会根据设立担保的法律文件的性质（法定、司法或意定）进而规定担保财产受担保物权的约束。

但是要想产生质押的效果，赋予相应的质押权利，必须剥夺（privato）担保人（债务人或第三人）对担保财产的法律处分权。

设立物权担保的法律文件，一方面反映了当事人之间有关物的流转的内部关系，另一方面也在对第三人的外部关系方面具有重要的意义，因为它赋予债权人一种——无论是就实质还是形式而言——特别的地位。这种具有重要价值的地位，授予债权人一种与担保财产（物或权利）有关的特殊资格（investitura），并使其可以根据已经存在的担保功能，通过适当的方式和手段，来剥夺他人对担保财产的处分权。

由此，在权利创设后和担保实现前——即实际剥夺担保人对担保财产（物或权利）的法律处分权——这段时间，便可能产生一种自治空白（margine di autonomia）。该自治空白产生的原因正是设立担保的法律文件的存在，因为该文件的信息需要用一种特定的形式传达于外部，这种形式可以是独自申请执行，也可以是参与执行。然而无论哪种情形，上述空白都使该权利具有特殊的法律效力。

设立物权担保的法律文件在外部效力方面具有重要意义，主要（尽管不是绝对的）体现在优先受偿权方面，特别是法律规定的必要实质要件和形式要件方面，这些要件反过来得以对权利主体在权利流通中的情况进行客观评价。事实上，担保法中有关优先受偿权的规定，本身正是为了解决潜在的利益冲突，它们预先规定了担保债权人在权利实现时的先后顺序。

质押债权人获得的与质押财产有关的优先权，由此变成了一种针对潜在利益冲突主体并能够对抗其权利主张的事由，其具体的实现方式有两种路径：一种是针对第三人、第三人的继承人或担保财产的受让人；另一种是针对担保人的其他债权人。

在第一种情形中，对抗第三人的权利实质上就是所谓的追及权，该权利的行使独立于优先受偿权，也即优先受偿权是否存在无关紧要，因为这种权利可以从设立担保关系的事实中找到依据。

相反，在第二种情形中，即针对存在利益冲突的其他债权人，担保关系的外部效果则必须通过优先受偿权来体现。

事实上，关于质押权针对第三人（*erga omnes*）的法律效力，在判断其是否具有优先性时，需要判断是否满足特定的条件，而上述条件的满足体现为采取了特定的形式——一般而言，这种形式应是在客观上易于被评估、被判断的形式。

基于上述原因，法律文件的重要性由此变成了得以对抗冲突利益主体的事由。

（六）质押权的特征：质押的从属性。在同一物上为同一债权人的多个债权设立质押的情形

质押物权的特征，正如通说所认为的那样，主要体现为质押的从属性和不可分性。

尽管通说认为从属性是质押的典型特征，但被认为是描述性的（descrittiva）[46]——因此并不适宜也不能为“所有与债权人和质押人相关的问题”提供解决方案[47]——因为，一方面，从该属性中并不能够产生直接的法律效果，另一方面，这种特征的重要性体现在具体问题的解决中，此时往往需要综合考虑整个制度并进行解释。[48]

通过立法规定来回应个案中精准审查的必要，其理由在于“相较于主债权而言，质押体现为一种独立的结构……和一种由担保目的衍生而来的独立功能”[49]。

由质押的从属性[50]进而引发出一系列的法律后果，这些法律后果与质权和质押债权密切相关，并需在具体问题中进行具体分析。[51]

被担保的债权可以是任何性质[52]的债，只要是独立存在的即可

46　Rubino, *La responsabilità patrimoniale.Il pegno*, 190. 无论是在1942年《民法典》之前，还是在最近，都有学者主张贬低——或更准确地说是“不强调”（Realmonte, *Il pegno*, 800）——质押的从属性特征。对于该问题，有关1942年《民法典》之前的论述，参见 Chironi, *Trattato dei privilegi, delle ipoteche e del pegno*, vol. Ⅰ, 92。有关最近学者的论述，参见 A. Candian, *Le garanzie mobiliari*, 103。该学者指出该概念表明“对其过分强调的程度超出了其实际操作性”。

47　Realmonte, *Il pegno*, 800; Id., voce *«Pegno (Ⅰ, in generale)»*, in *Enc. giur.*, 1990, 2.

48　Rubino, *op. cit.*, 190; Ciccarello, *“Pegno”*, 684; Realmonte, *op. cit.*, 800.

49　Rubino, *op. cit.*, 190; Ciccarello, *op. cit.*, 684; Pratis, *Della tutela dei diritti*, 9.

50　就质押的这一属性的论述，参见 Rubino, *op. cit.*, 190 ss.。

51　例如 Cass., 25 marzo 2009, n. 7214, in *Giust. civ.*, 2010, Ⅰ, 2305。该判决认为，根据《民法典》第 2784 条可以推论出从属性原则。根据该原则，一方面，当被担保的债权不存在时，关于优先受偿权的质押设立文件因欠缺原因而无效；另一方面，通过类推适用《民法典》第 2852 条规定，此时并不排除可以对附条件债权设立有效担保，也不排除对根据已存关系可能产生的债权设立有效担保。

52　Gorla e Zanelli, *Del pegno.Delle ipoteche*, 27.

[比如因物之债(obbligazione *propter rem*)、保证之债(obbligazione *fideiussoria*)[53]],至于给付的形式则无关紧要,因为在设立质押时,并不要求必须是金钱之债。事实上,之所以要求债是财产性的和可清偿的(这种债将来总是要被转变的,因而变成了损害赔偿之债),主要是为了将来能够进行强制执行。[54]

唯一的限制是被担保的债须为民法之债且不能是自然之债,[55]因为自然之债被剥夺了诉权,而质押的实质正在于债权人可以就保留的物进行强制执行之诉,并且赋予该诉以特别的法律效力。[56]由此导致的结果是,不能被诉诸强制执行的非债权性权利,不能对其设立质押担保。[57]

因此,存在被担保的债权成为设立质押的必要条件,由此导致的结果是,不能就非债权设立担保并产生约束力,因此也不会得到法律的认可,比如一个为所有权设立的质押(同样地,一个为所有

53 在选择之债的情形中,学者们指出,鉴于此时的法律关系是一个统一的整体,因此不能将担保仅限于其中的某一或某些给付——否则会导致当相关给付变成履行不能时担保消灭——而应认为担保及于所有的给付,如此一来,所有的给付便具有连带性,可以担保任一给付,并担保最终被集中的给付。对此,参见 Rubino, *La responsabilità patrimoniale.Il pegno*, 193。

54 参见上书,第 192 页。另参见 Pratis, *Della tutela dei diritti*, 13。

55 Gorla e Zanelli, *Del pegno. Delle ipoteche*, 27; Carpino, *Garanzie reali su beni mobili corporali,*195; Pratis, *op. cit.*, 14.

56 Rubino, *op. cit.*, 193; Pratis, *op. cit.*, 14.

57 参见 Rubino, *op. cit.*, 193。在该学者看来,担保的对象不能是债权之外的其他权利。之所以如此,恰恰是因为质押担保的特征在于其可能会启动的强制执行措施。这意味着,如果为其他的权利设立了质押,那么此时也应理解为质押担保的是因该原权利未得到履行而产生的债权。如此一来,与《民法典》第 2852 条规定的一般原则保持一致。相同的观点,另参见 Pratis, *op. cit.*, 14。

权设立的抵押也不会得到法律认可），[58]因为在这些例子中将导致所有权人从强制转让的价款中取得一笔钱款的权利。[59]

担保的从属性还能引出很多其他有待解释的问题，之所以如此，是因为立法虽然将存在被担保的债权规定为质押的必要条件，却未提及该债权是否必须具有可实现性，如此会产生新的疑问，比如是否可以对未来的债权设定质押，[60]以及是否可以对已过期但未消灭的债权设定质押。[61]

在围绕质押担保从属性的一众重要问题中，长期以来最吸引理论界兴趣的就是那些与可行性相关的问题，包括：是否可以针对"不特定债权——这种债权将来很可能会产生——设立质押，但自设立之时就开始产生质押效力（比如优先受偿权）"[62]；又如是否可以针对"附条件的债权"[63]设立质押；再如是否可以针对基于已经存在的法律关系而可能产生的债权设定质押，[64]还有所谓的总括质押（*pegno omnibus*）。[65]

58　Gorla e Zanelli, *Del pegno. Delle ipoteche*, 24.

59　Pratis, *Della tutela dei diritti*, 9.

60　对未来债权可以设定质押的最早论述，参见 Stella, *Il pegno a garanzia di crediti futuri,* 17 ss.。目前已为所有学者所承认。

61　Pratis, *op. cit.*, 10.

62　Gorla e Zanelli, *op. cit.*, 25. 两位学者对未来债权的质押持否认态度，但其认为能够就附条件债权设立合法有效的质押。

63　Pratis, *op. cit.*, 11. 该学者对这种情况的解释是，当条件成就时，基于其溯及既往性，此时应作出假设性认定，即就好像在质押设立时债权已经成立。

64　参见 Rubino, *La responsabilità patrimoniale. Il pegno*, 191; Pratis, *op. cit.*, 10。根据鲁比诺的观点，承认这种设立的理由是，《民法典》第 2852 条有关抵押的规定也适用于质押的情形。

65　参见 E. Gabrielli, *Il pegno*, 83 ss.; Stella, *op. cit.*, 27 ss.。

此外，就质押从属于主债权这一特征而言，一个有利的例子是在同一物上为同一债权人的多个债权设定质押的情形。

针对前述在同一物上为同一债权人的多个债权设定质押的情形，理论界存在这样的疑问，即此时究竟是存在多个不同的质押还是存在一个统一的质押？该问题具有很强的实践意义，特别是当质押债权被让与多个人时，或者当质押债权因被继承而导致数个不同的共同继承人分割债权时。

对此，占优势的观点认为，此时构成多个不同的质押，由于存在多个不同的质押，因此，如果这些不同的质押是先后相继设立的，那么依照其设立的日期先后确定其优先顺位；相反，如果是同时设立的，那么这些质押具有相同的优先顺位。[66]

由此导致的结果是，如果其中一个债权消灭，由于质押的不可分性，质押财产仍应对其他的债权承担担保责任；如果质押财产被强制执行以实现其中的某个债权后仍余有价值，此时如果其他债权仍未届清偿期或未满足履行条件，那么可以类推适用《民法典》第 2795 条之规定，由此导致的结果是，质押财产的所有权人可以要求将变卖所得的余额进行提存，或者在所有权人未提出上述请求时，其他债权人可以持有余额，此时将构成不规则质押（pegno irregolare）。[67]

66 Rubino, *La responsabilità patrimoniale.Il pegno*, 194; Pratis, *Della tutela dei diritti*, 10; Realmonte, *Il pegno*, 803.

67 Rubino, *op. cit.*, 194.

（七）债权让与和担保的变更

质押的从属性还体现在债权让与的情形，即随着主债权的让与而被让与。

事实上，由于债权让与并未给担保关系带来任何内容或期限的变化，因此在债权让与的情形，包括通过让与合同转让被担保的债权的情形，即便出质人是第三人，质押也随着债权让与而自动被转让给债权的受让人（《民法典》第1263条第1款，以及《民法典》第1253条规定的因混同而使担保消灭的情形），[68]同时债权受让人将替代让与人的地位，获得与受让人相同的地位和权利。

尽管如前所述，在债权让与中，质押是自动被转让的，但就对质物的占有而言，如果出质人不同意转移对质物的占有（《民法典》第1263条第2款），那么对质物的占有不能随债权让与而自动让与。此时，债权和担保仍正常转让，但新的债权人，尽管其仍可以行使所有与质押担保相关的权利和权能，但不能在将来取得对质物的占有，此时债权让与人将仍然占有和保管质物，只是其对质物的占有是以被选任的保管人的身份，为新债权人的利益而占有和保管。[69]

对债权让与的受让人获得债的从属利益（accessori）和取得原债权人地位的权利而言，尊重出质人的合法利益将是其不可逾越的障碍，然而这并不违反从属性原则，也不违背担保物权对物的排他占有的物权属性。[70]

68　参见 Valentino, *Le cessioni dei crediti. Il Factoring. La cartolarizzazione*, Napoli, 2003, 57。

69　参见上书，第61页。

70　V. Panuccio, *La cessione volontaria dei crediti nella teoria del trasferimento*, Milano, 1955, 39, n. 50; P. Perlingieri, *Della cessione dei crediti*, Napoli, 2010, 142.

由上可见，只有经过出质人的同意方可转移质物占有，出质人的干预体现的法律原则是“一个行为可能损害他人的法律利益，那么没有该人的同意，不能产生法律效果”[71]。

此外，人们还注意到：一方面，出质人的同意，既可以是与债权让与行为一起实施，也可以是一个单方行为，即在债权让与之外单独作出；[72]另一方面，法律规定的是，未经出质人同意不能转移质物的占有，而不是规定让与人应当转移占有。[73]

如果出质人明确表明不同意将质物移交新债权人占有，但债权让与人仍将质物转移给受让人占有，那么此时质物的所有权人既可以提起返还财产之诉（azione di revindica），要求受让人重新将物交付给债权让与人，也可以依据《民法典》第 2793 条之规定，要求对质物进行假扣押（sequestro）。此外，债权让与人应对其过错行为可能造成的损害承担违约责任，但能够证明即便质押财产由其保管，损害仍会发生的除外。相反，根据《民法典》第 1263 条第 2 款之规定，债权受让人并未负有特别的义务，因此其只对因其过错行为造成的损害承担侵权责任（illecito aquiliano）。

如果出质人是第三人，那么转让对质物占有的请求能使其知晓质押权人的变动情况；但是，如果未向出质人提出请求且质押财产仍为原来的权利人所占有，那么对出质人而言，在强制执行开始前是否知晓质押被转让，对其利益并无太大的影响。因为在执行程序

---

71 P. Perlingieri, *Della cessione dei crediti*, 142.

72 Panuccio, *La cessione volontaria dei crediti nella teoria del trasferimento*, 39, n. 50; P. Perlingieri, *op. cit.*, 142.

73 P. Perlingieri, *op. cit.*, 143.

启动时，根据法律规定，为了让出质人知晓执行程序启动的情况，执行申请人应通过催告支付令通知出质人。[74]

主债务的变更会影响质押，这是由质押的从属性决定的，立法者对此也做了明确规定（参见《民法典》第1232条关于客体更新，[75]第1235条关于主体变更，第1275条关于委托给付、债务参加和债务承担等规定）。这指的是，与其他担保相同，在债变更时，只要出质人未明确表示继续承担质押责任，那么质押消灭。[76]

就代位清偿的情况而言，《民法典》第1203条第1款规定，"为无担保债权人的利益，向另一个按其……质权的顺位在前面的债权人进行给付"时，发生法定代位。该款规定是基于适当性的考量（opportunita），因为一个享有在先顺位先取特权的债权的存在，不影响其后的权利以及与之相关的任何担保。[77]

---

74 Rubino, *La responsabilità patrimoniale.Il pegno*, 198.

75 参见 P. Perlingieri, *Dei modi di estinzione dell'obbligazione diversi dall'adempimento*, in *Commentario Scialoja e Branca*, 1975, 126 ss.。

76 在客体变更的情形，根据《民法典》第1232条之规定，当事人可以通过明确约定的方式，继续维持质押对新债权的担保效力。但是，如果是债权人与连带债务人中的一个债务人之间发生变更且对所有的债务人产生债务消灭效力的，那么质押仅对变更的债务人的财产继续生效。具体参见 Rubino, *op. cit.*, 198; Realmonte, *Il pegno*, 803, n. 31。

77 Carpino, *Del pagamento con surrogazione*, in *Commentario Scialoja e Branca*, 1988, 70. 就这一点而言，另参见 Cass., 07 aprile 2011, n. 7978。根据该判决，在当事人事先就程序达成协议的效力范围内，即"就担保物实现担保物权程序达成协议的效力范围内——在本案中，在程序获得认可后，变卖第三人为担保债务人的债务设立质押而交付的有价证券——不适用《破产法》第6条规定的原则。根据该条规定，数个连带债务人的债权人可以在某个债务人破产时在该程序中主张其全部债权，直至其债权得到全部实现。事实上，从前述执行获得的部分中扣除为实现债权而支出的必要费用，一方面，通常是对特定资产担保的债权人采取不同保护形式的结果——比如为他人债务提供质物的第三人，尽管其可以根据《民法典》第1203条第3款享有法定代位权，（转下页）

《民法典》第 1204 条第 1 款规定，在代位的情形中，无论是意定的还是法定的，代位人将取代原债权人并获得其地位，并承继原债权的所有担保，无论该担保是由债务人自己提供的还是第三人提供的。此外，根据《民法典》第 1263 条之规定，如果出质人同意，那么可以将质物交于债权受让人占有；如果出质人不同意，则仍应由债权让与人保管质物。[78] 但需要注意的是，如果代位清偿的只是部分给付，则不适用《民法典》第 1204 条之规定，因为根据担保的不可分性（indivisbilità），质押不发生部分代位的效力。

（八）（续论）质押的可转让性，以及独立于主债权转让质押优先受偿权顺位的问题

关于是否可以在不转让主债权的情况下让与质押这一问题，即在为某一特定债权设立质押后，是否能够将该质押让与同一债务人的其他债权人（显然此时转让的仅是担保，而并不移转质物的占有给无担保债权人），特别是能否在原担保债权的范围内将质押转让给无担保债权人（creditore chirografario），意大利法律并未作出明确的规定，由此产生了多种不同的理论。

肯定说认为，质押的从属性并不意味着其必须依附于设立质押时的原债权，而只是说其必须依附于一个债权，这意味着质押的从

（接上页）但根据严格法（*stricto jure*）又并非债务人，因此也不能将其等同于连带债务人；另一方面，就追偿权而言，《破产法》第 6 条表明，其在破产程序中没有复制和类推广泛应用的可能性，因为根据《民法典》第 1299 条规定的连带债务的一般原则，追偿权仅属于那些为其他人承担给付义务的人，比如连带债务人或者享有代位权的人”。

78 参见 Carpino, *Del pagamento con surrogazione*, 138。

属性仅能阻止将其让与非共同债务人的债权人，因此，只要受让质押的债权人与原质押债权人的债务人是同一人，根据意思自治原则应肯定质押的可让与性，并允许其让与，但违反保护第三人利益原则的情况除外。[79]

否定说[80]则强调认为，债务人可能会更倾向于消灭甲债而非乙债以实现自己的利益，而且允许将质押让与无担保债权人可能会损害债务人的利益，因为“债务人在偿还质押债权人债务的同时，也获得了要求其返还质押财产的权利，或者解除了质押财产上所受的束缚”[81]。

此外，还有一些学者持其他意见，但他们的态度并不明确。一方面，他们并不赞同肯定说的论证逻辑，理由主要是援引有关债的代位、债的变更等法律规定，但这些法律规定的都是特殊情形；但另一方面，他们又认为，如果所有权人同意转让，那么应该承认其效力。

由此导致的额外的结果是：“从技术的层面而言，可以在不转让质押债权的情况下转让质押，但对于未询问所有权人的意见而转让质押的情况，人们则对其效力存疑，主要的顾虑是认为这种情况可能会损害出质人的利益。”[82]

理论界的共识是，在同一物上设定多个质押的情况下，在这些质押债权人间可以让与质押或协商变更优先受偿权的不同顺位，因

79 Montel, *“Pegno”*, 792.

80 Lordi, “*Pegno civile*” e “*Pegno commericiale*” , 650; Gorla e Zanelli, *Del pegno. Delle ipoteche,* 26; Realmonte, *Il pegno*, 804.

81 Gorla e Zanelli, *op.cit.*, 26; Realmonte, *op. cit.*, 804.

82 Rubino, *La responsabilità patrimoniale.Il pegno*, 199.

为在这种情况下达成的协议并非仅具有纯粹的债的效力，而是一种具有对抗第三人效力（*erga omnes*）的处分行为，即利害关系人（所有权人、债务人、无担保债权人）不能拒绝承认和不能拒绝接受。[83]

上述让与协议可以对抗顺位在后的债权的受让人，并且在具有同一优先顺位的多个债权人之间发生利益冲突时，债权文件载明的时间在先的债权优先。[84]

（九）质押的不可分性。质押和优先受偿权扩展及于债权的利息

质押的特征还包括不可分性，这表现为担保扩展及于担保物的全部、收益和所有部分。当担保财产为多个物时，担保则不加区分地及于全部的物。

《民法典》第 2799 条对此做了规定——该条基本沿袭了 1865 年《意大利民法典》第 1889 条的规定，[85]没有做实质的变化——根据第 2799 条之规定，质押“在债权未得到完全履行之前，是不可分的，并担保债的完全实现”。

质押不可分性表现为质押不受原法律关系任何变更的影响，即便原法律关系的变化可能会导致质物分割或质押财产的减少，[86]该属性背后的理论考量，并非是“不可违背的逻辑原则，而是出于强化

83 Rubino, *La responsabilità patrimoniale.Il pegno*, 200; Gorla e Zanelli, *Del pegno. Delle ipoteche*, 27; Realmonte, *Il pegno*, 803.

84 Gorla e Zanelli, *op.cit.*, 27, 145.

85 参见 Chironi, *Trattato dei privilegi, delle ipoteche e del pegno*, vol. Ⅰ, 106。

86 Ravazzoni, *Garanzia (diritti reali di)*, 605.

担保的实践需要”[87]，因为如果允许质押可以分割，那么会给针对债务人的强制执行带来障碍和不便。[88]但是，各方当事人也可以通过协议的方式来放弃不可分性并约定不同的规则，[89]即通过专门条款约定，在偿还部分债务时可以返还部分质物或（/和）将担保责任限于事先确定的债权数额的一部分。[90]

不可分性原则是《意大利民法典》第2809条规定的重心所在，其主要作用于两个方面：一方面是关于被担保的债权，另一方面是关于担保财产。[91]

就第一个层面而言，不可分性原则决定了，质押不考虑质押设立后可能导致债的部分消灭或因继承而引起的债权、债务的分割等情形。就第二个层面而言，即便质物被分割，也不妨碍质物分割后的每个部分对整个质押承担担保责任；这与就多个物设立质押的情形相同，此时每个质押财产都应对全部的债承担担保责任。[92]

在质押担保的传统构造中，质押担保的不可分性还涉及担保的

---

87 Gorla e Zanelli, *Del pegno.Delle ipoteche*, 145.

88 Pratis, *Della tutela dei diritti*, 122.

89 Gorla e Zanelli, *op.cit.*, 145-146. 在戈拉和扎内利看来，之所以存在放弃质押不可分割性的可能，是源自实践需要；但未经出质人同意，债权人不能分割物，以便于其可以就某一部分起诉来实现债权。另参见 Rubino, *La responsabilità patrimoniale. Il pegno*, 201; Ciccarello, *"Pegno"*, 685; Galgano, *Diritto civile e commerciale*, vol. Ⅱ, t. Ⅱ, 507。

90 Realmonte, *Il pegno*, 805.

91 Carpino, *Garanzie reali su beni mobili corporali*, 196; Realmonte, *op.cit.*, 804; Bigliazzi Geri, Breccia, Busnelli e Natoli, *Diritto civile. Obbligazioni e contratti*, 240. 根据比利齐亚·杰里、希雷恰、布斯内利和纳托利等人的观点，不可分割性不仅适用于被担保的债权，而且还适用于担保财产。

92 Gorla e Zanelli, *op.cit.*, 145. 两位学者在此对相关文献做了详细梳理。

扩张。[93]

就被担保债权而言，这体现在当债权部分消灭时，质押仍及于设立时的整个或所有质押物（或财产）和收益，且出质人无权要求减少质押财产。如果债权或债务因继承被分割成不同的份额，那么此时质押仍应作为一个整体看待，并对每个份额承担担保责任。在债务人有多个继承人的场合，如果整个（或全部）质物的所有权因继承而归属其中的某一个继承人，即便该继承人已经履行了与其份额相对应的债务，在整个债被履行之前，他也无权要求返还质押财产；反过来，在债权人有多个继承人的场合，如果债权被分割成多个份额，即便其中某个继承人对应的份额已被清偿，但只要其他共同继承人的债权尚未被债务人清偿，那么此时他不能将其占有的质物返还给出质人。此外，如果债权的数额，因利息或其他原因而增加，那么质押同样及于增加的部分。[94]

当质押担保被限于部分债权时，只要债务人履行了与担保对应部分的债务，那么质押将随之消灭；反之，如果是整个债务都未履行，或者虽然不是完全未履行，但与质押担保所对应的部分未履行（或部分未履行），那么质押债权人可以对整个质物采取强制执行措施，并从中获得与被担保的债权相对应的价值，进而导致相应部分的担保消灭。至于剩下的债权，仍可用被强制执行的质物清偿，但此时对该部分价值不享有担保利益。

93 质押不可分割性原则的一个例外是《民法典》第1849条规定的提前归还银行贷款的情形。根据《民法典》第1849条之规定，在债务履行期限届满前，债务人可以提前偿还银行贷款以部分取回用于质押的有价证券或商品，取回的部分应与"按提前偿还金额及欠银行的其他款项"的比例一致，但质押财产不足以担保剩余债权的除外。

94 Rubino, *La responsabilità patrimoniale.Il pegno*, 201.

担保的不可分性——当事人可以通过明示的特别约定予以排除——还事关质押财产，因为质押一旦设立，那么无论质押财产之后是因客观原因还是因法律上行为被分割，用于质押的多个质物中的每个质物或被分割后的质物的每个部分，都应对整个质押负责。[95]

此外，质押的不可分性并不排除将质押财产作为一个整体为多个不同的债权设立担保，但前提是被担保的债权中至少有一个债权是被确定的债权，因为此时质押是就其全部来担保该被确定的债权。[96]

基于质押的从属性和不可分性，在立法层面，无论是质押还是《民法典》第2788条规定的优先受偿权，都扩展及于实现债权的费用和债权的利息，因为上述有关优先受偿权的法律规定："对扣押财产当年的利息，或者虽没有实施扣押但发出催告通知之年的利息，也有优先受偿权的存在。此外，对随后出现的到期利息，直至其出售之时，在法定利率的范围内，也发生优先受偿权。"[97]

《民法典》第2788条规定——尽管其规定的仅是优先受偿权，但在解释上被认为是有关质押的所有权利内容的规定，是对担保利益的扩展延伸[98]——的目的在于明确，除了之前的利息外，在法律规定的两个确定的时间之间也计算利息，且该利息不但受优先受偿

95 Rubino, *La responsabilità patrimoniale.Il pegno*, 202.

96 Cass., 5. luglio 2000, n. 8970, in *Corr. giur.*, 2001, 1499, con commento di Cavone, *Il pegno omnibus e la tutela dei creditori concorrenti*.

97 Gorla e Zanelli, *Del pegno. Delle ipoteche*, 96.

98 Rubino, *op. cit.*, 194.

权的保护，而且应以相同的利率计算。[99]由此，有学者认为，优先受偿权“首先针对的是到期利息，包括扣押之前的利息”。这与相似情形中抵押的规定不同，两者区别的原因在于，质押主要通过与债权相关的日期的方式来起到公示的作用，特别是数额较大的债（即数额超过5000里拉）需采用载有明确日期的书面文件的形式，该书面文件中应包含债的利息以及利息的计算方式和计算标准。[100]

根据部分学者的观点，利息应按整年计算，即便在当年结束前已经执行完毕也应计算全年利息。事实上，立法者或许是认为两者的财产差异非常细微，因此似乎不愿在确定利息时要求根据经过的时间来计算对应比例的利息。至于在该年之后可能出现的到期利息，根据《民法典》第2788条之规定，担保的范围则限于在出售之日或折价清偿之日前，依照法定利率和实际经过的时间计算的利息。之所以如此的理由在于，需要避免因担保债权的利息累计计算而导致无担保债权人或后顺位的先取特权人处于过于不利的境地，因此，如果约定的利率低于法定的利率，那么在计算债权的利息时应依据约定的利率进行计算。[101]

另一种理论则作出了不同的解释。[102]他们认为，在计算质押债权的利息时，没有理由认为应按照整年计算利息，包括在当年结束前已经实现了债权的情形，因为一般而言，应根据经过的时间的比例来计算与之对应的那部分利息。因此，前述规定更应被理解为，

---

99 Pratis, *Della tutela dei diritti*, 63.

100 Gorla e Zanelli, *Del pegno. Delle ipoteche*, 96. 另参见 Pratis, *op. cit.*, 64。

101 Rubino, *La responsabilità patrimoniale.Il pegno*, 194.

102 Pratis, *op. cit.*, 64.

质押权人可以主张的利息应限于法律规定的债权实现之时——“财产扣押之年或催告通知之年”——所对应的时间计算所得的利息。之所以这样，是出于这样的考虑，即质押债权人实际上享有扣押质物的权利，只是法律免除了其扣押质物的义务（因此可以认为其已经扣押了质物）。至于将利率限于法定利率——即在计算财产扣押之后的利息或催告通知之年之后的利息时——的目的在于，避免因时间延长导致的利息累计计算，致使其他债权人（无论是无担保债权人还是其他优先顺位靠后的先取特权人）陷于过于不利的境地。[103]

针对《民法典》第 2788 条的解释，还有学者提出以下疑问，即质押优先受偿权的范围是否可以及于设立质押的费用、为收回被质押的债权而发生的支出、保管质物的费用，以及其他与债相关的费用？一些学者以《民法典》第 2794 条之规定为论据，对此给出了肯定的回答。他们认为，《民法典》第 2794 条规定“未偿付有关债务和质押的费用，则质押人不得要求返还质押物”，尽管该条规定的是质押权人的留置权而非优先受偿权，但是从该条规定中显然可以看出，规定两种权利的法律之间存在共同的理论基础，这种共同性使得人们可以认为对前述问题的回答应是肯定的，即优先受偿权可以涵盖相关的费用。[104]

此外，理论界还提出以下疑问，即如果在质押设立后，因为其他原因而导致债权增加，那么对增加的这部分债权，是否可以主张优先受偿权？就违约行为而导致的损害赔偿而言，通说认为答案是

103　Pratis, *Della tutela dei diritti*, 64.

104　Pratis, *op. cit.*, 65.

否定的，理由是，只有与《民法典》第 2794 条所规定的留置权相关的债权才可以适用优先受偿权。[105]

（十）质押设立的形式和要件

在质押中——无论是动产质押、债权质押，还是其他权利质押——要区分两个部分：一个是设立质押的法律文件（通常是质押合同，也可能是某个产生质押义务的单方行为），另一个是质押权利的设立，[106]即设立质押的额外要素（il modo），其中设立质押的额外因素会根据质押类型的不同（动产质押、债权质押、其他权利质押）而有所不同。二者的关系是，设立质押的法律文件是质押权利的基础。[107]

之前我们已经阐述了担保和优先受偿权的区别，它们分别对应内部法律关系和外部法律关系，这种区别使得我们可以进一步将设立质押的法律文件和质押权利的设立区分开来，因为在质押设立的过程中，根据各个部分完成的先后顺序，其首先形成的是一种担保功能，之后再根据设立质押的法律文件的规定和依照该法律文件的性质（法律文件、司法文件、意定文件），将法律文件规定的财产置于担保物权的约束之下。

但是，为了产生相应的质押权利，在质押设立的过程中，必须剥夺（privato）出质人（债务人或第三方）对质押财产实施法律处

---

105 Pratis, *Della tutela dei diritti*, 65.

106 有关这方面的论述，参见 Realmonte, *Il pegno*, 827。

107 Gorla e Zanelli, *Del pegno. Delle ipoteche*, 57. “所谓构成质押的基础是指，如果设立质押的法律文件无效，那么设立的质押也无效。”

分的权利，以实现担保功能。

设立物权担保的法律文件，一方面反映了当事人之间有关物的流转的内部关系，另一方面也在对第三人的外部关系方面具有重要的意义，因为它赋予债权人一种——无论是就实质还是就形式而言——特别的地位。这种具有重要价值的地位，授予债权人一种与担保财产（物或权利）有关的特殊资格（investitura），并使其可以根据已经存在的担保功能，通过适当的方式和手段，来剥夺他人对担保财产的处分权。

由此，在权利创设后和担保实现前——即实际剥夺担保人对担保财产（物或权利）的法律处分权——这段时间，便可能产生一种自治空白（margine di autonomia）。该自治空白产生的原因正是设立担保的法律文件的存在，因为该文件的信息需要用一种特定的形式传达于外部，这种形式可能是独自申请执行也可以是参与执行，然而无论哪种情形，上述空白都使该权利具有特殊的法律效力。

至于设立质押的法律文件的形式要件和内容，除了适用意思表示和合同的一般原则外，根据质押类型（动产质押、债权质押、其他权利质押）的不同也会有不同的要求。

就设立质押的法律文件的形式要件和内容而言，尽管一般认为其应明示所担保的每个债权的数额、质押的性质、来源和债的履行期限等内容，但鉴于其具有的重要地位——无论是就质押的相关法律规定而言，还是就质押产生的对抗第三人的效力和优先受偿权的效力而言——因此应结合每个具体担保类型中可能出现的问题进行仔细的研究。

通常而言，设立质押的形式是合同和单方法律行为，[108] 因此，如同任何一个意思自治行为一样，除了法律要求的其他条件外，质押设立人需具有民事行为能力，因为设立质押的行为将会导致出质人财产的减损（depauperamento），[109] 这已经超出了普通管理行为的范畴 [110] ——尽管为担保债务而设立质押也属于普通管理行为。[111]

关于行为能力这一要件，应根据实施的行为来适用有关的规定，但有疑问的是，在无权代理人设立质押的场合，即质押设立人未经他人授权却代表他人设立质押时，是否可以类推适用《民法典》第 2822 条第 2 款之规定，即如果质押是由无权代理人设定的，那么仅在所有权人追认该设定的情况下，质押设立方才有效？[112] 对此，人们认为，即便承认可以在被追认前设立质押，也不能以追认的不可溯及力为由（《民法典》第 1399 条），进而认为侵害了无担保债权人等第三人的权利。[113]

---

108 Rubino, *Il pegno*, 239. 该学者反对双务合同说，并认为质押合同的法律性质是单务合同。在该合同中，承担主合同义务的是债权人，具体内容是在债消灭时返还质物；同时，其他的义务（如保管物）则具有从义务的特征。

109 参见 Cass., 11 gennaio 2011, n. 439。根据该案判决意见，在某项财产上设立质押是一种财产处分行为，它会导致债务人一般责任财产的减少，甚至最终可能会间接导致担保物被转让，进而使债务人的财产变少或更贫瘠，而这与质押财产的经济价值多少无关。此外，根据《民法典》第 2787 条之规定，原则上，受质押担保的债权人有权根据优先受偿权要求用质物折价清偿，这进一步限制了无担保债权人就质物实现其债权的可能性。最终判决认为——笔者认为该判决明显不合逻辑和不具有说服力——设立质押行为并不能代表出质人的财产已经减少或恶化，而只能代表其与所承担的债务相适应。相同的判决意见，另参见 Cass., 4, ottobre 2010, n. 20576。

110 Realmonte, *Il pegno*, 830.

111 Rubino, *op. cit.*, 225.

112 相关的理论探讨，参见 Gorla e Zanelli, *Del pegno. Delle ipoteche*, 62。

113 Realmonte, *op. cit.*, 830.

原则上，设立担保可以是有偿的，也可以是无偿的，[114]但《民法典》第 2901 条第 2 款对此做了例外规定——根据该条规定，为他人债务提供担保的行为，当与担保债权同时发生时，构成有偿行为，可以提起撤销之诉。此外，行为的性质，即有偿还是无偿，也会影响破产程序中是否可以对担保行为提起撤销之诉。

欠缺必要条件会导致设立质押的法律文件无效（nullo）或可被宣告无效（annullabile），比如质押设立人不具有相应的行为能力或设立担保的行为存在意思表示瑕疵，只要设立质押的法律文件被宣告无效，那么质押也将无效，由此导致的结果是，债务人或其债权人可以要求解除质物上的质押担保责任，或者为实现该目的而要求履行相关的行为（比如要求宣布在记名证券的发行人或在公共登记机构处所做的登记无效）。[115]

如果设立质押的法律文件不具备《民法典》第 2787 条［该条规定“在担保债权超过 5000 里拉的情况下，如果质权未以包含对债权和财产的充分说明且载明时间的书面形式（scrittura con data certa）设定，则不产生优先受偿权”］和《民法典》第 2800 条规定（该条规定“如果质权不是以书面文件设定以及质权的设定没有告知质押债权的债务人，或者未以载明明确时间的书面形式接受的，该质权没有优先受偿权”）的实质要件和形式要件，将导致质押不具有优先受偿权，甚至——如果质押的设立需要在公共部门登记的（《民法典》第 2806 条）——整个质押不能对抗第三人。[116]

114　参见 Rubino, *La responsabilità patrimoniale. Il pegno*, 237。

115　Gorla e Zanelli, *Del pegno. Delle ipoteche*, 61.

116　参见同上。另参见两位作者在此处所引用的其他文献。

（十一）载明时间的书面文件和质押债权人的优先受偿权

质押的设立可以采取任意形式（forma libera），[117]可以通过口头方式设立质押，甚至有观点认为可以通过默示方式设立（tacitamente）。[118]事实上，法律（《民法典》第2787条第3款、第2800条和第2806条）关于书面形式[119]、载明时间以及其他要件的要求，并不是对整个担保物权[120]而言，而仅是优先受偿权的形式要件，即为保护质押债权人，使其享有优于其他债权人[121]得到保护而提出的生效要件要求，因此这些要求可以说是为了解决不同顺位的债权人之间利益冲突而设定的标准，同时也起着保护第三人利益的作用，特别是那些与质押权人产生利益冲突却可能因担保关系当事人串通而遭受损害的第三人。

居于支配地位的观点认为，这些形式要求是一种实质性形式

117 Gorla e Zanelli, *Del pegno. Delle ipoteche*, 58; Rubino, *La responsabilità patrimoniale.Il pegno*, 224; Ciccarello, *"Pegno"*, 695; Realmonte, *Il pegno*, 830.

最近的相关司法判例，参见Cass., 11 luglio 2012, n. 11651。根据该判决，综合考察《民法典》第2786条和第2787条之规定，应认为在质押法律关系中，法律对质押并未有任何外在形式要求，只要交付了质物即可有效设立，至于法律规定的，需包含被担保债权和担保财产且载明具体日期的书面文件的要求，其目的仅在于对抗第三人。

118 Rubino, *op. cit.*, 225.

119 这种规定与之前的规定一致。如早在《拿破仑法典》第2074条和第2075条中就已引入该规定，之后1865年《意大利民法典》第1880条和1882年《意大利商法典》第454条也沿袭了《拿破仑法典》的规定。有关《拿破仑法典》中引入类似规定的论证，参见Troplong, *Dé privilegi e delle ipoteche*, 1847, n. 170, 150; Baudry-Lacantinerie e De Loynes, *Del pegno, dei privilegi, delle ipoteche e della espropriazione forzata,* Ⅰ, 125 ss.。

120 Rubino, *op. cit.*, 227. 另参见Ciccarello, *op. cit.*, 695; Realmonte, *op. cit.*, 831。

121 参见Cass., 7 giugno 1999, n. 5562, in *Il fall.*, 2000, 741。

（*forma ad substantiam*），[122] 而非证明性形式（*ad probationem*）。

如果赞同和认为[123]《民法典》第 2787 条第 3 款和第 2800 条规定的形式是对抗第三人效力的形式要件的话，那么前述观点显而易见是正确的。

此外，人们还正确地指出了以下重要的事实，即《民法典》第 2787 条和第 2800 条规定的书面文件，应进一步类型化，因为根据前述法律规定，"为了享有优先受偿权，质押应采用书面文件形式，该书面文件应载明具体时间并包含对所担保的债权和用于质押的质物的充分说明"[124]。也就是说，该书面文件不必与设立质押的意思表示完全一致，[125] 但其内容应包含——但在账簿中签注的情

122　根据鲁比诺的观点，其不仅认为这不能通过证词证据和推定证据来认定，也不能通过自认和誓词来认定。对此相关的论述，参见 Gorla e Zanelli, *Del pegno. Delle ipoteche*, 88; Rubino, *La responsabilità patrimoniale. Il pegno*, 228; Pratis, *Della tutela dei diritti*, 54。

一些学者则认为可以通过证词证据来证明日期，但此时应仅限于《民法典》第 2787 条规定的签署日期，而不包括有关债权和质物的充分说明。对此相关的论述，参见 Colombo, *Preblemi risolti ed irrisolti nella giurisprudenza sul pegno*, in *Banche e banchier*, 1989, 212。但对该种观点也有不同的看法，相关的反驳意见，参见 Perris, voce *Data. Data certa,* in *Nuovo dig. it.*, vol. Ⅳ, Torino, 1938, 548。

123　M. Giorgianni, *"Forma degli atti (diritto privato)"*, in *Enc. dir.*, XⅦ, 1968, 997, ora in *Scritti minori*, Napoli, 1988, 695.

124　Realmonte, *Il pegno*, 838. 该学者强调，正如《民法典》第 2787 条规定的那样，该条规定的形式要件仅具有对抗效力。但是，确定其他种类的形式要件并非没有重要的实践价值，因为法律要件所对应的那种需要，既可以通过同时进行书面约定或备案实现，也可以是在不同的时间完成来实现（如过一段时间后），其都是为了查清和确定事实。质言之，其目的并非设立质押，而是其他。

125　Colombo, *op. cit.*, 209. 该学者强调认为，质押实际上"可以通过口头方式设立，也可以通过书面形式设立——包括通过未载明确定日期甚至债权人无法证明具体日期的书面形式设立；但是如果书面文件中提及了质押，且除了法律关系主体之外，还包含了质物和债权等内容，那么即使制定该书面文件的目的不是为了设立质押，只要该书面文件载明了具体的日期，就能够产生优先受偿权"。

形除外——唯一的额外要件，即当事人的签名，至少应包含出质人的签名。

此外，似乎可以认为《民法典》第2787条和第2800条之规定具有基本条款的属性（natura di norma materiali），因为其立法目的指向的是实际的结果，而非仅限于其规定的具体情形，也不是评估是否符合所追求目标的唯一评估手段。

理论和司法实践还认为，法律规定的载明书面文件的具体和全部内容，并非必须包含在同一个文件中，也不必与设立质押的法律文件相一致，而是可以分别在不同的、分开的文件中载明——只要这些分散的文件能够表明其构成一个统一的文件即可，此外，对上述内容的确定，还可以通过对多份书面文件——但每个文件都应载明具体日期——的综合考察认定。[126]

质言之，也可以在设立质押的法律文件之外，另行签订文件。如果采取这种模式，那么该文件也可以在签订具有设立担保功能的文件之后的某个时刻（显然只有这样才能产生优先受偿权的效

126 参见 Cass., 5 settembre 2006, n. 19059。该案判决认为，根据《民法典》第2786条第1款和2787条第3款之规定，只要交付了质物，质押即可有效设立，无需任何特定形式，至于书面形式、担保债权和担保财产的明确确定，仅是享有优先受偿权的必要条件，也即其效力是使质押权人能够对抗出质人的其他债权人。根据相同的模式，如果出质人是债务人之外的第三人，且设立质押时未完全遵守法律有关优先受偿权规定的要件，那么这会使出质人的其他债权人获益——而非被担保的债务人的其他债权人——因为此时质押担保不能对抗出质人的其他债权人。由于书面形式并非实质要件，因此当其他文件符合要求时也可以认为满足了法律规定的书面形式要求，比如能够和适宜表明存在优先受偿权的文件，又如能够表明或能够从中推断出当事人通过口头协议缔结的合同内容的谈判过程记录文件。这意味着，当执行法官根据《民事诉讼法典》第547条之规定收集第三人声明时，这些文件可以作为对当事人之间口头协议和书面形式要件的补充，并据此向执行法官提出声明。

力）[127] 签订，此时，这种模式并不会导致整个经济活动形式上的统一性因此而消灭。

由此，《民法典》第 2787 条第 3 款和第 2800 条之规定，不但决定了签订文件的时间，而且就确定担保协议和创设债务之间的同时性而言，同样有着重要的作用，也是行使撤销权的重要条件（《民法典》第 2901 条规定的一般撤销行为，《破产法》第 671 条规定的破产撤销）。

要想具备对抗第三人的效力，法律要求设立质押的文件应载明“明确具体的日期”（data certa），但《民法典》第 2787 条第 4 款规定的“以保险单或以被授权专门从事典当业的机构的其他书面形式设立”的质押除外——之所以第 2787 条第 4 款规定的情形不需要载明具体的日期，是因为此类质押文书可以通过任何形式的证据来确认或证明“明确具体的日期”[128]。此外，关于法律规定的“明确具体的日期”这一要件，既可以采用被法律授权的相关公共部门的认证的形式，也可以采用《民法典》第 2704 条规定的所有其他方

127　Faggella, *Il pegno commerciale*, 73; Rubino, *La responsabilità patrimoniale. Il pegno*, 226; Gorla e Zanelli, *Del pegno. Delle ipoteche*, 88.

128　这种观点认为银行也属于被授权许可开展质押的机构，因此《民法典》第 2787 条第 4 款之规定也应适用于所有的银行。该意见得到最高法院的认可已有相当长的时间。这种观点如今已经基本得到所有人的认可，并成为通说。具体参见 Cass., Sez. Un., 15 aprile 1976, n. 1333, in *BBTC*, 1976, Ⅱ, 252; Cass., 1 marzo 1973, n. 560, in *GI*, 1974, Ⅰ, 1, 986; T. Milano, 9 gennaio 1997, in *GI*, 1999, Ⅱ, 69, con nota di Rufini, *Considerazioni sull'accertamento della data del pegno bancario anche alla luce della disciplina contenuta nel testo unico in materia creditizia*。

就该主题，参见 Inzitari, *Effeti del fallimento per i creditori*, in *Le procedure concorsuali. Il fallimento*, dir. da Ragusa Maggiore-Costa, 67; Marano, *Pegno bancario e fallimento*, in *Banca, borsa, tit. cred.*, 2000, Ⅰ, 120。

式，[129] 还可以通过邮政部门在文书上的邮戳的时间来确定。[130]

但是，如果只是简单地在银行质押登记册上注明，则不能认为满足了法律规定的载明“具体日期”的要件，这是因为通常银行在做此类注明时，只是用数字标记或其他序列标记的形式进行了符合规定的认证，但不会对与被担保债权相关的书面文件的内容进行复制记载，这完全忽略了合同的内容，因此，这类注明尽管可以作为设立质押的证据，但不能被认为符合了法律规定的形式要件。[131]

（十二）设立质押法律文件中的特别约定以及对设立质押的保留

与大多数意思自治行为一样，当事人可以在设立担保的法律文件中约定期限或条件，期限可以是延缓期限也可以是解除期限，条件可以是延缓条件也可以是解除条件，无论何种类型，只要不违反公共秩序和担保的性质即可。[132]

通过设立质押保留，也可以产生质押担保权利。即在财产让与中，出让人可以就其对受让人享有的债权，在出让物上保留质押的权利。此时，担保的债权可以是让与前已经存在的债权，也可以是因让与而待付的价款。在这种情况下，在转让物的所有权的同时，新的所有权人又在该物上设定了质押，因为显而易见的是，两种意

129 Rubino, *La responsabilità patrimoniale.Il pegno*, 228.

130 Marano, *Pegno bancario e fallimento*, 120. 另外，该学者对相关文献也做了详细梳理。

131 Cass., 19 novembre 2007, n. 23839.

132 Rubino, *op. cit.*, 240.

思表示之间的分离和从属关系仅仅是一种概念上的转换。[133]

（十三）法定质押、诉讼质押和单方质押

区分设立质押的法律文件和质押设立的这种模式，还产生了另外一个重要的问题，即是否可以通过非合同形式的法律文书来设立质押。

事实上，1942 年《民法典》并未就设立质押的事实的法律性质作出明确规定，这意味着不排除通过合同之外的其他形式来设立质押的可能；但是否可行，仍需要依一般的法律原则详细分析。[134]

对前述问题，就立法规定而言，《民法典》并未像抵押部分一样，明确提及法定质押、诉讼质押和意定质押的区分，但理论界认为：一方面，可以认为立法者明确排除了诉讼质押，因为法律规定中并未有任何涉及该类质押的词语；另一方面，前述结论不能适用于法定质押，即存在法定质押的可能。

法定质押被认为——"即便是带有一定的先验主义成分"[135]——具有两层含义：一方面，法律允许债权人在特定的情形中以质押的名义要求和获得某物的占有或要求履行其他必要的设立行为；另一方面，当出现这些情形时（包括债权人占有物），法律自动（senza altro）赋予债权人质押权。[136]

一个"真正和典型的法定质押"的情形可能是对承保人享有的

133　Rubino, *La responsabilità patrimoniale.Il pegno*, 240.

134　参见上书，第 241 页。另参见 Ciccarello, *"Pegno"*, 694。

135　Rubino, *op. cit.*, 242.

136　参见同上。

赔付债权设立的质押（《民法典》第2742条）。[137]但对此，人们注意到：一方面，在这种情形中——《民法典》第517条规定的继承人对被继承人财产分割的情形，也同样可以被视为一种法定质押——不能适用关于质押的法律规定，而应适用法律的特别规定；[138]另一方面，在《民法典》第2742条规定的情形中，不但不能将其归入债权质押的范畴，反而更应将其定性为一种非典型优先受偿权事由。[139]

总之，意思自治是设立质押的唯一和真正的权利源泉。

最后需要谈谈是否可以通过单方行为设立质押的问题。

正如前文指出的那样，[140]对动产质押而言，如果不考虑《民法典》第2787条规定的书面形式的话，该问题并不具有实践价值（在动产质押的情形，为了设立质押必须将质押财产移交债权人或选任的第三人占有，因此质押物的交付和质押的设立往往是一致的）。但对债权质押和其他权利质押而言，是否可以通过单方行为设立质押这一问题则具有重大意义，特别是对评估债务人的单方行为是否满足法律规定的条件而言，比如是否根据《民法典》第2800条和第2806条之规定，对债权人进行了充分通知或者在登记部门进行了登记。[141]

对此，理论界的意见并不一致。

肯定说认为，可以类推适用《民法典》第2821条第1款关

---

137 Rubino, *La responsabilità patrimoniale.Il pegno*, 242; Ciccarello, "*Pegno*", 695; Gorla e Zanelli, *Del pegno. Delle ipoteche*, 53.

138 Gorla e Zanelli, *op. cit.*, 53.

139 Pratis, *Della tutela dei diritti*, 36.

140 Gorla e Zanelli, *op. cit.*, 54.

141 参见同上。

于抵押的规定，承认通过单方行为设立质押的可行性；[142] 相反的观点[143]则强调《民法典》第2821条第1款规定的特殊性，[144]并认为这种特殊性使其不宜被认为可以超出其规定的物权担保的领域。[145]

对《民法典》第2821条是否可以适用于质押的理论分歧，进而引发了另一个重要的问题，即是否可以通过死因行为（*mortis causa*）来设立质押？[146]

对此，有理论认为，从《民法典》第2786条规定的文字表述来看，似乎看不到阻碍立遗嘱人通过遗嘱设立质押的理由，因此立遗嘱人可以在遗嘱中表明在某个财产上为自己的债权人设立质押。这种情况下，该债权人：在动产质押的情形中，有权根据《民法典》第2786条之规定要求继承人向自己转移质物的占有；在债权质押的情形，有权根据《民法典》第2800条之规定要求继承人通知债务人；在其他权利质押的情形中，则有权根据《民法典》第

142　Gorla e Zanelli, *Del pegno. Delle ipoteche*, 54; Realmonte, *Il pegno*, 829; G. Gabrielli, *Il rapporto giuridico preparatorio*, 1974, 132; Ruscello, *Il pegno sul credito. Costituzione e prelazione*, 115.

143　Chironi, *Trattato dei privilegi, delle ipoteche e del pegno,* vol. Ⅰ. 571.

144　Rubino, *La responsabilità patrimoniale. Il pegno*, 241; Oppo, *Recensione a Rubino, La responsabilità patrimoniale. Il pegno*, in *RDC,* 1944, Ⅰ, 107; Pratis, *Delle tutela dei diritti*, 38.

奥波反对鲁比诺的观点，理由是：一方面，不能扩展类推适用《民法典》第2821条之规定；另一方面，也是更重要的原因，鉴于交付是质押行为（negozio）成立的核心要件，这使得债权人的接受（哪怕是默示）成为必要。同样地，该学者认为不能通过遗嘱方式设立质押，因为遗嘱性处分（disposizione testamentaria）无法履行交付进而设立质押，其效力仅限于要求继承人设立质押和签订质押合同。

145　Realmonte, *op. cit.*, 829.

146　就该问题的详细讨论，参见 Ruscello, *op. cit.*, 119 ss.。

2806 条之规定要求继承人进行登记注册。但是，对这种理论并非没有反对意见——事实上该反对意见最早是针对遗嘱抵押的，只是认为该反对意见同样适用于遗嘱质押——反对意见的理由是“要尽量避免债务人通过死后才发生约束力的行为来暗中变更对债权人的共同担保”[147]。

肯定说认为，在任何情况下，立遗嘱人都可以在遗嘱中加入处分条款，要求继承人或受遗赠人设立质押，此时遗嘱成为设立质押担保的法律文件。继承人在接受继承后或受遗赠人未放弃遗赠时，应在制定设立担保的法律文件后，根据《民法典》第 2786 条、第 2800 条或第 2806 条之规定转移质押物的占有、通知债务人或进行登记。[148]

除前述观点外，还有学者提出了不同的意见，他们从《民法典》第 2821 条之规定的特殊性出发，仅承认遗赠质押。[149] 理由是，原则上不能通过单方行为设立担保，但法律对该原则做了例外的规定，其中遗赠属于该例外规定的情形。在这个意义上，他们认为获得遗赠的质权是当然的，无需接受行为，因为在质押中返还质物的义务是从义务，而对继承人而言，交付义务只有在其接受继承时才产生。[150]

---

147 Gorla e Zanelli, *Del pegno. Delle ipoteche*, 54; Pratis, *Della tutela dei diritti*, 38.

148 参见同上。

149 参见 Chironi, *Trattato dei privilegi, delle ipoteche e del pegno*, vol. I 568; Di Pace, *Il pegno dei crediti*, 43, n.1; Rubino, *La responsabilità patrimoniale. Il pegno*, 241; Criscuoli, *La costituzione per testamento dei diritti reali limitati*, in *GC*, 1964, Ⅳ, 277。

150 Rubino, *op. cit.*, 241-242; 反对该观点的意见，参见 Gorla e Zanelli, *op. cit.*, 54, n. 5。

（十四）债务人之外的第三人提供质押担保的情形。保证人同时提供质押的情形

立法者根据担保的一般原则（《民法典》第 2868—2871 条），允许债务人之外的第三人为债务人设定质押（《民法典》第 2784 条）。

理论界经常将第三人设定的物的担保和第三人设定的人的担保进行对比，并从中总结二者的相似和不同，有时旨在强调保证（fideiussione）作为担保的历史渊源的复杂性，有时旨在探讨有关保证的规则——当二者不排斥时——是否可以类推适用于质押，因为两种制度都是为他人债务设立的担保，并由此产生以下疑问，即是否可以扩展适用先诉照顾原则（*beneficium excussionis*）。

事实上，两种制度的相似性仅限于以下方面，即在两种情形中，负有担保责任的民事主体是为第三人做担保，只不过保证人是以其全部财产承担一般担保责任（《民法典》第 2740 条），而质押人是以其提供的质物的价值为限承担担保责任。

根据理论界的主流观点，在第三人为债务人提供质押担保的情形中，不能认为出质人具有债务人的性质，也不能将其界定为一种没有债务的法律责任的情形（ipotesi di responsabilità senza debito），即没有自己的债务却承担责任。之所以如此，是因为一个是《民法典》第 2740 条规定的责任，而另一个是“针对某个物的特别责任，该责任在结构上完全不同于前者，因为后者产生的是一种真实和典型的物权，这种物权仅限于某个特定的物且对该

物具有特别强的执行力”[151]。

此外，质押合同的当事人中，一方是债务人或提供质押的第三人，[152]另一方是质押债权人。

即便可能选择第三人作为质押财产的保管人，该保管人也并非质押合同的当事人。[153]

第三人提供担保还可以采用出质人与债权人另行签订有关设立质押担保的协议的方式。[154]在这种情况下，即便倾向于在签订质押合同的同时签订质押担保协议，此时附加约定仍不同于质押合同并发挥不同的作用。即便从功能上看二者之间存在紧密的联系，但附加约定只是质押这一法律事件反射作用的产物。[155]

值得讨论的是，当第三人已经为某个债务提供保证后，又为该同一债务提供质押担保，此时该如何界定质押和保证之间的关系？[156]

事实上，在这种情况下，需要确定的是，设立的物的担保是为

---

151 Rubino, *La responsabilità patrimoniale. Il pegno*, 224; Pratis, *Della tutela dei diritti*, 16; Fragali, *Garanzia*, 457. 相关的司法判决，参见 Cass., 12 ottobre 2012, n. 17477。根据该判决意见，债务人和提供质押担保的第三人的地位并不相同，因为质押优先受偿权仅能决定和导致第三人履行原债务，至于第三人是否能够向债务人提起诉讼、行使追偿权则显得无关紧要——因为就该法律关系而言，债权人属于局外人。

152 Pratis, *op. cit.*, 17.

153 参见上书，第 16 页。

154 比如第三人承担的义务仅限于与债权人签订质押合同（*pactum de contrahendo cum tertio*），并基于设立担保而从债务人处获得利益。具体参见 Rubino, *op. cit.*, 225。

155 参见同上。

156 相关的司法判决，参见 Cass., 10 agosto 2004, n. 15406。该判决认为，有关债权担保的现行法律并未禁止就同一债权同时设立保证和物权担保，因此，抽象而言，如果设立了质押担保，那么也不会因此而导致针对同一债权和债权人设立的人保无效。类似的判决参见 Cass., 23 aprile 1999, n. 4033。

主债（即原债务）而设还是为从债而设（保证之债）。

但是这种情形已经超出了第三人提供质押担保的范畴，因为在这种情况下，其属于质押人对保证债务的干预和介入，不符合出质人是主债务关系之外的人的条件要求。[157]

（十五）转质

转质（subpegno）是指在已经成立的质物上设立的质押，[158] 即质押权人在质权存续期间，为担保自己的债务，以其所占有的质物设定质押的行为。在这一结构中，一般认为，质押权人将自己对质押财产的权利用来担保，或者也可以认为是质押权人将自己的质权或其对质押物的权利用于担保。[159]

转质，无论是以设立物权的形式，还是以设立对人权（diritto personale）的形式，都被法律所明确禁止（《民法典》第 2792 条）。此外，法律还明确禁止（质押债权人）在质物上为他人设立用益权。

对法律的上述禁止性规定，人们找到了不同的理由并作出了不同的解释。

一种理论——这种理论的前提条件是认为质押与物的使用的情形相同——认为，转质构成对质物的实际使用（impiego materiale），然而法律禁止质押权人在超出其质押权利内容的范围外对质物实施法律处分行为，包括让与权利的行为。根据该理论，

157　Rubino, *La responsabilità patrimoniale. Il pegno*, 225; Pratis, *Della tutela dei diritti*, 17; Ciccarello, *"Pegno"*, 693.

158　Faggella, *Il pegno commerciale*, 51 ss. 该学者强调认为，在转质时，"质押债权人应将其质押权与被担保的债权分离出来，并将其交付以作为自己债的担保"。

159　Gorla e Zanelli, *Del pegno. Delle ipoteche*, 107.

可以依据法律的禁令而使其无效的只有法律行为，不包括事实行为（atti materiali）。反之，如果质押权人转让的是超出质押权范围的权利，那么根据“不得转让不属于自己的权利”（*nemo plus iuris transferre potest quam ipse habet*）的一般法律原则，这种转让行为是不可能的。正是在这个意义上，法律也无需对其再作出明确的禁止性规定。然而，转让质押则是另一种完全不同的情况，因为此时其处分的不是质物，而是将其与质押权一并转让。[160]

另一种观点认为，就转质而言，需要区分原质押关系，以及转质押关系（即质押权人与转质押权人的关系），分别讨论。[161]

就原质押关系而言，法律的禁止性规定有两层含义。一方面，质押债权人不能为了使自己的债权人占有质物，而将质物剥离，使质物脱离自己的占有或脱离保管人的保管（custodia）；另一方面，如果质押债权人违反了上述禁止性规定，那么不但质押权人将受到滥用质物的处罚，而且该转质押对原出质人也不发生任何法律效力，对其不具有约束力。因此，出质人能以此为由，要求将质物恢复到质押设立时的保管状态，并且在任何情况下要求——包括第三人在内——返还原物，且只需清偿原担保的债权即可。

对债务人而言，质押债权人只能够转让或质押担保债权，但无论何种情况都仍应保持质押设立时质物的保管转态，因此不能够将质物占有转交给受让人，但事先经过出质人同意的除外。这与《民法典》第 1263 条规定的情况相同，由此导致的结果是，原质押债

160 Rubino, *La responsabilità patrimoniale.Il pegno*, 252.

161 Gorla e Zanelli, *Del pegno. Delle ipoteche*, 107; Pratis, *Della tutela dei diritti*, 80, 45.

权人仍然继续保管质押财产。但是一方面其是为了债权受让人的利益而保管，另一方面其保管义务却是针对出质人，此时出质人并不会因此而受到任何损害，因为只要其向债权受让人或接受债权作为质押的质押权人清偿了出质人原来负有的债务，那么就可以解除物上负担的担保责任。[162]

原出质人有权同意转质。同意转质又可以分为两种情形：第一种情形是，原出质人同意转质，但同意的内容限于改变保管的模式，出质人的同意将使转质下保管方式的改变不再具有违法性；第二种情形是，原出质人同意转质，并且承认转质押权人对其拥有所有质押权人的权利。

在第二种情况下，不能将其定性为一种以质押权为质押财产的权利质押，而应将其定性一种物的质押，即为了原质押权人的债务，将原出质人交付的质物再交付他人占有并在其上设立的质押——此时，质押的设立人应依具体情况分析：如果转质押权人不知晓物的来源，则原质押债权人是质物的交付者，否则原出质人是质押物的交付者，此时原出质人可以被视为为了他人债务而将自己的物交给他人占有以设定担保的人。由此导致的结果是，设立了两个质押，一个是为了担保原债务人的债务，一个是为了担保原债权人的债务，区分两个质押关系，无论是就其他债权人的优先受偿权而言，还是就担保设立的要件和效力而言，都有重要意义。[163]

关于质押债权人和转质押债权人的关系，除了前述违反《意大利民法典》第 2792 条的法律后果之外，基于转质押，转质押权人

162　Gorla e Zanelli, *Del pegno. Delle ipoteche*, 107.

163　参见上书，第 109 页。

得向原质押债权人主张所有原质押权人对原出质人享有的权利。[164] 由此可见，在上述理论中，就原质押债权人和转质押债权人之间的关系而言，质押和担保债权不可分离原则似乎并不重要，因为人们假设的是，转质押不会对原出质人产生法律上的约束力，也不会对原质押债权人的债权受让人或其他债权人产生法律上的约束力。[165]

此外还有一种理论认为，当事人之间可以通过约定的方式，排除适用禁止转质押的法律规定。该观点在关于《民法典》第 2792 条的相关解释中找到了很多的论据，理论界也做了很多论证。[166]

事实上该理论认为，只要出质人同意，质押权可以成为另一个质押的质押财产，但同时该理论也认为这种情况并非一种独立的质押权利流转的情形，因为需要出质人同意这一条件意味着，转质押相当于是第三人为他人债务提供质押担保的情形，即出质人同意用其物为自己债权人的利益而设定质押。[167]

此外，还有其他学者还提出了一种更简易的解释路径，这种解释是基于立法者关于债券（titoli di credito）的相关规定进行的解释。他们认为，根据前述关于债券的规定，在担保背书后又连续进行担保背书的情况下，似乎并没有给第三人的利益和权利流转造成任何不利影响。[168]

---

164 Gorla e Zanelli, *Del pegno. Delle ipoteche*, 108.

165 参见同上。

166 Ciccarello, *"pegno"*, 687.

167 Mengoni, *Gli acquisti "a non domino"*, 196, n. 37.

168 Partesotti, *Le operazioni sulle azioni*, in Colombo e Portale (a cura di), *Trattato delle società per azioni*, vol. 2, Torino, 1991, 345 ss.

（十六）融资担保中的质押

动产担保体系现代化发展的需求，首先体现在需要与欧盟动产担保体系的和谐发展，这体现为这种需求被欧盟最近几次指引所采纳，并直接或间接地转化为质押的相关规定。

这些规定旨在满足国际金融市场的需求，特别是克服因国际金融市场缺乏统一的规定而带来的不确定性和低效率，这种不确定性和低效率主要是因投资者的操作可能受到多个不同国家法律规定的约束，而这些国家之间的规定又往往并不相同。上述情况吓阻了投资者的投资活动，使其因担忧风险而不敢投资——这些风险有的是因信息不对称所致，有的是因法律冲突所致，即相同的行为在一国有效但在另一国却无效。另外，这种情况还会使投资者因不同法律的矛盾和冲突导致的低效，而降低投资意愿。

欧盟的立法者现在似乎已经意识到上述问题以及动产担保法律机制存在的问题，并且认为主要的问题存在于因不同国家法律之间的不协调和冲突所引起，特别是出质人、担保债权人和第三方债权人之间的冲突。

在欧盟的法律文件中，为了设计一种能够融合现有动产担保体系的规则，欧盟于 2002 年颁发了关于融资担保合同的指引，即 2002/47/CE 号指引，该指引的内容已转化为意大利于 2004 年 5 月 21 日颁发的第 170 号法律政令的内容。该立法性政令引入了非常重要的法律创新，并导致在废止一系列法律规定的同时，又通过新的法律——包括有关金融资产质押的规定——在四个主要的方面做了变革，它们分别是：担保设立的要件、担保的功能、担保的实现以及破产领域的改革（无力清偿的程序、清算程序、重整程序），也即担保的流转和对抗效力方面。[169]

根据新的法律规定的定义，“融资担保合同”（contratto di garanzia finanziaria）[170]这一概念，在质押领域中被赋予了特别重要的地位。立法者通过引入这一概念，一方面在对合同进行分类时

169 参见 E. Gabrielli, *Il pegno*, 66; Id., *Contratti di garanzia finanziaria, stabilità del mercato e procedure concorsuali*, in *Riv. dir. priv.*, 2005, 507 ss.; Id., *I contratti di garanzia finanziaria*; Id., *Le garanzie finanziarie. Profili generali*; Guccione, *I contratti di garanzia finanziaria*, Milano, 2008; Agnese, *I contratti di garanzia finanziaria nel diritto civile*, Torino, 2009; Murino, *L'autotutela nell'escussione della garanzia finanziaria pignoratizia*, Milano, 2010。

170 被定义为“质押合同或债权让与合同或具有担保功能的让与财产的金融性活动。其中最后一种金融性活动包括回购协议，以及任何其他以金融资产为标的和旨在担保金融债务的担保合同，只要当事人属于下列种类：（1）公权力机构，包括负责或管理公共债务或被授权持有客户账户的成员国公共部门机构，但政府担保的公司除外；（2）中央银行，欧洲中央银行，欧洲议会和理事会 2000 年 3 月 20 日第 2000/12 号欧盟指引第 1 条第 19 点所定义的国际清算银行和多边开发银行，以及国际货币基金组织和欧洲投资银行；（3）受审慎监管的金融机构，包括：a）2000 年第 12 号欧盟指引第 1 条第 1 点所定义的信贷机构，包括同一指引第 2 条第 3 款所列的机构；b) 根据 1993 年 5 月 10 日理事会第 22 号指引（93/22/CE）第 1 条第 1 点所定义的投资公司；c) 2000/12/CE 指引第 1 条第 5 点所定义的金融机构；d) 根据 1992 年 6 月 18 日理事会第 49 号指引（92/49/CEE）第 1 条（a）款和 1992 年 11 月 10 日理事会第 96 号指引（92/96/CEE）第 1 条（a）款所定义的保险机构；e) 1985 年 12 月 20 日理事会第 611 号指引（85/611/CEE）第 1 条第 2 段所定义的集体投资可转让证券的承诺；f）1985 年 12 月 20 日理事会第 611 号指引（85/611/CEE）第 1—2 条第 2 段所定义的管理公司；（4）根据欧洲议会和理事会 1998 年 5 月 19 日第 26 号指引（98/26/CE）第 2 条，分别在 c）、d）和 e）下定义的中央银行交易对手，定居代理或票据交换所，包括不受本指引约束的金融，期权和金融衍生产品综合文本第 1 条第 2 款 f）定义的在期货合约市场上经营的类似实体；（5）自然人以外的人，包括没有法人资格的公司和协会，但前提是对手方属于前述（1）到（4）定义的实体”。

更强调其功能（即担保事由），另一方面通过使用种属定义的技术，在意大利的法律体系中引入了一个非常宽泛的担保的概念，这个概念的特征是强调功能（profile funzionale）而不是形式结构（struttura formale）。

如此一来，在法律体系层面，立法者在保留传统的质押之外又引入了新的制度，这种新的担保类型可以是任何“以金融资产为客体而设立的物的担保合同”（即出质人以物的担保的名义为受益人设立融资担保，此时出质人在设立质押的同时仍保留质物的所有权），也可以是以担保名义转让所有权的合同（比如出质人将质物的所有权转让给质押权人，以保证担保的金融债务将来能够得到实现）。

由此还出现了一个含义宽泛的融资担保概念，该概念不仅包括传统的物的担保的类型，还包括任何以融资为目的的其他物的担保合同，即无论其采纳的形式如何，只要这类合同的作用是作为融资工具提供担保即可。

这种改变对法律适用产生重大影响，对此我们在后面讨论。

在质押设立的客观条件方面，无论是担保合同还是担保物的交付，第 170 号法律政令规定都应采用注册登记（iscritto）的形式，并指出这种形式应理解为包括“电子形式以及现行法律认可的其他形式”。相关的证据需能够确定设立担保的日期以及用于担保的金融资产，为此，仅需依照 1998 年 6 月 24 日颁布的第 213 号法律政令第 30 条的规定，在中介机构处对金融资产进行登记和在关联账簿中备案注明即可。

就此方面而言，需要注意的是，指引（该指引的规定已转化为2004年5月21日颁布的第170号法律政令第3条）试图引导对担保物的交付模式进行简化。根据该规定，“就本法律政令所规定的被担保人的权利以及被担保人对抗第三人的权利，只需满足第2条规定的条件即可，除此之外无需其他条件，即便现行法律有其他的规定”。

上述规定重申了第2条的内容，这意味着融资担保合同的订立被显著地简化，也意味着1998年6月24日公布的第213号法律政令中的相关规定，包括在登记簿中进行登记注册的机制、在当事人指定的账户中进行备注的要求，以及在中介机构持有的账簿中就电子金融资产进行登记注册的规定，突破了《民法典》中关于对抗第三人效力的要件要求，特别是《民法典》中有关设立时需要载明具体日期的书面文件的要求，因为第2条非常明确地指出，为了具有对抗第三人的效力，仅需满足第213号法律政令的要求即可，无需具备“额外条件”。

由此，是否需要满足具有确定日期的条件这一问题就被解决了。一方面，可以通过关于担保的证明的相关规定，如前述法律政令第2条B款之规定来解决（该条明确指出“证明应能够确定设立日期以及作为担保财产的金融资产”）；另一方面，也可以通过该政令第1条Q款之规定予以解决，该款指出“应通知债务人设立质押或债务人接受质押的通知”，而适用该条的前提是，应符合《民法典》第1264条之规定，该条要求存在确定的日期。

二、意思自治与物权担保

（一）意思自治与物权担保的功能

时代的发展使得金融活动变得更加复杂、更加精细，这使得有必要通过合同的方式来阐明融资模式，以满足人们的需要，而且这种需求在物权担保中尤为强烈，比如就担保合同的形式而言，需要——即便在保持物权效力的形式结构的前提下——能够：扩展原物权担保的约束力、涵盖和确保一次经济活动中银行和客户之间所有可能涉及的法律关系、在担保标的物变更时及时保持担保的约束力及担保物的价值。

因此，在现代，当界定物权担保的概念时，考虑的不应是单个担保所选的具体方式，而更应侧重具体的利益，因为随着所要规范的情形的不断增长和类型的增多，以及相关情况呈现的多样化，在下定义时，需要使其具有较大的弹性和能对事实构成做出更宽泛的认定。[171]

事实上，选择对担保这一现象下交织的各种利益进行评估的方法是正确和合适的。[172] 这种方法能够使担保概念的内容浮出水面，

171　参见 Serick, *Le garanzie mobiliari nel diritto tedesco*, tr. it., Milano, 1990, 77 ss. (Id., *Eigentumsvorbehalt und Sicherungsübertragung*, 2. Aufl., Heidelberg, 1993)。

就普通法系而言，长期以来较为权威的理论也认为现代物权担保是非占有性担保。相关论述参见 Goode, *Commercial law*, London, 1982, 748; Id., *The Modernisation of Personal Property Security Law*, in *Law Quarterly Review*, 1994, 234 ss.。

172　就该现象的讨论，参见 E. Gabrielli, *Il pegno "anomalo"*, 123。

并使人们能够从单一的模式合理地展开推理，演绎出具体的形式结构，将其凝练总结为法律规则，以解决冲突各方的矛盾纠纷。

对物权担保形式要件的重构，仍需与担保功能相统一，因此需要依据具体经济活动涉及的相关利益以及承认其具有的价值来确定。

基于担保功能所表现的相关利益的复杂性、多样性和韧性，界定物权担保概念时使用的技术路线，需能够透过所代表的静态利益表象和通过对所保护的相关利益严格筛选确定的方式进行抽象概括。

在这个意义上，从担保物权体系功能主义的角度展开分析的技术是正确的。

如果我们沿着这条路径展开分析，那我们就不难理解，物权担保同样是意思自治的体现。

乍看起来，基于物权担保中严格的形式要求以及物权法定原则（principio intangibilita），似乎物权担保中的意思自治非常有限。特别是就物权法定原则而言，尽管最近一些学者对其进行了反思，并进行了不少的尝试且提出了建议，[173]但至少当下来看，该原则仍然像圣碑一样神圣不可侵犯，这种不可侵犯一方面表现在很难从理论层面对其进行重构，另一方面表现在，尽管似乎 2004 年 5 月 21 日第 170 号法律政令试图突破该原则，但也仅限于某些方面。

事实上，为了达到简化融资担保体系的目的，立法者在立法表述时引入了新的表述方式（formula），即“以金融资产为标的物并

173 参见 P. Rescigno, *Note sulla atipicità contrattuale (a proposito di integrazione dei mercati e nuovi contratti di impresa)*, in *Contr. impr.*, 1990, 52。

旨在确保履行融资性债务的任何其他物的担保合同”。通过这种模式，立法者似乎——采用一种长期以来立法常用的模糊处理的方式——想要传递这样的信息，即私的民事主体可以通过现有的担保类型，为担保金融债务的履行创设物权担保。

关于意思自治和物权担保设立二者之间关系的讨论，正是从欧盟各国物权担保体系的融合开始的，对这种融合可以找到一系列新的理由。正是因此，在讨论意思自治和物权担保的关系时应注意，个人尽管不能够创设新的物权担保形式，也不能超出法律明确规定的范围来创设优先受偿权和对抗第三人的效力，但其能够通过在合同中进行约定的方法，在技术上通过设立担保的法律文件来实现上述目的。

此外，不能从法律对物权担保类型的严格限定，推出将物权担保的功能限于某一个或某个特别的债的关系。

相反，正是由于担保体现的是一个经济活动的整体，[174] 因此根据民事主体所追求的利益，担保可以表现为一种工具，通过这种工具，担保可以在确定的具体物上，在一段时间内持续、固定地存在——即使担保标的物不存在也不受影响。

174　针对经济活动这一理念对重构的重要意义和作用，参见 E. Gabrielli, *Il contratto e le sue classificazioni* (*Recensione* di Galgano, *La categoria del contratto alle soglie del terzo millennio*, in *CI*, 2000, 919 ss.); Id., *Tipo contrattuale*, in *Enc. giur. treccani*, *Agg.*, Ⅷ, Roma, 2000, 1 ss. (另参见 Id., *Studi sui contratti*, 2000, 699); Id., *Il contratto e l'operazione economica*, in *Riv. dir. civ.*, 2003, Ⅰ, 93 ss.; Id., *Contratto, mercato e procedure concorsuali*, Torino, 2006, 1; Id., *L'operazione economica nella teoria del contratto*, in *Riv. trim. dir. proc. civ.*, 2009, 905 ss.; Id., *Contratto e operazione economica*, in *Dig. disc. priv., Sez. civ.*, Torino, 2011, 243 ss.。

在实际经济活动中，基于全面利益的考虑（即经济活动形式上的整体性），可以对担保的意义做更广泛、更深入的讨论，包括其法律技术要素、结构要素和功能要素，以便寻找到能够反映这种利益的多元形式，以及能够适应利益诉求的多元化的解决方案。

（二）经济活动和物权担保

鉴于物权担保的形式结构以及物权担保适用的环境——即担保总是与某个被担保的债相关联——因此，根据前述从经济活动的整体的视角对担保进行审视并对其进行重构是合适的，由此可以突破具体担保类型中单个行为或关系的限制。

此外，在共同法中，物权担保正沿着新的道路前进演化，根据这一新的路径，在对某一客观事实进行定性以便将其界定为某个特定的法律事实时，更侧重考量当事人所要追求的经济结果，而不是法律规范经济活动时所采纳的形式。比如在德国法中，所有权保留买卖（vendita con riserva della proprietà）、让与担保（il trasferimento a scopo di garanzia）被归入非占有型物权担保；[175] 又如美国《统一商法典》第 9 条，该条规定适用于所有以担保为目的的经济行为和法律情形，至于具体采纳的形式如何则无关紧要。[176]

---

175 针对该点，以及围绕重构所展开的争论，参见 Serick, *Le garanzie mobiliari nel diritto tedesco*, 137 ss.。

176 美国法一个独有的特征是不考虑经济活动所采用的形式结构和合同类型，其认为，无论进行经济交易的形式结构和合同类型如何，起到调整利益作用的是使用的工具和合同技术所执行的实际功能。

这种模式——克服了能够影响制度发展的形而上的概念局限或历史（转下页）

使用目的和功能主义的方法可以解释：一方面，通过不同于传统的抵押和质押担保的其他模式，也能够产生物权担保所追求的法律效果，为人们提供选择；另一方面，通过替代性的方法和工具，也可以实现担保功能，比如传统质押通过出质人转移对质物的占有来达到担保的作用，该目的也可以通过进行专门的效力登记以使出质人无法对担保标的物进行法律处分的方式来实现——甚至可以通过合同的内部约定的方式实现，此时在不变更法律要求形式的情况下产生不同于法律规定的效果。[177]

就最后一种方向而言，意大利的立法者似乎也正在朝此方向靠近，他们沿着共同法的足迹，[178]通过2004年5月24日公布的第170号立法性政令引入了融资担保合同的概念，即"以金融资产为标的物并旨在确保履行融资性债务的任何其他物的担保合同"，由此似乎打开了创设新的金融物权担保模式的大门。

由于不动产担保的实现需要较长的周期，被担保债权实现也需要较长的周期，这使其呈现出经济上的低效率，[179]如今已不能够适应市场经济发展和企业融资的需要，由此正面临较大的危机。与不

（接上页）包袱——更优先强调每个经济活动所要实现的具体功能和作用。从这一角度来看，对历史文献的解读，也解释了北美立法者为什么会选择用担保利益（security interest）这一概念来统一概括和描述物权担保概念。对此，参见 Gilmore, *Security Interest in Personal Property*, Boston-Toronto, 1965。

最初立法者在作出这一选择时，《美国统一商法典》的编纂者可能已经确切意识到，法律不对某类基于法律经验而创设的法律事实预先规定规则，能够克服担保的形式要件带来的问题，也能消除这些不同的法律规定之间的差异，特别是当这些差异是基于法律制度的司法历史经验，而非其所要实现的具体功能时。

177　在这个意义上，参见 E. Gabrielli, *Il pegno "anomalo"*, 74 ss.。

178　参见 Annunziata, *Verso una disciplina comune delle garanzie finanziarie*, 205。

179　参见 Chianale, *Le Ipoteca*, 160 ss.。

动产危机相伴的是，就当今企业在外部融资时对担保的需求而言，动产担保也已显得不合时宜。

事实上，鉴于至今司法实践仍坚持对移转占有这一要件的严格要求，[180] 因此在质押担保中，仍然必须剥夺出质人对质押标的物的处分权，这加重了担保财产所受到的约束力，[181] 反倒使得用企业财产——无论是用企业主需要使用的原材料，还是用于再加工生产的产品，还是用产品和因销售或加工所取得的债权——进行担保变得不可能。

由此呈现的局面与企业主的需求是矛盾和冲突的，对企业而言，一方面，企业主总是有持续的和不断的融资需求，因此经常被迫将固定资产和流动资产用于担保；另一方面，基于生产经营的需要，企业又不希望将担保财产从生产流程和企业的经营资金循环中剥离。[182]

---

180 参见 E. Gabrielli, *Il pegno "anomalo"*, 94 ss.。

181 参见 Anelli, *L'alienazione in funzione di garanzia*, 3 ss.; Grisi, *Forme e modelli della garanzia*, in *Riv. crit. dir. priv.*, 1997, 187。

182 这一点的重要性并非仅限于意大利的法律制度，在德国法中同样具有重要意义。德国的权威学者对此指出（Serick, *Le garanzie mobiliari nel diritto tedesco*, 10-11, 77），实践表明，有关动产和债权质押的法律模式（该模式要求在动产质押的情况交付质物，在债权质押的情形则应通知债务人），就商业实践而言，长期以来毫无用处。

想要担保自己因融资活动而产生债权的债权人，如果想要采用质押担保的方式，那么除了签订质押合同外，还需取得对质押财产的直接占有，因为立法者规定基于该文件而形成的质押合同，其需要通过占有的方式对外公示担保物权的情况，以避免出现隐藏的质押。因此，德国法律不承认通过在建立质押协议中同时约定占有关系的协议为基础的物权质押——在这种关系的基础上，出质人保持对质物的直接占有，而质押债权人取得对质押财产的间接占有。总之，债权人必须事实上取得对质物的直接占有。

由此出现的结果是，在金融市场上几乎很少适用协议质押的规定，它们（转下页）

为了解决由此带来的不便，正如比较法研究所呈现的那样，目前正在持续不断地向扩大担保形式的方向演化和发展，[183] 而实现这一目的的主要方式，如果说不是唯一方式的话，就是法律承认根据意思自治进行创新的权力（il potere creative）。

这种权力（前述 il potere creative）——考虑到每个具体经济活动中的具体利益，并区分为单个债权关系的担保以及为复杂、持续性金融活动提供的担保——事实上能够使我们突破法律对移转占有的要件要求和由此给动产担保体系进行现代化改造所带来的限制。

就此而言，一个具有特别意义的典型例子就是流动担保（garanzia rotative），对其进行的理论建构和系统阐述显得特别有意义。

该制度从国际法（diritto degli affari）衍生而来，并具有如下含义：严格要求用于担保的物不具有流动性（immobilità）将导致在某些情况下财产失去生产性（improduttività），这违反经济原理，也不具有经济合理性，因为经济原理要求，无论是为了担保债权人的利益，还是为了质押人的利益，担保物不应脱离经济循环和生产

（接上页）仅出现在接受债权的人可以放弃对物的直接占有的情形中，例如融资银行可以存放财产或货物的情形。

如此一来，一方面，出质人需要融资以及与其利益相适应的担保形式，但另一方面，法律体系提供的法律工具并不符合出质人的利益。同样地，法律体系提供的法律机制与债权人的利益也不适应，这在动产担保的情况下尤其明显。

作为质押设立人的债务人，事实上有直接占有财产的需要和利益，因为“比如他们理应具有能够转让质押财产的可能，理应能够继续维持和使用企业的机器设备，也理应能够继续加工原材料和出售产品，以便能够获得有效的手段来消灭债务。即便是对债权人而言，直接占有动产也加重了其负担，比如担保财产是仓库或机器时，其有管理和保管的义务，而由于与之相关的成本，最终也会使债权附加额外的巨额成本费用”（Serick, *Le garanzie mobiliari nel diritto tedesco*, 78）。

183　参见 Anelli, *L'alienazione in funzione di garanzia*, 5。

体系。该理论还认为，甚至在债权消灭之前，可以对担保物进行替换，并且就担保作用而言，并不改变不能处分的效力。

总之，在建构现代化的物权担保理论时，需要考虑实践所表现出的多样性和复杂性，并尊重这些现象的客观实际情况，以功能的持续性和合理性——而不是考虑其表现形式——为标准来将其纳入物权担保体系之内。

第三章　动产质押

一、质押权的设立

（一）通过合同设立的质押。设立质押的意思表示以及转移占有

传统理论认为，质押合同——无论是动产质押、债权质押还是其他权利质押*——是要物合同（contratto reale）。[184]

这种理论来源于对 1865 年《意大利民法典》第 1878 条的字面解释。[185]

当时的理论对立法规定进行文义解释时认为，该条规定应理解为：如果欠缺物的交付，那么在当事人之间将不能产生任何法律效

---

* 此处的其他权利是指债权之外的权利。——译者

184　参见 Rubino, *La responsabilità patrimoniale. Il pegno*, 220; Carpino, *Garanzie reali su beni mobili corporali*, 192; Pratis, *Della tutela dei diritti*, 39。

185　G. Mirabelli, *Contratti speciali*, in *Il diritto civile italiano*, a cura di Fiore, 1905, 2 ed., 314; Dusi, *Sulla costituzione di pegno*, in *Riv. dir. comm.*, 1909, Ⅱ, 9; Faggella, *Il pegno commerciale*, 25; Vivante, *Trattato di diritto commerciale*, vol. Ⅳ, 1926, 5 ed., 256, 268.

力。但司法判例很早就明确指出，物的交付只是对第三人产生效力的必要条件，[186] 即便没有物的交付，债权人和债务人之间的合意仍然具有法律约束力。

将质押合同定性为要物合同一度被认为是一种错误，[187] 朝着否认要物合同的方向，人们迈出的另一步是区分设立质押的文件以及质押的设立，且认为设立质押的文件不必一定是合同。[188]

随着 1942 年《意大利民法典》的颁布实施，上述区分——通过抵押的相关规定强化了这种区分，在抵押中出现了形式要件的分离——不仅被大部分理论界人士所接受和认可，[189] 也得到了《民法典》第 2786 条的确认，在该条规定中，无论是单词“pegno”（质押），还是单词“costituzione”（设立），都指的是质押权而不是质押协议。

186 Cass., Torino, 27 ottobre 1897, in *MT*, 1898, 124; Cass. Torino, 15 novembre 1900, in *MT*, 1901, 116.

187 持此观点的，参见 Gorla, *Le garanzie reali dell'obbligazione*, 329; Lordi, *Pegno civile*, 634。

188 Chironi, *Trattato dei privilegi, delle ipoteche e del pegno*, 560; Gorla, *Le garanzie reali dell'obbligazione*, 329; Lordi, *op. cit.*, 634. 洛迪明确指出，债权人或第三方占有质押财产可以被视为“设立质押的行为”。根据该学者的区分，他认为赋予债权人主张质押权利的是设立质押的法律事实（fatto giuridico）。

189 Lordi, *Del pegno*, in *Commentario D'Amelio e Finzi*, vol. Ⅴ, 1943, 600; Gorla e Zanelli, *Del pegno. Delle ipoteche*, 52 ss.; Forchielli, *I contratti reali*, 1952, 10; Montel, voce *Pegno,* in *NNDI*, Ⅻ, 1965, 794; Mengoni, *Gli acquisti "a non domino"*, 1975, 3 ed., 16, n. 36; Fragali, *"Garanzia"*, 460; G. Gabrielli, *Il rapporto giuridico preparatorio*, 128; Sacco, in *Sacco e De Nova, Il contratto*, t. Ⅰ, 882; Pratis, *Della tutela dei diritti*, 39; Ciccarello, *"Pegno"*, 690; Realmonte, *Il pegno*, 798; E. Gabrielli, *Il pegno "anomalo"*, 92; Id., *I negozi costitutivi di garanzie reali*, 150.

相反的意见则认为应区分合同和质押权的构成要件，具体参见 Natoli, *I contratti reali*, 66; Ruscello, *Il pegno sul credito.Costituzione e prelazione*, 21 ss.。

对设立质押的法律文件和质押权设立的区分，除了对与质押相关的法律规则产生影响外，还导致以下可能的结果：假如没有交付质物，尽管不能认为已经产生了质押物权，但不影响具有债的性质的合同的成立和生效，并且该合同基于当事人之间的意思表示一致而对当事人具有法律上的约束力。尽管质押合同本身并不能够产生质押权，[190] 但作为设立质押的法律文件其仍然具有价值（特别是就赋予设立质押的权利而言[191]），权利人能以其作为依据，根据法官颁发的命令来占有质押财产。[192]

理论界一致认为，[193] 在质押预约合同的情形中，一旦质押预约合同产生了《意大利民法典》第 2932 条规定的法效果，那么会导致相关司法文件成为质押设立的法律文件，[194] 此时将不能再依据《意大利民事诉讼法典》第 605 条提出强制执行性。

基于对质押设立法律文件和质押权设立的区分，部分学者还对质押合同的要物属性（natura reale）提出质疑。[195]

190　Sacco, in *Sacco-De Nova*, *Il contratto*, t. I , 865. 该作者指出，未交付质押财产与质押物权的产生不能兼容，但这不影响债权效果的合同的效力。

191　Gorla e Zanelli, *Del pegno. Delle ipoteche*, 56.

192　还有其他学者持此观点，具体参见 Lordi, *"Pegno commerciale"*, 648; Montel, voce *Pegno*, 794; Gorla e Zanelli, *op. cit.*, 56; Forchielli, *I contratti reali*, 10; Mengoni, *Gli acquisti a non domino*, 16, n. 36; Pratis, *Della tutela dei diritti*, 39; Realmonte, *Il pegno*, 828。

193　参见 Rubino, *La responsabilità patrimoniale. Il pegno*, 229。另参见 Natoli, *I contratti reali*, 68; Carpino, *Garanzie reali su beni mobili corporali*, 194; Ciccarello, *"Pegno"*, 693。

194　Realmonte, *Il pegno*, 828.

195　参见 Forchielli, *op. cit.*, 11。在该学者看来，认为质押合同具有要物性质的观点，既没有任何基础也无法找到历史依据，从立法者在 1942 年《民法典》的表述中也无法得出该结论。（转下页）

事实上，值得注意的是，交付在合同结构中的主要作用体现为一种执行要素，它的价值和意义无疑会随着合同类型的改变而改变，因为立法者很可能想对物的交付这一要素进行分类，并排列不同的等级——物的交付本身表现为一种中立的要素，没有太多的色彩——即根据具体的有名合同的规则，参照交付在每个合同中所要发挥的作用，[196]对其进行区别对待。因此不能从抽象的角度，而应结合具体的合同类型，来评估物的交付这一要素在当事人选择特定合同类型想要实现的法律效果中所扮演的角色和所起的作用，因为只有结合具体情况才能够对单个合同的客观事实作出评价。[197]

如果上述判断是正确的，那么我们似乎可以对质押合同展开进一步分析，以确定交付（*traditio*）在质押构成要件中的地位

（接上页）事实上，1865年《民法典》在立法时使用的“da”一词“并不当然能够阻止人们将其解读为合意质押，也不能当然等同于其他要物合同定义中使用的术语‘交付’”。

从《民法典》第1882条表述的语气和方式来看，似乎应当认为当时的立法者承认存在这样的可能，即“质押关系可能——尽管其不具有对抗其第三人的效力——在不交付的情况下成立”，基于此，作者及其他一些学者曾主张质押合同的性质是诺成合同（natura consensuale）。

对此的相关论述，另参见 Sacco, in *Sacco-De nova, Il contratto*, t. Ⅰ, 865, n. 3。

196 从评估私人意思自治行为的角度来看，特别是就其旨在实现的利益的整体性而言，评估时更侧重交付在要物合同中——此时协议体现了整个经济活动的运营特征——的功能在于其可以用来确定应当给付的标的物，特别是根据该类法律关系发生返还义务时应返还的给付对象。

实际上，交付在确定法律关系客体对象的同时还发挥着其他作用，比如其在实际履行合同的同时也构成对合同约定内容的补充，且能确保接收人收到的物的确是双方约定的物，有利于实现双方当事人通过协商所要达到的具体目的。

197 参见 Palermo, *Funzione illecita e autonomia privata*, Milano, 1974, 147; Id., *Contratto preliminare*, Padova, 1991, 36。

和作用。[198]

对于那些认为质押是质押合同结果的理论而言，物的交付只是事实行为（atto materiale）——即执行质押合同以实现质押合同所设计和所要追求的效果——该行为是为下一阶段做准备，其在通过执行程序以实现债权人的担保中具有更深刻的意义：即，使得出质人对质押财产不能进行处分。

对于那些认为交付是一种旨在为债权人创设担保物权的意思表示行为的理论而言，交付根据不同的形式而具有不同的意思表示，因为根据质押合同的规定，交付行为是纯粹工具性的和附属性的，都是为了实现剥夺债务人对标的物的占有，以实现债权人对物的占有这一担保目的。[199]

198　针对质押合同，学者之间有不同的看法。在纳托利看来，交付所起的作用是“使接收人立即取得控制，并通过创设一种特殊的情况使其获得能够对抗第三人的安全保证（通过使转让人失去对物的控制进而使其丧失将物交付给其他人的可能），在这种情况下，只需具备《民法典》第1376规定的同意要件即可”。在贝内代蒂（Benedetti）看来，“该制度本身的功能要求质物，也即双方合意指向的物，脱离处分权人的事实控制，因此有必要认为关键所在是客观要求，因为我们当下的民法典体系通过第1153条之规定确定的特征之一是旨在保护动产的客观流转，该目的使得物必须与出质人断开事实上的联系”。有关纳托利的论述，参见 Natoli, *I contratti reali*, 83；有关贝内代蒂的论述，参见 Benedetti, *Dal contratto al negozio unilaterale*, Milano, 1969, 79。

199　就这一区分而言，参见 Rubino, *La responsabilità patrimoniale.Il pegno*, 217; Gorla e Zanelli, *Del pegno. Delle ipoteche*, 66; Pratis, *Della tutela dei diritti*, 40; Realmonte, *Il pegno*, 827。

部分学者认为只需剥离债务人的控制和占有即可，相关的论述，参见 Oppo, *Recensione a Rubino, La responsabilità patrimoniale.Il pegno*, 105; Id., *Finanziamenti in ECU, clausole monetarie e garanzie del prestito*, 213, n. 38; Messineo, *Costituzione di pegno, mediante compossesso fra creditore pignoratizio e debitore, e suoi effetti*, in *BBTC*, 1949, Ⅰ, 307。另参见 Fragali, *"Garanzia"*, 459; Carpino, *Garanzie reali su beni mobili corporali*, 190。

这使得我们可以这样认为，即便采用交付以外的其他手段或方式，但只要其能够达到与转移占有[200]相同的效果，那么在对质押意思表示行为的构成要件进行描述和界定时，应当且有必要给予前述其他手段或方式一种次级地位（ruolo subalterno）。由此也意味着，不应将转移占有认为是质押合同的实质要件，不能在认定是否符合法律有关质押合同的要求时将其作为标准。

由此，我们应将思考的视角移向分析交付所要实现的预定效果：出质人移转对质物的占有，是因为法律将其规定为质押的实质要件，即出质人这么做的目的正是使其符合法律的要求。这意味着，一旦将该要件排除，那么整个法律构成要件的设计将呈现不同的局面。

但是，移转占有仅限于质押中的担保功能，因此，为了评估和确定哪些应是质押的法定构成要件和核心要素，首先需要对质押的功能展开分析。

（二）转移占有和物权担保功能

在质押的构成要件中，转移占有总是扮演着关键的角色，甚至在动产担保体系中成为一种一般性的特征。但法律史和比较法研究——包括对转移占有在物权担保理论形成和演化过程中所发挥的作用和功能的研究——表明，转移占有这一要素，尽管仍然是质押

200 Pratis, *Della tutela dei diritti*, 40. 该学者提醒指出，基于债权人对物的占有，可以衍生出一系列的权利，包括留置权（《民法典》第 2794 条）、恢复占有和返还之诉的权利（《民法典》第 2787 条）、收取孳息的权利（《民法典》第 2791 条）、主张假扣押（《民法典》第 2793 条）和保全（《民法典》第 2790 条和第 2792 条）等相关法律关系的权利，以及能以更便捷的方式变卖质物的权利（《民法典》第 2797 条）。

的明显特征，但已不能够适应当今国际贸易的发展，因为国际贸易使得企业总是需要频繁地进行外部融资，并要求企业能够继续维持对用于担保的商品或企业财产的处分权，由此一些不同于传统的物权担保的合同类型诞生了，它们的模式不同于质押，无需转移占有，但能够达到与质押相类似的效果，实现相同的目的。[201]

这种情况使我们反思转移物的占有是否应作为质押的必要条件。事实上，将转移占有作为质押的必要条件，是为了满足和适应前资本主义时期（precapitalistica）的经济要求，在这一时期，债的安全和担保权利的流转，主要——如果说不是唯一的——依赖于交付（*traditio*）和占有的相关机制。这也意味着，其如今已不适宜用于构建现代动产担保体系，这也得到了2004年5月24号颁布的第170号立法性政令的确认，正是该政令引进了指引中关于融资担保的创新措施。

因此在讨论质押的担保功能时，尽管同样首先要考虑法律的规定，但应考虑质押这一经济活动所呈现的多样性和多面性，不能忽视实际的经济发展趋势的要求。事实上，正是经济活动催生了对债权担保的需求，而且债权担保正是依据经济活动的特征来设计和运行的。

就这点而言，有必要强调《民法典》第2786条，该法条的两个条款都明确规定了质押的适用情形和“对质物的支配和处分”（la

201　对该问题的讨论，参见E. Gabrielli, *Il pegno "anomalo"*, 74 ss.; Id., *"Garanzia rotativa", vincoli su titoli di Stato e disciplina del pegno*, 267; Id., *Spossessamento e funzione di garanzia nella teoria delle garanzie reali*, in *Il fall.*, 2002, 933 ss.; Id., *Il pegno*, 114 ss.。

disponibilita della cosa）这一基本概念。事实上，该概念是理解质押理论的基础和前提。

事实上，如果我们重新审视法律规定所用文字的话，那么很明显的是，立法者在界定质押权的构成要件时，（在法律规定中）根本未提及剥夺债务人的占有或债权人取得对质物的占有，但是强调了物的交付，而这一要素仅具有中性色彩，即物的交付仅是当事人想要实现的最终效果的手段，物的交付仅仅具有纯粹的工具性的价值。

实际上，物的交付本身并非目的，而是作为工具，以便达到使得出质人不能对质物实施处分行为的结果。而这也解释了为什么可以通过将物或证书交付给第三人或通过对物的共同保管——只要"达到在没有债权人的合作，则出质人不能支配物或证书的目的"（《意大利民法典》第 2786 条）——来设立质押物权。

通过物的担保这一概念想要描述的情形是，通过将出质人对质押财产——担保物权的标的——的处分权从出质人的法律权限范围（sfera giuridica）中分离出来（sottrazione）以实现担保功能，而这事实上也是最核心的功能。

法律规定中将质押担保类比为单纯的不可处分的表述，当然没有完全反映质押权的内容，也没有完全反映质押担保功能的多样性和丰富性——事实上，通过与设立质押担保相关的法律文件的形式，其表明和表达的仅是法律效果层面的功能——因为，不可处分性体现的只是担保功能中最重要的法效果，但在社会层面，更重要的是第三人（对物权状态）的信任以及基于此信任而给财产、权利的流转带来的影响。

总之，不可处分这一概念和其所要实现的法律效果，为将担保的不同功能合并起来做综合分析提供了便利。

事实上，这种情况使得质押债权人可以结合法律赋予质押权人的其他权利对质押财产进行留置，同时还可通过交付质物来避免出质人实现《意大利民法典》第 1153 条的法律效果。

此外，将出质人对质押财产的处分权分离出来，还有其体系化的考量（*ratio* sistematica），因为其能够将担保权的对外效力和对内效力统合起来。事实上，将出质人对质押财产的处分权分离出来，一方面，将质物从权利流转中排除——通过这种方式解决了潜在的外部权利冲突，即出质人存在多个债权人时债权人之间的利益冲突；另一方面，也消灭了——那些可能之后获得质物的人之间——潜在可能的内部纠纷和利益冲突。

对设立质押的意思表示形式结构的分析表明，就界定质押的担保功能而言，转移占有并非必不可少（essenziale），因为其目的是旨在满足对担保模式中的类型化利益进行保护的需求，是一种利益实现的法律技术和手段。

相较于担保功能而言，转移占有只是一种手段和工具，因为实现担保功能的可能手段有多种，通过剥离出质人对质押财产的处分权是主要方式，但也只是众多手段中的一种而已。

由此，在讨论质押担保功能时，可以区分担保功能和其要实现的法律效果两个层面，同时确定可以使用的具体的技术（tecniche）、模式（modi）和形式（forme）。

事实上，利用转移占有之外的其他法律手段、合同手段等方式——只要能够保证限制担保人对担保物的处分权——同样可以很好地实现质押的担保功能，并达到同样的法律效果。[202]

（三）担保功能和非典型性担保

如前所述，为了回应现代经济和金融发展的需求——这种需求来自被剥夺了对质物占有的出质人的要求——在过去相当长一段时间内，在欧盟的动产担保体系中已经显示出了很多创新的迹象。在过去的十几年中，这种创新也开始在意大利的法律体系中有所体现，并转化为若干法律。

为了解决实践中出现的银行合同和金融合同的问题，立法和私人主体都作出了一些尝试，比如在法律层面（ordinamento），一些部门出台了专门的特殊规定，而私人主体则设计开发出一些合同类型。对上述法律规定和新类型的合同，如果从严格的形式主义的视角进行审视，而不考虑法律发展的话，第一眼看去，它们的形式和功能会显得难以理解和缺乏正当性基础。

这些情形中的担保功能，是依据当事人想要实现的具体经济利益的类型，通过不同于传统物权担保的形式实现，这些形式具有复杂的内部结构和运作模式，并且很难用一种单一的、体系性的、教义学性的构思来对它们的形态特征进行合理化的论证。

因此，如果抛开采用的具体模式（schema），为了审查确定每个具体情形是属于法律规定的类型还是法定类型之外的情况，有必要对每个情形的形式结构进行个案性的具体分析，并审查具体情形中担保功能的实现情况。

202 E. Gabrielli, *Il pegno "anomalo"*, spec. 74 ss.

比如，某些“特别”（anomale）质押中的担保功能并未采用出质人移转对质物占有的方式，而是通过其他形式或替代方案来实现，并且也达到了相同的目的。[203]

正是由于它的担保功能是通过复杂的内部结构和运作模式来实现，而且表现为不同的形式——对这种法律现象一种常见的处理方式是将其称为——“非典型”（atipica）[204]，这里的非典型是相较于传统模式而言。

这种不同，纯粹是表面的（mero simulacro），事实上尽管它们采用的是不同于移转占有的某种特别的手段（比如在专门的登记机关进行登记或备案，比如有关电子证券在中央结算系统进行登记的情形，又如对生产中的产品设立质押的有关规定，此时质押的初级产品将转化为最终产品）或通过合同特别约定的技术手段，总之，未采用移转占有的方式，但实现了与法定担保类型相同的效果，达到了担保的目的，因为这些手段和方式也是旨在限制出质人对担保财产的法律处分。

与典型担保不同，在这些非典型担保中，无需额外的要素作为

---

203 E. Gabrielli, *Il pegno “anomalo”*, spec. 74 ss.

204 关于物权担保结构的“非典型性”（atipicità）和“不规则性”（anomalia）的准确、严格区分（这种区分还利用了语言学的分析模式），参见 D. Messinetti, *Le strutture formali della garanzia mobiliare*, 783 ss., spec. 787 ss.。该作者着重强调指出“有关类型的研究”（ricerca per tipi）和“有关结构的研究”（ricerca per strutture）的不同。另参见 Costanza, *Recensione a E. Gabrielli, Il pegno “anomalo”*, in *Riv. trim. dir. proc. civ.*, 1991, 1031; Id., *Valori mobiliari: titoli di stato in pegno*, in *CI*, 1991, 1043 ss.; Barbiera, *Responsabilità patrimoniale. Disposizioni generali*, in *Commentario Schlesinger*, 1991, 27; Id., *Le garanzie atipiche e innominate nel sistema del codice del 1942*, in *BBTC*, 1992, Ⅰ, 735。

其外在特征，同时其可以衍生出次级合同类型，甚至是非典型的意思表示或混合型的意思表示，因为其是阐释典型担保功能的一种“特别”（anomale）[205]的形式。[206]

这使得我们可以将法律关于质押的相关规定以及典型质押的形式结构与非典型性质押进行类比。

（四）转移占有的形式和手段

根据更值得可信的说法，[207]出质人对质物的转移占有应是真实的，这意味着其应能够达到公示的效果，以便实现告知第三人该物上存在担保物权的目的[208]。因此，移转占有不能采用拟制交付（*tra-*

205 E. Gabrielli, *Il pegno "anomalo"*. 另参见 Sacco, in *Sacco - De Nova, Il contratto*, t. Ⅰ, 883; Tucci, *"Garanzia"*, in *D. 4. ed. civ.*, 592; Grisi, *Il deposito in funzione di garanzia*, 52 ss.; Poli, *Il pegno di azioni*, 86; Lobuono, *Contratto e attività economica nelle garanzie personali*, 10; Macario, *Trasferimento del credito futuro ed efficacia verso i terzi: lo «stato dell'arte» (di giudicare)*, in *Riv. dir. priv.*, 2000, 466。

司法实践中采纳这一概念的判决也不少，具体可参见 Trib. Milano, 17 novembre 1997, in *Dir. fall.*, 1998, Ⅱ, 97 ss., con nota di Stingone, *Sulla validità e opponibilità del pegno bancario «rotativo»: nuove conferme dalla giurisprudenza*; in *Fall.*, 1998, 729, con nota di Finardi, *Orientamento antiformalistico della giurisprudenza di merito in tema di pegno rotativo*; Trib. Palermo, 3 ottobre 2000, in *Dir. fall.*, 2002, Ⅱ, 768, con nota di Azzaro, *Il pegno «rotativo» e la sua tipicità giurisprudenziale*。

206 倾向于拒绝那些乍看之下不同于法典规定的交易类型，是法律解释中一种常见的态度和立场。在这个意义上可以追溯到很久之前的年代，一个可以证明的例子参见 Gesterding, *Die Lehere vom Pfandrecht nach Grundsatzen des römischen rechts, Greisswald*, 1831, 2 Aufl., 68。该学者称债权质押为“etwas Anomalisches”。

207 Rubino, *La responsabilità patrimoniale.Il pegno*, 222; Gorla e Zanelli, *op. cit.*, 66; Pratis, *Della tutela dei diritti*, 40.

208 针对该观点的详细批判意见，参见 D. Messinetti, *Le strutture formali della garanzia mobiliare*, 790 ss.。

ditio ficta）[209]、象征交付（*traditio simbolica*）[210]的方式，但可以通过短手交付[211]（*traditio brevi manu*）进行转移占有。

鉴于上述理论认为质押债权人对质物的占有具有公示的作用，由此产生了一系列有待进一步解释的问题，比如形式较为缓和的交付（consegna attenuata）[212]的情形，那些仍然将转移占有作为生效要件，而不是认为质押是为了满足限制出质人对质物的处分，以避免出质人可以在同一物上设立多个担保物权[213]的理论，总是被迫回归共同法（diritto comune）中的占有情形。[214]

上述问题——1882年《意大利商法典》通过第456条第3款[215]

209　参见 Dusi, *Sulla costituzione di pegno*, 8; Rubino, *La responsabilità patrimoniale. Il pegno*, 222。这两位学者既排除了通过抽象占有（possesso astratto）设立质押的可能，也排除了通过具体占有（possesso concreto）设立质押的可能。另见 Gorla e Zanelli, *Del pegno. Delle ipoteche*, 76; Sacco, in *Sacco* e *De Nova, Il contratto*, 882。

210　Rubino, *op. cit.*, 222; Gorla e Zanelli, *op. cit.*, 76.

211　Gorla e Zanelli, *op. cit.*, 76; Sacco, in *Sacco e De Nova, Il contratto* 882.

212　参见 Rubino, *op. cit.*, 222。根据该学者的观点，在这些情况中，针对将担保物从出质人处转移给债权人的解读，不应从字面理解，而应从与经济–社会需要的实际需求相适应的角度来理解，"dal *quod plerumque accidit*"，应理解为"不应要求物不能以其他方式转给债权人，而应仅限于对物的处分权，以使该物处于一种被债权人占有的状态，就像债权人占有的其他物的情形"。

213　参见 D. Messinetti, *Le strutture formali della garanzia mobiliare*, 795 ss.。在该著作中，作者对动产担保结构中占有的重要性展开了详细深入的研究。

214　Gorla e Zanelli, *op. cit.*, 76.

215　"如果质物是在债权人控制和可以处分的仓库或商店、船上、海关或其他公共的地方储存，那么应认为债权人占有质物。同样地，如果在货物到来之前，债权人已经取得了提单，或取得了载有'质押担保'字样或具有相同效力条款的运单，那么也应认为债权人占有质物。"参见同上。但该学者认为前述这种列举"由于模糊不清而无用"。该学者还强调指出，移转占有显然不应是任意和随心所欲的，而应是债务人行为的结果（交付或双方共同保管或基于协议委托保管）。

已予解决——曾被最终限缩为一种用于人才培养的疑难案例问题（casistica formatasi），旨在解决在下列情形中是否构成有效的移转占有：如将物交给债务人的雇员或其父亲或母亲，又如交付钥匙，再如交付封存装有工厂的技术性文件的信封或交付证书原件等。

然而，如果移转占有这一要件被“有效失去对质物的绝对处分权”（《民法典》第2786条第1款）这一要件所“替代”（destrutturato），那对出质人而言，意味着法律赋予“没有债权人配合无法处分物”（《民法典》第2786条第2款）重要的意义，由此在应用层面，上述问题也会导致出现不同的立场和不同的结论。

（五）质押债权人对质物的占有

出质人对质物的移转占有可以产生多种效果，在这些效果中，既包括质押债权人占有质物的权利，也包括质押债权人维持对质物占有的权利。[216] 对于后者，即维持对物的占有的权利。根据《意大利民法典》第2786条之规定，质押债权人既可以是基于其对物享有的物权而以自己的名义来对物占有（possesso titolato），也可以是不以自己的名义占有，此时这种权力是通过与行使某个权利相对应的活动来得以彰显。

就占有而言，尽管其在不同情况中扮演着不同的角色，占有还赋予债权人一系列权利（diritti）、支配力（poteri）和权能

216 Rubino, *La responsabilità patrimoniale. Il pegno*, 244. 该学者承认质押债权人对质物的占有权具有绝对权的特征，因为质押债权人可以基于其质押权利拒绝任何要求其交付质物却不打算在同时清偿债务的请求，这种权利既可以是针对出质人（对其可以提起合同之诉），也可以是针对因合法原因而在之后对质物享有权利的人或出质人的债权人，比如对质物享有个人享用权的人。

（facoltà），（当质物交付给债权人时，表现为直接性；当保管人是第三人时，表现为间接性；[217] 当由双方共同保管时，则与出质人共享），它们使质押权人能够采取自力救济性保护措施——无论是为了预防可能发生的损害，还是为了实现自己的权利，比如行使留置权的情形。[218]

就质押权人对质押财产存在某种权力（potere）而言，尽管理论界没有争议，但对该权力的性质和其意义，理论界并非没有分歧：因为尽管较为普遍的观点将其解读为占有（possesso），[219] 但也有学者将其界定为持有（detenzione）。[220]

基于质押的物权特征，质押权赋予质押权人（以及当事人选

217　Rubino, *La responsabilità patrimoniale. Il pegno*, 243. 该学者指出，在转移占有后，债权人对质物的占有是一种基于临时让与* 所有权（precarista）的占有，"但其同时也是基于自己的质押权利以自己名义实施的占有，因此也是为了行使该权利的考量而实施的占有"，由此导致的结果是，在其没有开始以所有人的意思（*animo domini*）占有之前，其无权对质物行使使用收益权，因为"债务已经还清而债权人继续保有物这一简单的事实"似乎不足以产生占有转移** 的效力（*interversio possessionis*）。如果物被交给当事人选任的第三人保管，那么这种情况下，其对质物的占有同样"一方面是基于临时让与所有权而实施的占有，另一方面是基于质押权而实施的占有"，如此一来，质押债权人还是间接占有人。

*　临时让与（*precarium*）是罗马法中的一种制度，表现为一方当事人允许另一方当事人取得对前一方物品的占有。受让人的这种占有是有条件的，即有义务在出让人提出要求的情况下立即向其返还。——译者

**　占有转移（*interversio possessionis*），指占有发生名义上的改变，比如占有人通过占有转移协议将占有资格转让给他人。——译者

218　Rubino, *op. cit.*, 244.

219　Sacco e Caterina, *Il possesso*, 112; Alcaro, *Il possesso*, in *Commentario Schlesinger*, 2003, 131.

220　参见 Montel, *"Pegno"*, 777; Barbiera, *Garanzia del credito e autonomia privata*, Napoli, 1971, 145; Pollice, *Contributo allo studio del compossesso*, Napoli, 1993, 89。

任的保管质物的第三人）以自己名义[221]占有质物和提起占有之诉的权利。因此，当质押权人对质物的占有受到干扰妨害但未被侵夺占有[222]时，质押权人可以根据《意大利民法典》第2789条之规定，以自己名义提起要求归还占有之诉和维持占有之诉。[223]

此外，还需关注的另一种与之相关的情形是质押权人变更对质物的占有方式。[224]

事实上，上述情形涉及的问题既包括担保的持续性也包括优先受偿权的效力，即，一方面，一种理论认为，对占有方式的改变，一旦经过出质人的同意，即便是在债权让与的情形，无需重新创设新的质押；但另一方面，一些学者认为，丧失对质物的占有也意味着同时丧失了优先受偿权。[225]事实上，第二种理论的依据是《意大利民法典》第2787条第2款，他们认为根据该款规定，可以抽象出以下原则，即如果用于质押的财产未由债权人或双方指定的第三人占有，则不得主张优先受偿权，并由此导致失去质押权。然而，上述原则应被解释为，该原则仅适用于质押权人自愿将物返还给债务人或当事人约定由债权人保管质物但债权人自己决定将物交给第三人的情形（第二种情形中对债权人质押权的剥夺具有

---

221 Rubino, *La responsabilità patrimoniale. Il pegno*, 281. 该学者认为，由于质押债权人是基于自己的质押权而以自己的名义占有，因此《民法典》第2789条之规定是正确的——根据该条规定，如果债权人或保管质物的第三人丧失对质物的占有，在符合相关条件的情况下，可以提起有关保护占有的诉讼，包括归还占有之诉——因为在该学者看来，似乎不存在其他诉讼手段可以使其恢复占有。

222 参见上书，第244页。

223 Gorla e Zanelli, *Del pegno. Delle ipoteche*, 96.

224 Realmonte, *Il pegno*, 840.

225 Gorla e Zanelli, *op. cit.*, 77.

一定的惩罚性）。[226]

（六）将物交付给第三人设定的质押

根据《意大利民法典》第 2786 条之规定，质押也可以通过将质物或权利证书交给指定的第三人的方式设立。人们认为，这种设立方式能更好地回应商业发展的需要，也能带来更多便宜，理由是：这种设立方式免除了债权人的保管义务；这种设立方式使质押人可以在质押财产的价值的范围内为多个不同人的利益设定多个质押；当不能共同保管质物时，还可以规避因债权人欺诈（fraudolente）处分质物而遭受损失的风险。

此外，通过将质物交付第三人设立质押，还具有以下便利：一方面，这种方式可以使物被托付给更适合的人保管，而不是某个不被信任的人保管；另一方面，如果在质押设立前质物已被交给他人使用时，这种方式能够使已经合法持有或占有质物的人继续使用质物。[227]

至于第三人的选任，无论是基于某种具体原因而由当事人事先作出的选择，还是在当事人未做事先约定时根据法官指示[228]进行的选择，都属于当事人意思自治的范畴。

---

226 Ciccarello, *"Pegno"*, 696.

227 Portale, *Osservazioni sul contratto col terzo detentore del pegno*, in *RTDPC*, 1962, 876. Cass. Torino, 8 maggio 1908, in *Riv. dir. comm.*, 1909, Ⅱ, 8, con nota di Dusi, *Sulla costituzione di pegno*. 该判决否决了质押针对第三人的效力。在该案中，"丈夫将其所有的印刷机为妻子设立质押，且该印刷机仍存放在丈夫处。即使双方曾约定将这些机器委托第三人保管，且尽管丈夫可以使用该印刷机，但无权在未经保管人同意的情况下将其取出或以其他方式处分"。

228 参见 Rubino, *La responsabilità patrimoniale. Il pegno*, 224。

但是，有时也会发生“法定第三人”保管的情形。比如《意大利民法典》第 1793 条第 2 款和第 1794 条规定的对寄存在一般仓库货物的保管的情形；又如代位清偿的情形；再如转让享有质押担保的债权的情形，此时债权人实现了其债权，但只要出质人不同意转移质押财产的占有，那么根据法律规定，债权让与人仍然是质押财产的保管者（参见《意大利民法典》第 1204 条第 2 款和第 1263 条第 2 款）。[229]

如果第三人在质押设立前，基于合法事由为出质人的利益持有质物，只要该第三人随后又开始基于另一不同的事由（un diverso titolo）为质押权人的利益而持有质物，那么同样成立通过指定的第三人保管质物而设立质押。[230]

但对上述最后一种情形的转化（即从为出质人持有转换成为质押权人持有）如何评估，学术界不无分歧。一种理论认为，将质押合同、债权人和质押人的意思通知持有质物的第三人——要求其开始为质押权人的利益而持有质物——并不足以产生第三人保管质物设立质押的法律效果，除此之外，还需要该第三人的同意（accettazione），即便是默示的同意。[231]

至于与作为保管人的第三人的合同的性质，多数理论将其归结

---

229 Portale, *Osservazioni sul contratto col terzo detentore del pegno*, 877.

230 此外，并不排除第三人因需要质物而获得质押债权人的许可，并基于其对占有质物所享有的利益，而愿意或希望向所有权人支付相关的费用。对此，参见 Rubino, *La responsabilità patrimoniale.Il pegno*, 223。

231 参见上书，第 220 页；Id., *Modalità della costituzione del pegno mediante affidamento della cosa ad un terzo che già la deteneva per conto del concedente*, in *FD*, 1952, Ⅰ, 987。

为寄托合同（有的认为是法定的[232]或三方的[233]，有的认为是为第三人利益[234]，有的认为是聚合的），[235]此外，还有少数学者将其归结为合意扣押（sequestro convenzionale）。[236]

但上述理论受到了其他学者的批判。批判者认为，一方面，援引寄托合同的相关规定并无意义（纯粹定义性的[237]）；另一方面，将质物委托给第三人可能是基于众多间接情形——在这些情形中，权利人和持有人之间本来就存在某种法律关系，并基于这种关系而享有权利——中的一种。总之，第三人占有物是为了实现剥夺出质人对物的占有，并且为债权人的利益而持有物。

由此，经过重构之后，可以对通过第三人保管质物设立质押的情形作出另一种不同的解读。即在通过第三人保管质物的方式设立质押的情形中，当担保物权设立时，同时存在"两种相关但又不同的占有关系，分别是：出质人——保管第三人之间的关系，保管第三人——质押债权人之间的关系"。这意味着，无论是对出质人而言，还是对质押权人而言，持有人都只是一种工具和手段，这种解读也使得在同一物上可以同时并存两种占有关系，并对应不同的法律事由。[238]

---

232 Rubino, *La responsabilità patrimoniale.Il pegno*, 223; Ciccarello, *"Pegno"*, 691.

233 Rubino, *Modalità della costituzione del pegno mediante affidamento della cosa ad un terzo che già la deteneva per conto del concedente*, 987.

234 Semiani Bignardi, *La ritenzione nell'esecuzione singolare e nel fallimento*, 1960, 115, n. 136.

235 Nicolò, *Deposito e contratto a favore di terzo*, in *RDCO*, 1939, Ⅱ, 452.

236 Provinciali, *Pegno mediante concustodia*, 417.

237 Portale, *Osservazioni sul contratto col terzo detentore del pegno*, 879.

238 Portale, *op. cit.*, 883.

在将物交付给第三人设定的质押中，无论是在意思表示之前还是之后，都存在三个意思自治的私的主体，因此有三方当事人；各方当事人之间的利益相互对立；意思表示的内容各异；存在三组不同的法律关系，各组法律关系之间互为条件，并使与第三人的保管合同成为一种“非典型的三方担保合同”，或者与设立债权行为相关的从合同。[239]

（七）以共同保管模式设立的质押

1942年《意大利民法典》的立法者[240]还规定，可以通过出质人和债权人共同保管质押财产的方式来设立质押。[241]

在实践中，这种方式常被银行用于就商品设立质押的情形，特别是当用于质押的商品需要占用特别大的空间，或基于商品的特种属性必须被储存在专门的仓库或容器中，或商品具有易腐性，由此使得很难或不宜将其从出质人处运至债权人处。

针对法律规定的共同占有这种情况的法律属性，理论界存在不

239 Portale, *Osservazioni sul contratto col terzo detentore del pegno*, 894 ss. 作者在此详细描述了对各方当事人（即质押人、债权人和第三人）的利益保护机制。

240 Gorla e Zanelli, *Del pegno. Delle ipoteche*, 78. 两位作者强调指出，引入共同保管模式是一种“创新，或者也仅是对新的民法典的澄清和阐述”。

241 关于这一点，参见 Messineo, *Costituzione di pegno mediante compossesso tra creditore pignoratizio e datore, e suoi effetti*, 304; Montel, *In tema di costituzione di pegno mediante compossesso tra creditore pignoratizio e datore,* in *BBTC*, 1951, Ⅰ, 285; Id., *Il pegno mediante concustodia tra le parti*, in *Econ. cred.*, 1961, 395; Provinciali, *Pegno mediante concustodia*, in *Dir. fall.*, 1951, I, 243; Trapani, *Il c.d. pegno mediante compossesso e il pegno senza spossessamento*, 7 ss.; Pollice, *Contributo allo studio del compossesso*, 87 ss.。

同的意见，有的将其界定为共同占有（compossesso）[242]，有的认为是共同持有（condetenzione）[243]，还有的认为是共同保管（concustodia）[244]。从教义学的角度而言，最后一种理论似乎是正确的，理由是：撇开此处讨论的法律规定情形中债权人占有的定性不说，共同占有中占有人的占有应基于相同权利（a pari titolo）。[245]

在这种模式下，保管义务产生于当事人的合意，尽管其实现方式不同于将质物的占有转移或交付给第三人，但就要解决的问题而言，两者并无不同，即平衡质物的所有权人和质押债权人之间的利益冲突。为此，这种模式把第三人的保管"变为由当事人共同保管，而且在这种共同保管中，没有人是纯粹的或绝对的工具，而是好像是一个由不同各方组成的统一整体"[246]。

在共同保管的情形中，如果质物是被置放于某个中立的位置，此时不会产生特别的问题；但是，如果质物被置于一个出质人享有绝对控制权和法律处分权的位置时，此时会引发一系列的疑问，比如质押设立是否有效？优先受偿权的效力如何？[247]

就前述第二种情形（即质物被置于一个出质人享有绝对控制权

242　Messineo, *Costituzione di pegno, mediante compossesso fra creditore pignoratizio e datore, e suoi effetti*, 305 ss.

243　Montel, *In tema di costituzione di pegno mediante compossesso tra creditore pignoratizio e datore*, 285 ss.

244　Provinciali, *Pegno mediante concustodia*, 243 ss.

245　Montel, *I soggetti del rapporto possessorio e di compossesso,* in *Nuovo dig.*, 1958, 286; Id., *In tema di costituzione di pegno mediante compossesso tra creditore pignoratizio e datore*, 285; Portale, *Osservazioni sul contratto col terzo detentore del pegno*, 876, n. 3.

246　Provinciali, *op. cit.*, 248.

247　参见 Messineo, *op. cit.*, 309。

和法律处分权的位置时）而言，对相关问题的判断并不存在例外规定，即仍应根据法律规定的要件进行判断，这些要件包括：（1）对质物处分权的限制，即没有债权人的配合，出质人不能对质押财产采取处分行为（包括事实处分和法律处分）；（2）公示性要求，即能够使第三人认识到在质物上存在着基于质押的共同保管。如果满足上述条件，那么此时仍成立共同保管。

就法律规定使用的文字而言，立法者并没有在《意大利民法典》第 2787 条中对共同保管情形下的优先受偿权作出规定，这似乎表明，这种模式更侧重保护享有优先受偿权的债权人的利益，而不是交付质物的出质人的利益，这种结论的理由是，对行使优先权而言，债权人保持相关的处分权和维持共同保管状态，既是必要条件，也是充分条件（necessario e sufficiente）。[248]

（八）非占有性质押：法定情形

在意大利的法律体系中，在过去的几年里——在对物权担保体系进行现代化改造的推动下，以及在市场对利用包括企业原材料、产品等企业财产进行融资的需要的推动下——引入了无需转移占有的质押，这种模式最开始是以当事人协议的方式出现，之后又为立法所采纳并转化为法律规定，其涉及的标的物，既可以是正在生产过程中的财产，也可以是电子化的财产（beni “dematerializzati”）——这些电子化的财产作为一种融资工具，用于债券市场和金融市场的经济活动。

在质押财产是存放在仓库中用于加工或生产的商品和货物的情

248 Ciccarello, *“Pegno”*, 692.

形中，银行合同法和商法很早就已规定——最开始是以协议的方式之后又转化成专门的规则——可以将原质押的效力延伸、扩展至由原质物加工后或转化而来的商品，包括相关的次生产品，且不具有更新的效力（effetto novativo）。

当质押财产是寄托的同质散装货物时，人们认为此时设定的质押的客体是返还相同数量、相同种类和质量的货物的权利。[249]

由上可见，在上述两种情形中，都要求作为保管人的第三人的存在以及该第三人的参与，并使该第三人承担一些与保管和识别、确定质物有关的特定义务。这种义务正是专门约定的内容，一般包括：在生产加工过程中持有待加工的商品、最终产品，以及可能产生的不同于最终产品的次生产品；配合和允许银行职员进入相关场所对商品和生产情况进行核查；承认质押的商品是为银行的利益而投保，并认可相关的保单以及银行签发的该单据的复印件的效力。

当质押财产仍由作为债务人的企业来保管时，一般会任命一个值得信赖的人作为保管人，如此就符合《意大利民法典》第2786条第2款规定的共同占有的（compossesso）情形。

但是，司法判例认为，通过上述方式设立的质押不具有对抗其他债权人的效力，因为出质人并未真正、有效地丧失对质物的占有，由此将其认定为是一般担保，担保的效力及于债务人的所有货物，而不是债务人交付用于质押的货物。

然而，当质押财产是进口货物或其他能够易于储存在特定场所（appositi locali）——比如出质人的一般仓库或场所——的货物，且

249　参见 M. Rescigno, *Titoli rappresentativi e circolazione delle merci*, Milano, 1992, 184 ss.。

无需对质押财产进一步加工时，司法判例的态度则不同，因为在这种情况下，实现债权人和债务人之间的共同占有并不难，而且（根据司法判例）只要这种共同占有能使出质人一方丧失对质押财产的绝对控制即可。

一般而言，用于工业生产的货物会经历从初级产品向最终产品的演变，这会导致两者客观上的不同，正是因此，直到不久以前，动产担保的法律都拒绝承认可以通过将质物交付给第三人保管的方式[250]来限制出质人对用于质押的原材料货物的处分权，如此一来，就制造了现实需求与法律要求转移占有之间的矛盾。剩下的唯一可能的解决路径就是共同占有或共同保管。

由此需要找到一种既能解决债权人和出质人的利益冲突，又无需剥夺出质人对质押财产的法律处分权，还能允许企业主继续利用质物直到生产完成的担保模式。1985 年 7 月 24 日颁发的第 401 号法律，即《关于用受地理标志保护的火腿设定质押的法律》[251]，提供了满足上述需要的担保模式，尽管其仅适用于有限的工业生产领域。[252]

上述法律规定，除可以采用《意大利民法典》第 2786 条规定的

---

250 就该问题的比较法研究，参见 Piscitello, *Costituzione in pegno di beni dell'impresa e spossessamento*, in *BBTC*, 2001, Ⅰ, 155 ss.; Stella, *Il pegno a garanzia di crediti futuri*, 7 ss.。

251 能够以这种方式设定担保的，事实上仅限于受 1970 年 7 月 4 日第 506 号法律、第 507 法律以及 1981 年 11 月 4 日第 628 号法律保护的享受原产地证明保护的火腿。

252 针对该规定的分析，参见 Fontana, *Pegno senza spossessamento: ancora qualche riflessione sulla legge 24 luglio 1985, n. 401*, in *Quadrimestre*, 1991, 60 ss.; Gorla e Zanelli, *Del pegno. Delle ipoteche*, 63 ss.; Viale, *Le garanzie bancarie*, in *Tratt. dir. comm. e dir. pubbl. econ.*, dir. da Galgano, Padova, 1994, 104。

设立质押的模式外，还可以通过下列方式设定质押，即"在生产的任何阶段，在质押债权人的组织下，在火腿上标注不可消除的专门印记，同时在年度认证登记册上进行备注"。由此可见，这种设立方式的特征表现为标注专门印记和在登记册上进行相关的备注记载。

事实上，法律规定，使用的印章应由不可消除的油墨制成，这一方面使得人们能够通过含有身份信息的印记来确定质押债权人，另一方面也使得人们能够通过循序渐进编制的序号来确认具体的质物和对应的债权。[253]

这种质押最显著的特征体现为以下几个方面：(1) 出质人无需转移质物的占有，继续保有对质物的处分权，这似乎改变了传统质押中当事人的权利和义务；(2) 用在特定机构进行登记的方式代替了对质物的转移占有；(3) 确定质物的方式以及确定担保权产生的时间；(4) 质押财产的性质也很特别（即是用生产过程中和正在转换形态、变化中的物作为质押标的）。

至于其属于何种性质的担保，在任何时候都需要强调——围绕上述特征，相关的理论已经提出了一系列的问题，包括其属性界定、担保效力产生的时间、对抗第三人的效力等，部分学者基于

253　债权人——只能对已经盖有制造商印章并符合原产地名称保护规则的产品进行加盖印花，并且在加盖印花的同时——有义务通过查阅债务人必须保留的账簿来确定批次对象的一致性并通过备案批注进行确认。

在公示体系层面，上述操作具有特别重要的作用，因为上述操作的相关要素（确定日期、质押债权人的印章、操作批次编号）相互结合，可以成为证明具体日期的证据，并在对抗第三人时发挥作用，这是因为如果说债权人的签章只是一种《民法典》第 2704 条规定意义上的私人书面证据，那么根据 1978 年第 83 号（DD. PP. RR. n. 83/1978）和 1982 年第 802 号（DD. PP. RR. n. 307/1982）政令进行的登记则要受到行业协会机构的控制和审查。

以上疑问甚至认为应将其划入动产抵押（ipoteca mobiliare）的情形[254]——其无疑属于质押和应适用质押的相关规定。[255]

事实上，这是一种典型的非占有性质押的情形，就其结构特征、功能特征而言，其是流动担保（garanzia rotativa）的一种形式——流动担保已得到立法者认可并由法律做了规定。[256]

在以受原产地证明保护的火腿所做的质押中，质押的效力最初是针对"新鲜的猪腿"，之后该约束力及于接下来生产过程中和生产阶段中变化了的标的物，直到其成为最终产品，即受原产地证明保护的火腿（prosciutti a denominazione di origine controllata）。由此可见，担保的约束力始终存在，且不受担保标的物变化的影响。[257]

1985年第401号法律规定的法律体系，与《关于银行的单一法律》第46条之规定，[258]两者结合，似乎注定要演变成——用生产过程中的产品设立质押且无需转移质物占有——示范条款。

254　关于担保的性质问题和对该法律制度法律适用的各种建构的反思，以及理论界就该问题的各种理论建构的信息（注释和索引），可参见 Fontana, *Pegno senza spossessamento: ancora qualche riflessione sulla legge 24 luglio 1985, n. 401*, 94 ss.; Gorla e Zanelli, *Del pegno. Delle ipoteche*, 64。

255　关于反对性观点（该观点将这种担保形式界定为动产抵押或将其归于质押），参见 Tucci, *Commento all'art. 46*, in Capriglione (a cura di), *Commento al Testo Unico delle leggi in materia bancaria e creditizia*, Padova, 2001, 2 ed., t. Ⅰ, 349 ss.。

256　参见 E. Gabrielli, *Sulle garanzie rotative*, 101。

257　担保的流动结构和作用体现在，担保财产可以在现有财产——未来财产之间进行选择替换。流动担保中担保财产事实上是一种客观存在的具有法律意义的现实财产，只是在客观实体上其需要进一步转换变化，以通过转化来实现经济收益。

258　同一时期，对流动担保这一新担保类型的建构起到重要推动作用的是《银行法》引入的第46条之规定，其确认了流动担保这一类型，并为克服关于质押法律规定设置的局限提供了突破口。

2001 年 3 月 27 号颁发的第 122 号法律，即《关于修订农业和林业法律的规定》，也确认了这一点，该法第 7 条规定：“就需要经过长时间生产且受原产地证明保护的奶 / 乳制品设定质押的，履行了法律规定的条件的生产者，除可以采用《意大利民法典》第 2786 条规定的方式外，还可以采用 1985 年 7 月 24 日第 401 号法律规定的方式设立质押。”

对此，可能引起疑问的是两部法律之间所引发的冲突问题，即通过不移转——用于质押的——对生产过程中的货物的占有而设立的质押，与依据《关于银行的单一法律》第 46 条之规定取得的先取特权，二者之间可能产生的矛盾和冲突。事实上，根据 1985 年第 401 号法律第 3 条之规定，接受担保并为企业提供融资的债权人，不能对抗根据《关于银行的单一法律》第 46 条第 3 款之规定为企业提供融资且已获得先取特权的债权人，因为根据诚实信用原则，某个特定的行为人，永远不能以其不知道法律规定的担保为由来正当化自己的行为，因为该法定担保已被法律做了详细规定，且公之于众，因此足以对抗第三人。

对上述问题，可以通过与其他质押类比的方式来找到解决方案：通常情况下，在以生产性农产品（如鸡蛋）作为质押财产为企业提供融资担保时，一般会将货物形式上（vendita formale）售卖给提供融资的债权人或第三人（如与生产者存在关联的人），而后又以信托的名义将同一质押财产交还给生产者，以使得质押财产可以用于产品生产。通过这种方式设立的担保同样不能对抗根据《关于银行的单一法律》第 46 条享有先取特权的提供融资的债权人，后者在当事人基于信托协议设立的质押诞生之前，已经依据法律的规定履行了公示义务。正如之前我们已经指出的那样，作为提供融资的债权人，永远不能以自己不知道法律规定——该法律规定明确规定了公示的形式以使其得以对抗他人——为由来为自己进行辩解，也不能使其行为由此变得正当。最后，《关于银行的单一法律》第 46 条 D 款明确规定，作为债权先取特权的客体，还可以是出售前款规定的财产所产生的债权，包括未来可能产生的债权，由此可能引发新的问题，即我们正在讨论的担保与依照 1991 年 2 月颁发的第 21 号法律所实施的债权让与之间的矛盾和冲突。

但这个矛盾并不难解决，完全可以用 1991 年第 21 号法律第 5 条 A 款的规定予以解决，该条规定，只要债权受让人已经支付了与债权让与相关的全部或部分款项，并且付款凭据载有明确的日期，那么债权让与仅可以对抗其他因债权让与有关的权利人，对在支付日期之前的第三人而言，后者获得债权所依据的法律事由将不能发生效力。由此我们可以得出如下结论：依据《关于银行的单一法律》第 46 条之规定取得的先取特权，如果根据法律规定的公示机制确定日期是在支付凭证记载日期之前而有效时，那么该先取特权可以对抗企业债权可能的购买人。

二、动产质押的客体

（一）《民法典》第 2784 条之规定以及动产质押的客体

《民法典》第 2784 条规定，能够作为质押客体的包括动产、动产的集合体（universalità di mobili）、以动产为标的的债权和其他权利。通过这种方式,《民法典》对质押客体做了概括性的规定,而未像抵押部分那样进行详细的规定。这种差别使得理论界经常将《民法典》关于抵押客体的规定扩展适用于质押,[259]而其依据则是物权担保的统一性原则(principio dell'unità delle garanzie reali)。

总的而言,人们在对《民法典》第 2784 条进行解读时,认为法律规定中的"动产"(beni mobili)指的是有体物(le cose corporali),并且显然不包括那些立法者已在抵押部分规定为抵押客体的物。

无体物(这种物并非权利或任何作为权利客体的物),只有在成为某个权利的客体时,才可能成为质押财产,但此时质押的客体是该权利。

就此点而言,理论界进一步详细区分了以动产设立的质押(pegno di cose)和以客体为动产的权利设立的质押(pegno di diritti aventi ad oggetto beni mobili)。对此更合适的说法是,一种是以动产的所有权或通过对动产的占有权设立的质押,另一种是以《民法典》第 813 条规定的适用动产有关规定的其他权利设立的质押。[260]

根据物权担保的特定性原则(specialità),物权担保的效力仅及于具体的客体,而且这些客体应具有可让与性(alienabilità)和能够被强制转移(espropriabilità),因为质押的客体必须能够服务于强制执行之诉,而紧随强制执行之诉的就是对客体的强制转移,并导致权利主体丧失对该客体的权利。正因如此,那些不能让与的权利不能成为质押的客体。[261]

259　Gorla e Zanelli, *Del pegno. Delle ipoteche*, 14; Montel, *Pegno*, 788; Realmonte, *Il pegno*, 806.

260　Gorla e Zanelli, *op. cit.*, 34.

261　Rubino, *La responsabilità patrimoniale. Il pegno*, 205.

上述规则对应的是古老的法谚“质押的客体应是能够买卖的财产”（*quod emptionem venditionemque receipt etiam pignorationem recipere potest*）[262]确立的原则，因为质押执行功能的理论基础正是可对质押财产强制转移，也即在随后阶段可强制让与质押财产，这意味着质押财产应为可交易的财产（bene commerciabile）。

根据传统理论，动产质押的设立需要出质人转移质物的占有，这就是所谓的物的交付（*traditio rei*）。[263]

对这种理论的局限性，我们在前文中已经予以指明并进行了批判，目的是提供一种关于学术讨论和理论建构的不同视角，这种不同既包括质押的构成要件，也包括转移占有在质押中的功能和作用。[264]

（二）与质押债权和质押财产的确定性相关的问题。关于确定质押财产的指示线索

《意大利民法典》第2786规定，质权通过向债权人交付物或独占支配证书而设立。物或证书也可以交给双方当事人指定的第三人，或者由双方保管，从而达到在没有债权人的合作则对方不可能支配物或证书的目的。

由上述规定可知，就动产质押的设立而言，本条关注的是质押在当事人之间所产生的约束力，强调的是当事人之间的关系，也即担保层面，而并未提及优先受偿权。事实上，优先受偿权是在之后

262 D.20.1.9.1.

263 参见 *sub art.* 2786。

264 E. Gabrielli, *Il pegno “anomalo”*, 74 ss.

的规定中予以规范——第 2787 条对动产质押做了规定，第 2800 条对债权和其他权利质押做了规定。

就对质押债权人的保护而言，特别是债权之间的竞存（concorsuale）而言，人们产生了以下疑问，即在质押产生法律约束力的那一刻，如何通过法律的实质要件和形式要件规定，来确保这种约束力和确保其能够对抗其他人。

事实上，上述问题涉及的是担保债权的确定性和担保财产的确定性，它们涉及的既可能是更广泛意义上有关合同标的的确定性或可确定性的问题，[265] 也可能是与合同一般规定与类型化合同具体规定之间关系相关的问题—— 一方面是《民法典》第 1346 条之规定对确定性的要求，另一方面是《民法典》第 2787 条对担保标的物确定性或可确定性的要求，[266] 两者之间的规定不同，由此可能导致矛盾和冲突。

根据第 2787 条之规定，享有优先受偿权的前提条件是质押应“以包含对担保债权和质押财产的充分说明且载明时间的书面形式设定”，由此在对该条进行解释时有必要对“充分说明”（sufficiente indicazione）做进一步分析——在某些特别（anomale）质押担保的意思表示情形中［如所谓的总括质押（*pegno omnibus*），又如对质押担保扩展的约定］，可能不满足该条件。事实上，对“充分说明”的分析有两个层面：其一是对两个法律规定——一个是《民法典》第

265 参见 E. Gabrielli, *Dell'oggetto del contratto*, in *Comm. del codice civile*, dir. da E. Gabrielli, Torino, 2011, 748 ss.。

266 参见瓜尔达斯哥里（Guardasigilli）对 1942 年《民法典》的说明，其中有关质押的部分（n. 11349。事实上，在说明中，其明确表明和确认，不排除“对质押协议适用债编中有关合同的一般规则”）。

2787 条规定的表述方式，另一个是第 1346 条对确定性或可确定性概念——之间关系的分析；其二是对该条规定中“充分说明”一词在涉及债权和质押财产时是否具有不同含义的分析。

鉴于“说明”一词的使用方式多变，而且在立法中存在多种使用的情形，这意味着，我们不能认为——也不能赋予——其仅有单一的含义，仅对应一种确切、具体的法律现象。[267]

在这个意义上，部分理论认为，就法律规定的字面含义或表达技术而言，不能将“‘说明’（indicare）和‘确定’（determinare）两个术语相互对照、相互替代”，因为两者是两个完全独立且无关的概念。[268]

鉴于片段分析的结果并不确定，因此，我们将从解释层面，对每个包含了“说明”一词的具体的法律规定进行分析，以确定其内在含义。

就《意大利民法典》第 2787 条第 3 款之规定而言，首先需要重申和再次明确的是，该款规定并不涉及质押的构成要件，而是强调质押运行异常的一面（aspetto patologico），即当出质人的债权人之间出现利益冲突时，优先受偿权具有对抗第三人的效力。

由此可知，“充分说明”这一构成要件仅与优先受偿权有关，与当事人之间行为的效力无关——事实上，关于当事人之间行为的效力应适用《民法典》第 1346 条之规定。

同样地，《民法典》第 2787 条之规定中有关书面形式的要求，

267 参见 Tamponi, *Sulla clausola estensiva della garanzia pignoratizia ai crediti presenti ed ai crediti futuri*, in *RDC*, 1974, Ⅱ, 226; S. Troiano, *La cessione di crediti futuri*, 270 ss.; Stella, *Il pegno a garanzia di crediti futuri*, 159 ss.。

268 Tamponi, *op. cit.*, 227.

其同样仅与优先受偿权有关，而并非质押设立的构成要件。

因此，《民法典》第 2787 条第 3 款之所以会规定和要求“充分说明”，其目的和理由是满足对抗第三人（*erga omnes*）的需要，通过这种要求以及对明确的时间等内容要求，该条确立了一种可以保护第三人权利的有效机制，避免了债权人和债务人串通，以欺诈第三人和损害第三人的利益。

事实上，《民法典》第 2787 条之规定违反了第 1364 条确定的一般原则。为了解决该矛盾，人们认为，相较于第 1364 条而言，第 2787 条应为特别规定。基于此，人们还认为，无论是为了能够有效地设立质押，还是为了能够对抗第三人的效力，总之，在任何情况下，担保客体——同时也是合同标的——都应是确定的。在确定担保客体时，应结合每个具体案件的情况，通过对意思表示中有关确定标的的方式、方法的描述进行分析评估，并最终确定。

这种情况下的相关行为——如确定具体客体——的法律属性被认为是行为的一部分，质言之，相较于该行为要实现的利益而言，行为本身只是一种工具。[269]

此外，司法判例还认为，如果设立质押的法律文件中包含了适当的关联线索（indici di collegamento）——这些线索允许在必要时可以诉诸外部要素或设立文件本身——而且这些关联线索包含了确定债权和财产的必要条件，那么可以认为该文件符合《民法典》第 2787 条关于“充分说明”的要求，进而承认其享有优先受偿权。

因此可以说，第 2787 条规定的设立文件中的说明，并非必须对

269　参见 E. Gabrielli, *Il pegno “anomalo”*, 131 ss.; D. Messinetti, *Le strutture formali della garanzia mobiliare*, 800。

文件客体做详尽的说明，因为最高法院的判决如今已经非常明确地指出，在确定担保债权是否被充分说明时，并不要求设立该债权的书面文件必须对债的主体、客体等要素都作出明确的描述，只要该书面文件包含合适的要素且通过这些要素能够确定具体的债就足够了。[270]

司法判例非常谨慎地进一步明确指出："不是只能通过设立质押法律文件之外的要素来确定担保债权，而是说也可以借助设立质押法律文件之外的要素来确定债权。"[271] 事实上，如果在识别担保债权时只能借助设立质押法律文件之外的要素来予以确定，那么此时并不符合法律有关对债权充分说明的要求，而且在最高法院看来这"构成对前述条款的回避"（即第 2787 条）[272]。

因此，诉诸外部要素应满足以下前提条件，即"外部要素是设立质押的法律文件所引入的。这指的是设立质押的法律文件应是外部要素的渊源，应从该文件中寻找和确定外部要素"，并由此导致如果"不能通过设立质押的法律文件来确定外部要素，那么应

270 参见 Cass., 2 ottobre 2007, n. 20699。根据该判决，可以通过推定的方式间接认定《民法典》第 2787 条规定的对担保债权的充分说明。在进行推定时，可以基于任何有助识别和确定案涉债权的要素，无论是否包含在书面文件内，只要该文件包含的关联线索有助于确定债权和质押财产即可。就该案的事实而言，最高法院认为，质押设立协议说明了担保债权的数额及其性质，并且银行已在活期账户中开立了与质押协议载明的债权额度相同的信贷额，因此，其以担保债权不确定而主张质押无效的请求，被法院判决驳回。

另参见 Cass., 7 novembre 1996, n. 9727; Cass., 13 aprile 1977, n. 1380, in 1977, n. 1380, in *BBTC*, 1978, Ⅱ, 283, e 419, con nota di M. Bouche, *In tema di pegno irregolare*; in *BBTC*, 1979, Ⅱ, 38, con nota di A. Airoldi, *Pegno di libretti di deposito bancario al portatore*。

271 Cass., 24 giugno 1995, n. 7163, in *Banca, borsa, tit. cred.*, 1996, Ⅱ, 501; Cass., 7 giugno 1999, n. 5562.

272 Cass., 24 giugno 1995, n. 7163.

认定该文件的内容‘未包括’对担保债权的说明，也未确定担保债权”[273]。

根据司法判例的意见，对质押债权进行充分说明是享有优先受偿权的前提要件，为了满足法律规定的有关要件要求进而享有优先受偿权，尽管在设立质押的书面文件中无需对质押债权的所有客观要素做详尽说明，只要包含了能够用来确定质押债权和质押财产的关联线索的说明即可——这些关联线索应能够用于确定担保债权，至于这些要素是否包含在书面文件中则无关紧要（既可以出现在书面文件中，也可以在书面文件外列明）——但是，如果该书面文件中的表达方式过于一般、抽象，以至于只能借助书面文件之外的要素才能确定担保债权，那么此时将不能主张优先受偿权——因为这种情况下甚至有可能在书面法律文件形成之前或至少在书面文件形成时，尚不存在担保债权。换言之，担保债权是在协议签订之后才产生的，那么此时设立的质押是不确定的甚至是信用担保，这也使得质押欠缺从属性，进而只能在之后债权存在时生效。[274]

总之，司法判例一方面肯定了可以通过设立质押文件之外的其他因素来认定质押债权做法，另一方面也对这种做法进行了明确的限制，[275]并指出，当需要通过设立质押文件事先指明的关联因

273　Cass., 24 giugno 1995, n. 7163.

274　Cass., 26 gennaio 2006, n. 1532 e Cass., 28 ottobre 2005, n. 21084, in *Banca, borsa, tit. cred.*, 2007, Ⅱ, 314.

275　Cass., 7 novembre 1996, n.9727, in *Corr. giur.*, 1997, 157, con commento critico di Lombardi, *Costituzione di pegno e "sufficiente indicazione" del credito garantito*; in *Il fall.*, 1997, 613, con commento di Petraglia, *Giurisprudenza di legittimità e pegno omnibus: recenti tendenze.*

素来确认质押债权时，即便该文件中设定的关联因素能够确定债权，但如果有关关联因素的表达方式过于抽象，以至于只能完全凭借外部因素的帮助才能够确定债权，那么应认为此时不符合《民法典》第 2787 条第 3 款有关对债权充分说明的要求，不能享有优先受偿权。[276]

（三）私法自治与物权担保的扩张：所谓的总括质押

由担保债权和担保财产的确定性衍生出很多问题，其中一个长期以来引起广泛关注的问题涉及银行融资合同中的一种示范条款，约定该类条款的目的是使法律关系中的各方当事人都可以将质押作为一种一般工具（portata generale），并将担保扩展至银行与客户之间的所有关系，而不是仅局限于某一单独的债权关系。尤为特别的是，其能够产生一种自动调整的担保机制，以适应债务人与银行之间信贷债务总额（esposizione debitoria）发生的持续不断变化的情况。

事实上，正是企业所处的各种社会关系的复杂性（dinamica）催生了这种需要，因为对银行而言，如果每次信贷授信或融资债务

276 参见 Cass., 25 marzo 2009, n. 7214, in *Giust. civ.*, 2010, Ⅰ, 2305。依照该判决，根据《民法典》第 2784 条可以推论出从属性原则。根据该原则，一方面，当被担保的债权不存在时，关于优先受偿权的质押设立文件因欠缺原因而无效；另一方面，通过类推适用《民法典》第 2852 条之规定，此时并不排除可以对附条件债权设立有效担保，也不排除对根据已存关系可能产生的债权设立有效担保。就最后一种情形而言，为了使合同有效，债权必须是确定的或具有可确定性，这不仅要求当事人确定，而且要求其渊源也是确定的。此外，尽管合同在当事人之间合法有效，但如果应适用《民法典》第 2787 条第 3 款之规定且不符合法律有关担保债权的充分说明的要求，纯粹的可确定性本身将导致质押不能对抗其他债权人（包括破产情况下的破产管理人）。

人的债务情况发生的每次负面变化，都必须通过谈判并设立担保来实现相应的财务操作，那么债权关系的深刻性（incisività）和灵活性（speditezza）将肯定会变得非常的复杂。

因此，无论是为了及时适应物权担保对应的金融活动、商业活动及其法律关系的快速变化，还是为了能够缓和单次担保交易快速变化而造成的利益冲突，都需要设计和拟定一种能够满足这种需要的交易结构和交易条款，同时满足银行保护其债权的需要。即在签订担保合同时，债务总额并非一个最终确定的数额，而是一个不确定的数额，该债权由担保设立时及之后可能发生的、将来的债权组成；当然，对银行客户而言，其也有类似的需求，因为其能够从“扩大了的”担保（garanzia ampliata）中获得融资利益。

正是商业关系和债权关系的这种情况——无论是市场的实际需求还是形式上的需要——催生了在银行合同中使用的所谓的总括质押（*pegno omnibus*），[277]并使人们找到了使用它的理由。在具体的担

277　关于总括质押（*pegno omnibus*）的重要著作，参见 Colombo, *Pegno bancario:le clausole di estensione, la prova della data*, 193; Angelici, *Le garanzie bancarie*, in *Tratt. Rescigno*, vol. 12, 1985, 1035; Salanitro, *Le banche e i contratti bancari*, in *Trattato Vassalli*, 1983, 210 ss.; Id., *Conto corrente bancario*, in *Dir. banc.*, 1988, 425 ss.; E. Gabrielli, *Il pegno "anomalo"*, 5 ss.; M. Bussoletti, *Garanzie bancarie*, in *BBTC*, 1990, Ⅰ, 612 ss.; Barbiera, *Le garanzie atipiche e innominate nel sistema del codice del 1942*, 729; Gorla e Zanelli, *Del pegno. Delle ipoteche*, 4 ss.; Viale, *Le garanzie bancarie*, 69; S. Troiano, *La cessione di crediti futuri*, 1999, 269 ss.; Marano, *Pegno bancario e fallimento*, 130; Stella, *Il pegno a garanzia di crediti futuri*, 53 ss.。

至于对司法实践和理论研究的梳理总结，参见 C. Carassi, *Il pegno omnibus*, in *NGCC*, 1986, Ⅱ, 312; C. De Martini, *Determinatezza o determinabilità del pegno e fallimento*, in *CI*, 1994, 1269 ss.; Chinè, *Sul pegno omnibus di libretto di risparmio al portatore*, in *Corr. giur.*, 1998, 429。

保模式中，通过专门条款约定将对原来的债的担保，扩张、延伸至对同一当事人之间可能存在的其他债权关系的担保。

一段时间以来，围绕总括担保条款（*clausola omnibus*）人们也提出了一些问题。首先需要解决的问题是，针对未来、不确定的债权设立的质押担保是否有效？此外，与这一问题紧密联系的是，相较于《民法典》第 2787 条第 3 款规定的书面文件中充分说明的债权，如何看待这类担保中享有优先受偿权的债权，是否能够认为他们属于额外的不同的债权，也即所谓的“其他”（altri）债权。

对上述问题，理论界和司法实务部门都展开了长期的讨论，并形成了两种不同的路径：一种强调合同当事人之间的内部关系（即银行及其客户之间的关系），一种则强调合同的外部关系，即出质人、银行以及出质人的其他债权人之间的关系。

目前司法判例中比较占优势的趋势是[278]——尽管也存在着不同

278 这种路径最初是由司法部门通过判决——承认针对未来债权设立的质押——的方式产生的（相关的司法判决，可参见 Cass., 28 marzo 1956, n. 829, in *BBTC*, 1956, Ⅱ, 301, con nota di A. Dalmartello, *Ancora sul pegno irregolare, a Cass., 20 settembre 1971, n. 2617*; in *GC,* 1971, Ⅰ, 1503; in *FP,* 1972, Ⅰ, 253; Cass., 21 maggio 1984, n. 3111; App. Torino, 18 aprile 1994, in *GC*, 1995, Ⅱ, 1084）。之后被其他司法判决正式确立下来，如 Cass., 13 aprile 1977, n. 1380; Cass., 25 novembre 1977, n. 5136, in *Giust. civ.*, 1978, Ⅰ, 747; Cass., 11 novembre 1982, n. 5949, in *Giur. it.*, 1983, 1501。这些判决认为：“根据《民法典》第 2800 条之规定，只有将质权的设定告知质押债权的债务人，或者该债务人以载有明确时间的书面文件接受时，债权质押设立行为方才完成。《民法典》第 2800 条的上述要求不适用于质押财产为债券的情形，因为无论是从本体论意义上还是从功能意义上，债券都不同于一般债权，其应适用特别法律。由此导致的结果是，当质押财产是债券时，只需根据《民法典》第 1997 条和第 2786 条规定将债券交付给持券人，质押就设立完成。”上述路径同样得到了最近判决的肯定，具体参见 Cass., 25 marzo 2009, n. 7214, Ⅰ, 2305。

的解读[279]——认为应将总括担保条款的效力解读为内部效力，而不是外部效力，因此不能对第三人产生约束力，理由是这种约定“构成对诸如《民法典》第 2787 条等公共秩序所保护的利益的侵犯”[280]。

上述观点在解释总括质押条款不能对抗第三人的理由时，是以《意大利民法典》第 2787 条为论证基础，认为如此可以保护债权人，防止质押债权人和债务人恶意串通损害其利益。[281]

也有理论认为应承认总括担保条款的效力。该观点认为，前述理论在承认总括条款在当事人内部有效的同时却否认其具有对外效力，这是自相矛盾的，因为区分没有优先受偿权的有效质押（pegno valido senza prelazione）和无效质押（pegno nullo），就实践层面而言，仅在两种情况下才有意义：一种是所有的担保债权都是不确定的或不具有可确定性；另一种是在质押设立时债权是确定的，但后来该债权消灭了。[282]

279　就这一路径的综合论述和解释，参见 Viale, *Le garanzie bancarie*, 69; S. Troiano, *La cessione di crediti futuri*, 269 ss.。

280　参见 Cass., 19 giugno 1972, n. 1927。

281　持此观点的论述，参见 G. Gorla, *Del pegno. Delle ipoteche*, in *Commentario Scialoja e Branca*, 1968, 3 ed., 46; G. Stolfi, *In tema di pegno per crediti indeterminati*, in *RDComm.*, 1975, Ⅱ, 226; Tamponi, *Sulla clausola estensiva estensiva garanzia pignoratizia ai crediti presenti ed ai crediti futuri*, 215; G. Colombo, *Pegno bancario: le clausole di estensione, la prova della data*, 197。

282　G. Colombo, *Pegno bancario: le clausole di estensione, la prova della data*, 197. 在该学者看来，在第一种情况中，质押无效意味着从来没有担保过任何债权，因此，如果出质人之后将物出售给第三人，那么此时该第三人将获得物的完整所有权，且其所有权不受质押的约束。相反，在第二种情况下，随着设立质押时所担保的特定债权的消灭，质押担保责任也随之消灭，即便此时可能还存在其他债权且原质押担保的效力也曾被一般性的扩及该债权。

对总括质押（*pegno omnibus*）的相关问题，司法实务部门总体上持谨慎态度，特别是需要通过设立质押文件中包含的关联因素并借助设立质押文件之外的其他要素来判断是否符合《民法典》第2787条第3款之规定的要求时，司法实务部门[283]的态度是应尽可能地限制。

由此导致的结果是，如果书面文件所使用的表达方式过于抽象（比如“担保银行的授信额度”[284]或“担保所有其他现在或将来可能产生的债权，直接或间接的归属于债权人的债权”[285]），以至于担保

283 Cass., 7 novembre 1996, n.9727.

284 参见 Cass., 19 marzo 2004, n. 5561。根据该判决，《民法典》第2787条第3款的法律效力，就质押债权人而言，如果由于使用的表达方式过于抽象或过于普遍性，以至于只有在完全借助其他外部要素的情况下才能确定担保债权，那么其将不能享有优先受偿权。比如当事人在协议中约定按照银行的“授信额度”（linee di credito accordate），即使事实证明，在设立质押的同时，银行也已在经常账户中授信了信用额；又如当事人在协议中仅约定按照银行账户授信额度，那么此时为了查明当事人设立文件中所指的到底是一个还是多个具体关系，就不得不求助于银行保存的“贷方簿”或对当事人关系的具体发展情况的调查。具体而言，本案的案件事实是，银行与自己的一个客户签订了一份贷款合同，并签订一份质押协议，最初该质押担保的范围仅限于银行给予的特定的贷款部分，但之后双方又签订了变更协议，约定将担保的范围转化为扩及所有基于委托而产生的银行债权，并将其命名为“热钱”（denaro caldo），基层法院认为该质押设立虽然不合规，但可以认为质押及于最初的债权和之后的银行债权，而最高法院驳回了该判决，认为基层法院并未明确最初的债权和之后因委托产生的银行债权之间的关联因素是什么，而且也不能仅通过外部评估就认为已满足《民法典》第2787条第3款之规定的要件。

类似的判决，另参见 Cass., 14 ottobre 2005, n. 20005。

285 参见 Cass., 11 agosto 1998, n. 7871, in *Giur. it.*, 1999, 996。根据该判决，“如果质押合同的特别约定中除了包含对质押所担保的债权的明确说明外，还一般性约定担保‘所有其他现在或将来可能产生的债权，直接或间接的归属于债权人的债权’，该一般性约定因违反《民法典》第2787条第3款之规定而无效，但这并不能推翻质押权人对合同中约定的单个特定债权所享有的优先受偿权，只要法官（giudice di merito）在利用所有可供解释的线索来对特别约定是否合规进行审查——以决定是（转下页）

债权只能通过外部要素来确定，那么将不存在优先受偿权。

（四）关于将担保效力扩张至将来可能发生的债权或财产的约定

在讨论总括质押（*pegno omnibus*）时，应注意将其与包含下列类型条款——根据这类条款，质押财产除了担保质押合同约定的特定债权外，还包括银行对债务人享有的所有其他已经存在的债权或将来会（dovesse sorgere）产生的债权[286]——的质押区分开来。

如果某个将来债权的产生依赖于已经存在的法律关系，[287]那么为该将来债权设立质押，似乎不会遇到太大的障碍，但是如果该将来债权只是一个可能发生的债权（credito eventuale），那么此时对这类可能发生的将来债权设立质押则并非没有障碍。

（接上页）宣布整个法律文件无效还是仅具有瑕疵的条款部分无效（对当事人意思的解释、在条款无效情况后对当事人交易目的的重构、没有证据表明利害各方不想维持合同的存续）——后认定该单独约定仅是一个格式条款（比如预先制定印制的条款），那么这部分的无效不会导致整个行为无效。至于表述的合理性和是否适宜，则不受法官（giudice di legittimità）的审查和评估”。

286　参见 Maano, *Pegno bancario e fallimento*, 123; Stella, *Il pegno a garanzia di crediti futuri*, 53 ss.。该学者对相关文献做了细致的梳理。

287　长期以来，人们认为针对“质押设立时尚未确定也无法确定，而只是可能发生的债权”，只有在满足以下特定条件时方可对其设立质押担保。该条件是，可能发生的债权是基于独立于已经存在的法律关系而产生，因此该债权也是确定了的（individuato）。具体参见 Cass., 28 marzo 1956, n. 892; Cass., 16 maggio 1956, n. 1655; Cass., 20 settembre 1971, n. 2617; Cass., 13 aprile 1977, n. 1380, in *BBTC*, 1978, Ⅱ, 283, e 419, con nota di M. Bouche, *In tema di pegno irregolare*; in *BBTC*, 1979, Ⅱ, 38, con nota di A. Airoldi, *Pegno di libretti di deposito bancario al portatore*; App. Bologna, 19 dicembre 1972, in *BBTC*, 1974, Ⅱ, 477; App. Firenze, 5 ottobre 1979, in *BBTC*, 1980, Ⅱ, 206; App. Milano, 31 gennaio 1986。

事实上，对于前述后一种情形需要分析的问题是，如果出质人与债权人在设立质押时，除了约定对特定的债权进行担保外，还约定对将来的债权进行担保，并对将来的债权进行了充分说明，包括发生的时间和顺序做了约定，之后当事人兑现了承诺，按照约定履行了相关的行为并发生了债权，那么此时是否可以认为原质押设立文件的效力及于之后发生的债权，并且认为基于该文件而享有优先受偿权，享有对抗第三人的效力？

事实上，《民法典》第 2787 条第 3 款之规定所要保护的第三人是无法准确确定的人，而且原质押担保所对抗的第三人与之后发生的债权所要对抗的第三人，两者之间并不存在必然的联系。

因此，就当事人内部关系而言，当事人约定的交易形式结构[288]似乎并不妨碍其产生单纯的债的效力，特别是当其约定的交易形式能够被纳入法律规定的合同类型时[289]。

当事人有关将担保扩展至未来可能发生的债权的约定，在拟定形式上表现为一种类似法律的意思自治协议，但在解决由此引发的相关问题时，关键并非是看其是否符合债权标的的确定性标准，而是看其是否设置了特定的某个义务，这个义务可能是必须遵循特定程序（以确定具体的债权），也可能是签订具有特定内容的协议——根据该内容当事人应在随后的某个时刻进一步洽谈。

在这个层面上，一方面，民事主体可以依据其设计的交易结构

---

288 就这一特征，参见 Meo, *Impresa e contratto nella valutazione dell'atipicità negoziale. L'esempio della fideiussione "omnibus"*, 1991, 133-134; Palermo, *Contratto preliminare*, 1991, 108。

289 参见 A. Orestano, *Accordo normativo e autonomia negoziale*, 2000, 103 ss., spec. 115 ss.。该学者对协议进行了认真细致的重构。

来配置、处分其利益，另一方面，第三人则仅受——根据具体交易而签订的——单个协议的约束，这种机制能够使得对他们财产利益的影响降到最低。

与当事人约定将担保扩展至未来债权相比，当事人约定将质押担保扩展至未来的财产或将来可能存在的财产则涉及更广泛的担保理论问题，需要解决的问题也不同，因为其不仅需要解决是否满足优先受偿权有关充分说明质押财产的要求，而且涉及一个根本性的问题，即这种情况下是否满足质押合同标的物的确定性要求——而这又直接关系到质押担保财产的确定[290]以及之后质物的转移占有等问题。

事实上，此时需要讨论的问题的是，出质人是否必须在同意设立质押的同时明确用于担保的质押财产，还是也可以在同意设立质押后再予以确定用以担保的质押财产？由此产生的疑问是，在这种情况下，当事人的约定是否符合确定性标准，特别是，如果当事人约定质押财产是所有之后被银行持有的财产，此时如何看待该约定[291]？

对于上述问题，正确的观点是，应认为当事人的约定要想产生优先受偿权的效力，则应通过载有明确日期的书面文件，明确说明哪些财产是质押担保想要扩张所及的财产，既相较于设立质押时的质押财产而言，哪些是额外的、想要通过约定条款的扩张效力覆盖的财产。为了达到这种效果，还有必要编制其他的文件，并在这些

290　Angelici, *Le garanzie bancarie*, 1039.

291　参见同上。

文件中对担保债权和逐步被银行占有的质押财产进行充分说明。[292]

然而，由此也产生了新的问题，即通过这种方式，当事人设立了新的质押，还是未设立新的质押？一旦承认扩张条款的效力，那么银行就有权要求他的客户履行约定，签署补充文件，因为在客户接受扩张条款的那一刻，也就意味着他同意将随后为银行所控制的所有财产都质押给银行。[293]

万一客户拒绝按照前文所述那样配合银行，那么银行为了维护自己的权益，可以援引《民法典》第 2932 条规定的法律机制，通过司法判决的方式使活期存款人未签字的契约产生效力。[294]

因此，针对当事人约定将质押担保扩展至未来的财产的情形，人们又提出了与总括质押条款相同的问题，尽管这些质疑多是以提问的语气作出：质押设立是否无效，或仅具有排除优先受偿权的效力？由此导致的结果是，尽管其效力不能对抗第三人，但在当事人之间仍具有约束力，并使债权人享有针对债务人的留置权。总之，相关的讨论涉及的问题是，是否认可这种条款的效力，以及基于这种约定产生的留置权对第三人是否有约束力？

简而言之，如果约定所用的文字和表达方式极端抽象，[295] 会导致司法部门否认该约定的效力，[296] 这里的无效并非仅限于当事人之

---

292 Colombo, *Pegno bancario: le clausole di estensione, la prova della data*, 201.

293 参见同上。

294 参见上书，第 206 页。

295 参见 Salanitro, *Conto corrente bancario*, 428。在该学者看来，这种条款“除了其效力可疑外（……）还很过分”。

296 Galgano, *Diritto civile e commerciale*, vol. Ⅱ, t. Ⅱ, 506. 该学者赞同限制说，认为“质押担保不能扩展至当事方因未来可能建立的关系而产生的未来债权”。

间的内部效力，而且会影响到与约定事项相关的目的行为。即约定的各方通过该行为想要在将来把事先设定的、已存在的担保效力扩展和延伸至之后的其他债权和财产，还会影响质押设立人交付义务的存废。

只有当出质人通过其自愿行为将（之后产生的）债权或财产交付银行占有，[297] 或通过编设专门的法律文件明确用于质押的债权或财产时，[298] 质押的扩展才真正实现，也才能够产生实际的扩展效力。

这种情形似乎可以归入就一般物设立的质押（pegno di cosa generica）的情形，因为总括担保条款的结果是在当事人之间产生了债的效力，该效力的内容与确定担保标的物有关，需要通过具体的履行行为方能实现，因此万一一方不履行时，也应赔偿因此给债权人造成的损害，至于该损害赔偿的性质，则是合同性质的损害赔偿。

至于担保效力，也即在约定的债权或财产上产生典型物权担保的约束力，则仅当出质人为了债权人的利益而实际有效地限制自己对质押财产（债权或物）的处分权时方才产生，此时债权人通过对质押财产的实际占有而获得一种有利的地位，因为只要其符合法律规定的其他要求，那么随着对质押财产的实际占有其将获得优先受偿权。

反之，如果在签订此类条款时，合同未对用于质押的财产或债权的种类予以说明，甚至还未存在，那么这种情况下该条款约定的担保类型属于以未来物设定的质押。

---

297 参见 Colombo, *Pegno bancario: le clausole di estensione, la prova della data*, 201。

298 参见 Salanitro, *Conto corrente bancario*, 429。

（五）就未来物设立的质押和在他人物上设立的质押

长期以来，围绕以未来物设立的质押，理论界展开了热烈的讨论，其中首要的问题是是否承认这种担保（当然，也有理论认为，首要的问题是要明确多义词“未来物”一词的含义[299]），对此，部分学者予以否认，[300]但一般的理论和趋势是表示应认可这种担保。[301]

事实上，通说认为——如果当事人误以为某个实际上不存在的物或债权存在，并以此为前提签订了质押协议——那么该质押合同将因欠缺标的物而无效（nullo）。[302]

由于用作质押的标的物是尚不存在的物，因此担保仅具有债的约束力，而要想产生物权的效力，还应满足法律规定的其他条件：在动产质押情形，是自该动产真正形成和客观存在，且将该物的支配权从出质人处剥离时方才产生；[303]在债权质押和以其他权利设立质押的情形，则自质押法律文件符合《民法典》第2880—2801条以及第2806条之规定的要求时产生。[304]

对前述第二种情形，人们认为，一方面，在用于质押的权利实

299 参见 C. Maiorca, *Il pegno di cosa futura e il pegno di cosa altrui*, 3。

300 反对这种质押的观点，参见 Cariota e Ferrara, *I negozi sul patrimonio altrui*, 1936, 386; P. Perlingieri, *I negozi su beni futuri. I. La compravendita di "cosa futura"*, 1962, 295; Id., *Interpretazione abrogante della'art. 2823 cod. civ.? (In tema di iscrizione di ipoteca "su beni futuri")*, in *Riv. giur.*, 1968, Ⅱ, 20。

301 赞同的观点，参见 C. Maiorca, *op. cit.*, 37 ss., 79 ss.; Rubino, *La responsabilità patrimoniale. Il pegno*, 205; Carpino, *Garanzie reali su beni mobili corporali*, 197。

302 Rubino, *op. cit.*, 208; Realmonte, *Il pegno*, 808.

303 参见 C. Maiorca, *op. cit.*, 37。

304 参见 Realmonte, *op. cit.*, 807。

际产生前，当事人可以先行满足法律规定的形式要求；另一方面，不能类推适用《民法典》第 2823 条之规定，该条规定针对抵押设立了前提性的条件，而该禁止性规定的理由是在抵押登记中很难对用于抵押的未来物进行描述。[305]

部分理论问题早已得到了解决，[306] 理论界——尽管对未来物质押的形式结构和规则还存在疑问，特别是根据某些司法实践提出的批判性意见——似乎将其注意力主要集中于如何区分未来物质押与质押预约合同。

那些将未来物质押纳入双重合同架构体系（预约合同和本约合同）的学者——他们坚持认为未来物质押是一个逐渐形成的过程——并不否认质押预约合同，并且认为，只要物客观上尚不存在（inesistente in natura）或因不具有独立性而在法律上不存在（giuridicamente），或者约定的用于担保的权利尚未产生，即便上述物或权利的产生只是时间问题，那么此时也不可能构成真正意义上的质押合同（contratto di pegno perfetto），也不能产生相关的担保权利，此时产生的仅是一份关于质押的预约合同，根据该预约合同，当未来物存在时，再签订一份最终合同。[307]

上述将未来物质押建构为一种逐渐形成的过程的观点得到了

305　参见 Gorla e Zanelli, *Del pegno. Delle ipoteche*, 30; Realmonte, *Il pegno*, 807。雷阿尔蒙特指出，如果认为《民法典》第 2823 条之所以作出禁止性规定是因为一个尚未存在的财产上不可能产生物权，那么显然我们将得出不同的结论，因为《民法典》第 2880 条、第 2881 条和第 2806 条之规定的适用前提是权利已经存在。

306　参见 C. Maiorca, *Il pegno di cosa futura e il pegno di cosa altrui*, 289 ss ; Rubino, *La responsabilità patrimoniale. Il pegno*, 208。

307　Rubino, *op. cit.*, 208.

司法部门的采纳。司法部门认为，未来物质押是一种逐渐形成的法律事实，其源自当事人之间的协议（基于该协议，当事人对用于担保的债权和财产进行了充分说明），且该协议在当事人之间仅具有纯粹的债的效力，仅在未来物存在且交付给质押债权人时，方才完成质押的设立。因此，未来物质押分成两个部分：一方面，在当事人达成设立质押的协议时，当事人有关设立质押的意思表示已经完成，且在该协议中明确了被担保的债权和用于担保的财产；另一方面，完成质押设立所要求的将来才会发生的要素，是纯粹的客观事实行为，即按照《民法典》第2786条第2款明确规定的那样，在未来物出现后，将其交付给债权人或双方指定的第三人。[308]

最高法院在采纳前述立场的同时也论及了理论界关于质押预约合同的观点，并在判决中指出，通过预约合同——本约合同无法解释未来物质押中的两个不同的时间点，它们分别是意思表示完成时

308 Cass., 26 marzo 2010, n. 7257, in *Riv. not.*, 2010, 1566. 根据该判决，以未来物设立的质押是一个渐进的过程，其源于当事人之间的最初协议（根据该协议将确定被担保债权的具体细节和确定日期），但该协议仅具有债权效力。之后，随着物成为现实和交付给债权人，整个质押行为完成。在这类质押中，当事人在就被担保债权达成协议那一刻，也已经就质押担保达成了协议，需要在将来履行和完成的，只是在事实上将质物（即在质物变成现实存在时）交付给债权人。

另参见 Cass., 27 agosto 1998, n. 8517, in *I contratti*, 1999, 135, con commento adesivo di Carnevali, *Il pegno di cosa futura*; in *Giust. civ.*, 1999, Ⅰ, 97, con nota di Costanza, *Dubbi sull'esistenza di pegno di cose future;* in *Corr. Giur.*, 1998, 1311, con commento di Gioia, *Giudici e legislatore concordi sul pegno fluttuante: il consenso prevale sulla consegna*; Cass., 27 agosto 1998, n. 8571 e Cass., 1 agosto 1996, n. 6969, in *Fallimento*, 1997, 263, con nota di Panzani, *Pegno irregolare di saldo liquido di conto corrente e data certa dell'atto*; in *GC*, 1996, Ⅰ, 3211; in *FI*, 1997, Ⅰ, 183。

和质押有效设立时，并由此进一步解释说，预约合同——本约合同的双重架构不仅会导致“一种无用而又复杂的理论建构，而且基本不符合客观事实”，因为未来物质押，指向的并非围绕物的交付设置数个前后相继的意思表示，而是体现为一系列的行为——这些行为的效力与最初的合同约定直接相关。[309]

根据将未来物质押建构为一个逐渐形成的过程的观点，为了使其能够具有对抗第三人的效力，那么关于对抗第三人效力的要件（载明具体日期的书面文件且该书面文件包含对担保债权和担保财产的充分说明），应体现在最初设立质押的意思表示的法律文件中，而不是体现在执行（通过交付物来设立质押）这一事实行为中。[310]

将未来物质押建构为逐渐形成的过程这一方法，最近也被司法部门通过类推的方法用以解释流动质押。但这种解读显而易见是错误的，对此我们最好在后文进行详细解释。

如前所述，围绕出质人是否可以在其尚不存在的财产上设立担保这一问题，理论界展开了激烈的讨论，在这些讨论中，理论界还对以他人的物设立质押的情形进行了探讨。在以他人之物设立的质押中，问题的争点并非是物（或权利）在将来才可能存在这一点，而是质押财产所处的特殊情况——作为用以质押的财产并非出质人的财产，而是别人的财产。尽管存在上述不同，但理论界的大部分学者认为，这种情形可以适用未来物质押的规则。[311]

当事人能够在不考虑担保人是否享有担保财产的所有权的情况

309　Cass., 1 agosto 1996, n.6969.

310　参见同上。

311　参见 C. Maiorca, *Il pegno di cosa futura e il pegno di cosa altrui*, 4 ss., 321 ss.。

下，设立有效的担保合同，可以从《民法典》第 2822 条第 1 款关于抵押的规定中找到法律依据和理论基础。根据该款规定，如果抵押权的设定人不是物的所有权人，仅在物被设定人取得的情况下登记有效。由该条规定可知，财产让与影响的并非是合同的效力，而是登记的效力，这意味着，一旦受让人成为所有权人，应对登记进行更新（rinnovata）。[312]

上述原则也可以被扩展适用于以他人之物设定质押的情形。[313]

但是，撇开根据《民法典》第 1153 条规定的立即生效的情形不说，当事人之间的让与行为也是有效的，但其效力是自出质人获得财产的所有权之时开始生效，正如《民法典》第 1478 条规定的那样（与《民法典》第 1479 条之规定一起，通过类推适用的方式予以应用）。

对这种情形，部分理论认为，不能类推适用《民法典》第 2822 条关于抵押的规定，但——法律对质押规定的公示方式是类似于抵押的公示方式——通过登记公示的质押除外。如果上述观点成立，那么也就可以重新恢复适用《民法典》第 2822 条第 1 款的全部规定。[314]

就《民法典》第 2822 条第 1 款而言，人们认为，其同样可以适用于第三人以出质人名义实施无权代理行为而签订质押合同的情形，因为在这种情况下，一旦得到了所有权人的追认，且交付了

---

312 Realmonte, *Il pegno*, 808.

313 参见同上。

314 Gorla e Zanelli, *Del pegno. Delle ipoteche*, 30; Rubino, *La responsabilità patrimoniale. Il pegno*, 209; Realmonte, *Il pegno*, 808.

物，那么此时就会产生质押的效力。[315]

如果质押的标的物是易于被占有的物且该物已经被交付给善意的质押债权人，那么此时应适用另一不同的规定，即《民法典》第1153条之规定。[316]

（六）质押效力及于质押物的附属物、孳息及从物 *

质押效力及于所有的广义上的从物（Le pertinenze），并及于为改良质物状态而在质押设立时已经存在且归出质人所有的附属物（miglioramento，以下简称为改良物）。

针对前述改良物，一个理论界长期争议的问题是，出质人或质押财产的第三方购买人和最终所有权人，是否有权要求返还其为改良质物而支出的费用？

对上述问题，一种观点认为，根据一般原则，应当承认就改良物主张补偿的权利，但是以返还时改良仍然存在为限（《民法典》第1150条第2款），或者在强制执行时，在因改良而使质物增加的

315　Rubino, *La responsabilità patrimoniale. Il pegno*, 209.

316　参见 Realmonte, *Il pegno*, 808; Rubino, *op. cit.*, 208。

*　附属物（accessori della cosa）、从物（Le pertinenze）两者较为相似，都是附属品，但《意大利民法典》仅对“pertinenza”做了界定，对“accessori della cosa”未予规定。意大利最高法院在判决中对两者的区别进行了阐释。根据该判决，附属物是指作为主要物品的组成部分或结合部分的所有物品，或者功能是服务于另一物品的物。不管哪种情况，附属物在客观上必须与主物结合、联系在一起，如门、浴室配件、固定装置等。从物是指以持久方式为另一物服务或装饰的物。简而言之，附属物强调必要的物理毗连关系，往往是主物的一部分，而从物则不要求客观上与主物联系在一起。具体可参见 Cassazione civile, Sez., Ⅱ ordinanza n. 28613 del 3 ottobre 2022。——译者

价值范围内为限（《民法典》第 1150 条第 3 款）。上述观点的理由是，质押权人是基于自己的权利而占有质物，善意占有人也占有质物，在这一点上两者相同，因此在有关改良的补偿费用方面，两者应得到相同的对待。[317]

但另一种观点则认为，应当适用不当得利的相关规定，理由是，如果不这样的话，就会恶化出质人的状况。[318]

如果质押权人是善意的，那么担保效力还及于那些不属于出质人的从物。[319]

理论还认为，原则而言，质押的效力应及于质物的法律收益。[320]

理论界[321]的部分学者指出，在质押担保设定后，由于质物事实上被质押债权人或选定的第三人（保管人）所占有，只有经过债权人的同意才可以实施添附行为，这也意味着其他人很难对质押物实施添附行为。

如果质押财产与债权人的物组合或混合在一起，且该质物能够在不造成显著损害的情况下分离，或债权人通过特定方法能够将质物从混合物中识别、区分出来，那么需要根据具体情况进行

---

317 Rubino, *La responsabilità patrimoniale. Il pegno*, 250; Realmonte, *Il pegno*, 842.

318 Gorla e Zanelli, *Del pegno. Delle ipoteche*, 103.

319 Rubino, *op. cit.*, 205. 该学者不仅对《民法典》第 818 条第 1 款做了扩张解释，而且对《民法典》第 2811 条也做了扩张解释。与之不同的是，其他学者仅对《民法典》第 2811 条做了扩张解释，参见 Gorla e Zanelli, *Del op. cit.*, 31; Realmonte, *op. cit.*, 808。

320 Rubino, *op. cit.*, 206. 该学者为此举例认为，在以按份共有的份额或共同收益权的一部分设立的质押中，如果其他共有人或用益权人放弃他们的权利，质押及于整个物或整个用益权，除非当事人有特别约定。

321 参见上书，第 205 页。

具体分析，特别是看物的所有权是归出质人还是归债权人，进而区别对待。[322]

如果根据《民法典》第939条和第940条之规定，结合物或加工物的所有权归出质人所有，那么无论是结合物还是新的加工物，都仍然受原质押担保的拘束，因为根据《民法典》第939条和第940条，此时将附属物并入主物，主物所有人将取得附属物的所有权——该效力也适用于质押，同时主物所有权人应对债权人进行赔偿。

如果结合物或加工物的所有权归质押债权人所有，那么此时质押将因混同而消灭，由此导致的结果是，如果是因债权人的原因而导致了物的结合、混合或加工，那么债权人不能援引《民法典》第2743条之规定，要求在其他财产上设立新的担保。

根据前述理论，[323]相同规则还适用于债权人的物与第三人的物混合或结合的情形，但第三人依据《民法典》第939条或第940条而取得物的所有权而导致质押消灭的除外。如果是与出质人的其他物相结合、混合，或因出质人的加工行为导致，而且根据《民法典》第939条或第940条之规定，质物的价值在混合物或结合物中居于主导地位，那么质押担保的效力继续，且及于整个混合物、结合物或新的加工物。反之，如果是其他物——而非质物——的价值居于主导地位，那么将导致质押的消灭；但出质人基于继续维持担保效力和有意将质押担保扩及至添附物而实施混合、加工的情况除外。[324]

322　Rubino, *La responsabilità patrimoniale. Il pegno*, 205.

323　参见同上。

324　参见上书，第206页。

关于质押对质物孳息的扩及效力，《民法典》第 2791 条规定，质押债权人有权收取孳息，[325] 并有权将孳息首先用于支付费用和利息，而后再将这些孳息计入债权本金，[326] 包括设立质押的费用；[327] 但是有相反约定[328] 以及《民法典》第1998条第3款之规定情形的除外。[329]

对于债权质押，《民法典》第 2802 条规定了相同的规则。

关于质押权人可以收取质物的孳息的权利，理论界对此的解释是，这是质押债权实现功能的一种表现形式，与原物一样，可以通过强制执行之诉的方式和优先受偿权来保障这种权力的实现。如此一来，债权人可以根据《民法典》第 2796 条或第 2797 条之规定出售孳息或收取孳息，直到其债权实现为止，而无需诉诸《民法典》第 2798 条规定的方式。需要注意的是，这种情况下仍然需要：一方面，对自然孳息的价值进行评估，以便于准确评估其在债权实现时对应的价值；另一方面，当债权人采纳这种方式时，其仍然有权为维护自己的利益而对价款或孳息的价值享有优先受偿的权利。[330]

---

325 Rubino, *La responsabilità patrimoniale. Il pegno*, 251.

326 Gorla e Zanelli, *Del pegno. Delle ipoteche*, 104.

327 参见同上。在戈拉和扎内利看来，最后这类费用就像是为了主债权而支付的一种共同预付款或债权（un comune anticipo o credito）。

328 如果当事人之间存在相反约定，理论界认为，只要没有明确约定债务人的孳息收取权，那么孳息可因其作为从物而被纳入质押财产的范围。此时，在不损害债权人占有的前提下，债权人应允许为此目的而实施的必要行为。具体参见 Rubino, *op. cit.*, 251; Gorla e Zanelli, *op. cit.*, 104; Realmonte, *Il pegno*, 809, 842。戈拉和扎内利认为，应允许当事人约定用孳息与利息进行抵销，在这种情况下，可以通过类推适用的方式适用《民法典》第 1964 条有关不动产典质之规定，但孳息是当事人之间约定的固定利率的利息除外。

329 Realmonte, *op. cit.*, 809.

330 Gorla e Zanelli, *op. cit.*, 104.

因此，质押权人有权收取的孳息，既包括那些动产质物交付时或在债权质押通知发出时（因尚不具备收取条件而）尚未收取的孳息，[331]也包括在此之前已经具备收取条件（但尚未收取）的孳息。[332]但是，在债券质押中，"担保的效力并不及于有价证券的溢价及其他射幸利益"（《民法典》第 1998 条第 3 款）。

如果质物是被委托给第三人保管，此时该第三人应保障和维持债权人能够直接收取孳息；如果债务人怠于履行其义务，那么该第三人有义务收取孳息并将其交于债权人（versarli al creditore）。[333]

将质押债权人收取孳息的权能定性为一种义务，且为真正义务，这得到了理论界[334]和司法判例的一致赞同。在理论界，学者们

331　Gorla e Zanelli, *Del pegno. Delle ipoteche,* 103. 戈拉和扎内利明确指出，质押效力仅能扩展及于直接由被质押的物或权利而产生的孳息，不包括那些债务人或债权人因在质物或被质押的权利上为第三人设定用益权而产生的收益。

332　参见同上。

333　Rubino, *La responsabilità patrimoniale.Il pegno*, 251.

334　Realmonte, *Il pegno*, 809, 842; Gorla e Zanelli, *op. cit.*, 104; Rubino, *op. cit.*, 251.

根据戈拉和扎内利的观点，如果债权人未行使孳息收取权，那么也不应允许债务人行使该权利，此时应适用《民法典》第 2793 条之规定。如果当事人约定孳息的所有权属于债务人，但债权人却未收取孳息也未将其交付给债务人，或者债权人不允许债务人实施与收取孳息相关的必要行为，且该行为并不会导致债权人失去对质物的占有时，此时也应适用《民法典》第 2793 条之规定。

在鲁比诺看来，这是债权人的一种义务，因为出质人不能预见到孳息何时可以收取，而如果债权人没有收取孳息，可能会导致孳息灭失、贬损或因时效消灭（在法定孳息的场合），这会给出质人造成损害，因为出质人不知道该事实，而如果其知道，其本可以主张在与孳息相当的范围内消灭债务的本金或利息。此外，如果债权人未收取孳息而导致孳息灭失或超过时效，那么债权人应承担与之相当的赔偿责任，该赔偿可以用与孳息相当的债权抵销的方式实现，最终导致的结果就是，在具体的案件中，其实际效果如同根据法律所进行的归责一样。

的论据主要是《民法典》第2802条之规定——该条规定的是在债权质押的情况中质押债权人收取被质押债权的孳息——所使用的词语和语气；司法判例也是从《民法典》第2802条之规定出发，明确指出该条规定了质押权人有义务“对收到的用于质押的债权采取保全措施，这意味着其明确了债权人有收取孳息的义务，该义务是法律对被质押的债权进行保护的一种工具和手段，其一方面客观上保护了质押权人的利益，另一方面主观上是为了保护债务人的利益，但其总归是债权人为了实现其权利的一种工具和手段”[335]。

事实上，如果我们把《民法典》第2790条和第2791条结合起来，从更广泛的意义上，也可以得出上述原则。《民法典》第2790条和第2791条，似乎规定了有效保管和管理质押财产的义务，该义务的作用和目的正是通过维持质押财产的价值甚至让其增值，以保证其能够起到保证债权实现的作用——无论是质押权人单独就质物行使强制执行的权利，还是与其他竞存债权人共同行使强制执行。

需要注意的是，在理解生息的、能够产生孳息的财产（bene fruttifero）时，不应将其仅限于质押设立时的财产，还包括质押设立之后质押财产的转换形态以及之后变成能够产生孳息的财产。[336]由此导致的结果是，可能质物是不能生息的财产，但如果其被提前出售或被交付使用，那么质押效力不但及于因此而产生的价款，而

335 Cass., 29 ottobre 1974, n. 3266.

336 Gorla e Zanelli, *Del pegno. Delle ipoteche*. 司法判决，参见 Cass., 18 aprile 1974, n. 1052, in *GI*, 1974, Ⅰ, 1, 1634; Cass., 29 ottobre 1974, n. 3266, in *Dir. fall.*, 1975, Ⅱ, 695, con nota di Ragusa Maggiore, *Vendita di cosa infruttifera, oggetto del pegno e prelazione degli interessi*。根据该判决，如果质物是不能产生孳息的物，但该物已经被出卖并将变卖所得存入银行专户且有利息，那么同样可以适用《民法典》第2791条。在债务人破产的情况下，债权人有权对存入的款项产生的利息行使优先受偿权。

且及于由价款所产生的利息和收益。[337]

司法判例一方面采纳了上述观点，另一方面也考虑了质押制度的客观构成要件——要求转让质物的占有和管理权，在综合上述两方面后认为，就质押制度的功能层面而言，赋予质押权人收取质物孳息的权利只是一个纯粹的客观事实，其作用在于解决债权人和债务人之间可能因孳息而引发的利益冲突，并为此提供一种解决路径和方案。由此导致的结果是，如果原质物是非生息物（即性质上不会产生孳息），但随着之后事态发展而变成可生息物（能够产生孳息的物），那么原质物的性质——是否能够产生孳息——并不重要，因为立法者想要解决和考虑的是一般的情形，而无意对特别或个别的情形事先作出裁判。比如某非生息物变成了生息物；又比如对易贬值、变质的物提前出售，随着出售其转化为钱款，而钱款本身在性质上是能够产生收益，适宜生息的。由此，基于质押担保的特别先取特权的性质，司法判例确立了以下原则："无论质押财产是何种类，也无论其法律和经济属性如何，质押都只能优化质押债权人的地位，而不能使其陷于不利，只能增加其法律或经济利益，但不能剥离债权任何有益和增加债权可强制执行性的部分。"[338]

在任何情况下，能够收取和应收取的孳息，都必须直接来源

337　Pratis, *Della tutela dei diritti*, 78; Gorla e Zanelli, *Del pegno. Delle ipoteche*, 105. 判决参见 Cass., 15 febbraio 2008, n. 3794, in *Foro it.*, 2008, Ⅰ, 3284。就金钱质押而言，根据法律确定的基本原则，债权人取得钱款的处分权，也有权享受相应的利息，由此导致变卖所得价款应首先扣减相关的费用，然后是利息，最后是债务本金（《民法典》第 2791 条），但这不会导致担保债务自动中止计息——而且，担保债务利息的利率不一定与作为质押金额的计息的利率相对应。

338　Cass., 29 ottobre 1974, n. 3266.

于质押财产。比如动产质押中动物繁衍的后代，[339]但根据《民法典》第2758条之规定应预先估价的除外；又比如被质押债权的利息，或者被质押的股票的分红。然而需要注意的是，因出质人的交易行为或签署合同而获得的收益，如许可他人使用专利获得的收益，则不属于可收取或可强制执行的孳息。[340]

理论界[341]还注意到，由于《民法典》第2792条之规定，在未获出质人同意的情况下，禁止质押权人将质押财产用于质押，因此无需出质人的意思表示（同意），质押权人即可以合法地收取孳息；但这并没有减损自质押设立时起至债权完全实现或部分实现时债权人的利益，除非导致了使用收益权消灭，此时质押将影响债务人或出质人的用益权人对质物的使用收益。[342]

此外，质押的客体还可以是动产的从物（pertinenze mobiliari）。

但是，当事人也可以通过特别约定排除质押对从物的效力。[343]

对于在质押设立后从物上增加的物，无论是与该从物结合的物，还是与该从物混合的物，只要该增加的物能够在不明显损害物的价值的情况下予以分离，那么质押的效力不能扩展及于从物上增加的物，上述规则与增加的物归谁所有无关，只要所有权人曾明确

339 参见 Gorla e Zanelli, *Del pegno. Delle ipoteche*, 105。两位学者对此持怀疑态度。

340 参见同上。另参见 Realmonte, *Il pegno*, 809。根据戈拉和扎内利的观点，构成例外情形的是将收取孳息的权利也作为质押的标的，因为这种情况属于债权质押，并应适用《民法典》第2800条有关质押设立形式的相关规定。

341 Bigliazzi Geri, *Usufrutto, uso e abitazione*, in *Tratt. Cicu, Messineo*, Mengoni, 1979, 147 ss.

342 Rubino, *La responsabilità patrimoniale.Il pegno*, 292.

343 参见上书，第205页。

表明过反对的意思即可。[344]

相反，不动产的从物（pertinenze immobiliari）要想成为质押的客体需满足一定的条件，即该从物与从属的不动产分离，并事实上终止作为附属关系，那么随着他被交付给债权人或第三人，该从物将成为质押的客体。[345]

（七）质押权人对质押财产的保管义务。与质押相关的费用

此外，根据《民法典》第 2790 条之规定，质押债权人要保管收到的质物，并根据一般规则，对质物的毁损灭失承担责任。

上述质押债权人的保管义务，既包括法律意义上的保管，[346] 也包括事实上的保管，[347] 因此其要采取一切必要的保管措施和保管行为，就像任何具有对物享有处分权的人对自己的物那样。此外，正如我们在前文已经指出的那样，他还有收取孳息的义务。

344　Rubino, *La responsabilità patrimoniale.Il pegno*, 206.

345　Gorla e Zanelli, *Del pegno. Delle ipoteche*, 28; Realmonte, *Il pegno*, 807.

346　参见 Gorla e Zanelli, *op. cit.*, 102。

347　学者鲁比诺对此持肯定态度，其认为有义务根据实际情况采取适当的措施，特别是那些可能对物的法律风险产生实质影响的措施。比如，为通常在商业实践中被保险的商品提供保险；但戈拉、扎内利和雷阿尔蒙特对此持反对态度，他们认为不应将保险纳入这些行为，除非是根据交易习惯或根据质押的性质必须这么做，比如企业质押的情形。有关鲁比诺的观点，参见 Rubino, *op. cit.*, 247；有关戈拉、扎内利和雷阿尔蒙特的观点，参见 Gorla e Zanelli, *op. cit.*, 102; Realmonte, *op. cit.*, 841。

相关的司法判决，参见 Cass., 30 ottobre 2007, n. 22860, in *Giust. civ.*, 2008, Ⅱ, 2822。根据该判决，一般而言，质押债权人有保管质押财产的义务，该义务表现为通过特定方式的保管以保证和维持质物处于质押设立时（或交付时）的状况，因此，债权人应根据案件具体情况采取一切与之相适应的措施，否则应按照一般规则对质物的丧失或毁损承担责任。类似观点的判决，参见 Cass., 14 febbraio 1987, n. 1635。

围绕保管义务，理论界存在着不同的意见，显而易见的是，债权人的保管义务应遵循善良家父的注意义务标准，[348]但在某些情形下（比如将财产交给银行或金融中介保管的情形），要求债权人尽到《民法典》第1176条第2款规定的专家的注意义务，[349]则更为合适和公平。

在对保管义务进行解释时，人们将其归结为债权人的返还义务，即当债权实现时，债权人有必要将质押财产返还给出质人。根据这种解释，当非因债权人的原因而导致质物毁损灭失时，人们认为可以依据《民法典》第1176条和第1218条的一般规定追究其合同责任。与质押权行使紧密联系的保管义务，同时也标明了"权利的（内部）界限，更确切地说，是用益权能——该权能也是权利内容的一部分——的界限"；在此方面，即便当物被交给第三人时，该限制仍然存在，而且该第三人自己本身即负有独立的、特定的保管义务，并且当其不履行该义务时应承担绝对的责任。[350]

---

348 Rubino, *La responsabilità patrimoniale.Il pegno*, 246. 在该学者看来，对义务内容的评估应基于大量案例——在这些案例中保管义务表现为另一种法律关系的从属关系——所采纳的共同规则，并时刻兼顾和考虑与质押相关的特别情况。

349 参见 Cass., 10 marzo 1999, n. 2053。该案认为，根据一般原则，债权人保管质押财产时应遵循诚实信用原则和尽到勤谨注意义务，为此判决明确指出，当质押财产是股份有限公司的股票时，质押债权人在参加股份有限公司股东会且行使投票权时应遵循有利于公司管理的原则，并追求公司利益的最大化，而不能掺杂个人利益或违反公司利益。最高法院的判决还指出，在质押财产是有限责任公司全部股份的情形时，如果质押债权人未遵守其监督企业良好运营管理的义务，不应认为其为损害担保财产提供了便利，由于欠缺因果关系，故质押债权人无需对公司的债权人承担过错赔偿责任。对此，参见 Cass., 1 marzo 1986, n. 1309, in *Foro it.*, 1986, Ⅰ, 3054。

350 Bigliazzi Geri, Breccia, Busnelli e Natoli, *Diritto civile. Obbligazioni e contratti*, 249; Realmonte, *Il pegno*, 841.

根据其他学者的观点，保管义务并非来源于质押合同，而是与物的占有紧密相关，并构成质押权利的一种从权利，是与持有物相关的一种权利。不可否认的是，无论是在非基于质押合同产生的质押中，还是在基于无效合同交付质物的情形中，都同样产生保管义务，唯一的变化是，在后一种情形中，可以从物的交付这一事实中找到保管义务的法律依据，因此当出质人提出要求时应返还物，如果质物是交付第三人保管时，第三人无需债权人的同意即可返还——即便债权人是保管合同的当事人，此外，应持有物的债权人的要求，第三人还可以返还物，如果从该债务中解脱对债权人有利的话。[351]

最后，如果由双方选定的第三人来保管质押财产，那么应由该第三人独自承担保管义务，因此如果因第三人的过失而导致质押财产受损，那么此时应由该第三人根据保管的相关规定来承担全部责任，而不能要求质押债权人来为第三人的保管过失承担责任。[352] 反之，如果质押财产是由质押权人和出质人共同保管，且质押债权人未实施保管行为或其他为保管质押财产而采取的必要措施或未配合保全行为，那么质押债权人则需承担责任。[353]

当保管人违反了保管义务并导致质押财产丢失、毁损或贬值恶化时，法律允许出质人主张违约损害赔偿或侵权损害赔偿[354]［所有权

351　Rubino, *La responsabilità patrimoniale.Il pegno*, 246.

352　Cass., 10 agosto 1964, n. 2248, in *BBTC*, 1965, Ⅱ, 34, con nota di Favara, *Affidamento del pegno a persona diversa dal creditore e obbligo della custodia*。另参见 Montel, *Affidamento del bene gravato da pegno ad un terzo designato dalle parti e titolarità dell'obbligo di custodia*, in *Nuovo dir.*, 1967, 647。

353　Gorla e Zanelli, *Del pegno. Delle ipoteche*, 101. 另参见两位作者所引用的其他文献。

354　参见上书，第 106 页。另参见 Rubino, *op. cit.*, 254.（转下页）

人可以要求支付该赔偿款，且无需先履行或同时履行其合同义务，因为两个债之间并不存在对应关系（rapporto sinallagmatico）]，并根据《民法典》第 2793 条之规定要求对质物假扣押——所谓的假扣押类似于司法扣押，并可准用司法扣押的相关规定。[355]

对质押债权人，一方面，任何情况下都没有改良质押财产的义务，也不能要求其采取措施以避免因物自身性质而引发的变质、恶化；另一方面，部分学者认为，质押权人对特定条件下对质押财产实施的改良或保全行为负有消极容忍的义务，即如果所有权人为保全或改良质押财产，自己出资对质押财产实施直接的保全或改良行为的，只要该措施不损害质押权人的担保权，那么债权人对此应承担消极义务，不得制止和妨碍，甚至为了实现上述目的，也可以缓和对持续占有物这一要件的要求。[356]

此外，当质押财产被共同保管时，如果出质人出于对质押财产的保管目的而需要采取相关的措施，那么质押权人应予以同意并提供便利。

在任何情况下，作为保管人的第三人，应同意享有孳息收取权利的人收取孳息，如果权利人怠于收取孳息的，保管人应收取孳息并将孳息交给权利人。[357] 最后，如果债权人收取了孳息，那么应当根据《民法典》第 2792 条第 2 款之规定，将收益首先用于支付费

（接上页）根据戈拉和扎内利（第 84 页）的观点，质押的优先受偿权并不及于违约损害赔偿，因为在这种情况下，其享有的仅是《民法典》第 2794 条规定的留置权。

355 Rubino, *La responsabilità patrimoniale. Il pegno*, 254; Gorla e Zanelli, *Del pegno. Delle ipoteche*, 106; Realmonte, *Il pegno*, 843.

356 Rubino, *op. cit.*, 247.

357 参见上书，第 25 页。另参见 Realmonte, *op. cit.*, 842。

用和利息，而后再用于偿付本金。

与第三人保管质押财产的情形不同，[358] 质押权人无权要求支付保管质物的报酬，但如果其因保管质物而遭受损害的，可以就其受到的损害要求损害赔偿，这种情形适用的法律是《民法典》第 1781 条。即如果持有人是第三人，那么将直接适用该条规定；如果持有人是债权人自己，那么将类推适用该条规定。[359]

至于质押权人或第三人因保管质押财产而支出的费用，如果债被清偿并导致担保消灭，随之返还质押财产时，保管人可以向出质人主张补偿；如果质押财产被强制执行时，保管人将从受让质押财产的第三人处获得补偿。[360]

此外，人们还认为，由于质押权人收取孳息是为了将其用于偿还债务，因此其不属于用益权的情形，不能适用《民法典》第 1150 条第 4 款之规定——反之，正确的做法是，不但应当允许其一般费用的补偿请求，还应允许其要求补偿必要的额外费用；此外，也不能适用《民法典》第 821 条第 2 款之规定——根据该条规定所有权人应承担为收取孳息所支出的费用，这意味着质押权人无需偿还所有权人为收取孳息所支出的费用。[361]

358　Gorla e Zanelli, *Del pegno. Delle ipoteche*, 103.

359　Rubino, *La responsabilità patrimoniale. Il pegno*, 251. 相关司法判决，参见 Cass., 27 marzo 1990, n. 2472, in *RFI*, 1990, voce *Pegno*, n. 3。

360　针对为保存物而发生的费用，有学者（Gorla e Zanelli, *op. cit.*, 102）认为，如果物在贬损或发生相关费用后不足以担保债权，债权人可以行使《民法典》第 2743 条规定的权利。但有疑问的是，鉴于这是一种紧急修复，债权人是否有预先垫付费用的义务。

361　Rubino, *op. cit.*, 250.

在满足优先受偿权适用的条件时，除了《民法典》第 2794 条第 1 款明确规定的留置权外，质押的效力还及于对相关费用债权的担保，[362] 因为相关费用债权正是因质押而发生的，由此导致的结果是，由于其依赖于主债权，可以将其视为主债的从债（accessorio）。[363]

（八）以物权权利为客体设立的质押：作为质押财产的使用收益权

质押的标的还可以是物权权利，[364] 比如以动产或债权的用益权为标的而设立的质押，又比如以动产的空虚所有权（nuda proprietà）为标的而设立的质押。上述结论并非没有根据，无论是通过对抵押

---

362 Gorla e Zanelli, *Del pegno. Delle ipoteche*, 103.

363 Rubino, *La responsabilità patrimoniale.Il pegno*, 250. 根据该学者的观点，如果出质人是第三人且债权人就质物实现了债权，那么在支付的费用的范围内，债权人或出质人可以向债务人提起不当得利之诉，因为债务人的债务因质物而消灭，可以说其从质物的保存或改良行为中获得了利益。但上述规则不适用于类似于《民法典》第 2781 条第 1 款规定的代位的情形，因为此时因费用返还而产生的债权指向的并非主债务人。相反，如果质物是委托给第三人保管的，那么该保管人可以根据一般规定要求补偿相关的费用。

Gorla e Zanelli, *op. cit.*, 84. 两位学者肯定了质押优先受偿权可以及于因保管质物而支出的费用（这里的保管不包括为了设立质押和受领债权等行为），理由是这种费用“属于为维持担保而发生的费用”，因此需要注意的是，如果该费用超过了 5000 里拉，那么质押只有在符合优先受偿权相关规定（例如《意大利民法典》第 2787 条第 3 款和第 2800 条）要求的情况下，才享有优先受偿权。

364 Rubino, *op. cit.*, 216. 该学者认为，物权质押担保的标的物“只能是有体物，出质人的权利的作用仅在于，通过该权利的内容来确定质物还有哪些权能可供挖掘经济价值，以及质物还有哪些权能可以被强制转移给债权人”。同样地，该学者还认为，如果出质人是就其享有完全所有权的物设立的质押，那么质押的客体并非“所有权，而是物，并且及于物的所有权能（与强制转移相关的），因为出质人的权利未受任何限制”。

相关规定（《民法典》第 2810 条）的演绎推理，还是通过对使用收益权（usufrutto）可转让性规定的体系解释，都可以得出上述结论。这意味着，如果债务人是以使用收益权来设置的质押，那么从质押债权人处获得使用收益权的人将成为用益权的权利人。[365]

但是，其他的物权，包括地役权、永佃权、地上权和抵押权，都不能成为质押的客体，不能在其上设定质押。[366]

除上述情形外，通说还认为在下列财产上也不能设立质押，即通过交付抽象的份额、附条件的使用收益权（l'usufrutto causale）、某个物的部分（parte materiale）、某物整体价值的部分份额（frazione del valore della cosa）[367]或以某财产的部分价值（un bene per una parte del suo valore）来设定质押。所谓某财产的部分价值，是指债权人可以在与物所对应的价值范围内，就部分财产强制执行。[368]

显而易见的是，如果使用收益权消灭，那么担保效力将随之消灭。

如果用于质押的权利包含对动产的占有（之后也可以归结为就动产使用收益权设立的质押），那么根据部分学者的观点，[369]此时可以将其视为动产质押对待，并适用动产质押有关设立要件的规定。由此，以使用动产所产生的收益设立的质押，产生以下一系列的法律效果：就变卖动产收益获得的价款享有优先受偿的权利、对动产

365　Pugliese, *Usufrutto, uso e abitazione*, in *Tratt. Vassalli*, 1954, 392.

366　参见 Rubino, *La responsabilità patrimoniale. Il pegno*, 215; Pratis, *Della tutela dei diritti*, 145; Realmonte, *Il pegno*, 823。

367　Faggella, *Il pegno commerciale*, 42. 在该学者看来，可以就动产的某一部分设立质押，此时应认为只有该部分受质押的约束。同样地，其还认为可以就物的部分价值设立质押。

368　Gorla e Zanelli, *Del pegno. Delle ipoteche*, 30.

369　参见上书，第 34 页。

占有享有留置的权利，以及其他使用收益权人享有的权利，包括根据《民法典》第 2791 条收取孳息的权利，在法律规定的权限范围内提起恢复占有之诉、保护占有之诉的权利，并可以适用《民法典》第 2788 条、第 2790 条、第 2792 条和第 2793 条之规定。

此外，针对在物权上设定质押的可行性，理论界还存在另一种解读：使用收益权人将使用收益权用于质押是对自己权利的处分，但这不意味着由此导致因使用物所产生的收益成为了质押的客体，因为在这种情况下，担保权的客体并非使用收益权，“而是在使用收益权所指向的权利范围内的物”[370]，并且在该权限范围内，质押权人可以行使强制执行权。

值得注意的是，上述理论重构同样适用于以债权的收益设定质押的情形。这也意味着，按照上述理论重构，在以债权的收益设定质押时，尽管质押的客体是一种基于某个债权的权利，但可以理解为一种债权质押，即质押的客体是债权。[371]

在以对物的使用收益为客体设立质押的情形，如果之后使用收益权人获得了物的空虚所有权，此时质押的效力不能扩展至空虚所有权。

相反，以空虚所有权为客体设立的质押，其效力可以扩展至用使用物所产生的收益。

但是，当质押的客体是空虚所有权时（显而易见，此时物的用益权与所有权分离），人们认为，对物享有使用收益权的权利人，

370 Bigliazzi Geri, *Usufrutto, uso e abitazione*, 147.

371 参见同上。

有必要也应同意为了质押债权人的利益而占有物，[372] 而且占有是基于其自己的权利。[373] 在这种情况下，如果之后用益权消灭，那么质押的效力及于整个所有权（piena proprietà）。[374] 在这个意义上，人们还争辩说，是否可以将《民法典》第 2814 条关于抵押的规定也适用于质押，[375] 即其扩展不得损害以质押设定的担保债权。而且，如果用益权消灭是由用益权人放弃权利、滥用权利或由用益权人取得的空虚所有权导致的，那么用益权的消灭不能对抗质押权人。此时，事实上的结果是，质押权将一直持续有效，直至用益权因其他原因而消灭。[376]

如果质押的客体是使用权，且使用权人之后取得了物的空虚所有权，此时质押的效力不能及于完整所有权，理由是使用权不能吸收空虚所有权 [377]：对质押权人而言，使用权并不消灭。[378]

（九）在质物上设定的质押，以及在不具有可质押性的财产上设定的质押

理论上而言，质押的客体也可以是已经被质押的物，即某物可以被用以担保不同的债权，但其在实践中具体操作起来很难实现，

372　Gorla e Zanelli, *Del pegno. Delle ipoteche*, 34; Rubino, *La responsabilità patrimoniale. Il pegno*, 216; Pratis, *Della tutela dei diritti*, 146.

373　Rubino, *op. cit.*, 216.

374　Gorla e Zanelli, *op. cit.*, 34.

375　Rubino, *op. cit.*, 215; Realmonte, *Il pegno*, 823.

376　Pratis, *op. cit.*, 146.

377　Rubino, *op. cit.*, 215. 该学者认为这种情况下唯一能做的就是维持质押债权人的用益权。

378　Gorla e Zanelli, *op. cit.*, 34.

其中面临的主要的障碍是，第二个质押债权人很难获得质物的占有。当这种情况真的发生时，是否能够产生质押的效力，则需根据具体情况——即第二个债权人是否不知道在先质押的存在——具体判断。[379]

还有理论认为，对那些法律明确规定不具有可质押性的财产（impignorabili），只要当事人双方是基于自愿行为而在其上设立的质押，那么这类财产也可以成为质押的客体。这意味着，并非是通过将来强制执行的威慑来获得财产。上述理论的依据是：一方面，他们认为该财产具有可让与性；另一方面，将这类财产交付给债权人或第三人占有，表明了所有权人的意思是去除这些财产的不可质押性。[380]

（十）以共有物为客体设立的质押

正如我们前文已经看到的那样，实践中经常援引《民法典》抵押部分的规定来填补立法者在质押部分留下的漏洞，这种做法使得我们得以解决一个疑问，即是否可以在共有物上设立质押？对此，答案是肯定的。事实上，《民法典》第 2825 条之规定——该条规定是针对在不可分物上的抵押权——在适当调整后也可以适用于质押。[381]

如果该共有物是有体物，[382] 在征得其他共有人同意的情况下，可以在共有物上设定质押，但应将该质物交付给质押债权人或第三

379 Rubino, *La responsabilità patrimoniale. Il pegno*, 210.

380 Gorla e Zanelli, *Del pegno. Delle ipoteche*, 29.

381 参见上书，第 32 页。另参见 Realmonte, *Il pegno*, 808。

382 Gorla e Zanelli, *op. cit.*, 32; Realmonte, *op. cit.*, 810.

人占有，而不能交给其他共有人，因为如果交给其他共有人占有，那么这时对物的占有将变得模糊。[383] 如果其他共有权人不同意，那么该共有人可以起诉要求返还共有物，[384] 但质押债权人不知道共有关系，[385] 应明显适用《民法典》第 1153 条之规定的除外。

当共有的财产是无体物时，需要分情况讨论：如果是共有的债权，那么上述问题将没有存在的理由，因为根据债的基本原则，共同继承人或共同债权人之间当然可以分割债权；[386] 如果是根据《民法典》第 2806 条就不同于债权的其他权利设定的质押，那么上述问题仍然存在，此时将适用关于有体物质押（即动产质押）的规则，并基于相同的规则而作出判断。[387]

在共有物质押的情形，还需要对涉及的各方当事人的情况分别展开分析，因为当财产的性质是可分的时，人们总是认为，这种情况下质押的客体应只是假设质物被分割时应分配给出质人的那部分，但在计算该部分对应的价值时应以质押设立时那部分对应的价值为限。

如果质物的共有人同意其他共有权人为其利益而将共有物用于质押，根据部分学者的观点，那么同意出质的共有人可以要求质押权人或被指定保管质押财产的第三人，向其承担保管人的责任，即要求质押权人或第三人为其利益保管共有物。

383　Gorla e Zanelli, *Del pegno. Delle ipoteche*, 32.

384　Rubino, *La responsabilità patrimoniale. Il pegno*, 207.

385　Gorla e Zanelli, *op. cit.*, 32; Realmonte, *Il pegno*, 808.

386　Gorla e Zanelli, *op. cit.*, 32. 在两位学者看来，在就著作权人或发明人的权利或类似权利上设立质押的情形中，这一问题显得特别重要。另参见 Realmonte, *Il pegno*, 810。

387　Gorla e Zanelli, *op. cit.*, 33; Realmonte, *op. cit.*, 810.

如果其他共有人——也包括出质人——想要对共有物进行分割，并无义务事先通知质押债权人，但质押债权人可以根据《民法典》第 1113 条第 1 款之规定，要求参与共有物的分割或对共有物的分割提出异议——提出异议的，至少应在分割完成前提出——但不得对已经完成的分割提出异议，但质押债权人提起撤销之诉或代位之诉的除外。[388]

只要用于质押的共有物或共有财产，被交付给债权人或指定的第三人保管，质押的客体仅限于假设质物被分割时应分配给出质人的那部分。[389]

只要担保债权未得到清偿，质押权人可以仅基于债权人的名义，要求分割共有财产，即便尚未占有共有物也不受影响，因此，如果质押尚未产生，当共有物被分割并将其中的一部分分配给出质人时，此时将基于双方最初的意思表示而自动产生质押的效力。随后，债权人可以就分割给出质人的那部分财产进行强制执行，[390] 如果共有权人之间存在着不得分割共有物的协议，那么该协议对债权人不发生效力，因为该协议仅在共有权人之间发生纯粹的债的效力，不能够对抗债权人。[391]

如果在分割财产时，分配给出质人的财产不同于最初交付用于质押的财产，那么这种情况下，尽管存在一些变化，也应类推适用《民法典》第 2825 条第 2 款之规定，即诉诸原质押财产的替代物，

388 Rubino, *La responsabilità patrimoniale. Il pegno*, 207.

389 Gorla e Zanelli, *Del pegno. Delle ipoteche*, 32; Realmonte, *Il pegno*, 810.

390 Gorla e Zanelli, *op. cit.*, 32; Rubino, *op. cit.*, 207; Realmonte, *op. cit.*, 808.

391 Rubino, *op. cit.*, 207.

这是因为债权人有权要求向其交付用于质押的新的财产，而在交付该财产后，那么基于原质押合同而产生质押权。[392]

如果在分割财产时，分给出质人的是钱款，那么在其应得份额或结算的范围内，债权人可就该笔钱款主张质押权，并将其异议通知给其他参与分配的人，但如果后者不知道动产质押的存在，也可以直接将相关钱款支付给债务人。[393]

（十一）以动产集合体为标的设立的质押和以企业为标的设立的质押

《民法典》第 2784 条规定，质押的客体可以是动产的集合体，上述规定明确解决了之前民法典存在的一个疑问，即对动产集合体，特别是企业，把它们作为一个统一的整体来设定质押，还是应视为就组成该物的每个单独的物设立的质押？[394] 根据《民法典》第 2784 条之规定，答案是肯定的，即可以就动产集合体设立质押。

鉴于现行法律做了明确的规定，上述问题得以解决，但在现行《民法典》之下，仍然存在着如何将相关规定付诸实际应用的问题，这些问题，有的是关于内容的，有的是关于制度功能的，[395] 并且为解决上述问题，还一度曾经通过诉诸集合物特征的统一性来寻

392　Rubino, *La responsabilità patrimoniale. Il pegno*, 207; Realmonte, *Il pegno*, 810.

393　Gorla e Zanelli, *Del pegno. Delle ipoteche*, 33; Realmonte, *op. cit.*, 810.

394　有关 1865 年《民法典》和 1882 年《商法典》存在问题的分析，参见 Faggella, *Il pegno commerciale*, 46 ss.。围绕该问题所展开的论辩，可参见 Troplong, *Dè privilegi e delle ipoteche*, 1847, n. 170, 150; Baudry, Lacantinerie e De Loynes, *Del pegno, dei privilegi, delle ipoteche e della espropriazione forzata*, Ⅰ, 146 ss.; Gorla e Zanelli, *op. cit.*, 44。

395　参见 Realmonte, *op. cit.*, 816。

找解决方案和展开解读。[396]

由于构成动产集合体的财产服务于一个统一的经济目的，因此这种质押的客体是整个集合物。质言之，把组成集合体的所有单个物放在一起作为一个整体来作为质押的客体，由此导致的结果是，当组成集合体的单个财产脱离集合体而不再是集合体的组成部分时，也将不再受质押的约束，至于质押权人是否仍然占有该物则无关紧要。相同地，当某个物变成集合体的一部分时，其也同时成为质押的客体，但孳息除外。[397]

因此质押的设立方式多种多样，具体取决于成为集合体的单个财产，即需要依法律对该类财产规定的相关的方式来设立质押。[398]

根据理论界的观点，"在确定何时有效地取得对集合体的占有时，应基于与集合体的种类相关的经济–社会观念进行评估"[399]。

关于这类质押的规则，有必要提及所谓的将所有的物作为一个整体来对待，特别是并不要求质押权人占有组成集合体的每个或每项财产。[400]同样地，对成为动产集合体的每个新的财产，也没有必要都移转占有，[401]之所以这样，原因在于动产集合体的占有已经转

396 Gorla e Zanelli, *Del pegno. Delle ipoteche*, 44; Scozzafava, *Dei beni*, in *Comm. Schlesinger*, 1999, 117.

397 Rubino, *La responsabilità patrimoniale. Il pegno*, 22. 该学者为此以羊群为例说明，他认为在这种情况下债权人对羊群的权利应扩展至其根据《民法典》第 2791 条规定的权利。另参见 Gorla e Zanelli, *op. cit.*, 44。

398 Gorla e Zanelli, *op. cit.*, 44.

399 Rubino, *op. cit.*, 210; Gorla e Zanelli, *op. cit.*, 45; Realmonte, *Il pegno*, 816.

400 Gorla e Zanelli, *op. cit.*, 45; Realmonte, *op. cit.*, 816.

401 Gorla e Zanelli, *op. cit.*, 46. 两位学者在此指的是有关集合体的保持占有之诉（《民法典》第 1170 条）。

移给债权人，因此该占有的效力自动及于在此之后成为集合体的每个新的财产，并产生担保的效力。[402] 相反，如果某个物脱离债权人的占有，并成为其他集合体的组成部分，那么由此导致的结果是，在该物上的质押效力将消灭。[403] 同时需要注意的是，要产生优先受偿权的效力，同样要遵守立法者就这类质押所做的相关规定。比如，在商标权、专利权的情形中，应遵守法律关于公示形式的规定。

由此，问题的重点从理论层面转移至实践层面，因为它涉及的是在具体案件中如何评估某个财产是否成为动产集合体的一部分，以便确定质押的效力是否能够及于该物，并逐渐确定最终质押财产的范围。[404]

关于动产集合体质押的内容，我们可以从关于动产集合体的法律规定中（《民法典》第 816 条）找到相关的依据。根据规定，动产集合体的特征体现为所有的动产表现为一个整体，因此，质押权人可以对物的整体采取自力救济措施，行使法律赋予的权利。比如留置权——该留置权既可以是针对单个物也可以是针对其替代物；又如《民法典》第 2797 条规定的出卖权（*jus vendendi*），该出卖权是针对整个物而非单个财产——这意味着对出售整个动产集合体的价款享有优先受偿权——但当事人通过约定排除出卖权的除外。[405]

402　Rubino, *La responsabilità patrimoniale. Il pegno*, 210.

403　Gorla e Zanelli, *Del pegno. Delle ipoteche*, 46.

404　Rubino, *op. cit.*, 210.

405　Gorla e Zanelli, *op. cit.*, 46. 两位学者认为这种约定使质押归于动产典押质权。

此外，质押权人还有一项特别的权利和义务（既是为了出质人的利益，也是为了自己的利益），[406]即除了要避免动产集合体的毁损灭失外，还有义务维持动产集合体的用途和价值，为此，质押权人有义务采取所有的必要措施。这意味着，只要当事人没有相反的约定，质押权人有权根据《民法典》第2791条之规定，收取动产集合体所产生的或组成集合体的某个财产所产生的孳息，并应将该孳息首先用于支付费用和利息，而后计入债权本金。[407]

为履行上述义务而实施的保管行为、管理行为，以及在某些情形下对担保标的物的使用行为，都应考虑质押客体的性质，特别是其不同的用途和功能。[408]

基于以上考虑，理论界将物区分为用于消费的和用于交换的两种情况。但一方面，有的时候，对动产集合体用途的维护是较为简单的，诸如一个羊群或一个图书馆，在这种情况下，单个物或者是用于消费，或者是用于交易；另一方面，有的时候对动产集合体的维护是非常复杂的，比如企业的情形。[409]

理论界还针对债权人的管理费用展开了讨论，即在动产集合体质押的情况中，质押权人为管理和保管质押财产而支付的费用，其是否有权——像收取孳息那样——要求赔偿？对此的回答是，除非当事人有相反的约定，否则质押权人不能要求补偿，依据是法律关

406 参见 Realmonte, *Il pegno*, 817; Rubino, La *responsabilità patrimoniale. Il pegno*, 211; Gorla e Zanelli, *Del pegno. Delle ipoteche*, 48。

407 Gorla e Zanelli, *op. cit.*, 46; Realmonte, *op. cit.*, 817.

408 Rubino, *op. cit.*, 211.

409 Gorla e Zanelli, *op. cit.*, 47.

于典押收益权（anticresi）的规定。[410]

与所有管理他人事务的情形相同，从现有法律体系关于为他人利益管理事物的相关规定中，可以推演出的一个基本原则是，质押权人在管理结束时，应当就管理事务的情况向利害关系人汇报，既可能是向出质人汇报，也可能是向存在利害关系的第三人汇报。

正如我们会很容易想到的那样，在动产集合体质押这一领域，最严重和最麻烦的问题产生于企业质押的情形。就企业质押而言，除了理论界对此类质押的合法性和正当性展开的讨论之外，在过去的几年中人们还提出了很多困扰企业质押发展的其他问题，比如转移占有的必要性？又比如在企业被设立质押后，在管理营业过程中是否应该支付企业的工资？

这种类似于英美法中的浮动抵押（floating charge）[411] 的企业质押，无需转移占有，且允许将整个企业财产作为担保的客体，至少允许企业使用必要的财产以维持企业的运转，就像《关于银行的单一法律》第 46 条规定的那样。由此，一方面有人主张限制使用，另一方面对于如何设立此类无需转移占有的质押，理论界则提出可以通过特别约定或立法特别规定的方式来实现。

事实上，理论界不乏反对企业质押的观点，并认为不存在以企业为客体设定质押的可能，这种观点强调，“只要企业财产中包含不动产，就不可能设立唯一的物权担保或一个类型的物权担保”，

---

410 Gorla e Zanelli, *Del pegno. Delle ipoteche*, 48.

411 E. Gabrielli, *Il pegno "anomalo"*, 84 ss.; Id., *Sulle garanzie rotative*, 47 ss.

因为就不动产而言，只能设立抵押，[412] 因此，应将企业质押限于那些只拥有动产财产的企业[413] ——显而易见的是，对那些不能设立质押的财产，即便设立了质押也不能得到法律的认可，进而也会导致对债务人整个企业设立的质押不会得到法律的认可。

对上述理论，相反的观点进行了回应，并指出，如果一个企业只有动产，那么该企业当然可以作为一个整体并在其上设定企业质押；但同时指出，企业拥有不动产并不意味着其不能仅以企业动产为标的设立质押，至少不能排除这种可能性，特别是当动产本身就构成一个企业时，更是如此。[414]

还有学者从企业的法律性质出发，指出企业是观念物（cosa immateriale），不宜也不能转移占有，进而得出结论认为不能认可企业质押。但这种观点也被予以驳斥，驳斥者指出，一方面，上述演绎和论证过于抽象和理论，另一方面，不容忽视的一点是，构成企业的财产，当他们集合在一起时，完全可以成为质押的客体，至于转移占有，可以通过转移构成企业的每个单独财产，或者更好的方式是"将由许多单个财产组合构成的企业作为一个整体，转移至债权人或第三人手中"[415]。

除此之外，还有一个更大的难题有待解决，即在《民法典》关于质押客体的规定中，并未提及企业。既然立法者对此未做规定

412 Rubino, La *responsabilità patrimoniale. Il pegno*, 210.

413 Bonfante e Cottino, *L'imprenditore*, in *Trattato Cottino*, 2001, 629.

414 Colombo, *L'azienda e il mercato*, in *Tratt. di dir. comm. e pubbl. econ.* in 1979, 296.

415 参见上书，第 297 页。

（此外，在立法者关于法典的说明中明确表示不认可此类质押），且是众所周知的事实，因此只能通过解释的方法来予以发掘。具体而言，一方面是通过与担保制度功能相关的特定客体的规定来进行推理演绎，另一方面是通过对企业的使用收益权（usufrutto d'azienda）的解读来推演。[416]

尽管构成企业的财产具有复数性和多样性，但共同构成了一个集合物，这使得可以通过一个统一的意思表示来设立质押，但由于每种财产设立质押时采用的模式和法律要件并不相同，因此在具体操作层面也应根据组成企业的财产的种类区别对待：对于动产，需要达到限制甚至剥离出质人的处分权，但无需对每个涉及的动产都转移占有，只需事实上获得对整个集合物的控制权就足够了；[417] 对于债权，则需通知对应的每个债务人；[418] 如果是债权之外的其他权利，则需遵循法律关于该权利的相关规定。[419]

此外，在企业质押的情形，质押权人对企业的管理，还体现为是一种为自己利益和他人利益对动产集合体的管理，因此其负有保持、维护企业的组织结构和功能的义务。在管理过程中，质押权人可以实施竞争行为，但不得实施不正当竞争。在这个意义上，他被

416　Colombo, *L'azienda e il mercato*, 298.

417　Rubino, La *responsabilità patrimoniale. Il pegno*, 211; Realmonte, *Il pegno*, 816. 根据鲁比诺的观点，"只有在向债权人转移企业的经营权时"，债权人方才取得占有。

418　Rubino, *op. cit.*, 211; Gorla e Zanelli, *Del pegno. Delle ipoteche*, 46. 戈拉和扎内利强调认为，在选任的债权人或第三人接手企业的管理之后产生的债权，无需另行通知，因为这些债权对其具有约束力。

419　Rubino, *op. cit.*, 210; Realmonte, *op. cit.*, 816.

认为等同于企业的用益权人和管理者。[420]

就上述层面，有学者还指出，无论是基于法律赋予质押权人的一系列的权利，还是基于出质人为了使债权人能够收取孳息——收入——以用于支付利息和本金而将企业交给债权人的事实，无论是债权人对企业享有的留置权（直至债务清偿为止），还是享有的提起《民法典》第2789条规定的占有之诉和返还原物之诉[421]的权利，似乎都——尽管非常接近——可以将企业质押定性为“准企业典押用益权”（quasi una anticresi di azienda）。[422]

债务人（出质人）有权对账簿和管理进行监督，[423]因为如果债权人违反了保管——管理义务，或者随意终止管理企业，那么既可对债权人提起损害赔偿之诉，还可依照《民法典》第2793条之规定要求实施假扣押。

（十二）不规则质押

根据《民法典》第1851条之规定，质押的客体还可以是“存款，未被特定化的或给银行以处分权的商品或权利证书”，正是《民法典》第1851条——尽管可能是附带性的和偶然性的[424]——规定了所谓的不规则担保，或所谓的保证金（deposito cauzionale）担

420 Gorla e Zanelli, *Del pegno. Delle ipoteche*, 47.

421 参见上书，第48页。

422 参见同上。

423 参见同上。

424 Realmonte, *Il pegno*, 817.

保或押金担保（cauzione in contanti）。[425]

尽管这种担保类型在实践和理论中都得到了广泛的认可，并被称为所谓的“金钱质押”（pegno della moneta），[426]但无论是1865年《民法典》还是1882年《商法典》都没有相关的规定。

在不规则担保中，同时并存着物权和债权两种法律效力：一方面，债权人接收了一笔钱款、财产、未被特定化的有价证券或其他允许接收人（*accipiens*）处分的证券。另一方面，给予该笔钱款的目的是，在债务人履行担保的债权时，债权人应返还相同种类和数量（*tantundem eiusdem generis*）的金钱或商品或权利证书给债务

425　理论界关于《民法典》的研究，参见 De Martini, *Sulla natura giuridica del deposito cauzionale,* in *Giur. it.,* 1947, Ⅱ, 325 ss.; De Simone, *I negozi irregolari*; Simonetto, *Sulla natura della cauzione*, in *Banca, borsa, tit. cred*., 1954, 292 ss.; Messineo, voce *«Anticipazione bancaria»*, in *Noviss. dig. it.*, Ⅰ, Torino, 1957; Pavone La Rosa, *L'anticipazione bancaria nella disciplina del nuovo cod. civ.*, in *Riv. trim. dir. e proc. civ.*, 1959, 81 ss.; Id., *Apertura di credito garantita da pegno e anticipazione bancaria*, in Portale (a cura di), *Le operazioni bancarie*, t. Ⅱ, 1978, 569 ss.; Martorano, *Cauzione e pegno irregolare*, in *Riv. dir. comm.*, 1960, Ⅰ, 94 ss.; Id., voce *«Cauzione»*, in *Encl. dir.*, Ⅵ, Milano, 1960, 652 ss.; Porzio, *L'anticipazione bancaria*, Napoli, 1964, 161 ss.; Dalmartello, voce *«Pegno irregolare»*, in *Noviss. dig. it.*, Ⅻ, Torino, 1965, 798 ss.; Fiorentino, *Del conto corrente. Dei contratti bancari*, in *Commentario del cod. civ*., a cura di A. Scaloja e G. Branca, Bologna-Roma, 1969, 141 ss.; Bouchè, *In materia di pegno irregolare*, in *Banca, borsa, tit. cred*., 1978, Ⅱ, 419 ss.; Molle, *I contratti bancari*, Milano, 1981, 359 ss.; Tucci, *"Cauzione"*, Ⅱ, 260 ss.; Vittoria, voce *«Pegno Ⅱ. Pegno irregolare»*, in *Encl. giur. it.*, XXII, Roma, 1990; Realmonte, *Il pegno*, 817; Anelli, *L'alienazione in funzione di garanzia*, 236 ss.; Gatti, *Pegno irregolare e fallimento del debitore*, in *RDComm*., 2000, Ⅰ, 112 ss.; Marano, *Pegno bancario e fallimento*, 148 ss.; Presti, *Il pegno irregolare: profili ricostruttivi e disciplina fallimentare*, in Caprio e Presti (a cura di), *Le garanzie nel credito alle imprese*, 2001, 219 ss.; Palummo, *Pegno irregolare e fallimento*, in *Dir. fall.*, 2004, Ⅰ, 383。

426　Chironi, *Trattato dei privilegi, delle ipoteche e del pegno*, Ⅰ, 540.

人；相反，如果债务人未履行债务，则债权人仅需返还超过被担保债权总额的（*tantundem*）部分的物，其中物的价值应以担保债权履行期限届满时评估的价值为准。[427]

对不规则质押存在着多种理论，并由此导致了理论上的混乱，这也导致了对这些理论进行清理并不容易，[428]也很难对他们进行详尽的梳理，甚至难免会遗忘某个理论或只能展开纯粹概念性的讨论。

针对不规则质押，主要讨论的问题包括两个方面：一方面是如何协调和解释在可替代物的情况下，通过转让质物的所有权来实现其担保功能；另一方面是如何解释质押财产所有权让与的法律基础，如何解释其正当化事由。理论界所有的努力都是旨在为不规则担保在法律体系中寻找到一个合适的位置，而且既要遵守《民法典》第 2741 条规定的平等对待债权人的原则，又要遵循禁止流质契约（*patto commissorio*）原则，以保护第三人利益。

上述特征使不规则担保明显区别于典型的物权担保，并由此导致理论界在对其进行理论建构时出现了多种不同的观点，比如有的将其定性为所谓的代物清偿（*datio in solutum*），[429]有的将其视为抵

427 Anelli, *L'alienazione in funzione di garanzia*, 236.

428 围绕此处提及的问题存在很多理性批判，其中最近的一些观点，可参见 Vittoria, *Pegno irregolare*, 1 ss.; Realmonte, *Il pegno*, 818; Anelli, *L'alienazione in funzione di garanzia*, 237 ss.; Gatti, *Pegno irregolare e fallimento del debitore*, in *RDComm.*, 2000, Ⅰ, 112 ss.; Marano, *Pegno bancario e fallimento*, 148 ss.; Presti, *Il pegno irregolare: profili ricostruttivi e disciplina fallimentare*, 219 ss.。

429 这种将其视为一种附条件的代物清偿的观点最早是由达马尔特罗提出的，他认为将质押财产分配给质押债权人是为了清偿（*solvendi causa*）。具体参见 Dalmartello, *Il pegno irregolare (o cauzione in senso stretto)*, 336 ss.; Id., *Ancora sul pegno irregolare*, 301; Id., *Alcune precisazioni sui recenti orientamenti della*（转下页）

销（compensazione），[430]有的认为不规则质押是一种委托合同（negozio fiduciario），[431]将其类比为债权质押，[432]还有的认为不规则质押是一种对强制执行结果进行事先处分的让与担保。[433]

在不规则质押中，既存在担保合同，又存在质押财产的让与合同，但担保功能是通过质押财产的让与实现的，由此出现了担保合同和让与合同两个不同的法律关系基础，且分别对应不同的渊源，对于这种现象，部分学者在解释时认为这是质押财产具有可替代性这一属性所导致的结果（conseguenza della natura fungibile dei beni）。换言之，只是财产混合的间接效果（effetto riflesso）。

（接上页）*Suprema Corte in tema di pegno irregolare*, 175; Id., *Pegno irregolare*, 801。该观点获得其他学者的赞同，参见 Gorla e Zanelli, *Del pegno. Delle ipoteche*, 40; Guerrera, *Realizzo del pegno di libretto di deposito costituito dal terzo e revocatoria fallimentare dei pagamenti*, in *BBTC*, 1996, Ⅱ, 579。

430　部分理论认为（参见 Simonetto, *Sulla natura della cauzione*, 279; Martorano, *Cauzione e pegno irregolare*, 128），不规则质押的运行机制表明可将其归结为一种协议抵销，即“质押债权人负有的返还之债在同等额度内与对方担保的债务相互抵销，最终两个债务均消灭。由于两个债权之间可能不具有同质性（omogeneita），因此可以将这种情况界定为一种协议抵销”（Martornano 如此解释）。

有关的司法判例，参见 Cass., 1 aprile 2011, n. 7563。根据该案判决，在不规则质押的情况中，如果债务人不履行债务，那么质押债权人基于自己的优先受偿权，在与自己债权额度相对应的范围内可以用债权抵销自己的返还债务，且无需向执行法官请示和申请。事实上，债务人不履行债务将导致债务人与担保债权人之间相互并存对应的债权，两个债权可以根据抵销的原则在对应的额度范围内相互抵销而消灭，此时适用抵销不存在任何障碍，因为此时两个相互并存的债务——鉴于它们不是同一对应的法律关系——可以归结于同一事由或相互关联的事由。

431　Nicolò, *Deposito cauzionale e titoli di credito: effetto traslativo*, in *RDC*, 1939, 373; Rubino, *La responsabilità patrimoniale. Il pegno*, 217.

432　Chironi, *Trattato dei privilegi, delle ipoteche e del pegno*, Ⅰ, 541.

433　Vittoria, *I problemi giuridici dei consorzi fidi*, 1981, 184 ss.; Id., *Pegno irregolare*, in *Enc. treccani*, ⅩⅫ, 1990, 3.

上述理论认为，之所以在不规则质押中，交付的质押财产的所有权会随着交付也转移给了质押权人（*accipiens*），是因为被交付的财产无法与其他同类财产相区分开来，因此随着交付，其不可避免地与债权人的财产相混合，进而使债权人取得质物的所有权［由此导致的结果是，债权人的返还义务不是返还收到的原物，而是返还相同种类、相同数量、相同性质的物（*tantundem eiusdem generis*）］。质言之，债权人取得质押财产的所有权，并非是当事人意思表示的直接效果，而是由财产的混合和混同而间接导致的（riflesso dell'effetto）。[434]

针对上述理论，其他学者回应指出，不存在无法转化为特定物的物，随着当事人依照自己的意愿选出用于交付的财产，一般物被确定和特定化，由此导致的结果是，当然不能说物的性质（即可替代物的属性）是不规则质押中所有权转让的关键要素，因为所有权让与的效果总是意思表示的结果，即便其仅是为了履行当事人的义务，也没有采取特定的行为来确定标的物[435]。

根据上述第二种理论，所有权转移的法律效果来源于"设立不规则质押的意思表示，而且是该意思表示的直接效果（根据这种理论，意思表示构成所有权转移的充分依据），而非仅仅是间接结果，即随着作为质押财产的可替代物的交付，该物与接收人的物混合和混同进而导致了所有权的转移"[436]。

这也意味着，根据这种理论，设立物权担保的意思表示，同时

434 Nicolò, *Deposito cauzionale e titoli di credito: effetto traslativo*, 374.

435 Dalmartello, *Pegno irregolare*, 801-802,.

436 参见上书，第 801 页。

还具有转让所有权的意思和功能，考虑到只有当事人的意思并不足以产生所有权转移的效力以及任务的艰巨性（evidente onerosita dell'operazione），因此这种理论将会面对反对意见——后者认为应赋予“相反意义的财产性归属”（attribuzione patrimoniale inversa）。[437]

在两种原因理论中——即债的发生原因（*causa credendi*）（即转让物的所有权的功能在于，当债务人履行债务时，接收物的一方有义务将收到的财产的所有权返还给原出让人）和清偿原因（*la causa solvendi*）（即转让所有权的目的是在债务人不履行债务时，债权人可基于债权未实现为由而通过收到的物来保证自己的利益）——前述理论选择了清偿原因（*la causa solvendi*）。因此，不规则质押具有消灭担保债务的功能，更确切地说，如果质押财产是金钱，此时它是一种支付方式；如果质押财产是商品或有价证券，那么它是一种替代给付（*datio in solutum*）。总之，它是效果，是“直接履行，提前履行，但也是附条件的履行，因为是否发生取决于在债务到期时主债务人是否按照原来的方式支付债款”[438]。

但是，这种理论受到了学术界的多方批评。从其在司法实务中出现的那一刻起，[439]一些学者就对其展开批判，并强调指出，该理论阐述的不规则质押的担保功能、清偿功能和想要实现的支付功能，三者不具有兼容性。对其他学者而言，一方面，该理论中所

437　Dalmartello, *Pegno irregolare*, 802.

438　参见同上。

439　参见Cass.,14 ottobre 1953, n. 3906, in *BBTC*, 1954, Ⅱ, 292, con nota di Simonetto, *Sulla natura della cauzione*。

谓附条件的清偿性履行的概念令人难以理解；另一方面，即便接受这点，也不能推演出债权人有接受和返还质押财产的义务，因为上述结果并不能得出，代物清偿所具有的消灭债的效果会随着原债关系的恢复而消灭。根据上述理论，代物清偿的效果以债务人未按照原定的方式履行债务为条件，因此，如果债务人按照原定方式履行了债，上述条件不成立，原债关系将恢复；但是反过来，如果按照清偿理论，债权人接受质押财产的目的是清偿债务，而这又以债务人未履行债务为前提，由此，无法解释为何债权人在质押设立时——也即原债关系尚存时——仍有接受质押财产的义务。[440]

相反的观点则认为，不规则质押担保的运行机制是，“质押债权人所负的返还之债和出质人所负的担保之债，两者在对应的数额范围因抵销而消灭。如果两种债权的性质不同，此时可以将其界定为一种协议抵销”[441]。

根据这种理论，是否抵销取决于债权人的意志，即其是否愿意用收到的担保物来实现其债权；这也意味着，在设立不规则质押担保的文件中内含了一个抵销协议，该协议将赋予其中一方当事人形成权，使其可以通过单方意思表示来达到——在质押财产价值范围内——消灭双方互负的债务的效果。如此，债权人仍保留要求债务

440 Martorano, *Cauzione e pegno irregolare*, 122; Simonetto, *Sulla natura della cauzione*, 295; Id., *I contratti di credito*, 1953, 408; Bianca, *Il divieto del patto commissorio*, 163; Anelli, *L'alienazione in funzione di garanzia*, 251.

441 Martorano, *op. cit.*, 128. 持抵销说的观点，另参见 Luminoso, *Deposito cauzionale presso il terzo e depositi irregolari a scopo di garanzia*, in *Giur. comm.*, 1981, Ⅰ, 434。

人履行原债务的权利，同时承担返还收到的质押财产的义务。[442]

上述理论也被认为——包括那些赞同该理论的人——“是一个权宜之计，如果严格思考的话，是不能够实现的，因为如果要想承认这种理论，那就必须得承认，返还之债在债务人履行债务之前并未到期，即只有在债务人履行债务时返还之债的履行期限才届满，但与此同时，债务人的债已经不存在了，因此基于内在的属性，此时也不能主张任何抵销”[443]。

其他学者对上述理论也进行了批判：一方面，他们认为上述理论过于肤浅和牵强，因为无论是质押的实现阶段，还是在质押关系的其他阶段，都可以根据普通质押的一般原则来予以解释；[444] 另一方面，学者们还批评说，在该理论提供的解决方案中，要求被担保人返还与设立质押时收到的相同数量的物，这可能损害担保人（garante）的利益，此外，该理论关于法律效果的建构完全是先验论的和抽象的，完全脱离了经济活动背后的具体利益考量。[445]

就上述批判的第一点而言，人们指出，当债务人没有履行债务时，根据一般规则，债权人可以强制执行担保物，并可以用担保物变卖所得来清偿自己的债权，但如果变卖所得超过担保债权的，剩余部分应归还给担保人。人们认为，上述规则同样可以适用于不规则质押，二者唯一的区别在于，不规则质押的情况下无需按照《民法典》第 2797 条和第 2798 条之规定对担保财产进行变卖或折价，

442　Martorano, *Cauzione e pegno irregolare*, 128-129.

443　Rubino, *La responsabilità patrimoniale. Il pegno*, 218.

444　参见 Dalmartello, *Ancora sul pegno irregolare*, in *BBTC*, 1956, Ⅱ, 314。

445　Vittoria, *Pegno irregolare*, 3.

因为债权人从一开始即已取得了物的所有权，而该物的价值可以很容易通过市场价格来予以确定，因此无需法官的干预、评估。因此，在债务人不履行债务时，债权人能够以强制执行而实现债权的名义来没收保证金，以及没收债权到期日可以获得的收益，因为只有在履行期限届满时，债权人才有权要求债务人偿还债务。[446]

因此，就担保的原因而言，不规则质押与典型质押完全相同，同时《民法典》第1851条之规定也为其让与效力提供了基础和依据，且使得第1851条规定的让与效力无需诉诸所谓债的原因（*causa credendi*）或清偿原因（*causa solvendi*）的辅助。[447]

就上述批判的第二点而言，人们指出，针对不规则质押所提出的这些问题，根据如今普遍的看法——认为与买卖和赠与等典型的原因（*venditionis et donationis causae*）相同，担保本身就可构成导致财产所有权转移的原因——这些问题已经被解决了。至于为什么说担保可以成为导致财产权转移的原因，人们认为其依据是经济活动背后隐藏的利益，以及其力图避免的——即在担保债务未被履行进而导致对被质押财产强制执行时——诉诸强制执行程序。事实上，其自身的这种结构，一方面迟延了被担保债权的实现，另一方面则加重了债务人的负担，特别是因迟延履行而发生的不可避免的损失，以及强制执行所带来的额外的成本。

与前文描述的情况相反的是，在不规则质押中，当事人对需要通过强制执行程序来实现的结果进行了预先的处分，并预先实现了该效果，而且不存在相关的不便和费用。质押权人已经将用于担保

446 Realmonte, *Il pegno*, 822-823.

447 参见上书，第823页。

的钱款或可替代物置入自己的财产中，这意味着质押物变卖所得的财产价值，事实上已经成为质押权人的财产。[448]

还有观点将不规则质押界定为一种以担保为目的的让与行为，根据这种理论建构——债权人的债权并没有立即得到实现，因为物权转让的原因在于当事人意图通过这样一种事先的安排，以作为保证债权和债权人强制履行的一种手段[449]——不规则质押旨在对强制执行结果进行预先安排，对此，人们同样认为，合同的目的并非旨在排除其要求履行担保债权的权利，而是将债权人利益实现的路径限定于强制执行。换言之，债权人在合同中就已经找到并实现与通过程序救济相同的结果，并且可以直接要求强制执行以实现该结果。[450]

沿着该路径，最近的理论则着重强调不规则质押具备的自动机制——这种机制以在担保债权履行期限届满时担保物的价值为基础，自动计算出二者的差额——这种机制使得无需诉诸强制执行，因此，无论是就担保强制实现的模式还是时间而言，上述机制都使不规则质押相较于规则质押（pegno regolare）而言具有较高的效率。[451]

围绕规则质押和不规则质押的区别，以及二者适用规则的不同，理论界展开了许多探索，在对此展开的最新研究中，人们指出二者的区别表现为“当事人的意思表示不同，根据源于担保债权的

448 Vittoria, *Pegno irregolare*, 3. 针对这种观点的批判性意见，参见 Anelli, *L'alienazione in garanzia*, 264。

449 Anelli, *L'alienazione in garanzia*, 255-256. 该学者特意对这一点进行了强调。

450 Vittoria, *op. cit.*, 3.

451 Presti, *Il pegno irregolare: profili ricostruttivi e disciplina fallimentare*, 213.

外部要素进行解释时不同，早期的关系不同，债权人的主体资格不同，用于质押的财产的种类不同，以及有关质押财产确定性的程度不同”。[452]

事实上，规则质押与不规则质押的区别，除了体现为质押财产的性质不同外，还表现在以下两个方面：一是二者在事实构成方面样态不同，二是两者在优先受偿权是否具有对抗第三人的效力方面也不同。

在规则质押中，这些特征表现为一种权能而非义务，即质押权人有留置收到的质物的权利，尽管债务人仍保留质物的所有权，但当债务人在债务到期不履行债务时，质押权人能够对质物强制执行并用变卖所得优先——相较于其他债权人而言——清偿自己的债。但是，上述特征在不规则质押中却是另外一种景象：在不规则质押中，交易结构表现为，担保债权人立即取得了被交付的担保财产的所有权，而债权人则有义务返还相同数量的财产（*tantundem*），或者返还超出债

---

452 Gatti, *Pegno irregolare e fallimento del debitore*, 115 ss. 相关的司法判决，参见 Cass., 15 febbraio 2008, n. 3794, in *Foro it.*, 2008, Ⅰ, 3284。根据该判决，担保人用其无记名存单为银行的债权设立质押，而且该债务已届清偿期，那么只有在当事人之间的协议——基于诚实信用原则——可被解释为授权银行可以立即处分该存单中的钱款时，方才构成不规则质押。但最高法院明确指出，以银行签发的无记名存单为标的为银行设立的质押，只有在明确授予银行处分相关权利时，方才构成不规则质押。此外，对银行的授权并不导致质押的担保目的（功能）消灭——至少在质押设立时如此，而所谓的清偿功能仅在后续的质押实现阶段才出现和发挥作用。另外，以无记名存单来设立不规则质押也可以通过更简捷的自动清偿机制（meccanismo semplificato di «autosoddisfazione»）实现，这种方式免除了债权人必须诉诸执行程序的麻烦，但其仍有义务返还多余的部分。持类似观点的判决还有 Cass., 10 marzo 2006, n. 5290, in *Giust. civ.* 2007, 3, 688。根据该判决，以银行签发的无记名存单为标的设立的质押，或以质押债权人签发的无记名存款凭证，仅在明确授权银行可以处分相关权利时，方才构成不规则质押；否则（即未明确授权处分），应适用一般质押的规定。

权的差额部分。[453]与此同时，人们还指出，两者“真正的区别”在于，不规则质押中，担保本身即可单独构成财产转移和实现债权的理由，而且其实现的不同方式可以影响合同约定的形式结构。[454]

认为不规则质押同样可以导致财产转移的观点，似乎更适宜于解释不规则质押特有和复杂的运行机制。

围绕不规则质押的形式结构，理论界对其法律定性存在两种不同的观点。一种观点承认这种合同是一种典型的法定类型，即《民法典》第1851条规定的有名合同，[455]并认为其“本身就是一种合同类型，因为即便是从相关合同的性质的角度而言，其完全不同于质押”；[456]另一种观点则基于种类和次种类的划分，将其纳入质押的范畴，并认为不规则质押是质押这一门类之下的一个次属种类（sotto-tipo）。[457]

453　Gatti, *Pegno irregolare e fallimento del debitore*, 116 ss.

454　参见同上。该学者实际上赞同和附和的是这样一种观点，即将不规则质押视为一种旨在对强制执行结果进行预先处分的担保的让与。

455　Dalmartello, *Pegno irregolare*, 798.

456　Rubino, *La responsabilità patrimoniale. Il pegno*, 217. 在该学者看来，不规则质押的担保功能更强，但之所以如此，并非是因为不规则质押中当事人之间存在的特别约定——例如买卖协议中的赎回约定或以担保为目的的回售约定，而是由于用以质押的物品的性质使然。持相同观点的还有戈拉和扎内利。两位学者宣称，在不规则质押中，当事人之间的法律关系的“内容明显不同于典型质押”，因为此时其担保的不再是之后的执行行为，即使其不能处分占有和可以有效地强制转移质物（甚至对抗第三方购买人）并享有优先受偿权。将物的所有权转移给债权人，具有支付的效力或提前代物清偿的效力（但这不影响债务人享有要求返还多余价值的权利），这种效力既超越了担保手段，也超越了优先受偿权，因为相较于其他债权人，不规则质押中的担保债权人将以提前的方式实现或已经实现了其债权。具体参见 Gorla e Zanelli, *Del pegno. Delle ipoteche*, 40。

457　参见 De Simone, *I negozi irregolari*, 104; La Lumia, *Pegno irregolare e sconto*, 509; Realmonte, *Il pegno*, 819。对该问题的更广泛的讨论，参见 Anelli, *L'alienazione in funzione di garanzia*, 248。

事实上，就原因层面而言，不规则质押与规则质押相同，二者都是出于担保原因（*causa di garanzia*），由此导致的结果是，一方面，不规则质押与规则质押一样，具有质押担保的“典型”效力（effetti cd. “tipici”），即担保功能。在这方面而言，规则质押的相关法律规定同样适用于不规则质押。另一方面，作为不规则质押，其具有规则质押所不具有的“非典型”效力（effetti cd. “extratipici”），即转移质物的所有权以及返还多余价值的义务。就此方面而言，则应适用有关使用借贷的规定，但法律有其他规定的除外。[458]

在围绕不规则质押展开的相关理论建构中，需要强调的是，司法部门——尽管其也常常与理论界围绕不规则质押展开对话，[459]特别是在常常遇到疑难案件的破产法领域中[460]——采纳了担保功能作为充分原因可导致不规则质押的标的物所有权转移的观点，并似乎在关于不规则质押的定义和理论建构方面找到了安全海岸。在这个意义上，相较于理论界的争论和建构，司法部门为我们提供了一个——至少目前为止——更为可靠的论证起点。

事实上，围绕案件中不规则质押的债权人能否将其债权登记为破产债权这一问题，最高法院综合审判庭（La Corte Suprema a sezioni unite），在经历了一些具有摇摆性的解释之后，明确和确认了不规则质押的结构特征。

---

458 Realmonte, *Il pegno*, 819.

459 参见 Dalmartello, *Alcune precisazioni sui recenti orientamenti della S.C. in tema di pegno irregolare*, 179 ss.。

460 参见 Gatti, *Pegno irregolare e fallimento del debitore*, 111 ss.; Marano, *Pegno bancario e fallimento*, 148 ss.。

一个有待解释的问题是，不规则质押债权人是否可以为了实现其债权而申请将其债权登记为破产债权？对此，最高法院的回答是，不同于那些规则质押债权人，不规则质押债权人（因没有相关利益所以不能）不符合《破产法》第 53 条规定的情形，不能为了实现其债权而进行登记。[461]

对上述问题的解读，也为最高法院的法官提供了合法的手段，使其得以对该类案件事实的特点展开详细、透彻的阐述。

在最高法院看来，就不规则质押合同而言——基于理论界提供的观点——其与规制质押的情况相似，合同表现为一种一般的意思表示，是对交易结构的意思呈现，这既表现在其物权属性的要件方面，即在合同签订时要将物交付，也表现在担保原因的功能方面，只是相较于规则质押而言，不规则质押合同的内容中存在一个特别的"履行性的内容"。从此，两者在结构方面就开始呈现出区别：

461　Cass., Sez. Un., 14 maggio 2001, n. 202, in *Dir. fall.*, 2001, 1169, con nota di Ragusa Maggiore, *Pegno irregolare e ingiunzione. Il caso è chiuso;* in *Corr. giur.*, 2002, 91, con nota di Dabormida, *Risolto dalle Sezioni Unite il conflitto in tema di pegno irregolare*; in *GI,* 2002, con nota di Sanzo, *Pegno irregolare e procedure concorsuali: le Sezioni unite dirimono un contrasto, ma, forse, non sciolgono i dubbi*; in *BBTC*, 2003, Ⅱ, 648, con nota di Lupacchino, *Il pegno irregolare al vaglio delle Sezioni unite*; in *Il fall.*, 2001, 1239, con nota di Panzani, *Pegno irregolare ed insinuazione al passivo*; Cass., 13 aprile 2003, n. 5111, in *Il fall.*, 2003, 1342. 另参见 Cass., 6 dicembre 2006, n. 26154, in *Banca, borsa, tit. cred.*, 2008, Ⅱ, 469; Cass., 24 maggio 2004, n. 10000, in *Giur. it.*, 2005, 1418。

在前述最高法院所作出的第 26154 号判决（Cass., 6 dicembre 2006, n. 26154）中，质押人以其持有的有价证券向银行提供了质押担保，且银行对该证券享有处分权，质押担保的对象是质押设立时和之后一段时间内的信贷，而且信贷的额度有了大幅增加，只是该信贷额度是在几天之后才被批准。最高法院认为对银行享有的债权的消灭，不能提起破产撤销之诉。

在规则质押中，物权效力表现为最终创设一个“在他人物上的权力”（*ius in re aliena*），该权利的特征是能够对抗所有的第三人；反之，在不规则质押中，物权效力表现为担保物所有权的真正和真实的转移，而所有权转移的原因则与担保功能紧密相连。

最高法院强调和指出了两种质押在物权效力方面的不同：对规则质押而言，质押权人返还义务的客体是被交付用以担保的原物（la stessa *res*）；而对不规则质押而言，返还义务的客体不必是收到的原物，只要是相同数量的（*tantundem*）用于担保的物即可。

由此，司法判例将不规则质押定义为：“当事人之间通过签订合同，约定担保人将钱款或其他具有市场价格——即可用钱款来代替——的财产交付给债权人并将所有权转让给债权人，如果债务人履行被担保的债务，收取物的人（*accipiens*）应（且仅应）返还相同数量的物（*tantundum*）；否则返还的义务限于差额部分，即被转移所有权的财产的价值超出未履行的债权的部分。”

在最高法院的定义中，一方面其拒绝了代物清偿的观点（*datio in solutum*），即将不规则质押界定为一种附条件的代物清偿；另一方面，其采纳了担保可以作为所有权转移的观点，即与买卖、赠与一样，可以基于担保原因而发生所有权的转移，因此，为了担保在债务人不履行债务时能够实现债权，转移所有权可以作为一种担保方式。

对此，最高法院进一步强调指出，这种方式“自动导致担保债权的消灭，其机制是通过债权的实现而导致债的消灭，只是债权人有义务将可能的差额返还给担保人”。上述表述表明，最高法院摒弃了理论界之前有关抵销机制的理论构建——根据这种理论，不规则质押是通过债权和债务的自动抵销来实现债的消灭，而且对债务消灭的解释应基于各方应承担的给付和已有的物，然后在此基础上进行清算。

由上可见，最高法院将抵销的自动机制纳入不规则质押原因架构中，并将其界定为实现不规则质押优先受偿权的“典型的方式和手段”。事实上，就此而言，在实践操作层面唯一可能构成障碍的情况是，因一个合同而产生的数个不同的债（obbligazioni），其相互关联且彼此对应，且使得各个债不具有独立性（autonomia）。此时，如果认为债务之间不存在相互对应关系，那么也会反过来影响合同，并会导致合同失效。但是，如果不同的债——即便这些不同的债是因同一合同或因存在关联的合同而产生，比如不规则质押中债务人的主债务和债权人的返还同等数量的物之债——之间不存在相互对应关系，而是一种从属性的关联关系，那么这些不同的债仍然具有独立性，此时完全可以适用抵销。

由上可见，不规则质押的保护机制不同于规则质押：在规则质押中，债权实现建立在一个精细但漫长的程序机制上（扣押 / 冻结—变卖—以变卖所得清偿债权），但在不规则质押中，根据最高法院的判决，其实现机制正如前文所引的理论描述的那样，[462] 在该机制中，当事人之间订立的合同并未排除债权人要求债务人履行的权利，该合同的意义在于，其详细描述了债权人利益实现的路径并将其限于强制执行，因为当事人之间通过合同的方式，约定将本应通过诉讼程序来实现的权利保护的最终效果——将用于质押的财产

462　Vittoria, *Pegno irregolare*, 3.

的所有权转移给债权人——提前了。[463]

三、非占有性动产质押

（一）事实构成

2016年6月30日颁布的第119号法律，引入了“非占有性

463 近期的判决，参见 Cass., 12 settembre 2011, n. 18597。根据该判决，如果银行客户为了担保债务履行而将自己持有的债券或合法凭证（包括无记名凭证）质押给银行，只要没有授予银行处分相关质押财产的权利，那么此时不属于不规则质押，而应适用有关规则质押的规定（《民法典》第1997条和第2787条），基于这些规定银行不但不能取得债券或有价证券记载的金额，还有义务返还债券或凭证。在这种情况下，债权人如果想要实现其债权，应依照常规担保的规定和《破产法》第53条之规定，启动破产程序，且不能主张抵销（而抵销事实上是不规则质押中行使优先受偿权的典型方式）。因此，如果银行通过没收被质押的无记名存单中的款项来实现自己的债权，那么符合《破产法》第67条规定的破产撤销之诉的条件。

另参见 Cass., 16 giugno 2005, n. 12964, in *Banca, borsa, tit. cred.*, 2007, Ⅱ, 162。根据该案判决，案涉合同被认为是规则质押合同，案涉合同的当事人在合同中约定的内容是，当事人将债券存入以保险公司名义开立的存款账户，并且约定只有当事人在事先达成协议的情况下才可以替换这些证券；应将到期债券收到的钱款存放在公司处，而与质押相关的成本和费用仍由其承担；债权人仅在债务人未付款时方可要求实现质押，并应事先以挂号信的方式通知；为实现质押的目的，债权人在出售质物时，应遵守《民法典》第2797条之规定，并获得出售质物的委托授权，但该委托不会导致质物的财产所有权转让给被委托人，也不会导致委托人丧失对其所享有的委托标的物的处分权。

但是，最高法院认为，如果债务人为担保自己的债务而用其持有的债券或特定的合法凭证向债权人提供担保，且授予债权人处分上述相关权利的权利，就像《民法典》第1851条规定的那样（该条尽管规定的是银行预付贷款的规定，但事实上也是不规则质押的一般条款，适用于其他不规则质押的情形）——根据该条规定，债权人在持债券或凭证获得款项后，应在债务人履行债务时返还相应款项；如果债务人不履行债务时，应返还超过被担保债权总额的部分，至于对超过部分的评价则应根据债权期间届满时的质物价值确定——那么此时不属于规则质押，而应适用不规则质押的相关规定。

动产质押”合同，（事实上，该法第1条第2款之规定明确使用了“contratto”，即“合同”一词）。就立法层面而言，该立法文本的质量是令人沮丧的，有时相关的规定显得草率而令人难以理解，比如经常在非法律意义上使用一些法律概念，或者使用一些概念类的术语［参见第1条，该条规定了用于质押的债权，第1款规定要求债是确定的或可确定的（determinato o determinabile），但第3款又规定债必须是书面的，该条规定规范的是同一内容，却未加区分地使用了具有不同法律意义的术语，而且有些术语是立法性的，有些术语是法律适用性的］。

长期以来，意大利法学界一直试图在立法中引入一种更适应现代企业发展需要的担保制度，并做了很多的尝试和努力，如今这种努力终于有了结果，但显然这个结果非常粗糙甚至令人感到难堪。比如，该法第1条第4款规定质押时用的词是“grado”，而根据该条第7款之规定，质押不再是iscritto而是trascritto，给读者留下的印象是我们的立法者不知道质押和抵押的区别，也不知道iscrizione（登记）和trascrizione（登记）的区别。*

在致力于本领域研究的理论学者的推动下，[464] 同样也是为了向

* iscrizione和trascrizione两者都有登记的意思，但在适用范围和具体含义上并不相同。Trascrizione是一种公示的方式，适用于动产和不动产，登记的一般是相关的文件，比如《民法典》第2643条至第2645条规定的诸类文件；iscrizone也是一种公示方式，也是登记的意思，其适用范围更广，但就担保而言主要指的是抵押，而且iscrizione的登记是一种物权设立的方式，其将产生物权的效力，这与trascrizione的登记并不相同，比如《民法典》第2822条至第2824条规定的抵押权的登记。另外，前文中的iscritto和trascritto分别是iscrizione和trascrizione的变位，理解时可以分别理解为iscrizione和trascrizione。——译者

464 关于学界在这方面的讨论，参见E. Gabrielli, *Il pegno "anomalo"*, 94 ss.; Id., *Sulle garanzie rotative*, 27 ss.; Id., *Il pegno*, 23 ss.; A. Candian, *Le garanzie mobiliari.* （转下页）

我们的立法者提出更好的立法建议，以便为完善我们的物权担保体系提供更好的方案和手段，特别是想使我们的动产担保体系变得更加有效和更能够适应现在全球化经济的发展需要，正是出于以上的目的引入了非占有性担保制度。这种制度是基于以下考量，即通过质押设立合同来突破、克服法律——关于质押设立要件的硬性规定——所造成的障碍和不便。比如质押人需要转移质押财产的占有这一要件；又如维持质押财产原始状态的原则，即在担保期间不能变更质押财产，而不考虑是否符合其最初的担保目的。

事实上，这种模式的作用在于其能够更好地改善和帮助作为出质人的企业开展经营活动，并且如此一来，担保由静态变成了一个动态的管理活动，有助于企业经济的恢复。

正如我们在前文中多次强调的那样，质押担保所要保护的利益，并非针对和旨在获得特定的物，而是针对质物的效用以及其所代表的经济价值，而正是在这个层面，其契合了物权担保的概念。

正是基于经济活动的统一性，而且经济活动与是否移转占有无关，因此，即便在担保期间变更质押财产——变更后的担保财产应与原质押财产具有相同的价值——既不会导致原担保效力和担保关系消灭，还仍可实现相同的担保价值，只是用于担保的财产不同而已。

（接上页）*Modelli e problemi nella prospettiva europea*, 304 ss.; Veneziano, *Le garanzie mobiliari non possessorie. Profili di diritto comparato e di diritto del commercio internazionale*, Milano, 2000, 1 ss.; Fiorentini, *Il pegno*, in *Trattato dei diritti reali*, diretto da Gambaro, Morello, Ⅴ, Milano, 2014, 61 ss.; E. Gabrielli, *Del pegno*, in *Comm. del codice civile*, dir. da E. Gabrielli, *Della tutela dei diritti*, a cura di Bonilini e Chizzini, Torino, 2015, vol. 2, 3 ss., 92 ss.。

事实上，设立物权担保的目的，并非旨在将质押财产从出质人处剥离，而在于确定一种实施统一的担保活动的可能。根据法律规定，这种统一的担保活动，其源于最初设立非占有性担保的合同，但该合同的效力延续至之后的各个阶段，并继续约束之后的各个阶段，如此一来突破了特定性所带来的局限，即质押财产可以不限于设立质押时的质押财产。

具有如此特点的担保，再加上债权人的自我保护权利以及以该权利为基础的强制执行手段，即通过强制措施来实现债权，在保证债权人债权实现方面会更加有效和便宜，也更符合欧盟关于动产担保和融资担保确定的发展方向（比如 2004 年 5 月 21 日颁布的第 17 号立法性政令及之后颁布的针对 2002 年第 47 号指引的相关修订案）。

前文所述的最后一个方面，似乎将 2016 年 6 月 30 日第 119 号法律引入的所有新的类型都融合在一起并关联起来，立法者似乎想要实现的目标是，在现有的法律体系中引入一种更灵活、更迅速，能够更快帮助债权人恢复债权的强制措施或手段。因为在意大利现有的法律体系中，无论是单独申请的强制执行，还是数人申请的强制执行，其执行力度都显得缓慢且缺乏效率。这种情况，一方面，吓阻了投资者——特别是外国投资者——对意大利的投资；另一方面，影响了债权实现的效率，进而导致了系统性的金融危机。

正是基于以上情形，因此通过优先强化和授予民事主体自我保护的手段和措施来弥补司法措施的缓慢和低效，既是必要的，也是合乎时宜的。

（二）非占有性质押的设立及对抗第三人的效力

就非占有性质押的一般结构而言，其特征主要表现在两个方面：主体方面和客体方面。

非占有性质押合同的出质人，无论是被担保的债务人，还是为他人利益而将自己的财产用于质押的第三方出质人，必须是“在企业登记处进行注册登记的企业”（iscritto nel registro delle imprese）。需要注意的是，被担保人并非必须是企业，因为法律规定得非常广泛，其要求仅是为与企业经营有关的债权担保即可。

担保财产既可以是用于企业经营的动产，也可以是无形财产（immateriali），还可以是由企业经营而产生的债权或与企业经营紧密相关的债权，但不能是已被登记的动产（beni mobile registrati）。

用于担保的动产，根据具体情况，可以是现实存在的动产，也可以是未来的动产，可以是已经确定的动产，也可以是通过诉诸一个或多个商品种类或某个总的价值而具有可确定性的动产。

反之，如果质押财产是债权，必须是“与企业经营有关”的债权，而且设立质押的合同需采用书面形式，并严格遵守法律的形式要求。

是否具有对抗第三人的效力，则取决于其是否在专门的登记册上进行了登记（iscrizione）。如此一来，可以适用于非占有性质押规则的范围，将取决于两个方面——当事人的主体性质（企业）和合同的功能（为与企业经营相关的债权提供担保）——的联系。

因此，企业以及企业经营的必要性，成为设计担保模式的法理基础和拟定法律条文的依据。

非占有性质押的概念事实上也反映了其设立的相关规则，其设立模式是基于设立质押的法律文件和质押设立效力的分离，具体体现为设立质押合同生效的必要条件包括：该合同须是书面形式；该合同中须包含对债权人、债务人以及可能的第三人的充分说明；该合同须包含对质押财产、质押债权和担保债权的上限的充分说明。如果不满足上述条件，则会导致合同无效。

只有在税务局（Agenzia delle entrate）的“非占有性质押登记处”（registro dei pegni non possessori）登记注册后，非占有性质押才能对第三人发生效力，也才具有对抗效力。而且，从这一时刻开始，担保“开始具有优先顺位等级（prendere grado），并可据以对抗强制执行程序和破产程序中的第三人”，在这个意义上，在登记处的注册具有与转移物的占有或在权利证书上注明相同的价值和作用，也可以说是上述方式的替代。

“如果债务人为了购买某个用于企业经营的特定财产而向债权人融资，之后用购买的财产以所有权保留的方式担保融资债权，或者其他非占有性质押——只要非占有性质押根据本法第 1 条第 6 款之规定在登记处进行了登记，且在登记时债权人将情况通知在先登记的非占有性质押的质押权人——担保融资债权”，那么即便之前在该财产上设立了非占有性质押且已经登记注册，也不能对抗上述融资债权人。

在登记处登记时应注明债权人、债务人、为第三人债务设立担保时的债务人和出质人、用于质押的物或债权的情况，如果是为了购买特定的财产而融资的，登记时还应说明“该财产的具体情况”。

登记的有效期是 10 年，到期后可以通过在登记处重新登记的方式来续期，但再次登记应在 10 年有效期届满前办理。

经当事人协商一致，由质押债权人和出质人共同申请，可以注销已经在登记处进行的登记。此外，也可以向法院提出申请，通过司法裁决予以注销。

针对非占有性质押登记处的管理运营，立法者还特意增加了若干条款予以专门规定，根据这些规定，在登记处办理的登记、查询、修改、更新和注销，以及相关人员的义务，办理的方式、途径，在本政令生效后 30 天内，由经济发展部和司法部通过部颁政令的方式另行规定。经济发展部和司法部还可在部颁政令中规定浏览查询说明（visura）和认证的权利，收取合理的费用，以保障相关收入得以维持登记处的日常运营和发展。

（三）非占有性质押的形式结构

非占有性质押的主要特征之一是，将对质押财产的效力约束（通过在登记处登记）与出质人对质押财产的法律和事实管理相区分开来。

除非合同另有约定，出质人——无论是债务人自己还是债务人之外的第三人——在符合质押财产经济用途的范围内，有权对质押财产实施包括转变（trasformare）、转让等处分行为。

在这种模式下，质押的效力相应的转移至转变形态后的产品，或被转让的财产上，或取得的用于置换原质押财产的财产上。但需要注意的是，这种转移并不意味着设立了新的担保，通过这种方式——特别是就质押对抗第三人的效力而言，这种模式明确排除了质押效力的更新效力——在形式结构上形成了所谓的“流动质押”（pegno rotativo）。

通过这种方式，2016年6月30日第119号法律，引入了一种新的流动担保的法定情形，传承细化了2000年5月29日颁布的第1346号规定。该规定是关于清偿程序的，其最初源于欧盟2002年第47号指引关于融资担保规定，之后该指引被转化为意大利2004年第170号立法性政令；2009年欧盟第44号指引对第47号指引进行了修改，修改后的内容也被转化为意大利2011年第48号立法性政令的内容。

尽管非占有性质押事实上包含流动担保的要素，但相较于流动担保而言，两者仍有区分的必要，事实上，二者的区别在于：一方面，如前所述，流动质押属于法定担保的情形——即便属于特别形式的“担保”（forma “anomala”）；但另一方面，非占有性质押的特征在于，其属于质押的子类型（sotto-tipo）。

上述结论的理由是，根据区分种（tipo）和属（sotto-tipo）的理论，非占有性质押除具有质押一般特征外，还具有其他的额外特征，也即所谓的特殊类型属性（note extra tipiche），这些额外的特征无法被归入质押法定类型之中，更不用说其具有的“流动”特性。

这些较为显著的额外特征表现为：比如，出质人对质押财产的管理和处分的权力；又如，质押债权人通过自力救济的途径启动执行程序以实现自己的债权。

将非占有性质押归入法定质押下的某个子类型，在体系和文义分析的层面，也可以从立法规定中找到线索和依据。如立法者在法律的最后一部分指出“根据1942年3月16日第267号政令

第 66 条和第 67 条规定，非占有性质押等同于质押（è equiparato al pegno）”。此外，第 10 条第 2 款规定：“对于本法未做规定的情形，在不矛盾的情况下，适用《民法典》第 6 卷第 3 章第 2 节之规定。”

意大利立法者似乎已经认可，在就半成品而设立的非占有性质押的形式结构中，包含具有如下特征、作用的条款和约定，这些条款和约定可能是其他法律所规定的，或者旨在扩展质押的时间或空间，或者旨在扩大产品的范围或延长产品的时间，或者就企业的全部财产（浮动抵押）作为物权担保的客体。

担保的效力具有独立性和持续性，无论是单个财产还是全部担保财产在担保期间发生了形态变化或改变，都不影响担保的效力。但需注意的是，上述独立性和持续性有一定的前提条件，即相应的变化或改变应符合“原担保财产的经济用途”。

鉴于立法所用的表达方式较为模糊，由此留下了一系列的疑问，比如人们首先想到的疑问是，违反法律规定会产生什么后果：是导致无效（invalidità），还是导致转让不发生效力（inefficacia del trasferimento di vincolo）？鉴于出质人可以对质押财产进行转让或处分，如果其转让或处分行为导致最终承担担保责任的财产是某种依法不能成为质押客体的财产，这是否属于外溢出（fuoriuscita）法定质押类型的情形？

此外，根据法律规定，出质人对质押财产可行使的处分权不止一种：转变（trasformazione）、转让（alienazione），或被许可的“对质押财产的处分”（第 1 条第 2 款）。

在这种情况下，在上述多种处分权利中进行选择适用的法律效果，实际上是根据《民法典》第 2742 条之规定，通过对质押财产价款的实质替换机制来实现，因为新的法律规定的含义是，在行使处分权的前述情形中，质押的效力相应的转移至转变形态后的产品，或被转让的财产上，或取得的用于置换原质押财产的财产上，但这种转移不构成新的担保。

要求质押财产的转化应符合其经济用途，似乎并无太大意义。因为从法律适用的角度来看，当真的违反上述要求时（即尊重质押财产的经济用途），事实上并没有真正可以适用的具体法律。

根据法律，在任何情况下，如果由质押财产转化而来的产品包含——无论是基于混合（commistione）还是添附（unione）——多个不同种类的商品或属于多个不同的非占有性质押的财产，那么每个质押债权人都享有第 1 条第 7 款规定的权利，并对担保人承担返还相应份额的义务，至于返还份额的价值，应依照第 7 款第 a 项规定的方式，在对被添附或被混合的其他种类产品的价值进行评估后确定。

当作为出质人的债务人或第三人滥用质押财产时，债权人可以采取保全措施或申请禁令，要求其停止滥用行为。

（四）质押的实现

在担保实现方面，欧盟关于动产担保的共同法，特别是关于融资担保的欧盟指引，对意大利法的影响更大。

事实上，前述法律规定，当发生了可以导致质押实现的法律事实时，质押债权人——可以通过包括电子邮件等方式直接通知债务人，如果出质人是第三人的，则通知该第三人；此外，如果存在非占有性质押的，除上述通知外，还应以书面方式通知登记的质押债权人以及被质押债权的债务人——在履行上述通知后，享有一系列的权利，并可根据这些权利可以启动担保债权的实现程序。

法律规定的权利和权能包括：出售质押财产的权利；在担保债权的范围内收回被质押的债权或转让被质押的债权的权利；如果质押合同约定可以将质押财产予以出租并按照第1条第4款之规定进行了登记的，质押债权人有权出租质押财产，并用租金所得来清偿担保债权，但应以合同约定的出租的方式、标准出租质押财产；如果质押合同事先约定可以用质押财产折价清偿担保债权直至债权实现，且事先对质押财产和担保债权的估价方式和标准做了约定，并按照第1条第4款之规定进行了登记的，质押债权人有权按照约定用质押财产折价清偿债权。

有关执行阶段的法律规定表明，非占有性质押的一个主要特征是，质押债权人能够立即和及时地利用自力救济手段，启动相关程序来实现担保债权，这使得其在通过强制力来实现担保功能方面具有更多可能，也更加便利。

破产领域中对质押债权人保护的相关规定，也可以证实上述特征。根据前述规定，如果债务人被宣告破产，那么质押债权人只有在其债权被宣布为具有优先受偿权后，方可通过自力救济手段来实现债权，通过这种方式，事实上适用了《破产法》第53条之规定。

由上可见，在《破产法》第53条之规定与非占有性质押的保留性规定之间，两者存在一定的差异，这种不同表明融资担保的相关规定毫无疑问产生了影响力。因为，如果沿着前述规定的相同路径推演，非占有性质押中的质押债权人可以行使法律为其保留的更广泛和更具穿透力的自力救济性权利——因为与担保债权人进行竞争的，事实上还是从融资担保中衍生出的同一批债权人。

将非占有性质押等同于质押，再结合破产法中有关质押设立无效的规定，使得人们可能认为，在破产案件中，针对非占有性质押的设立合同，既可以提起破产撤销之诉，也可以提起普通撤销之诉，因此，针对非占有性质押合同，将适用《破产法》第 67 条之规定。但下列情形不能适用上述规定：非占有性质押的设立是基于执行经过认证的追偿计划而设立，非占有性质押是根据与债权人达成的事先协议或批准的债务重组协议后建立的；非占有性质押是在根据《破产法》第 161 条之规定寄托后形成的。

质押债权人的自力救济性强制执行措施，在具体的技术层面显然都伴随着进一步的详细规则，这些规则与执行权中各项权利的个别实施形式的特殊性有关，它们规定了实施的程序及其具体措施，也包括作为被执行人的债务人或第三人可以援引的救济措施以及可以提出的异议。比如当其认为债权人的强制执行损害其利益时可以提出异议以阻止强制执行；又如当债权人的强制执行违反了法律规定的标准、模式，或当出售质押财产的价格、出租质押财产的价格以及根据第 7 款第 d 项处分的价值不符合当前的市场价时，要求债权人赔偿损失的权利。

为了保护出质人（债务人或第三人）的利益，法律还事先规定了实体权利性的保护措施，该法第 7 款第 a 项规定，在质押财产被出卖后，如果变卖所得超过担保债权，那么超出部分应同时返还给担保人；此外，法律还规定，如果需要出租质押财产，需要事先确定出租的标准和确定的方式（第 7 款第 c 项），如果需要通过没收质押财产抵偿债务时，需要事先确定评估质押财产及担保债务的价值的标准和方法（第 7 款第 d 项）。

正如达维德·梅西内蒂（Davide Messinetti）在对非占有性质押进行反思——即便这种尝试是一种非常概括的和带有说明性质的综合分析——后指出的那样："依照实践中的目的而言，如果我们抛弃以占有为要件的动产担保的范例（paradigma），我们也可以在同样意义上确认非占有性担保的有效性。"

第四章　有价证券质押

一、有价证券注明原则

有关有价证券质押的相关规定，[465] 散见于意大利法律体系的多个地方，有的被规定在《民法典》中，有的被分别规定在其他不同的具体法律中，这种立法状况使得有必要对不同的立法文件进行协调，因为不同的法律可能对同一类型的不同方面做了规定，因此承担着不同的作用。[466]

基于上述目的，在我们尝试对现有的体系进行梳理和描述时，可以将现有的法律分成两大部分：一部分是围绕纸质化有价证券，也即具有物质载体的有价证券（materiali）展开；另一部分是围绕着“电子化”有价证券（titoli “dematerializzati”）——即不以具体的物质载体形式出现或存在的有价证券——展开。

465　相关的成果很多，这里仅列举部分近期的重要作品：Angelici, *Le azioni*, in *Il codice civile. Commentario Schlesinger*, Milano, 1992, 218; Poli, *Il pegno di azioni*, 19 ss.; Martorano, *Titoli di credito*, in *Tratt. di dir. cir. e comm.*, dir. da Mengoni e Schlesinger, Milano, 2002; Briolini, *I vincoli sui titoli di credito*, 2002; Morano, *La costituzione in pegno di azioni e quote di società di capitali*, in *RN*, 2004, Ⅰ, 1137。

466　Angelici, *op. cit.*, 218.

根据《民法典》第1997条规定的一般原则，以电子化有价证券之外的有价证券设立的质押，必须注明（appone），并应符合具体有价证券的性质（即文件[467]）以及法律对其流转而设置的相应的形式要求，否则不具有法律效力。

《民法典》第1997条规定的上述原则具有普遍的意义，因为其适用于任何与有价证券有关的法律约束力，并且这使其可以成为有价证券流转的抗辩（difesa）。[468]根据《民法典》第1997条之规定，未在有价证券上注明的不具有约束力，在有价证券上注明的方才具有约束力。该规定代表[469]的是抽象性原则（incorporazione[470]）——在债权和文件之间建立一种直接的紧密联系，使该文件成为赋予债权权利的必要载体——该原则使得在有价证券上创设法律约束力的技术（手段），不同于之前看到的在客观的物（*res materiale*）的方式。在客观物上，物本身已经吸收和体现了债权权利，因此，如果没有按照法律规定的方式，则不能产生法律约束力。

"在有价证券上注明约束力"原则，还可以在其他方面找到依据，如有价证券文义原则，该原则意在为有价证券的受让人提供基于有价证券和由有价证券衍生的相对应的保护（但对物抗辩的情形除外），以使其能够免于受到记载之外的其他要素的抗辩，并免于导致由占有有价证券而获得的法律效力被认为是条件不具备

---

467 确认这一点的是鲁比诺，具体参见 Rubino, *La responsabilità patrimoniale. Il pegno*, 236。

468 Chiomenti, *Il titolo di credito. Fattispecie e disciplina*, Milano, 1997, 47.

469 有关该规定的意思（根据该规定效力是针对证券的），参见 Briolini, *I vincoli sui titoli di credito*, 83 ss.。

470 Martorano, *Titoli di credito*, 693.

而无效的。[471]

如果说《意大利民法典》第 1997 条规定的“约束力注明原则”是法律中的一般原则——其并不是法律有关设立有价证券效力的条件的描述，即对有价证券而言，其仍然适用当事人通过有价证券所想要创设的法律效果所对应的一般法律规定，[472] 也仍需适用与优先受偿权效力相关的法律规则[473] ——但是并未就一个更有意义和更广泛的问题提供一种解释的方案，相关的疑问是：在有价证券上进行签章意义究竟如何？其是仅对依照证券法的规则来行使权利，使权利人得以对抗可能存在的有价证券的合法持有人，还是说同时也是在当事人之间创设法律关系的必要生效条件？[474]

特别值得一提的是，在股票质押的情形，人们提出以下疑问，即法律规定的有关形式要求（在股票和股东名册上双重登记，或将股份转让用以担保或用其他具有相同效果的方式），是有关在当事人之间创设相应的权利的要求，还是有关质押可以对抗第三人的要

471　Martorano, *Titoli di credito*, 694.

472　无论是对记名证券还是物权性证券，这一问题都存在。即围绕有价证券，除了按照证券法的特别规定设立质押之外，是否可以仅按照民法典有关质押的一般规定而对有价证券设立“不具有证券法效力的”质押，也即该质押的效力仅限于授予质押权人相较于其他无担保债权人的先取特权地位和与（仅在当事人之间产生效力的）留置权相关的效力。对此，马尔托拉诺（Martorano）给出了不同的回答，理由是其认为无论是性质还是适用的法律，两者都不相同；福斯基尼（Foschini）尽管对债券质押存在不同的观点，但认为应将其理解为是对“债券上记载的权利的质押”。具体参见 Martorano, *op. cit.*, 719; Foschini, *In tema di pegno di titoli di credito*, in *Banca, borsa, tit. cred.*, 1965, Ⅰ, 195 ss.。

473　Partesotti, *Le operazioni sulle azioni*, in *Trattato Colombo-Portale*, vol. 2, 1991, 310.

474　参见 Martorano, *op. cit.*, 695。

求？[475]在后一种情形下，这意味着将转让行为而产生的当事人之间的效力问题搁置起来，因为依照《民法典》第2786条规定的一般规则，只要将有价证券从债务人处转移给债权人占有，即便没有按照法律规定进行双重登记注明，那么仍然可以在当事人之间产生有效的质押。

就此点而言，尽管理论界存在着不同的观点，但基本上可以分成两个阵营[476]：一种观点认为，依照相应的法律规定在有价证券上签章的行为，具有在当事人之间创设权利义务关系的效力；[477]另一种观点则反对上述意见，否认其具有这样的效力。[478]

一方面，持第一种观点的学者认为，《意大利民法典》第1997条规定的作用在于确保"法律要求在有价证券上进行记载，但该

475 参见 Cass., 28 febbraio 2007, n. 4766。该判决认为，根据《民法典》第2001条之规定，在股票质押的情况下，应优先适用1942年3月29日第239号法令第3款之规定，而非《民法典》第2786条之规定。这意味着，为了有效地设立质押和产生对抗第三人的效力，仅有载明具体日期的书面文件和转移占有股票还不够，必须进行双备案——在股票上备案签注和在股东名册上备案签注——或在股票上进行质押背书的同时交付股票。至于股票的第三方持有人或其他第三人的区分，则无关紧要。另参见 Cass., 23 luglio 1996, n. 6596, in *Giust. civ.*, 1997, Ⅰ, 1378; in *Società*, 1997, 283, con nota di Cupido, *Costituzione di pegno su titoli azionari*。

476 有关该问题的文献梳理和总结，参见 Poli, *Il pegno di azioni*, 232; Briolini, *I vincoli sui titoli di credito*, 86 ss.。

477 Rubino, *La responsabilità patrimoniale. Il pegno*, 236; Pugliese, *Sull'usufrutto dei titoli di credito*, in *BBTC*, 1952, Ⅰ, 29; Partesotti, *Il pegno di azioni,* in Pellizzi (a cura di), *I titoli di credito*, 447; Id., *Le operazioni sulle azioni*, 309; Poli, *Il pegno di azioni*, 234.

478 Gasperoni, *Modalità di costituzione del pegno sui titoli azionari nominativi e legittimazione del creditore pignoratizio*, in *Banca, borsa, tit. cred.*, 1951, Ⅱ, 313; Angelici, *Le azioni*, 222, n. 80; Martorano, *Titoli di credito*, 696 ss.

要求不是票据行为的生效要件，也不是当事人之间法律关系的生效要件（此处的当事人包括债务人，即有价证券的签发人，以及因继承或基于协议而获得有价证券的第三人），而是对抗效力的生效要件，即为了使其能够对抗新的有价证券持有人，需要在有价证券上记载。质言之，其法律效力是阻止或限制了有价证券的进一步流通”[479]，由此导致的结果是有必要将有价证券交付给质押债权人［通过质押背书（girata in garanzia）或基于担保原因的双重注明］，并由质押债权人对有价证券进行占有以设立和维持对记名有价证券的质押。[480]

根据另外一部分学者的观点，他们认为之所以这样的理由应从相应的立法中来寻找，无论是 1942 年第 239 号行政命令第 3 条第 1 款，还是《民法典》第 2024 条，都明确要求需交付质押的有价证券，他们还认为即便是就那种将交付占有作为担保背书要件的情形，也更宜认为，在股票质押情形中，当欠缺法律规定的形式要求时，在当事人之间不存在也不可能存在任何效力。换言之，所谓的债务人转移占有仅应理解为法律规定的形式。[481]

相反，持第二种观点的学者认为[482]，如果当事人遵守了一般法律关于质押设立的形式要求，满足了相应的生效要件，那么即便未按照证券法的规定在有价证券上注明（sua mancata cartolarizzazione），也不应导致有价证券不能够对抗第三人和债务人。因为将其效力扩

479 Chiomenti, *Il titolo di credito*, 476.

480 Chiomenti, *Una prassi di trasferimento di titoli azionari girati «in garanzia» (e considerazioni sul pegno di azioni nominative)*, in *RDComm.*, 1994, Ⅰ, 748 ss.

481 Partesotti, *Le operazioni sulle azioni*, 309.

482 Martorano, *Titoli di credito*, 696 ss.

张至内部法律关系与体系——在这个体系中，未在被转让的有价证券上签章并不具有排除权利主体的效力（esclude l'effetto ablativo della titolarità），而权利主体显然是约束力的根基——并不一致。这意味着无论如何不能仅从字面含义“non hanno effetto”（不具有法律效果）的视角对《民法典》第 1997 条之规定进行解读——因为如果沿着这一方向前进，势必得出不具有对抗效力，“无效的后果限定在当事人之间”的结论——而是应将其理解为“不具有证券法上的效力”，并由此引发一系列实践的效果。

这些后果在实践中体现为：（1）当有价证券赋予某第三人要求履行的权利时，作为该有价证券的受益人，在提供证据证明作为有价证券约束力的基础原因关系的事实时，可以援引相应的救济措施，但债务人对债权人的抗辩适用于该第三人；（2）对有价证券持有人出示的未经签章的有价证券，在其提供合适证据的情况下，债务人可以且应该提出基于有价证券未签章的抗辩；（3）有价证券的受益人，如果有价证券赋予其要求给付的权利，则可以要求兑付有价证券的持有人返还相同的给付。[483]

就有价证券约束力注明原则而言，人们还指出，对《民法典》第 2024 条规定的记名证券之外的有价证券，没有其他的法律规定作为《民法典》第 1997 条的补充。质言之，债券的法律约束力或来自有价证券的文字记载，或来自发行人在登记簿上的注明，[484] 这使得我们除了可以确认存在一个平行关系——债权约束力设立的形式和占有形式——还使得人们可以通过解释的方式，明确两点结

483 Martorano, *Titoli di credito*, 697 ss.

484 参见上书，第 698 页，注释 11。

论：一方面，当未签注时不影响其对第三人的利益，也不影响其对债务人的利益；另一方面，根据文义原则，在有价证券上的注明应具有可读性，并能够解读所附约束力的性质。[485]

二、有价证券质押的客体及设立模式

关于有价证券质押，人们首先提出的问题是，在有价证券质押中，质押客体究竟是作为物（*res* materiale）的有价证券还是有价证券上记载的权利（il diritto cartolare in esso incorporato）？因为不同的理解将导致不同的结果，特别是在对有价证券质押进行解释和适用法律时，上述不同理解将导致分别适用动产质押[486]和权利质押[487]的相关规定，而不同的规则导致的结果是不一样的。比如二者在是否具有对抗第三人效力方面的规定明显不同：在第一种情形下，无需依照《民法典》第 2800 条之规定履行通知或接受义务，因为依照《民法典》第 1997 条之规定在有价证券上载明约束力的行为已经足以产生对抗第三人的效力——根据第 1997 条之规定，未在有价证券上注明将导致不能产生优先受偿权。

对基于相关概念而产生的上述争论，被认为“仅具有理论意

485　Martorano, *Titoli di credito*, 698.

486　持此观点的，参见 Poli, *Il pegno di azioni*, 93; Martorano, *op. cit.*, 707。

487　参见 Rubino, *La responsabilità patrimoniale. Il pegno*, 212; Asquini, *Usufrutto di quote sociali e azioni*, in *RDComm.*, 1948, Ⅰ, 18; Gorla e Zanelli, *Del pegno. Delle ipoteche*, 49; Pratis, *Della tutela dei diritti*, 29; Foschini, *In tema di pegno di titoli di credito*, 161 ss.。福斯基尼在此围绕该问题进行了旁征博引，并认为应将该文件理解为有体物（*res corporalis*），但其他学者对福斯基尼的观点予以反对，具体参见 Partesotti, *I titoli all'ordine*, 211; Realmonte, *Il pegno*, 811。

义”[488]，对这一问题的反思可以从两个方面展开：一个是股东出资（partecipazione azionaria），另一个是其他类型的有价证券。通过以上两个方面的分析，可以评估是否存在一个能够适用于所有类型有价证券的法律体系。就质押股东出资的情形而言，其标的是一种物权（用益物权或担保物权），《民法典》第 2352 条也重申了这点，并且根据《民法典》第 2352 条之规定，还可以对股票质押进一步区分公司法层面和物权法层面的不同权利。

在公司法方面，人们指出，在这个层面上更重要的并不是公司股份的股东身份（entificazione）——其被认为是“第二等级的财产”，可以在二级市场上进行交易，而是公司股份的静态层面——即《民法典》第 2352 条所指出的那些方面，以及公司股份在参与公司各方之间关系——包括参与公司股东之间关系和公司的组织管理关系——方面体现的特征。因此，该特征最明显的表现是“公司法上的权利”（diritti sociali），因为将参与公司视为一种“权益”似乎在对关键问题的解释方面并没有提供太大的、有意义的帮助，因为这种理解，更多的是用来澄清其所赋予股东之外的其他主体这种权利可能具有的含义。与此同时，需强调和指出，那些决定他们相互之间关系的方面和要素。[489] 由此导致的结果是，根据这样一种解释路径，《意大利民法典》第 2352 条所确定的法律规则反而失去了意义，此外，第 2352 条规定中提及的质押（和用益权）“仅仅具有说明的价值，而并不具有形成和确认的价值”，而且在操作层面

488　Partesotti, *I titoli all'ordine*, 210; 相关的理由，还可参见 Cass., 25 novembre 1977, n. 5136。

489　Angelici, *Le azioni*, 192.

意味着其侧重的“并非与具体的公司法权利相关的事实，而是概括的参与权”。[490]

因此，就特征而言，质押权人的地位表现为，法律承认其对整个股份具有的重要利益——即便该利益仅限于担保的目的。正是基于同样的理由，这种重要性也体现在公司的组织管理层面，也即随着质押的设立，不仅是转移了一种或多种法律主体身份，而且创设一种额外的、新的法律情形——这种新的情形在限定的法律目的范围内与前一种情形并存。由此，在被质押的公司出资上，体现和存在着多种不同的利益，他们或者体现在公司股份的“用益”（utilità）方面，或者体现在基于公司股份用益的担保价值。由此，在阐述法律问题方面，质押和用益权，并没有太大的作用；“相反，他们在确定和类型化方面起到的作用更大，并且通过这种方式实现公司组织管理方面的权益，并限定这种权益”[491]。

对于上述观点，《民法典》没有作出规定，人们由此进行推论并解释认为《民法典》对此予以默认，但现在这种情况有了变化，在最近的公司法改革中，立法者通过 2003 年颁布的第 6 号立法性政令对《民法典》第 2352 条做了修改，引入了第 5 款规定，该款明确规定：“证券或法律文件有不同的规定，在设定质押或用益权的情况下，不同于本条规定的管理权，属于股东或质押权人或用益权人；在扣押的情况下由保管人行使管理权。”

正如前文所述，与股东出资质押相关的另外一个方面是，可以将其界定为“物”，因为一种观点认为，作为质押财产的股东出资，

490　Angelici, *Le azioni*, 193.

491　参见上书，第 194 页。

可以理解为是一种物，类似于动产（come cosa mobile）。因为当出资变成权利的客体时，可以根据所有权（diritto di proprietà）的规则和关于权利流转的规则对其进行处分。

就有价证券质押标的物的重构而言，正确的解决方案是，在区分一般有价证券权利的基础上，依照有价证券字面含义所反映的那样，将其视为一种包含了载明权利的文件，如果拥有和占有文件是享有和行使载明权利的必要条件，那么由此引发的任何法律约束力都不是针对有价证券的，即不是针对有价证券的所有权和占有权。[492]

与上述情况相类似，还存在一种观点认为，应将有价证券质押构建为一种动产质押。这种观点长期以来为最高法院所接受并占据主导地位，[493]因为《民法典》第1997条所规定的物权效力，根据债权约束力注明原则，以在有价证券上注明为条件，否则不产生法律效力，此外如果没有将有价证券进行交付或履行法律规定的形式要求（根据有价证券性质所要求的或法律对其流转设置所要求的形式），[494]也不具有法律效力。

492 参见 Martorano, *Titoli di credito*, 701。

493 相关判决，参见 Cass., 8 giugno 1954, n. 1871, in *BBTC*, 1955, Ⅱ, 163; Cass., 22 ottobre 1963, n. 2799, in *BBTC*, 1964, Ⅱ, 27; Cass., 6 novembre 1976, n. 4042, in *Rep. giust. civ.*, 1976, voce *Contratti bancari*, n.9; Cass., 25 novembre 1977, n. 5136, in *GC*, 1978, Ⅱ, 425; Cass., 9 maggio 1979, n. 2648; Cass., 23 ottobre 1998, n. 10526, in *GC*, 1999, Ⅰ, 2115, con nota di Schermi, *Riflessioni sul pegno; in particolare, il pegno di titoli di credito all'ordine*。有关基层法院作出的判决，参见 Trib. Firenze, 21 novembre 1992, in *Il fall.*, 1993, 559; Trib. Firenze, 1 dicembre 1994, in *Arch. civ.*, 1994, 1064; Trib. Torino, 21 febbraio 1997, in *Il fall.*, 1997, 767。

494 该观点在理论界并无争议，参见 Stagno d'Alcontres, *Il titolo di credito*, 111。

事实上，在有价证券质押中，在有价证券上记载具有与《民法典》第 2800 条规定的通知或接受行为相同的功能，因为该要件的欠缺，一方面将会导致不能产生优先受偿权，但另一方面不影响《民法典》第 2787 条之规定的适用。[495]

在任何情况下，上述结论都并非绝对，而需根据情况调整，有时是为了与有价证券作为一种工具[496]所固有的典型特征相协调，有时是为了与《民法典》第 1997 条之规定相协调。[497]值得一提的是，上述结论也得到了相关法律解释的确认，特别是那些赋予质押权人通过自力救济实现自我权利保护的规定，这些规定意味着，无需援引对出质人的抗辩——无论是不记名证券持有人（非基于票据原因而占有有价证券的人）还是证券名义权利人（sia nei titoli a legittimazione nominale, legittimazione nominale 指的是在不转移有价证券所有权的情况下被赋予有价证券占有权的人）。[498]

三、在不记名证券上记载的法律效力

以不记名证券为标的设立的质押——在此类质押中，被质押证券的占有人具有证券权利人的外观，因为这种证券质押的特征在法律方面恰恰体现为一种纯粹的物，这使得占有人能够对有价证券进

495　参见 Briolini, *I vincoli sui titoli di credito*, 87。

496　Martorano, *Titoli di credito*, 710.

497　参见同上。

498　参见上书，第 709 页。

行处分[499]——其设立方式与动产质押的设立方式相同，[500]即当事人之间需通过专门的约定，[501]并在将证券交付给质押权人或第三人，或其他足以排除质押人对证券处分权的方式交付时，质押方才设立。[502]

对以不记名证券设定的质押，在占有证券的情况下，如果记载也符合法律要求（legittimazione cartolare），那么占有人只需出示证券，即可行使所有与证券相关的权利，因为对他权力（poteri）的限制是当事人协商的产物，该协议仅在质押权人与出质人之间具有内部效力，该限制并不影响对有价证券的处分，也不影响有价证券对第三人的效力，占有人完全可以合法的形式来行使所有与证券相关的权利，如果占有人将有价证券转让给第三人，且根据有价证券的记载内容表明持有人具有处分权，[503]那么第三人可以此作为抗辩的理由，并可依照《民法典》第 1994 条规定的善意取得获得有价

---

499 Martorano, *Titoli di credito*, 712; Stagno d'Alcontres, *Il titolo di credito*, 110.

500 有关可以根据证券法的特别规定（即采取《民法典》第 1997 条和第 2014 条规定之外的方式）来设立有关债券的质押，参见 Partesotti, *I titoli all'ordine*, 212; Martorano, *op. cit.*, 719。

相关的司法判决，参见 Cass., 19 marzo 2004, n. 5561。该判决认为，在对不记名债券设立质押时，只要对债券载明的数额和债券的性质做了说明，即可认为满足了《民法典》第 2787 条规定的"需对质物的充分说明"的要求，无需再对其他有关要素作额外说明，以用来确认具体的债券，因为这些说明相对于要保护的利益而言显得多余。该评判标准也适用于不规则质押——其特征是规定债权人对收到的质押财产享有处分权——的情形。

501 Rubino, *La responsabilità patrimoniale. Il pegno*, 236. 该学者称之为"包括合同等书面文件"。

502 Chiomenti, *Il titolo di credito*, 485; Gorla e Zanelli, *Del pegno. Delle ipoteche*, 50.

503 Stagno d'Alcontres., *op. cit.*, 111.

证券。[504]

此外人们还指出，因质押权人的主体资格而产生的对证券持有人的限制，并不影响质押有价证券持有人对有价证券债务人的独立地位，因为法律关于针对前手的对人抗辩不具有对抗性的规定是针对质押背书转让（girata a titolo di pegno）来规定的。在质押背书转让中，赋予持票人占有有价证券合法资格的正是证券文件上的签章和记载，不能“由特别到一般（*a minori ad maius*），因此前述规定不适用于不记名有价证券质押——因为在该类质押中，质押权人的合法性因其持有有价证券本身就已足够”[505]。

此外，也可以适用《民法典》第 1153 之规定。根据该条规定，从债务人处收到无记名有价证券作为质押财产的债权人，如果在接收时并不知道该债务人并非无记名有价证券的合法权利人，那么他仍然可以获得质押权，而且即便之后债权人知道了债务人并非无记名有价证券的合法占有人的事实，其也不会丧失质押权。[506]

交付有价证券也是对第三人产生抗辩效力的生效条件，[507]但并非充分条件，即除了交付外还需满足《民法典》第 2787 条第 3 款规定的要求。目前更为可信的理论认为，第 2787 条第 3 款规定的要求应来自载明时间的书面质押合同，[508]或者如前文关于担保标的

504　Pratis, *Della tutela dei diritti*, 30; Martorano, *Titoli di credito*, 712.

505　Martorano, *op. cit.*, 712.

506　Pratis, *op. cit.*, 31. 关于非有价证券权利人将有价证券质押背书所引发的问题，参见 Partesotti, *I titoli all'ordine*, 215。

507　Rubino, *La responsabilità patrimoniale. Il pegno*, 236.

508　参见上书，第 237 页。另参见 Gorla e Zanelli, *Del pegno. Delle ipoteche*, 50; Chiomenti, *Il titolo di credito*, 486。

物确定部分所讲的那样，通过包含合适的连接要素并能够通过外部辅助手段予以确定。

四、指示证券质押、质押背书与信托背书

在以指示证券为标的物设立的质押中，设立的方式是通过交付证券，并在证券上进行背书签章，注明“担保”（valuta in garanzia）、“质押”（valuta in pegno）字样或其他具有相同效力的文字。

交付有价证券并在上背书签章，既是创设物权，[509]即使质押权人获得证券占有人资格——与所有指示证券背书相同——的必要条件，也是在当事人之间创设有效担保的必要条件，并使得质押背书的被背书人可以针对背书人和证券债务人主张权利。[510]

不能认为在背书时必须采用“质押背书”（girata a titolo di pegno）的表述方式。根据理论界的观点，法律在规定被背书人的特别地位时，采用的文字表述是“背书时的记载应包含设立质押的条款”（alla girata sia apposta una clausola che importa costituzione di pegno），上述文字似乎表明法律给当事人留下了意思自治的空间，并允许人们自主选择更合适的表述方式（formula）来对证券进行背书记载以赋予占有证券的权利。[511]

509 Cass., 23 ottobre 1998, n. 10526, in *Giust. civ.*, 1999, Ⅰ, 2115, con nota di Schermi, *Riflessioni sul pegno; in particolare, il pegno di titoli di credito all'ordine*.

510 Martorano, *Titoli di credito*, 713.

511 参见同上。

因质押背书或其他具有同等效力的方式（《民法典》第 2014 条、《票据法》第 23 条）而占有有价证券，使被背书人获得授权且使其——除了不能以自己的名义转让证券外——有权行使所有的证券权利。这意味着，即便被背书人将用于担保的证券转让（给第三人），那么该转让也仅具有代理转让（girata per procura）的效力。之所以占有人无权以自己的名义转让证券，是因为该背书转让的目的和作用是限定于担保（specifica funzione），其效果限制了转让证券的权利。

对质押权人转让权的限制具有独立性，即使在有价证券上注明了代理条款或其他类似的约定，上述限制也不受影响。因为，质押权人是通过合法的原因获得了证券，基于担保而取得证券这一特征足以正当化以下两个方面：一方面，作为质押债权人，其有权在担保债权范围内，对证券进行有限处分以实现其债权；另一方面，当发生担保债务消灭的原因时，对背书人的保护可以通过证券占有的相关规则实现，因此这使得担保关系中的被背书人不能以自己的名义转让作为质押标的的证券。[512]

质押背书授予被背书人占有质押证券的权利，并非一种基于其他事实的合法事由（legittimazione derivata），而是一种独立的合法事由（legittimazione autonoma），因为该权利与被背书人债权的实现直接相关。因此，要求履行证券载明的给付以实现自力救济，是被背书人在行使自己的权利（*iure proprio*），[513] 由此导致的结果是，

512 Stagno d'Alcontres, *Il titolo di credito*, 182.

513 参见上书，第 181 页。另参见该作者引用的其他参考文献。也有观点认为，关于被背书人的法律地位，其享有的是自己的权利，具体参见 Partesotti, *I titoli all'ordine*, 219。

那些针对被背书人提出的对人抗辩和对物抗辩，也仍然且总是有效，仍可向其主张，至少当被背书人在接收证券时有意给证券签发人造成损害时如此。

担保背书的情况下，被背书人不能对背书人提起追索之诉进行追索，但能够因此向其进行抗辩（opporre la propria azione causale）。[514]

质押指示证券的，除了背书外，还可以通过其他方式：一种是通过交付未背书的证券的方式，另一种是用一般的背书转让方式。在第二种方式中，将有价证券交付给质押权人时可以是记载的也可以是空白的（in pieno o in bianco），同时在签章记载之外签订一份新的协议并在该协议中约定该背书转让在当事人内部的效力仅限于设立质押。[515] 如此一来，尽管从形式上看，证券上的背书具有转让证券的效力，但当事人的内部约定将构成对占有人的限制，使其仅具有质押担保的作用。

如果是第一种情形，质押满足了转移占有的条件，质押债权人在通过提交设立质押的书面文件以证明其具有质押权人的资格后，可以依据《民法典》第 2015 条的规定行使证券载明的权利（il diritto cartolare），这意味着可以对出质人提出的对人抗辩也适用于质押权人。[516]

在这种情形下，对有价证券处分权的限制不具有证券法效力，

---

514 就质押背书是否会导致追索担保债务这一问题，理论界给出了否定的回答，具体参见 Partesotti, *I titoli all'ordine*, 217。

515 参见上书，第 206 页。

516 Martorano, *Titoli di credito*, 720.

因此不能对抗基于善意而获得证券的第三人；[517] 与此同时，针对证券的债务人，基于质押权人所具有的独立地位，上述情形则不具有太大的意义，但第三人出于恶意获得背书并因此被提出抗辩否认其被背书人权利主体的除外——尽管被背书人的处分权受到限制，但证券仍发生被转让的效力。[518]

以指示证券为标的设立的质押，就票据而言（in caso di cambiale），采用的较多的方式是在票据上背书的同时又在证券之外签订专门的（附加）协议，这种设立方式也被称为"信托背书"（girata fiduciaria）[519] 或"基于信任而转让票据的空白背书"（girata fiduciariamente traslativa in bianco）。之所以如此，是因为其是通过信托协议实现的，即在通过该信托合同构建的与债权人的信托法律关系中，还具有转让有价证券的意图，而该意图不违反流质条款禁令。

可以确认的是，在指示证券中，质押权人行使证券权利的合法事由来自一系列的连续背书，这使得我们有必要诉诸所谓的关于证券流通的法律以评估是否产生了合法有效的担保权利（对不记名证券，只需满足《民法典》第 2003 条规定的交付即已足够；对于指示证券，需要占有和背书；对于记名证券，则必须根据《民法典》第 2021 条之规定进行双重登记）。这意味着，当质押标的物是汇票（cambiari）时，为了使背书有效，应遵守关于汇票的法律第 15

517　Partesotti, *I titoli all'ordine*, 206.

518　Martorano, *Titoli di credito*, 713.

519　Pratis, *Della tutela dei diritti*, 31. 该学者认为，这种情况下与其说是信托背书，不如说是"票据的信托转让行为，只是该转让是通过普通的背书方式实施而已"。

条之规定，但这并不意味着背书的有效条件要求必须使用特定的格式，诸如“担保背书”（valuta in garanzia）、“质押背书”（valuta in pegno）或其他形式。事实上，将证券的占有转移给质押权人，一方面是文件记载的产物，另一方面也完全能够解决将证券转移给第三人的担忧——因为占有使得无法将证券转移给第三人，而且事实上其恰恰阻碍和限制了对证券的恶意处分，与此同时，却并不影响背书的有效性，在内部关系方面，将物权限于被背书人——质押权人，同时也是信托合同中约定的受托人，至于对第三人——背书人的其他债权人——的保护，则仍应适用《民法典》第 2787 条第 3 款之规定，即需满足具有“确定”（certezza）的日期，方才具有对抗第三人的效力。[520]

但是，需要注意将前述情形与所谓的虚假背书（girata simulata）区别开来。在虚假背书中，背书人旨在通过背书解决被背书人取得票据的合法性问题，[521] 同时还希望实现一种单一、简化的委托关系——无需代理或质押或其他类似的法律关系；[522] 但是，那些从司法实践中产生的情形，如在汇票期后背书时注明“担保条款”和在

520 Cass., 23 ottobre 1998, n. 10526, in *Giust. civ.*, 1999, Ⅰ, 2115, con nota di Schermi, *Riflessioni sul pegno: in particolare il pegno di titoli di credito all'ordine*.

参见 Partesotti, *I titoli all'ordine*, 207。该学者支持信托背书的观点，并指出，为了使债权人能够享有优先受偿权而获得保护，主要是通过要求遵守法律规定的要求——载有具体日期的书面文件以及该文件对担保的债权和用于担保的质物有充分说明——的机制来得到保障，该机制也应适用于债券质押。

521 参见 Guizzi, *Girata simulata e girata fiduciaria: spunti per una ricerca*, in *RDComm.*, 1996, Ⅰ, 509 ss.。

522 Stagno d'Alcontres, *Il titolo di credito*, 182.

附条件转让的汇票上（la cambiale tratta con cessione della provvista）注明“担保背书”的情形，[523] 则属于特殊情形。

一些学者认为，承认有价证券上背书的有效性（girata piena）[*] 以及允许信托协议（patto fiduciario）不在有价证券上注明而是另外签订书面合同，这使得其对第三人的效力变得非常复杂，因为信托协议（patto fiduciario）仅能够产生单一的债法的效力，且该效力仅限于当事人之间——根据通说，信托指向的是内部实质关系，而非背书。[524]

在信托背书的情况中，由于在有价证券上没有注明担保条款，而这也导致了必须且只能通过对作为原因的法律关系（rapporto causale）进行分析来确定是否存在担保的意思。

由此导致的结果是，信托背书的情况类似于质押不记名有价证券的情况，即与出质人将不记名有价证券交付给质押权人的效力类似，因为第三人不能提出任何限制占有人占有有价证券的法律事由，对占有人占有权的唯一限制来自实质的法律关系（rapporto sottostante）。背书的形式完整性导致的法律后果是使被背书人成为汇票的权利主体[525]，该法律后果既对票据的前手有效（precedenti obbligati），也对善意取得票据的后手有效，只是后手可以通过行使追索权的方式要求背书人向其承担责任。[526]

523　关于这种理论，参见 Partesotti, *I titoli all'ordine*, 220 ss.。

*　girata piena 是指在背书完成后，被背书人成为证券的所有权人，可以自由流转证券，可以理解为转让背书。——译者

524　Stagno d'Alcontres, *Il titolo di credito*, 183.

525　参见同上。另参见 Partesotti, *op. cit.*, 214。

526　Pratis, *Della tutela dei diritti*, 31-32.

此外，人们还指出，随着指示证券的背书转让，被背书人获得了票据权利，在形式上符合法律规定的提起追索之诉的要求，之后的善意被背书人（dei successivi giratari）可以对其行使追索权，但如果持票人能够举证证明有价证券的转让仅是出于担保的目的，那么背书人可以依据实质法律关系向其主张对人抗辩，以对抗持票人的诉讼。[527]

五、记名有价证券质押

对记名有价证券，设立质押的方式有多种，既可以根据《民法典》第 2024 条和第 2026 条规定的转让规则来设立质押，[528] 也可以通过转让背书（girata piena）的方式设立质押——但在该情况下，出质人应明确约定为防止滥用而设立的实质限制，以及该限制可以对抗证券债务人和善意第三人。[529]

在上述两种情形中，显然仍需遵守其他法律对质押生效和质押设立的要求，特别是《民法典》第 2787 条关于优先受偿权的要求，因为在证券文件上的记载并不能替代载明具体日期的书面文件，因为在有价证券上的注明并不包括与担保债权有关的内容和线索，因此不满足也不符合——与优先受偿权相关的——法律的要求。与此同时，单纯在有价证券上载明约束力这一事实，仅在当事人内部具有效力，其不能证明当事人的记载仅是为了成立质押，也可能是为

527 Pratis, *Della tutela dei diritti*, 32.

528 参见同上。另参见 Martorano, *Titoli di credito*, 714。

529 Martorano, *Titoli di credito*, 717.

了其他目的，因此仅具有——也仅限于——证据效力，也即仅能证明其具有留置权利（diritto di ritenzione）。

事实上，《民法典》第 2024 条和第 2026 条确立的规则——尽管做了一些变化——在 1942 年 3 月 29 日第 239 号行政法规（regolamento decreto）中就已经存在了，该行政法规第 3 条第 1 款规定："对股票有价证券设立物权的，应通过注明的方式设立，由发行股票的公司负责，在股票和股东名册中注明。"第 2 款规定股票质押"也可以通过交付载有'担保字样'的背书的股票或载有其他类似内容的股票得以实现"。与之相对的是，根据目前的条款规定，如果质押未在股东名册上注明，即所谓的"由公司立即注明"，则质押对发行股票的公司不具有约束力，即之后应作为被背书人的质押权人的要求出示股票。此外，第 239 号行政法规第 14 条第 7 款还规定，作为担保人的背书人如果重新占有有价证券，在消除之前背书的情况下（cancellare le precedenti girate），可以再次以背书方式处分证券。该法规第 5 条第 1 款还规定："经股东会决议，股份公司可以决定不分配给股东股票。此时股东的身份被剥夺，应注销在股东名册中的登记，同时，如果该股东通过在股东名册注明方式在其股份上设立质押的，应同时注销股东名册中相应的物权登记。"

第一种设立质押的方式是由《民法典》第 2024 条第 1 款规定的，其明确了《民法典》第 1997 条确立的一般原则，并规定如果未按照《民法典》第 2022 条第 3 款之规定在有价证券和发行人的登记册上注明，那么设立的质押对发行人和获得有价证券的第三人（次获得人）不具有约束力。

一种理论认为，根据法律规定，要想产生物权担保的效力，必须把有价证券交付给质押权人（采取类似于动产质押的形式），而且该要件不能用双重注明来代替。根据这种理论，《民法典》第2026条规定的文字也证实了这点，该条规定背书担保应“交付有价证券”（consegna del titolo），该要件同时还使背书起到了与通过注明所要产生的公示（存在质押效力）相同的功能。[530]

上述理论不乏反对者。反对者认为，有价证券质押应被界定为债权质押而非动产质押。因此就质押的设立而言，有价证券是否交付给质押权人无关紧要，至少不是质押设立的必要条件，只要在原始的文件上注明法律约束力并在发行人处登记即可，[531]因为这种模式非常适宜满足《民法典》第2786条之规定所要实现的目的，[532]即剥夺出质人对质押标的的支配，而实现这一目的只需事先排除出质人利用有价证券的可能即可。

此外，人们还指出，根据这种理论架构，如果质押权人要求进行登记、注明，那么质押权人应出示有价证券并通过出示公证文件来证明其权利（《民法典》第2024条第2款以及第2022条），因此如果质押权人出示载明担保背书的有价证券，却没有公证文件，那么不符合法律要求，也不足以使其主张成立。[533]

最近的一种观点对上述理论进行了反驳，重申在任何情况下

530 Martorano, *Titoli di credito*, 714.

531 Pratis, *Della tutela dei diritti*. 该学者指出实践中的习惯做法是向质押债权人提供含有签注的副本。

532 参见 Gorla e Zanelli, *Del pegno. Delle ipoteche*, 51; Pratis, *Della tutela dei diritti*, 32; Foschini, *In tema di pegno di titoli di credito*, 186; 批判性的观点，参见 Martorano, *op. cit.*, 715。

533 Pratis, *op. cit.*, 32.

都应遵守法律关于质押设立的一般规则，即需要将质押标的交付给质押权人或第三人，因为难以想象（ipotizzarsi）可以用《民法典》第 2786 条规定的剥离占有要件驳回有价证券持有人主张的权利——持票人同时应出示有价证券本身。与此同时，正如在转让情况中发生的那样，在证券上的注明既可以通过在原文件上注明，也可以通过给质押权人一个新的记名有价证券，并在其上注明具体权利的方式实现。[534]

《民法典》第 2026 条规定了记名有价证券质押的第二种方式。该条规定了一种类似于背书转让的方式供选择，[535]其中第 1 款规定，记名有价证券质押，也可通过交付带有“担保背书”字样或载有其他类似内容的证券得以实现；第 2 款规定，被背书人可以通过代理权背书（girata per procura）将质押的记名证券交给其他人。

对于该条没有明确规定的，当涉及背书的方式，特别是对背书进行公证时，则应补充适用《民法典》第 2023 条之规定。[536]

人们还指出，尽管《民法典》第 2026 条只是重复了《民法典》第 2014 条的“否定”部分，即限制被背书人对有价证券处分权的内容，但不应因此怀疑该条规定第 2 款的可适用性（该款规定发行人不得以自己与背书人的个人关系享有的抗辩对抗有担保的被背书人）。因此，这也是质押权人依照文件独立自主的行使有价证券权利的必然结果。如此一来，被背书人通过原始取得的方式获得了要

534 Martorano, *Titoli di credito*, cit., 716.

535 参见同上。

536 参见同上。

求履行有价证券载明的给付的权利。[537]

围绕是否可以通过证券法规定方式之外的其他方式（non cartolarizzato）——质押设立仅需交付即可，无需在发行人处进行登记注明——来设立记名证券质押，理论界存在截然相反的两种解读。

事实上，一种观点认为，在对记名有价证券设立质押时的注明行为，除了具有通过公示来保护那些想要获得有价证券权利的第三人的作用外，还具有使其产生约束发行人——对质押标的负有履行义务的债务人——的作用。因此，如果没有在发行人处进行登记将具有两种效果：一方面，对证券发行人而言，设立质押的出质人仍然是记名证券的唯一合法权利人，质押权人不能向发行人主张和行使质押证券记载的权利；另一方面，设立质押的债务人不会陷入《民法典》第 2022 条规定的不能处分记名证券的境地。[538]

相反的观点则认为，前述反对意见忽略了以下问题：首先，证券权利人（intestatario）持有证券是其行使《民法典》第 2022 条规定的权利的必要条件；其次，这种理论无法解释，为何发行人能够在不出示或不交付证券的情况下对原文件记载内容进行变更或签发新的有价证券。此外，人们还注意到，鉴于质押债权人一旦占有证券和设立质押的书面文件，就完全能够要求发行人做有利于他的登记和注明，进而使其可以合法地行使证券权利，那么当事人是否能够在不遵守《民法典》第 1997 条规定的情况设

537 Martorano, *Titoli di credito*, 717.

538 Foschini, *In tema di pegno di titoli di credito*, 195.

立有效的记名证券质押——此时是采用了不同于《民法典》第2787条第3款规定的交付的方式，但同样实现限制出质人权利的目的。[539]

六、代表商品的有价证券（货单）的质押

《民法典》第1996条规定了代表商品的有价证券（以下简称“代表证券”），该类证券产生的权利是要求交付特定的物（如运单、提货单、交货单、仓单），对该类证券设立质押的规则，立法者无意于违反动产质押的一般原则。相反，正是基于这样一种理念，《民法典》第1997条和第2786条还确立了交付代表证券等同于交付动产的原则，[540]因此，对这类证券的质押可以简单地理解为对其所代表的动产的质押，[541]即类似于动产质押。只是在合同和商业实践中，人们经常将权利证书（documento di legittimazione）、不真正证券（titolo improprio）和狭义的证券相混淆，[542]由此导致在设立质押时有时根据动产质押的规则，有时根据债权质押的规则。

539　Martorano, *Titoli di credito*, 721.

540　参见 M. Rescigno, *Titoli rappresentativi e circolazione delle merci*, Milano, 1992, 35 ss.。

541　Gorla e Zanelli, *Del pegno. Delle ipoteche*, 49; Rubino, *La responsabilità patrimoniale. Il pegno*, 212. 鲁比诺认为，“这本来就是一种对其代表的商品的质押，因此是一种有体物质押（pegno di cose corporali）”。另参见 Pratis, *Della tutela dei diritti*, 29。

542　有观点认为可以对不真正证券（il titolo improprio）设立质押，相关论述参见 Valentino, *Documenti di legittimazione, titoli impropri e adempimento*, 1988, 171 ss.。

七、有价证券质押及质押权人的权利：准用规则

质押债券会使质押权人获得一系列的权利和义务，这些权利和义务与以他人之物设立的担保物权相关，这些权利和义务始于质押权的一般规定，但在债券质押以及股东出资质押（titoli di partecipazione in particolare）领域却显示了更大的意义，因为这些权利和义务无论是对管理权还是对财产权都有重要的意义。比如行政管理权中的投票权；又如财产权中的用益权、资本收益权（aumento di capitale）。

实际上，此时涉及的问题是，就与担保物权固有的权利而言，他们更合适的体系位置，并非在于对质押标的物的保管和管理，而是在于他们在社会组织运行和担保权人利益保障方面的价值。

对权利和义务的讨论，对确定赋予投票权和确定利益的正当化事由的“权益类型”（tipi di assetti di interessi）有着重要的意义，他们是确定法律地位和身份的重要内容，导致的结果是将会失去在单项权利和公司组织之间相对应的法律研究点，比如投票权，以及包括质押在内的一般权能，理应认为这是“立法者对这些权益的认可，并使得其能够与公司组织的需要相兼容”[543]。这既体现在履行公司章程（contratto sociale）的情形——此时体现为一种行使公司权利的手段，[544]也体现在公司解散（dissolutiva）的情形——此时体现

543 Angelici, *Le azioni*, 197-198.

544 参见 Partesotti, *Le operazioni sulle azioni*, 313 ss.; Angelici, *op. cit.*, 196 ss.。

为清算程序中[545]各种参与变卖担保标的公司的手段。

在这个意义上，对这些问题和方面的分析，加上对质押体系和传统的分析，应准用公司法领域的研究成果。[546]

545　参见 Niccolini, *Scioglimento, liquidazione ed estinzione della società per azioni,* in *Trattato Colombo Portale*, vol. 7, 1997, 564; Id., *Interessi pubblici e interessi privati nella estinzione delle società,* 487 ss.。

546　关于该主题，参见 Poli, *Il pegno di azioni*, 1 ss.。该学者对此进行了广泛、深入的分析，并对相关文献进行了整理。

第五章　债权质押与其他权利质押

一、事实构成与相关理论

如前所述，设立质押的法律文件与质权的设立是两码事，二者并不相同，这种区分在债权质押中显得尤为重要。[547]

上述区分得到了主流理论的承认和接受，[548] 并与其他问题一起促成了对债权质押制度的重构，推动了该制度的发展。事实上，债权质押的性质，长期以来一直受到理论界的关注，并产生了众多不同的解读。

在 1865 年《民法典》中，关于债权质押的相关规定仅有一条，即第 1881 条。与 1865 年《民法典》不同，1942 年《民法典》完整地保留了债权质押制度，并将其规定在第六编第三章第三节——尽管 1942 年《民法典》也并未直面和解决 [549] 债权质押的法

547　参见 Gorla e Zanelli, *Del pegno*, 154; Realmonte, *Il pegno*, 836。

548　有关反对意见，参见 Ruscello, *Il pegno sul credito. Costituzione e prelazione*, 29 ss., 132 ss.。

549　Rubino, *La responsabilità patrimoniale. Il pegno*, 211. 在该学者看来，尽管有关债权质押的新规定“没有（很可能之前也没有）提供能够决定其法律性质的形式要素”，但还是为这类法律事实提供了合适且详细的规定。

律属性问题，而这一问题在 1865 年《民法典》的体系中引发了巨大的争议。

物权担保中的债权质押，在理论解释层面是一个存在广泛争议的话题，特别是就其法律属性而言，在不同的时期形成了多种不同的理论。总的而言，围绕债权质押的法律属性，[550] 相关理论可以分为四类，[551] 分别是让与说（ipotesi di cessione），该说又包括附条件说（condizionata）、有限说（limitata）、增选说（cooptativa）；[552] 创设性承继说（successione costitutiva）；[553] 实质替代说

550 对债权质押有很多准确的批判性理论重构，具体参见 Claps, *Natura giuridica del pegno dé crediti*, 6 ss.; Salv. Romano, *Natura giuridica del pegno di crediti*, 7 ss.; Di Pace, *Il pegno dei crediti*, 60 ss.; Rubino, *La responsabilità patrimoniale. Il pegno*, 211; Pratis, *Della tutela dei diritti*, 126; Ruscello, *Il pegno sul credito*, 15 ss.。

551 Rubino, *op. cit.*, 212.

552 参见同上。该学者认为这种理论“是一种权宜之计，它将一种不同于该制度性质的功能强加其上”，而且无论如何都应将这种情况排除出《民法典》第 2803 条和第 2804 条规定的情形。理由是，如果一个债权随后会被分配给质押权人用于折价清偿，那么在此之前就不能让与质押债权人。

553 一种观点认为，基于被质押的债权，可以创设一种新的权利，该权利与衍生该权利的权利具有相同的性质。质言之，债权质押将使质押债权人获得一个针对出质人的债权。对此，参见 Chironi, *Trattato dei privilegi, delle ipoteche e del pegno*, vol. I, 83 ss., 528 ss.。

但反对的观点认为，这种模式将面临解释上的困境：一方面，其无法解释为何质押债权人可以针对被质押的债权的债务人行使权利，因为此时被质押债权的债务人应向质押债权人偿还债务，但不能再向原债权人偿还债务，然而只有向原债权人偿还债务才能消灭其债务；另一方面，其无法解释为何质押债权人相对于出质人的无担保债权人享有优先受偿权以及其可以向之后因与出质人的合法关系而享有权利的人行使追及权，上述权利的正当性基础何在。对该类观点，参见 Rubino, *op. cit.*, 212; Pratis, *op. cit.*, 126。

（sostituzione sostanziale）；[554] 以及物权说。[555] 上述学说都认为，尽管与替代履行的债权让与制度（*cessio pro solvendo*）相类似，但债权质押不同于该制度。[556]

554 Di Pace, *Il pegno dei crediti*, 115. 根据该理论，这是质押债权人行使被质押的权利的情形，并在此基础上加上质押权人和出质人之间的内部法律关系。

对这种理论的进一步解释认为，它"也许是在无意识的情况，部分源自以下信念，即不可能对质押债权人的权利给出坚实的基础，并试图绕开障碍，甚至避开这一权利，至少在对外关系中如此"。而这恰恰是该理论的缺陷，因为正如反对意见指出的那样，质押债权人行使的一直都是自己的权利，而非行使其他人（即他的债务人）的权利，因此在债权质押中也不能认为其行使的是出质人的权利，因为即便是针对第三人，其行使的也是自己的权利，并拥有债务人并不拥有的权利（比如《民法典》第 2804 条规定的权利）。即使质押债权人要求出质人的债务人向自己履行债务，其行使的实际上也并非其出质人的权利，而是行使的直接源自担保的权利，该担保权利直接约束被质押的债权的债务人。对此，参见 Rubino, *La responsabilità patrimoniale. Il pegno*, 212。

相同地，也不能将债权质押等同于委托给付（delegazione di pagamento），因为委托给付将授予债权人受领自己债务人的债权的权利，且该权利是一种独立的权利，而在债权质押中，除上述权利外，质押债权人还享有优先于其他债权人实现债权的权利。对此，参见 Pratis, *Della tutela dei diritti*, 126。

555 Salv. Romano, *Natura giuridica del pegno di crediti*, 54 ss. 该学者认为，质押的客体只能是权利，具体而言，在动产质押中存在于所有权上，在债权质押中存在于债权上。

鲁比诺反对上述观点，他回应指出，上述理论既不能证明动产质押的客体是所有权，也没有解释为何一项权利是物权是因为其客体是其他权利。对此，参见 Rubino, *op. cit.*, 213。

556 参见上书，第 211 页，注释 5。另参见 Pratis, *op. cit.*, 126。普拉蒂斯指出，尽管《民法典》第 2784 条罗列了可以作为质押客体的财产，但从该条规定中不能得出任何有关该类法律事实的法律性质的结论，因为从该条规定的表述和用词中无法得出任何线索来探究立法者的本意，即其是否有意针对可用于质押的财产这一问题规定一个单一的结构，因此，该条规定的措辞并不能使我们得出结论认为：动产质押、债权质押和与关于其他动产的权利的质押具有相同的性质，即便上述条款也可以解释为法律希望将具有共同担保功能的动产质押和债权质押统一规定在一起，因为不论两者结构如何，其无疑都具有担保功能。

针对前述替代履行的债权让与制度，[557]理论界论述的尤为详细，有学者甚至援引1865年《民法典》（当时仍生效），通过论证认为，两种制度在本质上是一致的，根据该学者的理论，债权质押与替代履行的债权让与（*cessio pro solvendo*）是相同的，只是在后者的基础上增加了出售权（*jus vendendi*）。[558]

不过，人们注意到，《民法典》第2801条的表述清楚地表明，为设立质押而交付债权证明文件的必要性并对其进行保护的理由并不存在，而这是部分学者据以认为构成替代履行的债权让与的基础。此外，债权质押与替代履行的债权让与之间的区别还表现在，质押债权人没有索要权（*jus exigendi*），但在替代履行的债权让与中有该权利。[559]

理论界强调认为，正是索要权构成债权质押与替代履行中的债权让与的差别，因为在后一种情形中，债权受让人是以债权人的身份来主张债权并接受履行的，由此可见，赋予索要权是为了债权实现，并且赋予债权人身份本身也构成一种源自质押的担保效力，这也意味着其具有"实现债权人利益的目的，也即所谓的替代履行的给付（*datio pro solvendo*）"[560]。

---

557 参见 Gorla e Zanelli, *Del pegno. Delle ipoteche*, 150。关于两者的区别，参见 Valentino, *La cessione dei crediti. Il factoring. La cartolarizzazione*, 2003, 28。

558 Lordi, *Pegno commerciale*, n.50.

559 Gorla e Zanelli, *op. cit.*, 151.

560 参见上书，第152页。在两位学者看来，当债务人无意阻止在先的先取特权人和其他债权人的诉讼时，就税收便利而言，替代履行的债权让与具有合理性；而就债权质押而言，由于让与时的利率不同，也是便利的，因为随着偿还债务，出质人将恢复被质押的债权，无需再回让，就像替代履行的债权让与，债权人允许受领基于其债权的给付。

质押权人的索要权并不能够实现债权人的利益，但《民法典》第 2803 条规定的特别情况除外。根据该条规定，“在期限届满时，质押权人有义务收回设定质押的债权，如果债权以货币或者可替代物为标的物，则根据债务人的请求，应当将其置于约定的地点或者司法机构指定的地点进行保管。如果担保的债权到期，债权人可从收到的货币中扣除足够的数额以满足其债权份额，并且将余额归还给设定质权的人。如果质物不是货币，质押权人可将其出售或者根据第 2797 条和第 2798 条的规定请求质物偿债”[561]。

法律规定索要权的目的仅在于避免（ovviare）因债权停滞或因债权被扣押冻结（sequestro）而造成的不便。[562] 由此导致替代履行的债权让与成为一种保障债权人利益的手段，即保障债权人的利益能够通过具有清偿功能的转让行为得到完全实现，并使得债权从转让人处转让给受让人。如此一来，一方面，旨在用于消灭债务的财产，自转让之时就被排除出转让人的责任财产，其他债权人不能要求用该债权清偿自己的债；另一方面，替代履行的债权让与中，质押产生的优先受偿权也不具有效力。

相反，尽管债权质押也是一种担保债权实现的手段，但其实现的方式是在质押债权到期时，通过变卖、处分被质押的债权或变卖、处分收回的给付财产来实现债权。

此外，两者还有其他的区别，如在替代履行的债权让与中，对

561 有关实务部门的观点，参见 App. Brescia, 1 ottobre 2003, in *Il fall.*, 2004, 1367, con nota di Bosticco, *Dubbi applicativi in tema di opponibilità dell'atto costitutivo di pegno e revocabilità del soddisfo da parte del creditore pignoratizio*。

562 Gorla e Zanelli, *Del pegno. Delle ipoteche*, 148 ss.

债权让与行为中标的债权的取得并不违反禁止流押（*patto commissorio*）的规定，因为债权人正是想用交付债权的方式来偿还其债务；相反，在债权质押中，如果约定转让标的债权的所有权，则会构成违法——除非作为质押标的债权的客体与其所担保债权的客体是同一种类且该客体是可替代物——因为在债权质押中，债务人并不愿意失去其拥有的债权，其真实意愿是想通过交付债权的方式来担保自己的债务，这意味着排除了观念所有或拟制所有（appropriazione pura e semplice）的可能，即在出质人未履行其债务时，不可能取得债权的客体。[563]

事实上，人们指出，在替代履行的债权让与中，债务人“并未期望能够收回其出让的债权，因为其自始就知道债权转让是用于偿债，对债务人的保护主要通过《民法典》第 1448 条进行”。在债权质押的场合，双方有关移转标的债权的约定往往会使债务人的希望——不要利用其亟需状态（stato di bisogno）而剥夺其债权——落空。[564]

此外，人们认为，既然《民法典》第 2803 条和第 2804 条规定质押权人可以要求质物偿债（assegnare il credito in pagamento），那么其再要求用已经被出让的债来偿债显然是荒谬的：一方面，法律直接、明确规定了债权受让人针对被让与债权的债务人的排他地位；另一方面，质押权人可以受领被质押债权的给付，但必须严格遵守民法典第 2803 条和第 2804 条之规定。[565]

563 Gorla e Zanelli, *Del pegno. Delle ipoteche*, 151; Pratis, *Della tutela dei diritti*, 127.

564 Gorla e Zanelli, *op. cit.*, 152.

565 Pratis, *op. cit.*, 127.

由此可见，质押权人的索要权并非来自“质押的概念或担保效力的需要（对该效力而言，剥夺债务人或出质人对质押财产的处分权已足够，即便债权已经转让给第三人，那么其仍然享有变卖权和优先受偿权）”，而是源于“呈现在我们立法者面前的一个非常实际的问题，即在债权担保的效力停滞时，如何避免由此带来的不便？为解决该问题，我们的立法者提供了上述独特但具有实践价值的解决方案”[566]。

对索要权的分析还使理论界得以在更抽象的层面发现，长期以来通过解释试图对债权质押的权利和内容进行重构、类型化或分类的努力，都是徒劳的（vano）。在这个意义上，人们指出，理论界围绕债权质押的法律属性呈现的百家齐鸣式的理论探讨，“或者是纯粹的武断分类和同样武断的概念；或者是在参考其他法律体系基础上进行的类比或分类，然而参考的这些其他法律体系具有自身的特征，且不同于我们的法律体系；或者是因为这些理论建构或概念仅仅是对我国法律规定的再现，却未去研究相关的立法历史和探究立法时的考虑；或者是欠缺具体建构的晦涩难懂的想法，不但毫无用处，反而带来很多理解和法律进步上的风险”。总之，这给我们法律的发展并未带来太多的益处，因为相较于上述内容，似乎更重要的是“立法者关注的是保证债权人的利益且该问题已经被解决了”，由此相较于物的质押而言，债权质押的特殊性在于这些实际问题以及与之相关的解决方案。[567]

对于上述判断，即便到今天笔者也不能赞同，何况对于将债权

566 Gorla e Zanelli, *Del pegno. Delle ipoteche*, 151.

567 参见上书，第 150 页。

质押归为物权担保，也不能不对其产生疑问。[568]

二、作为质押财产的债权

立法者有关债权质押[569]的规定所考虑的主要情形是，在一项债权上创设物权担保的效力，需要注意的是，这里的债权不包括因债券（titolo di credito）而产生的债权，也不包括源自某种代表凭证（documento rappresentativo）所产生的债权。

因此，这种债权必须是不属于证券法（diritto cartolare）调整的债权，如果不满足该条件，那么则应适用有关债券的规定[570]。

通过《民法典》第2800条之规定，立法者的本意是通过将债权作为质押的可能标的来满足这样一种需要，即通过这样一种带有目的性的技术规定和方式，来保障在实现担保功能的同时避免失去法律效力的风险，这显然不同于动产质押。尽管存在上述不同，但无论是就规范当事人内部关系的目的而言，还是就不同债权人之间的权利流转和冲突解决而言，它又与动产质押是一样的。

568　Rubino, *La responsabilità patrimoniale. Il pegno*, 213. 另参见 Pratis, *Della tutela dei diritti*, 129。

569　关于其形式结构的论述，参见 D. Messinetti, *Le strutture formali della garanzia mobiliare*, 802 ss.。

570　参见 Cass., 27 dicembre 2012, n. 28900。根据该判决，如果参加共同投资基金却没有给予独立的证书，即在出资协议之外专门另外设立的凭证，那么该出资不构成针对该基金的债券，而只是一个债权，该债权的内容对应的是投资公司有管理基金的义务以及返还投资人参与的份额价值的义务。因此，如果要想就持有的共同投资基金份额设立合法有效的质押，应遵守《民法典》第2800条之规定，即将质押设立事实通知债务人或该债务人以载有具体日期的书面文件的形式接受质押。

与动产质押中的各种情形相同，债权质押的质押权人同样具有变卖质押标的债权的权利，即便该债权被转让给第三人也不受影响，并且有权将债权变卖以作为对抗和摆脱债权转让风险的手段。与此同时，债务人对被质押的债权实施的任何有损质押债权人利益的处分行为，都不能对抗质押债权人。此外，相较于其他债权人，质押债权人就被质押债权享有优先受偿权。[571]

作为质押标的，债权不同于动产，这也使得两者在技术手段上有所不同，如在动产质押中，法律采纳的技术手段是转移质物的占有和剥夺对质押财产的支配，但这种手段和方式并不适合债权，也未被立法者采纳。[572]之所以如此，其背后的考虑众多，比如存在这样的可能——作为第三人的债务人向出质人而非质押债权人支付——和风险，沿此路径设计的模式是，如果第三人购买了被质押的债权，那么附加在该债权之上的负担也一并移转。如此一来，可以保证质押债权人在多个债权受让人中的优先地位。

可以用于质押的债权，既可以是一种请求他人交付（dare）特定物的债权，也可以是一种请求他人交付某种可替代物的债权。

但是，根据某些学者的观点，如果债权的客体是单纯的请求返还或交付某个特定物本身（restituzione o consegna materiale di una cosa），则该债权不能用于质押，因为此时质押的客体实际上是债权的标的物而非债权，这也意味着质押的效力是及于物或其权利凭

571 Gorla e Zanelli, *Del pegno. Delle ipoteche*, 148. 两位学者认为，对债务人施压的功能，在动产质押中表现为留置质物的权利，而在债权质押则体现为留置债权证明文件，因为这将使得出质人如果未清偿质押债权人的债权，则不能受领自己债权的给付。

572 参见 D. Messinetti, *Le strutture formali della garanzia mobiliare*, 803。

证（titolo rappresentativo）。[573]

可以用于质押的债权应具有独立性、可强制执行性，且具有一定的市场价值，这意味着具有人身属性的债权被排除在外，即不能用于质押。

还有学者认为，用于质押的债权也可以是请求他人为一定行为（facere）的债权，因为这类债也可以向第三人履行。[574]

附有物权担保[575]或其他人保的债权，也可以成为债权质押的标

573　Gorla e Zanelli, *Del pegno. Delle ipoteche*, 147. 反对两位学者的观点，则参见 Colombo, *Problemi risolti e irrisolti nella giurisprudenza sul pegno*, *Banche e banchieri*, 1989, 103。

关于该问题的司法判例，参见 Cass., Sez. Un., 2 ottobre 2012, n. 16725, in *Foro it.*, 2013, 558。针对是否能够就购买的尚未发行和通过交付尚未发行的有价证券设立质押这一问题，该判决给出了否定性的回答。该判决认为，一方面这种情况具有就未来债权设立质押的性质，产生的仅是债权效力，而且其并未实际交付财产，因此，在设立质押时不享有优先受偿权——优先受偿权仅在之后质押财产确定和交付时才产生。

根据最高法院确立的原则，在意大利银行建立的传统的政府证券集中管理系统中（从 1980 年开始一直延续到 1993 年 5 月 27 日的部长法令），并不适宜赋予质押协议优先受偿权——这些质押协议中客户向银行购买和交付一定数量的具有特定价值的证券，但实际上在协议签订之时或之后一段时间证券并未实际形成（未发行或未确定）。此外，当事人还可以根据《民法典》第 1322 条作出不同于法律规定的特别约定，上述情况构成以未来债权出质的情形，该质押在实际交付有价证券前将仅具有债权效力，也不具有优先受偿权——只有在债券被确定和交付后才产生优先受偿权的效力。

574　Gorla e Zanelli, *Del pegno. Delle ipoteche*, 147. 两位学者认为，对于这类债权，一旦已经履行了给付，那么就不能再适用质权保全的规定，质押债权人就不再享有《民法典》第 2803 条规定的索要权，因为征收行为一方面将导致质押财产被强行转移给债权人，而根据禁止流质条款规定，这正是《民法典》第 2803 条想要避免的，另一方面在征收后，实际上是在回收的给付标的物上强行设立质押。

575　Rubino, *La responsabilità patrimoniale. Il pegno*, 215. 该学者指出，如果某项债权已经设立了抵押担保，那么在用该债权设立质押时，则应在抵押权登记页的空白处进行注明，未进行上述注明的，不产生抵押权的效力（《民法典》第 2843 条第 1—2 款）。在鲁比诺看来，一个长期以来一直争议的问题仍有待解决。即如果（转下页）

的，但由此引发的争论是，债权质押的标的是否包括在债权质押设立之前已附着在标的债权之上的担保。

对上述问题，相当一部分学者持否定态度，对此理论界给出了很多理由，但最重要的原因是基于对以下情况的考虑：一方面，不能在抵押权上设立质押，另一方面，在某个附有质押担保或保证人担保的债权上设立质押，与前述情况并无不同，也不应有特殊对待。相同的，那种认为在此类情形中构成将担保转让给新的债权人的看法也不成立。[576]

三、债权质押的设立与优先受偿权

债权质押可以通过书面或口头通知被质押债权的债务人的方式

(接上页)存在两个债权人——其中一个债权人首先将债权质押的设立通知被质押债权的债务人，另一个债权人则首先在抵押权登记页的空白处对债权质押进行了记载——那么这两个债权人中，谁应优先得到保护。就《民法典》第2843条第2款规定的效力而言，无疑应优先保护在抵押权登记页进行注明的债权人；但另外很难否认的是，就被质押债权的债务人而言，如果其没有收到其他通知的话，其理应向通知其质押设立的债权人履行。

为进行注明，应当将被设立质押的权利证书复印件交给保管人(《民法典》第2843条第3款)，而且在注明之后，未经质押债权人同意，不能涂销登记。对质押债权人的通知，应根据《民法典》第2843条最后一款之规定送达其选定的住所。

576 有关这种观点，参见 Rubino, *La responsabilità patrimoniale. Il pegno*, 214。该学者强调，新的质押债权人可以行使大部分出质人有关债权担保的权利，但其不能行使全部的权利，如此一来，如果债权是受质押担保的，那么出质人(concedente)仍可维持对质物的占有。与此同时，收取孳息的权利则应归属于新的质押债权人，其应将收取的孳息用于担保两者的债权。如果被质押债权的债务人不履行债务，新的质押债权人可以且应该取代其出质人的地位，针对质押财产发动质押执行程序，或者在对主要债务人强制执行后对保证人提起诉讼，还可以在其债权未获清偿时就执行所得，实现自己的债权。

设立，也可以是由被质押债权的债务人根据《民法典》第1264条和第1265条之规定，通过载有明确时间的书面文件来接受的方式设立。无论是哪种方式，将债权证明文件之实物从出质人处交给质押权人都非必须[577]——即便根据《民法典》第2801条之规定，出质人有交付的义务。[578]

理论界在对此进行解释时认为，就法律适用而言，《民法典》第2786条不适用于债权质押的情形。理由是，在债权质押中，产生债权的法律文件本身并不像动产质押中的物那样重要，原因在于确保债权质押担保效力的，不是债权法律文件的交付，而是对债务人的通知或债务人对债权质押的接受文件——当然，上述通知或接受文件应载有明确时间。[579]

577　参见 Realmonte, *Il pegno*, 836; Gorla e Zanelli, *Del pegno. Delle ipoteche*, 154。戈拉和扎内利认为，该问题似乎在1865年《民法典》时代已经存在，因为人们询问交付债权证明文件是否是享有优先受偿权的必要条件，对此答案是否定性的。就之前《民法典》时代的问题，参见 Salv. Romano, *Natura giuridica del pegno di crediti*, 65 ss.。

578　交付有关债权的证明文件，即便不是质押生效和享有优先受偿权的必要条件，也是出质人的义务，由此导致的结果是，质押债权人享有要求交付债权证明文件的权利并可对此提起诉讼，因为对质押债权人而言，该证明文件可以为其提供最大程度的形式保护，并使其在之后可能需要通过强制执行来实现债权时，更易于开展所有的相关活动。

鲁谢洛认为，交付产生债权的文件是一种从义务（obbligo accessorio），表达的是一种配合义务和公平理念，目的是更好地实现债权收回和实现《民法典》第2802条规定的权利和义务。具体参见 Ruscello, *Il pegno sul credito.Costituzione e prelazione*, 153 ss.。

579　Rubino, *La responsabilità patrimoniale. Il pegno*, 235. 该学者认为，如果（因合法原因，而）对出让人享有权利的人而言，通知真的只是一种“勉强称得上的公示，而且是普通的公示”，那么需要考虑的是“法律已经在债权让与的规定中采纳了这种方式并对其感到满意”。此外，该学者还注意到，在有体物质押的情况中，如果想要用交付文件来代替物的交付，那么必须满足以下条件，即该文件授予对物的绝对处分权，但这一般不会发生在债权让与中。（转下页）

事实上，通知或接受不仅是优先受偿权的必要生效条件，也是对被质押债权的债务人产生约束力的必要条件[580]——在该债务人未获通知之前，被质押债权的债务人可以通过向其债权人清偿的方式消灭债务——这种方式“与债权让与并行，形成完美的机制，通知或接受由此也成为债权质押对抗因其他原因而获得债权的主体的必要条件，及确定在获得债权的数人中，谁将具有优先权”[581]。

在这个意义上，有必要在多个层面上区分相关的法律关系，比如与被质押债权的债务人的关系，与获得被质押的债权的人或对被质押的债权取得相关权利的人的关系，以及与其他享有优先权和抗

（接上页）该学者认为，支持不必交付文件的理由还在于，有关交付文件的规定不是放在第三节的开始部分，而只是在提到优先受偿权后，开始规定质押债权人的权利时才予以规定，这不同于物的交付，后者是在第二节的一开始就进行了规定。此外，法律也未规定债权质押在交付文件时设立；相反，《民法典》第 2786 条却规定动产质押在交付物时设立，而且在规定优先受偿权的其他要件时也未规定交付文件，而只是将其作为出质人的一项义务予以规定，因此，这仅构成合同的效力，而无论是否发出通知，合同的效力均自合同订立之时起产生。

580 参见 Cass., 12 giugno 2006, n. 13551。根据该判决，在债权质押中，当事人的合意仅能产生《民法典》第 2801 条和第 2802 条规定的预约效力（effetti prodromici），其自身并不能导致在债权上产生担保物权，因为担保效力只有在通知第三方债务人时方产生，即当完成法律规定的为保证债权人的优先受偿权的相关行为时，才产生担保效力。在债权让与中，债务人的接受对债权让与的效力和让与是否成立并不重要，这也表明两者之间的区别在于：在债权让与的场合，随着债权让与协议的订立，让与人与受让人之间的法律关系已经建立，因此无需将债务人牵扯进来，因为对债务人而言，仅需通过通知或告知债权让与行为而使其确定该事实即可。相反，在债权质押的场合，必须使债务人处于一种知道债权被设立质押的状态，因为此时质押债权人实际上代替出质人行使被质押的债权。类似的判决，参见 Cass., 24 giugno 1995, n. 7158, in *Giust. civ.*, 1995, Ⅰ, 2633。

581 Rubino, *La responsabilità patrimoniale. Il pegno*, 234.

辩权的债权人的关系。[582]

就第一类关系而言，自质押设立那一刻起即开始产生法律效力并对相关当事人产生法律约束力，但正如人们指出的那样，在将质押设立文件通知债务人之前，[583] 其仅具有有限的效力。[584]

相反，对其他债权人而言，通过书面形式的文件通知债务人或债务人以书面形式接受债权质押，是对其产生法律效力的实质要件（*ad substantiam*），至于被担保债权的数额则无关紧要[585]（这与《民法典》第 2787 条第 3 款规定的动产质押的情形不同）。无论哪种形式，相关文件都需载明具体的日期。[586]

582　Gorla e Zanelli, *Del pegno. Delle ipoteche*, 154; Pratis, *Della tutela dei diritti*, 131.

583　Rubino, *La responsabilità patrimoniale. Il pegno,* 235.

一般认为，就与第三人的关系而言——如被质押债权的债务人、购买人或获得质权的人——通知（包括向债务人的口头通知或债务人作出的口头接受）产生的效力在于当发生纠纷时必须证明通知或接受发生的具体日期。而就被担保债权的确定而言，则无需以书面形式——尽管在实践中，当以书面形式向债务人通知时通常也包含对债权的说明（参见 Gorla e Zanelli, *op. cit.*, 154; Pratis, *op. cit.*, 131）。

584　Rubino, *op. cit.*, 235. 该学者指出，动产质押中，债权人和出质人之间的主债务关系在债权质押中不存在，或可以不存在，至少不像动产质押中那么重要。

该学者再次确认了其有关质押合同形式结构的观点，同时认为该阶段的合同仅具有有限的效力，特别是出质行为将使得确认针对第三人的权利变得不可能，“这也可以被视为合同订立的初步效力”。

585　Rubino, *op. cit.*, 234.

586　Pratis, *op. cit.*, 131. 该学者认为，对债务人的通知无需通过司法行为实施。就这个意义而言，有关不同的观点，参见 Ruscello, *Il pegno sul credito. Costituzione e prelazione,* 94。该学者认为，根据法律规定，债权质押的设立建立在有效认知的基础上，由此导致的结果是，如果主张《民法典》第 1265 条有关第三人的效力以及在同一债权上存在多个质押且发生质押权实现（折价或变卖）时，确定的日期（同意的日期、通知的期和接受的日期）是绝对必要的。

就设立质押的法律文件的内容而言，债权质押与动产质押相同，法律关于动产质押的要求同样适用于债权质押的情形，[587] 包括应明确被担保的债权和用于质押的债权。对于被担保的债权，应通过载有具体日期的书面通知或接受的法律文件予以明确；对于作为质押标的的债权的确定，在必要时，可以采用书面方式明确通知作为债务人的第三人。[588]

至于具体的日期，不必一定要在设立质押的法律文件中载明，因为就法律规定来看，其强调的是符合法律规定的形式要求并产生法律效力的时间，可以说其目的在于调整权利的产生以及对抗第三人的效力。[589] 正是因此，法律规定应在通知债务人的文件或债务人接受质押的文件中载明日期。

书面形式并非债权质押的生效要件。对此需要再次强调的是，当事人也可以采用口头形式，[590] 并且口头形式对第三人同样具有法律效力。

---

587 Gorla e Zanelli, *Del pegno. Delle ipoteche*, 155; Pratis, *Della tutela dei diritti*, 131. 戈拉和扎内利学者认为，《民法典》第 2787 条最后一款规定似乎不能适用于债权质押，因为在债权质押中，以书面形式通知债务人或债务人以书面形式接受是享有优先受偿权的必要条件，而且该要求是强制性要求，不能违反（inderogabile）。

588 Gorla e Zanelli, *op. cit.*, 155; Pratis, *op. cit.*, 131.

589 D. Messinetti, *Le strutture formali della garanzia mobiliare*, 808. 该学者指出："通过文本分析，可以认为《民法典》第 2800 条中有关主体–客体关系的规定具有设立要件的功能，这种模式使得对形式结构的解释最终在（担保关系）成立效力和对抗效力的规范性内容上达成一致，而正是通过这种工具，他人得以从外部判断该关系是否已经完成。"

590 Gorla e Zanelli, *op. cit.*, 154; Marani, *Notifica, accettazione e buona fede nella cessione dei crediti*, 99.

由此导致的结果是，当债权已经被质押的情况通知债务人后，如果被质押债权的债务人仍向原债权人履行债务，此时债务人的履行毫无疑问不能对抗质押权人，不能对质押债权人产生效力，此时质押权人仍然能够要求其履行，或者通过诉讼要求强制执行和变卖被质押的债权。事实上，在债权质押的情形，出质人无权受领（riscuotere）被质押债权的履行，但如果被质押债权的债务人仍向原债权人履行，那么此时构成恶意履行。由此导致的结果是，该债务人仍有义务向质押债权人再次履行，如果债务人丧失偿债能力，那么质押债权人可以根据《民法典》第1186条之规定要求其即时履行。

相反，就被质押债权当事人——债权人和债务人——之间的关系而言，债务人的履行是有效且能够产生法律效果的。对此，学者们的解释是，此时既不能归责于债权人，也不能归责于债务人，因为对债权人而言这么做并无益处，而对债务人而言，则会使其处于自相矛盾的境地（*venire contra factum proprium*）。如果质押权人随后通过强制执行的方式就被质押的债权得到了清偿，那么此时被质押债权的债务人可以向其债权人提起不当得利之诉——因为如果不这样的话，就意味着债务人就同一债务履行了两次，而其债权人则就同一债权受领了两次给付。[591]

以上情况表明，立法者在就债权质押进行立法时，并未将重点放在设立方面——事实上对此法律并未做任何规定——而是放在优先受偿权的产生方面（《民法典》第2800条），并为优先受偿权的

591　Rubino, *La responsabilità patrimoniale. Il pegno*, 235.

产生规定了两种形式要件：质权需以书面文件设定，并且质权的设定需告知质押债权的债务人，或者质押设定被质押债权的债务人以符合《民法典》第 1265 条第 2 款规定的载有明确时间的书面文件接受。如果不符合上述条件，则质权人没有优先受偿权——即便出质人的其他债权人知晓该担保的存在，也同样如此。

由此导致的结果是，如果在同一债权上存在数个质押，不同质押权人之间的优先顺位将取决于每个质押的通知或接受文件载明的日期，即根据时间先后确定先后顺位。[592]

事实上，就质押的竞合而言，债权质押的规定比动产质押的规定更为简便易行，因为不同于动产质押的是，在同一债权上设立多个质押时，即便质押权人是多个不同的主体，这些质押权人也无需共同占有（composesso）质物，仅需依照《民法典》第 2800 条之规定履行通知或为债务人接受即可。[593]

四、其他权利质押：工业产权与著作权

根据《民法典》第 2806 条之规定，对于其他不同于债权的权利的质押，适用债权质押的相关规定。根据《民法典》第 813 条之规定，对于工业产权、著作权等权利，适用有关动产的规则，并要兼顾这些权利自身的属性。

对于工业产权质押（曾有一段时间被规定在《投资法》第 69

592 Pratis, *Della tutela dei diritti*, 132.

593 Gorla, Zanelli, *Del pegno. Delle ipoteche*, 156.

条中[594]），2005 年 2 月 10 日公布的第 30 号立法性政令（decreto legislativo），也即《工业产权法典》（codice della proprietà industriale）的第 138 条和第 140 条做了规定，该法典后来又分别经 2010 年 8 月 13 日第 131 号立法性政令和 2011 年 12 月 29 日公布的第 216 号立法性政令的两次修改，现已被转化为 2014 年 2 月 24 日公布的第 14 号法律。[595]

新的法律沿袭了之前的规定。根据这些规定，在工业产权上设立的担保应是金钱之债（crediti pecuniari）——钱款之债——而不能是价值性债权（crediti di valore）。*

在设立质押时，相关的法律文件应符合《民法典》第 2787 条第 3 款之规定，并应在意大利专利和商标局（l'ufficio italiano brevetti e marchi）办理登记。

这种通过登记进行公示的方式，以及由此产生的担保效力既有利于质押权人，也有利于专利权的受让人以及意图获得专利权的人，省去了转移出质人权利证书和交付专利权证书（即权利证明文

594　Greco e Vercellone, *Le invenzioni e i modelli industriali*, in *Tratt. Vassalli*, Torino, 1968, 279. 两位学者认为，第 69 条第 1 款规定设立专利质押“应明确表明是就发明专利设立担保权”，并认为其实质上可以被归为特别质押，可以适用动产质押中有关在公共机构登记的规定，类似于动产抵押。

595　关于这一点，参见 Piepoli, *Autonomia privata e garanzie reali sulla proprietà industriale*, in *Contratto e impresa*, 2009, 627 ss.; Sena, *I diritti sulle invenzioni e sui modelli di utilità*, in *Tratt. Cicu e Messineo*, Milano, 2011, 327; E. C. Zaccaria, *Diritti di proprietà intellettuale e finanziamento alle imprese: le garanzie reali sulla proprietà industriale*, in *Riv. dir. privato*, 2013, 411 ss.。

*　所谓 crediti pecuniari 是指债的标的为一般金钱，表现为支付一笔确定的钱款；所谓 crediti di valore 是指债的标的为具有一定价值的财产，之后需要再次评估以确定债务。——译者

件）的麻烦，这与《民法典》第2806之规定相一致。[596]

如果在同一权利之上存在多个质押担保，此时不同质押之间可能产生冲突，对此应根据有关登记优先顺位的法律规定（《工业产权法典》第138条和第140条）来确定各个质押担保之间的优先顺位。至于质押担保登记的涂销，根据《工业产权法典》第140条之规定，在下列情形中可以涂销："债权人签字同意时，或法院判决涂销登记时，或被担保的债权通过强制执行实现时。"

理论界还认为，申请中的专利也可以用来设立权利质押，即专利申请人向相关部门提出专利申请后，即便该专利还在办理过程中，也可以设立质押。对此，理论界的解释是，在这种情况下，如果债务到期时专利申请仍未获批，质押权人可以出售申请中的专利（il diritto al brevetto）；反之，如果在债务尚未到期时专利已经获批，那么此时应质押权人要求，意大利专利和商标局应在发放的专利证书上办理质押登记，通过这种方式，之前对申请中的专利设立的质押转变为"专利权质押"。[597]

由于这种担保设立文件的登记机制，也有学者认为这种情形应被定性为"另一种动产抵押"（un altro caso di ipoteca mobiliare）[598]。

但上述这种观点应予摒弃。理由在于，立法者在立法时针对不同的法律事实规定了不同的设立条件，特别是就转移占有的方式规定了不同的模式。显然，之所以专利质押中采用登记模式，是因为

596 Greco e Vercellone, *Le invenzioni e i modelli industriali*, 279; E. C. Zaccaria, *Diritti di proprietà intellettuale e finanziamento alle imprese: le garanzie reali sulla proprietà industriale*, 418 ss.

597 Pratis, *Della tutela dei diritti*, 144.

598 Rubino, *La responsabilità patrimoniale. Il pegno*, 217.

此类情形中客体的独特性所致，因此没有必要将其归为抵押。[599]

根据《民法典》第2807条之规定，就工业产权质押而言，无论是其质押财产的保管还是被担保债权的实现，通说认为应适用《民法典》第2786条及之后的相关规定。此外，鉴于债务人仍享有专利的使用权和专利许可权，通说认为对该权利的保全并非一项义务，而是质押权人的一项权利——即为了防止在专利期内专利未被使用而导致专利许可费的损失——由此导致的结果是，如果债务人未使用专利，那么债权人可以提起诉讼强制其使用，或强制其许可他人使用。通过这种方式，可以更好地实现个人工业产权质押的目的，特别是其在当事人明确协商的基础上，将债权人的使用权能关联起来。而且根据《民法典》第2792条之规定，将许可使用费与实现债权的费用、债权利息和债权本金关联起来。[600]

至于著作权质押，《著作权法》第111条规定："智力作品的发表权和已发表作品的使用权属于作者个人的，不得因合同行为或强制执行而作为质押、没收或扣押的标的。但作品的复制品和使用收益，可依照《民事诉讼法典》规定作为质押、没收或扣押的标的。"

正如人们指出的那样，以作品使用收益权为标的设立的质押，其本质上是"一种一般的债权质押"（un comune pegno di crediti）[601]；相反，以作品复制品设立的质押则是一种有体物质押（pegno di cosa corporale）。[602] 与作品发表权和已发表作品的再发表权相关

599　Pratis, *Della tutela dei diritti*, 144.

600　Greco e Vercellone, *Le invenzioni e i modelli industriali*, 280.

601　Rubino, *La responsabilità patrimoniale. Il pegno*, 217; Pratis, *op. cit.*, 143.

602　Pratis, *op. cit.*, 143.

的财产权设立的质押，本身就是债权质押，[603] 相同的还有与影视作品相关的收益和依据 1939 年 1 月 18 日第 458 号法律 [604] 规定的奖励收益设立的质押。

作为质押客体的权利，其对象既可以是已经完成的作品，也可以是正在创作中的作品，但无论是哪种，其要么是由作者于在世期间通过自己的行为转给第三人，要么是基于死因继承而转给第三人。在上述两种情形中，新的权利人可以通过行使受让的使用受益权来出版和发表作品。[605]

在前述情形中，设立担保的形式与此类权利转让所采取的形式相同。[606] 这意味着，如果法律对此类权利的转让没有特别的形式要求，那么设立质押时也无须采取特定的形式。事实上，根据《民法典》第 2806 条第 1 款之规定，仅需满足《民法典》第 2787 条第 3 款规定的——优先受偿权效力要求的——书面形式即可。

根据《意大利版权法》第 104 条第 1 款之规定，设定质押权的法律文件可以根据该法第 103 条第 1 款之规定在公共文化部或版权组织进行登记，因为此类登记尽管并非法律的强制性要求，但其具

603 Pratis, *Della tutela dei diritti*, 144.

604 参见同上。

605 Greco e Vercellone, *I diritti sulle opere dell'ingegno*, in *Tratt. Vassalli*, Torino, 1974, 335.

606 Rubino, *La responsabilità patrimoniale. Il pegno*, 217; Gorla e Zanelli, *Del pegno. Delle ipoteche*, 167. 鲁比诺类推适用《民法典》第 2801 条规定来解决权利质押的设立形式问题，即权利质押的设立形式参照权利转让的形式。对此，戈拉和扎内利认为，这一问题在 1865 年《民法典》中已经解决了。因为法典规定，在专利权或类似权利上设立质押时，须一并交付相关的权利证书。

有的公示效力使其能够产生不可否认的效力。[607]

在以著作权或发明专利为标的设立的质押中，鉴于这些权利在性质上属于不可分的权利，因此当其是共有的状态时，由于被质押的或是整个财产或是整个财产中抽出的份额，对此人们认为解决的方式是，当其被出售给债务人时应认为质押一开始及于整个财产，否则是及于与该份额相对应的收入或金钱收益。如果之后该份额被授予多个共有著作权人或多个共有专利权人，此时则应类推适用处理以多个共有物为标的设立质押的情形的原则。[608]

五、以其他权利为标的设立的质押

鉴于《民法典》第 2806 条规定引致《民法典》第 2787 条第 3 款之规定，因此，一方面上述规定表明立法者肯定了动产质押的法律结构和模式同样适用于其他权利质押；另一方面也表明《民法典》第 2787 条第 3 款有关优先受偿权之规定，同样适用于其他权利质押。但《民法典》第 2806 条也做了例外规定，即特别法规定不受影响。

就质押内容而言，原则上应适用动产质押的有关规定，[609]除非

607　Pratis, *Della tutela dei diritti*, 143. 该学者认为，登记（registrazione）具有转移登记（trascrizione）的效力。

608　参见上书，第 145 页。该学者强调，在设立质押时，任何时候都应遵守在公共登记机关进行登记的公示方式的规定，当期限届满而使被质押的权利被解除质押时，则应重新办理质押登记。

609　参见 Gorla e Zanelli, *Del pegno. Delle ipoteche*, 168。两位学者对动产质押的相关规定做了梳理说明。

与被质押的权利的法律属性不能兼容或违反法律的特别规定。[610]

但优先受偿权的效力，则并不完全相同。[611]

事实上，对于本节讨论的其他权利质押，法律对其优先权受偿的生效规定了两个条件：一方面，其应符合《民法典》第 2787 条规定的要求，包括载有明确日期、书面形式以及其他要素——为被质押的权利选用某种公示方式，比如将设立的法律文件进行登记或者为了履行公示而必须的权利证书，在这种公示方式的法律文件中，一般同时也会包括这些要素；另一方面，在相关的部门进行登记或备案。由此导致的结果是，如果在同一权利之上存在多个质押，那么这些不同质押的优先顺位将取决于登记或备案的时间先后，必要时还会根据书面文件中的日期进行确定。[612]

至于优先受偿权是否及于利息（interessi），理论界存在不同的观点。一种理论认为，如果这些权利属于应采用登记进行公示的权利（diritti soggetti a pubblicità sui registri），此时应适用抵押的有关规定（即《民法典》第 2855 条，而非《民法典》第 2788 条）；但是根据民法关于收益（frutti civili）的规定，收益是当事人之间有关授予用益权的协议的产物（例如第三人应支付的工业产权或类似权利的许可使用费），由此根据上述理论得出的结论是，质押不应及于利息，除非被质押的权利包括收取收益的权利，或者

610 参见 Gorla e Zanelli, *Del pegno. Delle ipoteche*, 168。两位学者对《民法典》第 2806 条第 2 款作出了上述解释，尽管该条规定没有像《民法典》第 2807 条那样明确援引动产质押的有关规定。此外，两位学者还认为这种明确的援引没有必要。

611 参见上书，第 169 页。

612 参见上书，第 167 页。

当事人之间有特别的约定——但此时其事实上属于《民法典》第2800条规定的债权质押的情形。由此导致的结果是，除非有特别规定，质押权人无权授予他人用益权以使其收取收益，也不能在质押设立前要求出质人以质押标的的收益设立质押，之所以如此，原因是质押效力所及的孳息仅指那些由质物或被质押的权利直接产生的收益，而不包括由质物或因被质押权利的使用协议而产生的法定孳息（frutti civili）。[613]

债权之外的权利质押有时需要进行公示，但不能由此认为可以将其归入动产抵押的情形，[614] 因为尽管他们都是为了实现担保的功能，但无论是担保的模式和技术，还是针对第三人的效力，两者均不相同，特别是占有起的作用不同。[615]

前述情况似乎也再次证明我们的观点，即立法者在制定质押的规定时，意图减少对质押设立的形式要求和要件要求，特别是考虑到该类质押财产具有的特殊属性，因此不要求在设立质押时必须转移占有，因为正如我们已经看到的，无论是通过法律规定的手段，还是通过合同约定的方式，并结合特定质押的效果，只要能保证出质人失去对质押财产的绝对处分，那么即便不通过转移占有的方式，同样能够实现质押的担保功能。

613　Gorla e Zanelli, *Del pegno. Delle ipoteche*, 169.

614　持此观点的，参见 Ferrara Jr., *Ipoteca mobiliare*, 304 ss.; Rubino, *La responsabilità patrimoniale. Il pegno*, 217。

615　认为不能将其归类为抵押的观点，参见 Pratis, *Della tutela dei diritti*, 142。

六、质押债权人的保管义务与管理义务、索要权

与动产质押的规定相一致，[616]法律通过《民法典》第2802条和第2803条也明确规定了质押权人的义务[617]：一方面，质押权人对担保财产负有保管义务，[618]即“质押权人负有收回债权或者其他定期给付的利息的义务，被收回的前述款项，首先将被计入费用和利息，其次计入本金的计算总额内。质押权人负有完成质押债权的假扣押性行为的义务”（《民法典》第2802条）；另一方面，质押权人在期限届满时负有收回设定质押的债权的义务（《民法典》第2803条）。

需要强调的是，自现行《民法典》颁布实施至今，金融市场随着时代发展有了很大的发展，这使得我们有必要用发展的眼光来重新审视“对被质押债权的保管行为”这一概念，即其不仅包括那些单纯为保管目的而实施的管理行为，还应包括那些具体情况下实施的辩证法意义上的、为保存债权和质押财产的必要行为或合适行为——简而言之，包括那些为维持质押财产的经济价值和金融价值不变而实施的行为。

---

616 Pratis, *Della tutela dei diritti*, 133. 该学者指出，与《民法典》第2791条之规定（该条规定只是承认质押债权人有利用孳息的权利，但并未明确占有质物的债权人是否有收取孳息的义务）不同，《民法典》第2802条明确规定质押债权人有收取孳息和收回分期给付的义务。

617 Gorla e Zanelli, *Del pegno. Delle ipoteche*, 156-157. 两位学者将该义务界定为“债权人的权利-义务（potere-dovere）”。

618 Rubino, *La responsabilità patrimoniale.Il pegno*, 247. 该学者为此举例，如对被质押的有价证券提出抗辩时的保全行为，又如在抵押到期时实施续期等为保全被质押的债权实施的行为。

如果未尽到该义务或履行该义务时存在过失（如因过失导致利息超过诉讼时效），并导致所有权人遭受实际损失，那么质押权人应向债务人承担赔偿责任。与之相关的赔偿金额可以与质押债权进行抵销，直至赔偿完毕。

但理论界也有学者认为，质押权人的保管义务仅限于那些出质人自己不能够实施的债权保护行为，[619] 这是因为其同样存在于物的担保的情形，[620] 即当有必要（necessità）实施某项保管行为时，如果出质人自己能够实施该保管行为，而且质押的存在不妨碍债务人实施该保管行为，那么此时实施保管行为仅是质押权人的权利（facoltà），而非义务。[621]

由此可见，针对质押财产所有人的保护，立法者在进行立法时，区分了质押财产种类并根据具体因素——包括财产的性质（债权、金钱、其他物）以及债权是否到期等[622]——规定了不同的保护措施。

在众多关于债权质押标的的保管行为中，法律明确规定了质押权人收回利息和收回定期给付的义务，[623] 这种行为构成法律保全的

619　Gorla e Zanelli, *Del pegno. Delle ipoteche*, 157; Pratis, *Della tutela dei diritti*, 133. 戈拉和扎内利指的行为是有限的情形，即"及时实施与排除索要权或与被质押债权的文件占有相关"的质押债权人。

620　Rubino, *La responsabilità patrimoniale. Il pegno*, 248. 该学者对此举例说明，比如被质押债权的文件被质押债权人占有的情形，又如因质押产生的约束使得债务人不能收回利息的情形。

621　Rubino, *op. cit.*, 248.

622　Realmonte, *Il pegno*, 841.

623　针对受领和偿还债务的收据之间的关系，特别是有关确定日期的问题，参见 Ruscello, *Il pegno sul credito. Costituzione e prelazione*, 166 ss.。

主要措施。具体而言，包括那些能够中断诉讼时效或防止债务到期的行为，包括那些为保全物权担保而实施的行为——如更新抵押的行为（rinnovazione d'ipoteca）（但此时仅限于质押权人只有一人且需要办理更新登记的情形）和保全性假扣押（如果质押权人根据一般的注意义务认为存在某种事实而使得其应该实施此类扣押）。

在质押权人的众多义务中，《民法典》第2803条将索要权（*jus exigendi*）纳入了保管义务[624]——尽管是通过功能性而非结构的关联——的范畴，基于该规定，质押权人在被质押债权的债务人拒绝履行债务（即与被质押的债权相对应的债务）时，质押权人可以——而且应该——依据其享有的担保权启动强制执行程序。

该强制措施并非是质押性的，它与一般的情况并无差别，因为此类诉讼是基于被质押债权的相关文件提起，只是提起诉讼的人是保管被质押债权的质押权人而已。[625]

《民法典》第2803条还解决了一系列在旧民法典中存在且引起广泛争议的问题，这些问题归纳起来就是（质押）债权人是否有权要求履行被质押的债权，以及在收回被质押债权后，债务人已经向

624 Rubino, *La responsabilità patrimoniale. Il pegno*, 248; Realmonte, *Il pegno*, 841.

625 Gorla e Zanelli, *Del pegno. Delle ipoteche*, 158. 两位学者指出，质押债权人的这种索要和收回债权的“权利–义务”，并不会导致质押债权人获得一种不同于出质人权利的受领权（potere di esazione），因为“如果我们想得出二者相似的结论，那么从权利的排他性及其与出质人的权利的实质同一性的角度来看，我们可以援引属于破产管理人的受领权和提起代位诉讼的债权人的受领权”。实际上，根据该学说，受领的权利归于质押债权人，因为“一旦受领导致了债的消灭，那么担保效力仍继续约束它的客体”。

另参见 Pratis, *Della tutela dei diritti*, 135。根据该学者的观点，尽管质押债权人行使的是属于出质人的同一权利，但质押债权人向第三方债务人提起的诉讼是直接诉讼，而非代位诉讼。

质押权人履行，此时债的标的是什么以及何种种类？[626]

无论是在实体性权利层面（diritto sostanziale），还是在程序性权利层面，受领权（potere di esazione）都起着实际作用。关于这种受领权，可以从两个方面找到其正当性基础：其一是质押权人对被质押债权承担的保管义务；其二是被质押债权所起的担保功能。

就第一个层面而言，既可以从质押权人的角度展开分析，也可以从出质人的角度展开分析。

首先，受领权作为一种实体性权利，决定了质押权人在收回债权过程中负有一般的注意义务。这也意味着，如果是由于质押权人的原因而导致债权到期后无法收回，质押权人应为此负责，甚至只要其知道（或根据一般的注意义务应当知道）存在某种能够导致债权过期的事实——甚至债权并未过期但债务人丧失了期限利益（beneficio del termine）——但其未做好收回债权的准备时也要负责。另外，为实现债权而支出的费用，质押权人可以向债务人（出质人）主张，对此可以先援引《民法典》第 2755 条要求补偿，如果尚有不足，余下部分可根据质押权中的优先受偿权来主张。[627]

其次，作为程序性权利，法律赋予出质人一系列的权利、权力和权能，以为其收回被质押债权提供保障和保护措施。因此，其可以对债务人发起诉讼，并且能够一并传唤质押权人；还可以针对被质押债权的债务人启动执行程序，但不能要求将执行标的物交给自己占有，而应要求交付给质押权人，如果质押权人拒绝受领或不愿意让该物处于自己占有之下，那么只要标的物是可替代物，债权人

626　参见 Di Pace, *Il pegno di crediti*, 96 ss.; Gorla e Zanelli, *Del pegno. Delle ipoteche*, 158。

627　Gorla e Zanelli, *op. cit.*, 159.

应要求法官指定一名保管人并向该指定的保管人交付。[628]

同样是在程序性权利层面，索要权既包括为确定债的数量而提起的诉讼（*an e del quantum debeatur*）（对此类诉讼，人们认为没有必要传唤出质人——尽管在某种意义上，传唤出质人可能更合适，因为能够避免之后出质人以质押权人存在过失为由提起诉讼或提出抗辩[629]），也包括当被质押债权的债务人拒绝履行时提起的执行之诉（事实上，质押权人就被质押债权的全部数额享有受领权。因为，一方面，万一被质押债权的债务人破产，此时质押权人只能根据破产程序参与分配，其利益将受到损害；另一方面，随着利息和费用的发生，被担保的债权也会随之增加）。[630] 在前述最后一类诉讼中，在提起执行之诉时应依据普通程序而非质押执行程序，因为质押权人此时行使的权利与出质人的权利是同一权利。[631]

七、与被质押债权相关的事件

《民法典》第 2803 条对被质押债权的履行或潜在变化做了规定："在期限届满时，质押权人有义务收回设定质押的债权。如果债权以货币或者可替代物为标的物，则根据债务人的请求，应当将

628 Gorla e Zanelli, *Del pegno. Delle ipoteche*, 159; Pratis, *Della tutela dei diritti*, 136.

629 参见同上。戈拉和扎内利提出将索要权和《民法典》第 2789 条规定的质押债权人的要求返还之诉的权利进行类比，包括诉讼的性质、与出质人的关系和普通代位诉讼的关系。

630 Gorla e Zanelli, *op. cit.*, 159.

631 Pratis, *Della tutela dei diritti*, 136.

其置于约定的地点或者司法机关指定的地点进行保管。”（动产质押也有相同的规定，见第 2795 条）由此导致的结果是，当上述情形发生时，原则上质押效力将转移至收回物上，因为根据法律规定，债权人只有在“债务人提出请求时”才有义务将收回物置于特定地点进行保管。质言之，如果债务人没有提出请求（此外，当事人也可以通过约定排除），那么只要收回物（钱款或其他可替代物）仍属于质押债权的范围，此时质押效力仍然及于收回物。[632]

反之，如果被担保的债权到期，那么“债权人可从收到的货币中扣除足够的数额以满足其债权份额，并且将余额归还给设定质权的人；如果不是货币，质押权人可将其出售或者根据第 2797 条和第 2798 条之规定请求质物偿债”[633]。

如果在被担保的债权到期之前，用于质押的债权被收回（或被履行），那么此时即使被担保的债权尚未到期，被担保的债权也消灭。[634]

上述情况意味着，如果被质押债权的标的物是不可替代物，质押担保的效力在同等程度上转移至该物，且效力自债权质押最初设

632　有关将该规定适用流动质押的论述，参见 E. Gabrielli, *Il pegno “anomalo”*, 181 ss.。

633　有关质押债权人可以单方获取债权的权力，以及对债权人可以持有给付并进而成为所有权人的运行机制的说明，参见 Valentino, *La cessione dei crediti, il factoring e la cartolarizzazione*, 19。

634　参见 Gorla e Zanelli, *Del pegno. Delle ipoteche*, 159。在两位学者看来，“一旦收回被质押的债权，有关债权质押的债权将随之消灭”，实际上，设立质押的目的就是为了保障债权人能够通过对被质押债权的出售或折价来实现自己的债权——如果债权人不愿意行使索要权或不愿意等待以便行使索要权，或者当被担保债权清偿期届满时，出售被质押债权或用被质押债权折价”。

立时开始计算。[635] 但上述效力转移并非绝对，当事人也可以通过特别约定予以排除，如约定被质押债权的标的——现在也是质押的标的，应交由第三人保管，或由双方共同保管，或仍由质押权人占有。

但是，如果被质押债权的标的物是金钱或其他可替代物，那么随着被质押债权的收回，原质押将转变成不规则质押（pegno irregolare）。[636]

关于被质押债权的收回物应受物权担保约束的情形，理论界概括出两种基本情况：第一种情形是在收回（受领给付）被质押债权时，质押债权尚未到期；第二种则是基于当事人的协议——可以是最初的协议，也可以是之后的约定——质押债权到期。[637]

就第一种情形而言，基于被质押债权标的物的种类，理论界又将其细分为两种情形，即标的物是不可替代物的情形，以及标的物是钱款或可替代物的情形。

如果被质押债权的标的物是不可替代物，那么质押权人可以基

635 根据鲁比诺的观点，如果被质押债权的标的物是特定物，随着受领债权给付，债权质押将转变为一个有体物质押，即转变为对原被质押债权标的物的质押。但由此产生的疑问是，如果被担保的债权尚未到期，那么不清楚的是，如果当事人不能达成合意，那么债务人是否能够请求司法机关指定保管人（就像有关可替代物的情形那样），或者债权人是否当然享有持有该物的权利（该学者对此给出的理由是此时并不适用有关可替代物情形的规定）；反过来，如果被担保的债权已届清偿期，债权人可以要求根据《民法典》第 2797 条和第 2798 条之规定出售质物或用质物折价清偿。在上述所有情况中，直到出质人（主动）联系为止，质押债权人既没有通知的义务，也没有向司法机关申请的义务，而是可以像真正的质押或不规则质押那样维持对物的占有。具体参见 Rubino, *La responsabilità patrimoniale. Il pegno*, 249。

636 参见同上。

637 Gorla e Zanelli, *Del pegno. Delle ipoteche*, 160; Pratis, *Della tutela dei diritti*, 137.

于动产质押而占有该物（如果债务人将标的物转让给其他人，那么此时将适用《民法典》第 1155 条之规定），且在原债权质押的期限和范围内，质押债权人对物继续享有担保权，且能够对抗其他债权人和第三人。在此类情况中，出质人也可以在设立质押的文件中特别约定，要求将收回物交付给指定的第三人保管。[638]

如果被质押债权的标的物是钱款或其他可替代物，那么当债务人[639]或出质人（第三人出质时）提出请求时，质押权人应当将其置于约定的地点（也可以是约定的人[640]）进行保管；如果当事人没有约定，那么则应将其置于司法机构指定的地点进行保管。

理论界认为，上述法律规定并不意味着质押权人当然能够将债权质押转变为针对钱款或其他可替代物的不规则质押——即将债权质押转变成关于债权的提前清偿，因为这种转变可能违反了当事人

638　Gorla e Zanelli, *Del pegno. Delle ipoteche*, 160.

639　参见上书，第 161 页。在戈拉和扎内利看来，债权人未在可满足其债权实现的必要限度内留置收到的钱款，且未将多余的部分返还给出质人时，在质押债权到期前，债务人可以在任何时候提出有关对钱款进行保管的请求（应由普通法院的审判法官指定）。普拉蒂斯（Pratis）也持相同观点，但他认为，鉴于被担保债权的标的物与受领的被质押债权的标的物是相同种类且均为可替代物，因此提前履行的情况属于一种例外情形，对此详细论述参见 Pratis, *Della tutela dei diritti*, 137。

戈拉和扎内利（Gorla e Zanelli, op. *cit*., 161）还注意到，当物被交付给质押债权人时，如果债务人有合理的理由担心会丧失物时，债务人可以在案件审理过程中向司法机关提出假扣押申请，该请求既可以是在审判前提出，也可以是在债务人履行债务时提出。在这种情况下，债务人也可以在受领给付前提起诉讼，要求指定保管人，或要求第三方债务人直接将物交付给保管人。此外，在审理过程中还可以指定一名扣押人，此时物将被直接交付给该扣押人。如果第三方债务人仍消极懈怠，最终使质押债权人占有了被质押债权的给付物，那么债务人无权起诉前者以要求其向保管人重新交付物。

640　Rubino, *La responsabilità patrimoniale. Il pegno*, 249.

最初设定质押时的本意，甚至当标的物是非钱款时，还会违反禁止流质条款的规定。[641]

理论界还认为，仅在债务人（也包括出质人）默示同意——即当债务人未提出按照《民法典》第2803条规定的方式来保管标的物（钱款或可替代物）的请求时——的情形，质押权人方可将债权质押转换为不规则质押。这意味着，只要提出了保管物的请求，那么在履行完物的保管程序后，如果标的物是钱款之外的其他种类物，那么此时质押权人将对该物享有质押权——至于转移占有的方式，可以基于双方的协议而委托第三人保管或由双方共同保管；相反，如果标的物是钱款，此时质押权人将对保管人享有债权质押权，但此时无需根据《民法典》第2800条之规定履行通知，因为此时第三人保管的法律基础是质押关系。[642]

除上述理论外，也有学者提出其他不同的看法。如根据理论界的另一种观点，有关债务人请求保管这一前提要件，应被认为仅是债务人的权利（facoltà del debitore）（这意味着，如果债务人未行使该权利，就可以认为其默示同意由债权人基于质押来保管标的物，此时构成不规则质押，但有相反协议的除外），因此，如果质押债权的标的物与收回的被质押的债权的标的物是同一种类的物且为可替代物，那么在收回被质押债权时，当然转变为提前清偿，此时质押权人理应将超出其债权的部分返还给出质人。在其他情形中，在任何情况下，质押债权人都有权对收回的物进行处分，只是

641 Gorla e Zanelli, *Del pegno. Delle ipoteche*, 160. 另参见 Valentino, *La cessione dei crediti, il factoring e la cartolarizzazione*, 18。

642 Gorla e Zanelli, *op. cit.*, 161.

当债务到期债务人清偿债务而使债消灭时，债务人有权要求质押权人交付相同数量、相同质量的同种类物（*tantundem eiusdem generis et qualitatis*）；反之，如果债务人在债务到期时未履行债务，质押权人毫无疑问可以用收回物进行清偿，即债权人可以从收到的物中扣除足够的数额以满足其债权，并将余额归还给出质人，至于余额的计算，也即所收回的物的市场价值，应以质押债权期限届满时为准来计算。[643]

在第二种情形中（即在收回被质押的债权时或在债务人请求保管之前，质押债权已经到期），理论界同样认为，根据质押债权和被质押债权的标的是否相同，有必要区分为两种情形：一种情形是质押债权和被质押债权的标的都是钱款，或是具有相同属性的可替代物；另一种情形是被质押债权的标的物是钱款之外的物，或是不同于质押债权标的物的其他可替代物。[644]

就第一种情形而言，质押权人在收回被质押债权后，可以从收到的钱款[645]或其他可替代物中扣除与其债权本金、利息和费用相当的部分，以实现其债权；此时如果在实现债权后还有余额，质押权人有义务将余额部分返还给出质人。[646]这种情形与有关不规则质押

643　Pratis, *Della tutela dei diritti*, 137.

644　Gorla e Zanelli, *Del pegno. Delle ipoteche*, 161; Pratis, *op. cit.*, 137.

645　Rubino, *La responsabilità patrimoniale. Il pegno*, 249.

646　Gorla e Zanelli, *op. cit.*, 161; Pratis, *op. cit.*, 137; Rubino, *op. cit.*, 249; Ruscello, *Il pegno sul credito. Costituzione e prelazione*, 171. 根据鲁比诺的观点，如果是钱款之外的其他可替代物，质押债权人应履行《民法典》第 2797—2798 条规定的义务；而根据鲁谢洛的观点，将多余部分返还给出质人的理论基础可以归结于活动的经济性或抵销原则。（转下页）

的规定非常相似，二者的区别在于，在此处讨论的情形中被担保的债权已届清偿期。[647]

就第二种情形而言，与禁止流质条款的法理和背后的考量相同，法律规定质押权人应根据第 2797 条和第 2798 条之规定出售质物或请求质物清偿，因为如果在设立担保时当事人约定质押权人可以留下所有收回的被质押债权的标的物，那么该约定将因违反流质

（接上页）实际上，理论界承认所谓的马奇亚诺条款（patto marciano）的合法性。根据该条款，如果债权人有义务支付担保债权与质押财产价值之间的差额，那么未获清偿的债权人也可以成为质押财产的所有权人。事实上，根据理论界的多数观点，包括将其与流质条款进行对比的观点，马奇亚诺条款指的是“在债务人未履行债务时，未获清偿的债权人可以成为质押财产的所有权人，但有义务支付质押债权与质押财产的评估价值之间的差额”。理论界认为该条款不同于流质条款，因为“在流质协议中，质押债权与质押财产两者之间价值上的对等完全是随机和不确定的，但在马奇亚诺条款中，保证两者价值的对等正是合同的内容，同时也成为债务人的权利”。对此，参见 C.M. Bianca, *Patto commissorio*, in *NDGI*, Ⅻ, 1976, 718; Minniti, *Patto marciano e irragionevolezza del disporre in funzione di garanzia*, in *RDComm.*, 1997, Ⅰ, 29 ss.。相关的司法判决，参见 Trib. Monza, 24 maggio 1988, in *FI*, 1989, Ⅰ, 1271。奥利维耶里（G. Olivieri）在援引该判决时进一步指出，马奇亚诺条款“能够在给付导致经济不平衡时，通过对担保财产的价值评估，在确保公平的情况下——即质押财产价值和未履行的债务的价值相当时或者在质押财产的价值超过未履行的债务的价值时通过量化债权人获得质押财产所需承担的最大成本（向债务人支付一笔价款）——通过合法有效地转让质押财产而终结双方的法律关系”。

此外，还可参见 Gigliotti, *Patto commissorio autonomo*, 130 ss.; Sassi, *Garanzia del credito e tipologie commissorie*, 1999, 287; N. Cipriani, *Patto commissorio e patto marciano*, 2000, 11 ss.; Valentino, *La cessione dei crediti, il factoring e la cartolarizzazione*, 18。瓦伦蒂诺还指出，原则上，在债权质押的情形，债权人都可以通过购买而成为质押财产的债权人，唯一的限制是其不能因此而损害债务人或债务人的其他债权人的利益，但自己获得不当利益。

647 Gorla e Zanelli, *Del pegno. Delle ipoteche*, 161. 在两位学者看来，这种想法与认为在出售质物后债权人可以就价款实现债权的想法一样，因为在这种情况下，债权人同样需要与出质人进行对账，并返还多余的部分。

条款禁令而无效。[648]

相反，如果被质押债权的标的物（即在收回被债权质押时获得的物）被按照《民法典》第 2803 条前半段规定的方式交给第三人保管，此时，如果该物是钱款，那么质押权人有权要求保管人向其支付与其债权相等数额的钱款以实现债权，并有权为此目的针对该保管人提起诉讼；如果该物不是钱款，那么质押权人有权要求该保管人出售收回物或要求其用收回物折价清偿，就像《民法典》第 2786 条规定的质物被交给第三人保管的情形那样。[649]

八、索要权及可能的抗辩

针对质押权人实施的债权收回（riscossione del credito）行为，也即行使所谓的索要权，正如 1865 年《意大利民法典》所规定的那样，[650] 被质押债权的债务人可以向质押债权人提出抗辩，但该抗辩仅限于其可向自己的债权人提出的抗辩（《民法典》第 2805 条第

648　Gorla e Zanelli, *Del pegno. Delle ipoteche*, 161; Pratis, *Della tutela dei diritti*, 137.

649　Gorla e Zanelli, *op. cit.*,161.

650　Di Pace, *Pegno di crediti*, 182; Gorla e Zanelli, *op. cit.*, 165. 戈拉和扎内利两位学者指出，新的《民法典》带来了新的问题，即如果第三方债务人是无保留的接受质押，是否会导致预先排除了其针对质押债权人的——除抵销权之外的——其他抗辩权。对此问题，答案是明确的，这不会产生和导致任何预先排除的效力。因为，如果不是这样的话，那就意味着作为第三人的债务人在接受质押前有义务审查是否存在以及存在哪些抗辩。由此导致的结果是，一方面，第三方债务人将很难接受质押；另一方面，质押债权人在任何情况下都有义务通知质押，而且当债务人接受设立质押时，必须明确的表明其有意放弃特定的抗辩。

1 款）[651]，这些抗辩既可以是针对非司法途径提出的履行请求，也可以是在案件审理过程中提出，还可以是在执行程序中以执行异议的形式提出。但需要注意的是，债务人不能援引那些自己的债权人针对质押权人得提出的抗辩，即债务人的抗辩不能超出其与自己债权人的法律关系（即被质押债权）。

至于抵销抗辩，理论界在对其讨论时认为存在两种情形：一种发生在被质押债权的当事人之间，即债务人用其对被质押债权的债权人的债权来抵销被质押债权的债权人对其享有的债权；另一种发生在质押权人与被质押债权的债务人之间，即被质押债权的债务人用其对质押权人的债权来抵销质押权人的债权。上述区分显然是正确和必要的。

就第一种抵销而言，质押的设立时间有着重要的意义，《民法典》第 2805 条规定中的“此前已发生”（compensazione verificatasi anteriormente）似乎表明，如果是在债权质押设立后再主张抵销（即用对被质押债权的债权来抵销自己的债务），那么这种抗辩不能对抗质押权人。

上述规则的法理基础在于：一方面，如果允许在债权质押设立后再主张抵销抗辩，可能会导致当事人借助这种手段达到事实上规避（eludere）担保责任的目的，如出质人可以与第三人达成协议以产生可抵销的债或使之前的某个债成为可抵销之债；另一方面，就

---

651 Gorla e Zanelli, *Del pegno. Delle ipoteche*, 165; Rubino, *La responsabilità patrimoniale. Il pegno*, 249. 鲁比诺认为，上述规则在债券质押的情形中应做一些变通，因为考虑到其功能，债券的发行人不能以其与背书人之间的法律关系所产生的抗辩来对抗质押背书的被背书人。

担保功能而言，由于质押权中包含优先受偿权，因此质押独立于出质人与第三人的财产关系，对该类关系也不关心（insensibile），这与物权担保的情形相同——在物权担保中，即便第三人因财产关系而可能对质物享有相关的权利，但这并不影响担保的效力。[652]

相反，如果债务人是在债权质押设立之前提出的抵销，则可以对抗质押权人，只要在将质押设立通知债务人之前已经具备可抵销性即可。因为质押设立一旦被通知债务人后，出质人就不能再主张和索要被质押的债权，而只能由质押权人主张。[653] 如果质押不是以通知的方式设立，而是由债务人以接受的方式设立，并且如果债务人未就抵销抗辩作出保留，那么根据《民法典》第 2805 条第 2 款之规定，不得向质押权人主张抵销抗辩。

事实上，无保留地同意设定质权被排除在对质押权人的抗辩之外，原因在于，这种抗辩的核实对作为第三人的债务人而言很容易。[654] 有关债权让与规定的法理同样适用这种情形。根据该原理，如果作为第三人的债务人不愿丧失将来行使抵销抗辩的权利，那么应该作出有保留的接受或者选择不接受设立质押，如此则轮到质押设立人来履行通知义务。[655]

债务人用自己对质押权人的债权来抵销自己对被质押债权人负

652　Gorla e Zanelli, *Del pegno. Delle ipoteche*, 165.

653　参见 Di Pace, *Il pegno di crediti*, 183; Rubino, *La responsabilità patrimoniale. Il pegno*, 248; Gorla e Zanelli, *op. cit.*, 166。

654　Gorla e Zanelli, *op. cit.*, 166. 在两位学者看来，要求第三方债务人在其接受质押之前对其债务情况进行审查的义务是正确的，因为否则将对质押债权人产生隐患，使他相信自己已经获得担保，但该担保实际上没有权利内容。

655　参见上书，第 165 页。

有的债务，也被法律排除，不能允许[656]的理由在于，这对债权和债务之间不存在关联性和可抵销性，[657]特别是如果被质押债权的权利主体仍为出质人时，两个债关系中的当事人并不相同。[658]

最后，在理论界还存在这样的讨论，即第三人是否能够就质押权的效力提出抗辩，并为此起诉出质人。肯定说对此予以认可，并解释说，这种抗辩对作为第三人的债务人而言是有益的，因为不向那些表面上看起来有债务受领权——但债务人知道实际上该权利并不存在——的人履行债务，是切实的法律利益。[659]否定说则不予认可，并解释说，债务人就质押权力效力的抗辩没有法律利益基础，因为这并不能给其债务带来任何变化。[660]

656 Gorla e Zanelli, *Del pegno. Delle ipoteche*, 166. 两位学者认为，只有在满足出质人同意的条件时，方能认可。

657 参见同上。两位学者认为，否则，出质人将不再能够通过解除质押协议（即通过支付被担保的债权）来索要其债权。

658 Rubino, *La responsabilità patrimoniale. Il pegno*, 249.

659 Gorla e Zanelli, *op. cit.*, 166; Pratis, *Della tutela dei diritti*, 142.

660 Rubino, *op. cit.*, 249. 反对意见，参见 Gorla e Zanelli, *op. cit.*, 165。

第六章　流动质押

一、流动质押的概念及其事实构成

所谓流动质押或质押的流动性，指的是这样一种物权担保形式，这种担保允许在担保期间置换或改变（la sostituibilità o mutabilità）担保财产，且不必在每次改变担保物时按照设立担保或取得优先受偿权的法律规定办理更新手续，或者担保物的改变不会导致担保因条件的改变而被撤销——无论是一般撤销之诉还是破产撤销之诉。[661]

这种类型的担保出现于20世纪的最后几十年，彼时习惯法（diritto della prassi）开始讨论（conoscere）和使用一些“特别的”（anomale）质押。之所以说特别，是因为无论是在法律层面还是在约定层面，这些质押的共同特征之一是不要求转移占有（mancanza dello spossessamento）。鉴于这种质押类型对债和担保以及相关利益的重要作用，尽管彼时其被法学理论所忽视，但在经济活动中发

661　E. Gabrielli, *Il pegno "anomalo"*, 182 ss., 216 ss.; Id. *Sulle garanzie rotative*, 22 ss. 另参见 Macario, *Azione revocatoria e prestazione di garanzia*, in *Dir. fall.*, 2006, Ⅰ, 2; G. Capaldo, *Le pubblicità*, in *Tratt. dir. civ. notariato*, Napoli, 2009, 342。

挥着举足轻重的地位（ruolo significativo）。

为了能够将这种新的质押类型融入法律体系，同时也是为了满足对物权担保现代化重构的需要，理论界围绕流动质押的概念和理论开展了一系列的研究，这些研究有的是就流动担保的法律事实展开，有的是从担保体系设计的层面展开，包括法定流动担保和意定流动担保两个维度。[662]

有关流动担保的理论建构和法律事实建构就这样被提了出来，并被几个基层法院[663]（Corti minori）审理案件时援引，之后很

---

662 参见 E. Gabrielli, *Il pegno "anomalo"*, 182 ss. 216 ss.; Id., *Le garanzie rotative*, in *I contratti del commercio, dell'industria e del mercato finanziario*, in *Tratt. Galgano*, Torino, 1995, 853; Id., *Sulle garanzie rotative*, 22; Id., *Il pegno*, 223; Id., *Rotatività della garanzia*, in *Digesto. disc. priv., Sez. civ., Agg.*, 2011, 821 ss.。

最初，此类案件或者被归为针对电子证券和金融资产（strumenti finanziari）设立的质押（相关的规定，比如 1998 年 2 月 24 日颁发的第 58 号立法性政令第 58 条，之后经过了一系列的修订演化，最近的是 2008 年 2 月 22 日意大利金融监管委员会颁布的《担保系统和相关公司的集中管理和结算规定》），或者被归为针对半成品的质押（如 2001 年 3 月 27 日颁布的第 122 号法令），或者被归入《银行法》第 46 条规定的情形。

协议流动担保的体系建构，主要是基于以下考虑，即其功能和形式结构是为了回应有关突破物权担保客体不能移动以及债权担保中的固定性的需要，特别是当担保物——无论是就企业生产而言，还是就资本市场而言——都承担着重要的作用的情形。

对此，后文会做更深入的探讨。

663 参见 App. Roma, 30 ottobre 1995, in *Giur. it.*, 1996, Ⅰ, 2, c. 570, con nota di Chinè, *Il pegno «rotativo» tra realità e consensualità*; in *Banca, borsa, tit. cred.*, 1996, Ⅱ, 186, con osservazioni di Stingone; in *Riv. dir. comm*, 1996, Ⅱ, 151, con nota di Borsi, *Brevi note sull'ammissibilità del pegno bancario «rotativo»*; Trib. Genova, 30 maggio 1997, in *BBTC*, 1998, Ⅱ, 578; Trib. Milano, 17 novembre 1997, in *Dir. fall.*, 1998, Ⅱ, 97 ss., con nota di Stingone, *Sulla validità e opponibilità del pegno bancario «rotativo»: nuove conferme dalla giurisprudenza*; in *Fall.*, 1998, 729, con nota di Finardi, *Orientamento antiformalistico della giurisprudenza di merito in tema di pegno rotativo*。

快[664]也被最高法院的判例所完全接受。[665]

在之后的一段时间里，司法判例进一步确认和完善了流动担保的事实构成，[666]其可行性和重要性由此得到了意大利法律体系的认

664 参见 De Nova, *Recensione a E. Gabrielli, Sulle garanzie rotative*, in *RDC*, 1999, Ⅰ, 408; Braun, *Professors and Judges in Italy: It Takes Two to Tango,* in *Oxford Journal of Legal Studies*, 2006, 677; A. La Torre, *Il «pegno» nell'«impegno» di un giurista «impegnato»*, in *Giust. civ.*, 2005, Ⅱ, 544; Pavasini, *Pegno rotativo*, in AA.VV., *Il pegno nei rapporti commerciali,* Milano, 2005, 279 ss.; Sassani, *Il pegno rivisitato*, in *Riv. esec.*, 2006, 451; Panzani, *Pegno rotativo e pegno sugli strumenti finanziari*, 943; Lobuono, *I contratti di garanzia*, 247。

665 参见 Cass., 28 maggio 1998, n. 5264, in *Giust.civ.*, 1998, Ⅰ, 2159, con nota di Maimeri, *Pegno rotativo: la dottrina ispira la Cassazione. Prime osservazioni*; in *BBTC*, 1998, Ⅱ, 485, con nota di Azzaro, *Il «pegno rotativo» arriva in Cassazione: ovvero «come la dottrina diventa giurisprudenza»*; in *Il fall.*, 1999, 265, con nota di Panzani, *Pegno rotativo ed opponibilità della prelazione;* in *Dir. fall.*, 1998, Ⅱ, 609, con nota di Stingone, *Il pegno rotativo nella teoria delle garanzie reali*; in *Dir. fall.*, 1999, Ⅱ, 288, con nota di Ragusa Maggiore, *Pegno rotativo e natura onerosa o gratuita della garanzia a favore di un terzo*; in *Dir. fall.*, 1999, Ⅱ, 484, con nota di Rago, *Pegno rotativo e sostituzione dei beni*; in *NGCC*, 1999, Ⅰ, 544, con nota di Ungari Trasatti, *Costituzione di pegno a favore di terzo e revocatoria fallimentare*; in *Corriere giuridico*, 1998, 1320, con commento di Porraro, *Pegno, garanzia rotativa e revocatoria fallimentare nel sistema delle garanzie mobiliari*; in *Giur. comm.*, 1998, Ⅱ, 673, con nota di Mancini, *La riconosciuta normalità del pegno «rotativo»*; in *Riv. not.*, 1999, 240, con nota di Cenni, *Il patto di rotatività nel pegno: una strada ormai in discesa*。

666 参见 Cass., 27 settembre 1999, n. 10685, in *Giust. civ.*, 2000, Ⅰ, 1459, con nota di Carozzi, *Conferme e precisazioni sulla struttura del pegno rotativo*; in *Riv. dir. comm.*, 2000, Ⅱ, 255, con nota di Azzaro, *Pegno «rotativo» e operazione economica*; in *Riv. not.*, 2000, Ⅱ, 1464, con nota di Gazzoni, *Qualche dubbio sul pegno rotativo (in attesa di spiegazioni...)*; in *Il fall.*, 2000, 775, con commento di Finardi, *Efficacia reale del pegno rotativo: posizione consolidata della giurisprudenza*; in *Corr. giur.*, 2000, 1226, con commento di Dabormida e Pistone, *Conferme dalla Cassazione in tema di pegno rotativo*; in *Dir. giur.*, 2000, 470, con nota di Brizzi, *Cosa e valore nel pegno rotativo*; Cass., 14 giugno 2000, n. 8089, in *Il fall.*, 2001, 636, con nota di Di Brizzi; (转下页)

可。[667] 当然在这个过程中，围绕法律事实建构的具体细节一度也曾发生过分歧。

（接上页）Cass., 11 novembre 2003, n. 16914, in *Il fall.*, 2004, 1210, con nota di Panzani, *Pegno rotativo ed esperibilità dell'azione revocatoria*; in *I contratti*, 2004, 361, con nota di Scaccia, *Efficacia del pegno rotativo e sua conciliabilità con l'azione revocatoria fallimentare*; in *Riv. dir. impr.*, 2005, con nota di Di Chio, *Note su pegno rotativo e fallimento*; Cass., 5 marzo 2004, n. 4520, in *Fall.*, 2005, 547; Cass., 27 ottobre 2006, n. 23268, in *BBTC*, 2008, Ⅱ, 308, con nota di Azzaro, *Pegno rotativo su titoli dematerializzati, spossessamento revocatoria fallimentare nel dialogo tra dottrina e giurisprudenza*; De Luca, *Res quae tangi non possunt (a proposito di dematerializzazione, pegno, individuazione del "bene")*; Cass., 1 febbraio 2008, n. 2456, in *Fall.*, 2008, 757, con nota di Costanza, *Garanzia e gestioni. Osmosi e censure*。

就基层法院的司法判决而言，在 Cass., 28 maggio 1998, n. 5264 之后，还有相关的判例，具体参见 App. Milano, 4 luglio 2001, in *BBTC*, 2002, Ⅱ, 693, con nota di Lovisatti, *Osservazioni in tema di limiti del pegno rotativo, tra «valori originari» e «beni originari»*; Trib. Palermo, 3 ottobre 2000, in *Dir. fall.*, 2002, Ⅱ, 768, con nota di Azzaro, *Il pegno «rotativo» e la sua tipicità giurisprudenziale*; Trib. Roma, 29 gennaio 2000, in *Il fall.*, 2000, 1056。在上述最后一个案件中，法院认为，"在有担保关系的情况下，如果在质押设立协议中，当事人已明确同意这种替换（所谓替换条款），并且还同意将来替换质押财产时在原担保财产的范围内继续维持优先受偿权的效力，那么应承认全部或部分替换的效力"。

另参见 Pavasini, *Pegno rotativo*, in AA.VV., *Il pegno nei rapporti commerciali,* Milano, 2005, 279 ss.; Chinè, *Pegno. Pegno rotativo*, 3; Lobuono, *I contratti di garanzia*, in *Tratt. notariato,* dir. da P. Perlingieri, Napoli, 2007, 246; C.M. Bianca, *Diritto civile*, Ⅶ, Milano, 2012, 159 ss.。

667 针对最高法院采纳流动质押理论的历史和演化过程，以及相应的理论梳理，参见 M. Rescigno, *Le garanzie rotative convenzionali: fattispecie e problemi di disciplina*, in *Banca, borsa, tit. cred.*, 2001, Ⅰ, 3 ss.; Id., *Il privilegio per i finanziamenti bancari a medio e lungo termine a favore delle imprese, con particolare riguardo alla rotatività del suo oggetto*, in *Banca, borsa, tit. cred.*, 1999, Ⅰ, 583; Panzani, *Pegno rotativo e pegno sugli strumenti finanziari*, 944; Foschini, *Pegni anomali e revocatoria fallimentare*, in *Il fall.*, 2002, 943 ss., spec. 1211; Azzaro, *Pegno «rotativo» e operazione economica*, 260;（转下页）

此外，流动担保也被欧盟立法委员会所接受，欧盟在 2000 年 5 月 29 日公布的第 1346 号法律［（CE）1346/2000］第 5 条第 1 段有关债务清偿中对其进行了规定，[668] 之后又被 2002 年《第 47 号欧盟指引》（2002/47/CE）（关于担保合同）所规定，[669] 该指引的内容转化为意大利 2004 年 5 月 21 日公布的第 170 号立法性政令。[670] 通过上述一系列的立法活动，包括之后的立法修订（如 2009 年第 44 号欧盟指引）（2009/44/CE），流动担保如今已经成为一种典型担保（tipica）。

（接上页）Panzani, *Il pegno rotativo tra dottrina e giurisprudenza*, 1212; Ambrosini, *La revocatoria fallimentare delle garanzie*, 2000, 135 ss.; L. Capaldo, *Natura, contenuto e profili problematici delle norme bancarie in materia di pegno*, in *Il fall.*, 2002, 956; Dell'Anna Misurale, *Profili evolutivi della disciplina del pegno*, Napoli, 2004, 155 ss.; Pavasini, *Pegno rotatico*, in AA.VV., *Il pegno nei rapporti commerciali*, Milano, 2005, 279; Chinè, *Pegno. Pegno rotativo,* 5; Macario*, Azione revocatoria e prestazione di garanzia,* in *Dir. fall.*, 2006, Ⅰ, 618; Lobuono, *I contratti di garanzia*, 248; Gi. Pescatore, *La funzione di garanzia dei patrimoni destinati*, Milano, 2008, 118; Azzaro, *Pegno rotativo su titoli dematerializzati, spossessamento revocatoria fallimentare nel dialogo tra dottrina e giurisprudenza*, 312; Lobuono, *I contratti di garanzia*, 246; G. Capaldo, *Le pubblicità*, 342。

关于司法观点趋势的梳理和总结，参见 Scaroni, *Le garanzie rotative*, in *NGCC*, 1999, Ⅱ, 409; Ruggeri, *Il pegno rotativo*, in *NGCC*, 2002, Ⅱ, 709; Barillà, *Il pegno tra codice civile e legislazione speciale: in particolare sulla rotatività*, in *NGCC*, 2006, Ⅱ, Ⅲ; Gisolfi, *Il punto sull'ammissibilità del patto di rotatività nel pegno*, in *Riv. not.*, 2006, Ⅲ, 855。

668　参见 Cass., 11 novembre 2003, n. 16914。

669　Grossi, *La Direttiva 2002/47/CE sui contratti di garanzia finanziaria*, in *Eur. dir. priv.*, 2004, 266.

670　参见 Agnese, *I contratti di garanzia finanziaria nel diritto civile*, Torino, 2009, 70 ss.; E. Gabrielli, *Le garanzie finanziarie. Profili generali*, in E. Gabrielli-R. Lener (a cura di), *I contratti del mercato finanziario*, t. Ⅱ, 1753 ss.。

二、以电子证券与金融资产为标的的流动质押的立法演化

流动质押在电子金融资产领域得到广泛的适用，并在法律层面被多部法律、法规所规范，这也使得其可以追溯至历史上的多部法律：1998 年 2 月 24 日第 58 号立法性政令、1998 年 6 月 24 日第 213 号立法性政令、意大利中央银行（Banca d'Italia）和意大利金融市场监管局（Consob）的相关部颁命令；1998 年 7 月 31 日和 11 月 27 日的部颁命令；2001 年 4 月 12 日第 210 号立法性政令（尽管规定的内容有限）[671]、2004 年 5 月 21 日第 170 号立法性政令[672]。

在意大利中央银行引入电子证券系统后，就电子金融资产[*]（包括电子国债）的法律效力而言，立法者规定，以电子金融资产——无论是公共的还是私人——为标的实施法律行为时，一般而言，应在设立于第三人处（中介，以下翻译为“登记机关”）的专门账户（appositi conti）办理登记，该第三人应依照法律规定的要求和时间通知发行人相关的登记事项，这给当事人提供了一种不同于转

671 参见 Panzani, *Pegno rotativo e pegno sugli strumenti finanziari*, 951。

672 针对金融资产设立质押相关问题的梳理和总结，参见 E.M. Mastropaolo, F. Mastropaolo e De Vecchis, *Contratti di garanzia reale mediante pegno di beni mobikil, i crediti, di moneta, di azienda*, in F. Mastropaolo (a cura di), *I contratti di garanzia*, in *Tratt. Rescigno-Gabrielli*, 1413 ss.; Callegari, *Il pegno su titoli dematerializzati*, Milano, 2004, 159; Lobuono, *I contratti di garanzia*, 250。

* 原文为 strumenti finanziari dematerializzati，含义是 sostituire un documento cartaceo con la sua registrazione elettronica，笔者将其译为电子金融资产。——译者

移占有但与转移占有具有相同作用的替代方式。在这种方式中，利用书面登记的方式取代了物的交付机制，但不影响其产生质押的效力——因为此时其满足法律有关质押的要件要求。[673]

根据意大利金融市场监管局 2008 年 2 月 22 日部颁规定第 35 条第 1 款确定的原则——“对登记在特定账户中用于质押的金融资产，可以用登记在同一账户中的其他金融资产来置换或补充，但置换或补充前后需具有相同的价值，在置换或补充后，对新的金融资产的效力，自被置换或补充的金融资产设立质押之日开始计算（相一致）”——即便登记在特定账户——同时也是质押标的——中的金融资产随后被置换（sostituiti）或补充（integrati），但只要该替代品（与原质押财产）具有相同的价值（pari valore），那么置换后的质押效力自原质押设立之时开始计算，并在之后的期间持续有效，且该效力可以对抗第三人。

由上可知，为了维持和保全担保的价值，[674] 当需要进行置换或

673　参见 E. Gabrielli, *Il pegno "anomalo"*, 123 ss.; Id., *Spossessamento e funzione di garanzia nella teoria delle garanzie reali*, in *Il fall.*, 2002, 935; Id., *Il pegno*, 254-255。

关于这一点，最高法院在相关判例中也阐述了理由，并论证了其合理性，具体参见 Cass., 27 ottobre 2006, n. 23268。

674　显然，有关在担保期间对作为质押财产的金融资产的保管的协议，可以成为置换条款内容的一部分，这反映在对中介机构进行的保护上，而这正是因为置换条款形式上存在着具有“管理”性质的成分，即前文所述的“根据担保功能确定和备注质押财产保管用途关系的标准”。相关论述，参见 E. Gabrielli, *Sulle garanzie rotative*, 127; Id., *Il contratto bancario di pegno su titoli*, in AA.VV., *Pegno e gestione centralizzata dei titoli di Stato*, 1996, 39; D. Messinetti, *Le strutture formali della garanzia mobiliare*, 814 ss.; L. Capaldo, *Natura, contenuto e profili problematici delle norme bancarie in materia di pegno*, 956。

补充金融资产时，[675]账户持有人应通知登记机关，由后者负责实施，且不能对其提起破产撤销之诉或普通的撤销之诉。

维持质押财产价值的完整，事实上，既是为了保护质押权人的利益，也是为了保护其他债权人的利益，因为保持出质人的财产在质押设立后不因用于质押的金融商品的价格变化——与质押设立时的相比——而发生变化，对两者而言同等重要。

基于上述法律规定，一些学者在进行解释时正确地指出，立法者在制定电子金融资产的相关规定时，已经就流动质押担保的事实构成进行了类型化，这一观点先是被理论界提出，之后也为司法判例所采纳。[676]

但与此同时，部分学者很可能是在 1998 年第 213 号立法性政令说明的误导下，[677]将 1998 年第 213 号立法性政令第 34 条规定和

---

675 在雷希尼奥看来，这种情况下，在理解担保的“流动性”（rotatività）时，既可以将其理解为替换担保财产，也可以将其理解为补充担保财产。具体参见 M. Rescigno, *Le garanzie «rotative» convenzionali: fattispecie e problemi di disciplina*, 10。

676 相关判例，参见 Cass., 11 novembre 2003, n. 16914。相关的理论研究有很多，在此仅列举部分，参见 G. Carriero, *La legge sulla dematerializzazione degli strumenti finanziari: tecniche giuridiche ed obiettivi*, in *FI*, 1998, Ⅴ, 316; Busani e Canali, *Strumenti dematerializzati: circolazione, vincoli e conferimento in fondo patrimoniale*, in *Riv. not.*, 1999, Ⅰ, 1080; M. Rescigno, *Le garanzie «rotative» convenzionali: fattispecie e problemi di disciplina*, 8; L. Capaldo, *Natura, contenuto e profili problematici delle norme bancarie in materia di pegno*, 957; Panzani, *Pegno rotativo e pegno sugli strumenti finanziari*, 949; Ruggeri, *Il pegno rotativo*, 709; Lobuono, *I contratti di garanzia*, 250。在雷希尼奥看来，第 34 条第 2 款是在司法机关接受流动质押后“立法机关有关流动担保的明确、典型的例子”；在卡帕尔多（Capaldo）看来，第 34 条第 2 款和第 46 条、第 54 条承认了流动担保条款的“合法性”（consacrazione normativa）。

677 该说明在对第 34 条第 2 款解释时所用的表述是“电子化证券制度中的流动（fluttuante）（规则或不规则）质押”。

意大利金融市场监管局部颁命令第46条等相关规定的情形——实际上这些规定的情形属于典型的流动质押的情形——划入其他担保类型。[678]

678　理论界对此提出了很多建构，并形成以下几种观点：

第一种观点将其视为浮动质押（pegno fluttuante），该种观点在描述时所用的词语是“pegno rotativo o fluttuante”，有关这种观点，参见 G. Carriero, *La legge sulla dematerializzazione degli strumenti finanziari: tecniche giuridiche ed obiettivi*, 316; Gioia, *Giudici e legislatore concordi sul pegno fluttuante: il consenso prevale sulla consegna*, in *Corr. Giur.*, 1998, 1318。

第二种观点将其称为“针对交换价值的质押”（pegno sul valore），有关这种观点，参见 Cardarelli, *L'azione dematerializzata*, 169; Magnano, *L'autonomia privata e le garanzie reali: il tentativo di un superamento del principio di tipicità*, in *NGCC*, 2002, Ⅱ, 586。

第三种观点将其称为“针对交换价值集合的质押”（pegno sul valore dell'insieme）。有关这种观点，参见 L. Capaldo, *Natura, contenuto e profili problematici delle norme bancarie in materia di pegno*, 957; Gioia, *Giudici e legislatore concordi sul pegno fluttuante: il consenso prevale sulla consegna*, 1316。

第四种观点则认为应根据具体情形分别界定，参见 E.M. Mastropaolo, F. Mastropaolo e De Vecchis, *Contratti di garanzia reale mediante pegno di beni mobili, di crediti, di moneta, di azienda*, 1454。

此外，还有学者认为，1998年第213号立法性政令第34条第2款“效力是，在为设立目的而在已创建账户中登记的所有金融资产上设立的质押”（Panzani, *Pegno rotativo e pegno sugli strumenti finanziari*, 950）。而且，根据1998年第913号立法性政令之规定，该条规定可能是想要赋予“vincolo sul valore dell'insieme”这一术语一个完整的意义，即其不仅指的是传统的流动质押概念，而且指的是具有特定特征的质押。这类质押的特征体现在，出质人根据质押债权人的同意，能够维持对质押财产的自由处分，直至担保停止具有流动性时，在约定的担保额度范围内，担保效力及于一系列特定的财产和不动产上（L. Capaldo, *op. cit.*, 958）。

在任何情况下，流动质押始终存在于金融资产上，但仅限于账户持有人为保持质押财产价值的完整而向中介机构提供的指示范围内（Panzani, *op. cit.*, 950）。

误导学者的错误之处已经被人们指出和反驳，[679] 在此只需提请人们注意的是，1998 年第 213 号立法性政令第 34 条在规定中所用的表述是“sugli strumenti finanziari”（针对金融资产）。也就是说，担保的客体既非存放金融资产的账户，也非为登记提供媒介的账户，更非两者的结合，而是仅限于登记和存放在账户中的“strumenti finanziari”（金融资产）。[680]

---

679 参见 E. Gabrielli, *Il pegno*, 257 ss.; Id., *Rotatività della garanzia*, 825。

680 账户是存放质押财产的地方，也是在质押设立后保管质押财产的地方。1998 年第 213 号立法性政令第 34 条显然也是这个意思：任何种类的金融资产，在设立质押时应在中介机构持有的专门账户中登记注册。

账户本身不是——也不能是——质押财产；相反，质押财产是金融资产。在确定具体的质押财产时，应通过对金融工具的种类、数量和价值的描述说明，来进一步确定账户中哪些金融资产是质押财产。（对此，参见 Cass., 14 giugno 2000, n. 8107, in *GI*, 2001, 86, con nota di Callegari, *Note in tema di dematerializzazione*; Cass., 27 ottobre 2006, n. 23268。）

实际上，账户本身并不被认为是当然的财产，也并非一种权利，而只有财产和权利才可以构成质押的客体。

此外，将“账户”界定为质押对象的理论还可能产生降低识别具体证券义务的风险，它们的客体可能是账户，也可能是价值，还可能是整体；相反，恰恰是在担保层面，包括根据 1998 年第 213 号立法性政令第 34 条之规定，在管理层面对证券的识别义务不会在各种后续变动中消失，而且该义务能使账户持有人检查（包括事后追溯）其关于保管资产的指示是否得到了尊重。

关于金融资产的质押，一些学说还将其归入“对价值的质押”或“对整体价值的质押”，这显然受到前述有关流动质押的理论的影响——前述学说的特征在于，“价值”的概念承担了举足轻重的作用，但是所谓的“对价值的质押”将面临与前述理论相同的批判，即上述对“账户质押”观点的批评同样适用于该学说，因为这种解释显然与《民法典》第 2784 条之规定不兼容。

还有一些学者利用“浮动质押”（pegno fluttuante）的概念来解释电子化金融资产质押（参见 Piscitello, *Le garanzia bancarie flottanti*, 1999, 2 ss.），但该学者错误地将浮动质押与流动质押相混淆。（转下页）

当发生破产时，就担保的对抗效力而言，无论为了考查担保是否有偿（gratuità od onerosità），还是考察担保成立与债权让与是否同时发生（contestualità fra la costituzione della garanzia e la concessione del credito），或是破产撤销（revocatoria fallimentare）规定的期限是否届满，需要考虑的关键和核心是质押设立的时间，[681] 也即登记的时间。之所以如此，是因为1998年第213号立法性政令第32条规定“登记完成时，账户权利人可以根据登记的金融资产的相关法律，合法且排他的行使与该金融资产有关的所有权利”。由此产生的额外的法律效果是，在考察是否符合法律有关优先受偿权的形式要件要求时，也应以登记时的情况为准，因为在这类质押中，就质押的设立而言，登记与动产质押中的交付具有相同

（接上页）实际上，尽管立法者——可能——由于受到某些错误建议的影响而不恰当地使用了某些概念，但将“浮动”一词用于金融资产质押，显然表明我们的立法者尝试将其他国家司法经验构建的制度转换和融入我们的法律体系中。然而，其他国家的制度具有其自身独特的特征，这些特征使得这些制度很难融入我们的法律体系，除非我们的法律体系中也存在与该法律制度完全相同的制度，或者在融入时明确说明和界定使用相关法律术语的具体条件。但是，在我们讨论的情形中，这种条件并不具备，因为立法者在立法时采用的表述是“vincoli sull’insieme degli strumenti finanziari”，从立法语言技术的角度来看，这种表述显然并不合适，但这些顾虑不能也不应使我们在解释时认为质押的效力是及于“所有金融资产的整体”（nell’insieme degli strumenti finanziari）。

实际上，质押的效力可以仅建立于某一类金融资产上，而且如前所述，就质押设立而言，特别是为了有效地产生优先受偿权而言，这一包括所谓“整体”（insieme）的具体金融资产任何时候都应单独区分出来并予以确定——无论是出于设立质押的目的，还是出于在质押期间置换质押财产或补充质押财产的目的。

681　L. Capaldo, *Natura, contenuto e profili problematici delle norme bancarie in materia di pegno*, 957; Panzani, *Pegno rotativo e pegno sugli strumenti finanziari*, 950.

的功效。[682]

关于流动质押的特征，理论界在建构时提出了多个特征，但法律在调整以金融资产设定的流动质押时，采纳和保留了上述众多特征之一。即当多个债权竞存时，用与质押财产具有相同价值的金融资产置换原质押财产，[683]并不违反债权的平等性原则。因为享受优先受偿权的条件自始（*ab origine*）——在登记时——就已满足，[684]因此不必在每次变动账户时再重新办理。这意味着，原担保所具有的对抗其他债权人的效力，不受担保期间质押财产的置换或补充的影响，因为此类模式的质押一旦设立，就将导致统一且连续一贯的经济活动（unica e unitaria operazione economica）。[685]

---

682 从时间的角度来看，登记之时也是质押设立之时，从此时起，质押债权人开始享有所有法律赋予的权利和支配力。

683 E. Gabrielli, *Il pegno "anomalo"*, 216 ss.; 另参见 M. Rescigno, *Le garanzie «rotative» convenzionali: fattispecie e problemi di disciplina*, 11。

684 对此，人们提出的疑问是：这种情况下，为了产生有效的优先受偿权，是否仍必须遵守《民法典》第 2787 条第 3 款之规定？对此持肯定回答的理论，参见 Marano, *Pegno bancario e fallimento*, 120。对此持否定性回答的理论，参见 Briolini, *I vincoli sui titoli di credito*, 308, n. 74; Panzani, *Pegno rotativo e pegno sugli strumenti finanziari*, 948。

685 针对经济活动这一概念在体系的形式重构方面的重要性，特别是针对合同当事人的利益而言，参见 E. Gabrielli, *Il contratto e l'operazione economica*, Ⅰ, 93 ss.; Id., *Tipo contrattuale*, in *Enc. giur. treccani*, *Agg.*, Ⅷ, Roma, 2000, 1 ss. (ora anche in E. Gabrielli, *Studi sui contratti*, 2000, 699); Id., *Il contratto e le sue classificazioni*, in E. Gabrielli (a cura di), *I contratti in generale*, t. Ⅰ, 46 ss.; Id., *L'operazione economica nella teoria del contratto*, 9; Id., *Contratto e operazione economica*, in 243 ss.; G.B. Ferri, *Operazioni negoziali «complesse» e la causa come funzione economico–individuale del negozio giuridico*, in *Dir. giur.*, 2008, 318; Palermo, *L'autonomia negoziale*, Torino, 2011, 20 ss.。

三、意思自治与担保的流动性及流动担保协议

在流动担保的情形中，协议流动质押占据最为重要的地位（primario rilievo）。这意味着，可以通过意思自治行为（atto di privata autonomia）来设立此类担保。[686]

担保具有流动性这一创意，意味着此类担保的效力突破了最初交付的担保财产的期限限制，也突破了在担保期间不能变更担保财产的限制，并且与开展的经济活动所追求的效果相一致——因为如果每次担保发生变化时都必须重新办理优先受偿权的法律文件，那么就会使经济活动所要追求的效果大打折扣（frustrata）。

事实上，在设立流动担保的过程中，关于交易结构及其适用的规则，当事人可以通过专门条款明确约定最初担保财产中能够转让（trasferirsi）的财产、证券或金融资产，并同时约定——根据交易的计划和安排，以及与担保所实质承担的和不可或缺的交易部分——每个阶段的具体交易安排，包括拟转让的时间、拟转让的担保标的（财产、价值或权利），还可用图表的方式进行细化规定。

在原质押设立时，仍应遵循《民法典》第 2787 条和第 2800 条之规定，包括设立质押的法律文件的规定和形式要求，只是在统一的经济活动背景下，在质押设立后可以置换质押财产，[687]但这种置换

686　E. Gabrielli, *Il pegno «anomalo»*, 182 ss., 216 ss.; Id., *Le garanzie rotative*, 853; Id., *Sulle garanzie rotative*, 22.

687　参见同上。

不会导致原法律关系的改变，也不意味着产生新的质押，而是原质押效力的延续，并与其保持一致——这在原因方面显得尤为明显。

关于担保物权的对外效力，置换后的担保是对原担保关系的延续。也就是说，置换后质押对第三人的效力，仍自原质押设立之日起计算。

事实上，“流动担保”一词既来自其作用和交易结构，也是对其功能和交易结构的同义表达，在法律利益相互冲突的情况下，在事实层面和交易层面，对与流动担保所处的经济活动有关的所有构成要素——类型的、形态的和功能的——进行考虑和评估，而不是对单个或某个限定的行为进行评估，正是基于此，才出现了“流动”担保的概念和对应的规则。

流动担保所追求的特别担保效果（particolare atteggiarsi della garanzia）使得其能够对经济活动的要素（即客体）进行调整改变，但这一变化不会导致产生新的担保，且变化后的法律关系与原担保相同。这一点与物权担保的设立目的恰恰相反：在流动担保中，流动性恰恰体现为，其允许人们能够将根据之后阶段需要设立的担保统一在一个担保行为之中（porre in essere un’unitaria operazione di garanzia che secondo fasi successive）——而这在担保一开始设立时就已经设定——如此一来，其在延长期限的同时，也突破了因单个行为的特定性而造成的界限。

事实上，流动质押中置换质押财产并不会产生新的质押，而只是具有物的替代（surrogazione reale）效果：随着时间变换，可以通过不同的质押标的（oggetti materiali diversi）实现与原质押相同的担保功能。

法律机制的关键就在于制定出具有流动担保效力的特别约定，并将其写入设立质押的法律文件中，至于其内容，可以根据具体的经济活动中所要实现的利益和作用做不同的约定和表述。

质押设立协议中的流动担保条款（patto di rotatività），也是当事人对质押财产替代事项的协议。

需要注意的是，流动担保中的物的替代，作为一种合同上的控制手段，其在排除更新效果（effetto novativo）的同时，维持了原担保关系的不变，因为物在替代时应遵循的基本原则是必须保证担保财产的价值，即用于置换的担保财产需与被置换的财产具有相等的价值。[688]

如前所述，质押担保所保护的利益，指向的并非是质押的物，而是质物的效用（utilità），即物所代表的经济价值，而这也与物权担保的含义相一致。[689]

此外，就法律规定层面而言，担保客体的特征表现为其仅是外部手段和具有间接性，因为无论是根据法律还是当事人的意思，都是为了实现以下目的，即将具体客观的担保财产与那些由单个具体

688　E. Gabrielli, *Il pegno "anomalo"*, 187 ss., 216; Id., *Le garanzie rotative*, 912; Id., *Sulle garanzie rotative*, 132.

目前该原则已经得到了司法实践的认可，并被司法判决所采纳，参见 Cass., 28 maggio 1998, n. 5264; Cass., 27 novembre 1999, n. 10685; Cass., 5 marzo 2004, n. 4520; Cass., 1 febbraio 2008, n. 2456。

689　E. Gabrielli, *Il pegno "anomalo"*, 189. 该观点也得到了其他学者的支持，参见 M. Rescigno, *Le garanzie rotative convenzionali: fattispecie e problemi di disciplina*, 5 ss.; Macario, *Azione revocatoria e prestazione di garanzia*, 621; Chinè, *Pegno. Pegno rotativo*, 5。另参见 D. Messinetti, *Le strutture formali della garanzia mobiliare*, 797, spec. 800。

的物统一构成的抽象的担保财产区分开来。[690]

流动担保条款，从形式结构上应与其所要实现的功能相适应。为了能够对第三人发生效力，应在该条款中规定和明确——自物权担保设立之时，即根据《民法典》第 2787 条和第 2800 条规定的载有具体日期的书面文件[691]——物权担保的流动机制（即存续期间）以及在随后发生担保财产置换时为确定担保财产（物、债权或其他权利）所需要参考的必要因素，通过上述机制以维持经济活动的原有价值不变，也保证其形式上的统一。[692]

当事人也可以在设立质押的法律文件中通过特别条款明确约定，在质押设立后仍可以转移的质押财产或金融商品。

鉴于流动担保的交易结构和商业考量，是为了在设立担保时通过约定担保的“流动”机制的方式来实现将一个担保覆盖和延伸至该经济活动随后多个阶段的目的，因此其允许人们就每个阶段分别作出约定，包括每个阶段起止时间以及不同阶段对应的标的物，还可以用图表的方式来呈现。

针对那些存在合法权利根据且利益冲突的主体，上述自治性约定也不会无效，因为在质押设立后，必须对担保行为的有效性——

---

690 D. Messinetti, *Le strutture formali della garanzia mobiliare*, 814-815. 在该学者看来，在流动担保中存在一种中立形式，这种中立介于担保财产和构成自然关系的具体财产之间。

691 参见 Cass., 5 marzo 2004, n. 4520。

692 E. Gabrielli, *Il pegno "anomalo"*, 217; Id., *Sulle garanzie rotative*, 127, 139.

赞同上述观点的论述，参见 Foschini, *Pegni anomali e revocatoria fallimentare*, 1210; Panzani, *Pegno rotativo e pegno sugli strumenti finanziari*, 946。相关司法判例，参见 Cass., 14 giugno 2000, n. 8089。根据该判例，当事人需要在质押设立文件中明确对原担保财产的置换，同时要求在设立质押文件中至少表明将原担保效力扩展至新的担保财产。

是否符合法律规定的有效要件以及是否符合满足法律规定的对抗第三人的要求——和流动条款的效力进行审查，以避免质押债权人与债务人（或作为出质人的第三人）之间的欺诈或串通行为，即在质押设立后通过置换担保财产来欺骗他人。

就流动担保的形式结构而言，需要强调的是——尽管有权威观点持反对态度[693]——如果采纳之前所述的观点，即在确定担保类型时关键的是其作用。与之形成对照的是，鉴于流动质押中担保功能——即便存在流动条款——未被改变，因此也未改变形式结构以及质押作为法定担保类型的属性，而只是嵌入现有法律体系之中，因此其是一种“特别”（anomala）质押，但绝不是“非典型”（atipica）质押。[694]

四、流动担保条款的效力与等值替换原则

就流动担保条款的对外效力——是否能够对抗第三人——而言，总体上看更像是一个关于设立担保的意思解释问题。该问题的实质是，如果当事人通过意思自治制定的条款严格遵守《民法典》

693　关于这一点，加佐利和加布里埃利两位学者存在不同的认识，并在学者间引发了相关争论，具体参见 Gazzoni, *Qualche dubbio sul pegno rotativo (in attesa di spiegazioni...)*, 1464; Id., *Il vestito dell'imperatore (replica ossessiva sul pegno rotativo)*, Ⅰ, 563; E. Gabrielli, *"Pinocchio", il "Grillo Parlante" e il problema del pegno rotativo: spiegazioni ... a richiesta (fra il serio e il faceto)*, 547 ss.。

694　参见 E. Gabrielli, *Il pegno «anomalo»*, 123 ss., 187 ss., 216 ss.。也有其他学者持相同观点，参见 Chinè, *Pegno. Pegno rotativo*, 6; *Macario, Azione revocatoria e prestazione di garanzia,* 621。

持相同观点的司法判例，参见 Cass., 27 ottobre 2006, n. 23268。

第2787条第3款和第2800条规定的要求，那么当事人是否可以在最初就担保进行协商时就明确和确定后续阶段将要发生的担保财产的置换，包括被置换的财产、金融资产，以及其价值。

流动质押对抗第三人效力的法理基础在于，理论上，撤销之诉不构成流动担保中担保财产流动性的障碍。实际上，即便认为担保财产的置换形成了新的质押权，[695]此时撤销权也被排除，因为如果担保财产的置换是发生在法律有关普通撤销之诉或破产撤销之诉规定的期限内，那么此时债权人“并未因担保财产的置换而受到任何损害，因为在置换时其并未超出最初设立质押时的财产价值”[696]。

由此导致的额外效果是，“如果想要提起破产撤销之诉，那么（可疑）期限——即其认为基于该行为可以提起诉讼——应自担保设立时开始计算”[697]。

相反的观点认为，该问题与担保财产是否导致新的质押产生无关，只要存在置换担保财产的事实，那么就应为无担保债权人（creditori chirografari）提供救济和保护，而且如果质押继续对原担保财产有效，那么还应提供更强有力和精确的保护。[698]

鉴于用于置换的财产应与被置换的财产必须具有相等的价值，这决定了针对前述对等关系的评估，即相关财产的价值评估应以置换时的价值为准，而非强制执行时——无论执行是单个还是数

695 E. Gabrielli, *Il pegno «anomalo»*, 131 ss., 187 ss., 216.

696 Gorla e Zanelli, *Del pegno. Delle ipoteche*, 35, n.1; Rubino, *La responsabilità patrimoniale. Il pegno*, 206.

697 Foschini, *Pegni anomali e revocatoria fallimentare*, 1215 ss.

698 持相同观点的论证，参见Panzani, *Pegno rotativo e pegno sugli strumenti finanziari*, 946。

个——的价值为准。

对此人们补充认为，如果当事人在设立质押时明确约定了流动担保条款，那么当发生担保财产替换时，不能认为这一置换构成出质人财产情况的恶化（mutamento *in pejus*）。[699]

针对流动担保中担保财产（物或证券）的变化是否属于破产撤销中“新的”这一问题，人们认为对此应作出否定性回答，除了前文所述的未给债权人造成损害的理由外，人们还从另一角度作出了解释，该解释从概念重构的视角——目的论和本质论的视角对概念的文义进行重构——认为应将其看作一个统一的经济活动，因此答案应是否定的。

反对可以针对流动置换条款提起普通撤销之诉和破产撤销之诉的主要依据在于，流动担保遵循担保财产价值不变原则，即相较于担保设立时的情况，担保财产的价值应保持不变。该原则才是对债权人平等保护的真正体现。[700]

为了避免给其他竞存债权人造成损失，需要质押权人通过强制执行——无论是单独还是与其他债权人共同提出的执行——接受的

699 针对达成协议这点，相关的论述很多，在此仅列举部分：Chiné, *Il pegno «rotativo» tra realità e consensualità*, 574; Bussani, *Il modello italiano delle garanzie reali*, 174; Panzani, *Pegno rotativo e pegno sugli strumenti finanziari*, 946; Piscitello, *Le garanzie bancarie flottanti*, 103, n. 145; Chinè, *Pegno. Pegno rotativo*, 8。

相关的司法判决，参见 Cass., 27 settembre 1999, n.10685; Cass., 11 novembre 2003, n. 16914。

700 该原则目前已经被司法实践所采纳，相关的判例参见 Cass., 28 maggio 1998, n.5264; Cass., 27 novembre 1999, n. 10685; Cass., 5 marzo 2004, n. 4520; Cass., 1 febbraio 2008, n. 2456。在最高法院 1998 年 5 月 28 日第 5264 号判决（Cass., 28 maggio 1998, n.5264）中，明确指出在该案中“替换担保财产，并未改变用于优先偿还质押债权人的财产的价值，同时也未损害其他债权人的利益”。

“物的效用”（utilità reale），即价值，不得超过其就原担保财产所能获得的价值。

如果在担保期间发生了质押财产的置换，且因该置换而使质押财产的价值发生了变化，那么为确保置换前后质押财产价值的等值性，需要根据情况*对被置换的财产进行适度调整，以评估和核查其价值，[701]在做这种评估与核查时，应且只能根据流动担保条款设立之后的情况进行综合评估（即评估对其他竞存债权人可能造成的财产性损失）。[702]

由此得出的明显推论是，在对原担保财产与置换担保财产的价值是否等价进行评估时，应以置换发生时的情况来（就财产的价值）进行评估和审查，而不是以强制执行时的情况来评估相关财产的价值。

至于那些享有优先受偿权的法律文件却对质押财产不能行使优先

---

* 如市场价格波动。——译者

701 正如不断重复强调的那样，无论是担保财产的置换还是相关的机制，在任何情况下都应事先在流动置换条款中作出明确约定。

在此意义上，参见 Cass., 14 giugno 2000, n. 8089。在该判决的说理部分，法院指出“为了使约定有效，当事人应在协议中明确约定有关原担保财产的置换事宜，并约定将原担保效力扩展至新的担保财产”；持相同观点的还有 Cass., 25 gennaio 2010, n. 1526, in *Riv. not.*, 2011, 162。根据该判决，“在流动质押中，有关置换担保财产应以交付为准以及置换物的价值不高于先前担保财产的价值的约定，并非流动质押协议的生效条件，也不会因违反而导致无效，上述约定仅是债权人得就其收到的质物享有对抗第三人的优先受偿权的必要条件”。法庭还进一步补充指出，载有明确日期的书面文件，其目的仅限于判定由担保物权所产出的优先受偿权是否有效，而非用于判定流动质押协议的效力。

702 针对在质押设立阶段和质押实现阶段违反流动质押协议规则所产生的效力和处罚问题，参见 M. Rescigno, *Le garanzie «rotative» convenzionali: fattispecie e problemi di disciplina*, 28。

受偿权的债权人，如何对其进行保护这一问题，事实上，他可以通过证明存在以下情形——在符合法律（《意大利民法典》第 2787 条和第 2800 条）关于行使优先受偿权的要求的前提下——来获得保护：

a）在经济担保业务中，根据流动担保条款进行财产置换后，尽管替换时进行了中度调整，但原担保财产的最终价值与其最初价值相比未发生改变。

b）尽管发生了财产置换，但担保财产的价值因相关证券获得其他收益而保持不变，此时债权人未因担保财产置换而遭受损失。

除此之外，所有解决路径——在原担保财产的价值发生变化时（增值或贬值）——都存在风险：一方面，可能会改变当事人在担保设立文件中约定的最初方案；另一方面，可能会改变法律规定的最初设想，包括关于那些享有权利却存在利益冲突的第三人的法律地位、质押权人对质押财产和就质押财产享有的优先权相关的期限。

这种改变会因个案的具体情况而有所不同，主要取决于随机情况和案件事实，但这种改变当然不应被允许，因为其违反了流动担保的效力在时间上的持续性原则。

在这个意义上，需要指出的是，因置换而使原质押财产发生的增值，并不会损害无担保债权人的利益，相反对其更有利，因为债务人被转移占有的财产的价值超过担保的债权额，因此将使得不享有先取特权的债权人可以——甚至在破产的情形下（moneta fallimentare）——请求用余额部分清偿自己的债。

但如果原担保财产的价值（因情况变化）不足以完全清偿债权，此时则应得出截然相反的结论：在这种情况下，用价值更大的财产来替换原担保财产，固然使质押权人的地位得到优化，却牺牲了无担保债权人的利益。

变换推理的条件可以得出相反的情形，即也可能存在置换财产的价值（因情况变化）低于原担保财产价值的情形，此时仍可适用前述法理进行类推。

对此，不得不提及理论界的一种观点。根据这种理论，法律关于质押优先受偿权的规定（《民法典》第2787条和第2800条）旨在对不同主体之间发生利益冲突时的先后顺位进行调整，而调整的手段则是由这些冲突的利益主体证明（即法律对不同质押情形规定的要件）自己比之后的主体先满足了法律规定的形式要件，以此主张自己的优先受偿权。因此，对这种情形的调整本身就是不正常的（patologica）：冲突主体之间的利益冲突永远是在担保权设立之后。

由此得出的推论是，在确定破产撤销之诉的“可疑”期限时，应自担保设立时开始计算，之所以如此，是因为其是一个统一的——无论是就功能还是就结构而言——经济活动。[703]

703 正如前文多次阐明的那样，流动质押担保的功能恰恰在于排除因财产置换而产生的法律关系的更新效力，因为这种财产置换发生的背景是一个统一的经济活动。有关前文论述，参见 E. Gabrielli, *Il pegno “anomalo”*, 189, 212; Id., *Il pegno*, 239; Id., *Rotatività della garanzia*, 828 ss.。

上述原则此外也得到司法判例的认可，并为其所采纳。实际上，相当长一段时间以来，司法部门在其判决中一直坚持的观点是，流动担保条款“源自当事人的协议，并且随着质押财产的置换而完成，财产置换无需另外签订协议，其是原法律关系的延续，其效力可以溯及至原质押财产交付时；因此，在提起破产撤销之诉的场合，对担保物权的审查应回溯至原担保协议签订时，而非之后发生财产置换时”。相关的司法判例，参见 Cass., 27 settembre 1999, n. 10685; Cass., 14 giugno 2000, n. 9089; Cass., 11 novembre 2003, n. 16914; Cass., 5 marzo 2004, n. 4520; Cass., 1 febbraio 2008, n. 2456; Trib. Palermo, 3 ottobre 2000; Trib. Milano, 17 novembre 1997; Trib. Verona, 17 febbraio 2000, in *Fall.*, 2001, 341, con nota di Dabormida, *Validità del patto di rotatività in sede di revocatoria fallimentare*。（转下页）

五、流动担保及与融资担保合同有关的规定

2004 年 5 月 26 日颁布的第 170 号立法性政令也对流动担保做了规定，并细化了类型。[704]

实际上，该法“定义界定”部分首先对流动担保的含义做了规定，该法第 1 条第 g 款规定，“置换条款”被界定为“融资担保合同中的条款，该条款允许当事人在原担保财产价值的范围内，置换全部或部分担保财产”*。

流动担保中，尽管担保财产发生了实质性变化，但原担保效力仍然继续，且不因时间推移而改变，这一连续性机制还表现在法律文本，特别是有关概念、定义中，比如除了之前提及的“置换条款”外，法律还对“补充条款”（第 1 条第 e 款）（clausola di integrazione）、“等值担保条款”（la clausola di garanzia equivalente）

（接上页）有关理论界的讨论，参见 Jorio, *Le crisi d'impresa. Il fallimento*, in *Tratt. dir. priv.*, Iudica e Zatti, Milano, 2000, 465; Panzani, *Pegno rotativo e pegno sugli strumenti finanziari*, 944 ss.; Azzaro, *Il pegno «rotativo» e la sua tipicità giurisprudenziale*, 769; Chinè, *Pegno. Pegno rotativo*, 7; Macario, *Azione revocatoria e prestazione di garanzia*, 622。

704　E. Gabrielli, *Contratti di garanzia finanziaria, stabilità del mercato e procedure concorsuali*, 515; Id., *Il pegno*, 263; Id., *I contratti di garanzia finanziaria*, 308; Id., *Le garanzie finanziarie. Profili generali*, 1753; Rago, *Manuale della revocatoria fallimentare,* 2 ed., Padova, 2006, 692; Agnese, *I contratti di garanzia finanziaria nel diritto civile*, 145; Lobuono, *I contratti di garanzia*, 263.

*　鉴于该定义较为重要，在此将定义原文附上：la clausola del contratto di garanzia finanziaria che prevede la possibilità di sostituire in tutto o in parte l'oggetto, nei limiti di valore dei beni originariamente costituiti in garanzia. ——译者

做了规定。所谓补充条款，是融资担保合同中的条款，该条款规定，在以下情形中应当在原担保的基础上提供融资担保或对原融资担保进行补充：1）被担保的金融债务总额因市场变化而发生改变，这种改变可能是因当前市场价格变化所致，也可能是因原担保财产的价值发生变化所致；2）如果由于第 1）项所述原因以外的其他原因导致被担保的金融债务总额被改变。“等值担保”条款（第 1 条第1款），适用的情形包括“担保客体是货币时，此时两者应具有相同的金额和估价；当担保的客体是金融商品时，此时金融商品的发行人和债务人应相同、金融商品属于相同的发行类别或等级，且具有相同的面值、估价和属性；当融资担保合同有特别约定时，即合同约定当发生影响或可能影响作为担保财产的金融商品的价值的事件时，可以提供的其他担保财产”。

就最后一种情形而言，尽管其与真正意义上的流动担保和担保的流动机制无关，但其表明了立法者的坚定态度和立法趋势，即就融资担保的形式结构而言，立法者更倾向于灵活和弹性的机制。

此外，该法在规定的前面部分还对流动担保做了专门规定，如第 5 条和第 9 条对担保合同未获清偿情况时的竞合情形做了规定。

第 5 条规定了所谓的担保的用益权（diritto di utilizzo della garanzia），根据该条规定，“质押权人可以根据当事人在融资担保合同中的约定，通过包括转让等方式对质押的金融资产进行处分”，在这种情况下，“行使第 1 款规定的处分权的质押债权人有义务在‘被担保的债务’到期之前恢复（ricostituire）担保以置换原担保，即置换的担保应与原担保具有相等价值”。质押权人对担保的恢复性重构，“不构成新的担保，而被视为自原担保提供之日起设立”。

至于多个债权人竞存时如何解决利益冲突，根据第 9 条之规定，只要担保的受益人可以证明其不知道也不可能知道相关诉讼的存在，那么提供的替代性或补充性融资担保以及与担保有关的合同，不会仅因其日期——无论其发生的日期先于还是后于其他债权人提起诉讼的日期，还是与提起诉讼的日期相同——而对其他债权人不生效力。

该条还规定，根据《破产法》第 66 条和第 67 条关于撤销担保设立的规定，还有其他一系列的合同类型被视同为质押（如债权让与担保合同、所有权让与担保合同）；根据置换条款而实施的担保不构成新的担保并被视为自原担保设立之时设立；根据补充条款提供的担保被视为与担保债务同时进行，对于 2004 年第 170 号立法性政令第 1 条第 e 款第 1 项规定的情形，原则上视为在提供原担保时完成，如果没有原担保，则视为在签订担保合同时进行；对于 2004 年第 170 号立法性政令第 1 条第 e 款第 2 项规定的情形，则视为在提供补充担保时完成。

由上可见，上述两条规定的内容都强化了流动担保作为——尽管已经得到了其他法律的认可——“法定类型”的属性，同时还扩大至诉讼领域。比如，一方面其通过援引适用关于每种担保类型的相关规定，进而将其扩大适用于政令规定的“双务”的情形；另一方面在担保的功能性和有效性层面，还延伸至更为重要的破产撤销的问题，因为该法令规定，就确定担保的连续一致性以及计算怀疑期而言，置换后的担保与原担保具有完全相等的效力。这意味着，与被担保债务的产生具有一致性这一特征得到了认可，由此导致的法律后果是此种情形不适用关于撤销规定的第 2 款。

第七章　权利冲突

一、引言

担保的法律约束力来自设立的质押权利。与其他权利的运行情况类似，质押权也可能发生权利冲突，即当在质押标的上还存在其他权利时，就会引发对同一标的的权利竞合，如质押权人与对质押标的享有债权的其他债权人之间的冲突，又如质押权与出质人对质物的所有权之间的冲突，再如第三人也可能因某个意思自治行为而对质押标的享有权利，进而与质押权发生竞合。

显而易见的是，就权利冲突问题的解决而言，质押比抵押的情况更为复杂。因为与抵押不同的是，质押欠缺类似抵押那样专门的公示制度，而且权利冲突的解决机制在质押中显得尤为重要。原因在于，在质押中，权利主体的优先等级（通过物的交付或通过法律对质押财产或权利规定的其他形式）将决定权利实现时的优先级（即不同法律事实中各方主体的权利发生冲突时的优先顺位）——在实体权利层面，体现为质押权人行使法律赋予的实现权利（poteri satisfattivi）；在执行程序层面，体现为质押权人为实现债权和他物权（*ius in re aliena*）而发起的单个执行程序或竞争性的执行程序。

二、在同一物上就多个债权设立多个质押时的权利冲突

在同一物上就多个债权设立多个质押，根据质押设立的时间可以区分为两种不同的情况：一种情况是这些不同的质押是在不同的时间先后设立，而且相互独立，互不相干；另一种情况是这些不同的质押是同时或在同一时间设立的。

对第一种情形，解决权利冲突和确立权利优先顺位的原则是，或者根据占有（动产质押），或者根据通知（债权质押），具体将取决于书面文件中载明日期的先后以及对法律关于优先权的设定形式要件的遵守情况。

因此，就担保设立而言，最先取得物的占有或权利凭证的人将获得质押权，此时可以适用《民法典》第 1169 条和第 1380 条第 2 款规定的条件。[705]

第二个及之后的债权人，尽管未能取得物的占有，但如果第一债权人同意成为（后续质押关系）当事人选出的第三方保管人，那么仍可在该物上继续设立质押（i pegni successivi）——此时，第一债权人除了应为自己和所有权人的利益保管质物外，还承担着为其他债权人保管质物的义务。这意味着，在第一债权人不知情的情况下，不可能在已经交付给第一债权人的物上再设立质押。[706]

但是，如果第一债权人拒绝持有（detenere）物，则不能强迫

705　Gorla e Zanelli, *Del pegno. Delle ipoteche*, 80.

706　参见上书，第 81 页。

（其持有物）。[707]

对于这种情况，人们认为可以就变卖质物所得（超出第一债权人债权）的余额部分设立第二个质押，此时构成在未来债权上设立的质押（pegno di un credito futuro），而该未来债权的债务人则是第一债权人。在设立这种质押时，应将这一事实——债务人用其对第一债权人享有的余额返还债权设立质押——通过书面文件通知第一债权人，而非像某些学者主张的那样，通知的内容是针对质物超出第一个债权的余额的异议（opposizione sul futuro eventuale residuo prezzo），也不是授权第一债权人将变卖清偿后的余额支付给第二债权人，因为后面两种通知仅能在当事人之间产生效力，而不能产生设立质押且对抗第三人的效力（比如其他债权人或取得质押财产所有权的第三人）。相同地，如果第一债权人拒绝作为保管人为后续的债权人占有质物，此时不能以授权第一债权人将质物返还给第二债权人为客体设立质押，也不能以反对将质物返还给原出质人为客体设立质押，因为原则上——除非该返还请求权源自权利凭证——不能就请求返还物的权利设立质押，由此导致的结果是，在这种情况下仅在当事人之间具有约束力，而且只有在第一债权人将物交给第二债权人时，质押方才设立。[708]

如果第一个质押中质物是由第三人保管，那么出质人可以继续在该质物上为其他债权人设立后续质押，但前提是作为保管人的第三人也同意代表后设立质押的债权人占有质物，此时新质押的设立

707 Rubino, *La responsabilità patrimoniale.Il pegno*, 195; Gorla e Zanelli, *Del pegno. Delle ipoteche*, 81.

708 Gorla e Zanelli, *op. cit.*, 81.

无需征求第一债权人的同意。[709]

在同一物上存在多个质押时，如果质押债权的数额超过 5000 里拉，那么此时显然应按照《民法典》第 2787 条第 3 款之规定采用书面形式，如此一来，不同质押权人之间的优先受偿权冲突事实上变成了一个优先顺位的问题，此时权利冲突的解决——无论是发生在质押权人之间，还是发生在质押权人与第三人之间——取决于两个方面：一方面是设立质押的书面文件中载明的日期靠前的优先，另一方面是设立质押的书面文件中载明的日期先于执行扣押的优先。[710]

权利的优先性导致和决定了其他的相关法律后果，如就孳息的收取而言，也属于第一债权人。

如果是在同一债权上先后设立质押，权利冲突的管控则被简化，同时也使得多个质押成为可能，因为每个新质押的获得以履行通知——将其设立质押一事通知被质押债权的债务人——为前提；如果质押是先后设立的，或者各个质押的设立方式相互独立，那么

709　Rubino, *La responsabilità patrimoniale.Il pegno*, 195; Gorla e Zanelli, *Del pegno. Delle ipoteche*, 80.

710　Gorla e Zanelli, *op. cit.*, 94. 在两位学者看来，在解决权利冲突时，不应根据取得占有的时间先后或在有价证券上记载和登记的先后来决定优先顺位与优先受偿权的顺位，而应根据书面文件中载明的时间先后来决定优先顺序。因为，为了享有优先受偿权而有效设立质押的人，其与提起扣押的无担保债权人具有相同的法律地位。如果存在多个债权人，且每个债权的数额都不超过 5000 里拉，那么应根据取得占有的先后顺序来决定各个债权人的优先顺位；如果债权数额超过 5000 里拉，但每个债权人都没有载明具体日期的书面文件，那么每个人都没有——无论是这些债权人之间，还是这些债权人相较于其他债权人——优先受偿权；如果所有的债权人都具有书面文件，而且书面文件载明的具体日期是同一天，该日期又早于扣押日期，那么这些债权人将具有相同的顺序，并且优先于无担保债权人。

通知的日期将成为决定不同债权人优先受偿权顺位的依据；被质押的债权文件可以只交给众多债权人中的一人，但该债权人不会因此而获得特别的地位；相反，其他债权人仍有义务按照《民法典》第2802条之规定履行被质押债权的保管行为。[711]

至于通过强制执行实现质押的情形，只有在第一债权人就质物实现其债权后仍有余额时，其他质押权人方能要求用余额部分来实现自己的债权；如果第一顺位的债权被宣布无效或因其他原因而消灭，第二顺位的债权将取代其优先顺位，并以此类推决定每个债权人在强制执行程序中的顺位。

如果是同时在同一财产上为多个债权人设立不同的质押，对质物或权利凭证的占有应交给第三人保管——该第三人的选任应经过所有债权人的同意，也可以交给份额更多的共同债权人，还可以交给具有共同利益的债权人之一，此时该债权人将承担其他债权人的保管人的作用；[712] 如果当事人不能就委托哪个债权人来保管达成一致，那么也可以请求法官来指定一人保管。

至于债权人之间的优先受偿权顺位，法律规定其利益冲突将根据债权人的内部约定——多个债权人正是基于该约定才同时设立的质押——处理，如果没有该约定，那么所有的债权将具有相同的顺位。[713] 在这种情况下，设立文件中载明的日期，尽管对内部关系而言没有特别的法律意义，[714] 但在对外效力方面——对抗第三人方面——仍具有法律意义。

711 Rubino, *La responsabilità patrimoniale.Il pegno*, 194-195; Realmonte, *Il pegno*, 803.

712 Gorla e Zanelli, *Del pegno. Delle ipoteche*, 80.

713 参见上书，第95页。

714 参见同上。

在同时为多个债权人设立质押的情形中，质物的持有人应向每个债权人偿付孳息，即应将收取的孳息分成若干份额，并向每个债权人交付，至于该份额是多少，则取决于债权数额、本金和利息在总额中的比例，并与该比例对应。

在同时设立质押的情形，可以先由第一个债权到期后未获清偿的债权人启动质押实现程序，但就变卖所得部分，可以由各个债权人根据比例——该比例应与各个债权人的债权占总债权的份额一致——进行分配。如果当事人以书面方式对配额有特别约定（apposito patto scritto）的，则该部分份额（quote virili）向执行程序中加入的其他债权人进行分配。对那些未能或不愿加入变卖程序的债权人的份额，应暂时予以搁置，如果这部分债权因债务人自愿清偿或因其他原因而消灭，则应在前述已获得份额的第一批债权人中进行再次分配。[715]

在以同一债权为多个债权设立质押的情形中，如果某个质押债权先于被质押债权到期，那么该质押权人可以根据《民法典》第2804条之规定要求对被质押债权进行处分或变卖，对变现所得按照前述有关动产质押的法律规定处理。反之，如果被质押债权先于所有质押债权到期，或因其他原因没有任何质押债权人要求处分或变卖被质押债权，人们认为应分情况处理：一方面，如果债权是源于某个债权文件，那么权利人的沉默使得此时仅债权文件的持有人有权根据《民法典》第2802条主张债权，要求债务人履行；另一方面，如果被质押债权并非源于债权文件，那么此时每个质押权人

715　Rubino, *La responsabilità patrimoniale.Il pegno*, 195.

都可主张债权，但在处分债权时应尽到善良管理人的义务。[716]

当在同一财产上存在多个质押时，无论这些质押是同时设立还是先后设立，每个债权人，包括未实际占有质押财产的债权人，既有权根据《民法典》第2795条之规定要求提前出售质押财产，也有权根据《民法典》第2793条之规定要求对质押财产实施假扣押。[717]

此外，在上述两种情形，如果除了占有之外，还需对质押的证券办理质押背书（或需在记名证券上背书或需对证券在发行人处登记或备案），那么该背书应考虑所有债权人的利益，或有利于每个债权人并与每个人所持证券的优先顺位相适应（当先后设立时），而这独立于质押财产的占有情况，即无论其是否为所有债权人的利益而占有。如果质押权人的债权并非来自证券本身，那么这时其与持有证券的质押权人——其质押权来自证券本身，且同意为他人占有或共同占有证券——则受其内部关系的调整。[718]

权利冲突解决和优先权的确定标准，也应考虑证券背书、占有（动产质押和无记名证券质押）、记名证券备案和登记的有关规定。

但是，如果质押财产是某个同质可替代物中的一部分，且权利冲突是因不同债权人对相关的数量有不同主张而产生的，[719] 此时应认为质押及于不同的财产，即质押财产的特定部分。当然，这种情况下仍然存在与质押财产的占有和保管有关的问题，此时应适用在

716 Rubino, *La responsabilità patrimoniale.Il pegno*, 196.

717 参见上书，第195页。另参见 Gorla e Zanelli, *Del pegno. Delle ipoteche*, 81。

718 Gorla e Zanelli, *op. cit.*, 81.

719 参见 Weiller, *Pegno di diversi creditori su porzioni determinate per quantità d'una massa omogenea di cose fungibili*, in *BBTC*, 1965, Ⅱ, 116。

同一物上为不同债权人设立质押的相关规定。

三、同一债权存在多个物权担保时的权利冲突

如果就同一债权设立了多个担保，如同时设立多个质押担保或多个担保物权或同时存在物保和人保，由此产生的问题是，如何设定担保实现时执行的先后顺序，即先执行哪个担保。

如果两个或两个以上的物权担保人都是同一债务人或第三人，或是相同的多个第三人，此时不存在冲突的问题，因为这种情况下主债权人有自由裁量权，可以任意选择其中一个担保物来实现债权，至于各个担保设立的时间则无关紧要，也无需考虑不同担保设立的先后顺序。此外，如果担保人是债务人之外的人且存在多个担保人，此时不应也无需考虑在这些担保人之间分配担保责任。[720]

如果同一债权既有债务人提供的质押担保又有保证人担保，且保证有特别约定（specifica pattuizione）先诉抗辩权（beneficio di escussione），那么保证人可以主张该先诉利益；如果没有约定，那么债权人在实现担保时应先用质押财产实现债权。上述处理规则的法理基础是《民法典》第 2911 条确立的基本原则。根据该原则，强制执行时的顺序是，应首先执行债务人提供的物权担保，之后是债务人的其他财产，上述规则也同样适用于保证人的财产，因为它

720　Rubino, *La responsabilità patrimoniale.Il pegno*, 196. 相反的解释，参见 Pratis, *Della tutela dei diritti*, 16。在普拉蒂斯看来，只有在当事人明确约定先执行债务人财产的先执行利益时（依据是《民法典》第 2868 条），债权人才能先强制执行债务人自己交付用于担保的财产。

们与主债务人的财产具有相同的地位。[721]

如果债权既有第三人提供的质押担保又有保证人担保，此时，即便保证特别约定了先诉抗辩权，保证人也不能主张先就第三人的质物实现质押权；但是如果债权人向其主张权利，要求其承担保证责任，其可基于保证关系中的先诉抗辩权要求先执行主债务人的财产。

不同的是，如果债权人向出质人（债务人之外的第三人）起诉要求就质物——而不是起诉保证人要求用保证人的财产——实现债权，那么出质人无权提出异议。与此同时，在出质人用质物清偿债权后，其并不对保证人享有代位权，因为根据《民法典》第 1955 条之规定，此时保证人的保证责任已经消灭。[722]

如果一个债权既有质押担保又有保证人担保，而且出质人和保证人是同一人，质押权人可以自由裁量是否先就质物实现质权——因为根据质押担保的效力，其本来就有权就质物实现债权——或者其也可以选择以无担保债权人的身份提起诉讼，就保证人的其他财产（质押财产之外的财产）或主债务人的财产主张债权。需要注意的是，如果债权人决定先就质押财产实现债权，且如果质物变卖所得不足以实现其债权时，其仍然可以无担保债权人的身份提起诉讼，就剩余财产（既可以是保证人的，也可以是主债务人的）请求强制执行，以实现其剩余的债权。

当债权人是以质押权人的身份起诉时，出质人应接受质押实现程序，变卖质押财产；反之，如果债权人是以无担保债权人的身份起诉时，只要事先明确约定了先诉抗辩权，那么出质人可以主张先

721 Rubino, *La responsabilità patrimoniale.Il pegno*, 196.

722 参见上书，第 197 页。

诉抗辩权。[723]

如果一个债权先设立了保证人担保，后来因保证人不履行保证义务，第三人为该债权又设立了质押担保，此时主债权人可以自由裁量决定首先向谁主张权利，即其既可以先起诉主债务人，也可以先起诉保证人。当债权人先起诉保证人时，或当主债权人在起诉主债务人未获清偿后又起诉保证人时：如果保证人同时也是出质人时，此时根据《民法典》第 2911 条第 1 款之规定，债权人应先就质押财产主张和实现债权，上述规则可以扩展适用于某人同时承担保证责任和物权担保责任的所有情形；反之，如果出质人是保证人之外的第三人，此时无需先就质押财产主张质押权利。[724]

如果债权既有主债务人提供的质押担保或抵押担保，又有第三人提供的质押担保或抵押担保，这种情况下主债权人在就担保物主张权利时有自由裁量权，他可根据自己的意愿选择优先就债务人或第三人的担保物清偿，其法律依据是《民法典》第 2871 条第 1 款之规定，该条规定可以扩展适用于质押的情形。[725]

当同时存在质押权和先取特权且二者发生冲突时，根据《民法典》第 2748 条第 1 款之规定，“除非法律另有特别规定，动产的特殊先取特权的行使不得有损于质押债权人的利益”，而且该规则不考虑权利的先后顺序。

现行《民法典》首次引入了上述原则，但同时也带来了解释上的混乱。[726]

723　Rubino, *La responsabilità patrimoniale.Il pegno*, 197.

724　参见同上。

725　参见同上。

726　参见 A. Patti, *I privilegi*, 99。

第一种解释的路径是基于善意占有理论（possesso di *buona fede*）。根据这种理论，如果质押权人是善意占有人，那么可以适用《民法典》第 1153 条之规定，该条规定可以同样的方式取得质权等他物权。[727]

但是根据其他学者的观点，上述理论意味着，在恶意占有的情形则应排除质押的优先性（prevalenza），而这违反了《民法典》第 2748 条之规定。因为在第 2748 条中没有线索表明需根据质押权人的主观状态——质押权人明知会损害他人的权利仍接受质押——而做不同区分，并进而适用不同的规则。[728]

就所谓的“占有性特权”（privilegio possessuale）而言，根据理论界的观点，并不存在善意或恶意的情形。因为，如果享有特别先取特权的债权人同意转移占有，这只能和恰恰解释了质押的优先性；相反，如果其不同意转移占有，此时质押事实上根本就无法成立。在其他的情况中，根据这种理论，为了保护享有特别先取特权的债权人，将很可能会引发撤销之诉，而这恰恰会使其不能对质押担保生效，由此导致的结论是将质押优先于特别先取特权限于质押债权人善意的情形。[729]

727 Gaetano, *I privilegi*, 59.

728 参见 Ciccarello, *“Pegno”*, 700.

729 参见同上。另参见 Gorla e Zanelli, *Del pegno. Delle ipoteche*, 23; Pratis, *Della tutela dei diritti*, 15。普拉蒂斯认为，在研究所指的情形中，不能援引诚实信用原则（《民法典》第 1153 条规定的），而且不能基于质押债权人主观上是善意还是恶意来解决问题，因为正是法律自己规定允许质押和特别先取特权并存，在确定优先顺位时，其预先假定的仅是两者并存的可能，而并未按照当事人是否知道先取特权存在这一主观态度来做进一步区分。（转下页）

实际上，理应注意的是，如果质押债权人是恶意，那么质押权并未产生，因此也并不存在。[730]

四、质押权人与其他取得质押财产权利之人之间的冲突

作为一种具有可转让性的财产，质押财产可能成为权利冲突的中心，这是因为围绕同一物可以发生数个私法自治行为。当发生这种权利冲突时，解决方案应从调整权利流转的法律的基本原则中寻找，如在动产质押中适用有关动产占有的优先原则，又如在债权质押中，确立优先权的基本原则是基于向债务人的通知（债权质押）或债务人以书面形式接受债权质押。

首先可能产生的一种冲突情形是，质押合同与转让质押财产所有权合同并存时的冲突。

对此情形，一般认为不能完全适用《民法典》第 1153 条和第 1155 条之规定，因为在上述规定涉及的合同类型中，买卖合同的性质使得仅基于当事人的合意即可产生获得所有权的效果。在这类

（接上页）此外，还有学者（Ciccarello, *"Pegno"*, 700）注意到，关于法律作出不同于《民法典》第 2748 条规定的情形，即《民法典》第 2777 条规定的情况，《海商法》第 561 条，《民法典》第 2756 条、第 2757 条、第 2759 条、第 2760 条和第 2764 条之规定，与《民法典》第 2781 条规定的一般规则相一致——该条规定了特别先取特权与质押债权竞合的情况。根据该条规定，如果特别先取特权优先于质押权，那么特别先取特权将优先于其他所有的先取特权，即便这些先取特权理论上的优先顺位先于质押权——上述规定间接地证明了质押权优先于先取特权。但是对《民法典》第 2777 条规定的解释是无用的，因为该条规定的情形与此无关。

730　这种情况类似于从小偷手中购买盗窃物的情形，此时所有权实际上并不存在。

合同中，物的交付仅被认为是冲突解决的执行标准，但在质押合同中，物的交付同时也是获得质押权的必要条件。[731]

因此，需要做进一步的区分，并界定不同的情形：如果质押合同是在买卖合同之后签订的，但履行了物的交付，此时只要债权人在订立质押合同时不知道买卖合同已经存在，那么债权人就可获得质押权；如果签订质押合同并未立即交付质物，而是在过了一段时间之后才交付，那么债权人的善意不但是必须的，还应保持到交付质押财产时，只有如此方可获得质押权。之所以如此，是出于两个方面的考虑：一方面，仅通过交付质物即可获得质押权；另一方面，物的交付是通过债权人的意志性行为（atto di volontà）来实现的，即债权人的接受行为，在该行为中，主观上的善意同样具有重要意义。由此导致的结果是，即便质押合同缔结在先，但如果没有立即履行物的交付，那么债权人要想在之后获得质押权，则必须满足以下条件：直到质押财产交付时，其都不知道围绕质押财产同时还存在一个买卖合同，因为此时债权人仅能根据《民法典》第1153条获得质押权，而购买人的主观状态（善意还是恶意）则无关紧要。道理很简单，因为质物尚未交付给债权人，所以购买人在签订合同时质押权并不存在。

因此，当质押权的获得和质物购买人所有权的获得之间发生冲突时，相较于质押权人，优先保护质物购买人似乎更好一些。因为对购买质物而言，当事人达成合意时已经完成，而在质押的情形中，法律除了要求当事人达成合意（合同）外，还要求有物的交付。[732]

731 Rubino, *La responsabilità patrimoniale.Il pegno*, 231.

732 参见同上。

同样的规则也适用于动产质押合同与动产用益权合同发生冲突的情形。

理论界注意到，在债权质押中，可以在一个被设立了用益权的债权（credito già dato in usufrutto）上再设立质押，也可以在一个被质押的债权上再设立用益权，但应满足以下条件：质押权人被排除了（或已经被排除）孳息收取权，而孳息收取权正是债权用益权的内容所在。[733]

除了上述情况外，在动产质押中还存在这样的情形，即质物的购买人先获得物的占有，此时其取得的所有权是合法有效且可以对抗所有人（*erga omnes*），但由于未满足交付质物的要求，因此质押合同中质押权无法成立——即便质押合同订立在先，或即使购买人在订立购买合同时明知质押合同的存在，也同样如此。

占有优先规则也同样适用于两个债权人就同一物分别签订质押合同的情形。对这种情形，解决冲突的规则就是先取得占有的一方将取得质押权，即便其在订立合同时知道在其之前已经存在质押合同，但这不影响其质押权的取得。[734]

五、质押权人与合同债权人因质物交付发生的冲突

就作为质押客体的财产而言，该物可能既是质押合同的标的物，也是债务合同（contratto obbligatorio）的标的物（如租赁合同

733　Rubino, *La responsabilità patrimoniale.Il pegno*, 234.

734　参见上书，第 232 页。

或使用借贷合同），即债务合同的客体也是本应交付的质押财产，由此可能导致在两个合同主体之间，即质押债权人和享有接收质物的权利的债权人发生冲突。

对于上述情形，就权利取得（acquisto del diritto）而言，确定优先保护的规则同样是，优先保护先取得物的占有的一方。

根据理论界的观点，上述情况不能适用《民法典》第1155条之规定。因为就权利取得而言，在两个物权之间不可能发生冲突（il conflitto di acquisto），因而首先取得物的占有的一方的主观状态（无论善意还是恶意）无关紧要。相同地，上述情形也不适用《民法典》第1380条第1款之规定。因为一方面，它不属于个人享用权（diritti personali di godimento）冲突的类型，不能认为质押权人的权利属于前述权利种类；另一方面，难以想象可以将《民法典》第1380条之规定通过类推扩展其适用范围，因为当两个债权人之一获得物的占有时，其也就符合该条第1款规定的情形，产生相同的法律效果，但该法律效力并非是基于该条规定，而是“简单地将更一般的原则适用于此类情况的产物”[735]。

根据上述理论，先取得物的占有的债权人将处于无懈可击的地位，其权利的正当性基础在于，与其发生冲突的是一个与质物相关的纯粹的债权，此时无论是两个合同的缔结日期还是债权人的主观状态都无关紧要。这意味着，如果是质押权人先取得物的占有，那么毫无疑问质押物权就产生了（当然，法律有关租赁的特别法律此时仍可适用）。

---

735 Rubino, *La responsabilità patrimoniale.Il pegno*, 232.

反之，如果是债务合同（如租赁合同、借用合同等）的权利人先取得物的占有，那么质押债权人无权要求其向自己交付物，因为此时质押债权人并未取得担保物权，其享有的只是根据合同请求出质人向其交付质物的债权，该请求权仅对出质人有效，对第三人不具有约束力；此外，质押债权人也不能提起返还所有权之诉（azione di revindica del proprietario），因为这种情况下所有权人也不享有该诉权——因为正是所有权人基于其与第三人签订的合同才将物交给第三人占有的。对质押合同而言，由于未（而且也不再可能）将质物交付给质押债权人，因此其处于未完全履行的状态（incompleto）。这导致的结果是，质押债权人无权以缔约过失（*colpa in contraendo*）为由要求出质人向其赔偿消极利益损失（interesse negativo），但能以未向自己交付承诺的担保为由要求立即支付所欠的债务。[736]

相反的意见认为，如果在交付质物之前已经签订了租赁合同，即便该合同是在质押合同签订后才缔结，那么主观上并非善意的质押债权人，应尊重租赁合同且不能对其视而不见，因为在物被交付之前，质押债权人对物并不享有任何权利，因此承租人将来对物的占有（possiederà）也可以是为该质押债权人的利益而占有，甚至可以根据《民法典》第 2791 条之规定向其交付租金。[737]

作为对上述观点的回应，有学者再次重申和强调，不能简单地（*sic et simpliciter*）认为第三人的占有是为质押债权人而占有，而且也不能认为其应以物的孳息的名义向质押债权人交付租金，因为上

736　Rubino, *La responsabilità patrimoniale.Il pegno*, 233.

737　Oppo, *Recensione a Rubino*, 107.

述义务以承租人同意作为质物保管人的身份保管质物为前提（但当事人必须指定的情况除外），但绝非承租人的义务。[738]

除前述情形外，还存在两名债权人都未取得物的占有的情形。此时，如果其中一名债权人起诉所有权人要求其向自己交付物，那么利益冲突的解决就变成一个非常重要的实际问题。此时需要解决的有两类问题：一是所有权人是否能够以其应优先向另一债权人交付物为由提出抗辩，或者当其提出此抗辩时，是否予以认可；二是另一债权人是否能够申请加入前一债权人已经发起的诉讼，并要求向自己交付物，或者当其提出此类申请时，法院是否应许可？[739]

对上述问题，理论界提出的解决方案认为，如果允许类推适用《民法典》第1380条第2款之规定（即其认为应优先保护日期在先的债权），那么将严重损害质押合同的物权性原则（il principio della realità del contratto di pegno），因此理论界更倾向于认为，仅在向质押债权人实际交付物（*traditio rei*）时，相关物权方才产生。

根据上述解释路径，如果质押合同的日期在先，那么质押债权人可以加入另一债权人已经提起的诉讼并可获得对其有利的判决，即判决优先向其交付物。这意味着，质押债权人将在其获得物的占有之前即可取得一个能够对抗第三人的质押权，即便这以第三人尚未占有物为前提。但更为正确的解决方案应该是，如果不适用《民法典》第1380条第2款之规定，那么应根据当事人提起诉讼的时间先后来确定优先顺位。这么处理的重要理由是，根据判决时间溯

738 Rubino, *La responsabilità patrimoniale.Il pegno*, 233, n. 1. 但在鲁比诺看来，这种讨论显得多余和无用，因为如果三方主体已经达成了协议，那么就不会再发生冲突。

739 参见上书，第233页。

及起诉时间的原则，这种机制的结果将非常接近（avvicinare）根据物的占有先后来决定的优先顺位结果——由此，根据该规则，就此处讨论的权利冲突的情形而言，胜出的将是最先起诉的债权人，而且债务人无权拒绝债权人的要求，另一债权人也不能加入已经发起的诉讼来要求判决向其交付物。但是如果之后，质押标的物在诉讼中被交给第三人保管——但这不包括因与质押债权人达成协议而为的交付，因此也不属于《民法典》第 2786 条规定的情形，因为寄托人有权随时要求将物返还给第三人——质押债权人可以提起代位诉讼，这种诉讼可以使其以债权人的身份要求直接向其交付或返还物。[740]

六、质押债权人与质押财产购买人之间的权利冲突

购买质押财产（或质押财产上的权利）的人并不占有物，否则在动产质押的情况下担保物权无法生效或将消灭，但第三人购买的并非所有权和质押债权人对第三人提起占有之诉的除外；相反，如果是债权质押或其他权利质押，占有的情形也不存在。

这与抵押中的情形不同，一些学者在解释时认为，立法者根本不关心此类情况中第三人的立场，[741] 尽管从法律规定的角度来看似

740　Rubino, *La responsabilità patrimoniale.Il pegno*, 233-234.

741　Gorla e Zanelli, *Del pegno. Delle ipoteche*, 11; Rubino, *op. cit.*, 255. 鲁比诺强调指出，相对而言，购买质物的第三方的地位不那么重要，这可以从两个方面解释：一方面，对第三方购买人而言，如果其购买一个物却不能占有它，这对其没有太大的吸引力；另一方面，在任何情况下，由于第三方购买人没有占有物，这使得其法律地位及与债权人的法律关系得以被简化，并变得简单。

乎刚好相反，即在质押层面该问题被予以保留未做规定，但在抵押领域法律却做了明确的规定并提供了解决方案。

这些相关的问题包括：与第三人的抗辩事由相关的问题（《民法典》第 2859 条）；[742] 关于为第三人利益在质物上设立的预定权利的处理的问题（《民法典》第 2862 条）；[743] 有关第三人的追偿权的问题，即第三人的物被处分或向质押债权人清偿后针对债务人的诉权和代位权（《民法典》第 2866 条）；[744] 关于所谓的涤除权（purgazione）的问题（《民法典》第 2867 条和第 2889 条等）；[745] 有

742 Gorla e Zanelli, *Del pegno. Delle ipoteche*, 12. 根据两位学者的观点，在判决作出后，受让第三人不能向债权人主张那些债务人未提出的抗辩，因为在抵押中之所以授予这种权利，是考虑到应取得占有的是第三人，以及通过登记能够实现告知债权人存在该第三人的可能；相反，两位学者认为，第三人可以向债权人提出其自己针对债权人的对人抗辩，以便将物从质押束缚中解脱出来。

743 参见上书，第 13 页。两位学者认为，在预先设定权利的情形，比如在物被质押后又在质物上为第三人利益设立了用益物权，之后该物又被第三人购得，那么此时应假设质押债权人理应知道质物上存在第三人的权利，而第三人并不愿意丧失占有，因为否则就应适用《民法典》第 1153 条之规定，此时或者属于债权质押或者属于其他权利质押，那么将不适用《民法典》第 1153 条之规定。在这种情况下，基于第三人获得质物所有权而发生的混同，并不导致之前设定的权利消灭，因为随着质物被出售，那些之前设定的权利将重新恢复效力，除非第三人将物交付质押时无意在其权利上设立质押，此时其实际上放弃了相应的权利。

744 第三人在质物被追夺后或在向质押债权人履行债务后，既有权向债务人或让与人进行追偿，也有权要求用债权人的其他担保替代，即便第三人是无偿获得质物，也不影响其上述权利。此外，如果同一债权存在多个质押并被分别让与多个不同的人，如果所有的让与行为都有具体的日期，那么将由最后一位获得质物的受让人承担该损失；反之，如果都没有时间的线索，即无法确定时间，那么将由各受让人按照比例分别承担。最后，如果转让的是《民法典》第 2806 条规定的权利质权，那么判断的标准则是转让的日期。具体参见 Gorla e Zanelli, *op. cit.*, 13。

745 但是，涤除权不适用于购买质物的第三人，因为对动产而言欠缺获得权利的公示形式，而该公示形式正是涤除权的基础。具体参见同上。

关变卖质押财产后的余额问题——当第三人加入执行诉讼并证明其权利资格时其对该余额享有权利。

无论如何，第三人将成为质押财产的所有权人，出质人基于所有权而保留的所有权利以及为质押债权人利益而设立质押所产生的权利都将转移给他。

就质押债权人而言，其地位不会因财产权利主体的改变而改变，也不会受到影响，这是由担保物权的内容所决定的，特别是其中的追及力（diritto di seguito）——该权利使质押债权人能够向质押财产的新的所有权人主张质押权并对质押财产进行处分以实现自己的债权。当然，质押财产的新权利人反过来也可以通过支付债务或在强制执行程序中购买的方式来取得对质物的占有。

由于质押制度中缺少统一的法定公示机制，这使得上述情形中的质押债权人和新所有权人可能陷入潜在的冲突纠纷，因为很可能发生这样的事实，即质押债权人并没有义务承认新权利人的所有权，除非是之后通过其他途径使其承认。此外，对解决二者的权利冲突而言，不会因第三方购买者在购买时主观状态——是否知道其购买的物上已存在质押——而有所不同，因为基于对担保财产的占有而产生的优先权，不知道担保物权的存在并不足以使质押债权人丧失其已经获得的担保物权。[746]

746　Rubino, *La responsabilità patrimoniale.Il pegno*, 255. 该学者指出，第三方购买人仍保有解除合同的权利，具体而言，如果合同是双务合同，可因未履行交付义务请求解除合同；如果是买卖合同，则可以依据《民法典》第 1482 条和第 1489 条请求解除合同。

质物的所有权人不能在质物上设立用益物权或使用权，因为这时其欠缺基本的权能——一方面，质押债权人享有收取孳息的权利；另一方面，如果质押权人因当事人的特别约定而没有收取孳息的权利，其仍享有对物的占有权，结果就是排除了其他用益物权人使用物的可能。然而，设立的用益物权也并非完全无用，只是暂时性无效，如果在质押权消灭的同时所有权恢复全部的权能，那么设立的用益物权将变成有效。但如果第三方权利获得者在获得权利时是善意，即不知道质押权的存在，那么如果此时用益权设立合意是一个双务合同，那么将适用《民法典》第 1482 条和第 1484 条之规定，如果是其他情形，那么当事人可以主张因错误而要求撤销。[747]

但与上述理解相反，也有人注意到，认为没有占有即不能产生用益物权的观点也面临困难。实际上，这并不比一个人购买一个所有权却不占有该物所面临的困难更大。

如果所有权人抛弃所有权，那么质押债权人——只要其占有时具备以所有人占有的新意思（*nuovo animus*），即将其添加到已因担保物权而产生的占有意思中——可因占有而取得物的所有权。然而，在债权质押或用益权质押的情况中，被质押权利的权利主体不能抛弃其权利（相同的情形还有更新或免除债务），因为抛弃将不仅导致被质押的权利消灭，而且还会导致质押权消灭。[748]

747 Rubino, *La responsabilità patrimoniale.Il pegno*, 256.

748 Di Pace, *Il pegno di crediti*, 15; Rubino, *op. cit.*, 256.

这种行为并非无效（nulli），而是不具有法律约束力（inefficaci）。[749*]

但是，此时还需确定的是，这种不具有对外法律效力（但可以对抗质押权人）的效果，只是暂时的——在质押消灭前，权利主体的权利全部恢复前，还是立即的、绝对的。[750]

七、因质押保留协议导致的权利冲突

质押保留协议是指转让人在转让财产时，通过与受让人约定的方式来保留自己将来用标的财产设定质押的权利，其既可以是保留为自己的债务设定质押，也可以是保留为他人的债务设立质押，还可能是保留将物交付给他人以设定质押的权利。然而在此类协议中，当事人并未就将来担保的债权数额以及被担保的债权人作出预先约定。对于质押保留协议，如前所述，还不能说其是一个质押合同，更不能认为其具有质押的效力，其效果仅限于转让人为自己利益，在其已经转让给他人的物上保留了有限的处分权。

749　Di Pace, *Il pegno di crediti*, 15. 在该学者看来，存在两种可能的解决方案：一种是认为这种处分行为无效；另一种是承认该处分行为的有效性，但质押债权人请求质押债务人损害赔偿的权利除外，此时类似于标的物灭失的情形。但似乎只有第一种方案是可行的，因为如果采纳第二种方案的话，意味着债权人将任由债务人摆布，因为债务人仅凭自己的单方行为就可以摧毁担保。

*　nulli 和 inefficaci 翻译为中文时均可翻译为无效，但两者有一定的区别。具体而言，nulli 是指行为因严重违反法律规定而无效，inefficaci 是指即便某个行为本身是有效的，但不能产生行为所要追求的效力。——译者

750　Rubino, *La responsabilità patrimoniale.Il pegno*, 256.

然而，质押保留协议完全有可能在当事人之间引发利益冲突，因为一旦之后真的缔结了质押合同，由于质押债权人尚未取得物的占有因而也未获得担保物权，其不能基于质押物权而要求受让人向其交付物，但其可以根据自己的意愿，基于两种权利，以独立的方式要求向其交付物。这两种权利分别是：一种是从为第三人利益而订立的合同中衍生的权利，因为质押保留协议（il contratto di riserva di costituzione in pegno）本身就是一个转让人和受让人之间订立的合同，只不过该合同是为第三人（质押债权人）的利益而订立，而根据该合同，受让人有义务向第三人交付物；另一种是从对人诉讼中衍生而来的权利，这种诉讼是一种代位诉讼，目的是要求交付物，其依据是质押保留协议赋予的转让人针对受让人的权利。[751] 但是，如果在转让完成之后质押合同订立之前，受让人又将物再次转让给其他人且完成了交付，那么此时就不能够再成立质押，即便次受让人受让时主观上是恶意也不受影响，即不适用《民法典》第 1153 条之规定。理由在于，由质押保留协议而生的处分权是为最初的转让人的利益而保留的，基于有关私的主体创设新型绝对权的法律规定，此时其不再具有对外效力（efficacia *erga omnes*）。[752]

反对的意见认为，在未交付质物前担保物权并未产生，因为一个没有物的交付的质押合同是难以理解的。[753]

对于上述反对意见，部分学者回应指出，不存在所谓的违反法

751 Rubino, *La responsabilità patrimoniale.Il pegno*, 240.

752 参见上书，第 241 页。

753 Oppo, *Recensione a Rubino*, 105-106.

律原则的情形：一方面，上述情形并未违反请求某人交付物的权利不能用来对抗物的第三方占有人这一原则；另一方面，上述情形也未违反质押物权以物的交付为要件的原则。为了进一步论证合理性，该理论还明确指出，在前述情形中，新的所有权人并非所谓的第三人，因为正是其自己给予了转让人设立质押的权利。如此一来，当其面对质押债权人时，就物的交付而言，其与其他合同当事人具有相同的法律地位。[754]

八、流动质押中的权利冲突

关于质押债权人和第三人之间的冲突的规制，根据质押标的——包括各种证券，动产或其他财产——来主张债权，人们注意到，“流动”质押中担保的连续性规则不能被置于这一原则的基础上，至少不是在这样的意义上：质押债权人对通过替换原担保财产而成为担保财产的资产的权利会自动追溯，同时也要参照通过流动担保条款设立原担保时，其对第三方购买人所享有的优先权。事实上，对质押债权人的保护，并不能强行推进创造出一种具有此类对第三人的特定财产享有优先权的质押权，甚至在该财产正式成为——根据流动机制——担保客体之前。

在这个意义上，应在两个层面上对流动担保进行再区分：一个是就担保财产之上的担保物权和优先受偿权的产生时间而言，即成为担保财产的时间；另一个是针对其他主体——包括债权人、破产

754　Rubino, *La responsabilità patrimoniale.Il pegno*, 240, n. 1.

债权人和对担保财产享有权利的人——的优先权而言，即接近担保置换的时间。

根据上述情况，人们认为在解决这类冲突时不能依靠抽象的规则，这些抽象的规则会因冲突的种类、涉及的财产的不同而改变。这意味着，如果冲突是发生在质押债权人和对质押的动产享有权利的第三人之间，那么此时应适用《民法典》第1153条和第1155条之规定（以及《民法典》第1994条关于债权质押的规定），由此导致的结果是，如果第三人在将动产交给质押债权人之前已经获得了其权利，质押债权人在因善意而取得物的占有时也将获得担保物权。

相反，如果质押债权人通过移转占有的方式取得对某物的质押权，那么取得该质押财产物权的第三人将优先于质押债权人受到保护，因为质押债权人此时失去了对物的占有且该物已被第三人善意和合法的购得。

对于集中托管证券（titoli in gestione accentrata）和电子证券，则应分别适用相关领域的法律规定，包括1998年2月24日第58号立法性政令、1998年6月24日第213号立法性政令以及2004年5月24日第170号立法性政令，因为在登记机关进行登记是产生质押效力的必要条件。

至于与扣押财产的债权人（和参与扣押实施的债权人）之间的冲突则应适用《民法典》第2915条之规定，因为如果质押债权人想要使自己的权利优于扣押财产的债权人和参与扣押的债权人，那么必要条件之一就是要在原担保财产被替换后以书面文件载明财产被剥离担保的具体日期。此外，根据《破产法》第 44 条规定的精神，该规则还可以用于对抗移转占有后发生的破产（即对抗破产发生后要求质押权人转移质押财产占有的要求）。[755]

755　M. Rescigno, *Le garanzie «rotative» convenzionali: fattispecie e problemi di disciplina*, 27. 该学者认为还存在其他解释路径，即通过替换条款，可以认为存在一种动产流动抵押或者存在一种以可替换财产为标的的先取特权，如此一来，就可以将其归入诸如《银行法》第 46 条规定的情形，因此并非在任何情况下都可仅凭当事人的意思就可实现。

第八章　质押权的消灭及抗辩

一、质押消灭的事由

质押的从属性也表现在担保权的消灭上，这体现在两个方面：一个是质押债权，另一个是质押财产。就第一个层面而言，一旦被担保债权消灭，质押也随之消灭；而就第二个层面而言，一旦质押财产——无论是动产还是权利——消灭，质押也会随之消灭。

在理论层面，学者们对质押消灭做了进一步区分，将其分为两种情况：在第一种情况中，仅质押物权消灭；而在第二种情况中，不仅质押物权，而且与质押有关的整个法律关系（il rapporto complessivo di pegno）都消灭。之所以如此区分，是因为就质押物权的诞生而言，其与质押法律关系产生的时间是一致的；但就消灭而言，一般在质押物权消灭时原质押法律关系仍保留一段时间——即便可能只是非常短的一段时间——以便于使该法律关系在其领域内通过新的权利或义务关系做进一步的发展。[756]

756　Rubino, *La responsabilità patrimoniale. Il pegno*, 276. 该学者为此举例进行了说明，这些例子包括授权设立新的质押的权利或者赔偿的义务或者返还物的义务。

对质押整体法律关系的留存，可以从质押的形式结构的视角进行解释：比如当质押债权人丧失对质物的占有时（也即在质押物权消灭之后），在某些情况下，可以通过对出质人提起合同之诉要求再次交付质物的方式，或者通过代位所有权人提起返还之诉的方式，恢复（reviviscenza）质押物权。[757]

此外，法律并未列举导致质押消灭的事由清单，这意味着：一方面，可以类推适用《民法典》第 2787 条规定的抵押的消灭事由；[758] 另一方面，就担保物权的消灭事由而言，可以进一步区分为直接事由和间接事由。

直接事由包括：质押权人丧失对物的占有，[759] 质押权人放弃权利并将物返还给债务人（或出质的第三人），在规定的期限内未主张权利或发生了担保合同约定的特定事由，[760] 质押权人按照《民法典》第 2797 条之规定将质物出售或按照《民事诉讼法典》第 586 条之规定将质物交付给赢得拍卖的买受人。[761]

间接事由则是指那些导致被担保债权消灭进而引起质押消灭的情形。

757 Rubino, *La responsabilità patrimoniale. Il pegno*, 276; Ciccarello, *"Pegno"*, 696.

758 Bigliazzi Geri, *Usufrutto, uso e abitazione*, in *Tratt. dir. civ. e comm.*, dir. da Cicu, Messineo, Mengoni, Milano, 1979, 251.

759 Rubino, *op. cit.*, 290. 该学者指出，如果物因公共利益的需要而被征收，那么质押将随之消灭，但此时应适用《民法典》第 2742 条之规定，进而采取后续的措施。

760 Gorla e Zanelli, *Del pegno. Delle ipoteche*, 15; Rubino, *op. cit.*, 289-290.

761 参见 Gorla e Zanelli, *op. cit.*, 15; Ciccarello, *op. cit.*, 697。

二、因质押债权消灭而消灭

质押因与其设立相反的行为或事实而消灭，[762] 因此当被担保的债权被清偿时，质押会随之消灭。

一种理论认为，被担保债权的消灭是质押消灭的间接事由，即质押因被担保债权的消灭而“间接”消灭。这种运行机制决定了，担保债权的消灭对质押相关规则而言并非无关紧要，因为某些情况下在债权消灭和质押消灭之间并不存在直接的因果关系，比如《民法典》第 1204 条规定的代位给付的情形（pagamento con surrogazione），又如原债务人因主体变更而被解除债务的情形（《民法典》第 1235 条）；再如在债务委托（delegazione）、代位清偿（espromissione）、债务承担（accollo）（这会导致原债务的消灭）等情形中担保人明确表示不继续承担担保责任的情形（《民法典》第 1275 条）。对于上述情形的合理解释是，上述情形中在已消灭的债权的位置上又产生了新的债权，而新的债权几乎完全仿照旧债权而设（si modella in tutto sul vecchio）。[763]

同样值得注意的还有《民法典》第 1250 条。根据该条规定，凡对获得用益权或债权质押权的第三人不利且损害其利益的，不发生抵销。

如果是对一个保证债务（obbligazione fideiussoria）进行质押担保且被担保的债务因主债务人与保证人混同而消灭，那么质押并

762 Gorla e Zanelli, *Del pegno. Delle ipoteche*, 14.

763 Rubino, *La responsabilità patrimoniale.Il pegno*, 277; Ciccarello, *"Pegno"*, 696.

不消灭，因为在这种情况下由混同产生的债的消灭效果，其扩展至债的关系时也不得损害第三人的利益，也即质押债权人的利益；另外，如果质押以损害出质人为代价而解除，那将导致不正义，因为就双方所处的境况而言，如果保证人的负担轻于主债务人，那么曾经存在的唯一债务如今也将继续在其原范围内被担保。[764]

相反，如果质押人是债务人之外的第三人，且债权人通过自己的行为来阻止债的消灭，那么此时质押将消灭。对此，有人援引了《民法典》第1251条进行论证，该条规定："在能够主张抵销时已履行债务的人，不能再主张损害第三人的先取特权以及为其债权担保利益，但因正当理由不知该情况存在的除外。"如果抵销的只是一部分担保债权，那么对剩余的债务仍应承担担保责任。[765]

三、因质押财产灭失而消灭及债权质押的消灭

当用作担保的财产全部或部分毁灭，或者当被质押的权利消灭时，质押权也随之消灭。[766]

但就法律后果而言，不同情况又有不同。具体而言，此时要进一部分区分担保财产的消灭原因，即其是因意外事件而消灭，还是因债权人或第三人或保管人或所有权人的过错而消灭，有时还要考虑担保财产的毁损情况，即其是全部被毁，还是部分被毁，因为当

764　Rubino, *La responsabilità patrimoniale. Il pegno*, 277; Gorla e Zanelli, *Del pegno. Delle ipoteche*, 15.

765　参见同上。在戈拉和扎内利看来，质押的永久性并不妨碍被担保债权适用诉讼时效的规定。

766　Gorla e Zanelli, *op. cit.*, 15.

担保财产只是部分被毁时，担保权仍及于担保财产的剩余部分，但债权人获得了替代物或替代担保的除外。[767]

关于因质物灭失而导致的质押消灭，理论界在讨论时存在分歧，其中核心问题是这种情形是否能够成为一种独立的评估要素（autonoma valutazione），[768]无需再将其归入简单和纯粹的丧失占有后不能恢复的情形。多数学者认为这两种情形将导致不同的结果，理由是《民法典》第 2742 条和第 2743 条的适用对象仅限于非因质押债权人原因而导致的物的灭失的情形，而不能类推适用于对丧失占有没有过错的情形（perdita non colposa del possesso）。[769]

就质押的效果而言，人们认为还应适用《民法典》第 2743 条之规定。根据该条规定，如果被设定质押或者抵押的财产灭失或毁损——即使灭失或毁损是因意外事件而致——且使债权人缺乏安全保障时，债权人可以要求在其他财产上设定担保。没有设定担保的，可以要求立即实现其债权。[770]

对于因质押财产灭失而导致的质押消灭的情形，特别是就债

---

767 Rubino, *La responsabilità patrimoniale. Il pegno*, 287.

768 对此持肯定态度的理论，参见上书，第 288 页。另参见 Realmonte, *Il pegno*, 848。对此持否定态度的理论，参见 Montel, *Pegno*, 796。

769 Realmonte, *op. cit.*, 848; Rubino, *op. cit.*, 288. 鲁比诺认为，如果物的灭失并非是因债权人的过错，那么债权人享有《民法典》第 2743 条规定的权利；反之，如果物的灭失是因债权人的过错而导致的，则其应向所有权人承担损害赔偿责任，且该损害赔偿责任将远超过其因简单地丧失占有而可能承担的责任。所有权人并非在任何情况下都可以要求支付损害赔偿款，至少在被担保债权到期前不能。因为如果随后债务人未清偿债务，质押债权人则没有返还物的义务，此时其仅需支付物的价值超出债权的差额部分即可。

770 Ciccarello, *"Pegno"*, 697; Rubino, *op. cit.*, 288.

权质押而言，[771]1942 年《民法典》解决了一个在其生效之前（即 1865 年《民法典》有效时）曾被广泛讨论的问题。这指的是，鉴于《民法典》第 1254 条规定“混同不得损害获得用益权或债权质押权的第三人的利益”，那么根据该条规定似乎可以推定，如果某个债权被质押，当该债权（即被质押债权）的债权人和债务人发生混同时，对质押债权人不发生债权消灭的效果，由此导致的结果是质押债权人将有权向混同后的同一主体（soggetto unificato）主张被质押债权，此时构成《民法典》第 2803 条规定的质押。[772]

同样的规则还适用于用益权质押的情形。一般认为，此时可以类推适用《民法典》第 2814 条第 1 款关于抵押的规定。根据该款规定，如果用益权的消灭是由用益权人放弃权利、滥用权利，或者由用益权人取得的空虚所有权所导致，那么抵押权将持续至以其他方式引起用益权消灭的情况发生。[773]

四、因放弃权利而消灭

当作为权利主体或具有处分权[774]的质押债权人放弃（明示或默

---

771 Gorla e Zanelli, *Del pegno. Delle ipoteche*, 153. 两位学者提出，在被质押债权消灭时，需要——就返还占有或丧失占有而言——用一个有关解除债权质押效力的文件来代替向第三方债务人的通知。

772 参见同上。

773 关于这一点，参见 Rubino, *La responsabilità patrimoniale. Il pegno*, 288。

774 Gorla e Zanelli, *op. cit.*, 15.

示形式[775]，口头或书面形式[776]）债权或担保时，质押也会随之消灭。

放弃担保[777]——作为一种特别的管理行为（straordinaria amministrazione），行为人是否具有行为能力将至关重要——放弃的仅是担保权利主体的资格，但显然并不意味着同时放弃了债权。[778]

在债权质押的情形中，当被质押债权被转让时，如果转让人在尚为债权人时放弃了质押，那么此时应分情况讨论：如果受让人并未从转让人处取得质押财产的占有，那么放弃质押可以对抗受让人；反之，如果受让人已经取得质押财产的占有，且为善意，即不知道放弃质押的存在，那么放弃质押不能对抗受让人。[779]

通说认为，当事人的合意已经成立且有效，并对所有权人具有约束力，无需征得其同意，但具体案件中放弃是双方行为的除外——比如根据双方当事人的约定，其中一方的履行义务是放弃质押。同时需要强调的是，这类放弃行为并非一种恩惠行为（atto a titolo gratuito），因为免除担保无疑使出质人获得了好处，但这种利益只是一种纯粹的反射利益（in via meramente riflessa），而非当事

775 可以通过默示方式来放弃。尽管《民法典》第 2789 条针对抵押做了不同的规定，但通说认为该规定不适用于质押。具体参见 Rubino, *La responsabilità patrimoniale. Il pegno*, 289; Realmonte, *Il pegno*, 849。

776 Gorla e Zanelli, *Del pegno. Delle ipoteche*, 15. 根据两位学者的观点，放弃将使债权人产生返还质押财产的义务。

777 参见《破产法》第 177 条。

778 此外，理论界并不确定出质人的接受是否必要，对此可参见 Ciccarello, *"Pegno"*, 698; Realmonte, *op. cit.*, 849。在莱阿勒蒙德看来，基于放弃而产生的债的消灭的效力，不以出质人接受为必要。但需要指出的是，就放弃这一法律问题而言，不仅需要关注接受，还应关注债务人未拒绝的情形（论证依据是《民法典》第 1236 条和第 1411 条）。

779 Gorla e Zanelli, *op. cit.*, 15.

人合意的直接或主要效果，因为它以放弃权利为前提，并且仅是放弃权利的形式。[780]

如果担保是为债务人或保证人的利益，[781] 由债务人之外的第三人提供的，质押债权人放弃担保将反过来向后产生影响（dietro corrispettivo），即放弃的部分将计入主债务，因为否则其会获得超过其所应得的数额。此外，《民法典》第 1240 条还规定，为了债务人和为履行提供担保者得到利益，放弃第三人担保利益的债权人，应当将利益计入主债之中。[782]

需要注意的是，当发生债务免除时质押会随之消灭，但债的担保的放弃不被推定为债务的免除（《民法典》第 1238 条规定）。[783]

部分理论认为，如果因债权人的原因，比如放弃其他担保，导致质押消灭，质押人——在清偿债权或质物被用于实现债权后——不得对债权人的其他担保或先取特权等权利行使代位权。上述结论的依据是《民法典》第 2809 条关于抵押的规定，一般认为该条规定是关于担保的一般规定，因此也可以适用于质押的情形。[784]

五、因混同而导致的消灭

如果质押债权人和质物的所有权人发生混同，即两种权利的主

780 Rubino, *La responsabilità patrimoniale. Il pegno*, 289.

781 Realmonte, *Il pegno*, 849.

782 Rubino, *op. cit.*, 289.

783 Realmonte, *op. cit.*, 849.

784 Rubino, *op. cit.*, 289.

体资格同属于一人时，质押权也随之消灭。[785]

发生这种情形的原因很多，比如当其中一方成为另一方的继承人的情形；又如第三方出质人或质押财产的购买人通过债权让与或代位而取得被担保债权；[786] 再如质押权人获得质物的所有权或质物的第三方购买人成为质押债权人。在上述情形中，如果在质押物上还存在顺位较前的其他质押，质押也因混同而消灭，因为就质物变卖所得的剩余价款而言，第三方购买人作为所有权人享有的权利要比作为债权人享有的权利要多。但是，如果在质物上还存在其他质押且这些质押的顺位后于购买人的质押权，若购买人已被告知这些质押的存在，那么质押不因混同而消灭，因为此时维持质押权的存在对购买人更有利，其可以利用该质押权来对抗顺位靠后的债权人。[787]

在债权质押中，当质押债权人和被质押债权的权利主体混同时，如果被混同的并非债务人，而是第三方出质人或第三方购买人，那么此时不发生任何消灭的效果。[788] 但如果混同发生在质押债权人和被质押债权的债务人之间，且被质押债权已经成为混同后权利主体的财产或仍有义务提起诉讼，那么质押关系仍在质押债权人和扣押财产的债权人（creditore pignorante）之间存在。这指的是，

785 Rubino, *La responsabilità patrimoniale. Il pegno*, 290. 另参见 Gorla e Zanelli, *Del pegno. Delle ipoteche*, 153。两位学者强调认为在这种情况下担保债务消灭。

786 Rubino, *La responsabilità patrimoniale. Il pegno*, 290. 但在该学者看来，如果第三人对被担保的债权享有权利，那么此时质押并不消灭，因为（比如）反过来其可以对该债权享有质押。

787 Gorla e Zanelli, *op. cit.*, 16.

788 参见上书，第 154 页。

前者无需向后者为给付，且对后者或基于后者原因的债权人享有所有基于质押而生的权利。[789]

六、因逾期而消灭

质押因消灭时效即随着时间经过而消灭，被少数理论[790]（dottrina marginale）认为无论如何都不能构成一种独立的消灭事由。[791]

人们注意到，只要债权人占有质押财产或质押财产仍在被委托的第三人处保管，如果债的期限尚未届满，此时并不存在所谓的消灭时效，[792] 甚至即便质押权人未收取孳息，也不能产生消灭时效的效力，因为这只是质押内容的次属方面（aspetto secondario del contenuto del pegno）。[793] 相反，如果债权已届清偿期，且质押权人自债权期限届满之日起 10 年（《民法典》第 2946 条）都未采取行动要求用质押财产实现债权，那么债权因 10 年期限届满而消灭，并进而导致质押消灭。[794]

根据一些学者的观点，仅在下列两种情况中消灭时效能够作为质押消灭的独立事由：一种是当担保的债权是不受时效约束的债权时；另一种是就债权的消灭时效——自债权期限届满之日起计算的

789　Gorla e Zanelli, *Del pegno. Delle ipoteche*, 154.

790　Ciccarello, *"Pegno"*, 698.

791　Realmonte, *Il pegno*, 849. 该学者指出，此时并不存在特别的质押诉讼，而仅能为行使被担保债权而提起诉讼。持类似观点的还有 Gorla e Zanelli, *op. cit.*, 15。

792　Ciccarello, *op. cit.*, 698.

793　Rubino, *La responsabilità patrimoniale. Il pegno*, 290.

794　参见同上。另参见 Ciccarello, *op. cit.*, 698。

10年期间——存在中止或中断的情形（sospesa o interrotta），但担保的消灭时效因欠缺行使质押权的行为而届满。[795]

如果债权人在合同签订后放任经过10年时间而从未要求交付物，那么这不属于质押因消灭时效而消灭的情形。因为在这种情况下，就交付物而享有的对人权（diritto personale）因消灭时效期间届满而消灭，因此质押也不可能再产生。[796]

任何情况下，被担保债权都受消灭时效规则的调整，即便该债权有质押担保，因为出质人将物交给债权人占有，在期限届满后，当出质人是第三人时，就消灭效力而言其没有任何价值。如果出质人是债务人，消极不作为（inerzia）并不意味着默认和永久的承认债务。如果债务人并未主张消灭时效抗辩甚至放弃该抗辩，则质押继续有效。但如果质押人是第三人，则质押消灭，因为理论界认为不这样就会导致"让第三人承担因债务人而造成的损害，这显然不公平"[797]。不过，如果质押是在主债权成立之后设立的，那么质押的设立将导致消灭时效中断；同时，如果质物是可生息物，那么每次收取孳息的行为，都类似于支付价款，都具有中断消灭时效的效果。[798]

七、因丧失占有而导致的消灭及相关问题

如前所述，根据《民法典》第2787条之规定，质押权人丧失

795 Rubino, *La responsabilità patrimoniale. Il pegno*, 291; Ciccarello, *"Pegno"*, 698.

796 Rubino, *op. cit.*, 291.

797 参见同上。

798 参见同上。

对质物的占有，将会导致其丧失优先受偿权，由此也将产生两种不同的问题。

首先产生的疑问是，如果质押权人丧失了对质物的占有，但仍有恢复占有的可能（possibilita di recuperlo），那么此时该如何看待质押物权的状态？是应认为它已经消灭，还是应考虑到仍有恢复占有的潜在可能，进而将其作为质押整体关系（rapporto complessivo di pegno）的一部分而认为其仍继续存在。[799]

与第一个问题紧密相关的第二个疑问是，如果质押债权人恢复了对质物的占有，那么质押债权人享有的权利与原来的权利是否是同一质押权利（medesimo diritto di pegno）？或者这种情况下丧失对质物的占有是否并未导致物权的消灭？由于债权人几乎总是能够——除善意第三人因取得质物的物权进而取得质物的占有的情形外——恢复占有；因此当恢复占有时，[800] 由于原来的权利并未根本上失去效力，因此物权基于原来的权利（originario titolo）而自动重生（rinasce automaticamente），包括内容、模式、参照标准等，都与原权利一样。

在对上述问题进行评估时，一个非常重要的因素是扣押的时间或宣布破产的时间，因为在这些情况出现之前不存在上述行为，债权人都是合法适格的权利人，不受撤销之诉的约束，因此在丧失占有时，其总是能够通过要求交付或重新交付质物来设立或重设质押；但如果这些行为发生时债权人尚未恢复对物的占有，那么其将

799　参见 Rubino, *La responsabilità patrimoniale. Il pegno*, 278。

800　Oppo, *Recensione a Rubino*, 108.

丧失优先受偿权[801]。

此外需要强调的是，就丧失占有作为一种独立的权利消灭事由而言，不宜高估（sopravalutata），理由如下：首先，并非所有的丧失对质物的占有都会导致质押权的消灭，比如当丧失占有是基于当事人的意愿而临时、短暂发生时[802]；其次，丧失占有的情况，有时是自愿的，有时是非自愿的，但多数情况下质押债权人都是可以恢复占有的[803]；最后，因丧失占有而导致质押物权消灭时，并不必然导致质押整体关系的消灭，而后者往往是继续存在的，因此，当质押权人恢复占有时，质押物权将随之自动获得重生[804]。

根据理论界的观点，当质押权人丧失对质物的占有是基于当事人的意愿且是临时、短暂时，质押物权不消灭。

质押权人丧失对质物的占有，一方面，可能会导致失去（perdita）相关的物权，另一方面，并不必然导致质押整体关系的消灭，而且该关系多数时候会继续存在，并由此在债权人和质押人之间衍生出其他的债法关系[805]。

---

801 Gorla e Zanelli, *Del pegno. Delle ipoteche*, 69-70.

802 Rubino, *La responsabilità patrimoniale.Il pegno*, 278. 该学者区分了四种情形，具体参见同书第 278—279 页。

803 参见上书，第 278 页。另参见 Gorla e Zanelli, *op. cit.*, 72。

804 Rubino, *op. cit.*, 278.

805 参见上书，第 280 页。在该学者看来，丧失权利或丧失占有一般会导致在出质人和债权人之间产生新的额外的债权债务关系，这个新关系产生于质押整体关系，体现为当质物为出质人占有时，债权人对其享有的要求重新交付物的权利；体现为债权人代位行使出质人享有的要求返还原物的权利；体现为债权人因过错而未履行质物保管义务时向出质人承担的赔偿责任；还体现为质物非因债权人过错而灭失或毁损时，债权人要求设立新的担保的权利。

事实上，如果质押权人利用法律为其准备的武器，成功地重新取得对物的占有，那么质押物权及相关的权利将自动重新产生。

在权利的形式结构层面，将质押物权的消灭与质押整体关系的消灭区分开来，这种区分使我们能够确认，即担保物的丧失并不自动导致相关物权的消灭，因而也包括权利内容所涵盖的次权利和权能（diritti e poteri）。

事实上，失去质物的占有不影响质押权的独立存在。在权利的形式结构层面，应将质押物权的消灭与质押整体关系的消灭区分开来。这意味着，即便是在失去担保财产后，担保物权仍然存在，以便于——在其领域内通过新的权利义务关系的形式，或者以源于质押关系而生的新的权利、诉讼、权力、权能的形式——获得进一步发展，比如当合同标的物已经消灭或不可能返还时，如果相关的返还诉权（azione di ripetizione）尚未超过诉讼时效，[806]那么为维护失去占有的质押权人的利益，其可以提起归还占有之诉（azione di reintegrazione），以要求获得相等价值的财产。

八、质押消灭与质押财产的返还

担保债权消灭后，质押权人应将质押财产返还给出质人，但该

806　关于这一点，参见 Cass., 16 novembre 2007, n. 23824, con nota di Muschio, *Pegno di azioni, nullità del contratto e poteri del creditore pignoratizio*, in *Giust. civ.*。该判决——采纳了上诉人（公司）的观点，并将该观点载入判决——确认，在与质押关系有关的诉讼中，在确立相关利息时应遵循以下原则："在质押合同无效之诉中，因合同无效而导致相关的归还占有之诉，如果由于合同标的物灭失或不能返还且相关的诉讼未过时效，当事人起诉要求归还相等价值的钱款，该诉求有正当和现实的利益基础。"

返还义务以被担保债权得到完全清偿为前提，即债的本金、利息和相关费用都得到实现，此时不适用《民法典》第 2788 条有关利息优先受偿权的时间限制规定。[807]

如果原质押是通过质押合同的方式设立的，在质押权消灭后，质物的所有权人有权通过合同之诉要求前质押债权人返还担保物[808]——当然，因担保物灭失、因丧失占有或因混同等原因而导致质押权消灭的情况除外。

事实上，质押权设立的方式与担保物的返还相互独立，所有权人既可以通过合同之诉，也可以通过返还原物之诉，要求返还质押财产。

可以提起归还占有之诉——并未消灭——的原因是，前质押债权人没有任何权利依据继续占有质物；相反，无论是基于质押合同，还是基于无权占有的规定，即没有合法权利或依据而占有质物，其都有返还该物的义务。[809]

如果其提起的是合同之诉，那么质押债权人不能以所有权人未赔偿物的费用为由拒绝返还，因为这是两个不同的债，而且两个债之间并不存在相互对应关系（rapporto di corrispettività

807 Realmonte, *Il pegno*, 843.

808 Rubino, *La responsabilità patrimoniale. Il pegno*, 291. 该学者为此援引了罗马法上的直接质押之诉（*l'actio pignoraticia directa* ）。持相同观点的论述，参见 Pratis, *Della tutela dei diritti*, 85。

809 Rubino, *op. cit.*, 292; Pratis, *op. cit.*, 85. 根据鲁比诺的观点，如果质押债权人在放弃临时让与意思（*animo di precarista*）的同时开始以所有的意思占有，那么对质押债权人而言只能适用取得时效；而且，不能认为只要存在质押消灭的事实就当然产生占有转移（*interversio possessionis*）的效力，而应在其举证证明在质押消灭时其已经开始以所有的意思占有为前提。

sinallagmatico）。[810] 此外需要注意的是，如果提起的是合同之诉，该诉应在消灭时效内提出，即应自质押消灭之时起10年内提出，[811] 否则相应的权利消灭（si estingue）。[812]

另外，当出质人并非质物的所有权人也未获得所有权人的许可时，如果提出的是合同之诉，则应由出质人提出；如果提出的是返还原物之诉，则应由所有权人提出。

810　Rubino, *La responsabilità patrimoniale. Il pegno*, 292.

811　参见同上。该学者指出，如果物是由第三人保管，那么返还物的请求“只能通过保管合同之诉，而且根据该规则，只能以质押所指的范围为限。就此处讨论的情形而言，如果出质人和质押债权人达成了由第三人保管的约定且未就物的返还作出特别约定，那么未经双方一致同意，保管人不得返还物（《民法典》第1773条），也不能返还与物的所有权有关的证据。此时还可适用《民法典》第1772条第1款之规定”。

812　关于这一点，参见 Cass., 16 novembre 2007, n. 23824, in *Giur. comm.*, 2008, Ⅱ, 631, con nota di Muschio, *Pegno di azioni, nullità del contratto e poteri del creditore pignoratizio;* in *Giur. it.,* 2008, 666。

针对有关质押合同的诉讼利益，该判决认为：“根据《民法典》第1453条提起的解除质押合同之诉，只能由合同当事人提起，其他第三人无权提起，即便该第三人是质押所担保的另一合同的当事人或者是担保合同一方当事人（公司）的控股股东。

“请求确认质押合同存在违约行为并要求解除合同的一方，有权在提起解除质押合同之诉的同时要求归还标的物，如果由于合同标的物灭失，当事人起诉要求归还相等价值的钱款以及要求相关的损害赔偿时，只要诉讼未过时效，那么应予支持。

“质物的按份共同所有人，有权针对质押债权人提起损害赔偿之诉，要求其赔偿因滥权和违法行为等违反质押的相关规定而给质物造成的损害，该诉讼的权利独立于共有人决议，即不以共有人决议有效为前提。

“根据《民法典》第1453条提起的解除质押合同之诉，只能由合同当事人提起，其他第三人无权提起，即便该第三人是质押所担保的另一合同的当事人或者是担保合同一方当事人（公司）的控股股东。

“在质押合同无效之诉中，因合同无效而导致相关的归还占有之诉，如果由于合同标的物灭失或不能返还且相关的诉讼未过时效，当事人起诉要求归还相等价值的钱款，该诉求有正当和现实的利益基础。”

如果出质人死亡并为其多个继承人所代替，但继承人之间尚未就遗产进行分配，此时，如果质物是可分物，那么每个继承人只能要求向其返还与其继承的份额相对应的部分；如果是不可分物，那么任何一个共同继承人均有权要求单独向其交付整个物。

如果债权人不返还质物甚至明知获得的是非法利益却仍以所有的意思侵占物（animo di appropriarsene），那么此时应适用非债占有的相关规定（《刑法典》第546条）。

如果债权人明知质押人是通过犯罪手段而获得的物，那么应拒绝返还质押物并通知警察部门；如果其被告知物的原权利人是谁（quale la cosa era stata sottratta），那么还应通知真正的权利人。[813]

质押权人有义务返还质押消灭后收取的质物的孳息。

第三方保管人，如果不知道质押已经消灭，也未通过其他途径获知该消息，那么应向所有权人，而非质押债权人，仅返还所有权人进行适当评估计算后的孳息。[814]

九、质押权的救济及质押权人可以提起的诉讼

《民法典》第2789条规定明确表明，当存在疑问或不确定时，[815] 鉴于质押债权人的占有是以自己的名义（*nomine proprio*）而占有，[816]

813 Rubino, *La responsabilità patrimoniale. Il pegno*, 292. 该学者的论证依据是《民法典》第1778条规定。

814 参见上书，第293页。

815 参见 Gorla e Zanelli, *Del pegno. Delle ipoteche*, 97。

816 Rubino, *op. cit.*, 282; Gorla e Zanelli, *op. cit.*, 97.

因此当丧失占有时，质押债权人可以行使（自己）有关保护占有的诉权（*iure proprio* le comuni azioni possessorie），[817] 提起比如恢复占有之诉，[818] 比如维持占有之诉——如果质物是由多个动产组成的动产集合体；[819] 质押权人还有权根据质押合同对质押设立人提起对人之诉。[820] 此外，质押债权人还有权以他人名义（*nomine alieno*）提起诉讼，比如当出质人享有要求返还之诉时，债权人也可提起要求返还之诉。对最后一种诉讼，即返还之诉，尽管不无反对意见，[821]

817 Rubino, *La responsabilità patrimoniale. Il pegno*, 281; Gorla e Zanelli, *Del pegno. Delle ipoteche*, 74. 根据戈拉和扎内利的观点（同书，第 96 页），无论是债权人自己占有，还是委托他人为自己占有，还是与出质人共同占有，在上述任何一种形式中，债权人的占有都是以特定目的和占有意思（*animus possidendi*）而实施的自己占有（*possesso nomine proprio*），包括第三人保管的情形（第三人也是为了债权人来占有）和共同保管或共同占有的情形，由此导致的结果是，债权人能够以自己的名义向包括出质人在内的其他人提起返还占有之诉。

818 Rubino, *op. cit.*, 282. 该学者强调，根据一般原则，如果出质的所有权人通过暴力或窃取等手段重新获得物的占有，那么可以对其提起归还占有之诉。在这种情况下，债权人可以选择通过归还占有之诉维护权利，也可以选择通过合同之诉的方式维护权利。当归还占有之诉因经过一年时间而无法提起时，或者债权人临时将物返还给出质人且无意放弃质押时，合同之诉就显得尤为有用和有利。另参见 Gorla e Zanelli, *op. cit.*, 73, 96。

819 参见同上。

820 Rubino, *op. cit.*, 278; Ciccarello, *"Pegno"*, 696.

821 Rubino, *op. cit.*, 281. 在该学者看来，这并非一种简单的代位诉讼，因为《民法典》第 2789 条规定的能够提起诉讼的人，不应被认为是以债权人的身份，而应是以质押权人的身份提起。而且，如果质押的设立人是第三人或者在质押设立的同时物的所有权被转让给了第三人，也可以适用《民法典》第 2789 条之规定。而在这两种情况中，没有任何一种情况是质押债权人的债务人。因此，上述情况属于“根据法律的授权来行使他人权利”的特殊情况，由此导致的结果是，由于不能适用《民法典》第 2900 条之规定，债权人不能起诉债务人——即便他是物的所有权人——要求返还财产。

但通说将其类比为代位诉讼（azione surrogatoria）。[822]

需要强调的是，质押债权人在这种情况下的返还之诉“并非代位诉讼”（non surrogatoria）。原因是，在代位诉讼中，债权人的代位权以权利主体的消极懈怠为前提，因此如果权利人行使其权利，代位权也就中止；但就质押权人请求返还财产之诉而言，其具有独立性。事实上，可以对《民法典》第 2789 条最后一部分做如下理解：该条最后一部分的表述是“如果质押人享有要求返还之诉”（se questa spetta al costituente）那么其能够提起要求返还之诉，对这句话应做如下解读，即如果质押人在设立质押时“曾经享有”（spettava）要求返还之诉的权利。此外，只有在债权人基于恶意从

822 参见 Gorla e Zanelli, *Del pegno. Delle ipoteche*, 98。两位学者认为这是“一种特别的代位”。因为，一方面，当出质人是债务人之外的第三人时仍可提起代位诉讼；另一方面，无论是否有证据证明存在可能的损害（*eventus damni*）和懈怠，都可提起该诉讼（理由在于，由于债权人已经获得了特别担保，因此其要求追回该物有着正当的利益诉求，且该要求与债务人的行为无关，如此一来，债权人通过诉讼要求返还物，并不会对债务人的资产进行任何管理控制，也就没有必要起诉债务人或所有权人，除非债权人希望获得的有关返还财产的判决对债务人或所有权人也产生拘束力）。上述模式意味着，尽管其与普通代位诉讼类似，但不能据此认为可以逾越界限。即债权人代位行使债务人的权利进而提起诉讼，应限于保全质物等合理事由（其他学者也持类似观点的，具体参见 Realmonte, *Il pegno*, 840; Portale, *Osservazioni sul contratto col terzo detentore del pegno*, 881, n. 15）。

沿着上述逻辑，两位学者进一步认为（同书，第 99 页），由此产生的效果是，这种诉讼的特征（几乎是一种程序性的替代）——只有当债务人可以提起返还财产之诉时方享有代位诉权——使得质押债权人在以下情形中不能提起代位诉讼：（1）出让人同时也是出质人时（因为出让人不能违反自己的行为意思再要求受让人返还财产）；（2）在质押设立前，债务人基于恶意而从非所有人处取得物而后又用该物设立质押，将其交付给善意的债权人（之所以不能，原因是债权人在这种情况下已经基于《民法典》第 1153 条之规定取得了质押权，但如果其丧失了占有，那么鉴于债务人不是所有权人不能要求返还质物，所以此时债权人也不能再要求返还质物）。

非所有权人（*non domino*）处接收质押物时，债权人才丧失占有的合法性。[823]

另外，根据担保物权的绝对性原则（principio dell'assolutezza del diritto reale di garanzia），当质物本身被毁损或被损坏时，质押权人无权以自己名义提起特别诉讼（speciale azione *jure proprio*），但当其担保因占有被剥夺或其他事由受到损害时，其有权提起这类诉讼。[824]

这些诉讼既可以单独提起，也可以是与其他诉讼一并提出（in concorso）。比如在提出恢复占有之诉时一并提出要求返还之诉；又比如在提出恢复占有之诉时，对质押设立人提起对人之诉，当然当事人也可以根据需要进行选择和组合搭配。[825]

如果质押权人已经丧失了对物的占有，那么其在提起要求返还财产之诉时，不能再基于质押物权以自己名义提起恢复占有之诉，因为理论界认为："如果真的存在这种诉权，那也应是主要的

823　这部分是受到鲁道夫·萨科（Rodolfo Sacco）教授的建议的启发，非常感谢他的帮助，在其著作出版之前，我阅读了该书的部分内容。

824　Gorla e Zanelli, *Del pegno. Delle ipoteche*, 100. 两位学者为此举了以下例子：如果第三人收取了物的孳息，并使债权人受到了直接损害；如果因第三人的行为而导致丧失占有或物被毁灭，债权人因而丧失了优先受偿权或其强制执行之诉被拖延或无法采取《民法典》第 2797 条规定的措施。

825　Rubino, *La responsabilità patrimoniale.Il pegno*, 281; Ciccarello, *"Pegno"*, 697. 在奇卡雷洛看来，某些情况下，也可以在各种诉讼之间进行选择，这些诉讼允许在无需签订新合同的情况下恢复对质物的占有并使得质押权获得重生。只有当质押债权人是因质物被毁或丢失、质权被抛弃，或第三人在质权人丧失对质物占有期间购得质物等原因而彻底丧失对质物的占有时，质押债权人的损害赔偿请求权才丧失。

诉权，法律所指的正是这种诉讼，而非通过代位诉讼要求的返还财产。”[826]

在下列所有情况中都可以提起要求返还财产之诉：比如通过暴力或秘密窃取的手段而使质物脱离质权人的占有，但因出质人行为而脱离占有的除外；又如当质物被遗失后，又被他人找到的情况；[827] 再如质物被非所有权人转让给恶意的第三人并被该第三人占有的情形[828]——但如果非所有权人根据《民法典》第 1153 条之规

826 Rubino, *La responsabilità patrimoniale. Il pegno*, 282. 在该学者看来，一段时间以来，人们认为无权基于质押权提起诉讼的权利是因为整个质押物权将随着丧失占有而消灭。此外，不能以前述诉权的欠缺来论证质押不是物权的结论，之所以不享有基于质押权的诉权，是因为质押随着占有的丧失消灭了；持有相同观点的还有戈拉、卡扎利。在他们看来，质押并未授予质押权人可以基于自己的权利和质押的事实，出于重建质押的目的而提起占有之诉的权利，理由则与抵押的情况相同，因为在抵押中，法律也未授予债权人可以针对因抵押而占有物的第三人提起诉讼的权利。因此与抵押债权人相同，质押债权人只能基于作为所有权人的债务人的权利来要求返还原物且应举证证明债务人是所有权人，还应在债务人诉权范围内通过代位诉讼的方式行使，具体参见 Gorla e Zanelli, *Del pegno. Delle ipoteche*, 97。

上述意见也受到了其他学者的批判，批判性意见，参见 Oppo, *Recensione a Rubino*, 105。

827 参见 Gorla e Zanelli, *op. cit.*, 73。根据两位学者的观点，质押债权人丧失占有是因窃取者的行为、遗失物发现人的行为等原因而导致的，债权人有权以自己的名义提起占有之诉，并且在符合必要的条件时，其既可以提起占有之诉，也可以根据《民法典》第 2789 条之规定提起返还财产之诉，但如果第三人是基于善意而从窃取者或发现人手中购买的物，即在购买时相信他们是物的合法所有权人，那么该第三人将获得物的所有权，且可以对抗出质人，由此意味着其获得的物将不再受原质押的约束；如果第三人在购买物时尽管知晓物是他人的物，但不知道该物上存在质押，那么可以根据《民法典》第 2789 条之规定对其提起返还财产之诉；如果第三人在购买时知道物上存在质押且物是被通过暴力方式侵夺而来或秘密窃取方式得来的，那么还可以根据《民法典》第 2789 条之规定对其提起返还占有之诉。

828 Rubino, *op. cit.*, 283.

定取得质押（*acquisto a domino*）的情形除外；[829]最后还有从质押人手中购买质押财产的第三人的情形。值得强调的是，基于质押权人享有的保全担保的权利，质押债权人有发动诉讼以恢复占有的义务，与此同时，如果其无意提起该诉讼，那么应及时将丧失占有一事通知质押的设立人。[830]

随着占有的恢复，质押权也会随之获得重生（reviviscenza），但该质押权与之前已经消灭的质押权并非同一权利（stesso），而是一个新的质押权，新的质押权的“内容、方式和参考依据，与原来的质押权相同”[831]，但无需重新订立新的合同。[832]

十、丧失占有且无法恢复占有时的相关问题

质押债权人不能恢复对质物的占有，将导致担保物权的消灭。

829　针对该问题，参见 Argiroffi, *Del possesso di buona fede di beni mobili*, 158 ss.。但该学者并未考虑质押担保效力和质押优先受偿权的区别。此外，该学者还在论述时援引了大量反映有关司法观点趋势的判例。

830　参见 Gorla e Zanelli, *Del pegno. Delle ipoteche*, 100。两位学者认为，提起《民法典》第 2789 条规定的诉讼是质押债权人的权利而非义务；如果质押债权人并未提起该诉讼，而出质人又不知道丧失占有的事实，那么其应立即将丧失占有的事实通知出质人，即便债权人对丧失占有没有任何责任和过错。此外，与《民法典》第 2790 条之规定相关的诉讼以及未提起诉讼的情况也表明这是权利。

鲁比诺的观点则与上述观点刚好相反。该学者认为，质押债权人或特定案件中的第三方保管人在丧失占有时有通知出质人的义务，但没有提起返还财产之诉或返还占有之诉的义务，因为保管义务的内容中似乎不包括采取这种法律保护措施。具体参见 Rubino, *La responsabilità patrimoniale. Il pegno*, 286。

831　参见上书，第 287 页。另参见 Ciccarello, *"Pegno"*, 697。

832　Rubino, *op. cit.*, 283; Ciccarello, *op. cit.*, 697.

对此，人们指出存在一些丧失占有后无法弥补的情形，其中一种是在债权人丧失——非因暴力或秘密窃取——质物占有期间，质物被所有权人转让给第三人，该第三人可能是善意也可能是恶意，但无论如何已经取得了物的占有。[833]

对这种情况，一般认为债权人不能提起恢复占有之诉，因为其丧失占有既不是因受暴力所致也非受到欺诈所致（*nec vi nec clam*）；不能提起合同之诉，因为这种情况下出质人并未占有物；不能提起返还财产之诉，因为在这种情况下正是所有权人自己将物转让给了第三人，所有权人自己也不享有该诉权；最后，也不能为恢复占有而基于质押权提起诉讼（*azione petitoria ex iure pignoris*），因为法律并未授予其该权利——随着丧失对质物的占有，其质押物权也已经消灭。基于上述理由，在极端的情况下，质押权人仅能提起撤销之诉，[834]而针对出质人，如果质押物灭失，则可以

833 Rubino, *La responsabilità patrimoniale. Il pegno*, 283 ss. 该学者区分了不同的情形。另参见 Ciccarello, *"Pegno"*, 696 ss.; Gorla e Zanelli, *Del pegno. Delle ipoteche*, 71 ss.。根据戈拉和卡扎利的观点，如果第三人并未取得物的占有，那么其将获得质押财产，这与其是否知晓质押的存在无关。

834 Rubino, *op. cit.*, 283; Gorla e Zanelli, *op. cit.*, 71, n. 8. 戈拉和扎内利两位学者认为，如果第三方购买人在获得占有时知道质押的存在，那么质押债权人可以自己的名义对其提起恢复占有之诉。在这种情况下，可以将其认为是一种通过秘密手段侵夺债权人的占有的情形，即其为了获得物，而与出质人和保管人（为债权人利益而保管物）一起实施欺诈性操弄，从而使物脱离债权人的占有。

无论如何都不能确定的说，第三方购买人获得了承担质押担保的质物，因为未经债权人移转占有，该效力不存在。理由是，第三人虽然获得了所有权，但之后质押债权人可以从第三人处恢复占有，此时所有权将受质押担保的约束。

相反，如果第三人在获得占有时不知道质押的存在，那么其将获得物，且物不再受质押担保的约束。实践中，第三人从保管物的第三方保管人处获得物（转下页）

按照《民法典》第 2743 条之规定提起诉讼，要求其提供其他合适的财产作为担保。

如果质押财产重新回归所有权人占有，而其又尚未将物交付给第三方购买人，这时要根据第三人的主观状态，即是善意还是恶意，区别处理。[835]

如果第三人是恶意，那么债权人有要求再次交付的权利，由此导致的结果是使质押物权获得重生，且对第三人具有对抗力；但其依据并非是基于质押物权——该权利如今已经消灭了——而是基于合同而产生的要求质押设立人交付物的权利。由于两个主体都有要求交付质押物的权利，因此会发生权利的冲突，至于如何确定该优先保护谁，应遵循善意的标准，正如《民法典》第 1155 条推定的那样。为此，质押债权人可以加入第三人发起的请求交付物的诉讼中。[836]

相反，如果第三人主观上是善意，那么在解决权利冲突和确定优先保护对象时，将根据占有的情况决定，即先获得占有的一方将优先获得保护，对此可以再次援引《民法典》第 1155 条之规定作为论证的依据，而且在这种情况中，鉴于提起诉讼所产生的实际效力，只要有一方已经针对出质人提起了诉讼，那么另一方就不能干

（接上页）的占有，根据《民法典》第 2786 条第 2 款之规定，保管人已经背叛了债权人对其的信任（abbia tradito la fiducia in lui riposta dal creditore），因此仅构成出质人的保管人。在这种情况下，债权人不能提起返还财产之诉，因为出质人作为让与人也不享有该诉权，债权人也不能以自己的名义提起占有保护之诉。

835　Rubino, *La responsabilità patrimoniale. Il pegno*, 284; Gorla e Zanelli, *Del pegno. Delle ipoteche*, 72.

836　Rubino, *op. cit.*, 284.

预已经发起的诉讼以获得有利于自己的判决。[837]

第二种无法恢复占有的情形是，如果质押债权人因受到暴力或欺诈而失去了对物的占有，在其失去质物占有期间，物被所有权人转让给了第三人且第三人取得了物的占有——即使第三人知道先前曾在物上设定过质押，但只要其不知道质权人因受到暴力或欺诈而被剥离占有（avvenuto spoglio）——那么此时债权人也不能恢复占有，质押权也会随之消灭。事实上，在最后一种情形中，一方面，第三人主观上的善意状态将阻止债权人对其提起的恢复占有之诉；另一方面，债权人也没有其他的诉讼手段。[838]

第三种债权人不能恢复对质押财产的占有的情形是，质物被非所有权人（比如保管人）转让给善意第三人且第三人已经取得物的占有的情形。这可以从《民法典》第 1153 条规定中推出。[839]

如果是通过暴力或秘密方式使物脱离质押债权人的占有，则法律保护第三人的前提是第三方既不知道先前存在过质押，也不知道存在侵夺占有。如此一来，一方面，按照《民法典》第 1169 条之规定，债权人不能对第三人提起归还占有之诉；另一方面，债权人也不能提起返还财产之诉，因为原所有权人也不享有该诉权，而且根据《民法典》第 1153 条之规定，此时第三人已经获得了物的所有权。[840]

如果第三人在购买时相信与其交易的人（即被选为保管的第三

---

837 Rubino, *La responsabilità patrimoniale. Il pegno*, 284.

838 参见同上。另参见 Gorla e Zanelli, *Del pegno. Delle ipoteche*, 71。

839 Rubino, *op. cit.*, 284; Gorla e Zanelli, *op. cit.*, 72.

840 参见同上。

人）是所有权人，那么其可以向质押设立人主张获得所有权，且不受质押的约束。[841]

第四种情形，还是根据理论界的观点，[842]是指当物的所有权人与第三人设立了新的债权债务关系，并且第三人基于该关系取得了物的占有。

对于第四种情形，如果是通过暴力或秘密方式使物脱离质押债权人的占有，那么以第三人不知道上述侵夺事实为必要前提。如果满足上述条件，那么债权人既不能向第三人提出恢复占有之诉，也不能提出返还财产之诉，因为是设立人自己创设的债权关系，因此也无权要求返还，更不能主张质押物权，因为该权利已经因丧失占有而消灭。

总之，正是因为债权人的质押权随着对物的占有的丧失而消灭，因此只要第三人已经取得物的占有，那么尽管其享有的仅是一个与物有关的债权，一个针对特定人的权利，但质押权人无法对其发动“攻击”。只要第三人不知道侵夺占有事件，即便在获得占有时知道在该物上曾经设立过质押，第三人实际上处于无懈可击的地位，因为只有在解决物权获得之间的权利冲突时，主观善意才是确定优先权判断标准的重要参考。[843]反之，如果第三人尚未获得物的

841　Gorla e Zanelli, *Del pegno. Delle ipoteche*, 72.

842　Rubino, *La responsabilità patrimoniale. Il pegno*, 284.

843　参见上书，第 285 页。另参见 Gorla e Zanelli, *op. cit.*, 70。戈拉和扎内利认为，当物再次处于或回到出质人处时，即便第三方购买人知道存在质押合同或质押设立文件，也不构成《民法典》第 1153 条规定的例外情况，获得所有权或担保物权的第三方购买人将不受原质押的约束。因为，一方面，第三方购买人基于同意（转下页）

占有，即物仍在所有权人手中，那么此时先向法院提起诉讼，要求交付物的一方将获得优先保护。[844]

当质押债权人通过代位诉讼代替所有权人提起返还之诉时，应要求将物返还给所有权人；但这不排除这样的可能，即源于质押整体关系的某些具体债务仍然存在，这使得债权人可以基于这些义务，其中就包括出质人代理债权人提起占有之诉的义务，通过行使该权利，进而要求将物直接交付给自己。如果所有权人已经提起诉讼要求返还财产，且法院已经在开庭审理，那么质押债权人也能以相同的理由要求加入审判，以请求将物交付给所有权人。[845]但如果是所有权人的某个无担保债权人——其对物也不享有个人享用权[846]——通过代位诉讼的方式提起了返还财产之诉，那么质押债权人不能申请加入该诉讼；反过来，如果返还财产之诉是质押债权人代替所有权人提起的，那么所有权人的无担保债权人不能——为了

（接上页）这一事实已经获得了物权；另一方面，质押债权人——基于设立质押的合意或法律文件——获得的仅是为了设立质押或重建质押的目的而对特定人享有的要求交付质物或再次交付质物的权利（对人权）。由此将产生两个方面的效果：（1）就同一物上同时存在两个权利主体，其中一方享有的是物权而另一方获得是对人权，而两种权利发生冲突时，物权优先，即便物权的权利主体知道第二个权利主体的存在也不例外；就物权的优先效力而言，无需权利人实际占有物，只需质押债权人未占有物或者未基于善意恢复占有（即不知道物已被转让的情况）即可。（2）只要物没有被交付给出质人和受让人中的任何一人，那么发生前述两种权利冲突时，应将物交付给受让第三人，而无需考虑受让人主观上是善意还是恶意。

844 Rubino, *La responsabilità patrimoniale. Il pegno*, 285.

845 参见同上。

846 参见同上。但奥波不同意鲁比诺的意见。前者认为质押债权人丧失占有仅使得其不能再针对其他无担保债权人主张优先受偿权，但不意味着其丧失了对物的物权。另外，优先受偿权涉及的仅是质押实现而不是返还财产，参见 Oppo, *Recensione a Rubino*, 108。

要求把物不交给质押债权人而是所有权人——加入诉讼。[847]

上述解决方案的依据可以归因于以下事实，即其解决的是两个针对所有权人的债权之间的冲突［尽管第一个权利人曾是（era）质押权人，但在丧失对质物的占有后，其享有的仅是针对出质人的请求交付物的权利］。事实上，在这种情况下，一方面，鉴于案涉双方都欠缺主观状态上的冲突，因此并不适用占有优先的冲突解决原则；另一方面，由于不属于个人享用权（diritti personali di godimento），因此也不适用《民法典》第1380条第2款之规定。[848]

就优先权的确定标准而言，根据司法申请实际效力优先原则（principio degli effetti sostanziali della domanda giudiziale），应优先保护在先提出司法申请的一方。[849] 对于该原则，反对的意见认为，该标准的结果将使质押债权人总是能够针对第三人要求交付物，特别是当其债权期限在时间上后于第三人的债权时。[850]

847　Rubino, *La responsabilità patrimoniale. Il pegno*, 285. 但奥波不同意鲁比诺的意见，参见 Oppo, *Recensione a Rubino*, 108。

848　Rubino, *op. cit.*, 285; Gorla e Zanelli, *Del pegno. Delle ipoteche*, 75-76. 但戈拉和扎内利与鲁比诺的观点相反。在前两位学者看来，关于第三人是否能够获得个人享用权，需要分情况讨论：第一种情况是债权人之前曾占有质物，之后又丧失了占有，且第三人取得了物的占有，此时质押或者未生效或者消灭，但第三人是为债权人占有的情况除外。然而，基于原质押设立文件是有可能产生质押设立或重建质押的效力的，只要质押设立或质押重建生效，那么这些个人享用权将消灭。第二种情况是第三人未占有物，但质押债权人已经取得或现在取得了物的占有，那么此时这些个人享用权不能对抗质押债权人。第三种情况是第三人和质押债权人都未取得物的占有，且两者都要求出质人向自己交付物以取得物的占有，那么此时应适用《民法典》第1380条第2款之规定，因为“这种情况不是质押物权对抗第三方购买人的对人权，而只是请求交付的对人权与第三方购买人的对人权之间的冲突和对抗”。

849　Rubino, *op. cit.*, 285.

850　Gorla e Zanelli, *op. cit.*, 76, n. 22.

当司法申请是其他债权人先提出时，一般认为，根据上述解决方案，质押债权人不能通过参加诉讼来要求向自己交付质物，因为关于返还财产的代位诉讼一般是由无担保债权人提起，其诉讼目的并非纯粹保全，即让所有权人重新占有物，而是能够在诉讼结束后立即就该物申请强制执行。此外，如果质押债权人重新占有了质物，那么会使质押物权重获新生，之前因丧失质物占有而已消灭的优先受偿权也将随着质押物权的重生而恢复，并可对抗已经提起诉讼的无担保债权人，所有的这一切，在债权人启动诉讼时，实际上——尽管还没有判决，也没有进入执行程序——都已经被事先安排好了。[851]

关于质押债权人参加到无担保债权人发起的诉讼中要求交付质物，只有当存在以下可能时才被允许，即如果在将质物再次交付给质押权人后，质押将“复活”——即便质押权人不再享有优先受偿权，而只是享有剩余的其他权利内容。[852]

---

851 鲁比诺回应了学者奥波对其的批判，具体论述参见 Rubino, *La responsabilità patrimoniale. Il pegno*, 286。有关奥波的批判意见，参见 Oppo, *Recensione a Rubino*, 108。

852 Rubino, *op. cit.*, 286; Gorla e Zanelli, *Del pegno. Delle ipoteche*, 73. 戈拉和扎内利指出，在质押债权人有权以自己的名义提起占有之诉的所有情形中，都会出现以下问题。即在质押债权人有效恢复占有之前，其他债权人是否能够通过扣押的方式来消灭质押债权人的优先受偿权。对此，需要根据第三方购买人是否已经取得所有权来分情况讨论。

第一种情况是所有权已经让与第三方购买人，此时，出质人的债权人不能再采取任何措施，因为物已经不再属于他们的债务人——即便如果占有已经被恢复，那么情况将有利于质押债权人，而非出质人及出质人的债权人；相反，第三方购买人的债权人，在质押债权人没有恢复物的占有之前，还不能说他们能够通过扣押的方式来使优先受偿权失效。（转下页）

如果无担保债权人起诉的目的仅是为了保全，即在收回物后该债权人并不用其实现债权，那么质押债权人可以提起合同之诉，要求质押人在重新控制物后再次向自己交付物。[853]

此外，在质押债权人占有质物期间，如果其他无担保债权人针对质物提起了扣押，那么前者不能要求交还占有以重新取得优先受偿权，[854]也不能再重新产生（risorgere）质押的效力，[855]尽管质押权的内容在除去优先受偿权后还存在很多其他权利内容。[856]

除前述观点外，其他理论认为[857]，如果交付对质押的产生至关重要（essenziale），那么是否以及在什么范围内拥有对物的占有，对担保也同样至关重要，因此可以通过多个因素解决前述问题，这些因素包括质押的物权特征、对物效果（*quoad efffectum*）特征，《民法典》第 2787 条第 1 款规定明确排除了在强制执行时已经丧失了对物占有的质押权人行使优先受偿权的可能，并且规定在丧失对

（接上页）第二种情况是所有权尚未让与第三方购买人，在这种情况下（比如侵夺人，又或者占有人和维持占有之诉的被告也是出质人或购买了物但尚未取得所有权的第三人），第三方购买人的债权人不能采取任何措施，因为此时物的所有权还没有转让给他们的债务人也就是第三方购买人。

853　Rubino, *La responsabilità patrimoniale. Il pegno*, 286.

854　参见同上。另参见 Gorla e Zanelli, *Del pegno. Delle ipoteche*, 73-74。

855　Gorla e Zanelli, *op. cit.*, 99. 两位学者认为，从为了重建质权而提起的返还财产之诉的目的中可以推出，如果在提起诉讼的同时其他债权人发起了扣押，那么返还财产之诉不再具有重建质押的效力。上述推论还适用于优先受偿权。由此导致的其他效果是，如果同时存在其他债权人提起的普通代位诉讼，那么该代位诉讼将与返还财产之诉构成竞合并存关系，也即意味着后者不能再重建优先受偿权。

856　Rubino, *op. cit.*, 286. 该学者在论及此处时进一步明确指出，“这似乎意味着其认为不存在没有优先受偿权的质押”。

857　Oppo, *Recensione a Rubino*, 107-108.

质物的占有后，并非整个质押权都归于消灭，此时仍可保证质押债权人享有物的追及力。[858]

如果根据上述理论，那么在法律层面，在债权人将物委托给第三人保管后，尽管其可能丧失优先受偿权，但质押并未消灭。此外，如果在质押权人失去质物的占有期间，物被所有权人转让给第三人，而且转让双方是恶意且未取得物的占有，那么质押债权人可以恢复对质物的占有。[859]

对此人们进行批判并指出，针对上述情形，可以用于支撑的观点是，丧失占有可能会导致权利消灭，质押权人可以通过诉讼来要求恢复占有，因为其失去占有的事实并不能使其丧失针对物的物权，只有当善意第三人因获得某物的物权并进而占有该物时，方能使丧失占有的质押债权人的权利“崩溃”（paralizzare）。总之，一旦重新恢复了对质物的占有，那么应认为质押从未消灭（non mai estinto），由此导致的结果是，那种认为质押权自动“复活”的观点也将失去理论基础。[860]

一种折中的理论认为，关于恢复占有产生的是否是一个新的质押这一问题——当质押权人恢复占有时，是否能够基于原质押设立文件产生新的质押，而旧的质押已因丧失占有而消灭——“较为复杂”，并给出如下思考路径，即在动产集合体质押的情况下，通

858 Oppo, *Recensione a Rubino,* 107-108; Carpino, *Garanzie reali su beni mobili corporali*, 201.

859 Oppo, *op. cit.*, 108. 在奥波看来，鲁比诺的结论并不确切。根据奥波的观点，如果所有权人在违反债权人意愿的情况下重新取得物的占有——即便所有权人是侵夺行为人——并基于新的债法关系已经将物交付给第三人，债权人不能要求返还物。

860 参见同上。

过恢复占有或维持占有，可以认为质押债权人并未曾经丧失（non perduto）过占有。[861]需要强调的是，根据这种观点，一方面，出质人没有向其债权人履行交付或归还物的个人义务（obbligo personale）；另一方面，出质人有义务尊重质押债权人以自己名义提起的占有之诉，因为与前者不同的是，在质押的场合，当出质人侵夺质物时，可以通过扣押（pignoramento intervenuto）的方式立即实现质押。所谓的因为"在将质物暂时归还给出质人的情况下，质押权不应丧失，但在侵夺占有、严重影响占有等更恶劣的情况下，则应丧失质押权"，实际上该理由令人无法理解。[862]

此外，针对前述观点[863]——如果承认质押效力继续存在，那么万一没有提起返还财产之诉，将很难确定质押何时消灭，也无法使质押消灭的时间与长达10年的诉权消灭时效的届满时间保持一致——还存在以下反对意见：如果质押债权人仅能按照《民法典》第2789条提起返还财产之诉，那么"该诉讼是一种以自己名义享有的时效为一年的占有诉权（azioni possessorie annali）"[*]似乎并不重要。因为在一年内占有如果没有恢复或维持，那么质押将消灭。[864]更确切地说，这种消灭是在以下意义上消灭：在占有被侵夺或干扰后，他人对质物进行了扣押，质押债权人除了要发动占有之诉外，还应根据《民事诉讼法典》第525条加入他人发起的执行

861　Gorla e Zanelli, *Del pegno. Delle ipoteche*, 74.

862　参见同上。

863　Rubino, *La responsabilità patrimoniale. Il pegno*, 287.

*　azioni possessorie annali 是指应在一年内提起诉讼。——译者

864　Gorla e Zanelli, *op. cit.*, 74.

程序。[865]

由上可见，存在着两种不同的诉讼：一种诉讼是根据《民法典》第 2789 条提起的返还财产之诉，该诉讼导致的结果是质押随着丧失占有而消灭；另一种诉讼的结果是在恢复对质物的占有的同时重设质押，即“当质押债权人代替质押设立人提起返还财产之诉并重新取得质物的占有时，旧的质押消灭，扣押将使优先受偿权丧失”[866]，质押债权人享有占有诉权。[867]此外，如果质押债权人立即将质物置于司法扣押状态下（sequestro giudiziario），就为了保持优先受偿权而对物进行控制或占有（spossessamento-impossessamento）而言，该操作与之后发生的扣押具有相同的效力。[868]

865 Gorla e Zanelli, *Del pegno. Delle ipoteche*, 75, n. 16.

866 参见上书，第 75 页，注释 17。

867 参见上书，第 75 页。但两位学者承认，这种解决方案还值得进一步讨论。

868 参见同上。

第九章　质押实现

一、质押权人的自力救济：质押实现的一般程序与特别程序

如前所述，质押的功能是旨在担保债权的实现，即在债务人不履行债务时，通过强制执行——可能是单独的，也可能是并存且竞争性的——的方式，来强行实现被担保的债权，因此，当债务人到期未履行债务或债权人要求其履行却不履行时，如果没有关于启动期限的特别约定，债权人可以通过司法程序对质物进行处分。

根据《民法典》第 2748 条第 1 款之规定，质押债权的效力优于其他一般先取特权（《民法典》第 2747 条第 1 款）。此外，在对强制执行所得的钱款进行分配时，除法律特别规定的情况外（《民法典》第 2745 条规定），质押债权优先于动产特别先取特权。

债权保护制度及其相关法律规定——为了保证债权在需要时可以通过强制执行来实现——为保护质押债权人的利益规定了一系列的权利、支配力（poteri）和权能，它们相互结合，共同构成担保物权的形式结构，有助于强化担保效力。在效果层面，质押权的支配力，体现为实体法和程序法中一系列有组织有计划的连贯设计。

质押债权人针对质押财产启动的执行程序受到一系列法律规定的综合调整，这些规定既有关于一般程序的，也有关于特别程序的。之所以如此，是因为《民法典》第 2794 条、第 2796 条、第 2797 条和第 2798 条分别规定了不同的措施。这些并存的措施都体现了质押权的"物权"内容，并成为质押债权人按照有关强制变卖的一般规定（《民事诉讼法典》第 502 条第 1 款）进行自力救济（autotutela stragiudiziale）的手段和方式。

在对此进行讨论时，一种理论认为，由相关特别规定构成的整体造成"实现质押特殊措施的重叠，这些措施被用于质押的强制执行（追及权、有限受偿权）"。即立法者通过不同的法律条款规定了多种针对质押财产的强制执行程序，这些程序在某些方面存在差异，[869] 这使得质押权人在实现自己的权利时可以根据需要从上述程序中进行选择。

---

869 Rubino, *La responsabilità patrimoniale. Il pegno*, 261. 在该学者看来，不同的执行程序应为：

1. 首先，是《民法典》有关的程序规定，以及《民事诉讼法典》有关普通执行程序的规定。

2. 其次，是《民事诉讼法典》的两个特别规定，一个是第 502 条（有关免除扣押和有关变卖申请的期限），另一个是普通执行程序的规定。

3. 再次，如果质押债权人愿意，也可以援引扣押的规定（对此《民事诉讼法典》第 502 条第 1 款做了明确规定），此时则适用普通执行程序中有关变卖或分配申请的启动和期限的规定。

4. 最后，有关特别情况中质押特别执行程序形式的规定。比如，针对储存在一般仓库中的商品设立质押的情形中，如果质押权利人不想诉诸前述方式，可以根据《票据法》的有关规定提起抗辩（levare il protesto），然后根据第 1515 条之规定，自期间届满时起超过 8 日（第 1796 条）即可在债务人的住所地或居住地将寄存物出售。

此外，有关质押特别情况下特别强制执行程序形式，可参见 Bongiorno, *La tutela espropriativa speciale del creditore pignoratizio*, in *RDP*, 1990, 1066 ss.。

因此，质押权人既可以选择普通的执行程序——对此《民事诉讼法典》第 502 条做了明确的规定——也可以选择特别执行程序进行自力救济。如果质押权人选择采用普通执行程序，此时应通知和送达执行文书（titolo esecutivo）和催告令（precetto）；扣押并非变卖质押物的必要程序，至于《民事诉讼法典》第 501 条规定的 10 日延缓期限（il termine dilatorio），则自通知之日起开始计算，因为此时有关质物的意思表示已经起到了扣押的作用并取代了扣押。

选择普通程序还是特别程序，应由债权人在对个案的具体情况进行评估后作出选择，比如其已经拥有一个执行文书，那么可以避免采用债权人公开拍卖的形式（vendita per autorità del creditore）——因为这种形式，一方面，可能会因其他权利主体提出《民法典》第 2797 条第 2 款规定的异议而中止；另一方面，其他债权人也能够扣押质押财产。

正如理论界已经正确指出的那样，质押债权人相较于其他债权人享有先取特权（privilegiato），因为其可以在没有执行文书的情况下要求用质押财产来实现自己的债权，而此时其他债权人仅在持有执行文书且该执行文书是为了将特别程序转为普通程序时才能参与变卖所得的分配。之所以如此，原因是先取特权体现为债务人不得对质押财产进行处分，因此当根据《民事诉讼法典》第 502 条规定发动普通执行程序时，无需持有执行文书也证明了扣押显得多余。[870]

此外，实现质押的特别程序——债权人可以通过这种方式在债

870　Vaccarella, *Titolo esecutivo, precetto, opposizioni,* 2 ed., 1983, 52.

务人破产期间对债务人强制执行的条件包括两个：一是其享有优先受偿权的债权须得到破产人的确认；二是根据破产法规定的方式获得破产法官的许可[871]——这种方式，为保障债权人实现其尚未实现的债权提供了更便捷、更迅速的手段：因为这种方式无需诉诸普通执行程序，可以在不获得执行文书和查封扣押的情况下通过强制执行实现债权。[872]

对于法律赋予质押权人的救济措施，可以分为两种权利：一种是《民法典》第 2795 条规定的预防性保护的权利（potere cautelare），其针对的是质押财产发生毁损或价值降低的情形；另一种是《民法典》第 2794 条、第 2796 条和第 2798 条规定的狭义上的自力救济权（potere di autotutela）。

行使所谓的请求提前出售的权利的前提是，债权履行期尚未届满，且质押财产发生毁损以致“使债权人担心质押财产不足以保障债权实现”，此时应向法官提出申请以请求“许可将质物出售”；相反，所谓的质押权人自我保护性强制执行，是一种司法途径之外的救济手段，其行使前提是债权已届清偿期且未履行担保责任。

事实上，一旦债权履行期限届满且未获清偿，质押债权人可以在其认为合适的时机，根据《民法典》第 2796 条之规定，“为了获得其应得的价款，根据民法典第 2797 条规定的形式将质物出售”。上述规则也适用于债权质押和其他权利质押的情形：对于债权质押，根据《民法典》第 2804 条第 2 款之规定，如果债权尚未到期，质押权人可以请求按照第 2797 条规定的方式将质物出售；对于其

871 参见 Vaccarella, *Titolo esecutivo, precetto, opposizioni,* 52, n. 12。

872 参见 Rubino, *La responsabilità patrimoniale. Il pegno*。

他权利质押，根据《民法典》第 2807 条之规定，此时适用动产质押部分的规定。[873]

质押债权人始终可以向法官请求根据《民法典》第 2798 条规定的方式，以质物、被质押的债权或其他权利来清偿债权，直至债权实现。

通过对法律规定的分析，以及对强制实现债权的形式的分析，再次证明了我们之前所提出的观点，即物权担保，特别是质押担保，核心是在“效用的保留”：在质押权的形式结构中——独立于司法介入和司法程序，无需债务人或质物所有权人的同意——从诉讼的角度来看，已经包含了债权人通过非司法途径实现债权的绝对权力（potere assoluto），该绝对权力包括通过直接行使法律赋予的物权权利的内容，并对质物立即产生执行效力和处分效果。

从有关质押债权人实现利益的强制执行的法律规定中，可以发现法律赋予私主体的自力救济权以及反映这种认可的外在表现，由于借以体现这种认可的情况是以碎片化的状态呈现，这也使得无法将其整理归纳为一个系统有序的整体。[874] 就质押而言，其体现为程序形式的多样性，这些不同形式的程序与实际情况的需要相适应，而且对保护和实现措施做了事先规定[875]：留置权（《民法典》第 2794 条）、通过委托或拍卖强制出售质物的权利（《民法典》第 2796 条和第 2797 条）、请求以质物折价清偿的权利（《民法典》第

873　参见《破产法》第 531 条。

874　参见 Bongiorno, *Profili sistematici e prospettive dell'esecuzione forzata in autotutela*, in AA.VV., *Processo e tecniche di attuazione dei diritti*, 1989, 742。

875　G. Costantino, *Le espropriazioni forzate speciali*, 1984, 307.

2798 条，但根据该条规定，这种措施需向执行法官提出申请）。[876]

二、提前出售的法律性质及程序

《民法典》第 2795 条规定的提前出售［《民法典》第 2352 条第 2 款也规定了类似的方式，该款规定的是股票质押。根据该条规定，为了行使优先认购权（diritto di opzione），需缴纳一定的金额］，尽管不能被纳入狭义上的自力救济的法律体系内（因为提前出售时要求法官的介入），但可以被归入法律赋予质押权人的众多保护权利中。适用提前出售时，一方面，债权必须仍是可主张的债权（esigibile）；另一方面，质物需发生毁损以致“使债权人担心质物不足以保障债权实现”。

当满足上述条件时，为了维持担保物的经济价值，质押债权人“在预先告知质押人的情况下，可以向法官请求许可以便将质物出售”。

法官如果许可出售质物，在作出许可决定时，还应对出售后的价款存放作出决定。

如果质押设立人愿意，也可以通过提供替代物——在取回质物的同时提供法官认为适宜的其他担保物——的方式来避免质物被提前出售。

基于对双方利益的平衡，在质物发生毁损或其价值降低时，法

---

876 具体参见 Bongiorno, *La tutela espropriativa speciale del creditore pignoratizio*, 1042; Id., *Profili sistematici e prospettive dell'esecuzione forzata in autotutela*,772。但该学者认为不能将《民法典》第 2798 条规定的折价清偿的方式归入非司法途径的执行方式，因此将其称为自力救济是不正确的。

律同时也允许出质人向法官请求将质物出售，或请求取回质物并提供法官认为适宜的其他担保物。当有利于出售的情况出现时，出质人也可以请求法官许可出售质物。对于后一种情况，法官许可出售质物的，在作出许可决定时，还应对出售条件和出售后的价款存放作出决定。

整个规定明显是为了满足保全担保物价值的需要，并且受到现代物权担保概念的启发，即从管理和经济的意义上讲，担保物的价值与其功能紧密相关，比如以金融商品为标的设立担保的情形。

值得注意的是，上述规定也有利于所有权人，因为其既可以在质物的价值已经贬损时（或质物的价值因市场价格波动而逐渐贬损时）提出申请，也可以在贬损发生过程中[877]或质物的价值存在贬损风险时提出申请，此时，应由法官对未来发生贬损的可能性和贬损的幅度进行裁量和评估，以决定是否应许可提前出售。[878]

就法律性质而言，提前出售程序被归类为预防性保护措施。[879]基于该原因，人们认为可以类推适用《民事诉讼法典》第 700 条以下的相关规定，[880]但第 669 条–Ⅷ规定的有关实体审理的规定除外。

需要强调是，因申请人身份不同，采取的具体程序也不同，即

877　Gorla e Zanelli, *Del pegno. Delle ipoteche*, 114, n. 2.

878　Rubino, *La responsabilità patrimoniale. Il pegno*, 256. 但戈拉和扎内利不同意鲁比诺的观点，他们认为担保财产的纯粹的市场价值波动并不重要，具体参见 Gorla e Zanelli, *op. cit.*, 114; Realmonte, *Il pegno*, 844。

879　Rubino, *op. cit.*, 257; Realmonte, *op. cit.*, 844.

880　Gorla e Zanelli, *op. cit.*, 114. 在两位学者看来，这是一种类似于紧急程序的程序，“但有其自己独有的特征”，由此导致的结果是，尽管也可以通过类推而援引《民事诉讼法典》第 685 条之规定，但更恰当的做法是援引《民事诉讼法典》第 700 条以下之规定。对上述意见，鲁比诺持反对意见，具体参见 Rubino, *op. cit.*, 257。

要看申请人是质押权人还是出质人而定。

质押债权人提出申请的情形是：只有当“质物发生毁损并使债权人担心质物不足以保障债权实现”时，在预先告知出质人的情况下，质押权人可以向质物所在地的法官以申请书的方式（而非以起诉状的方式[881]）提出申请。

鉴于提前出售并非强制执行程序，[882]更重要的是，由于该规则和特别程序的基本原理是无需执行文书即可采取行动，因此债权人仅需预先告知质押设立人其打算“请求法官许可出售质物”（即《民法典》第2795条第1款规定的“预先告知质押设立人”）即可，除此之外无需再向质押设立人进行任何通知。

理论界还正确地指出，应先告知质押设立人再向法官提出申请，以便于质押设立人能够采取措施——比如通过向债权人偿还债务，或提供其他物替代原担保，或向法官说明理由，而法官可以同时行使《民事诉讼法典》第702条和第689条规定的权力[883]——来避免质物被提前出售。

另外，可以确认的是，由于法律没有特别规定，债权人没有告知提前出卖的时间和地点的义务，因为《民法典》第2795条规定的告知，不应采取起诉状的形式，无需通知，因此也不能使质押设立人成为程序关系的当事人（该程序只是向法官提交请求出售质物的许可）。事实上，其目的仅在于使质押设立人能够参加程序以便行使该阶段有限的抗辩权。[884]

881 Gorla e Zanelli, *Del pegno. Delle ipoteche*, 114.

882 Rubino, *La responsabilità patrimoniale. Il pegno*, 256.

883 Gorla e Zanelli, *op. cit.*, 114.

884 Rubino, *op. cit.*, 258.

根据上述理论，申请可以在没有任何时间间隔的情况下提交。因为，即使通知是在向法官提交请求后发出的，根据《民事诉讼法典》第156条之规定可知，只要所有权人有同样的回复时间，那么通知、许可和申请都不会因此无效。[885] 但是，如果没有给所有权人留下充足的回复时间，但质押权人在获得法官的许可后又出售了质物，理论界认为此时应区分两种情况分别处理：(1) 如果第三方购买人相信债权人是物的所有权人，那么第三方购买人将获得物的所有权，同时，如果在随后的诉讼中查明质物不存在毁损或价值贬损的风险，那么债权人应赔偿因此给所有权人造成的损失；(2) 相反，如果第三方购买人明知债权人不是物的所有权人，却仍与其发生交易，即便其不知道所有权人发出的迟到的通知，那么只要所有权人能够证明质物不存在毁损或价值贬损的风险，或者提供其他法官认为适宜的担保物，所有权人可以请求宣告买卖无效。[886]

有疑问的是，如果出质人并非债务人，而是第三人，那么此时是否还应通知债务人？鉴于在该阶段债务人没有任何利益，因此免除通知债务人的义务。[887]

至于出售的形式（此时只能要求出售而不能要求折价抵偿，因为债权履行期尚未届至），则应遵循《民法典》第2797条第2款之规定。需要注意的是，《民法典》第2797条规定的是许可债权人出

885　Rubino, *La responsabilità patrimoniale. Il pegno*, 258; Gorla e Zanelli, *Del pegno. Delle ipoteche*, 114, n. 5.

886　Rubino, *op. cit.*, 258. 该学者持该观点，其论证依据是《民法典》第2795条第2款之规定；戈拉和扎内利似乎也持相同的观点，具体参见 Gorla e Zanelli, *op. cit.*, 114, n. 7。

887　Rubino, *op. cit.*, 258.

售物（autorizzazione del creditore a vendere），而不是让债权人出售物（a fare vendere）。[888]

在收到请求出售的许可申请后，法官应评估和确定相关的数额，包括债权的数额、质押财产的数额，以及因质物毁损而贬值的数额和贬值后的价值数额。

在审理期间，所有权人无权选择抗辩的形式，其能够行使的抗辩形式或防卫措施是《民法典》第 2795 条第 2 款规定的异议。质言之，如果未提出异议，那么将启动强制执行程序，之后就是分配变卖所得的价款；出质人也可以不参与第二阶段，并在此期间另行提起专门的诉讼以请求获得变卖所得的价款。[889]

即便在法官作出许可出售的决定后，债务人（或设立质押的非债务人）也可以通过提供其他物权担保的方式来避免质物被提前出售，此时应由作出许可提前出售决定的法官对出质人提供的替代物是否合适进行评估。采取这种方式时，债务人应通过申请书请求法官许可用提供其他担保物来替代提前出售质物，[890]并应通知债权人。[891]

但是，如果债权人在获得提前出售质物许可的情况下，于收到出质人提供替代担保物的通知后但在法官作出替代担保决定前售卖了质物，此时，不仅售卖质物的行为是合法有效的，而且债权人无需承担任何赔偿责任，因为所有权人有关替代物的提议（offerta）

888 Gorla e Zanelli, *Del pegno. Delle ipoteche*, 114.

889 Rubino, *La responsabilità patrimoniale. Il pegno*, 259.

890 Gorla e Zanelli, *op. cit.*, 116. 两位学者认为，也可以通过存入应支付的款额的方式来避免质物被出售，但存入款额时应采用与《民法典》第 2795 条第 2 款规定的存入变卖所得款项相同的方式。

891 参见 Rubino, *op. cit.*, p. 259。反对意见，参见 Gorla e Zanelli, *op. cit.*, 115, n. 8.

并不足以使债权人产生弃权的义务（obbligo di astensione），特别是这种情形中对质押权人的许可本身就是一种具有紧急性特征的程序（procedimento a carattere di urgenza）。[892]

一旦被许可出售质物，那么应按照《民法典》第2797条第2款规定的方式出售，尽管该条规定的是债务履行期届满的情形。对此，理论界给出的解释是，如果立法者还想允许其他的方式，那么他就会作出明确的规定（比如《民法典》第2795条最后一款）。因此，尽管法官不能更改法定的售卖方式，但当事人可以通过约定的方式变更（《民法典》第2797条第2款）。[893]

最后，《民法典》第2795条第2款规定法官在作出许可提前出售的决定时，还应对获得的出售质物的价款——该价款用于担保债权——存放作出决定，这是因为担保债权的履行期限尚未届至，因此出售质物所得的价款应被存放起来，至于存放的方式和存放的数额，则由法官在作出许可决定时一并确定。对债权人而言，提前出售的法律效果是在之后分配出售质物价款时其享有优先受偿权。

在第二种情形中（即由质押设立人提出申请，请求提前出售质物），申请既可以是因质物的情况发生了恶化——即便并未恶化到使质物不足以担保债权的程度——而提出，也可以是因质押财产"价值降低"（perdita di valore）而提出，甚至可以是因"其认为出售有利的情况"而提出。[894]

892　Rubino, *La responsabilità patrimoniale. Il pegno*, 259; Gorla e Zanelli, *Del pegno. Delle ipoteche*, 115, n. 8.

893　Rubino, *op. cit.*, 259.

894　事实上，1985年第401号立法性政令第6条第1—2款构成《民法典》第2795条的例外规定，前述第6条在规定以受原产地保护证明保护的火腿设立质押时，如果"当事人书面同意，则无需司法许可"，债权人即可请求提前出售。

对第二种情形，事实上，法律希望能使出质人处于尽可能有利的地位，想要保护提供质物的所有权人的利益——即便质物的毁损程度不构成担保不足的危险，或者质押财产的价值下降是由市场下降引起的。

在理论界引起争议的一个问题是，第二种情况中申请人是否有义务将申请通知债权人?

根据一些学者的观点，对于第二种情况，由于法律并未要求事先告知，因此通知并非必须。他们认为，两种情形的差别在于，在第一种情况中之所以要求预先告知出质人，是为了能使其及时提供其他担保物；但在第二种情形中，出质人提供其他担保物对债权人而言并无意义。但这并不意味着，在任何情况下都应认为不宜由债权人提出异议，对债权人的异议，法官仍有自由裁量权，只要其认为有必要，那么债权人仍可进行干预。[895]

与上述观点相反的意见则认为，申请人有义务通知债权人，且应按照《民事诉讼法典》第 689 条规定的方式听取债权人的意见。此种意见的理由是，当出质人向债权人提供其他担保物时，债务人或第三人将持有质押财产，债权人的干预有助于保护其避免在市场低迷时因他人恶意操纵而遭受损失。这意味着，如果法官认同债权人提出的异议，或不认为该时间是出售质物的合适时间，那么可以命令出质人取回质押，同时提供其他合适的担保物或者提存所欠的债款。[896]

当质物出现毁损或恶化时，无论是已经发生的还是存在潜在可

---

895 Rubino, *La responsabilità patrimoniale. Il pegno*, 260.

896 Gorla e Zanelli, *Del pegno. Delle ipoteche*, 117.

能的，或当质物的价值降低时，出质人既可以请求许可出售质物（至于出售的形式与前述形式相同，尽管此时的出售并非一种强制出让），也可以请求以另外提供法官认为合适的担保物为条件来取回质物（《民法典》第 2795 条第 3 款）。

只有提供质物的人才能够要求许可提前出售质物，这意味着如果债务人并非质押人，那么其不能提出该申请，因为这种情况下债务人对质物并无处分权，而该处分权归所有权人和质押债权人享有。[897]

如果是提供其他担保物，那么债务人也可以请求由自己提供替代担保物（理由是此时其通过这种行为可以避免给提供质物的第三人造成损害），[898]因为显而易见的是，提供替代担保物的首要目的是阻止债权人申请提前出售质物。[899]

通说认为，采用其他物权担保替代原担保或用提存所欠债款的方式来补偿时，以返还质物为生效的前提条件。这种补偿方式不能起到使质押财产免于出售的作用；相反，在质物出售时，应按照《民法典》第 2797 条第 2 款规定的方式出售，并将所得的钱款进行提存。因为《民法典》第 2795 条第 3 款在规定中明确使用了"del pari"（即相同）一词，该词意味着"按照前述第 2 款规定的方式和条件，包括存放价款这一条件"[900]。

此外，出质人还可以在其认为有利的情况下请求许可出售质

897　Gorla e Zanelli, *Del pegno. Delle ipoteche*, 117.

898　参见同上。

899　Rubino, *La responsabilità patrimoniale. Il pegno*, 259.

900　Gorla e Zanelli, *op. cit.*, 116.

物，因为这会增加担保的经济价值，进而对债权人也有利。[901]

这里的“有利情形”是指“出售质物所得价款至少足以清偿担保债权”[902]。这意味着，如果出售质物所得价款不足以保证债权，且是因市场波动而造成的质物恶化或贬值，此时应适用《民法典》第2795条第3款之规定；然而，如果出售质物所得价款不足以保证债权，但市场条件并未发生变化，那么不能适用第2795条第3款之规定，因为这说明质押设立时原担保物的价值本来就不足以保证债权。总之，应由法官来对情况进行评估，以判断情形是否有利于质押财产的价值。[903]

当符合有利情形的条件时，法官应“决定出售的条件”，规定出售的方式，这些方式可以不同于《民法典》第2797条第2款规定的方式，因为要结合案件的具体情况来采取更适合的方式。这意味着，法官既可以命令通过私下谈判的方式出售质物，也可以命令通过拍卖的方式（all’incanto）出售质物，还可以命令按照市场价格出售质物。提前出售程序随着将出售所得的价款存放而终结，需要注意的是，如果变卖所得价款多于债权总额，也应将价款进行封存。[904]

在之后的某个时刻，当事人可以启动强制执行程序，请求将变卖所得的价款进行分配，至于形式和方法，则应适用质物清偿程序的相关规定。[905]

901　Rubino, *La responsabilità patrimoniale. Il pegno*, 260.

902　Gorla e Zanelli, *Del pegno. Delle ipoteche*, 117.

903　参见同上。

904　参见同上。根据两学者的观点，这种情况构成债权质押。其中，被质押债权的债务人是价款的保管人，而保管利益属于质押债权人。

905　Rubino, *op. cit.*, 257.

三、质押债权人的强制实现措施：留置权

如前所述，质押权人享有众多自力救济权，其中之一就是留置权。《民法典》第2794条对该权利做了规定："未支付全部本金、利息以及与实现债权和质押有关的费用的，质押人不得要求返还质物。"

留置权的功能表现为，在债务人完全履行债务之前，债权人能够有效地拒绝债务人有关返还质物的请求。这种权利就其效果而言，表现为一种有限的抗辩，是法律赋予债权人对抗债务人——那些意图在完全履行自己债务之前行使返还质押财产权利的人——的一种防卫手段，这种权利的依据是，如果法律不授予债权人这种针对质押财产的先取特权（privilegio），那么其他债权人就能够对该物发起强制执行程序并用其来实现债权。在简单留置（ritenzione semplice）* 中，由于对留置的物不享有先取特权，其效力仅限于使债权人获得防御性的权利，即通过留置来保全债务人的担保财产，且效力仅限于针对债务人或出质人，不能对抗其他债权人或破产管理人（curatore del fallimento）。[906] 如果质押债权人仅享有简单留置权，那么其只能通过普通的强制执行程序来实现债权，且在就留置

---

* 意大利法上存在两种留置：一种被称为简单留置，这种留置如第1153条善意占有人的留置；另一种是特别留置，该种留置使留置权人对物享有优先于其他债权人的特权，如第2753条第3款、第2761条。——译者

906　参见 Cass., 22 giugno 1972, n. 2056。

物实现债权时，其与债务人的其他债权人处于平等的地位。[907]

如果质物是由债务人提供，且在设立质押后该债务人又对同一债权人负有其他债务，如果在前一债务清偿前，后产生的债务的履行期限已经届满，那么就新债权的担保而言，债权人仅享有留置权。

实际上，为了平衡双方的利益，与质押消灭时质押权人的返还义务相对应，法律认可质押权人有留置质物以为其他债权担保的权利，即便质押债权可能已经实现（《民法典》第 2794 条第 2 款）。

但前述留置权适用的前提条件是出质人与债务人是同一人，且债权必须是质押设立后新产生的其他债权，而且这些新债权在担保债权获得清偿前已届清偿期。之所以如此规定，是为了避免给第三方出质人施加过重的负担，即将其提供的担保限于特定的债权，而不包括那些质押设立后新产生的其他债。[908]

由此可见，法律设定了两个限制条件：第一个指向的是当事人通过约定将已经存在的债权排除出担保范围；第二个是与质押的消灭有关，即担保债权被实现。[909]

理论界进一步指出，一方面，留置权的标的物与应返还的质物是同一物；另一方面，只有在质押债权被清偿时，也即从这一刻起，才产生前述留置权，因为在质押债权被清偿前，质押都一直存在，而基于质押当然有权维持对质物的占有。[910]

907 参见 Inzitari, *Effetti del fallimento per i creditori,* in *Commentario Scialoja Branca alla legge fallimentare*, Bologna, 1988, 66。

908 Gorla e Zanelli, *Del pegno. Delle ipoteche*, 84; Realmonte, *Il pegno*, 843.

909 Realmonte, *op. cit.*, 843.

910 Rubino, *La responsabilità patrimoniale. Il pegno*, 244.

由此，有必要将质押权人的占有权和留置权区分开来，即留置权是一种质押权人的自我保护手段，能够在强制执行之前的阶段启动，体现为法律赋予质押权人的推迟交付质物——就质物而言，如果债务人不存在未履行债务的情形，质押人有义务将质物返还给所有权人或债务人——的权力（potere）。[911]

对于此点，理论界注意到，“从形式结构的角度来看，两者的差异很小，因为两者都赋予债权人拒绝——向不想清偿债务却要求交付物的人——交付物的权利，而且，这两种权利的区别仅在于前者是更广泛（质押）关系的一部分，而后者本身就一直存在，只是可能从属于某个债权”。两者最主要的区别在于二者的功能不同，质押权人的占有权旨在“维持担保权利的存续，而留置权则是旨在强化对债权的保护，与其说是担保不如说是强制措施（misura coercitiva），即一种引导和督促债务人履行债务的手段”[912]。

留置权的作用范围并非仅限于与债务人或第三方出质人之间的关系，也延伸适用于购买质物的第三人。

实际上，为了不给为特定债权提供担保的第三人施加过重的负担，法律限制了留置权的延伸适用（这意味着，既没有优先受偿权，也没有收取孳息的权利，更没有采用《民法典》第2797条规定的形式出售质物的权利），并将其仅限于债务人提供质物的情形。[913]

911　Bongiorno, *Profili sistematici e prospettive dell'esecuzione forzata in autotutela*, 755.

912　Rubino, *La responsabilità patrimoniale. Il pegno*, 244.

913　Gorla e Zanelli, *Del pegno. Delle ipoteche*, 111.

在这种限制性的情况中，《民法典》第 2794 条第 2 款仅将留置权扩展适用于质押设立后产生的债权，但该债权须在原担保债权清偿前已届清偿期（实际上，如果其他债权是在质押设立前产生，那意味着仅担保其他债权；反之，如果是在清偿后到期，质押会因被担保债务清偿而消灭）。[914]

此外，将留置权限于新的债权可以避免因某些情形给其他债权人造成损害，因为对这些债权不适用留置权。实际上，为了保护其利益，取代留置权的是优先受偿权。

如果第三人购买了质物，那么他不仅受质押的约束，而且质押债权人可以向其主张留置权。对此人们解释认为，如果不这样，那么留置权强化担保的功能就无法实现，而留置权的作用恰恰是为了强化担保，否则会为债务人侵吞钱款创造便利，即他只需将物转让，再迫使质押债权人将物返还给第三方购买人，其目的就足以实现了。根据这种路径，购买质物的第三人，事实上理应知道他不能取得物的占有，如果他同时又未清偿质押设立后产生的债务，除欺诈的情况外，那么他在进行购买之前应该格外小心，因为他可能并不总是知道这些债务的存在。但是，对第三方购买者不会产生强制转移权（diritto di espropriazione），因为新的担保仅体现为留置权，但当事人就质物为第二笔债务设定质押的除外（如果质押债权人主观上是善意，即根据《民法典》第 1153 条不知道已经发生了转让）。[915]

在此还存在一个问题，即是否可以基于协议约定留置权，比如

---

914 Gorla e Zanelli, *Del pegno. Delle ipoteche*, 111.

915 参见上书，第 112 页。

在银行预先制定的某些合同模板中有类似的约定，一般多数时候是规定在总括质押（*pegno omnibus*）中，或在包含权利质押的契约中，该类合同确立了由于任何原因银行已经持有或随后银行收到的与账户持有人有关的任何担保或价值的留置权和保留权。

显然，上述问题的本质是，是否可能从原则上承认私人可以通过意思自治来约定非典型留置权；就留置权的结构而言，具有典型的自力救济的特征。这意味着，只有法律明确规定情形中的特定主体才享有留置权，因此，针对前述有关所谓的协议留置的问题而言，相关的答案将取决于具体的案件情形。

四、通过私下谈判出售质物与通过公开拍卖出售质物

针对通过强制执行方式来实现质押债权人的利益而言，具体的途径有两种：一种是普通形式，即普通执行程序（《民事诉讼法典》第 502 条）；另一种是特别形式，即由债权人通过私下谈判出售质物和通过公开拍卖出售质物（《民法典》第 2796 条）。

质押债权人公开拍卖出售质物[916]属于一种非司法途径的强制执

916　关于 1942 年《民法典》相较于 1865 年《民法典》第 1884 条规定的创新之处，参见 Gorla e Zanelli, *Del pegno. Delle ipoteche*, 118。两位学者认为创新表现为，新的法典废除了获得司法许可这一必要条件，使质押债权人在行使变卖质物这一特别权利时更方便快捷。相较于 1882 年《商法典》第 458 条和第 363 条，创新之处体现在：

1. 取消了在通知中必须指明付款期限的要求，转而由法律对该期限直接做了规定（《民法典》第 2797 条第 2 款）；

2. 将上述期限从三天延长到五天；（转下页）

行方式，在体系定位上“介于通过协商实现债权的自我保护与单方自我保护行为之间”[917]。法律借助这种工具和手段，为质押债权人提供非司法性的保障和保护，即在债务人到期未清偿债务时，债权人可以公开拍卖出售质物，法律赋予这种方式强制执行的效力，使质押债权人在出售时不考虑义务人的意志，也无需征得义务人的事先同意。

之所以说是一种依靠私力的强制执行方式，因为一方面，它的执行方式与《民事诉讼法典》所规定的普通执行程序的形式；另一方面，它不受普通法院的审查。

这种行使自力救济权的形式，通过对一系列典型程序的有序排列组合，共同形成有机的法律结构（参见《民法典》第 2797 条、第 2798 条、第 2804 条），允许质押权人在司法审判之外直接获得出售质物的钱款，而这一结果也正是当事人通过设立物权担保所要追求的结果。即通过直接变卖质物来获得其经济价值，因为这种权利本来就属于担保物权的权利内容。

这个过程可以分为两个阶段：第一个阶段被称为“预防性的”（cautelare），因为它指向的是可能发生的不履行债务的情形，

（接上页）3. 授予法官限制出售权的权力，即限定质押权人仅出售部分质押财产的权力。

人们指出，关于法律规定的有关变更销售方式的协议，1882 年《商法典》第 458 条的表述似乎表明，该协议还可以提及必须在销售之前发出的通知以及相关的期限，而现行《民法典》第 2797 条规定的通知则将协议限于出售的方式，而不包括前述通知。最后，人们还认为，根据旧法典，质押债权人在获得执行依据时，不能采用特别出售形式，而应诉诸扣押等普通形式。

917 Bongiorno, *Profili sistematici e prospettive dell'esecuzione forzata in autotutela*, 757.

具体体现为通过设立质押来赋予债权人具有强制执行力的自我救济权（poteri di autotutela esecutiva）；第二个阶段是“反应性的”（reattiva），这一阶段具有单方自力救济措施的特征，是在司法途径之外采取的自我保护措施，“它是一种强制执行的手段，用以强迫债务人履行债务和实现债权人的利益，而且既不考虑债务人的意愿如何，也无需法官的干预介入”[918]。

因此，在出售质物的程序中（《民法典》第2796条），可以行使的权力有两个，一个是强制转移的权力（potere di espropriazione），另一个是强制执行的权力，两个权力在强制执行程序中相互辅助，并且通过该程序，债权人在无需获得执行文书的情况下实现了自己的权利。[919]简而言之，对启动强制执行程序而言，执行文书不是必要条件，[920]因为在特别出售形式中，“执行依据的作用已经被具有中止效力的异议所取代，而在一般普通执行程序中并没有异议这一程序”[921]。

强制实现质权（esecuzione forzata pignoratizia）的特征体现在债权人能够不通过司法性的执行程序，而是通过具有私人属性的

918　Bongiorno, *Profili sistematici e prospettive dell'esecuzione forzata in autotutela,*770; Id., *La tutela espropriativa speciale del creditore pignoratizio*, 1038.

919　参见 Vaccarella, *Titolo esecutivo, precetto, opposizioni*, 49 ss.。该学者对有关认为质押强制执行不具有程序性质的理论开展了极具说服力的反思。

920　Gorla e Zanelli, *Del pegno. Delle ipoteche*, 126; Bongiorno, *La tutela espropriativa speciale del creditore pignoratizio*,1038; Vaccarella, *op. cit.*, 52 ss. 司法实践中，一些法院在判决中也认为无需执行依据，相关的判例参见 Cass., 10 agosto 1973, n. 2332, in *FI*, 1974, Ⅰ, 1760; in *RDP*, 1974, 638, con nota di Picardi, *Assegnazione del pegno e giudice competente*; in *GI*, 1976, Ⅰ, 1, 1064, con nota di Bucalo, *Il giudice comepetente a concedere l'assegnazione di cui all'art. 2798 c.c.*; Cass., 24 giugno 1963, n. 1711, in *FI*, 1963, Ⅰ, c. 1905。

921　Gorla e Zanelli, *op. cit.*, 126.

执行程序——即债权人通过私下协商出售或通过公开拍卖出售质物[922]——来实现自己的债权，即便这会给债务人或出质人造成损害，其正当性基础正是当事人的意思自治行为——即设立担质押行为。[923]如此一来，在普通强制执行程序中，对质物的出售是通过国家机关或由国家机关任命的人员实施；而在特别执行程序中，对质物的出售或者是由债权人指定的公共机构（pubblico ufficiale）（《民法典》第2797条第2款）负责实施，或者是由质押债权人自己直接负责出售（《民法典》第2797条第4款）——如果当事人达成协议的话。

此外，如果质物被所有权人转让给第三方购买人，质押债权人仍可行使《民法典》第2797条赋予的出售权，因为从权利结构的视角来看，该权利属于质押权的内容，因此该权利具有绝对性和永久性，即其并非来源于当事人之间的个人关系，而是来自同一担保物权。

五、自力救济性强制实现质权的规定及限制执行的约定

如果出质人是债务人，或者在执行程序开始时债务人已经从出质人处获得了质物的所有权，那么质押权人应先执行（espropriare）

922 Bongiorno, *La tutela espropriativa speciale del creditore pignoratizio*, 1038; Vaccarella, *Titolo esecutivo, precetto, opposizioni*, 48 ss.

923 意思自治在自力救济性强制执行中同样具有重要的意义，比如《民法典》第2797条就体现了这一点。根据该条规定，债务人或出质人可以与债权人事先就非司法途径出售质物进行协商和约定，并有选择出售方式的绝对自由。

质物，因为担保效力指向的正是该物，也正是该物用来担保债权的实现，但如果当事人约定债权人可就其他财产执行的，该约定有效，此时质押债权人对第三方出质人没有先执行质物的义务。[924]

只有当质物变卖后的价款不足以清偿担保的债权时，质押权人方可就债权人的其他财产申请强制执行，鉴于此时其身份是无担保债权人，因此其只能就尚未实现的债权的差额部分申请强制执行，且没有先取特权，对此《民法典》第 2911 条第 1 款做了明确规定。这意味着，如果没有必要扣押其他财产——无论是全部还是部分，执行法官可以依据债务人的反对意见或者依职权，调减扣押范围（《民事诉讼法典》第 496 条）或拒绝出售请求（《民事诉讼法典》第 483 条和第 496 条）。如果拒绝出售请求，那么会导致包括扣押在内的全部请求不成立。[925]

理论界还强调，即便当事人之间存在合法有效的约定，并且根据该约定，债权人能够执行债务人的其他财产，也不能将《民法典》第 2911 条规定的物权担保优先顺序，与当事人根据《民法典》第 2740 条之规定作出的债务人仅以特定财产承担财产责任的限制性约定相混淆，也不能与那些约定执行应从某些特定财产开始的协议相混淆。[926]

实际上，如果承认这些协议的效力和合法性，那么也应同意，即使质物的价值低于担保的债权额，[927] 质押债权人也只能针对质物

924 Rubino, *La responsabilità patrimoniale. Il pegno*, 262; Gorla e Zanelli, *Del pegno. Delle ipoteche*, 126.

925 Rubino, *op. cit.*, 262.

926 参见同上。

927 参见同上。

发动强制执行程序。[928]

如果出质人是债务人之外的第三人，或（虽然最初出质人是债务人）第三人在设立质押的同时取得了质物的所有权，那么质押债权人可以根据自己的意愿来决定先执行质物还是先执行债务人的财产。通说认为此时债权人对第三人没有先执行质物的义务；[929]而就法律依据而言，既可以《民法典》第2868条作为直接依据，也可以《民法典》第2911条作为间接依据。[930]

如果质押债权人同时针对质物和债务人的财产启动执行程序，执行法官可以根据出质人或债务人的反对意见，酌情决定将债务人的财产或质物排除在执行范围之外（论证依据是《民法典》第2797条第3款），上述减少扣押的决定也适用于债权人要求用质物折价清偿的情形（assegnazione），此时可由相关机构决定（《民事诉讼法典》第496条）。[931]

如果同时也对非质押财产启动执行程序，那么会构成《民事诉讼法典》第483条规定的多种强制执行方式并用的情形，此时两种执行程序，即质押实现特别程序和普通执行程序，将分别按照各自的节奏和规则进行。[932]

但是，质押权人并没有申请强制执行的义务，因此其可以在债权期限届满后很长一段时间再申请强制执行，而且这并不违反诚

---

928 Chironi, *Trattato dei privilegi, delle ipoteche e del pegno*, Ⅰ, 100; Rubino, *La responsabilità patrimoniale. Il pegno*, 262.

929 Gorla e Zanelli, *Del pegno. Delle ipoteche*, 126.

930 Rubino, *op. cit.*, 262.

931 参见上书，第263页。

932 参见同上。

实信用原则。[933]因为正如理论界——基于《民法典》第2794条第1款规定——普遍认为的那样，债务人不能通过证明没有其他方法可以清偿债务进而强迫债权人执行质物，他本人也不能直接出售质物，[934]或强迫债权人直接将质物据为己有（appropriarsene）——此时会违反流质条款的禁止性规定。

如果不及时销售质物（il ritardo nella vendita）会使出质人受到损失，出质人可以根据《民法典》第2795条最后一款来寻求救济，也可以在尊重质押权人留置权的前提下由其本人直接出售质物，此时可以通过清偿债务的方式来使购买人取得质物的占有，当然还应遵守《民法典》第2911条之规定。[935]

但出质人的其他债权人的情况则不同，因为正如理论界指出的那样，他们不能强迫质押债权人出售质物，因为他们自己也有出售的权利，没有义务尊重留置权，因为即便出售质，押债权人也受到双重保护：一方面，其受优先受偿权的保护；另一方面，《民事诉讼法典》规定应将担保的范围内的价款提存，这为其提供了保护。但是出质人的情况则相反，他不能利用《民事诉讼法典》规定的手段来出售物，也不能通过提供其他担保的方式来获得出售质物的价

933　这个意义上的判决参见 Trib. Milano, 21 gennaio 1991。根据该判决，"出售质押财产并非是质押债权人的义务而是其享有的权利。这意味着，如果因迟延出售而给债务人造成了损失，那么在归责时应认为是债务人自己的不履行行为所致"。

934　Rubino, *La responsabilità patrimoniale. Il pegno*, 261; Gorla e Zanelli, *Del pegno. Delle ipoteche*, 125; Pratis, *Della tutela dei diritti*, 97. 在鲁比诺看来，追求平等使得在该问题上需要一种不同的规则。另外，也有观点认为，质押财产"只要具有市场价格，那么可以直接被债权人出售，而不是必须要通过拍卖的方式，但能证明出售价格低于市场价格的情形除外"。参见 T. Milano, 23 marzo 2000, in *Giur. milanese*, 2000, 263。

935　Gorla e Zanelli, *op. cit.*, 125.

款，除非根据《民法典》第 2795 条最后一款之规定操作。[936]

六、排除出售质物的约定

如前所述，质押实现的有关规定，允许当事人通过约定限制执行标的物的范围，也允许通过约定预先对出售质押财产的顺序进行安排，由此产生的疑问是，如果当事人在协议中约定排除质押债权人出售质物的权利，即约定质押权人无权以任何方式出售质物，包括无权在普通执行程序中出售质物，那么该约定是否有效?

一种较为流行和得到普遍认同[937]的观点认为，此类约定无效，这一结论的理由是基于物权法定原则（principio di tipicità legislativa dei vincoli reali）。根据该原则，只有立法者才有权规定物权效力，目的是避免由于物权效力种类繁多，而导致质押财产实际上未丧失流通性。根据这种理论，这里所说的情况是指，如果质押权中的出售权（*jus vendendi*）被否定，[938]那么之后本应成为出售对象的质押财产将继续能够成为转让的客体，这会使作为质押财产的物在很长一段时间仍具有流通性。此外，当在设立质押时做了此类约定，也不能因该约定而认为此时的质押是仅限于质物自然孳息（frutti naturali）的质押，因为就针对孳息设立的质押（pegno sui frutti）而言，行使的前提是持有质物并停止其在市场中的流通。[939]

---

936 Gorla e Zanelli, *Del pegno. Delle ipoteche*, 125.

937 参见 Faggella, *Pegno commerciale*, n. 84; Vivante, *Trattato di diritto commerciale*, Ⅳ, 5 ed., 1926, n. 1799; Gorla e Zanelli, *op. cit.*, 119。

938 Gorla e Zanelli, *op. cit.*, 119.

939 参见同上。

但这种协议的无效仅是指针对第三人无效，这是因为其旨在不将质押财产从流通中移出，这仅与第三方相关，因此就当事人之间而言，协议——特别是当事人之间有关在物上设立的担保效力（留置和收取孳息的权利）——仍然有效。通过这种方式，从而产生“一种具有针对特定人有效的动产典押收益权（anticresi mobiliare a effetti personali）”[940]。

相反，如果当事人约定了质物出售时的最低价——禁止出卖人以低于特定价格的价格出售质物，通说认为，只要限定的价格合理，即不是为了实现禁止出售的目的而采取的变相形式，那么这种约定应有效。如果这种协议，尽管不是为了前述规避目的，但内容中包含的对价格的约定会导致出售变得不可能，那么法官可以授权以合理的价格出售。[941]

七、出售的形式、方式与效力

对于强制执行出售的方式和方法，《民法典》第2797条规定，在进行出售之前，质押债权人应通过司法人员催告（通过也催告支付令具有相同功能的法律文书）[942]债务人或设立质押的第三人“履行债务及

940　Faggella, *Pegno commerciale*, 39; Gorla e Zanelli, *Del pegno. Delle ipoteche*, 120; Rubino, *La responsabilità patrimoniale. Il pegno*, 270; Pratis, *Della tutela dei diritti*, 98.

941　Faggella, *op. cit.*, 39; Gorla e Zanelli, *op. cit.*, 119.

942　Gorla e Zanelli, *op. cit.*, 126, 134. 两位学者在此强调，通知和有关延缓期限的作用在于给债务人留出对债权人忽然发动的施压行为进行抗辩的反应时间，这些反应既可以是履行债务，也可以是对债权人提起异议，因此提起具有中止效力的异议的权利是不可剥夺的。而之所以如此，最主要的原因是这类出售行为无需执行依据。持相同观点的还有 Bongiorno, *La tutela espropriativa speciale del creditore pignoratizio*, 1040。但对上述观点，似乎鲁比诺持反对意见，具体参见 Rubino, *op. cit.*, 264。

从债务（accessori），并且告知其在不履行债务时将出售质物"。

如果自催告之日起5日内没有提出异议，或者异议被驳回，质押债权人可以将质物以公开拍卖的形式出售；或者当质物有市场价格时，也可由被委托的人按照市场价格出售。如果债务人在债权人住所地没有选定住所或居所，则按照《民事诉讼法典》第163条-Ⅱ之规定确定提出异议的期限。

根据出质人的异议，法官可以在多个质物中指定出售某个价值足以清偿债务的质物。

各方当事人可以对质物的出售约定不同的方式。

由上述规定可知，执行程序始自质押权人对债务人发出催告通知。[943]

催告的内容除了应包括有关履行债务和不履行债务将出售质物外，还应包括要求债务人履行的债务数额，即明确主债务和从债务的具体数额。[944]催告时无需指明履行的期限，因为《民法典》第2797条第2款已经做了规定。[945]

943 Trib. Milano, 23 marzo 2000, in *Giur. milanese*, 2000, 263. 根据该判决，《民法典》第2797条规定的所谓"私力救济性的动产强制执行"，构成在司法性动产强制执行之外的替代性选择，它允许债权人通过强制手段达到实现债权的目的。这种手段的特征是通过一种具有自由形式特征的执行程序，且无需债务人的自愿履行，只要法律规定的目的得以实现即可。由此可以认为，《民法典》第2797条第1款规定的通知也可以采取挂号信的方式，只要使出质人能够提出《民法典》第2797条第2款规定的异议即可，此时只需质押财产具有市场价格，那么可以由质押债权人直接按照当时的市场价格出售质物，而非必须通过拍卖方式出售。

944 司法部门的判例（Cass., 16 maggio 1977, n. 1968）已经明确表明，质押债权人有义务在履行债务的通知中明确表明通过关联因素可以实现的自己的从债权（比如，请求支付款项的请求、作为质押设立基础的债务的证明文件，根据合同约定或债务到期时计算利息的具体日期，因出售质物而支出的相关费用的证明）。

945 理论界争议的一个问题是，针对《民法典》第2797条第4款之规定，当事人是否可以有不同的约定。质言之，该款规定的内容是仅限于出售的形式和方法，（转下页）

催告应向债务人发出通知，如果质押人是第三人，还应通知出质人（《民事诉讼法典》第603条）。[946]引起争论的是，如果发生了《民法典》第2804条第2款规定的情形，是否还应通知购买质物的第三人，或受让债权的第三人。[947]

（接上页）还是也包括通知和延缓期限。有关理论界较为流行的观点，参见Mazzarella, *Sulla derogabilità dell'art. 2797 c.c.*, in *BBTC*, 1977, Ⅱ, 168。与上述观点相反的意见，参见Tavormina, *Realizzazione coattiva del pegno e norme bancarie uniformi*, in *RDComm.*, 1975, Ⅰ, 188。

946　最高法院在判例中已明确，通过司法途径发送的付款通知书不会因过期而无效，在对此问题思考时还应考虑事先规定该条款的立法目的，即只要能够确定通知书肯定可以送达给收件人即可。相关判例参见Cass., 5 febbraio 1977, n. 496, in *Banca, borsa, tit. cred.*,1977, Ⅱ, 168。

947　Rubino, *La responsabilità patrimoniale. Il pegno*, 264. 该学者认为，如果出质人是第三人，那么也应将催告支付令（《民法典》第2797条第1款）和执行依据（依据是《民事诉讼法典》第603条第1款）通知出质人。之所以如此，并非是要通知其履行债务，而是为了使其知晓强制执行程序已经启动。因为，即便在强制执行程序中没有反对意见，但由于被强制执行的是出质人的财产，因此通知他是更为合适的做法。而且在该学者看来，在这种情况下，还应将催告支付令和执行依据通知债务人。之所以如此，既是考虑到债务人可能会决定履行债务，也是出于其执行利益的考虑，因为被执行的第三方出质人对其享有追偿权。

此外，如果出质人在收到催告支付令之前已经将质押财产转让，那么债权人——即便在此之前已经被告知过转让质押财产的事实——不会因知悉第三方购买人的存在而有义务将催告支付令通知第三方购买人，一般也不会认为强制执行针对的是现所有权人，而应被认为是针对原出质人，因为动产让与欠缺法定的公示方式。

出质人可以在执行程序中传唤被执行财产的购买人（《民事诉讼法典》第106条），要求将他排除在外（estromissione），而且在任何情况下，出质人都有义务将对他的通知告知受让人。

第三方购买人为了自己的利益，也可以根据自己的意愿参加诉讼，在证明自己购买质物的同时要求将自己排除出强制执行，并可根据《民事诉讼法典》第615条至第618条提起执行异议。

如果购买人和物的当前所有权人均未主动参加诉讼的情况下，购买人将替代所有权人继续参加诉讼程序，此时物的所有权人只能根据《民事诉讼法典》第619条至第621条提起第三人异议。

如果质押财产是在收到催告支付令通知后被转让的，此时适用《民事诉讼法典》第111条之规定。（转下页）

如果债务人不想质物被出售或被用于折价抵债，那么应在规定的期限内履行债务。

履行债务以及相关的强制执行行为没有必要采取特别的形式，也没有特别的形式要求，但必须直接向质押债权人履行且质押债权人不得拒绝受领给付，至于给付的内容包括主债务和从债务，还包括债权人为实现债权支出的费用。

提供质物的第三人或购买质物的第三方也可以通过向债权人履行债务的方式来终止执行程序，解除质物承担的担保责任，并重新取得质物。

如果债务人，或为其履行债务的人，在催告指定的期限内没有履行债务或未提出异议，质押权人可以出售质物，或者请求法官根据《民法典》第 2798 条的规定许可用质物抵债，是否许可由法官决定。

如果有利害关系人在该时间内提出异议，那么债权人不能行使其出售权（*jus vendendi*），但法官审理后，作出异议不成立或异议被拒绝或相关裁决被撤销决定的除外。

对此，理论界认为这是一种为他人履行债务的情形（adempimento dell'obbligo altrui），这种情形的特征——也是其独特的构成要件——是第三人出于特定的利益考虑而（代为）履行，且其利益考虑受到法律的认可和保护。[948]

（接上页）另参见 Gorla e Zanelli, *Del pegno. Delle ipoteche*, 127。两位学者认为没有必要通知质押财产的第三方购买人或被质押债权的受让人，因为很难寻找该第三人，而且两位学者还认为，在普通执行程序中，也没有义务将催告支付令（《民事诉讼法典》第 602 条至第 604 条规定的催告令）通知购买质物的第三人。

也有学者认为通知应告知其他利害关系人，具体参见 G. Costantino, *Le espropriazioni forzate speciali*, 306;Bongiorno, *La tutela espropriativa speciale del creditore pignoratizio*, 1040。

948 Rubino, *La responsabilità patrimoniale. Il pegno*, 267.

为他人提供担保的质押人或购买质物的第三人，就属于上述情形，他们在代为履行债务或其物被用于清偿债务后，对债务人享有追偿权，主张该权利时可基于《民法典》第2866条第1款和第2871条第1款之规定，尽管这两条是有关抵押的规定，但被认为可以扩展适用于质押。至于追偿的范围，包括代为履行的债务总额、支付的利息以及其他为履行债务而支付的费用。[949]

但是在就质物实现质押债权时，如果变卖质物的所有价款都被用于清偿债务，那么追偿的范围包括整个物的价值以及相应的利息；如果质押债权人仅需用变卖所得的一部分（或部分物）来实现债权，那么只能就用于清偿债权的部分进行追偿，剩下的部分应由债权人或执行机构——具体取决于是谁实际负责实施执行——归还给第三人。[950]当然，任何时候第三人都可以放弃其追偿权，包括在

---

949 Rubino, *La responsabilità patrimoniale. Il pegno*, 267. 相关的司法判例，参见Cass., 3 settembre 2007, n. 18522, in *Giust. civ.*, 2008, 1, 132。根据该判决，债务人之外的出质人，在满足债权人的债权后，对保证人享有追偿权，理由是可以类推适用抵押部分有关第三方抵押人的规定，即《民法典》第2871条第2款之规定，该条规定并无特别规定的特征，也未禁止可以适用于其他情形。类似的判决还有Cass., 4 dicembre 1985, n. 6073。该判决支持了第三方出质人的请求，它认为，已向登记的债权人进行了支付或遭受强制执行的第三方出质人，可以根据民法典第2871条第2款规定的有关第三方抵押人的保护措施的规定进行自力救济，即对债务人的保证人享有追偿权，这么做的正当性基础是出于以下考虑，即债务人之外的第三人为债务人提供抵押和质押的情形中，两者在很多要素上是一致的，特别是，他们都是债务人之外的第三人为债务人提供的物权担保。

950 Rubino, *op. cit.*, 268. 该学者提醒注意《民法典》第2871条规定的是“有数个负有连带责任的债务人的，设定抵押担保的第三人，可以就全部债务对任何一个债务人进行追偿”。该学者认为上述规定可以扩展适用于质押，尽管从代位的一般原则中也可以推理出该规则。

这里讨论的追偿之诉与代位情况下的追偿不同，因为“前者是对第三人产生的诉权，该诉权是新的诉权，重新计算，与之前的债权并不严格适应”。这种差别具有非常重要的实践意义，因为如果原债权排除了任何利息的计算，在追偿之诉中仍可主张和计算法定利息，但在代位之诉中则不能主张任何利息。（转下页）

质押设立时（即在设立质押的同时即放弃）。[951]

为债务人提供担保的质押人或购买质物的第三人（需提供其合法证明），在代为履行债务或其物被用于清偿债务后，成为债务人的权利人，并可对其提起代位诉讼，此时也是将法律有关抵押的规定扩展适用于质押，即《民法典》第1203条第2款，该款规定的是第三方购买人（代为）支付债务的情形。[952]

八、异议及其效力

强制实现质押（esecuzione forzata pignoratizia），尽管是一种非司法途径的执行方式，但如果在实现过程中，利害关系人（如质押债务人、提供质押财产的第三人，以及前述两者共同提出）就出售

（接上页）此外，人们还注意到，在债务人提供物权担保的其他情形也可以提起代位诉讼，但在债务人之外的第三人提供其他物权担保的情形则不能提起代位之诉（《民法典》第2866条第2款之规定，但《民法典》第1204条第1款规定的情形除外），因此，在任何情况下，由于第三方出质人与保证人具有相同的目的和地位，因此只有第三方出质人——而非第三方购买人，对债务人的保证人和其他质押担保人享有追偿权，追偿的范围则是每个人所应承担的部分（即《民法典》第2871条第2款规定的情形）。质言之，每个人应承担相等的份额，除非某个担保人在一开始就对其担保的债权的范围做了限定，此时追偿的范围应根据担保的债权的比例来确定。

相关的司法判决，参见Cass., 3 settembre 2007, n. 18522, in *Giust. civ.*, 2008, 1, 132; Cass., 4 dicembre 1985, n. 6073。

951 Rubino, *La responsabilità patrimoniale. Il pegno*, 269.

952 参见同上。该学者指出，无论是债务人之外的出质人还是获得质物的第三人，在质物被质押债权人强制执行的情况下，都应属于该条第3款规定的情形。因为即便履行债务不是第三方出质人自己的义务，但如果其想去除质物所负担的担保责任，也承担着履行债务的负担（onere），这种从债务（debito）延伸到负担（onere）的形式并不过分。

质物[953]或按照《民法典》第2798条作出的质物清偿提出异议时，[954]可能会引发司法审理（cognizione）。[955]

为什么会有前述异议阶段呢？对此，民事诉讼法理论给出的理由是，此时需要给被执行人提供一种保护措施，由此承认在被强制执行之前，被执行人有权就债权——包括债权的数额和未履行债务的可归责性——获得司法性审查确认意见。[956]

为了平衡冲突双方的利益，[957]法律采用的模式是，一方面，规定了保护质押权人的措施，即规定了与质押权人所处的实际情况相适应的各种强制执行形式；另一方面，为了保护被强制执行人的利益，法律为其提供了各种反制手段（forme di reazione），以帮助其

953　关于这点，参见 Vaccarella, *Titolo esecutivo, precetto, opposizioni*, 53 ss.。相关的司法判决参见 Cass., 14 novembre 2008, n. 27266。根据该判决，债务人或提供质押财产的第三人，通过提起《民法典》第 2797 条规定的对出售质物行为的异议，不仅能够主张存在程序瑕疵的效力，而且能产生实质抗辩的效果，即对曾经设立的质押所担保的债权关系的抗辩。因此，上述抗辩应遵守《民事诉讼法典》第 615 条有关执行异议的规定，而非《民事诉讼法典》第 617 条有关执行异议的更严格的规定。

值得一提的是，也有判决认为对强制执行程序的异议仅限于通知的合规性、出售程序权利的合规性或者为了将出售的质押财产限于某一或某些质物。这类判决可参见 Cass., 15 giugno 1979, n. 3383。

954　Gorla e Zanelli, *Del pegno. Delle ipoteche*, 128.

955　Rubino, *La responsabilità patrimoniale. Il pegno*, 265. 该学者正确地指出，利害关系人在质押特别执行程序中可以提出的异议，在执行程序开始前的专门的审理中同样可以提出。之所以如此，原因是其存在着值得法律保护的利益，即将物从所受的担保约束中解放出来。当然，如果该异议仅是为了纯粹的拖延的情况除外，就像其抗辩债权尚未清算或不具有可主张性一样。

956　G. Costantino, *Le espropriazioni forzate speciali*, 306.

957　参见 Punzi, *La tutela del terzo nel processo esecutivo*, 1971, 259 ss.。该学者对质押债权人和针对质物提起强制执行之诉的债权人之间的利益冲突问题进行了详细的分析。

对抗质押权人非法使用（uso illegittimo）法律赋予其权利的行为，或在债权人的强制执行要求没有依据时帮助其从法律上否定强制执行，或帮助其检举控告质押权人采取的违法性强制执行措施。总之，《民事诉讼法典》中一系列针对强制执行的异议规定都体现了相似的功能。[958]

当第三人为债务人利益而设立质押时，债务人在任何时候都可以为了自己的利益而提出异议，以避免将来质物被用于清偿后质押人通过追偿诉讼来要求自己赔偿因质物被执行而遭受的损失。[959] 对这一点而言，理论界认为，债务人仅能就是否存在债权以及债权是否具有可履行性（esigibilità）进行抗辩，不能就是否存在质押以及执行措施是否合法进行抗辩——因为这些抗辩不会使债务发生任何改变，[960] 其针对上述情形的抗辩没有合理的利益考虑和理由；而司法界则持不同的意见，尽管也存在一些争论，但从其裁决意见的方

958 关于该论题，可参见 Bongiorno, *La tutela espropriativa speciale del creditore pignoratizio*, 1041。相关的司法判决，参见 Cass., 17 gennaio 2007, n. 1033。根据该判决，《民法典》第 2911 条规定的内容（该条规定“尚未对设定质权的财产进行执行的，对债务人的财产有质权的债权人不得在对同一个债务人的其他财产设定质权。当债权人享有抵押权时，如果尚未对设定抵押权的不动产进行执行，则同样不得对统一债务人的其他不动产设定质权。当债权人对确定的财产享有特别先取特权时，适用本规定”）仅适用于质押财产是债务人的财产的情形，因此将该条规定适用于债务人之外的第三人提供质押的情形，则只能通过类推适用的方式。因此，只有当所面对的案件情况与《民法典》第 2911 条的立法目的相一致时，方可类推适用。但显然很容易排除这种相似性，由此导致的结果是，如果质押不是第三人设立的，当债务人援引《民法典》第 2911 条之规定提出异议时，由于没有第三人的财产可供执行，相关的异议不具有执行异议的性质（opposizione all’esecuzione），而是一种对执行行为的异议（opposizione agli atti esecutivi）。

959 Rubino, *La responsabilità patrimoniale. Il pegno*, 267.

960 参见上书，第 265 页。

向来看，他们认为债务人不但能就形式问题（questioni di rito）提出异议，还能就与被告人实体权利相关的问题提出异议。[961]

提供质物的第三人则可以提出与质押相关的任何种类和形式的抗辩。

针对被担保债权，提供质物的第三人，既可以基于质押合同无效事由提出抗辩，也可以基于之后出现的任何种类的债权消灭事由提出抗辩。[962]

就与质押合同相关的抗辩事由而言，如果因债务人的事由而导致质押合同具有可被宣告无效性（annullabile），但还未被宣告无效（annullamento），那么第三人可以主张所有的抗辩，但不包括那些与债务人人身属性紧密相关的抗辩。[963]

针对质押所担保的债权，人们注意到，如果该债权源自已经生效的判决，那么在确定提供质物的第三人是否能够以及能够提出哪些抗辩时，需要确定判决确定的物是否以及在多大限度上对担保人具有约束力。[964]针对债权消灭的事由，设定质押的第三人也可就债权人对主债务人的债务主张抵销抗辩（《民法典》第

961　Cass., 24 novembre 1998, n.11893, in *Gius. civ.*, 1999, 414. 也存在持相反观点的判决，参见 Cass., 1 settembre 1987, n. 7179, in *Rep. foro it.*, 1987, voce *Pegno*, n. 5; Cass., 15 giugno 1979, n. 3383, in *Rep. giust. civ.,* 1979, voce *Pegno*, n.8。基层法院的判决，参见 Trib. Santa Maria Capua Vetere, 6 febbraio 1998, in *Gius. civ.*, 1998, 2647。

962　Rubino, *La responsabilità patrimoniale. Il pegno*, 265.

963　参见上书，第 266 页。该学者以《民法典》第 2859 条、第 2870 条和第 1945 条为论证依据，以及与行为能力缺陷有关的抗辩。该学者注意到，从逻辑上讲，与意思能力缺陷相关的抗辩不应由债务人个人承担，“但似乎我们的立法否认了最后一点（《民法典》第 2859 条、第 2870 条和第 1945 条），此外，这与传统倒是一致，这种传统甚至可以追溯到罗马法（D.41.1.7; D.44.4.2.2）”。

964　参见同上。

1247 条第 2 款)。

对此，学者们提出的疑问是：质物所有权人的债权人，无论他是无担保债权人还是有先取特权的债权人，是否能够提出异议？

对上述问题的回应是，如果质物所有权人的债权人已经基于《民事诉讼法典》第 499 条和第 525 条之规定加入已经开始的执行程序，那么应做肯定的回答。[965]但是，如果强制执行的形式是出售，通说认为此时不能适用《民事诉讼法典》第 525 条之规定，这意味着在实际出售之前，债权人参加执行和提出异议都不被允许。

但上述债权人可以提出执行人的债权不存在的异议，也可以提出质押权不存在的异议；如果设立质押的协议仅是可被宣告无效，如前所述，那么此时可以提出异议，但该异议提出的抗辩仅限于与债务人人身属性紧密相关的抗辩。

如果出质人是债务人之外的第三人，那么质押人的债权人(即不包括债务人的债权人)，作为具有相关法律利益的承担者，是唯一能够合法提出异议的人。[966]

提出异议或履行债务的期限是 5 日。如果债务人或提供质物的第三人在债权人住所地没有选定住所或居所，则按照《民事诉讼法典》第 163 条第 2 款之规定确定提出异议的期限。[967]提出异议或履行债务的，应在债权人的住所地提出或给付。[968]

965 Rubino, *La responsabilità patrimoniale. Il pegno*, 266.

966 参见同上。该学者指出，只要符合条件，债权人也可以对撤销质押设立提起诉讼，该诉讼独立于强制执行措施。

967 然而，应利害关系方的要求，法官可以通过一项特别法令来缩短该期限。参见 Pratis, *Della tutela dei diritti*, 113。

968 Rubino, *op. cit.*, 267.

在曾经的一个个案中（caso isolato），司法裁决曾认为，针对强制出售质物提出的异议将自动导致《民法典》第 2797 条规定的出售行为中止，此时质押权人仍应能够获得紧急决定，以许可其强制出售质物，直至债权实现。[969]

如果质物是由债务人之外的人提供的，那么出售期限（alla vendita）自通知到达最后被通知人时开始计算，尽管人们认为，在计算异议期限时（all'opposizione），应自通知到达每个被通知人（债务人或第三方出质人）时分别计算，[970]除非他们每个人享有的申请加入审理的异议权是受到他们提出同一异议的权利的推动，且后者还在期限内。[971]

法典并未规定质押权人的消极行为——其不执行出售质物——在经过一段期限后会导致催告（intimazione）无效，这与催告支付令（precetto）的情形不同。根据《民事诉讼法典》第 481 条之规定，后者在一定期限后（完成送达后90日内还未开始执行）将效力终止。[972]

异议应在收到催告通知之日起 5 日内，[973]以诉状的方式向对案

969　Trib. Bologna, 31 maggio 2002, in *RTDPC*, 2004, con commento di Lombardini, *Considerazioni sull'autotutela esecutiva e sulla tutela cautelare per la vendita del pegno.*

970　Gorla e Zanelli, *Del pegno. Delle ipoteche*, 128.

971　参见同上。但也有学者持反对意见，参见 Rubino, *La responsabilità patrimoniale. Il pegno*, 267。

972　Gorla e Zanelli, *op. cit.*, 128. 两位学者指出，可以肯定地认为这种欠缺是法律的一个缺陷，由此导致的结果是，在具体案件中，每次都需要根据个案的特定情况进行审查，以判断债权人旷日持久的消极作为是否等同于延缓期限或放弃通知。

973　Rubino, *op. cit.*, 267. 如果催告令并未包含用以确定执行管辖法院的居住地声明或住所地选择声明，可以将异议提交给催告令送达地的法院，因此在这种情况下，仍然适用应在 5 日内提出异议的期限规定。

件有审理权的管辖法院提出，[974]而非向执行法官提出，因为在自力救济性的执行方式中不存在所谓的执行法官。[975]至于异议的效力，其仅具有临时性，即造成执行程序的临时中止（但以及时提出异议为前提）。[976]

依照审理程序确定法官的管辖权的依据是，执行地法官对异议享有管辖权是基于——执行也是通过该法官来实施——的假设，但此处讨论的情况则刚好相反，此时执行程序是债权人的私下协商售卖或私人性质的公开拍卖。[977]

如果异议人在规定的期限届满前提出了异议但异议被拒绝，那么债权人可以立即行使出售权，即便此时距离规定的期限还有一段时间，债务人也不能以期限尚未届满为由，进而要求在剩余期限届

974 参见 Cass., 3 giugno 1994, n. 5381, in *NGCC*, 1995, Ⅰ, 471, con nota di Mazza, *Tutela giudiziaria del creditore e procedure di autotutela esecutiva (spunti comparatistici)*; Cass., 10 agosto 1973, n. 2332,; Cass., 21 luglio 1977, n. 3261, in *Rep. giust. civ.,* 1977, voce *Pegno*, n.13; Trib. Santa Maria Capua Vetere, 6 febbraio 1998。

975 Vaccarella, *Titolo esecutivo, precetto, opposizioni*, 53. 该学者强调，自力救济形式的质押强制执行规定表明在立法层面体现为一种不受执行依据拘束的强制执行方式，在执行时无需诉诸庭审。另参见 Bongiorno, *La tutela espropriativa speciale del creditore pignoratizio*, 1040。

976 有学者认为不能在异议期限届满后，为了阻止出售质物而发起紧急保护，相关的论述参见 P. Firenze, 2 marzo, 1984, in *FI*, 1984, Ⅰ, 1715, con nota di G. Costantino。

977 Gorla e Zanelli, *Del pegno. Delle ipoteche*, 128. 司法实践对该问题的态度，参见 Cass., 1 settembre 1987, n. 7179。该判决认为其不同于针对强制令（decreto ingiuntivo）提出的异议，表现在：根据《民法典》第 2797 条提出的异议针对的是质押债权人行使法律赋予的出售权的行为，其作用类似于催告令（precetto）；异议只能针对有关通知的合规性和出售权的合规性问题，以及限制出售的质押物的范围提出；这与强制令的情况相反，不要求援引普通程序规定；异议本身也不会引发独立的案件审理以便法官通过该审理来查明事实。如此一来，如果没有提起《民法典》第 2797 条规定的异议，并不意味着其丧失了通过普通庭审程序来对出卖人的权利进行审查的权利。

满前履行债务。但需注意的是，理论上，鉴于债权人在进行出售前应将最终裁决或可执行的判决通知债务人和第三人，这使得后者在判决正式公布后和收到该裁决通知之前，仍可履行债务。

通过对《民事诉讼法典》有关动产强制执行异议规定（第 615 条和第 618 条）的类推解释，[978] 可以认为，只要质物尚未被出售，在《民法典》第 2797 条规定的 5 日期限经过之后，或在《民事诉讼法典》第 163 条–Ⅱ规定的期限经过之后，[979] 仍然可以提出异议，但此时该异议不再具有中止（执行程序）的效力，也即其效力仅限于否定（contestare）出售权，而不包括催告的合法性，除非法律对管辖权有其他特别规定。

超过异议期限后提出的异议（opposizione tardiva），不具有中止执行程序的效力，因此其效力仅限于针对质押债权人出售质物的权利瑕疵，这些瑕疵与债权是否存在、是否具有可履行性、是否存在质押等相关。[980]

超过异议期限后提出的异议，也可以针对催告通知书的不规范之处（l'irregolarità della notifica della intimazione）提出，因为催告通知书是行使出售权的前提条件（《民事诉讼法典》第 617 条第 2 款），因此在采用《民法典》第 2797 条规定的形式出售时，不存在对此

978　Gorla e Zanelli, *Del pegno. Delle ipoteche*, 130.

979　参见 Trib. Santa Maria Capua Vetere, 6 febbraio 1998。该判决进一步明确，如果债务人在债权人的住所地没有居住地，那么应自收到通知之日起 60 日提出异议。

980　在很久之前的一个司法判例中，法院认为只有当异议是以债权不存在为基础时，在异议期满后提出的异议才有效，如果是以出卖权为由提出的异议，则异议期满后提出的异议无效。判例参见 Corte di Appello Milano, 3 aprile 1936, in *FIR*, 1936, voce *Pegno*, n. 20。

提出异议的特定期限（限制）。但是，超过异议期限后，不能针对催告的形式或内容的不规范之处（le irregolarità formali o di contenuto dell'intimazione）提出（《民事诉讼法典》第 617 条第 1 款）。[981]

由上可见，在异议期限过后如果有人提出了异议，那么一方面债权人仍能够合法的出售质物，另一方面其在特定的情况下可能要承担损害赔偿责任，比如当异议在将来被法官采纳时，或者其出售质物行为因购买人恶意而被宣告无效时。

事实上，在质押权人强制出售质物的场合，存在多种可能导致出售无效的情形，比如债权不存在、债权未到期、出售形式不符合要求，等等。

就出售形式不符合要求而言，人们注意到，如果债权人在法律规定的 5 日延缓期限届满前就出售了质物，那么除非符合默认的情形，债务人未在剩余期限内提出异议的事实并不能弥补该瑕疵，因为没有人知道如果给债务人留下了充足时间时，其可能会采取什么措施，由此导致的结果是，一旦质物被出售，那么债务人或第三人，无需提供任何证据证明其在剩余延迟期限内会采取何种措施，可以主张时效期限的经过不具有可归责性。对违反延缓期限的惩罚是出售无效或赔偿损失（如果无效不能对抗购买人）。此外，如果债权人在存在异议的情况下仍然出售质物，即使异议事后被拒绝，那么债权人的出售也构成前述情形的瑕疵。[982]

质押债务人或第三方出质人，可以各自单独提出异议，也可以共同提出异议，异议既可以针对权利资格（如质押的设立不合法或

981 Gorla e Zanelli, *Del pegno. Delle ipoteche*, 130.

982 参见同上。

存在瑕疵）提出，也可以针对是否存在债权提出，既可以针对是否满足执行的前提条件（即债权人出售质物的权利）提出，也可以针对催告或相关的通知是否合规提出，还可以针对是否符合约定的质物出售的特定形式或条件提出。此外，当质物有多个且其中某个物的价值足以覆盖担保的债权时，还可以根据《民法典》第 2797 条第 3 款之规定，提出异议以要求在多个质物中选择某个价值足以支付债务的质物出售[983]——但此请求应在异议阶段并在法律规定的期限内提出。[984]

法官在受理异议申请的同时会决定暂时中止强制执行程序，以便查明债权人是否存在实体权利以及是否享有启动程序的权利，同时不会造成质物出售；[985]如果提出的是《民法典》第 2797 条第 3 款规定的异议，法官如果认为异议成立，那么可以将出售的质物限于多个质物中价值足以支付债务的质物，通过这种限制措施不会缩减质物的范围。[986]

实际上，在出售程序完成前，担保效力一直及于尚未出售的质物上，因为尽管预估通过执行担保财产所得的价值足以实现债权，

983　参见 Cass., 15 giugno 1979, n. 3383。

984　Gorla e Zanelli, *Del pegno. Delle ipoteche*, 130.

985　Bongiorno, *La tutela espropriativa speciale del creditore pignoratizio*, 1040.

986　Gorla e Zanelli, *op. cit.*, 131. 两位学者指出，这种模式除《民法典》第 2809 条和第 2873 条规定的原则外，其他仍然有效。另参见 Pratis, *Della tutela dei diritti*, 117。该学者明确指出，由于该异议并非旨在否定质押债权人出售质物的权利，而是为了限制出售的质物范围，异议本身并不会导致质押财产的减少，质押效力仍及于那些未出售的质物上，直至质权实现，这也解释了以下情况中的担保效力：尽管法官在签发命令时基于评估限制了质物的出售范围，但如果质物出售所得的价款不足以清偿全部债权和相关的费用，此时债权人可以继续行使其质权，并可要求继续出售那些被法官命令排除在出售范围之外的其他财产。

进而消灭债务，但从执行中实际获得的价款可能不足以偿还债权人，此时债权人仍可执行其他未出售的质物来实现自己的债权。

显然，应由法官来对部分质物是否足以偿还债务进行评估。

提出异议并要求出售限定的质物的，异议人应在其异议申请文件中举证证明该财产足以清偿债务，因为从某种意义上说，除非有其他相反证明，否则所有的质押财产都受执行程序的约束，因此就出售而言，其效力及于担保权利设立时所有的质押财产（因此也及于质押财产作为整体可实现的价值）。

有疑问的是，债务人在限制出售质物的异议申请书中，是否有义务列明若执行所有质押财产可实现的总价款，以表明该总价款超出债权人申请执行的债权额，因此需要限制出售的范围；又或者其是否可以明确哪项质押财产的价值足以支付质押债权人的债务，通过这种方式，一方面实现了其保留特定财产利益的目的，另一方面又将强制执行和出售的对象限于其列明的质押财产上——当然，前提是其列明的财产足以清偿债务。

这种意义上的说明，既可以根据《民事诉讼法典》第 517 条之规定进行，根据该条规定，在不损害债权人利益的情况下，应优先扣押债务人指定的财产（cose indicate dal debitore），也可以从以下观点得到论证，即对质押债权人而言，他在乎的是担保财产的“可实现价值”是否足够保证其债权实现，相较于实现债权而言，选择哪个质押财产来执行则显得无关紧要。就后一点而言，需要考虑质押人或第三人的利益，在将质物用于执行时，要保全其财产的完整性，特别是当质物是不可替代物时。

由此导致的结果是，如果债务人指明了用于执行出售的财产，那么法官应优先考虑债务人列明的财产，在该财产不足以清偿债务时，再用其他质押财产补充。[987]

如果异议最终被相关的裁决所采纳，那么质押权人将不能再行使出售权，并且其执行程序可能会被宣告无效或违法（ingiusta）。

对于这种情况，又需要根据异议申请的时间做进一步区分，即异议是及时提出的情形，以及在异议期限过后提出异议的情形。

在第一种情形中，异议将会导致出售行为被临时暂停，这意味着债权人将不能出售质物，但实际上仍可能发生的情形是，债权人实际上没有质押权，或债权尚未到期，或未按照《民法典》第2797条之规定进行催告通知，或在法律规定的延缓期限届满前，或异议还在审理期间，就已经将质物出售。

对于此类情况，如果第三方购买人是出于善意，那么对其购买行为无可指摘，此时应由出售质物的债权人为其在欠缺必要条件的情况下而实施的出售行为承担责任，该责任既包括给其造成的损失，也包括给债务人或设立质押的第三人造成的损失。

但如果第三方购买人是出于恶意，或质押财产是动产集合体（《民法典》第1156条），[988]那么所有权人可以要求购买人返还原物，且恶意购买人无权向债权人主张损害赔偿，只能要求返还为购买所支付的价款。[989]

如果异议是在规定的期限经过后提出的，一旦出售已经完成，

987　参见 Gorla e Zanelli, *Del pegno. Delle ipoteche*, 131。

988　Rubino, *La responsabilità patrimoniale. Il pegno*, 270; Gorla e Zanelli, *op. cit.*, 137. 在戈拉和扎内利看来，当质物是动产集合体时，如果作为中标人的第三人是善意的，那么他不但可以要求返还价款，还可以要求赔偿自己遭受的损失。

989　Gorla e Zanelli, *op. cit.*, 137, n. 2.

异议就变成针对出售行为的复查请求（impugnativa），目的则是获得损害赔偿。质押债权人如果败诉的，应当赔偿债务人或第三方出质人的损失，但债权人成功地从购买人处取回质物的除外。[990]

九、出卖的形式与方法

一旦法律规定的异议期限经过，或异议被驳回[991]——最终判决宣告债权人发起的执行合法有效——债权人在将判决通知债务人和第三人后，[992]就可以出售质物了。[993]出售质物时，应遵循《民法典》第 2797 条规定的形式和方法，即“以公开拍卖的形式出售，或者当质物有市场价格时，也可由被委托的人按照市场价格出售”[994]。

至于形式，既可以采用立法者规定的形式，也可以由双方当事人根据《民法典》第 2797 条最后一款在质押合同中另行约定，上述有关形式规定的目的是为避免质押债权人通过非司法途径强制执行时滥用自己的权利，进而导致强制出售成为一种掩盖非法行为或借以规避流质条款禁令的工具。同样的考虑也适用于《民法典》第 2798 条规定的质物清偿的情形。[995]

990 Gorla e Zanelli, *Del pegno. Delle ipoteche*, 130.

991 Rubino, *La responsabilità patrimoniale. Il pegno*, 269. 该学者在更广泛的意义上使用要求支付的催告令。

992 参见 Pratis, *Della tutela dei diritti*, 109。

993 参见 Rubino, *op. cit.*, 269。

994 关于市场价格的概念，参见 Gorla e Zanelli, *op. cit.*, 132; Pratis, *op. cit.*, 110。

995 Bongiorno, *La tutela espropriativa speciale del creditore pignoratizio,* 1041; Mazzarella, *Sulla derogabilità dell'art. 2797 c.c.,* in *Banca, borsa, tit. cred.*, 1977, Ⅰ, 168; Molle, *In tema di vendita del pegno nell'apertura del credito garantita da titoli*, in *Banca, borsa, tit. cred.*, 1957, Ⅱ, 3.

严格地说，《民法典》第 2797 条第 2 款规定的表述并不精确（imprecisione），这使得理论界认为，可以通过类推适用《民法典》第 1515 条有关购买人不履行债务时强制执行的规定，来弥补第 2797 条第 2 款规定的不足。[996]

至于出售的形式，债权人对售卖时间的把控有充分的自由，即可以根据其意愿随时出售。

至于出售的地点，如果当事人没有约定，部分学者认为应在债权人选定的地点出售，[997] 而其他学者则认为，出售地原则上应是根据当事人的协议确定的物的所在地（或最近的市场），但特殊情况下如果在其他地方进行销售可以获得更高价款的除外。[998]

出售的条件应符合一般情况或习惯，但如果情况特殊的确不能适用的除外。此外，如果没有相反约定，债权人不能以赊销的方式出售（vendere a credito）；否则，在计算质押债权时，应把购买人应当支付的价款（之债）从质押债权中扣除，直至质押债权全部被扣减为止，如果扣完全部质押债权后还有余额，则应由出卖人自己将差额部分用现金支付给出质人。[999]

在这类出售中，由于没有国家机关（organo statale）的干预，完全是由债权人自己直接出售质物或通过委托的具有相关职能公共机构（pubblico ufficiale）出售，因此要求债权人应尽到特别的注意义务（particolare grado di diligenza），因为其行为还会影响债务人

996　Gorla e Zanelli, *Del pegno. Delle ipoteche*, 132; Realmonte, *Il pegno*, 846.

997　Rubino, *La responsabilità patrimoniale. Il pegno*, 270.

998　Gorla e Zanelli, *op. cit.*, 132.

999　参见同上。

或提供质物的第三人的利益。对此，正如所有管理他人财产的情形一样，应在执行结束后提供相应的对账单（rendiconto），如果还有余额（用变卖所得扣除其主债权以及发生的其他费用），还应返还余额。

如前所述，就选择出售的时机而言，债权人有充分的自由，其可以在其认为合适的时机出售质物，但在判断其是否尽到勤谨注意义务时，还会考虑执行中的其他因素。比如采取的具体的出售方式（如在出售质押的股票时，如果股东间存在优先购买权协议，则有责任向所有其他股东提交相关的报告[1000]）是否适当；又如在委托他人出售时，选择的公共机构或受托人是否适当。[1001]

采取公开拍卖方式出售质物的，购买质物的第三人或提供质物的第三方出质人也可以参加拍卖并出价竞拍（应通过现金购买[1002]），但作为质物所有权人的债务人不能参加拍卖（《民事诉讼法典》第579条第1款），[1003]但债务人与债权人之间通过私下谈判达成交易（比如质押来自第三方）的除外。质押债权人也可以参加公开拍卖购买质物，但其价格不能是当前市场价格，即便质押设立时双方约定允许也不例外，之所以如此，原因是这种情况类似于《民法典》第2798条规定的质物清偿却违反了该条规定的基本原则，

1000 参见 Cass., 12 giugno 2001, n. 7879, in *GC*, 2002, Ⅰ, 139, con nota di Vidiri, *Le clausole di prelazione e la denuntiatio nell'attività negoziale e nel diritto societario*。根据该判决，在根据《民法典》第2796条发起的强制出售行为中，作为出售申请人的质押债权人也应将出售一事通知其他所有人，因为股东之间可能存在优先购买权的约定。

1001 Gorla e Zanelli, *Del pegno. Delle ipoteche*, 124.

1002 参见上书，第136页。

1003 Rubino, *La responsabilità patrimoniale. Il pegno*, 270; Gorla e Zanelli, *op. cit.*, 136. 对戈拉和扎内利而言，通过私下谈判达成的交易是一种解除质押的协议。

即质物清偿应由法官决定，而且其本质上违反了禁止流质条款的规定。[1004]

十、自力救济性执行中的例外约定

《民法典》第 2797 条规定，各方当事人——债权人、出质人和物的当前所有人（基于某种事由）——可以对质物的出售约定不同于法律规定的方式。相关约定既可以在质押合同中作出，也可以在出售前的任何时间作出。上述规定意味着，质押债权人可以放弃更精细、更快捷的自力救济性执行方式，至于放弃的原因，则既可以是基于特别约定，也可以是出于自愿。[1005]

在理论界引起广泛争议的是例外约定（patti di deroga）的内容，讨论的焦点是，当事人的协议是可以对催告的形式、相关的通知期限、异议期限等强制出售的程序形式（forme per procedere alla vendita）都作出特别约定，还是仅能对出售的形式（forme della

---

1004　Gorla e Zanelli, *Del pegno. Delle ipoteche*, 136.

1005　参见 Cass., 15 aprile 2011, n. 8721。根据该判决确立的原则，“当事人可以通过协议作出不同于《民法典》第 2797 条规定的约定，当事人不仅可以通过协议约定不同于该条第 2 款规定的出售方式，而且可以约定免除对债务人和第三方担保人的通知义务以及异议期限的规定，其存在的唯一目的在于通过这种方式使得债务人和第三方出质人留下自愿履行债务或对出售提出异议成为可能，省略了上述形式并不会导致通过出售质物实现质押担保消灭，只要这是双方当事人围绕债权人债权实现达成的协议的结果即可”。相同裁判意见的判决还可参见 Cass., 28 maggio 2008, n. 13998, in *Giust. civ.*, 2009, Ⅰ, 176。在本案中基层法院在判决时援引了前述判决确立的原则。在本案中，第三人为债务人的利益用自己的有价证券向债权人银行设立了质押，银行和出质人之间就出售质押的有价证券达成了协议，一开始曾排除了这种协议导致占有转移的效力，并认为质押消灭，进而在第三方出质人破产后否决了撤销支付的请求。

vendita）作出约定。[1006]

部分理论认为，当事人仅能就出售的方式进行约定，这意味着，可以在质物所在地之外的其他地方出售质物，或通过私人谈判直接出售质物，[1007] 或公开拍卖质物。

相反，对于法律有关强制出售程序的形式和条件，[1008] 当事人不能通过约定予以改变，包括在提出异议的情况下，法官也不能通过裁决的方式予以改变。[1009] 在这个意义上，当事人必须遵守（non sopprimere）法律规定的催告的形式要求、经过 5 日期限要求、提出异议的权利及异议的中止效力，因为这些规定都是旨在对非司法性执行行为进行控制并保证其合法合规的手段。事实上，正是由于非司法性执行行为是在脱离了法官的控制和许可的情况下实施的，因此任何旨在削弱控制或逃避监管的约定，都应被视为无效。[1010]

这一问题首先出现在金融合同领域，在格式合同中经常出现，其中又以是否可以对《民法典》第 2797 条第 2 款规定的 5 日期限做其他约定最为显著。原因是，主流观点认为当事人的约定不能违反第 2797 条第 2 款规定的期限，论证的依据是，在所有的情形中，财产的商业价值会随着时间的流逝而受损，因此缩短出售的延缓期限对执行债权人和被执行人都有利。因此一旦债务人未履行债务，

1006 Rubino, *La responsabilità patrimoniale. Il pegno*, 270.

1007 Gorla e Zanelli, *Del pegno. Delle ipoteche*, 133. 相关的判决参见 App. Torino, 17 ottobre 1958, in *RDComm.*, 1958, Ⅱ, 454。该案中，当事人约定为了用变卖质物所得来清偿债权人的债权，允许债务人通过私下协商的方式出售质物，该案判决认可了当事人之间约定的效力。

1008 Gorla e Zanelli, *op. cit.*, 133.

1009 Rubino, *op. cit.*, 270.

1010 参见 Bongiorno, *La tutela espropriativa speciale del creditore pignoratizio,* 1042。

除了采取《民法典》第 2795 条规定的提前出售外，还可以着手启动执行程序。[1011]

基于以上理由，如果协议约定免除质押债权人将变卖所得超过债权的余额返还给所有权人，或者在质物清偿的场合约定质押权人无需将超过债权的估值部分返还给所有权人，那么该约定无效，因为如果允许这样做就会导致流质条款。此外，如果协议约定免除质押权人返还余额的义务，或免除债务人继续清偿余额的义务（变卖所得与债权差额部分），该约定也无效。[1012]

十一、对出售的质物的权利瑕疵担保责任与物的瑕疵担保责任

在出售质物时，可能在法律适用层面引发两方面的问题：一方面，应适用瑕疵担保的相关规定，包括权利瑕疵担保和物的瑕疵担保；另一方面，因权利瑕疵或可废除契约的瑕疵（vizi redibitori）而造成损害时，还要适用相关的损害赔偿规定。

在第一个问题上不会产生不确定性。将质押财产置于待售的意思（volontà），是设立质押法律效力的体现，因此应回溯至设立质

1011　参见 Cass., 5 febbraio 1977, n. 496, in *BBTC*, 1977, Ⅱ, 168; Cass., 15 aprile 1976, n. 1333, in *BBTC*, 1976, Ⅱ, 252; in *FI*, 1976, Ⅰ, 1501, con nota di Pezzano; Cass., 16 maggio 1977, n. 1968, in *GC*, 1977, Ⅰ, 1331; Mazzarella, *Sulla derogabilità dell'art. 2797 c.c*, 168; Tavormina, *Realizzazione coattiva del pegno e norme bancarie uniformi*, 188; Pratis, *Della tutela dei diritti,* 112; G. Costantino, *Le espropriazioni forzate speciali*, 306。

1012　Rubino, *La responsabilità patrimoniale. Il pegno*, 270.

押的行为，也即设立质押的意思以及由此导致在违反约定时，由于没有解除质物上的法律约束力或没有出现结构或功能瑕疵，出质人应承担赋予质押权人转让权的责任。

正如理论界所指出的那样，这种情况下瑕疵担保的效果，与其说是应向买方返还价款或部分价款，不如说是对买方所受损害的赔偿，包括赔偿因购买而支出的费用。在这种情况下，购买人有权因物被追夺而要求返还价款，且该要求既可向债权人主张，也可向债务人主张，因为此时可类推适用《民法典》第 2921 条有关强制变卖的规定，由此导致的结果是，基于前述规定，无论是债权人还是债务人，按照《民法典》第 2922 条之规定，在强制变卖时，都不承担物的瑕疵担保责任。[1013]

相关的疑问在于，当出售的质物被追夺或存在可废除契约的瑕疵（vizi redibitori）并因此造成损害时，质押债权人或出质人是否应对该损失负责？

就债权人而言，其无需负责，理由是，如果类推适用《民法典》第 2921 条和第 2922 条之规定，那么上述规则也应适用于质押实现的特殊程序（vendita pignoratizia speciale）的情形，由此导致的结果是，其责任原则上仅限于当物被追夺时应返还价款，由此排除了对物的瑕疵担保责任。但上述规则也有例外，比如债权人以出售自己物的名义变卖质物，因为此时购买人认为其从债权人处购买物就像一般情况下自己从某个物的所有人处购买一样；[1014] 又如债权

1013 Gorla e Zanelli, *Del pegno. Delle ipoteche*, 122.

1014 参见同上。

人明知存在被追夺的风险；[1015] 再如债权人在出售质物时存在《民法典》第 2921 条规定的过错；以及最后，债权人明知质物存在可废除契约的瑕疵（仍然出售）。

就出质人而言，无论其是债务人还是债务人之外的第三人，前述问题则以不同的方式出现，需将其纳入一定的框架予以解决。之所以如此，是因为作为出售行为法律依据的意思自治行为恰恰正是设立质押行为，而质押设立时确定的质押财产，与将来被执行和被出售的财产是同一财产。

因此，无论强制变卖采取何种形式，出质人都应承担瑕疵担保责任，在质物被追夺或存在废除契约的瑕疵时向购买人返还价款和赔偿损失。换言之，不管是采取质押实现普通程序，还是采取质押实现特别程序（pignoratizie speciali），都不影响出质人承担责任。之所以如此，原因是《民法典》第 2921 条至第 2922 条规定的债务人承担责任情形不同于此处讨论的情形，即在适用《民法典》第 2921 条至第 2922 条规定的情形中，其前提条件是债务人在设立质押时尽管确定了质押物，但从一开始就不同意将来出售质物。[1016]

人们还指出，当质押财产为动产或债券时，有关追夺的瑕疵担保责任问题并不具有太大的实际意义，但质押财产是动产集合体、债权或其他权利的情形除外。[1017]

1015　Rubino, *La responsabilità patrimoniale. Il pegno*, 271. 在该学者看来，如果物被追夺，债权人应赔偿因其行为给财产所有权人造成的损失以及所有权人为恢复物而支出的费用。但是，如果出售的缺陷并未排除质押的存在，则在所有权人追回该物后，债权人可以要求所有权人将物向自己交付进而重建质押，但所有权人假扣押的除外（第 2793 条）。

1016　Gorla e Zanelli, *Del pegno. Delle ipoteche*, 123.

1017　参见同上。

实际上，被追夺的竞价购买人将会得到法律的保护，当其是善意时，即相信质押人或质押债权人是物的所有权人，且相信他们出售的是自己的物，其可以依据《民法典》第1153条和第1994条来对抗真正的所有权人；然而，如果物是动产集合体，那么即便竞价购买人是善意，仍可对物追夺，此时质押债权人仍应对竞价购买人的损失负责，因为追夺是因债权人的原因而发生的，而如果物是因质押权不存在而被追夺，那么债权人事先也理应知道质押权不存在的原因。[1018]

但如果被追夺的竞价购买人主观上是恶意，那么恶意将导致其无权向债权人主张任何损害赔偿，但如前所述，其可以要求债权人返还为购买质物支付的竞价款。

十二、对被质押的债权的强制执行

债权质押中的质押债权人，除了可以根据《民法典》第2803条之规定来实现债权外，还可以根据情况需要，在《民法典》第2804条规定的两种方式中任选一种来实现自己的债权。《民法典》第2804条规定："债权未得到实现的质押权人，在任何情况下，均可以请求质物偿债，直至完全实现其质押债权。如果债权尚未到期，质押权人也可以请求按照第2797条规定的方式将质物出售。"

1018 Rubino, *La responsabilità patrimoniale. Il pegno*, 271. 在该学者看来，也可以将这种责任视为一种权利瑕疵担保责任，即认为债权人的保证义务不是确保物的归属，而是确保质押的存在以及正确地行使了质押权利。该学者同时还强调，就被追夺的效果来说，无需考虑非所有权人在他人物上设立质押。实际上，如果质押成立并生效，那么出售行为将无懈可击；而如果质押未成立生效，那么只需考虑这一点即可。

如果质押债权人想确保对执行行为的掌控，那么应按照《民事诉讼法典》第 502 条之规定申请执行。[1019]

事实上，民法典为质押债权人提供的强制执行方式（即质押实现的特殊程序），不能对抗任何其他竞存债权人提出的在先扣押（prioritario pignoramento）。原因在于，如同有体物质押的情形，在债权质押中，其他竞存债权人提出的债权扣押将阻断（impedisce）质押权人启动自力救济性措施的可能。

因此，在被质押的债权被扣押后，质押债权人行使自我保护的可能被“冻结”（bloccato）。这意味着，其既不能采取《民法典》第 2804 条规定的方式，也不能根据《民法典》第 2797 条和第 2798 条之规定要求变卖债权或用债权折价清偿，更不能行使索要权（*jus exigendi*），[1020]因为可以主张该权利的只有自己的债权人，而不包括那些根据普通法确立的强制执行程序扣押债权的其他债权人。[1021]

在债权质押的场合，通过索要权这一工具，可以使质押债权人立即实现自己的债权或允许其在取回物（riscosso）上设立质押，这会影响其他竞存债权人的立即执行利益并构成利益冲突。质押债权人不能强迫其他竞存债权人等待收回债权（由于自力救济性执行脱离国家的管控，因此是一种私人行为）或在取回物上设立质押，因为不能强

1019　Gorla e Zanelli, *Del pegno. Delle ipoteche*, 163.

1020　参见上书，第 162 页。

1021　如果在质押债权人收取债款之前，其他债权人对质物申请了扣押，那么这会直接导致《民事诉讼法典》第 552 条和第 553 条的适用。这意味着，在扣押担保标的物后（应在质押债权人处由其实施，参见 Bongiorno, *La tutela espropriativa speciale del creditore pignoratizio*, 1048）就不能将物司法折价赔偿给质押债权人，质押债权人也不能再主张索要权。最后，如果根据《民事诉讼法典》第 553 条的规定允许折价，那么质押债权人将享有优先权（参见 Gorla e Zanelli, *op. cit.*, 163）。

迫他们推迟其债权受偿或推迟行使职权，更不能强迫他们向质押债权人清偿债务——质押债权人相较于他们而言享有优先受偿权。[1022]

因此，在债权质押强制执行的场合，需要根据被质押债权是否到期做进一步区分。即被质押债权没有到期和被质押债权已经到期两种情形。

如果被质押的债权还未到清偿期，那么此时质押债权人既可以选择继续等待，也可以选择——如果其想要立即执行的话——采用《民法典》有关动产质押的执行方式申请执行，即启动变卖程序[1023]或在其债权范围内请求用被质押的债权折价偿债。[1024]

相反，如果被质押的债权已届清偿期，或质押债权人倾向于选择等待清偿期届满且已经届满，那么质押债权人不能出售质押财产，但可以要求折价抵偿直至其债权实现，或受领给付（riscuoterlo），如果被质押债权的债务人拒绝向其履行，那么质押债权人可以

1022 Gorla e Zanelli, *Del pegno. Delle ipoteche*, 163. 两位学者指出，这种情况会给质押债权人造成损害，因为其被强迫按照《民事诉讼法典》第 553 条的规定来实现自己的债权。即或者通过出售被质押的债权的价款或者通过折价的方式，尽管是与其他债权人一起受偿，但有优先于其他债权人的权利。反之，通过批准收取款项的方式（如果被质押的债权标的是钱款），还会产生的额外效果是出售的价款将会更低——如果被质押债权的履行期限还有很长时间才届满；但另一方面，如果其他那些没有质押权的债权人必须等待质押权人在债权到期后收取债权且离期限届满时间尚遥遥无期，那么他们将会遭受更大的损失。

1023 参见上书，第 164 页。另参见 Bongiorno, *La tutela espropriativa speciale del creditore pignoratizio*, 1048。

1024 根据戈拉和扎内利两位学者的观点，相较于《民事诉讼法典》第 553 条规定的折价变卖而言，《民法典》第 2804 条规定的折价变卖是一般情形，但鲁比诺对这种观点持反对意见。参见 Gorla e Zanelli, *op. cit.*, 164; Rubino, *La responsabilità patrimoniale. Il pegno*, 272。

针对该债务人启动强制执行程序。[1025]

当被质押的债权被清偿时，如果是金钱之债，那么质押债权人应从收取的钱款中扣除足够的数额以满足其债权，并将剩余的部分归还给出质人，这将使得其他债权人能够通过第三方扣押的形式将余额部分扣押（pignorare）在其手中。[1026]如果给付的标的物是钱款之外的其他物，或给付的标的物与被担保债权的标的物不是同一种类物，已经受领给付的质押权人，可以按照《民法典》第2797条第2款规定的方式将物出售，或根据《民法典》第2803条之规定请求折价清偿。[1027]上述程序也适用于收回被质押债权的标的物后将其存放于第三人处的情形。[1028]

十三、质押实现特别执行程序中的债权竞合

当采取自力救济这一特别的质押权实现形式时，执行过程中可能会涉及更多和更广泛的问题，并且可能会与出质人的债权人发生利益冲突，这是因为，一方面，行使自力救济权，特别是强制变卖时，可能会损害其他在先债权人的权利；另一方面，如果有其他债

1025 如果被质押的债权先于所担保的债权到期，那么为了确保可以继续以标的债权作为质押财产的担保法律关系能够继续，此时对于质押债权人而言，为了保障其能够实现债权，其既可以基于索要权要求收取债权给付，也可以基于质押权要求将给付物的占有转移给自己。参见 Bongiorno, *La tutela espropriativa speciale del creditore pignoratizio*, 1048。

1026 Gorla e Zanelli, *Del pegno. Delle ipoteche*, 163; Rubino, *La responsabilità patrimoniale. Il pegno*, 272.

1027 根据鲁比诺的观点，在这种情况下，质押转换成一种有体物质押，因此质押债权人可以根据这类质押的法律规定启动执行。具体参见 Rubino, *op. cit.*, 272。

1028 Bongiorno, *op. cit.*, 1047.

权人先对质押财产进行了扣押，即便该债权人是无担保债权人，那么该扣押在效力上优先于质押特别执行程序，并使质押权人不能再采取所谓的自力救济措施，由此导致的结果是，其他债权人可以要求对质物按照普通执行程序执行，且质押债权人无权反对，也不能再要求按照特别执行程序变卖质物。[1029]

就前文所述的第一个方面，理论界在讨论时认为[1030]，由于在先债权人可能会因强制变卖而受到损失，因此其有权针对《民法典》第 2797 条第 1 款之规定的催告提出异议。[1031]

对于前述第二个方面，需要指出的是，在质押权人采取特别执行程序的场合，存在利益冲突的债权人——无论其是具有先取特权的债权人，还是无担保的债权人[1032]——只要已经取得了执行文书，就能够启动针对质物的普通执行程序。而且，只要质押权人尚未将质物售出（甚至质物已经被交给公共机构或已被交给被授权出售质物的人），[1033]

1029 Gorla e Zanelli, *Del pegno. Delle ipoteche*, 139. 在两位学者看来，那些与质押债权人存在利益冲突的债权人，应要求出售扣押的物。持相同意见的学者，参见 Rubino, *La responsabilità patrimoniale. Il pegno*, 274; Pratis, *Della tutela dei diritti*, 113; Vaccarella, *op. cit.*, 52。

1030 参见 G. Costantino, *Le espropriazioni forzate speciali*, 308。

1031 参见 Montesano, *Oggetto del pignoramento, oggetto della distribuzione e tutela esecutiva del creditore pignoratizio*, in *Studi Asquini*, Ⅲ, 1965, 1210。

1032 参见 Rubino, *op. cit.*, 274。在该学者看来，即便质押财产受某个特定的担保债权的约束，但其所有权仍保留在出质人手中，因此该质押财产仍然是出质人向其所有债权人承担责任的一般责任财产的一部分，因此也包括《民法典》第 2740 条规定的无担保债权人，当然前提是以不损害物权担保为限。

1033 Gorla e Zanelli, *op. cit.*, 138. 两位学者强调，法律并未对质押债权人申请特别出售形式设定期限，即并未规定当存在其他债权人时，质押债权人必须在什么时间之前申请采用特别形式出售质物；而且两位学者还认为，设置这样的时间限制并非在任何情况下都合适。

那么债权人就能以第三人扣押的形式扣押质物，[1034]随后再按照普通强制执行程序及该程序规定的方式出售质物。[1035]

在质押权人启动特别执行程序并将质物出售后，存在利益冲突的债权人只能扣押变卖所得超出质押债权的余额部分，该扣押既可能是在质押权人处，也可能是在通过质押权人委托变卖的公共机构处。[1036]之所以如此，原因是被质押的财产并未脱离一般的担保体系和债权平等机制，因此其变卖所得的价款应被用于清偿所有债权，

1034　在满足法律规定的条件的情况下，无担保债权人——特别是为了使其后续的扣押可以对抗有效存在的质押——的强制执行行为，应采取以下方式：无担保债权人应在质押债权人处实施扣押，扣押的方式是第三人扣押（《民事诉讼法典》第 543 条规定），自扣押之时起，质押债权人对物的保管既是为自己利益的保管也是为扣押债权人利益的保管（《民事诉讼法典》第 546 条），但需注意的是，为扣押债权人利益的保管中的法律利益仅限于对质押债权人实现债权后的余额部分享有的利益。如果质押财产是由第三人保管或是一个债权，无担保债权人没有义务通知质押债权人有关扣押的事实，因为无担保债权人没有义务去查询和了解质押设立情况，也被默认为不知道质押的存在，特别是质押设立也没有规定任何的法定公示形式（《民事诉讼法典》第 498 条第 1 款）；仅第三方保管人，不包括被质押债权的第三方债务人，有义务将扣押的事实通知质押债权人。无担保债权人不能要求通过将物折价分配给自己。

1035　参见 Bongiorno, *La tutela espropriativa speciale del creditore pignoratizio*, 1038; Gorla e Zanelli, *Del pegno. Delle ipoteche*, 139。

1036　Gorla e Zanelli, *op. cit.*, 140. 根据两位学者的观点，这种情况也可能发生在先于质押享有先取特权的债权人身上，因为依照《民法典》第 2797 条实施的出售质物的法律效果是，质押债权人——无论是直接出售还是通过其委托的公共机构出售——将实际控制出售质物的价款，且其对价款的控制的定性并非为了债务人的利益而保管价款。对上述观点，瓦卡雷拉持批判意见。他认为，将出售所得价款交付给质押债权人仅能使其获得与其债权相对应的钱款部分的所有权，其他债权人可以通过扣押的方式主张对余下部分的权利。在交付价款之前，价款作为质押物的价值的代表，属于债务人的财产，如此一来，无法解释为什么一方面原则上阻止将担保物从财产中分离（否认担保物属于责任财产），而另一方面在用物清偿时又认为这种分离（即认为担保物的价值不属于责任财产）理所当然。有关瓦卡雷拉的论述，参见 Vaccarella, *Titolo esecutivo, precetto, opposizioni*, 52, n. 11。

但在分配时，由于质押权人享有优先受偿权，因此他可以优先用变卖所得价款清偿自己的债权，如果清偿后还有剩余，则该余额应被用于清偿其他所有的债权人，并由其他债权人根据各自债权的优先顺位依次受偿。

如果其他债权人在先扣押质物，那么将冻结质押权人的自力救济权，这意味着其既不能强制变卖质物（以《民法典》第 2797 条和第 2798 条规定的形式），也不能要求用债权抵偿（以《民法典》第 2804 条规定的形式），就好像其不能行使索要权一样。

实际上，适用这些权利和权力的前提是针对质押人、质物所有权人或债券权利人，而非针对根据法典规定的方式扣押债权的其他竞存债权人（creditori concorrenti）。其基本的理由是，无论是执行债权人（il creditore procedente），还是第三方债务人，都没有通知质押债权人扣押的义务。

事实上，针对其他竞存债权人，质押债权人在满足相关条件时仅有优先受偿权，该优先权“已经取代了对强制执行的排他和垄断的古老形式”[1037]。

所谓的优先受偿权，是指质押权人有权就质物享有优先于质物所有权人的无担保债权人受偿的权利，在采用自力救济性方式实现质押权时，该权利的行使既不需要其他私主体的配合，也不需要执行法官的配合，因为此时并非先将变卖所得的价款交给法官然后再由法官分配给质押债权人，而是将变卖所得的价款直接交给质押债权人，也即执行申请人。如果是根据《民法典》第 2798 条之规定

1037 Gorla e Zanelli, *Del pegno. Delle ipoteche*, 138.

来行使优先受偿权，即要求质物抵债，则需要法官的配合，并由法官作出决定和命令。[1038]

如果质押债权人想要避免因其他债权人在先扣押而不能采取自力救济性执行手段，进而丧失其享有的先取特权优势，那么可以选择放弃法律赋予其的质押实现特别形式，转而根据《民事诉讼法典》第502条规定来行使其优先受偿权。[1039]一旦其获得执行文书和完成催告支付令的送达，就可以提出司法变卖（vendita giudiziale）申请。而根据司法变卖的相关规定，如前所述，即便是在普通程序规定的强制执行条件和形式中，不需要（esonera）质押债权人扣押质物。除上述选择外，质押债权人还可以加入司法执行程序，在由司法机关对变卖所得进行分配时，根据《民法典》规定的对质押财产的“享有最优特权的债权人”（creditore privilegiatissimo）的地位来实现自己的债权。[1040]

1038　Rubino, *La responsabilità patrimoniale. Il pegno*, 272. 该学者指出，在这种情况下“优先受偿权是一种程序性权利，因为是请求法官允许其开展特定的活动；但同时非常明显的是，向司法机关寻求保护并非优先受偿权的本质特征，事实上完全可以不采用这种手段，特别是在出售的情况中”。

1039　Gorla e Zanelli, *Del pegno. Delle ipoteche*, 139; Pratis, *Della tutela dei diritti*, 113. 根据戈拉和扎内利的观点，质押债权人如果想要避免其他债权人通过扣押来阻止其行使出售权，应按照普通程序规定的那样将执行依据和催告令进行通知，《民事诉讼法典》第502条在规定扣押时也做了相同的要求，因为根据《民事诉讼法典》第524条的规定，只有这样其才能够被认为是先于其他债权人的扣押人。此外，就质押债权人的优先受偿权而言，迟延的参加和《民事诉讼法典》第527条规定没有太大意义，但参加诉讼的债权人的先取特权后于质押优先受偿权的情形除外（《民事诉讼法典》第528条）。

1040　Bongiorno, *La tutela espropriativa speciale del creditore pignoratizio,*1038. 但在鲁比诺看来，只要质押债权人的债权是确定的、到期的和可以主张的（《民事诉讼法典》第525条第1款），而且相关的申请（《民事诉讼法典》第499条）是在有关许可出售或许可折价的第一次庭审之前提出，那么其可以加入执行程序；如果其参加了诉讼，那么可以中止无担保债权人启动的执行，同时仅能要求用物折价清偿（无担保债权人无权要求用物折价清偿）。在其他情形中，也可以启动个（转下页）

在质押债权人实施的自力救济性强制执行中，在其直接出售质物时，质物所有权人的债权人——无论是无担保债权人还是抵押债权人——没有干预的途径，因为此时法官也身处执行程序之外，因此不能适用《民事诉讼法典》第525条及以下之规定。在这种情况下，如果质押债权人在实现自己的债权后仍有余额，那么其就成为质物所有权人的债务人，并负有返还多余价款的债务，此时所有权人的债权人可以启动新的强制执行程序，以执行其债务人所享有的该笔债权，同时通过质押债权人来扣押该笔债款。

相反，在质押债权人根据《民事诉法典》第502条之规定发起的普通强制执行程序中，如果质押债权人请求法官分配质物（assegnazione della cosa）或按照该条规定的方式对质物执行，那么其他债权人可以干预和加入。在前述最后两种情形中，可以通过普通执行程序（《民事诉法典》第499条和第525条）参加执行，但其效力上则受到更多的限制，在变卖质物的情形，参加执行人只能在质押债权人实现债权后，就变卖所得钱款中的余额部分主张权利；如果质物是被分配给质押债权人抵债，且分配的质物价值超出质押权人的债权时，参加执行人只能就质押权人应当支付的差价部分主张权利。[1041]

（接上页）别执行行为，并且在物品售出后，有权以所获得的价格优先于其他无担保债权人偿还自己的全部债权，如果债权人是在有关许可出售的第一次庭审之后加入执行的（《民事诉讼法典》第528条），仍享有上述权利。如果质押债权人不愿意或不能参加执行程序，原担保仍及于拍卖所得价款，但以其债权为限，也即此时质押转换为一种不规则质押，具体参见 Rubino, *La responsabilità patrimoniale. Il pegno*, 274。

1041 Rubino, *op. cit.*, 275. 该学者注意到，在一些极个别的情况中，享有先取特权的债权人会参加执行程序且该债权人享有的先取特权优先于质押优先受偿权，即其享有优先于质押债权人清偿自己债权的权利，此时质押债权人只有在向前者支付款项后方可获得被分配给自己用于折抵债务的物。

如果同时存在多个质押债权人，且质押标的物是动产，那么只能针对设立质押的人才按照《民法典》第 2797 条之规定启动自力救济性强制执行，而不是针对债权人，包括质押债权人。此时，每个质押债权人，一方面，相较于其他质押债权人仅享有优先受偿权，另一方面，都有权阻止其他质押债权人启动《民法典》第 2797 条规定的强制执行程序和扣押质物，因为扣押的优先性将决定提起执行之诉的权利。[1042]

相反，在债权质押中，如果在同一债权上同时存在多个质押债权人，那么第二个设立质押的质押债权人不能行使索要权；但如果第二个质押债权人按照《民事诉讼法典》之规定对债权实施了扣押，那么此时与无担保债权人实施的扣押相同，第一个质押债权人也无权行使索要权。[1043]

显然，质押债权人之间的利益冲突会导致产生很多其他的问题，在解决这些问题时，将基于权利竞合的基本原则，以及质押执行的特别程序和普通程序的相关规定，根据具体情况分别处理。[1044]

十四、质物折价清偿

在质押债权人享有的众多自力救济性质押实现措施中，还包括质物清偿，即质押权人始终可以请求“法官根据谨慎的估价，或者

1042　Gorla e Zanelli, *Del pegno. Delle ipoteche*, 141.

1043　参见上书，第 163 页。

1044　参见 Punzi, *La tutela del terzo nel processo esecutivo*, 259 ss.; Bongiorno, *La tutela espropriativa speciale del creditore pignoratizio*, 1038。在此，作者讨论了一些象征性的案例。

如果质物有市场价格，则根据其市场价格，以质物清偿债权，直至债权的实现”。

在任何情况下，质押债权人都可以优先选择民法典规定的特别质物清偿形式（assegnazione speciale），此时意味着其放弃了行使变卖权（*jus distrahendi*）。需要注意的是，在质物清偿时，适用普通执行程序，以申请书（ricorso）的方式启动，并需遵守《民事诉讼法典》第502条、第505条、第506条和第507条之规定，即取得执行文书和催告支付令，且质物具有市场价格。

质押权人按照《民法典》第2797条之规定发出催告后，仍可请求用质物或质押的债权折价抵偿债务。同样的，质押权人在请求用质物折价抵偿后，法官宣布决定前，仍可请求变卖质物。相反，出质人无权要求法官决定用质物折价取代强制变卖，或用强制变卖取代质物抵债。[1045]

选择哪种方式显然取决于质押债权人的主观评估，但债权人如果采用普通的执行程序，一方面能够避免特殊程序通常遇到的延误和麻烦，另一方面还能避免前文所述的风险，即其他债权人可能通过在先扣押的方式来使质押财产按普通执行程序被变卖和分配。

在后一种情况下（即其他债权人在先扣押），鉴于普通执行程序优于特别程序的效力，质押债权人别无选择，只能加入到其他债权人已经启动的执行程序中，其为了自己利益请求质物清偿也将不

1045　Gorla e Zanelli, *Del pegno. Delle ipoteche*, 141. 对两位学者而言，相较于1865年《民法典》第1884条而言，现行《民法典》第2797条和第2798条更清楚地表明债权人毫无疑问享有选择权。

能再得到支持。[1046]

就形式而言，质物清偿的特别执行程序[1047]与法律规定的普通执行程序几乎完全相同，两者的区别在于，在采用民法典规定的程序时，对质物价值的确定，既可以根据市场价格（如果物品具有市场价格）确定，也可以由专家鉴定（periti）确定。而且，只有在《民法典》第 2797 条第 2 款规定的期限到期后，才可以请求质物清偿，届时法官应通过决定的方式命令将质物用于清偿债权，直至债权实现。然而，如果采用的是《民事诉讼法典》第 502 条第 1 款规定的普通程序，那么只有在质物具有市场价格（《民事诉讼法典》第 529 条第 2 款），且在送达催告支付令 10 日后（《民事诉讼法典》第 502 条第 1 款），方才能够以申请（ricorso）的方式请求分配质物（偿债）。[1048]

无论质物是否具有市场价格，在特别执行程序中请求质物清偿时，应由质押债权人以起诉状的方式向法官提出申请，且质押债权人不能事先放弃（a priori），[1049] 因为国家机关的参与为质物清偿提供了有力的保证，既可以防止债务人和质押权人之间通谋欺诈的风

1046　参见 Bongiorno, *La tutela espropriativa speciale del creditore pignoratizio*, 1043。

1047　根据鲁比诺的观点，特别质押执行程序中的折价清偿构成强制性的代物清偿，直至被担保的债权实现为止。具体参见 Rubino, *La responsabilità patrimoniale. Il pegno*, 271。

1048　参见同上。

1049　参见 Gorla e Zanelli, *Del pegno. Delle ipoteche*, 143; Pratis, *Della tutela dei diritti,* 119。根据戈拉和扎内利的观点，该条法律规定的意思非常明确，即债权人可以“永远”，即在任何情况下，请求折价清偿，之所以如此的原因，是因为立法者认为如此规定有利于公共利益，因为通过采取适当的预防措施，债务消灭——“为解决债务紧张局势”——的可能性更大也更容易。

险，也可以防止任何想要规避流质条款禁令的企图。[1050]

与《民法典》第 2797 条规定的情形相同，这里的法官指的是普通法官（ordinario）而非执行法官（esecuzione），[1051] 该法官首先应对物的价值进行评估或调查是否存在市场价格，但这里的价格是指评估时的价值，而非质押设立时的价值。这与强制变卖的情形不同——在强制变卖时无需对是否存在市场价格进行事先评估调查，这是因为在出售质物的情况下，想要规避流质条款禁令更不容易（meno facile）。[1052]

法官在作出决定后，应以判决的方式——而非《民事诉讼法典》第 484 条至第 487 条规定的形式——宣布其决定。随着质押的设立，在债权人和质押人（或购买质物的第三人）之间创设了一种特别的法律关系，这种法律关系使得质押债权人无需取得或出示执行文书以保证自己享有执行权，这是因为，如果说当根据《民法典》第 2797 条出售质物时，执行文书的功能已被具有中止执行效力的异议所取代，那么在质物清偿的情形，执行文书的保证作用已被起诉状（citazione）和答辩意见（contraddittorio）所取代。[1053]

如果质押财产是多个物或可分割物，那么法官可以选择其价值足以清偿债务的质物分配给债权人（以《民法典》第 2797 条为

1050 Vaccarella, *Titolo esecutivo, precetto, opposizioni*, 51. 根据该学者的观点，《民法典》第 2798 条规定之所以要求必须获得司法许可的原因是为了阻止和防止任何试图规避流押禁令的企图。持相同观点的学者另参见 Gorla e Zanelli, *Del pegno. Delle ipoteche*, 142; G. Costantino, *Le espropriazioni forzate speciali*, 306; Realmonte, *Il pegno*, 847。

1051 参见 Cass., 10 agosto 1973, n. 2332。

1052 Gorla e Zanelli, *op. cit.*, 142.

1053 参见上书，第 142—143 页。

论据）。

就质物清偿的效力而言，需要指出的是，根据部分理论的观点，《民法典》第 2925 条至第 2927 条之规定（这些规定调整的是强制折价、第三人对折价物的权利以及有关物被追夺等情形）不能适用于向质押债权人分配质物的情形，因为需要说明的是，此时侧重的不是折价时物的价值，而是质押设立时物的价值。由此导致的结果是，如果债权人在设立质押时主观上是善意，质押设立前的所有权或第三人的权利应移转给质押债权人（根据《民法典》第 1153 条规定），他们的地位和情况类似于那些在扣押后购买扣押物所有权或其他权利的人（《民法典》第 2919 条规定），结果就是他们对物的权利仅限于质押权人实现债权后的余额部分。[1054]

相反，如果债权人在设立质押时是恶意，那么享有所有权或其他权利的第三人可以根据一般时效期限（i termini della comune prescrizione）来对抗质押债权人，由此导致的结果是，如果债权人在这种情况下被全部或部分追夺了物，那么就与其他已经支付——与物的余额价值相对应——钱款的债权人的关系，应适用《民法典》第 2927 条第 1 款规定，而与质押人的关系，则应适用《民法典》第 1197 条的规定，而非第 2927 条规定。如此一来，质押人不仅要对因质物清偿无效而未获清偿的债务负责，还要对因此而造成的损害负责。质言之，既要承担权利瑕疵担保责任，也要承担物的瑕疵担

1054　参见 Gorla e Zanelli, *Del pegno. Delle ipoteche*, 143。在两位学者看来，关于如何看待在质押设立后购买质物的人这一问题，他们的权利在任何情况下都仅限于质押债权人实现债权后的余额部分。

保责任；[1055] 同时，《民法典》第 1197 条规定“第三人已经提供的担保不再生效”（non rivivono le garanzie prestate da terzi），而且《民法典》第 2927 条最后一款规定“接受折价的人保留其对被强制转移的债务人的权利，但第三人提供的担保消灭”。

如果质押债权人未被追夺，那么其将成为所有权人且其所有权及于整个物，但如果质押财产是由多个物组成或是可分割物，那么折价抵偿将仅限于部分质押财产。

即使整个质物的价值高于债权额，质押债权人也可以取得整个物的所有权，由此导致的结果是，债权人应将超出的部分返还给债务人或出质人或在质押设立前后的其他物权人（前提是他们已经通过针对债务人或出质人的答辩而使其权利得到了承认），[1056] 甚至是返还给其他在先扣押债权人（pignoramento）或假扣押债权人（sequestro）。反之，如果质物的价值或市场价格低于债权额，那么债务人对差额部分仍负有清偿义务。

针对质物清偿时竞存债权人之间的利益冲突解决机制，与强制变卖时的模式相同，因为如果其他债权人是在质押债权人请求分配之前对质押财产采取了扣押措施，那么如前所述，将具有阻断质押权人启动自力救济性质物偿债程序的效力。这意味着，如果质押权人想要请求用质物偿债，那么只能参加其他债权人已经发起的强制

1055 Gorla e Zanelli, *Del pegno. Delle ipoteche*, 143-144. 根据两位学者的观点，对文义解释的理由应在以下事实中寻找，即债务人或第三方出质人通过交付质物已经确定了将来用于清偿债权人债权的物，并且表明其一开始就对此同意；相反，《民法典》第 2925 条和第 2927 条规定指的是折价清偿的情形，这是普通强制执行所具有的普遍效果，即债权人自己选择从执行中剥离的资产。

1056 Pratis, *Della tutela dei diritti*, 121.

执行程序（按照《民事诉讼法典》第 505 条至第 507 条之规定），正是因此，在其接收质物后，如果质物价值超出债权额，那么应将超出部分返还给其他债权人。

如果质押债权人成功地通过特别执行程序实现了质物清偿，[1057] 其他债权人，包括那些顺位优先于质押权的先取特权债权人，那么只能扣押质押权人应返还给债务人或第三方出质人的余额部分（如果该余额部分存在的话）。

十五、融资担保合同中质押的强制执行及"合理性"标准的缺陷

根据 2004 年 5 月 24 日颁发的第 170 号立法性政令——也即对融资担保合同的指引——第 4 条规定，质押债权人有权采用比民法典规定的方式更迅捷、更简便的方式强制执行担保财产（escutere di garanzia），因为就实现担保权这一特定事件而言，其"有权按照合同约定的方式开展以下活动，即便在重整（risanamento）或清算程序中也不例外"：

a）出售被质押的金融资产，并从中扣除与其债权相对应的部分，直至被担保的债权全部实现；

b）如果金融资产为现金之外的其他财产，且融资担保合同中明确约定了没收（appropriazione）金融资产的权利以及对金融资产的评估标准，那么可以在被担保债权的范围内，将被质押的金融资

1057　Gorla e Zanelli, *Del pegno. Delle ipoteche*, 144-145. 两位学者认为，为此目的只需第一级法院的判决即可，只要该判决之后被得到确认和维持。

产占为己有；[1058]

c）为消灭债务的目的而将用于担保的钱款用于抵充债务。

在前述情形中，质押债权人——如果我们沿着指引规定的路径，该指引既未规定关于意图通过强制执行手段实现质押的前置义务，也未规定强制执行必须采取的方式，比如公开拍卖或其他形式，最后也未规定必须在等待一段时间之后才能实施相应的执行措施——的义务仅限于事后的通知。即在担保实现后，应“立即将采取的执行措施和所获得的金额以书面形式通知担保人，或通知负责重整或清算程序的机关，并同时退还多出的余额”。

如此一来，上述规则的正当性基础将取决于适用“合理性”（ragionevolezza）标准，而这也是实现担保的指导原则，对此2004年第170号政令第8条规定：“金融资产的实现条件以及该金融资产和担保金融债务的评估标准，必须符合商业上的合理性标准。此处的合理性是指合同中有关实现条件以及评估标准的约定，是否符合意大利中央银行和意大利金融市场监管局根据国际惯例起草的担保条款的范式。”由此导致的结果是，如果“有关金融资产的实现条件约定违反了商业合理性时，只要当事人之间尚未事先达成协议，那么可以在本政令第4条第2款规定的通知之日起3个月内提起诉讼，以重新确定按照同一规定应支付的数额”。

如果在此过程中启动了破产程序，根据该政令第5条第3款规定：“如果从商业角度看，当事人之间确定的金融资产的实现条件以及金融资产和金融债务的评估标准不合理，只要上述确定程序是

1058 关于“appropriazione”，意大利立法者并未采纳指引中的退出条款（指引第4条第2—3段），该条款将是否引入这种执行方式留给各个成员国自己决定。

在清算程序开始前一年内发生的，那么清算组织自清算程序开始之日起 6 个月内，可以出于本条第 2 款规定的目的提起诉讼。”

在我们的法律体系中引入合理性标准（这是典型的普通法的做法）——这已被规定在立法性政令第 4 条第 6 段中，据此，与执行担保有关的规定“不影响根据国家法律确定的义务，即在确定执行金融资产的实现条件时，或对融资担保进行评估时，以及在计算融资担保债务时，应按照商业合理性标准”——是一次创新，因为通过它似乎想引入另一个一般性条款，而该条款的规则性内容，则需通过解释予以明确，特别是在具体案件中由司法机关（giurisprudenza）通过确定融资担保实现的条件来解释和明确。

在这个意义上，不难预见的是，合同法和债法体系中的一般条款（如诚实信用原则和公平原则（correttezza）[1059]将构成对该标准的补充。此外，对于评估该标准所涉及的合理性的参考要素，立法性政令第 8 条第 2 款提供了一些指引，事实上该款规定：“此处的合理性是指合同中有关实现条件以及评估标准的约定，是否符合意大利中央银行和意大利金融市场监管局根据国际惯例起草的担保条款的范式。”

如果“有关金融资产实现条件的约定违反了商业合理性时，只要当事人之间尚未事先达成协议，那么可以在本政令第 4 条第 2 款规定的通知之日起 3 个月内提起诉讼，以重新确定按照同一规定应

1059　有关术语“ragionevolezza”在意大利法律体系中的含义，参见 Castronovo, *I principi di diritto europeo dei contratti e il codice civle europeo*, in Alpa e Buccico (a cura di), *Il codice civile europeo*, 2001, 217; Id., *Principi di diritto europeo dei contratti*. p. Ⅰ, Ⅱ, 2001, XLⅡ。

支付的数额”（第 8 条第 2 款）。

清算组织在清算程序开始后 6 个月内（第 8 条第 3 款）也有权提起“经济不合理”之诉（azione di “irragionevolezza economica”），如果清算组织认为“从商业角度看，当事人之间确定的金融资产的实现条件以及金融资产和金融债务的评估标准不合理，只要上述确定程序是在清算程序开始前一年内发生的，那么清算组织自清算程序开始之日起 6 个月内，可以出于本条第 2 款规定的目的提起诉讼”。

该款规定，尽管是对金融资产实现条件定义的重复，却反映了指引背后的深层考虑，即必须保证交易稳定和安全（stabilità e certezza），因此，不能通过诉讼来对该政令第4条规定的欠款数额重新确定的前提条件是，当事人之间事先围绕“金融资产的实现条件以及对金融资产的评估标准”达成了协议，因为此时该协议表明双方当事人对担保价值达成了一致意见。

此外，诉权的行使还有期限限制，即必须自债权人通知债务人之日起 3 个月内提起诉讼。

十六、破产程序中质押实现的一般原则

如前所述，法律为质押权实现规定了特别执行程序，这种程序是为质押权人的利益设计，且脱离了司法的监管，这使其在实践容易引发一系列的问题。除了我们之前提到的其他债权人与质权人之间的利益冲突问题外，在质押实现特别程序和破产程序间也存在一系列问题——特别是考虑到现行《破产法》（第 51 条）规定的禁止

个别清偿原则（principio del divieto di azioni esecutive individuali），以及破产债权平等原则（la parità di trattamento dei creditori nell'esecuzione concorsuale）。[1060]

对该问题开展的研究指出，就第一个层面，即禁止用破产财产个别清偿原则，是自破产程序开始时才生效，[1061]因此如果某些财产在破产程序启动之前已经从债务人（后被宣告破产）的财产中分离出，[1062]并为了担保债权目的在其上设立了担保，那么不适用于禁止

1060　对之前法律规定的情况，参见 Gorla e Zanelli, *Del pegno. Delle ipoteche*, 140。两位学者提醒指出，在破产的情况中适用 1882 年《商法典》第 772 条规定，这受到了理论界的广泛批判，并被解释为质押债权人可以对破产出售提出异议，并放弃就质押财产与其他债权人的并存竞合关系，这仅限于破产管理人意图在被担保债权到期前出售质物的情况；或者质押债权人为了能够对破产出售提出异议，则应按照 1882 年《商法典》第 458 条规定的方式在质物被出售后立即提起异议。

1061　相关的司法判决，参见 Cass., 16 aprile 1996, n. 3588, in *Il fall.,* 1996, 1189, con nota di Naldini, *Operazioni di finanziamento e garanzie di terzi*。该判决认为，当事人就转让财产事先达成协议的情况，属于违反执行禁令的情形，包括根据《民法典》第 2796 条和第 2797 条的执行措施（在本案中，一家银行出售了债务人的担保人作为质押收到的证券，而后者又提出了一项关于担保人的资产转让的债务偿还申请）。另参见 Trib. Genova, 5 febbraio 1997, in *Gius. civ.*, 1997, 1649。根据该判决，根据债务人破产声明中禁止个别清偿的规定，在作出破产宣告判决后，债权人银行不能清算和没收由破产人担保的政府证券的价值。

1062　关于简单留置权，有学者注意到（Inzitari, *Effetti del fallimento per i creditori*, in *Commentario Scialoja Branca alla legge fallimentare*, 71），随着宣告破产，对债务人进行强制执行以履行债务似乎失去了正当化基础，而简单留置权的本质就体现在履行中，但是根据《破产法》第 44 条规定，破产债务人不能再履行债务，因此简单留置权也失去了存在的前提——因为这种自力救济措施可以向破产管理人主张，而破产管理人的职责限于清算和重新分配。因此，在破产程序中无法找到行使自力救济性留置权的正当化基础，一方面，需要将被留置的财产收回破产资产中以便进行清算；另一方面，行使留置权的目的与破产程序的主要目的相抵触，因为破产程序的目的在于：对属于被强制执行的资产进行总清算，以便根据平等对待的标准，将这些财产在以各种原因参加破产程序的所有权利主体之间进行分配。（转下页）

个别清偿禁令。此时，针对该财产，债权人有权根据自己的意志来实现债权，且相较于其他债权人享有优先权。[1063]

此外，人们还注意到，考虑到基于执行程序中享有的优先权而实施的处分行为，可能会给破产财产——该财产用于清偿破产债权人的债权——造成的损害，为了弥补可能因此造成的损失，法律还事先规定了补救措施，即可以提出破产撤销之诉。

质押特别执行程序与债权人平等地位之间（*par condicio creditorum*）的冲突问题，理论界在反思过程中已经找到了解决的答案：债权人平等原则在效果上仅具有相对性，这在《民法典》第 2741 条的规定中已经有所体现，该条规定“有优先受偿权的法定原因的除外”（salve le cause legittime di prelazione）。债权人平等原则“一直被视为一般原则和绝对原则，但出于对具有社会属性的更高利益的考虑，更应将其视为一种通过对债务人财产的积极组织以实现权利的可能的方式”。这意味着，并非所有的债权人都具有平等地位，而且，优先受偿权法定事由——特别是他们不受控制的增长——为差别对待不同债权人提供了合法基础，这为质押债权人通过自力救济性执行措施——既不通过司法程序，也不通过破产法规则——实现自己的债权提供了可能，并在法律体系中找到正当性和依据提供了坚实的基础。[1064]

（接上页）因此，与其他无担保债权人一样，简单留置权的权利主体也是债权人，不能行使自力保护权，而应通过参加破产程序来行使其债权以及获得对应比例的债权清偿。

1063 Bongiorno, *La tutela espropriativa speciale del creditore pignoratizio*, 1067.

1064 参见上书，第 1068 页。另参见 Schlesinger, *L'eguale diritto dei creditori di essere soddisfatti sui beni del debitore*, in AA.VV., *Le ragioni del diritto. Studi Mengoni,* Ⅰ, 1995, 919。

《破产法》第53条不但规定在破产期间[1065]质押担保债权仍可实现的原则，还承认质押权人有权通过自力救济手段实现债权。也就是说，就质押担保财产而言，其他任何债权人，不能以质押债务人被宣告资不抵债为由，阻碍受质押保护的债权的实现。

上述法律规定的立法理由（*ratio legis*）的正当性基础在于，尽管从表面上看，被执行的质押财产似乎属于破产财产（patrimonio aggredibile），但其实际上不属于债务人一般责任财产（comune garanzia patrimoniale）的范畴，破产债权人对其没有处分权，因为该财产一开始就被享有物权担保的债权人分离出来以用于满足自己的债权。质言之，质押债权人能够直接且不受妨碍的行使其强制执行权，只是需要遵守法律规定的债权竞合时的优先顺位机制。[1066]

因此，在债务人破产时，根据《破产法》第53条之规定，只要质押权人的债权数额已经按照法律规定事先查明和确定，那么质押债权人仍能继续行使其自力救济性强制执行权，请求为了自己的利益强制出售质物，并独享该执行利益。总而言之，即便是在破产情形中，法律关注的重点也是确保"赋予质押的优先性得到贯彻落实，并使受到优先保护的特定种类的债权人自己实施的执行行为得

1065　质押债权人启动自力救济性强制执行的权利被排除在所谓的次破产程序（procedure concorsuali cd. minori）之外。对此，参见 Bongiorno, *La tutela espropriativa speciale del creditore pignoratizio*, 1071。

1066　参见上书，第1069页。该学者注意到，与其他受到同等保护的情况相似，授予质押债权人自我保护性执行力有益于破产程序，否则其将因某些具有特色性质的债权和资产的存在而受到阻碍，而只要维持其在集体执行程序中的存在，最终带来的只有损害而非利益。

以幸存”[1067]。

十七、《破产法》第 53 条

《破产法》第 53 条是调整破产程序中破产债权人与质押担保债权人的关系的基本规定［但在蒙特质押类机构（Monti di pengo）[*]设立的特殊质押除外］，[1068]立法者通过该条规定，努力寻找一种能

1067 Bongiorno, *La tutela espropriativa speciale del creditore pignoratizio*, 1070-1071. 在该学者看来，要求预先查明确定债权的原因，是因为质押债权人在破产程序中也可以通过自力救济性的强制执行措施以实现个债清偿，而其目的是避免其他债权人通过启动执行程序而持有质押财产，进而将其非法出售并将价款纳入破产债权的责任财产的范围。作者同时还指出，尽管法律对破产宣告前的质押权人提供了保护，但《破产法》第 53 条在此基础上进一强化了这种保护，因为在债务人被宣告为资不抵债之前，质押财产仍属于无担保债权人可主张司法强制执行的财产的范畴，并且此时质押债权人有义务基于正当事由参加普通执行程序，以避免质押优先受偿权受挫。然而与此不同的是，在破产宣告后，受物权担保保护的债权人避免了这个风险，因为正是《破产法》第 53 条规定，如果破产管理人想要取代对质物出售钱款享有先取特权的债权人来启动程序，则应先满足债权人的债权。

* Monti 是一类特殊的经济组织，这类组织被允许向市场发放贷款，并以特定的动产作为担保。——译者

1068 参见 Cass., 25 luglio 1992, n. 8975, in *Corr. Giur.*, 1993, 67, con commento di Renna; Trib. S. Maria Capua Vetere, 3 maggio 2000, in *Dir. fall.*, 2000, Ⅱ, 1297, con nota di Di Lauro, *Inapplicabilità dell'art. 53 legge fallim. ai beni costituiti in pegno dal fallito presso un Monte di pegno disciplinato dalla legge n. 745/1938*。根据该判决，《破产法》第 53 条不适用于设立质押后出质人破产的情形，依据是特别法的规定（1938 年第 745 号法律和 1939 年第 1279 号行政法令）。另参见 Bonfatti, *L'accertamento del passivo e dei diritti mobiliari*, in *Le procedure concorsuali. Il fallimento*, Tratt. dir. da G. Ragusa Maggiore e C. Costa, 1997, 163 ss.。

关于免于撤销质押的情形，参见 Jorio, *Le crisi d'impresa. Il fallimento*, 467; Ambrosini, *La revocatoria fallimentare delle garanzie*, 209 ss.; Gatti, *Il credito su pegno*, 93。

够同时兼顾两种需要的方法，即将破产财产整体强制转移的需要（因为尽管在物上设立了质押，但质押人并未丧失所有权），以及保障所有享有合法优先受偿权的物权担保权人能够基于该优先权以更迅速的方式实现其债权的需要。

《破产法》第53条规定，有优先受偿权的担保债权在破产期间仍可实现。该条规定的意思是有关债权竞合的规则不适用于这类债权。质言之，有质押担保的债权，如果想要通过对质物进行强制变卖或质物偿债来实现债权，那么其在实现债权时具有独立性，即不适用《破产法》第110条和第111条之规定。[1069]

对《破产法》第53条规定的内容，由于其是对一般原则的例外规定，因此在解释时应受到严格限制。[1070]本质上，它是在尊重破产法所保护的特殊利益的同时为质押债权人提供保护，这种保护源自质押权人对物的占有以及为其利益而设计的自我保护机制，这使得其能够维持其与物之间的直接关系直至其债权实现。质言之，破产法允许质押债权人个别受偿，是质押自力救济权在破产法领域的一种体现。

但是，在破产程序的其他情形中，需要根据具体情况来对质押的自我保护属性所应扮演的角色进行评估，以判断其应发挥何种作用。具体而言，在破产债务人对债权进行查明和确认后，还有一个对破产财产进行分配的后续阶段。而在分配破产财产阶段，根据与

1069　有关该问题的观点，包括理论界围绕该问题展开的讨论和相关理论构建，参见Bonfatti, *L'accertamento del passivo e dei diritti mobiliari*, in *Le procedure concorsuali. Il fallimento*, 161 ss.。

1070　参见Jorio, *Le crisi d'impresa. Il fallimento*, 379。

该阶段相关的破产程序规则，此时发挥作用的主要是债权的顺位，以及不同债权人所享有的先取特权的等级和他们之间的动态调整。

需要注意的是，在破产中还有一种与质押债权人相似但具有完全不同地位的人，他们被理论界称为“破产中的物权担保权人”（titolari di garanzie reali nel fallimento）。这类人“尽管对破产人的某些财产享有担保物权，但对破产人并不享有任何债权，因为破产人的财产所担保的债权是其他人的债权”[1071]。

就这类人而言，尽管其基本等同于质押债权人，但肯定要适用《破产法》第51条之规定，尽管《破产法》对此并未明确规定担保物权的行使应符合什么条件，用什么方式和在多长时间内启动，由此导致的结果是，对是否能够适用该条规定，理论也存在争论且一直延续至今。[1072]

十八、破产程序中质押债权的实现

针对破产中债权已经得到确认的质押债权人，《破产法》第53条规定了两种主张和申请质押担保债权的形式：（1）破产法官在听取债权人委员会（如果任命）和清算人的意见的基础上，授权质押债权人直接出售财产，并根据《破产法》第107条之规定确定清算的方法；（2）破产法官在听取债权人委员会（如果任命）意见的基础上，授权清算人提前向债权人付款或将质物赎回。

1071 参见 Presti, *La situazione dei titolari di garanzie reali nel fallimento*, in *Riv. dir. proc.*, 2000, 695。

1072 参见上书，第696页。该学者对此进行了详尽而深入的分析。

但是，为了保护其他债权人的利益，在为质押债权人提供的优于其他债权人的保护的同时，也要对质押债权进行审核，即质押债权人在提前实现债权时，其他债权人可以提出答辩意见。

实际上，就对破产财产的执行权而言，质押债权人不比其他无担保债权人具有更大的权力，因为与无担保债权人一样，质押债权人不能针对破产财产采取或发起个别执行措施；相反，其他债权人可以通过合法手段使其实施的自我保护措施（执行）中止或受挫。

其享有的权力仅限于——在查明其债权及债权的顺位等级，且被破产人认可后——与其他债权人一起就破产财产变卖所得价值进行分配。此时，如其质押权具有优先受偿权，那么其相较于其他债权人将享有优先地位和先取特权，并可使其在分配变卖价款时优先获得分配。

如果质押债权人的债权没有被得到认可或没有被纳入破产债权，那么其无权对质押财产行使出售权，因为如果其在质押债权未查明且未被纳入破产债权的情况下，却在《破产法》规定的方法之外实现其债权，那么其有义务向破产人返还变卖所得价款。如果给破产人造成损害的，还应承担损害赔偿责任，甚至有可能因此触犯《破产法》第 232 条第 2 款第 1 项规定的罪名，进而承担刑事责任。[1073]

质押债权人对质押财产变卖所得所享有的优先权及于债权本金、利息和支出的费用；如果变卖所得未能使其债权得到完全清偿，那么剩余的部分将成为无担保债权，其应与其他无担保债权

1073　Inzitari, *Effetti del fallimento per i creditori*, in *Le procedure concorsuali, Il fallimento,* Tratt. dir. da G. Ragusa Maggiore e C. Costa, 70; Jorio, *Le crisi d'impresa. Il fallimento*, 380.

人竞争分配其他破产财产。质言之，质押债权中未获清偿的部分，在待遇上与其他无担保债权人的债权相同（《破产法》第 54 条第 1 款）。

根据《破产法》第 111 条第 2 款和第 3 款之规定，从资产清算中获得的款项按以下顺序支付：“（2）根据法律规定对出售的财产享有优先受偿权的债权；（3）无担保债权，包括前述第 2 项规定的债权中未获清偿的债权和前述第 2 项规定的债权中未获清偿的部分（即在担保财产被变现并被转化为钱款时，其数额不足以使债权得到完全清偿）。破产财产不足以清偿所有无担保债权人时，以确认的各个债权人的债权数额为基础按照比例分配。”在这种模式中，一方面将质权债权人未获清偿的债权部分等同于（equiparazione）其他无担保债权人的债权，另一方面在破产程序中也辅以适用比例原则，它们共同体现了《民法典》第 2741 条第 1 款规定的精神。

在质押债权获得破产人的认可后，如果想要启动变卖质押财产程序，质押债权人必须获得破产法官的许可，破产法官在听取债权人委员会和破产管理人的意见后，以指令的方式（con decreto）确定变卖的方式。在这种模式下，对质物的出售实际上是一种破产出售（vendita fallimentare），其受到破产法官的直接控制，并按照该法官确定的方式出售，由此导致的结果是，未获法官许可的出售将引发其他的额外效果，尤其是会导致出售行为无效（对此破产机构可以依法提出申请），但根据《民法典》第 2929 条之规定，变卖无效不影响善意第三人获得的权利。[1074]

1074 参见 Inzitari, *Effetti del fallimento per i creditori*, 70。

在债务人破产时，《破产法》提供了相同的保护措施，其既保护受质押担保的债权人的利益，也保护其他债权人的利益，保护后者免受通过设立质押来规避平等原则，或规避流质条款禁令或为了实施欺诈。

就这一方面而言，事实上，一旦破产人在破产程序中查明和确认质押享有的优先受偿权，破产法官在听取债权人会议意见后（如果是任命）——如果向质押债权人完全清偿债权的支出在经济上对破产更有利时，因为这会导致获取质物并将其归入破产财产——可以授权破产管理人“通过向质押债权人清偿债务的方式收回质押财产，或者根据《破产法》第 53 条第 2 款规定的方式出售”。

显然，如何选择将取决于破产管理人的评估，具体而言，破产管理人应基于破产清算的整体进程和破产清算的整体管理策略，按照《破产法》第 104 条第 3 款之规定，对是否合适和经济上是否便利进行评估。

在出售质押财产的场合，无论是债权人还是破产管理人具体负责实施转让行为，只要变卖所得的价款超出所担保的债权，那么超出部分将按照《破产法》第 111 条规定的分配顺序在其他债权人间再次分配。

相反，如果变卖所得价款不足以清偿债务，那么享有先取特权的债权人，可在其未获清偿的债权余额的范围内，就变卖其他财产所得再次参与分配，但是由于此时先取特权已经随着其所指向的物的消失而消失，因此未获清偿的债权余额将与其他无担保债权具有相同的地位，并适用相同的分配机制。

第三编

抵　押

第十章　导论

一、前言：意大利抵押法律制度的历史发展[1]

在当今的意大利，抵押是一种典型的物权担保形式，也是主要

1　关于 1865 年《意大利民法典》部分，参见 Pacifici e Mazzoni, *Trattato dei privilegi e delle ipoteche*, Firenze, 1904; Chironi, *Trattato dei privilegi, delle ipoteche e del pegno*, 2 ed., Torino, 1917-1918; Bianchi, *Delle ipoteche*, in *Il dir. civ. it.*, a cura di Fiore, Napoli, 1896 (2 ed., 1924-1925); F. Ferrara Jr., *L'ipoteca mobiliare*, Roma, 1932。

关于现行意大利民法典部分，参见 Degni, *Delle ipoteche*, in *Comm. del cod. civ.*, dir. da De Martino, Ⅵ, Roma, 1943; Id., *Delle ipoteche,* in *Comm. del cod. civ.*, dir. da D'Amelio, Firenze, 1943; Mariani, *Ipoteca e trascrizione*, 3 ed., Milano, 1955; Rubino, *L'ipoteca immobiliare e mobiliare*, in *Tratt. di dir. civ. e comm.*, dir. da Cicu e Messineo, Milano, 1956; Mariani, *Della ipoteca immobiliare,* Milano, 1958; Gentile, *Le ipoteche,* Roma, 1961; C. Maiorca, *Ipoteca (diritto civile)*, in *Nss. dig. it.*, Ⅸ, Torino, 1963, 50; Protettì, *L'ipoteca nella giurisprudenza*, Padova, 1971; Fragali, *Ipoteca (diritto privato)*, in *Enc. dir.*, vol. ⅩⅫ, Milano, 1972, 740; A. Fedele, *Ipoteca (diritto tributario)*, in *Enc. dir.*, vol. ⅩⅫ, Milano, 1972, 852; Bianco, *La pubblicità immobiliare*, Torino, 1976; Tamburrino, *Della tutela dei diritti (Delle ipoteche)*, in *Comm. del cod. civ.*, 2 ed., Torino, 1976; Boero, *Le ipoteche*, in *Giur. sist. civ. comm.*, Torino, 1984, e 2 ed., 1999; Cardarelli, *Ipotecarie (imposte)*, in *Dig. sez. comm.*, Ⅶ, Torino, 1992; Ravazzoni, voce *Ipoteca, Ipoteca immobiliare*, in *Enc. giur. treccani*, ⅩⅦ, Roma, 1989; Ravazzoni, *Le ipoteche*, in *Tratt. di dir. priv.*, dir. da Rescigno, vol. 20, 2 ed., Torino, 1998, 1 ss.; Bonis, *Pubblicità ipotecaria*, in *Nss. dig. it.*, *App.*, Ⅵ, Torino, 1986, 192; Gorla e Zanelli, *Del pegno. Delle ipoteche*, 4 ed., in *Comm. cod. civ. Scialoja e Branca*, Bologna-Roma, 1992, 170 ss.; Ravazzoni, *Le ipoteche*, in *Tratt. di dir. civ. e comm.*, Milano, 2006; Chianale, *Le ipoteche*, in *Tratt. dir. civ.*, dir. da Sacco, Torino, 2005, 2 ed., 2010。

的物权担保形式。这种物权担保的客体是不动产，它赋予抵押权人一种优先于其他债权人受偿的权利。即当抵押财产的变卖所得用于清偿债权人时，抵押权人享有优先受偿权，这意味着抵押权人的优先权打破了“债权人应得到平等对待原则”（《意大利民法典》第2740条和第2741条）。

意大利的抵押法律制度，从历史的角度看，无论是1865年《意大利民法典》还是1942年《意大利民法典》中的相关规定，都植根于法国抵押法律制度，并体现了过去几个世纪中法国司法发展所衍生的一系列特征。由此，我们发现，意大利将抵押置于物权担保体系中（novero dei diritti reali di garanzia）。首先，一方面，在抵押中，法律承认抵押人对抵押财产享有完全的所有权（piena proprietà del bene）；另一方面，债权人被赋予一种他物权（*ius in re aliena*）——这不同于普通法系中的不动产担保模式。其次，抵押具有从属性（accessoria），其从属于所担保的债权，并且被担保债权的变化反过来也会影响抵押担保（这与德国法中的抵押担保所采取的抽象性原则也不相同）。再次，抵押的设立需要办理专门的不动产物权公示，隐性不动产担保（garanzie immobiliari occulte）的情形几乎完全消失。最后，抵押担保是一种非占有性担保（garanzia non possessoria），因为抵押财产仍为抵押人占有。

意大利法律规定了三种抵押的类型，分别是意定抵押、法定抵押和诉讼抵押，尽管它们都被规定在同一个条款之下（该条款为一般规定），但它们分别对应于不同的司法需要。意定抵押为债权人提供了一种物权担保的模式，这种模式使当事人可以通过法律行为，基于自己的意愿设定不动产担保，是一种鼓励不动产信贷的基础工具。法定抵押则为纠正法律规定的物权变动模式——根据《民法典》第 1376 条，仅基于合同效力即可引起所有权的转移——带来的不公平提供了一种工具：未得到付款的出卖人（从更广泛意义上说包括任何未得到付款的转让人），就其转让的财产享有法定抵押权，以担保其价款债权的实现。这种法律制度可以追溯到 1804 年《法国民法典》颁布前。事实上，在 1804 年《法国民法典》颁布前的几个世纪中，法国法就赋予了出卖人一种优先权（privilegio）。诉讼抵押的作用在于，债权人在获得针对债务人的司法裁决后，可以针对同一债务人的任何不动产主张担保物权——这种制度也来自法国。事实上，它是基于法国大革命前（prerivoluzionaria）的司法实践而产生的一种担保模式。

在意大利的法律制度体系中，虽然也存在其他不动产物权担保方式，但它们扮演的只是一种边缘的角色。一方面，在意大利法律制度中，的确存在一些不动产特别优先权（privilegi speciali immobiliari），但他们只存在于法律规定的非常个别的情形中；另一方面，由于《意大利民法典》第 2644 条关于禁止流押的规定，目前是否承认信托担保（即基于担保的目的而设置不动产信托并转让不动产的所有权）的有效性，理论界仍在争论。因此，抵押担保制度的重要性不言而喻。

二、抵押担保在法律体系中的定位

抵押是《意大利民法典》（第 2808 条）规定的优先受偿权事由之一，它赋予抵押权人对抵押财产享有优先受偿的权利，即以变卖抵押财产的价款优先实现债权，而不是按照债权平等原则受偿。[2]

不动产的公示形式在抵押法律制度中起着至关重要的、基础性的作用。抵押不同于隐性物权担保（garanzie reali occulte）。在隐性物权担保中，不动产承担一定的法律负担，并可以对抗第三人（比如《意大利民法典》第864条和第865条规定的整体修复费用的情形）。此外，抵押也不同于不动产特别优先权，后者基于《民法典》第2754条这一一般性规定，原则上并不要求任何形式的公示，但法律有特别规定的除外。

与抵押更为相似的，是基于公示的不动产特别优先权，如《民法典》第2775条-Ⅱ款规定的先取特权（即特别优先权），它是因未履行已经登记的预约合同而产生的优先权，与预约购买人的债权有关。这类先取特权以登记为条件，当与在先抵押权发生冲突时，基于公示的先后顺序进行调整。

就抵押公示制度而言，在意大利存在两种体系：一种是《意大利民法典》规定的公示方式，另一种是源自奥地利的不动产登记制度，也即地籍登记制度，但其仅在部分地区使用。两者的区别在于，根据《意大利民法典》的规定，当事人基于合意即可获得不动产物权，而在地籍登记制度中，不动产登记公示具有物权变动的效力。由此，《意大利民法典》规定的抵押公示制度，在地籍登记制

2 参见 Rescigno, *Introduzione, in Tutela dei diritti*, in *Tratt. di dir. priv.,* dir. da Rescigno, vol. 19, Torino, 1985, xvi; Jaeger, *Par condicio creditorum*, in *Giur. comm.*, 1984, Ⅰ, 88 ss.; M. Rescigno, *Contributo allo studio della par condicio creditorum,* in *Riv. dir. civ.*, 1984, Ⅰ, 359 ss.; Colesanti, *Mito e realtà della "par condicio"*, in *Fall.*, 1984, 32 ss.; Schlesinger, *L'eguale diritto dei creditori di essere soddisfatti sui beni del debitore,* in *Scritti in onore di Mengoni*, Milano, 1995, Ⅰ, 919 ss.。

度中将会发生一定的变化。事实上，适用地籍登记的地区，并不适用《意大利民法典》的部分规定——如基于简单合意即可取得所有权——就抵押而言，地籍登记制度与意大利的一般法律并不存在显著的矛盾和冲突。

值得注意的是，不能将抵押与有关不动产的预防性保全措施（strumenti cautelari）相混淆，尽管后者规制的也可能是不动产。在预防性保全措施中，相关措施并非是对特定债权的担保，而是旨在保证债务人财产的存续，其对应的是债务人一般财产责任。而且，这些措施存在迟延的风险。比如，保全性假扣押（sequestro conservativo）允许债权人对债务人的财产进行扣押、强制变卖，但并未赋予其优先受偿权。

这种区别多数时候是明显的，但当允许债权人办理抵押登记以提前保护债权时，这种区别也会变得模糊。有时，诉讼抵押会保护一个既未确定也未被法官结算的债权（liguidato dal giudice）。此时，其承担的是一种保全的功能，但又具有优先权的属性（即可以享有优先受偿权）。这种抵押也可以被登记，属于诉讼抵押登记，通常根据申请人的请求和法官颁布的强制令实现，法官还会批准临时执行（provvisoriamente esecutivo），适用的情形既可能是根据执行文书，也可能是“因如果不及时执行可能会造成严重的损害”。此时，相较于其本身所具有的担保功能外，它明显还具有预防性的保全功能。但如果适用地籍登记制度，则是另一种规则，因为这种登记制度下，只能根据已经生效的判决办理抵押登记，并且允许适格的债务人对强制令提出异议，异议时只需就同一抵押简单的通知即可（prenotazione）。

预防性措施和担保功能之间的其他相似性似乎还体现在，如今废除了因违反金融法而产生的刑事法定抵押（ipoteca legale penale）。

两者容易混淆之处首先体现在，《民法典》第2817条规定被1989年的保全性假扣押所替代。立法者实际上否认该制度的抵押性质，并坚持认为只有当延迟会对被告不动产造成损害或对民事责任人的财产造成损害时，方可适用。

事实上，早在1929年1月7日颁发的第4号法律第26条就规定了违反法院判决的抵押，但其对此类抵押要求的条件是“存在迟延的风险”。如今，1997年12月18日颁布的第472号立法性政令第22条，再次规定需要“担心失去对其债权的担保”：经债权人申请，法官可以同意抵押登记。如此一来，从法律规定的文义来看，这种制度已经不再属于抵押的范畴，因为其更像是一种预防性保全措施。

至于抵押与抵押财产占有之间的关系，也值得注意。

首先可以肯定的是，抵押债权人不占有抵押财产：只要抵押财产没有被采取强制措施，那么对抵押财产的使用收益权仍归抵押财产的所有权人。实际上，与动产质押的债权人不同，抵押债权人对被抵押的不动产不能行使任何支配权（potere），因此也无权提起返还原物之诉和物的保管之诉。在意定抵押中，可以以委托的名义，赋予抵押债权人在确定时间内持有（detenzione）抵押财产的权利，但不能超过抵押期间。如果抵押债权人为此支付相应的费用，则对抵押财产的持有具有租赁的效力，而且就租赁与抵押的关系而言，租赁从属于抵押。[3]

3 Rubino, *L'ipoteca immobiliare e mobiliare*, 236.

三、抵押及其效力

对于抵押担保的效力，可以从经济效果的角度进行评估。

评估的第一个标准体现为安全性保障（sicurezza），即其满足了潜在的债权人获得担保的需要，为其提供了一种工具和手段。

在这个法律设计中，不动产公示制度起着至关重要的作用。

在《法国民法典》颁布前，法国的不动产担保法律制度中存在许多一般性隐性担保。现在的抵押制度则体现为一种平衡，用现代视角来看，即所谓的效率。事实上，抵押所产生的优先受偿权，仅屈服于那些在抵押登记前已经取得的先取特权和第三人基于时效取得制度获得的所有权。

评估的第二个尺度则是担保本身的价值。作为抵押财产的不动产价值越大，债权人就越容易通过在市场出售或再次签订抵押合同来实现抵押权。在某些国家的法律制度中，法律允许抵押物的所有权人创设无记名抵押票券，甚至包括就抵押财产变卖所得提取一定金额的权利，在这种法律制度中，担保的可转让性是最大的。在承认抵押独立性——即抵押独立于被担保债权——的法律制度中，允许转让抵押；反之，在将抵押担保界定为从属性的法律制度中，抵押担保则不能单独转让。

根据意大利的法律，不允许将抵押与其所担保的债权分离而单独转让。对担保从属性的严格遵守和适用，意味着抵押不能作为一种独立的标的在市场上自由流通，这也削减了抵押的经济价值。

担保权的变现，也可以通过创设次担保（sub garanzia）（类似于转质押）的方式来实现。但意大利的法律不认可也不允许次抵押。

对不动产担保经济效益的评估，还需要确定债务人在市场流通中的法律地位。抵押制度允许抵押财产的所有权人转让抵押财产，但同时受让人也继受了配合抵押权实现的义务，也即当需要实现抵押权时，抵押财产的受让人将成为被执行人。[4]此时，被抵押不动产的受让人并不取代债务人而取得其法律地位，并享有一些特别的权利，比如可以通过向登记的抵押债权人支付被担保的债权金额——即便支付的金额低于到期的债权——因为无论如何，就强制执行而言，抵押债权人都不能针对受让人取得全部债权。

两个基本的元素——一是抵押人保有抵押财产所有权，二是不动产担保的公示制度——使得抵押人可以方便地将抵押财产投入市场交易。即便被担保债权的数额存在不确定性，抵押财产的价值也很容易确定，因为在最坏的情况下，如果将抵押财产归属债权人，也可以从抵押财产的市场价值中扣除抵押登记的债权额，进而解除抵押。

归根结底，意大利抵押担保法律制度更倾向于保护抵押财产所有权人的利益，不惜牺牲债权人的利益：意大利法律不存在无记名

---

4 在法国抵押制度中，在抵押合同中或在抵押合同之外，可能还存在从属性的协议，以约定抵押物所有权人承担的特定义务（比如不得转让或不得出租被抵押的不动产；又如约定不得在不动产上再设定其他抵押），此时应适用有关债权的一般规定（就意大利法而言，即《意大利民法典》第 1379 条），但这并不会改变担保的交易结构和构成要件，因为这种约定不能对抗第三人，尽管其在不动产登记部门进行了登记（比如在登记申请表的 D 表中），对此可参见 Mariani, *Della ipoteca*, 27; D’Orazi Flavoni, *Pubblicità inutile e rifiuto del Conservatore*, in *Riv. not.*, 1951, 276 ss., in *nota a Trib. Savona*, 20 dicembre 1950。

抵押票券机制；强调抵押的从属性，不允许将抵押权脱离被担保的债权而单独转让；不允许将抵押财产进行次抵押；除法律规定的特殊情形外，转让抵押需要在不动产登记部门进行注明，这意味着必须采取认证的形式（公证或获得认证的私证书）。

最后，强制执行往往较为缓慢，这也进一步降低了抵押担保的价值。

四、采用地籍登记制度地区的抵押

如前所述，在意大利的部分地区，不动产公示采用的是地籍登记制度——这种机制是由 1929 年 3 月 28 日颁布的第 499 号行政命令以及该法所附的相关法律规定的。在这种机制下，基本的原则是物权公示形式具有物权设立的效力。民事主体通过非死因行为而导致的物权的产生、转让和消灭，其效力不是基于当事人之间的合同，而是基于在土地登记簿上的登记，并受司法命令的约束。[5] 作为对该原则的补充，该法有关登记的规则也适用于抵押的设立：只有已经在土地登记簿上登记的人方可办理抵押登记，也只有登记簿上记载的主体才享有抵押权。因此，在登记机制下，不会发生公示

5　适用地籍册公示制度（sistema tavolare）的地区主要在意大利北部，包括特伦托省（Trento）、博尔扎诺省（Bolzano）、的里雅斯特省（Trieste）、戈里齐亚省（Gorizia），以及乌迪内省（Udine）、贝卢诺省（Belluno）和布雷西亚省（Brescia）的部分地区。对此的相关论著，参见 G. Gabrielli, *Libri fondiari,* in *Nss.dig.it.*, *App*., Torino, 1984, 950 ss.; G. Gabrielli e Tommaseo, *Commentario della legge tavolare*, Milano, 1989; Menegus, *La legge tavolare*, Milano, 1986; Pugliatti, *Esecuzione forzata e diritto sostanziale*, t. Ⅱ Milano, 1935 145 ss.。

形式之间的冲突：因为登记的先后顺序，不仅决定了在同一财产上设立的数个抵押权之间的先后顺位，也决定了在同一财产上设立的抵押权和用益物权之间的先后顺位。

地籍登记制度，一方面排除了一些《民法典》的规范，另一方面又规定了有关此类事项的具体规则。比如在抵押这一领域，该法明确规定不适用《民法典》的一些规定（如《民法典》第 2834 条，而是根据地籍法官的命令进行法定抵押登记；又如《民法典》第 2839 条中的部分内容，该条是关于抵押登记的方式；再如《民法典》第 2850 条、第 2854 条、第 2882 条、第 2884 条、第 2886 条和第 2888 条）。此外，那些与地籍登记制度的特别规定无法兼容的规定也不适用，比如第 2808 条第 2 款，因为抵押的设立需要在地籍册上登记。

相反，该法通过特别规定又引入了一系列特别的规则。

在某些情况下，该法确认应适用《民法典》的一般规定：根据前述 1929 年颁布的第 499 号法令第 10 条，如果未在《民法典》第 2847 条规定的 20 年期限到来后办理抵押登记的续展手续，则抵押登记的效力终止。

在其他情况下，则适用有关的特别规定，而一般性的法律规定则不适用（比如关于续展手续，应适用该法第 26 条；关于诉讼抵押登记，应适用该法第 33 条最后一款）

此外，该法还规定了一些《民法典》中没有的规则，这些规定与地籍登记制度的特点紧密相关。比如该法第 13 条规定，独立登记的企业，可以作为抵押登记的客体；又如该法第 14 条最后一款，规定法官有权将抵押缩减至公平的价值。

总之，地籍登记制度的独特之处更体现在有关拟制抵押（ipoteca simultanea）的规定中（该法第15条、第106条至第116条）。[6]

针对一个债权的抵押担保，抵押财产可以是多个不同的不动产，在登记时可以就每个不动产担保的债权分别进行登记。因此，债权人必须接受与土地登记机构一样多的登记，但须服从主管土地登记法官的命令。由于这些登记可以在不同的机构登记，为了协调这些不同登记程序，应当指定一个登记机构（partita tavolare），并对应一个不动产，该不动产登记将是主登记，而其他的则是从属性登记，在这种情况下，起诉时将起诉主登记，同时通知其他从属登记人。在此之后的任何公示形式，都将按照顺序登记在主登记的空白处，并且关于执行的所有效力都对从属性登记有效，但解除时应进行注明的情形除外。总之，在拟制抵押（ipoteca simultanea）的情况下，实质上仍存在多个抵押登记。至于登记的先后顺位，则取决于针对每个抵押财产向相关部门提出登记申请的时间，因此抵押登记的续展，尽管仍向主登记（partita principale）的法官提出，但效力及于每个登记。此外，拟制抵押的声明，是未获清偿的债权人在每次登记中行使代位求偿权的条件。

有时，有关登记的典型制度也可以适用于抵押，但这也会违背一般法的规则。例如抵押登记注明的情形，如意定抵押中缺少公证的形式，或者诉讼抵押中针对强制令提出了异议，此时登记法官可以命令进行注明，这种注明具有设立抵押的效力并且可以确定抵押的顺位，但无论哪种情形，这种注明都需要通过对法律文件的调整

6　对于该问题，可参见 G. Gabrielli e Tommaseo, *Commentario della legge tavolare*, 405 ss.。

而予以正当化。因此，要想获得这种注明，不但需提供有关债权的相关信息，而且需要提供能够足以表明存在抵押的法律文件。

上述规则也适用于对抵押顺位的注明，即如果权利人欲办理抵押，同时又想使之后的抵押也保留登记时的顺位——即使之后办理的抵押登记可以享有办理抵押登记时的顺位，那么其可向登记法官提出申请。对顺序的注明，应明确抵押人所欲担保的最高金额。此外，应在对抵押顺位进行注明后的 50 日内提出抵押登记申请，那么其将具有优先效力。即如果在抵押的不动产上同时还办理其他登记的，其将优先于这些登记。

然而，该法为抵押规定某些规则与登记簿没有内在联系，而是抽象地与一般法规定的公示制度相兼容，比如《登记法》第 29 条规定的情形。

第十一章 抵押的一般特征

一、抵押的法律性质

抵押权是一种物权。[7]其基本特征是具有物权的属性，即对抗第三人的权利，《意大利民法典》对此做了明确规定（《民法典》第2808条、第2858条和第2889条等）。特别是，《意大利民法典》第2808条规定，抵押权人有权变卖对其债权进行担保的财产，即便该财产“已经为第三受让人获得”。这意味着，根据法律规定，购买抵押财产的一方，可以成为被强制执行对象。抵押以及与之相关的诉讼，具有物权的属性，他们有可能是不动产性质的，也可能是动产性质的，具体应根据涉及的客体类型以及《民法典》第812条等条款规定的标准确定。[8]

---

7 雷希尼奥教授指出，“传统学派”（scolastica consuetudine di studio）将抵押和质押置于物权中，另外，也有很多学者通过文义解释来阐释抵押的物权属性。相关的论著参见 Rescigno, *Introduzione*; Fragali, *Ipoteca (diritto privato)*; Fragali, *Ipoteca (diritto privato)*, 751 s.; Ravazzoni, *Le ipoteche*, 6 ss.; Comporti, *Diritti reali in generale*, in *Tratt. dir. civ. e comm.,* dir. da Cicu e Messineo, cont. da Mengoni, Milano, 1980, 240 ss.。

8 戈拉和扎内利对此问题进行了深入广泛的研究，具体参见 Gorla e Zanelli, *Del pegno. Delle ipoteche*, 214 ss.; Rubino, *L'ipoteca immobiliare e mobiliare*, 16 s.。

抵押的这种属性，会对与抵押相关诉讼的地域管辖产生一定的影响。

根据法律的特别规定，应由抵押财产所在地的法院管辖，此时可能出现的情况是，抵押财产所在地的管辖权与不动产登记机关的管辖权不一致。比如关于强制执行案件的管辖（《民事诉讼法典》第 26 条）；又如当需要提存价款以解除抵押时，应由强制执行地的法院管辖（《民事诉讼法典》第 792 条）。当然，根据一般的管辖原则，涉及不动产抵押的案件，由不动产所在地法院管辖（《民事诉讼法典》第 21 条），但因抵押从属性而引发的纠纷的情形除外；[9] 涉及动产抵押的案件，适用关于人的诉讼的管辖规定（《民事诉讼法典》第 18 条和第 19 条）。

二、从属性

抵押的效力及于抵押财产，可以通过变卖抵押财产来实现担保的债权。

作为担保，抵押是为了保障某个确定的债权的实现，并且与被担保的债权之间存在紧密的联系。首先，抵押的产生与该债权存在紧密的关联；其次，抵押的变化，包括转让、消灭，与该债权存在紧密的关联；最后，抵押的实现也与该债权紧密相连。上述所有的

9 以下诉讼被认为是物权性诉讼（azioni reali）：请求确认抵押登记无效的诉讼、请求确认抵押消灭的诉讼、请求缩减抵押权的诉讼、请求解除抵押登记的诉讼、请求更正登记的诉讼。此外，围绕被担保债权是否有效、是否存在、是否消灭的诉讼具有从属性，因此在确定管辖时，仍然适用有关对人诉讼（azioni personali）的规则，对此参见 Gorla e Zanelli, *Del pegno. Delle ipoteche*, 214 ss.; Rubino, *L'ipoteca immobiliare e mobiliare*, 17 s.; Fragali, *Ipoteca (diritto privato)*, 752。

规则，或多或少规定的都是抵押担保与被担保债权之间的关系，并强化这种关联，它们都可以归结为抵押担保的从属性。

但是，抽象地说，担保也可以不具有（potrebbe non avere）从属性。事实上，担保从属性的程度是由法律来规定的。如果法律对担保从属性规定得越强、越严格，那么债权人的优势就越依赖于通过强制执行抵押财产来实现债权，也即不能将抵押进行法律上的交易。比如债权人为了自己的债权而将其再次进行抵押。反之，如果法律规定的担保的从属性越弱、越宽松，那么债权人就越可以通过市场交易来实现债权，担保的效率也就越高。

就意大利而言，《民法典》第2741条将抵押列为债权人可以就债务人财产获得优先受偿的法定事由之一，《民法典》第2808条则进一步明确抵押是对债权的担保，通过上述规定，立法已经明确了抵押的从属性。法律规定的文字表述表明，相较于被担保的债权而言，抵押具有结构上的自主性和功能上的附属性。[10] 除上述两条规定外，其他法律条款也规定了抵押的从属性。比如《民法典》第2852条规定，被担保的债权应是已经存在的债权；又如被担保债权的转让，也将导致抵押随之转让给受让人；再如被担保债权的消灭，将导致抵押随之消灭。

尽管《意大利民法典》肯定了抵押的从属性，但另一方面，根据《意大利民法典》，抵押担保在某些方面仍具有一定的自主性。这种自主性体现在很多方面，在这些方面，抵押的法律事实构成通

10　参见 Rubino, *L'ipoteca immobiliare e mobiliare*, 23; Tamburrino, *Della tutela dei diritti (Delle ipoteche)*, 38 s.。另外，根据弗拉加利的观点，从属性是抵押所起到的连接功能的支点，即其将担保权和被担保的权利联系起来，具体参见 Fragali, *Ipoteca (diritto privato)*, 768。

过独立的规定予以调整，并且不同于被担保债权的事实构成。[11] 比如抵押可因抵押权人放弃而消灭，该消灭事由是抵押独有的事由，与被担保债权无关；又如不动产抵押的抵押期间，并不适用被担保债权的时效期间，而是有相关的专门规定，适用不同的规则；再如对债务的部分减免不导致抵押担保的自动减免。此外，有时尽管原债务已经消灭，但抵押担保仍维持其效力（比如债的更新），有时还会发生只有担保转让的情形（比如《民法典》第 2856 条和第 2866 条规定的情形，此时发生抵押权的代位）。

抵押担保的从属性，并不意味着担保债权的金额与抵押财产的价值之间具有等价关系。事实上，无论是诉讼抵押的相关规定，还是债权人对登记债权数额的权利的规定，还是有关债权扣减的规定，都表明在主债权额和抵押财产的价值之间并无精确到数量联系。

在法律解释层面，意大利理论界更倾向严格遵守从属性原则，在解读法律时严格把握，对脱离主债权而单独对抵押的处置则否认其有效性，即使对抵押的单独处置有利于债务人的无担保债权人也不例外。[12]

---

11 参见 Fragali, *Ipoteca (diritto privato)*, 768 s.; Maiorca, *Ipoteca (diritto civile)*, 62。

12 有关从属性的论述，参见 Rubino, *L'ipoteca immobiliare e mobiliare*, 42 ss.; Gentile, *Le ipoteche*, 239; Fragali, *op. cit.*, 768, 808 s.。但弗拉加利认为在特定情况下可以转让抵押：一是向无担保信用债权人实施的仅具有债法效力的抵押转让，即承诺向受让人转让基于抵押而获得的优势地位；二是在征得债务人和其他抵押债权人一致同意时进行的转让。与前述观点不同，坦布里诺则认为应严格遵守从属性，否认可以转让，无论是产生物权效力的转让还是产生债权效力的转让，具体参见 Tamburrino, *Della tutela dei diritti (Delle ipoteche)*, 41 ss.。马约尔卡则认为，应当允许向其他没有优先受偿权的债权人转让抵押权，其依据是为将来债权办理抵押登记的相关规定（《民法典》第 2852 条）。在此种情形下，在担保和债权之间的从属性效力，并非是当担保产生时，而是当担保实现时（realizzazione），具体参见 Maiorca, *op. cit.*, 62, 141。

在两种情形下，抵押的从属性将不予考虑或消失。

第一种情形是《民法典》第 1203 条第 2 款规定的情形。即为不动产取得人的利益，在取得不动产价格的范围内，向设定不动产抵押的一个或多个债权人进行给付，此时其法律地位构成法定抵押的情形。在这种情况下，第三方购买人，一方面其因受让财产被追夺而对出卖人主张权利，另一方面在其向债权人支付钱款后，通过法定代位取得了原债权人的抵押权人资格，成为以自己财产设定的抵押的抵押权人。此时，抵押权相较于主债权具有独立的地位，事实上，抵押权现在已经消灭了，但第三方购买人就其向原债权人支付的价款仍享有优先受偿权。即当抵押财产被卖时，第三方购买人可以就变卖所得，优先取回其向原抵押权人支付的价款，但不得超出抵押登记的金额。

另一种情形则与签发汇票有关（emissione di una cambiale tratta）。即当签发汇票时，收款人与出票人是同一人，并为该票据债务（debito cartolare）设定抵押担保。[13] 此时，出票人为票据创设了担保，而该票据债务人也是担保人自己，其可以决定是否或何时通过背书将该票据投入流通转让。如果为了出票人的利益在被抵押的汇票上附有回购背书条款时，也会发生类似的结果。

13　对此理论界存在争议。肯定说参见 Piazza, *Osservazioni in tema di vaglia cambiario all'ordine proprio*, in *Banca, borsa, tit. cred.*, 1970, Ⅱ, 288 ss.; 持否定观点的司法判例，参见 Cass., 25 luglio 1978, n. 3710, in *Banca, borsa, tit. cred.*, 1979, Ⅱ, 141 ss.。对不同观点的评析，参见 Pavone La Rosa, *Apertura di credito garantita da pegno e anticipazione bancaria*, in Portale (a cura di), *Le operazioni bancarie*, Ⅱ, 1978. 78, n. 10。

三、不可分离性

根据《民法典》第 2809 条第 2 款，抵押权具有不可分性，并且对所有设定抵押的财产、该诸财产中的任何一项财产和任何一部分均有约束力。[14]

这里需要注意的是，抵押的财产可以是某一项财产或该财产中的某一部分，但抵押效力及于整个财产的价值。抵押制度不允许将抵押担保限于抵押财产的部分价值。至于在抵押登记时记载的金额，其代表的是抵押财产所担保的债权金额的上限，其与抵押财产的全部价值紧密相关。质言之，如果是登记特定金额的抵押，并且该金额是抵押财产的部分价值并且仅以该部分价值用于抵押，也即当抵押财产被变卖时，只能就该部分价值享有优先受偿权，那么这种抵押将不被允许。实际上，只有在《民法典》第 2825 条规定的情形中，也即抵押财产是共有财产并且之后因财产分割被不同共有人获得时，才会出现有关对原抵押财产的价值进行限定的情况。

在操作层面，抵押的不可分性体现在两个方面。第一个方面与抵押财产有关，用于担保整个债权的财产，既可以是被抵押的每个财产，也可以是财产的每个部分。第二个方面与抵押债权有关，抵押债权的任何份额及于整个抵押财产或所有的抵押财产。

因此可以说，不可分性是立法者的一种选择，旨在为债权人提供最大程度的保护：一方面，当抵押财产有多个时，债权人可以选

14 参见 Rubino, *L'ipoteca immobiliare e mobiliare*, 91; Fragali, *Ipoteca (diritto privato)*, 772; Tamburrino, *Della tutela dei diritti (Delle ipoteche)*, 72 ss.; Ravazzoni, *Le ipoteche*, 14 s.。

择最适宜的抵押财产来实现全部债权，不用受债权与财产价值之间的比例限制（但《民法典》第2899条规定的情形除外）；另一方面，当抵押财产仅有一个时，即便抵押财产或主债权被分割，抵押担保的效力也不会因此受到限制。

抵押的不可分性在一些情况下具有非常重要的意义。比如，当抵押财产是一个物，在抵押期间该物变成了共有物并且随后对其进行了分割，又或者该物被转让了部分的份额，再或者该物被分割成了若干个独立物。在上述这些情形中，抵押债权的效力及于原抵押物的每个分割部分或者份额。此外，在实现抵押权时，应对原抵押物的每个部分或份额的受让人分别进行，即将其作为原抵押物来对待（《民法典》第2812条）。[15]

抵押的不可分割性，使得抵押权人可以将其抵押之诉仅集中于抵押物的某一部分。这意味着，债权人可以选择仅拍卖抵押物的某一部分并用所得来实现全部债权，如果不能实现全部债权，仍可对抵押物的其余部分继续采取强制执行措施。[16]

就债权层面而言，当债权是可分之债时，抵押的不可分割性既可能是体现在债务人一方，也可能是体现在债权人一方。

如果被担保的债务被分割为数份，那么债权人就全部债权，仍对抵押财产享有抵押权；如果被抵押的不动产仅归其中某一个债务人所有，也仍然如此。该规则体现在《民法典》第754条有关继承

15 鲁比诺持此观点，但戈拉持反对意见。具体参见 Rubino, *L'ipoteca immobiliare e mobiliare*, 95; Gorla e Zanelli, *Del pegno. Delle ipoteche*, 203 s.。

16 理论界对此几乎没有异议，仅马里亚尼持反对意见。具体参见 Tamburrino, *Della tutela dei diritti (Delle ipoteche)*, 74; Maiorca, *Ipoteca (diritto civile)*, 60; Ravazzoni, *Le ipoteche*, 14; Mariani, *Della ipoteca immobiliare*, 21。

的事项中，该条规定债务自动在继承人之间进行分割。如果某个继承人在继承整个抵押财产的同时继承了主债务的一部分，此时其继承的整个抵押财产仍对主债权承担抵押担保责任。根据《民法典》第754条，其可以向其他共同继承人进行追偿。此外，《民法典》第755条还规定，如果一个共同继承人无清偿能力，其他共同继承人应按比例承担该继承人应从清偿的抵押之债的份额。

如果抵押债权人是数人，且抵押债权被分割为数个份额，那么每个债权人可就其债权份额，对抵押财产主张抵押权。理论界有观点认为，在这种情况下，是原来的抵押权而非原债权被分割成数个不同的份额，且每个抵押权都具有相同的优先顺位和相同的登记金额。因此，每个债权人都可以变卖整个抵押财产，以实现自己的那部分债权。[17]

四、抵押的分割

当事人可以通过协议的方式，对抵押的不可分性另行约定。

在意定抵押和通过单方行为设立的抵押中，法律允许抵押人设定抵押可以被分割。否则，就应由想要打破抵押不可分割的债权人，根据《民法典》第2879条之规定，通过书面方式来放弃抵押权。[18]

对抵押不可分性的另行约定，还可以是仅针对其中的某一个或某些方面。比如，当被抵押的不动产被分割成数个独立的物时，分

17 鲁比诺拒绝承认共同抵押（comunione di ipoteca），参见 Rubino, *L'ipoteca immobiliare e mobiliare*, 96 s.。

18 参见上书，第92页，另参见 Fragali, *Ipoteca (diritto privato)*, 774, 815。

割后的每个新的独立物仍是抵押财产，但抵押权人可以同意，每个新的独立物担保的范围仅是原债权的一部分。此外，债权人还可以同意对每个新的独立物的担保顺位进行设定。又如，当债权被分割时，可以通过协议约定其中某一份额的债权不再享受抵押担保，也可以对每个份额对应的抵押登记金额进行调整，但调整后的金额不得超过原抵押登记的金额。

也可以限定抵押不动产的每个部分对应担保的债权份额，这是一种因债权的再分割导致的抵押的分割。1993 年 9 月 1 日颁布的第 385 号立法性政令第 39 条第 6 款对此做了规定，该规定仅适用于担保因土地、建筑物或公寓而产生的债权的情形。[19]

抵押如果需要分割的，应征得债权人、债务人的同意，如果是债务人之外的人提供的抵押财产，还应征得第三方抵押人的同意。至于有关债务份额以及抵押对应的份额，则由当事人通过协商确定即可。但是，如果对抵押的分割构成一种必要行为（atto dovuto），那么根据前述第 385 号法律第 39 条，在认定其是否符合单方行为的要求时，征得银行的同意就至关重要。[20]

抵押如果分割的，应在抵押登记页的空白处予以注明，因为这

---

19 对抵押分割的相关理论构建，参见 Fragali, *Ipoteca (diritto privato)*, 815; E. Gallo, *Il frazionamento dell'ipoteca*, in *Foro pad.*, 1962, Ⅲ, 74 ss., ed *in Riv. dir. ipot.*, 1962, 143 ss.; Bucciante, *Frazionamento d'ipoteca ed annotazioni*, in *Riv. dir. ipot.*, 1964, 19 ss.; Tardivo, *Mutui fondiari ed edilizi e attività notarile: ipoteca e frazionamento*, in *Vita not.*, 1988, 880 ss.; Cass., 14 dicembre 1990, n. 11916, in *Vita not.,* 1991, 429 ss., con ampia nota di Tardivo, *A proposito del frazionamento di mutui fondiari ed edilizi*; Cass., 15 aprile 1997, n. 3228, in *Vita not.*, 1997, 751 ss., con nota di Tardivo, *Brevi osservazioni in tema di ultravigenza dell'art. 20 t.u. credito fondiario e di frazionamento*。

20 参见 Cass., 14 dicembre 1990, n. 11916。

构成抵押的变更。

对抵押分割的同意，意味着债权人放弃了部分抵押权。[21] 因此，对行为人的行为能力要求和意思能力要求，与抵押解除（cancellazione dell'ipoteca）的要求相同。但是，如果对抵押的分割是有关土地债权的抵押，并且构成一种必要行为（atto dovuto），此时根据前述第 385 号法律第 39 条，债权人并无自由决定权，与之相关的债权人的同意，则不属于对抵押权的放弃。

因分割而产生不同抵押的物权效果，以及分割后的抵押具有与原抵押的相同的优先顺位，是凭借债权人的同意而产生的。但是，如果没有将抵押分割在抵押登记簿上注明，则抵押分割不能对抗那些已经获得了抵押并将其抵押权在登记簿上注明的第三人，[22] 但可以对抗任何其他第三人，以及放弃抵押的债权人。[23]

最后，《民法典》规定的自愿清偿制度也构成不可分割性的法定例外，因为根据自愿清偿制度，第三方购买者即使只购买了部分抵押资产，也可以利用诉讼机制将物上的抵押解除。

---

21 将同意抵押分割解读为是放弃，参见 Cass., 14 dicembre 1990, n. 11916。

22 参见 Rubino, *L'ipoteca immobiliare e mobiliare*, 92 s.。

23 但是，根据 Cass., 14 dicembre 1990, n. 11916 号判决，抵押分割可以对抗第三人，即便该第三人已经将其强制执行预约合同的诉请办理了在先登记。

第十二章 抵押的原因行为

一、意定抵押

(一)设立抵押的意思表示

当抵押是基于抵押人——抵押人可能是债务人，也可能是债务人之外的第三人——的意思表示而设立时，这种抵押就是意定抵押。根据《民法典》第 2826 条，设立抵押的意思表示应采取特别的形式，并需明确作为抵押物的具体的不动产。

至于文件的形式，则应采取书面形式(即《民法典》第 2821 条规定的公证书或私证书的形式，并且应同时符合《民法典》第 1350 条规定的要求)，否则无效。而认证(autentica)则是进行公示的必要条件。

根据《民法典》第 2821 条，也可以通过单方意思表示设立抵押。对于该规定，理论界存在不同的看法。一些学者将其定性为是一种合同，并根据《民法典》第 1333 条对其进行解读：当债权人未在一定时间内——该时间可以根据事情的性质或习惯确定——没有拒绝抵押的设立，那么就将产生抵押设立的效力。[24] 部分学者则不赞同上述观点，他们从单方法律行为理论出发，认为抵押人设立抵押的意思表示是一种到达即生效的意思表示（recettizia）。这意味着，根据该理论，设立抵押的单方意思表示的生效以通知债权人为前提条件，而且对债权人的通知应符合《民法典》第 1344 条规定。[25] 对此，部分学者予以反对，他们认为，即便债权人不知道设立抵押的意思表示，也可以设立抵押（和登记）。[26] 最后，还有一种观点认为，如果抵押的设立是附负担的，那么仍应将其视为合同，适用合同的相关规定。[27]

但是，抵押的设立也会给债权人带来一定的负面效果：根据《民法典》第 2911 条，在设立抵押后，如果尚未对设定抵押权的不动产扣押，那么其将不能对同一债务人的其他不动产设定质权。对该义务的违反，将导致质押无效。[28] 在债权人不知晓的情况下办理的抵押登记，将导致质押债权人无法遵守该禁止性规定。因此很显然，使债权人知道抵押的设立是必要的。鉴于《民法典》第 2821 条做了明确的规定，对其解读的唯一路径是将抵押人设立担保的意思表示定性为到达即生效的意思表示（recettizia）。因此，如果在办理抵押

24 Tamburrino, *Della tutela dei diritti (Delle ipoteche)*, 179 ss.

25 参见 Gorla e Zanelli, *Del pegno. Delle ipoteche*, 293; Fragali, *Ipoteca (diritto privato)*, 757; Maiorca, *Ipoteca (diritto civile)*, 85.

26 鲁比诺对此持怀疑态度，其观点为真蒂莱所追随，具体参见 Rubino, *L'ipoteca immobiliare e mobiliare*, 239; Gentile, *Le ipoteche*, 134 s.。持肯定态度的是拉瓦佐尼和弗拉加利，认为办理强制执行登记手续等同于通知债权人，具体参见 Ravazzoni, *Le ipoteche*, 55 ss.; Fragali, *op. cit.*, 757。

27 Gorla e Zanelli, *op. cit.*, 294; Rubino, *op. cit.*, 238; Fragali, *op. cit.*, 757 s.

28 Mazzamuto, *L'esecuzione forzata,* in *Tratt. dir. priv.,* dir. da Rescigno, t. 20, 245; Trib. Camerino, 2 aprile 1971, in *Giur. mer.*, 1972, Ⅰ, 485.

登记时债权人不在场，登记保管人（conservatore）应要求登记者提供证据证明其已经将设立抵押的单方意思表示通知了债权人，这与合同登记的情形相似——在合同登记时，当承诺人未以书面形式进行承诺时，应对要约人提出的“承诺人的承诺”进行核实和检查。

如果在设立抵押的意思表示到达债权人前，抵押人死亡或变成无民事行为能力人，设立抵押的意思表示仍然有效。但此时应按照《民法典》第 2829 条（该条是有关死者财产的登记）的规定办理抵押登记。

此外，在设立抵押的意思表示到达债权人之前，抵押人可以撤销（revocare）其设立抵押的意思表示。抵押人的继承人也可以行使此种撤销权。

作为一种法律行为，设立抵押是一种附担保原因（causa di garanzia）的行为。[29]这意味着，抵押财产是为了实现债权人的利益，处于一种独立的法律地位，而且自身就是一种法律事由，因此无需适用有关赠与行为的规定，也无需采取有关赠与行为的严格形式。[30]

但是，有时设立质押也是一种履行债务的行为。此时，用于抵押的财产是非常明确和具体的。比如，根据预约合同（contratto preliminare）设立的抵押；又如，在附负担赠与不动产——赠与的条件是在被赠与的不动产上设立抵押——的情况下，受赠人设立的质押；再如，法官就某个特定财产施加的抵押——如《民法典》第 156 条规定的情形。在这些情况下，抵押的设立——尽管都是基于当事人的意愿而设立——具有清偿的特征（carattere solutorio）。

29　Rubino, *L'ipoteca immobiliare e mobiliare*, 238; Tamburrino, *Della tutela dei diritti (Delle ipoteche)*, 180.

30　参见 Sacco e De Nova, *Il contratto*, Ⅰ, Torino, 2004, 586。

有时，抵押的设立是一种负担行为（natura onerosa），对此类抵押设立行为，则应将其置于双务合同（contratti sinallagmatici）的体系中进行解读。在这类抵押中，抵押人将获得一定的对价，这个对价可能是延长付款的期限，也可能是对主债权债务关系的某种有利于己的调整。[31] 根据《民法典》第2901条第2款，债权人请求撤销债务人有损自己利益的财产处分行为以该处分行为是有偿行为为条件，其中为他人债务提供担保的行为与担保债权同时发生时，视为负担行为，因为推定在这种情况下如果没有担保，债权也不会发生。相同地，当为了履行有关设立抵押担保的义务而设立抵押，但未事先确定用于抵押的财产时，更应适用有偿担保的规定，而不是有关债务履行的规定。比如，《民法典》第1864条规定的永久年金（rendita perpetua semplice）的情形；又如，为了设立物权担保设立抵押的情形，如《民法典》第2743条规定的担保的补充；再如，更一般的提供任何担保的情形，如《民法典》第639条和第1002条规定的附条件继承和遗赠。在上述这些情形下，就担保的方式和形式，债务人都具有决定的自由裁量权，这些与抵押设立行为的清偿属性格格不入。

最后，设立抵押的行为有时是无偿行为。比如在主债权产生后设立的抵押，特别是在普通撤销的情况下，显然，此时抵押的设立对债务人并无任何益处。[32] 如果债务人设立抵押是无偿的，那么

---

31 参见 Rubino, *L'ipoteca immobiliare e mobiliare*, 238, 250 ss.; Fragali, *Ipoteca (diritto privato)*, 758。

32 关于撤销对已逾期债务设立的抵押，参见 Cass., 5 agosto 1996, n. 7119, in *Giust. civ.*, 1997, Ⅰ, 3187, nota di Riccardi, e in *Foro it.*, 1997, Ⅰ, 2250; Trib. Reggio Calabria, 13 novembre 2002, in *Giur. mer.*, 2002, 6; App. Bologna, 12 febbraio 1985, in *Giur. comm.*, 1986, Ⅱ, 271 ss.。

此类抵押不属于赠与，也无需采用带有见证人的公证的形式（atto pubblico con testimoni）。[33]

关于撤销之诉，无论是普通撤销之诉还是破产撤销之诉，司法判例认为应该针对的是抵押登记而非设立抵押的行为，相同的规制还适用于关于诉讼时效期届满之诉、关于登记债权人的主观状态之诉以及存在被担保债权之诉。[34]

关于针对设立抵押行为的撤销之诉，还需注意 1993 年 9 月 1 日颁布的第 385 号法令第 39 条第 4 款。该条规定，为购买土地而产生的债权设立的抵押，如果该抵押在判决抵押人破产公告前十日登记的，不得对该抵押提起破产撤销之诉。实践中，将其称为"强化了的抵押"（consolidamento dell'ipoteca），其效果是排除了破产撤销之诉，这是经过数十年的发展才产生的。

（二）抵押财产的确定

根据《民法典》第 2826 条，在意定抵押中，设定抵押的文件应当对作为抵押物的不动产的"性质、所在地（市或镇）、地籍册上载明的资料给予特别说明；对在建的建筑物应当就其利用的地籍册中所载明的资料进行说明"。

在设定抵押时，为了明确和确定用于抵押的财产，需要说明下列信息：

33　参见 Barbiera, *Garanzia del credito e autonomia privata*, Napoli, 1971, 168 ss., n.174; Tamburrino, *Della tutela dei diritti (Delle ipoteche)*, 180。

34　Cass., 17 dicembre 1994, n. 10864, in *Fall.*, 1995, 735 ss.; in *Dir. fall.*, 1995, Ⅱ, 579 ss.

1. 抵押财产的性质：土地或者建筑物，但不必事无巨细。

2. 不动产的所在地：对不动产所在地的说明是必须和必要的，目的是将来办理抵押登记的需要，因为根据法律规定，仅能在具有管辖权的登记部门办理登记。

3. 地籍册上的信息：登记表和编号；此外，如果是建筑物，还应写明可能的附属物（subalterno），但无需写明其他额外的登记信息。

4. 不动产的至少三个边界：该要求是 1985 年 2 月 27 日颁布的第 52 号法律第 29 条规定提出的。

如果上述信息不准确或缺失的，主管部门有权拒绝办理登记，并且即便登记了，只要遗漏的信息或因记载不准确导致“无法辨认和确定……用于抵押的具体财产”，也会损害登记的合法性，导致登记无效（《民法典》第 2841 条）。

需要注意的是，如果抵押物信息的遗漏或模糊程度达到了《民法典》第 2841 条规定的情形，则会导致设立抵押行为无效。[35] 实际上，《民法典》第 2841 条规定明确提及的是登记无效，而未规定登记的依据（titolo）——设立抵押的法律文件——无效。因此，根据《民法典》第 1418 条这一一般性规定，只有当抵押物不能确定或无法确定时，设立抵押行为（atto di concessione）才无效。《民法典》第 2841 条之规定限于以有效的权利依据为凭据办理的登记，同时应注意载明必要的信息。

设立抵押时，可以指定两个或多个不动产作为抵押物以供选择

35　参见 Rubino, *L'ipoteca immobiliare e mobiliare*, 70; Trib. Udine, 21 settembre 1998, in *Foro pad.*, 1999, Ⅰ, 291 ss.。

（in via alternativa）；至于对抵押物的选择权和确定最终抵押物的权利，应适用《民法典》第 1286 条等相关规定。当事人的选择构成对抵押文件的补充，因此应采取认证（autentica）的方式，并与抵押设立文件一起提交登记保管人（conservatore）。

（三）抵押预约合同以及担保承诺

民事主体可以为自己设定提供抵押的义务，就设立抵押的预约合同而言，可以参见前述有关设立抵押的单方法律行为和意定抵押的设立行为部分的内容。根据《民法典》第 1351 条，抵押预约合同也应采取书面形式，否则将无效。

根据合同的一般规则，抵押预约合同的标的物应具有确定性，即将来用于抵押的财产是确定的或能够确定的。这意味着，如果当事人不履行抵押预约合同，那么债权人有权提起诉讼，要求法院根据《民法典》第 2932 条作出判决。一旦作出判决，将产生设立抵押的效力，并且可以作为办理抵押登记的凭据。[36] 需要注意的是，尽管这种情况下是根据判决进行的登记，但其仍然属于意定抵押，而非诉讼抵押。

有疑问的是，对旨在通过特定形式执行设立抵押义务的诉讼请求的登记，在债权人将支持诉讼请求的判决办理登记后，是否可以根据《民法典》第 2652 条，对承诺设立抵押的人主张优先权。[37]

36　参见 Rubino, *L'ipoteca immobiliare e mobiliare*, 240 s.; Tamburrino, *Della tutela dei diritti (Delle ipoteche)*, 183; Fragali, *Ipoteca (diritto privato)*, 742; Ravazzoni, *Le ipoteche*, 58。

37　参见 Rubino, *op. cit.*, 241; Fragali, *op. cit.*, 742。相反意见，参见 Gentile, *Le ipoteche*, 139; Mariani, *Ipoteca e trascrizione*, 483。

抵押预约合同不能作为登记的依据，因为其不属于《民法典》第 2643 条第 1 至第 4 项规定的情形，对于这些情形，法律明确规定应适用《民法典》第 2645 条-Ⅱ规定。[38]

鉴于预约合同应包含最终合同的必要元素和内容，因此其内容应足以确定拟用于抵押的不动产，也即之后将被抵押的不动产；但是，就标的物的信息而言，预约合同的内容不适用《民法典》第 2826 条的规定。

担保人自愿承担提供担保的债务，与抵押预约合同属于不同的情形。担保人自愿承担提供的担保，既可以是任何种类的担保，比如《民法典》第 1179 条规定的一般情形，也可以是提供抵押担保的情形，无论是出于债务人的自愿选择还是基于立法者的意志（即法律规定，如《民法典》第 1864 条规定的情形）。在这种情况下，如前所述，设立抵押的行为不会降级为一种纯粹的清偿行为，因此选择权应属于负有义务的债务人（debitore obbligato）。

至于有关提供担保的承诺，无论是抵押性质的担保还是其他类型的担保，都不适用预约合同的有关规定，因为在承诺担保的情况下，标的缺乏确定性（和可确定性）。因此，在这种情况下，并不适用未采用书面形式将无效的规定，也不存在依据《民法典》第 2932 条规定要求强制执行的可能。但是，担保承诺不会因标的不具有确定性而无效，因为这种承诺的目的旨在强化债权债务关系。如果当事人未履行其承诺，债权人不能因此而要求强制执行，也无权要求法院判决给予损害赔偿。相反，对债权人的救济主要与被担

38 加布里埃利对此持质疑态度，参见 G. Gabrielli, *La pubblicità immobiliare del contratto preliminare*, in *Riv. dir. civ.*, 1997, Ⅰ, 532。

保的债务关系相关，而担保承诺可以视为原债权约定的从属条款（clausola accessoria）。在没有兑现担保承诺的情况下，债权人可以调整债务人享有的期限利益，也可以根据债的关系寻求有关救济。比如，要求偿还永久年金，或要求终止终身年金，又或者针对为提供担保的用益权人，采取《民法典》第1003条规定的管理措施。

（四）遗嘱抵押

《民法典》第2821条第2款规定，不能通过遗嘱设定抵押。这意味着，遗嘱即便采用了公证的形式，也不能据以办理意定抵押登记。[39] 但上述禁止性规定并不适用于法定抵押，因此，如果在遗嘱中有对共同财产分割的内容，那么该遗嘱可以成为共同分割人办理法定抵押登记的依据（《民法典》第2817条）。

关于禁止通过遗嘱设定抵押的正当性，理论界的解释是，遗嘱中的意思表示具有秘密性，而且一直被保密到立遗嘱人死亡为止，因此立法者有理由担心债务人利用遗嘱抵押这种方式来偏袒某个债权人，同时牺牲其他债权人的利益。但是，也有人指出，根据担保公示原则，在办理抵押登记前，并不能产生抵押的效力。当立遗嘱人死亡时，债权人之间的竞存关系（concorso）不会被改变；抵押权只能随着抵押登记而产生，并针对的是继承了被继承人已经抵押了的不动产的人。其他债权人如果知道继承人或受遗赠人，则可以诉诸被分割的遗产。只是需要注意的是，登记一方面可以针对被继承人，一方面针对继承人或接受不动产的受遗赠人：根据《民法

39　参见 Gorla e Zanelli, *Del pegno. Delle ipoteche*, 292; Fragali, *Ipoteca (diritto privato)*, 757; Ravazzoni, *Le ipoteche*, 57。

典》第518条，不动产分割登记将优先于遗嘱抵押登记，即使遗嘱抵押登记在先也不例外。

通过遗赠方式设立的抵押，则应承认其有效性。在此类抵押中，遗赠人赋予受遗赠人——要求继承人或其他受遗赠人——就遗产设立抵押的权利。[40] 遗赠人对遗产的处分具有债的效力（effetto obbligatorio），要求获得遗产的人同意设定抵押权，即便遗赠协议的履行与遗赠中对财产的处分不同，也立即赋予债权人据以办理抵押登记的权利。

由于抵押担保具有从属性，从性质上看，受遗赠人应是死者的债权人，或者是某个继承人的债权人。如果死者的意图是为他人的债务提供担保，而其又采取的是具有债的效力（effetto obbligatorio）的遗赠形式，那么此时可能会导致对遗嘱意思表示的解释问题，即此时需要确定的是，死者创设的以设立抵押为内容的债权，究竟是为债权人的利益而设立，还是为债务人的利益而设立。

如果负有设立抵押义务的一方不履行，那么受遗赠人可以根据《民法典》第2932条的规定采取法律措施，要求强制执行。[41]

理论界还认为，通过适用《民法典》第1424条之规定，还可

---

40 持此观点的，参见 Gorla, *Le garanzie reali*, 346 s.; Gorla e Zanelli, *Del pegno. Delle ipoteche*, 292; Gentile, *Le ipoteche*, 138, 140; Criscuoli, *La costituzione per testamento dei diritti reali limitati*, in *Giust. civ.*, 1964, Ⅳ, 250 ss., 272 ss.。但持相反观点的学者更为普遍，参见 Rubino, *L'ipoteca immobiliare e mobiliare*, 240; Fragali, *Ipoteca (diritto privato)*, 742; Tamburrino, *Della tutela dei diritti (Delle ipoteche)*, 182; Ravazzoni, *op. cit.*, 57。博尼利尼则提出了一种折中的解决方案，参见 Bonilini, *Autonomia testamentaria e legato*, Milano, 1990, 135 s.。

41 Gorla e Zanelli, *op. cit.*, 292; Gentile, *op. cit.*, 292.

以将遗嘱抵押简单地转换为遗赠抵押。[42]

此外，如果遗嘱中的债权是有担保的债权，那么遗嘱还可以作为继承抵押的权利依据。[43] 因此，如果继承人继承的债权附有抵押担保，则应根据《民法典》第 2843 条在抵押权登记页进行注明，并向登记保管人（conservatore）提供遗嘱认证书的复印件，相关文件应符合《民法典》第 2648 条和第 2660 条有关抵押权转移的形式要求。

（五）有瑕疵的抵押设立行为

《民法典》第 2822 条第 2 款规定了无权代理人设定抵押与在他人财产上设定抵押的情形。在这种情况下，只有当抵押财产的权利人追认设立抵押行为时，才可以办理有效的抵押登记。

无论是未获得授权的代理人，还是超过授权范围的代理人，还是无因管理人，可以缔结一份有效的抵押协议；但至于抵押登记，则只有在经过权利人的追认后，方才可以办理。[44] 此外，无因管理人，如果符合法定代理的规定，可以立即办理抵押登记，而无需等待权利人的追认。

在追认时，应采取与设立抵押相同的形式，即采取书面形式，

42　支持该观点的，参见 Gorla e Zanelli, *Del pegno. Delle ipoteche*, 292。相反意见，参见 Rubino, *L'ipoteca immobiliare e mobiliare*, 240; Fragali, *Ipoteca (diritto privato)*, 742。此外，克里斯库里也对戈拉和扎内利的观点持批评态度，参见 Criscuoli, *La costituzione per testamento dei diritti reali limitati*, 270 s.。

43　Fragali, *op. cit.*, 757.

44　在鲁比诺看来，管理他人事务的人无权设立抵押，但真蒂莱和坦布里诺则持不同观点。具体参见 Rubino, *op. cit.*, 115; Gentile, *Le ipoteche*, 149; Tamburrino, *Della tutela dei diritti (Delle ipoteche)*, 190。

否则追认无效。此外，由于追认是对抵押设立文件的补充，需要在办理抵押登记时交给登记保管人（conservatore），因此应符合《民法典》第2835和第2836条的要求，即应采取认证的形式。[45]

《民法典》第2824条规定，根据可以被撤销的法律文件进行的抵押权登记，因法律文件被认可（convalidata）而产生效力。

如果设立抵押的法律文件无效，那么据以进行的抵押登记也无效，也即不能产生抵押的效力。但是，如果法定抵押是基于遗嘱对遗产的分割，或者是基于赠与，那么之后遗嘱或者赠与协议被宣布无效（《民法典》第590条和第799条），也会对抵押登记产生影响。

无论是意定抵押还是法定抵押，如果是根据可撤销、可取消或可解除的法律文件办理的抵押登记，都是完全有效的。只有当法院作出撤销、取消或解除的判决时，才会导致抵押失去效力，但法律规定的涉及第三人的权利的情形除外。

此外，根据《民法典》第1444条，对可撤销的法律依据的认可（convalida）具有溯及力，即便针对第三人也不例外。[46]

如果是基于虚假行为设立的抵押，其对第三人的效力，则应适用《民法典》第1415条规定。因此，如果抵押债权人是基于善意取得的债权，无论该取得是基于债权的转让，还是基于抵押的代位（surrogazione nell'ipoteca），债权人都将获得保护，也即不用考虑抵押登记是基于虚假行为而办理的。[47]在判断是否构成善意时，重

45 参见 Gorla e Zanelli, *Del pegno. Delle ipoteche*, 292; Rubino, *L'ipoteca immobiliare e mobiliare*, 116。但鲁比诺认为，只要是书面形式的文件就足够，没有形式上的要求，甚至包括登记申请书上的签名。

46 Cass., 28 dicembre 1942, n. 2765, in *Foro it.*, 1943, Ⅰ, 262. 参见 Gorla e Zanelli, *op. cit.*, 304; Rubino, *op. cit.*, 254。

47 相关的理论评判，参见 Gentile, *Le ipoteche*, 138。

要的不是根据《民法典》第 2843 条在抵押登记页空白处进行了注明——即便注明也不能承认其具有设立的效力——而是已经完成了足以确定债权人进入抵押的事实（vicenda che determina il subentro nell'ipoteca）。此外，关于请求确认虚假行为的诉讼请求，不适用《民法典》第 2652 条第 4 款之规定，这意味着不能被登记。

（六）第三人设立的抵押

抵押权可以在债务人或第三人的财产上设立（《民法典》第 2808 条第 2 款），但是在第三人财产上设立的抵押权，只能是意定抵押，不能是法定抵押或诉讼抵押。为担保他人的债务，第三人将自己的财产用于抵押，如果之后抵押财产被用于实现债权，那么债权人对被担保人享有追偿权。

针对第三人设定抵押的情形，《民法典》做了一系列规定，这些规定的基本精神可以概括为，绝大多数情况下可以直接适用债务人在自己财产上设定抵押的相关规定，但在某些情况下，则类推适用第三方购买人的规定或第三人提供保证的规定。

第三人设立的抵押的情形中，抵押人授予主债权人用抵押财产实现债权的权利，因此没有对其提供照顾的理由，这与第三方购买人的情况不同——在后者中，对第三人提供保护，目的是给财产的流通提供更加有利的条件，以保障交易安全。由此，人们得出了多种推论。[48] 首先，法律关于涤除权和交付权（《民法典》第 2860 条、

48　理论界对此表示一致同意，参见 Gorla e Zanelli, *Del pegno. Delle ipoteche*, 456; Rubino, *L'ipoteca immobiliare e mobiliare*, 477; Fragali, *Ipoteca (diritto privato)*, 777; Ravazzoni, *Le ipoteche*, 100。

第 2861 条）的规定不适用于第三方抵押人;《民法典》第 2880 条有关抵押权消灭的规定不适用于第三人抵押的情形；此外，根据《民法典》第 2864 条之规定，如果第三人在登记后对获得的物进行了改良，那么在出售的财产价值范围内，第三人有权将改良的费用从出售价款中扣除，该条规定中的扣除权也不适用于设立抵押的第三人，即第三人无权将改良的费用从出售价款中扣除。为他人债务设立抵押担保的第三人，可以援引《民法典》第 2855 条规定的限制性规定，特别是该条有关将抵押扩展至利息和费用的限制，因为该条规定中的限制是一种对抵押担保的客观限制，仅仅与作为公示的登记有关。《民法典》第 2862 条第 2 款有关第三方购买人的规定，也不适用于为他人债务设定抵押的第三人，因为在设立抵押之前为抵押人利益设立的定限物权，不因混同而消灭，但第三人抵押不属于这种情况。

另外，为他人债务设立抵押担保的第三人，他与债权人和债务人的关系方面，类似于保证人（fideiussore）。

根据《民法典》第 2868 条，未就执行利益达成协议的，为他人债务设定抵押的第三人，不得要求先对债务人的财产强制执行，此外，由于应适用《民法典》第 1947 条，因此也谈不上在多个抵押人之间的分割利益（beneficio della divisione）。[49]《民法典》第 2868 条规定“未就执行利益达成协议”表明，法律允许当事人通过协议作出不同约定，即当事人约定可以适用《民法典》第 1944 条之规定。如果当事人约定适用《民法典》第 1944 条，那么为他人提供抵押的第三人，在抵押物被扣押时，如果想要主张先诉抗辩

49 参见 Gorla e Zanelli, *Del pegno. Delle ipoteche*, 458; Ravazzoni, *Le ipoteche*, 100。

权，也即要求先对债务人的财产强制执行，应指明主债务人的财产以供扣押和执行。抵押人享有的执行利益和分割利益，不属于担保的法律结构，仅具有纯粹的债的效力，因此只能由抵押人享有，其他与抵押人有利害关系并享有优先权的债权人无权主张。[50]

与《民法典》第1950条有关保证人的规定相同，《民法典》第2871条规定了抵押担保人的追偿权，即为他人债务提供抵押担保的第三人，在向登记债权人给付债款后或抵押财产被用于实现主债权后，有权向债务人追偿。抵押人对债务人因追偿而产生的债是一种不确定的债，其源于抵押的设立。这意味着，对因追偿而产生的债，也可以根据《民法典》第2852条设立抵押担保。与《民法典》第1951条规定相同，《民法典》第2871条第2款规定，如果抵押担保的是多个债务人之间的连带之债，那么抵押人可以向任何一个债务人追偿全部债权。一旦抵押人不偿还债务，那么只有在对抵押财产进行司法变卖后，才可以提起追偿之诉，因为根据法律规定，扣押不是提起追偿之诉的充分条件。[51]

《民法典》第1950条和第1952条，也适用于针对为他人债务设立抵押的第三人，因此抵押人有义务将其提起诉讼（istanze）的情况告知债务人，告知的目的在于，如此一来，追偿的范围涵盖抵押人为此支付的费用；同样地，抵押人有义务将其向债权人付款的情况告知债务人，告知的目的在于，在通知后，万一债务人也向债权人进行了付款，也不会导致追偿权消灭。[52]

50　参见 Rubino, *L'ipoteca immobiliare e mobiliare*, 476。

51　相反的意见，参见上书，第478页。

52　参见 Gorla e Zanelli, *Del pegno. Delle ipoteche*, 100; Rubino, *op. cit.*, 478。

针对第三方抵押人，可以类推适用《民法典》第1953条。根据该条规定，当债务人未就将来可能发生的追偿之债提供适当担保时，第三方抵押人有权要求债务人提前解除担保。[53]

《民法典》第2869条沿袭了《民法典》第1955条有关保证的模式，赋予抵押人诉权转让照顾（*beneficium cedendarum actionum*）：如果除了第三人提供的抵押担保，主债权还存在其他物权担保或人保，且由于债权人的原因，使得抵押人无法取得对其他物权担保或人保的代位权，那么第三人设立的抵押担保将消灭。[54]

针对为他人债务设立抵押的第三人，一方面可以肯定的是不适用《民法典》第1957条第1款有关期间的规定，[55]但另一方面《民法典》第1956条、第1957条的第2—3款是否可以适用，则不无疑问。[56]

根据《民法典》第2871条第2款，为他人债务设定抵押的第三人，既可以向债务人的保证人追偿，也可以向就同一债务向债务人提供抵押担保的其他人追偿。通过扩张解释，一般认为还可以向就同一债务向债务人提供质押的担保人追偿。[57]行使追偿权时，要

53 参见Gorla e Zanelli, *Del pegno. Delle ipoteche*, 459。鲁比诺基本赞同该说，但略有不同，参见Rubino, *L'ipoteca immobiliare e mobiliare*, 478。相关的判决，参见Cass., 6 maggio 1994, n. 4420, in *Vita not.*, 1994, 1351 ss.; in *Notar.*, 1995, 18 ss., con nota di Gradassi, *Terzo datore di ipoteca e azione di rilievo del fideiussore*; in *Banca, borsa, tit. cred.*, 1995, Ⅱ, 293。

54 Rubino, *op. cit.*, 475; Fragali, *Ipoteca (diritto privato)*, 778.

55 参见Gorla e Zanelli, *op. cit.*, 459; Rubino, *op. cit.*, 478。另参见Cass., 9 aprile 1982, n. 2200; Trib. Acqui Terme, 28 giugno 1957, in *Foro pad.*, 1958, Ⅰ, 107 ss.; App. Torino, 31 ottobre 1958, in *Foro it.*, 1959, Ⅰ, 281 ss.。

56 赞同的观点，参见Gorla e Zanelli, *op. cit.*, 460。持反对意见的，参见Rubino, *op. cit.*, 475; App. Milano, 29 dicembre 1992, in *Banca, borsa, tit. cred.*, 1994, Ⅱ, 35。

57 参见Gorla e Zanelli, *op. cit.*, 463 s.; Rubino, *op. cit.*, 478 s.。

受到相应份额比例的限制，如果是存在数个物权担保关系，那么实现担保权或分配债务清偿义务时，应在担保人间进行平均分配，而非按照每个担保财产的价值计算各自应当承担的担保比例；但登记金额有限制的除外。追偿之债是无担保性债权，并不附有其他抵押人提供的担保，因为当主债权被清偿或抵押财产实现了债权时，其他担保人的抵押担保义务也随之消灭了。

仍然是根据《民法典》第 2871 条第 2 款，为他人设立抵押的第三人，在为债务人清偿债务或抵押财产被用于实现债权后，对债务人提供的其他抵押财产享有《民法典》第 2866 条第 2 款规定的次代位权（subingresso），即取代原债权人，在已实现债权的范围内，对债务人为原债权提供的其他抵押财产主张抵押权，此时抵押人对债权人权利的取代，与第三方购买人的取代相同。行使次代位权应当根据第 2843 条的规定进行相应的注明。在第三人已经取得担保财产的情形，如果购买者是在次代位权人办理抵押登记后购买的，那么该次代位权人仍可对该购买者行使抵押权，如此也遵守了《民法典》第 2866 条第 2 款有关先后顺序的规定。

需要注意的是，有关第三方抵押人追偿权的法律规定并非强制性规定。债务人和第三方抵押人可以通过协商，就行使追偿权的方式、措施进行约定。在下列情形中，第三方抵押人没有追偿权：（1）基于意思自治精神，如果抵押人在设立抵押时就放弃了追偿权，则抵押人的追偿权将完全丧失；（2）如果抵押人是基于抵押人与债务人之间的清偿原因而为债权人提供担保，并且之后抵押财产被用于实现抵押，那么也将丧失追偿权；（3）最后，如果当事人双方签订一份非典型的射幸合同，约定债务人向抵押人支付一笔报酬，该笔报酬具有总括性，涵盖的内容既包括设定抵押，也包括抵押财产将来万一被强制执行以实现债权，在这类情形中，抵押人也将丧失追偿权。

如果抵押无效，为他人债务提供抵押担保的第三人，应赔偿债权人因此受到的损害；同样地，如果抵押人由于过失损害了抵押财产，即便是由于轻过失，抵押人也应赔偿债权人（这不同于《民法典》第 2864 条规定的情形）。

二、诉讼抵押

（一）诉讼抵押概述

无论是有关支付一定数额款项的判决，还是其他要求履行债务的判决。总之，任何一种司法裁决，只要符合法律规定，都可以作为办理诉讼抵押登记的法律文件依据。

诉讼抵押的法律文件是司法裁决，毫无疑问，这与法定抵押明显不同，因为后者是基于法律的规定而自动产生。[58] 此外，需要提醒的是，在现行抵押法律制度体系下，《民法典》第 2828 条规定的抵押法律文件具有一般性，而非特别性。根据《民法典》第 2828 条，抵押登记针对的是属于债务人的任何不动产，包括判决作出后归于债务人的不动产。

总而言之，诉讼抵押似乎是一个相当粗糙的解决方案，本质上

58 关于诉讼抵押与法定抵押之间的区别，参见 Tamburrino, *Della tutela dei diritti (Delle ipoteche)*, 169; Ravazzoni, *Le ipoteche*, 53。

更像是一种“比赛的奖品”[59]。考虑到债权人因其获得的利益以及债务人和不动产市场因此受到的损害，诉讼抵押也是一种欠缺效率的解决方案。

应当指出的是，在债务人不能清偿全部债务时，现行法律制度在组织付款的解决机制上留下了一定的空间，而诉讼抵押的重要作用正是与此有关。当债务人无法履行债务导致破产时，在破产清算时应在债权人中按照债权平等原则（*par condicio*）进行分配，此时，债权人不能借助诉讼抵押进行自我保护。在债务人破产时，破产规则仅适用于商事企业（imprenditore commerciale）。这意味着，诉讼抵押的任务在于构建一类具有优先权的债权，这类债权中的债务人是非商事性的，并且债权人享有优先受偿权，至于先后顺位则按照登记的先后顺序确定。

债权人在获得法律要求的法律文件后，可以针对债务人的全部不动产——无论是现有的还是将来拥有的——办理抵押登记。根据《民法典》第 2740 条，在判决作出后，债务人以其全部不动产承担履行债务的责任，相关的债权人可以享有优先受偿权，其优先顺序根据登记决定。此外，如果判决书中确定的债权不是一个具体的、固定的金额，则债权人可以自行确定抵押登记的金额（《意大利民法典》第 2838 条）。此时，无论是登记的财产的数量，还是登记的金额，均不受法官控制。

事实上，债务人可以亲眼看到其不动产在市场上的流通陷入瘫痪，看到其不动产不能再被用于担保其他债务，哪怕是微不足道的小额债权的判决也是如此。此外，对开办企业的债务人，抵押登记

59　Bianchi, *Delle ipoteche*, Ⅰ, 101, 252 ss.

还可能损害其商业信用，导致其已经办理的尚未到期的银行贷款提前到期，进而导致银行要求其还款，由此自动开启破产之路。减轻损害的唯一办法是根据《民法典》第2874条，提起诉讼以请求缩减诉讼抵押的债权额。这种诉讼是一种在后的操作，而且正如我们将要看到的，这种诉讼具有很强的争议性，因此往往耗时相当长。

根据诉讼抵押的法律构成，只要法院作出的裁决符合法律关于抵押法律文件的规定，那么即便债务人不知道，诉讼抵押的效力也将及于债务人的全部财产，因此可以说，诉讼抵押是对债务人财产的一种提前限制。

关于诉讼抵押的正当性，可以从两个方面展开：一方面是出于对债权的特别考虑，这种考虑源于判决固有的确定性和强制性；另一方面是为了防止债权人因假扣押或扣押程序而受到伤害，因此通过牺牲债务人的利益，赋予债权人基于胜诉判决而获得物权担保的权利，以保护自己已经得到判决支持的债权。[60] 但是，有时胜诉判决并非针对被告不履行债务的行为，此种情况下，对债权人的偏爱和赋予优先权，就显得不适宜，甚至有些过度保护了。比如分居判决或离婚判决中，裁定一方向另一方支付维持生活的必要费用（mantenimento）；又如判决解除合同或宣告合同无效时，裁定双方返还财产。

此外，在任何情况下，诉讼抵押登记都是来源于迟延的风险（*periculum* in mora），这点不难理解，比如因被告不履行债务而做

60 关于诉讼抵押的正当性论证，参见 Gorla e Zanelli, *Del pegno. Delle ipoteche*, 284; Rubino, *L'ipoteca immobiliare e mobiliare*, 287; Tamburrino, *Della tutela dei diritti (Delle ipoteche)*, 169; Ravazzoni, *Le ipoteche*, 53。

出给付判决的情形。但是，有时法律允许法官可以在判决中根据情况设定合适的担保——既可以是物权性担保，也可以是人保——以保护债权人。比如《民法典》第 1151 条规定，当司法机构判决分期支付（ratealmente）赔偿金时，可以下令为此提供适当的担保；又如当法院判决宣告分居或离婚时，如果非责任方没有适当的个人收入，法官可以为其利益决定另一方向其支付维持生活的必要费用，此种情况下，如果付款方有逃避付款的风险时，法官也可以下令提供适当的担保。总而言之，在上述情形中，无论债务人是否存在不履行债务的风险，债权人都可以办理诉讼抵押登记。[61]

随着判决作出以及抵押登记的办理，债权人平等原则将被打破，也受到一定的侵蚀。[62]为了维护债权平等原则，法律规定某些情形下禁止办理诉讼抵押登记。比如按遗产清单接受了遗产或者涉及待继承的遗产的情形，不能办理诉讼抵押登记；又如《破产法》第 67 条规定的破产撤销之诉的情形，该条针对的是在破产后一年内的诉讼抵押登记——需要注意的是，一般撤销不同于破产撤销，其不涉及此类抵押，因为它不是来自债务人的处置行为。

（二）诉讼抵押的法律文件

就诉讼抵押而言，在法律规定层面，主要涉及的是司法裁决的内容和形式。

正如《民法典》第 2818 条第 1 款规定的那样，诉讼抵押的法

61　参见 Ravazzoni, *Le ipoteche*, 54, n. 19。

62　参见 Gorla e Zanelli, *Del pegno. Delle ipoteche*, 284。持相同观点的还可见 Maiorca, *Ipoteca (diritto civile)*, 56。

律依据是判决，包括尚未转化为最终生效的判决。判决的种类，既可以是包含给付特定金额的判决，也可以是包含履行其他债务的判决，还可以是内容为要求赔偿损失并在之后结算的判决。[63]与《民法典》第 2818 条之规定不同，在适用地籍登记制度（sistema tavolare）的地区，仅允许根据已经转化为生效的判决或者具有最终效力的司法决定来办理诉讼抵押登记，

如果判决的内容只是单纯的确认（mero accertamento），那么这类判决不能作为诉讼抵押登记的依据。[64]此外，纯粹的形成之诉类的判决，而没有判决具体的给付内容，那么也不能作为诉讼抵押登记的依据。比如有关分割财产的判决（但有关配偶共同债务的情形除外），[65]又如依据《民法典》第2901条作出的撤销判决，再如仅判决合同为虚假行为或合同无效，但未设置返还财产义务的情形，又或者是确认债权人具有登记抵押权利的判决。[66]最后，如果判决的内容是就私契约上的签名进行核实，那么该类判决也不能作为诉讼抵押的依据。[67]此外，如果判决的内容是确认某个债务事实，但该债务的履行期限尚未届至，那么由于此时不能命令和要求债务人履行债务，因此这类判决也不能作为诉讼抵押登记的依据。

就形式而言，法律首先要求“判决”应是给付性的，宣告的判

---

63 参见 App. Napoli, 1 ottobre 1965, in *Riv. dir. ipot.*, 1966, 287 ss., con nota di Berthet。

64 参见 Gorla e Zanelli, *Del pegno. Delle ipoteche*, 284; Tamburrino, *Della tutela dei diritti (Delle ipoteche)*, 173; Ravazzoni, *Le ipoteche*, 54; Rubino, *L'ipoteca immobiliare e mobiliare*, 289; Gentile, *op. cit.*, 118。

65 参见 Rubino, *op. cit.*, 289; Tamburrino, *op. cit.*, 173。

66 参见 Ravazzoni, *op. cit.*, 54; App. Milano, 23 novembre 1951, in *Riv. dir. proc.*, 1952, 11。

67 参见 Rubino, *op. cit.*, 289, n. 8。

决可以是尚未最终生效的，也可以是尚不符合强制执行条件的。[68] 正如《民法典》第 2818 条规定的那样，如果是有关损害赔偿的判决，只要包括给付赔偿的内容，就完全可以作为诉讼抵押登记的依据，即便具体的金额是在之后计算，也不影响其作为诉讼抵押依据。[69] 此外，判决给付的债权是附生效条件之债或附始期之债，或者判决给付分期履行之债，[70] 这类判决也都可以作为诉讼抵押登记的依据。同样地，附条件判决——在这类判决中，只有满足特定的条件（如给付保证金或给付对价），该判决内容才生效——也可以作为诉讼抵押登记的依据，但这类判决没有溯及力。[71]

需要注意的是，尽管从文字表述上看（“给付……任何其他债务”），《民法典》第 2818 条规定得较为宽泛，覆盖面比较广，但在理解时应做限缩解释，也即在某些情况下，尽管判决的内容是履行债务，但其不能作为诉讼抵押登记的依据。如今，对于判决内容为非财产性给付的情形，没有理由向胜诉的债权人提供抵押担保。判决书作为执行依据，目的是实现判决确定的给付内容，因此既不涉及败诉人的义务，也不涉及不履行的情形。如此一来，债权人无权要求提供抵押担保。[72]

此外，下列种类的判决不能作为适格的诉讼抵押登记依据：判决的内容是要求完成某个施工或者拆除某个工程；判决的内容是要

68　参见 Gorla e Zanelli, *Del pegno. Delle ipoteche*, 284; Mariani, *Ipoteca e trascrizione*, 174。

69　参见 Cass., Sez. Un., 23 novembre 1995, n. 12103, in *Giur. it.*, 1996, Ⅰ, 1, 1495 ss.。

70　参见 Gorla e Zanelli, *op. cit.*, 285。

71　参见 Rubino, *L'ipoteca immobiliare e mobiliare*, 291。

72　关于《民法典》制定前理论界的各种争论和建议，参见上书，第 295 页及以下。

求交付某个动产，或者释放某个不动产（rilascio di immobili）；判决的内容是要求采取特殊形式进行的损害赔偿，即根据《民法典》第 2058 条对侵权行为的赔偿。

此外，根据《民法典》第 2818 条，法律还承认以下种类的司法裁决可以作为诉讼抵押的依据：

1. 强制令（decreto ingiuntivo）。比如《民事诉讼法典》第 642 条规定的临时执行（债权来自汇票、银行支票、流通支票、交易清算证明、公证文书）；又如《民事诉讼法典》第 648 条规定的异议诉讼中的临时执行；再如《民事诉讼法典》第 647 条规定的情形，即未提出异议或者异议人未作出相关行为所产生的强制执行力；再如驳回异议的裁决（《民事诉讼法典》第 655 条）。[73]

2. 强制执行的裁定（ordinanza di ingiunzione）。即在庭审过程中，法官签发的强制对方当事人付款或交付货物的裁定（《民事诉讼法典》第 186 条–Ⅲ），尽管该类裁定属于可撤销的裁定，并且不适宜转化为最终判决（passare in giudicato）。[74]

---

73 Ravazzoni, *Le ipoteche*, 53。另参见 Trib. Roma, 17 dicembre 1984, in *Dir. fall.*, 1986, Ⅱ, 151 ss., con nota di Ragusa Maggiore; Consolo, *L'ipoteca giudiziale ex art. 655 c.p.c.: un istituto davvero manifestamente in regola con gli art. 3 e 24 Cost.?*, in *Resp. civ. prev.*, 1989, 561 ss.; Trib. Latina, 17 febbraio 2000, in *Corr. giur.*, 2001, 811 ss., con nota di Consolo, e in *Foro it.*, 2001, Ⅰ, 763; Corte Cost., 19 gennaio 1988, n. 37, in *Foro it.*, 1988, Ⅰ, 3668 ss.。

74 参见 Cass., 17 luglio 1998, n. 6995; Corte Cost., 25 luglio 2000, n. 357, in *Riv. dir. proc.*, 2001, 873, con nota di Pezzani, *L'ordinanza successiva alla chiusura dell'istruzione e l'ipoteca giudiziale*, ed in *Corr. giur.*, 2000, 1469 ss., con commento di Onniboni; App. Roma, 15 marzo 1999, n. 588, in *Giur. it.*, 2000, 761 ss., con nota di Tiscini; Trib. Milano, 26 novembre 1999, e Trib. Milano, 17 ottobre 1999, in *Giur. it.*, 2000, Ⅰ, 1, 947 ss., con nota di Conte, *Atti esecutivi illegittimi e provvedimento d'urgenza (e cenni sulla costituzionalità del rapporto tra ordinanza ex art. 186 quater c.p.c. ed iscrizione ipotecaria)*。

3. 法院有关地役权土地的裁定，即法院裁定解除土地上的地役权，同时确定地役权的对价（1966年7月22日第607号法律第4款）。

4. 分居判决或离婚判决（《民法典》第156条第5款、1970年12月1日第898号法律第8条第2款）。[75]

5. 批准夫妻双方协议分居的法令（《民法典》第158条）。[76]

6. 法院院长根据《民法典》第148条作出的命令，即法院院长命令将未尽到抚养、教育子女的一方的收入，按一定比例直接支付给抚养子女一方。[77]

7. 法院在采取简易程序审理公司纠纷案件、金融仲裁和银行信贷纠纷案件时，作出的立即给付的命令（2003年1月17日第5号立法性政令第19条）。

75　参见 App. Bologna, 7 maggio 1976, in *Riv. dir. ipot.*, 1978, 134 ss.; Ravazzoni, *Le ipoteche*, 54, n. 19。在分居诉讼程序中，法院院长根据《民事诉讼法典》第708条所作出的具有临时财产救济措施的命令，不能作为诉讼抵押的法律文件。相关判决，参见 Trib. Lucca, 25 gennaio 1955, in *Riv. dir. ipot.*, 1960, 221 ss.; App. Roma, 4 dicembre 1958, in *Riv. dir. ipot.*, 1959, 123 ss., con nota di Bonis; Pret. Padova, Sez. Este, 19 settembre 1992, in *Foro pad.*, 1993, Ⅰ, 133; Trib. Roma, 18 febbraio 1997, in *Foro pad.*, 1998, Ⅰ, 100, con nota di F. Danovi, *Inidoneità dell'ordinanza ex art. 708 c.p.c. all'iscrizione di ipoteca giudiziale*。另参见 Corte Cost., 24 giugno 2002, n. 272, in *Giur. costit.*, 2002, 1980; Cass., 25 novembre 2000, n. 1100, in *Corr. giur.*, 2001, 339 ss.。

76　参见 Corte Cost., 18 febbraio 1988, n. 186, in *Foro it.*, 1989, Ⅰ, 935 s., ed in *Dir. fam.*, 1988, 700, con nota di Morozzo Della Rocca, *Separazione consensuale omologata ed iscrizione di ipoteca giudiziale*; App. Venezia, 28 aprile 1987, in *Giur. cost.*, 1987, Ⅱ, 2, 1112 s.; App. Venezia, 14 giugno 1988, in *Giur. it.*, 1989, Ⅰ, 2, 897 s., con nota di Sicchiero, *Osservazioni in tema di trascrizione ed iscrizione di atti o di ipoteca con riserva*。

77　参见 Corte Cost., 14 giugno 2002, n. 236, in *Giur. it.*, 2002, 2010 s., e in *Corr. giur.*, 2002, 1435 ss., con nota di F. Danovi, *Decreto ex art. 148 c.c. e ipoteca giudiziale: una tutela "soggettivamente" differenziata*。

8. 在公司纠纷案件、金融仲裁和银行信贷纠纷案件中，法院院长批准庭外调解的命令（2003 年 1 月 17 日第 5 号立法性政令第 40 条）。

9. 根据 1955 年 5 月 30 日第 797 号行政命令第 84 条作出的强制令，即针对那些未按期缴纳社保（税款）的雇主，由意大利国家社会保障局（I.N.P.S）签发的强制令，该类强制令，如果雇主到期未提出异议，则由法官负责执行。

10. 禁止性命令。这是指由管理基本社会保障的机构签发，针对那些未缴纳或仅部分缴纳社会保险费，责令其限期补交社保费用以及相应的罚款，且当事人未提出异议，或异议被驳回的情形。

11. 在法官任命的顾问的主持下，当事人双方达成了调解协议，之后法官通过命令赋予该协议具有强制执行的效力。

12. 纳税担保。即为了保障纳税人能够缴纳税款，由财政部税务局签发的命令，该命令可以作为强制执行纳税义务人财产的依据：纳税义务人在接到纳税通知后 60 日内仍未缴纳的，可以根据税务部门签发的通知，针对债务人以及共同债务人的财产，办理抵押登记，抵押登记的金额应不超过全部税款金额的两倍。

不同形式的司法裁决，在后续诉讼阶段中，也会通过各种形式对诉讼抵押登记产生影响。

如果包含临时执行措施的司法裁决被中止，那么就不能再继续办理诉讼抵押登记。[78] 如果已经办理了抵押登记，那么该抵押登记

---

78 参见 Rubino, *L'ipoteca immobiliare e mobiliare*, 293 s.; Trib. Santa Maria Capua Vetere, 25 febbraio 1961, in *Giur. it.*, 1961, Ⅰ, 2, 478 s., con nota di Cormio, *Ipoteca giudiziale in base a decreto ingiuntivo*。

将继续有效，这有点类似于在执行阶段根据法院决定而开展的强制执行行为，即便在原决定被中止后，仍然是合法的。[79]

如果针对强制令提出了异议，并且在审理异议期间，双方当事人达成了协议，那么法官将通过命令方式肯定该协议具有可强制性执行性，并且可以根据情况，将给付的金额调减为双方约定的金额。在约定的金额范围内，抵押仍然有效。此外，如果对金额进行了调减，根据《民事诉讼法典》第 652 条第 2 款，应在抵押登记页的空白处进行注明。

如果法院部分采纳了当事人提出的异议，那么法律规定法官只能通过判决书赋予其执行效力，赋予执行效力的判决书则是设立抵押的法律文件，但已经办理的抵押登记仍然有效，正如《民事诉讼法典》第 653 条规定的那样，根据裁决完成的执行活动在减少的数额或数量的范围内继续有效。[80]此时，需要根据判决中调减的金额，重新缩减抵押登记的金额。

从更广泛的层面来说，如果针对强制令的异议或者针对原审判决提起的上诉请求，经审理后被采纳，那么由于原司法文书失去了效力，这会导致抵押登记失去效力，此时应解除已经办理的抵押登记。因此，采纳异议意见的法官或者上诉审法官，应通过命令的形式要求解除登记，但是只有在相关判决或决定最终生效后，才可依

79　参见 Cass., 3 maggio 1991, n. 4866; Corte Cost., 12 luglio 1996, n. 247, in *Giur. cost.*, 1996, 2231。

80　参见 Cass., 17 ottobre 1989, n. 4170, in *Giur. it.*, 1990, Ⅰ, 1, 774 ss.; Trib. Bologna, 4 maggio 1983, in *Giur. it.*, 1984, Ⅰ, 2, 346 ss.; Cass., 6 febbraio 1970, n. 249。

此办理抵押登记的涂销。[81] 同样地，如果强制令因不符合条件而被撤销，依该强制令办理的抵押登记也将变得无效。[82]

最后，如果在法院对强制令提出的异议进行审理期间，或者在上诉法院审理案件期间，债务人被宣告破产，那么已经办理的抵押登记也将全部失去效力。[83]

仲裁裁决（lodo arbitrale）——无论是意大利的还是外国的——具有可执行性，可以作为办理诉讼抵押的依据，只是在办理此类抵押登记时，除了需要提交裁决书的原件和复印件外，还应提交宣布其具有执行效力的法令的原件和复印件。

最后，外国法院作出的判决也可以作为办理诉讼抵押登记的依据。因为根据改革后的国际私法，只有当强制执行外国法院的判决，或者对外国法院的判决效力存在争议的情况下，才需要法院作出决议，否则诉讼抵押登记不再要求法院的裁决（provvedimento）。

---

81 参见 Cass., Sez. Un., 21 marzo 1967, n. 626, in *Foro it.*, 1967, Ⅰ, 696 ss., in *Riv. dir. ipot.*, 1969, 88, con nota di Lucchese; Cass., 15 maggio 1990, n. 4163, in *Giust. civ.*, 1990, Ⅰ, 2571 s.; Cass., 21 marzo 1997, n. 2552.; Cass., 26 gennaio 1996, n. 584, in *Foro it.*, 1996, Ⅰ, 2139 ss., con nota di Balena, e in *Giur. it.*, 1996, Ⅰ, 1, 1212 ss., con nota di De Gregorio, *Sulla cancellazione dell'ipoteca giudiziale*; Trib. Milano, 7 agosto 1998, in *Giur. it.*, 1999, 524, con nota di Conte, *Provvedimento d'urgenza ed obbligo di cancellazione di formalità ipotecarie a seguito di riforma della sentenza di condanna*。另参见 Bernardini, *Revoca della sentenza di condanna e cancellazione della ipoteca giudiziale,* in *Riv. trim. dir. proc. civ.*, 1969, 1295 ss.。

82 参见 Cass., 5 giugno 1997, n. 5007, in *Giust. civ.*, 1997, Ⅰ, 3081。

83 参见 Cass., 1 dicembre 1994, n. 10260, in *Giust. civ.*, 1995, Ⅰ, 707 ss., con nota di Cascio, *Decreto ingiuntivo opposto ed ipoteca giudiziale nel fallimento*; Cass., 22 giugno 1995, n. 7045, in *Giust. civ.*, 1995, Ⅰ, 2951; Cass., 25 marzo 1995, n. 3580, in *Giur. it.*, 1995, Ⅰ, 1, 2014 ss.; Cass., 26 marzo 1996, n. 2689, in *Giur. comm.*, 1996, Ⅱ, 607 ss.。

（三）按遗产清单接受的遗产和待继承的遗产的诉讼抵押登记

《民法典》第 2830 条规定，按遗产清单接受了遗产（eredità beneficiate di inventario）或者涉及待继承的遗产的（eredità giacenti），不能对这些遗产进行诉讼抵押登记，即便判决是在债务人死亡前已经宣告的也不例外。就被继承人的债权人而言，仍然适用债权人平等原则，具体体现为《民法典》第 498 条等规定的清算顺序和清算程序。因此，任何一个债权人，都无权通过在一般财产上办理登记，来主张享有优先受偿权。

需要注意的是，《民法典》第 2830 条的禁止性规定，适用范围非常有限。事实上，《民法典》第 2830 条并未禁止办理意定抵押和法定抵押登记，只是在办理此类登记时，意定抵押和法定抵押的法律文件应先于被继承人的死亡。[84] 同样，根据已经完成的行为，受益继承人和待继承遗产的保佐人可以根据已履行的契约登记自愿和合法抵押，但未经授权的继承人丧失遗产清单利益的除外（la decadenza dal beneficio di inventario）。

此外，针对继承人的个人债务，法律也允许就遗产清单办理诉讼抵押登记。[85] 然而根据《民法典》第 493 条，这类登记不能对抗被继承人的债权人，但在丧失遗产清单利益时给予充分优受偿权的除外。

针对待继承的遗产，前述禁止性规定是绝对的，并且也适用于

84　参见 Gorla e Zanelli, *Del pegno. Delle ipoteche*, 322, 324; Gentile, *Le ipoteche*, 174。

85　参见 Rubino, *L'ipoteca immobiliare e mobiliare*, 133; Ravazzoni, *Le ipoteche*, 26。

针对继承人个人债务设定诉讼抵押的情形。[86]

违反上述禁止性规定的抵押登记无效。[87]在继承开始后，遗产清单利益人或待继承人宣布接受前，办理的诉讼抵押登记，同样无效。因此，遗产清单利益或待继承利益终止后，债权人应重新办理诉讼抵押登记。[88]

三、法定抵押

（一）概述

法定抵押是指，为了担保特定的债权，法律规定在债权产生的同时也产生的抵押。无论如何，法定抵押的设立，仍需在登记部门办理不动产登记。

就结构和功能而言，法定抵押与针对不动产的特别优先权紧密相连，与不动产先取特权几乎没有什么不同，根据《意大利民法典》第 2745 条规定，在设立时应采取公示形式。有时，特别是在过去，法定抵押常被归入担保的范畴，但其本质上的作用在于预防（funzione cautelare），因此更接近于假扣押（sequestro

86 参见 Rubino, *L'ipoteca immobiliare e mobiliare*, 133 s.。

87 鲁比诺、拉瓦佐尼和真蒂莱三位学者采纳了这种较为激烈的观点，具体参见 Rubino, *op. cit.*, 132; Ravazzoni, *Le ipoteche*, 66 s.; Gentile, *Le ipoteche*, 174 s.。

88 戈拉则持相反意见，具体参见 Gorla e Zanelli, *Del pegno. Delle ipoteche*, 324 s.。戈拉的观点也得到了部分理论和实践的支持，具体参见 Cass., 5 dicembre 1970, n. 2571, in *Giur. it.*, Ⅰ, 1, 551, ed in *Riv. dir. ipot.*, 1973, 139 ss., con nota di Cinti, *favorevole alla ripresa di efficacia dell'iscrizione, una volta cessato il beneficio o la giacenza*。

conservativo）。

关于法定抵押，现行法律的规定仅有两种：一种是在不动产转让中，为担保买受人的债务而产生的抵押，该类抵押中的抵押权人是出让人，抵押财产是被转让的不动产；另一种在共有物分割中，为担保其他共有人的债务而产生的抵押，该类抵押中的抵押权人是共有物分割人，抵押财产是被分割的不动产。

在法定抵押中，抵押权的优先顺位按照一般的原则确定。但是，《民法典》第2650条规定了一种非常重要的例外情形：基于登记的连续性原则，在先前的取得行为未登记前，登记公示不能对抗购买人；在先前完成的取得行为已经完成了不动产登记时起，将产生优先顺位的效力，在此之后取得的不动产的登记将按照各自的顺序产生效力。此外，在取得不动产登记的同时进行的法定抵押登记的效力，将优先于受让人先进行的登记。这是一种关于对抗第三人效力的特别规定，但并不意味着抵押具有溯及力，因为抵押权实际上并不从合同生效之日开始产生；相反，就其他的法律效力而言，仍然自登记之日方才产生。[89]

《民法典》第2650条第2款有关时间顺位的规定，就权利的竞合而言创造了一个难题。疑问在于，如果债务人在合同签订后办理抵押登记前被宣告破产，那么法定抵押登记是否不能对抗破产。似乎更为令人信服的解决方案是，应当允许法定抵押登记可以对抗破产。因为《民法典》的规定，实际是给特定债权人提供了优惠待遇，而且该优惠待遇不利于所有其他的债权人，因此不能因为《破

89　参见 Rubino, *L'ipoteca immobiliare e mobiliare*, 269 s.; Gazzoni, *La trascrizione immobiliare*, 2 ed., in *Comm. Schlesinger*, Ⅱ, Milano, 1998, 198 ss.。

产法》第45条，就认为可以改变民法典设定的债权人之间的利益平衡原则。质言之，《破产法》第45条不适宜创设一种不同的利益平衡机制。[90]

法定抵押应当在登记部门（ufficio dal conservatore）办理登记（trascrivere）。在登记转让或分割的文件的"同时"，登记部门应办理法定抵押登记，并且在文件登记之后记载法定抵押的编号。类似的，如果是采取地籍册登记机制（uffici tavolari），在根据法律文件办理转让或分割登记时，登记法官（giudice tavolare）应命令登记机关登记为转让人或分割人办理法定抵押登记。

理论界争议较大的问题是，是否可以在法律文件登记（trascrivere）之后，再办理法定抵押登记（iscrizione）。[91]

此外，需要强调的是，如果将转让或分割财产的法律文件提交给登记保管人，是出于抵押之外的其他目的，则没有办理法定抵押登记的义务。比如，继承人实施了一个转让财产的行为，他出示经公证的转让财产的文件，以表明该行为具有默示接受遗产的效力（《民法典》第2648条第3款）；[92]又如受遗赠人提交了一份内容包含共同债务分割的遗嘱，但提交的目的是表明其接受遗赠，并办理取得遗赠的登记。

如果经过认证的转让或分割财产的法律文书，或者分居协议，证明债已经被履行的，或者权利人放弃了抵押登记的，则不应办理法定抵押登记。购买人应提交证据证明其已经履行了债务进而导致

90 参见 Vigo, *Impresa*, 151 s.。

91 参见 Rubino, *L'ipoteca immobiliare e mobiliare*, 270。更为详细的分析论证，参见 Chianale, *Le ipoteche*。

92 相关举例，参见 Rubino, *op. cit.*, 267, n. 42。

债务已经消灭。至于债务消灭的原因，既可以是因付款而消灭，也可以是其他导致债务消灭的原因。一般认为，就导致担保消灭的效果而言，免除（semplice dispensa）与权利人放弃抵押是两种不同的情形，后者应诉诸登记部门，而且可以后续办理登记。[93]

如果一个不动产是某个债权的法定抵押财产，为担保同一债权，债务人在该不动产上又设定了意定抵押，并包含在转让或分割契约中，此时不构成对法定抵押权的放弃，因此仍应办理法定抵押登记。[94] 在上述情形中，就抵押权的优先顺位而言，法定抵押登记是在办理法律文件登记的同时办理的，在法定抵押完成后才办理意定抵押登记——该意定抵押应先办理登记注明（nota di trascrizione），然后在注明处再办理特殊注明（apposita nota di iscrizione）。

法定抵押担保的债权并不限于财产之债——比如也可以是尚未结算的债，或者是请求为或不为一定的行为（debiti di fare）之债——由此，人们对如何确定担保的债权金额产生了争议。对此，可以类推适用《民法典》第 2838 条，即登记保管人可以根据登记文件中载明的金额进行登记，或者根据之后的补充文件进行登记，甚至可以根据债权人在登记注明中确定的金额进行登记。[95] 如果金额没有确定，正确的理解是，登记保管人没有义务来自己决定或确定登记的金额，此时登记部门仍应办理法律文件的登记，但省略法

93 参见 Rubino, *L'ipoteca immobiliare e mobiliare*, 267, n. 42; Mariani, *op. cit.*, 213; Gentile, *op. cit.*; Maiorca, *Ipoteca e trascrizione*, 87; Mariani, *Tre casi di diritto ipotecario*, in *Riv. not.*, 1948, 483 ss.。

94 参见 Ravazzoni, *Le ipoteche*, 48。

95 参见 Rubino, *op. cit.*, 268 s.; Gorla e Zanelli, *Del pegno. Delle ipoteche*, 276; Ravazzoni, *op. cit.*, 50。

定抵押登记（依据是《民法典》第 2674 条。该条规定，对于不符合《民法典》第 2839 条第 4 款规定——欠缺登记金额——的抵押登记申请，不得办理登记）。[96]

判决书也可以作为设立法定抵押的依据，并可用于办理抵押登记。比如根据《民法典》第 2932 条作出的判决。该类判决中，有缔约义务的人不履行合同义务时，该判决将产生合同约定的转让效力（contratto traslativo）。[97] 又如，关于确认私人文件上的签名认证是真实有效的判决。在上述情形中，是否符合法定抵押登记的条件，应根据被登记的判决书的内容确定。

（二）为转让人设定的法定抵押

基于《民法典》第 2817 条的文义表述，一般认为，法定抵押担保的范围不仅包括应当支付的价款，还包括（因约定价款不足而）可能追加的价款（追加的价款既可能是根据双方签订的转让合同而追加，也可能是根据《民法典》第 1537 条和第 1538 条而追加），甚至还包括购买人交付某物的债务。

《民法典》第 2817 条中的原文是“转让的法律文件”（atto di alienazione），但在对该条解释时，一般将其替换为合同，合同既可以是转让财产的合同，也可以是在不动产上设定——能够产生抵押的——物权的合同。这意味着，该类合同不能是具有放弃效力的

96 参见 Rubino, *L'ipoteca immobiliare e mobiliare*, 268 s.; Gentile, *Le ipoteche*, 190; Ravazzoni, *Le ipoteche*, 50, 70。在上述学者看来，登记部门如果不能从设立抵押的法律文件中推出关于登记的必要信息，那么经办人应拒绝办理财产转让或分割协议的登记。

97 参见 Trib. Bergamo, 29 aprile 1982, in *Riv. dir. ipot.*, 1982, 220 ss.。

合同（比如，《民法典》第1070条和第1104条规定的情形）。

除了转让完全所有权的合同外，其他在不动产上设立物权负担——只要设定的物权与抵押兼容（如用益权、地役权）——的合同，都可能使权利的获得者承担法定抵押的义务。[98]比如下列情形：

1. 物劳互易合同（*do ut facias*）中，针对受让人的债务而设立。

2. 互易合同中，针对可能的货币结算差价款（conguaglio）而设立。

3. 在履行地的给付，担保的既可以是债权人可能应付的结算差价款，也可能是获得给付的债权人根据《民法典》第1200条，承担的应对同意解除对债权的物的担保和任何其他相关的处分限制。

4. 具有清偿效力的转让合同（atto traslativo solutorio）。比如依照《民法典》第1706条之规定，以自己名义开展活动的受托人，在取得不动产后，将取得的不动产转给委托人。

5. 为履行其他合同当事人的义务而进行的不动产转让交易。

6. 通过不动产转让而设立的不动产年金（rendita fondiaria）、终身年金（rendita vitalizia）、永久年金（rendita perpetua）。

7. 为了履行义务而进行的道德性捐赠。

8. 股东实施的转让实物资产，以用于履行可能施加给股东的债务，具体债务则根据特别法律确定。

如果在法律技术层面上，无法要求受让人——受让人也不

98 对此，一些学者列举了详细的清单，参见 Gorla e Zanelli, *Del pegno. Delle ipoteche*, 274 s.; Tamburrino, *Della tutela dei diritti (Delle ipoteche)*, 155 s.; Mariani, *Tre casi di diritto ipotecario*, 221 ss.; Ravazzoni, *Le ipoteche*, 49; Gentile, *Le ipoteche*, 100 ss.; Rubino, *L'ipoteca immobiliare e mobiliare*, 262 s.。时效取得、强制转移（比如为了公共利益的强制执行）等被排除在清单之外。

能——立即办理登记，那么不能产生法定抵押的效力。[99] 比如出售他人财产的情形，因为理论界普遍认为，在卖方未取得所有权之前，不能办理合同登记。又如所有权保留买卖，因为根据《民法典》第 2822 条，抵押财产应属于抵押人。如果出售的是未来物，《民法典》第 2823 条要求，仅自未来物存在时起，对该未来物的抵押登记方才有效。如果出售的是一种种类物（cosa generica），则当该物确定时，法定抵押才成立。

为了公司利益，以不动产向公司出资的情形，也不适用法定抵押的规定。[100] 事实上，在上述出资转让行为中，公司并无需要履行的债务。在完成出资行为后，股东将获得其认购的公司的出资份额，以及因公司法律关系而获得各种债权。此外，对于上市公司，采用实物出资的（conferimenti in natura），适用资本维持原则（il principio dell'integrale liberazione di azioni）：实物出资的价值，经专家评估后，不能因抵押而减少。

对于附生效条件或附生效期限的财产转让行为，也可以适用法定抵押。在附生效条件的转让行为中，法定抵押担保的是一个附条件债权（《民法典》第 2852 条）。在附生效期限的买卖中，登记具有一定的迟延效果（efficacia differita），是一种例外规定（in via eccezionale）：只有当约定的期限到来时（*ex nunc*），受让人才获

99 参见 Ravazzoni, *Le ipoteche*, 49; Gorla e Zanelli, *Del pegno. Delle ipoteche*, 282。

100 参见 Rubino, *L'ipoteca immobiliare e mobiliare*, 262。对此持赞同的，还可见 Tamburrino, *Della tutela dei diritti (Delle ipoteche)*, 156。但马里亚尼和拉瓦佐尼对此持不同意见，然而马里亚尼忽略了公司的基本原则，而拉瓦佐尼的论证则是基于将股权定性为债权的前提，该论证略显薄弱。关于马里亚尼和拉瓦佐尼的观点，参见 Mariani, *Tre casi di diritto ipotecario*, 228; Ravazzoni, *op. cit.*, 49。

得受让的权利。与此相关的，只有从此时起，才可能产生抵押的效力。[101]

（三）共有物分割情形下的法定抵押

当对共有物进行分割时，如果一方对其他共有人享有要求补偿差额的权利，那么其针对应当补偿的结算钱款（il pagamento dei conguagli）和负有补偿义务的人，享有法定抵押权。

就理论而言，需要强调的是，《民法典》第 2650 条事实上赋予了某种特定情形下的法定抵押登记溯及力。如果某人就共有财产中的某个物为债权人设定了抵押，之后在财产分割时，被分配给抵押人的物并非其之前设定了抵押的物。此时，根据《民法典》第 2825 条，只要自完成财产分割之日起 90 日内重新进行了登记，那么债权人的抵押权将转移至该抵押人被分配的物上，而且享有与原登记相同的优先顺位。但是，该条也做了例外性规定，即不得损害其他共同分割人对补偿差额享有的法定抵押权。这意味着，如果其他共同分割人在办理分割登记的同时也办理了法定抵押登记，那么即便债权人的抵押权转移后仍然保留之前的抵押权顺位，其他共有物分割人的法定抵押权，将优先于该债权人的抵押权。

一般认为，《民法典》第 2817 条第 2 款可以适用于任何种类的财产分割，也适用于任何种类的共有财产。因此，作为登记依据的法律文件，既可以是一个财产分割协议，也可以是法院作出的有关不动产归属的决定，但上述两种情形，都应按照《民法典》第 2646

101　鲁比诺认为，为了维持《民法典》第 2650 条规定的效果，在期限届满之后不可能再办理抵押登记。具体参见 Rubino, *L'ipoteca immobiliare e mobiliare*, 263。

条办理登记。此外，符合《民法典》第 734 条规定的遗嘱，也可以作为法定抵押登记的依据。[102]

法律设想的一般情形是，由获得了共有财产的人来承担抵押担保责任，因为正是他负有向其他共有人支付补偿的义务。但是，如果分割的方式不同，那么随之也会带来一系列技术上的问题。

在协议分割的情形，有可能仅是某个或某几个共有人进行了分割，同时其他共有人之间仍然保持共有状态。此时，如果分割共有物的原共有人享有的是差额补偿债权，那么其享有的抵押权将针对所有其他共有人，并及于所有法律允许抵押的共有财产上；在财产分割完后，根据《民法典》第 2825 条第 1 款，抵押及于分配给每个共有人的财产，此时可能会导致需要办理部分抵押登记的注销，即如果存在部分共有人不需要向债权人承担支付差价款的义务，那么也就没有理由在其被分配的部分上设立抵押，因此对该部分财产应办理抵押的解除登记。反之，如果分割共有物的原共有人承担的是支付差额补偿款的义务，那么抵押设定在其获得的被分割的共有财产上，而抵押权人则是所有其他共有人；当分割完成后，如果仅需向其中的部分人支付差额，那么应当在抵押权登记页的空白处注明差额债权的情况。

如果是法院判决作出的财产分割，应将决定财产归于某人的判决予以登记。质言之，如果判决要求支付因财产分割产生的差额补偿，那么在登记上述判决的同时应办理法定抵押登记。

就公司财产进行的财产分割，《民法典》第 2817 条将其等同于

---

102 关于遗嘱遗产分割，参见 Rubino, *L'ipoteca immobiliare e mobiliare*, 271。

共有人对共有财产的分割。事实上，就公司财产的分割，适用的是有关实物分配的规定（《民法典》第 2280 条和第 2283 条）。然而实际上，似乎更应将这种情形归入有关财产转让的法定抵押。因为在这种情况下，共同财产在分割后将不再属于公司财产，而是为股东取得，因此这种情形下，财产分割的宣示性完全消失。而且毫无疑问，此时通过对资产的再分配，在性质上而言，就是在股东之间发生了一次财产的转让，并且股东对财产的获得没有溯及力。[103] 尽管如此，对上述合同的登记应遵守《民法典》第 2643 条，并且就其效力而言，照顾的是财产分割中的受让人，以解决同一转让人的受让人之间的冲突。

法定抵押担保的债权是"折价补偿的差额"，其内容包括：首先，当以实物进行分割且分配的份额不均等时，共同分割人应支付的因份额不均而产生差额，比如《民法典》第 728 条规定的情形。其次，还包括因共有而产生的差额补偿，此时差额补偿之债并非因分配的财产价值不均而生，而是因财产共有而生，即无法通过共有财产分配来实现债权（《民法典》第 725 条），由此需要根据每个份额的价值来计算，进而演变为某个共同分割人的债务。比如孳息之债（frutti percepiti）、因给共有财产造成损害产生的债权、因共同分割人偿还连带债务而产生的债权，以及《民法典》第 192 条规定的，在夫妻法定财产分割时，一方因承担返还财产或补偿义务而产生的债权。

如果共同财产分割后，基于特定原因需追回已经被分配的财

103 参见 Rubino, *L'ipoteca immobiliare e mobiliare*, 271; Tamburrino, *Della tutela dei diritti (Delle ipoteche)*, 160; Ravazzoni, *Le ipoteche*, 51。

产，比如《民法典》第757条等规定的情形。理论界一致认为，因追索而产生的债务，不属于法定抵押的担保范围。[104] 事实上，此类债权具有偶然性，不是差价补偿（conguaglio）所要解决的问题。

（四）关于机动车的法定抵押

《民法典》第2810条规定，机动车也可以用于设定抵押权。需要指出的是，根据特别法的规定，针对机动车也可能产生先取特权。

1927年3月15日颁布的第436号行政命令第2条，规定了一种针对机动车的特别的"法定先取特权"（privilegio legale）。根据该规定，法定先取特权的权利人包括两类：一类是机动车的售卖人，担保的债权是未支付的机动车的价款；另一类是为机动车购买人的利益替其向卖方支付了机动车价款的第三人。

就第一种情形而言，其本质上对应于《民法典》第2817条第1款规定的不动产转让人的法定抵押。基于此，理论界通过对该条规定的扩张解释，认为在有偿转让机动车（alienazioni a titolo oneroso）或附负担赠与（gratuito modali）的情形下，也可以针对机动车主张法定抵押权。

第二种情形——为购买人利益支付价款——在理论界存在较大的争议。长期以来，为了将该种情形与法律一般规定协调起来，理论界诉诸清偿代位（pagamento con surrogazione）机制来实现该目的。理论界没有争议的是，价款应当直接交付给机动车的售卖者，

104　参见 Rubino, *L'ipoteca immobiliare e mobiliare*, 271 s.; Gorla e Zanelli, *Del pegno. Delle ipoteche*, 278 s.; Tamburrino, *Della tutela dei diritti (Delle ipoteche)*, 161; Ravazzoni, *Le ipoteche*, 52。

因为如果第三人的付款是向购买人的消费借贷，之后购买人会向该第三人支付价款，那么此时属于基于债务人的意愿而产生的清偿代位。此外，该规定与债权人的意愿无关，通常是根据《民法典》第1201条来决定，对此，理论界也没有争议。

第三人可以在机动车售卖的同时付款，此时第三人自动成为法定抵押权人，并可以据此办理抵押登记。无需通过双重理论进行解释（为转让人设定的法定抵押——第三人的法定代位）。

第三人也可以在机动车售卖之后的某个时间进行付款，此时则属于《民法典》第1205条规定的法定代位（surrogazione legale）的情形。这意味着，如果出卖人已经办理了法定抵押登记，那么第三人将取代出卖人成为法定抵押权人；如果出卖人尚未办理法定抵押登记，那么第三人将取得出卖人的法定抵押登记办理权，进而办理法定抵押登记。[105] 事实上，上述解释赋予第三人变更和消灭抵押担保的权利以及办理登记的权利。当然，只有在基于债权人的意愿发生代位的场合才会发生上述情形。但是，立法的精神是旨在使第三人自动代位和取得担保，以保障法律对其债权的特别保护，是一种独立于通常的代位清偿的情形。

在不动产上设定的法定抵押与机动车法定抵押相比，两者在技

105　参见 Rubino, *L'ipoteca immobiliare e mobiliare*, 271 s.; Cass., 14 giugno 1954, n. 2004。对于最高法院1954年6月14日作出的第2004号判决，理论界存在广泛的评注，包括法瓦拉和坦布里诺。其中根据坦布里诺的观点，第三人应当办理自己抵押的登记，该登记不同于出卖人的登记，并且应根据具体形式来确定登记的优先顺序。具体参见 Favara, *Ipoteca mobiliare automobilistica del sovventore del prezzo*, in *Foro it.*, 1955, Ⅰ, 214 ss., ed in *Giur. compl. cass. civ.*, 1954, Ⅳ, 272 ss.; Tamburrino, *Della tutela dei diritti (Delle ipoteche)*, 96 s.。

术层面也存在不同。抵押登记应由利害关系人提出申请，因为没有任何法律规定授权机动车公共登记部门可以直接办理登记。正是基于上述理由，《民法典》第 2688 条在采纳动产登记持续性原则的同时，并未重复《民法典》第 2650 条第 3 款规定。即针对受让人，并未规定法定抵押优先于在此之前已经办理的抵押登记（iscrizione）和法律文件登记（trascrizione）。

第十三章　抵押财产

一、可交易的不动产

根据《民法典》第 2810 条第 1 款，抵押权可以设定于可流通的不动产。该款规定将抵押物界定为不动产，如此一来，就需回归物的一般理论。根据《民法典》第 812 条，不动产是指土地、河流、泉水、建筑物，以及所有基于自然原因或人为原因与土地结为一体的物；所有其他的物是动产。此外，“即使是出于临时目的而与土地结为一体”的建筑物，只要是稳固的（马戏团帐篷被排除在外，即使它牢固地安装在地面上），那么也属于不动产。

根据《民法典》第 812 条第 2 款，固定于河岸或河床之上，并且为永久使用而建造的磨坊、浴场，以及其他漂浮在水面上的建筑视为不动产。因此，这些物也可以用于抵押。但是，如果所有权人决定将其从作为主物的不动产上分离出来，那么将不再符合不动产的条件，此时可能会导致抵押的消灭；这使得有特定用途（per destinazione）的不动产，完全不适合用于抵押担保。

抵押权也可以设定在不动产整体中的某一部分上，但该部分应满足以下条件：首先应具有独立性（autonoma）；其次应能够与其他部分区别开来（individuazione）；最后应能够通过适当的办法将其与所属的部分分割开来（《民法典》第2872条第2款）。[106]事实上，这意味着，当需要强制执行实现抵押权时，可以将其变卖。如果适用的是地籍登记制度，法律（第13条）要求抵押财产应是在土地登记册中被确定为一个独立实体的物；如果抵押财产是建筑物的楼层、公寓或某个单元，那么应是一个独立的实体。[107]

根据《民法典》第2810条第1款，能够用于抵押的不动产限于“可交易的”（sono in commercio）不动产。也就是说，不动产应能够被转让和强制变卖。[108]因此，如果不动产属于不可处分的国有财产或者属于国家和其他公共机构的不可处分的财产，则不能用于抵押。需要注意的是，属于私人所有的不动产，以及属于可处分的不动产的一部分，即使是用于公共用途，也可以在其上设定抵押。[109]《民法典》第812条将泉水和河流界定为不动产，但根据1994年1月5日颁布的第36号法律第1条，泉水和河流属于国有资产，因此，泉水与河流不能作为抵押财产，那些已经办理了登记的抵押权也随着的法律的生效而消灭。[110]

---

106 参见 Rubino, *L'ipoteca immobiliare e mobiliare*, 138; Tamburrino, *Della tutela dei diritti (Delle ipoteche)*, 82 s.。

107 参见 Gabrielli e Tammaseo, *Commentario della legge tavolare*, 150。

108 参见 Gorla e Zanelli, *Del pegno. Delle ipoteche*, 228; Rubino, *op. cit.*, 104; Tamburrino, *op. cit.*, 83 ss.; Ravazzoni, *Le ipoteche*, 18。其他参考文献，参见 Boero, *Le ipoteche*, in *Giur. sist. civ. comm.*, Torino, 1984 (2 ed., 1999), 221 ss.。

109 Rubino, *L'ipoteca*, 105; Ravazzoni, *op. cit.*, 18.

110 关于水资源法律制度，参见 Lugaresi, *Le acque pubbliche*, Milano, 1995; Bianca, *op. cit.*, 286 ss.; Palazzolo, *Acque pubbliche*, in *Enc. dir., Agg.*, Ⅳ, Milano, 2000。

具有文化价值的不动产（如具有艺术、历史、考古或人类民族学价值的不动产，以及《文物法》第2条规定的不动产），也可在其上设立抵押担保。如果具有文化价值的不动产属于地方公共机构（尚未被纳入国有财产），或属于其他公共机构，甚至属于非营利性的私法人，那么在设立抵押时，需先获得文化和环境遗产部的授权、批准。事实上，设立抵押（意定抵押）可以被视为一种转让行为，因为设立抵押的同时已将抵押财产置于一种潜在的被强制变卖的境地。[111] 如果是法定抵押或诉讼抵押，则无须事先获得授权。如果受保护的具有文化价值的不动产属于私人所有，那么在设立抵押时，既不需要事先获得文化和环境遗产部的授权，也不需要报备在不动产上设立抵押的情况，因为根据法律，如果被抵押的受保护的不动产被强制执行时，公共部门相较于其他竞买人享有优先购买权。

法律规定在一段时间内禁止所有者转让的资产，也可用于抵押，而且即便在法律规定禁止转让的期间内，仍可以对被抵押的财产强制执行。[112]

地上的植物，不能单独作为抵押财产设立抵押；因为根据《民法典》第956条，禁止将植物的所有权与土地的所有权分开进行权利的设定和转移。

因违反建筑法令而不具有可转让性的建筑物，可以在其上设定

111　未经批准办理的登记无效，因此只有当相关命令被颁布时才会被认为有效。拉瓦佐尼对该问题有较为详细的论述，具体参见 Ravazzoni, *Le ipoteche*, 19。

112　比如1971年10月22日颁布的第865号法律第35条规定（该法已于1992年被废止）；又如1993年12月24日颁布的第560号法律第1条规定。相关论述，参见 Petteruti, *Sulla ipotecabilità di alloggi ceduti ai sensi della l. 560 del 1993*, in *Vita not.*, 1995, 527 ss.。

抵押，同时也可以对其进行强制执行（2001年6月6日颁布的第380号行政命令第46条）。

属于家庭财产的不动产，既可以在其上设立意定抵押，也可以在其上设立法定抵押，无需对债权人的主观状态进行限制。但是，如果能够证明债权人明知担保的债务是与家庭需求无关的债务，那么在对抵押财产进行强制执行时，配偶可以根据《民法典》第170条进行抗辩，这将导致无法继续对抵押财产进行强制执行。[113]

父母对子女不动产的法定用益权，不能用于抵押。[114] 如果经法官批准，以子女的不动产办理了意定抵押登记，或法定抵押登记或诉讼抵押登记，那么担保的效力也及于父母的法定用益权。

最后，当事人也可以通过缔结协议，约定禁止在某个特定的不动产上设立意定抵押。鉴于此种约定不具有对抗第三人的效力，仅能产生债的效果，因此如果符合第1379条的规定，那么办理的登记仍然合法有效。[115]

二、动产

一般认为，抵押与质押的区别在于两者的标的物不同，主要体

113 参见 Carresi, *Commentario al diritto italiano di famiglia*, a cura di Cian, Oppo e Trabucchi, vol. Ⅲ, Padova, 1992, 63; Santosuosso, *Regime patrimoniale della famiglia*, in *Giur. sist. civ. comm.*, Bigiavi, Torino, 1995, 140; Corsi, *Il regime patrimoniale della famiglia*, in *Tratt. dir. civ. e comm.*, dir. da Cicu e Messineo, Milano, 1984, 99 ss.; G. Gabrielli, *Patrimonio familiare e fondo patrimoniale*, in *Enc. dir.*, vol. XXXII, Milano, 1982, 302, 308。

114 参见 Tamburrino, *Della tutela dei diritti (Delle ipoteche)*, 90; Fragali, *Ipoteca (diritto privato)*, 788 s.; Bianca, *La Vendita e la permuta*, 621。

115 Rubino, *L'ipoteca*, 109 s.

现为抵押的标的物是不动产。

由此产生的问题是，是否可以在动产上单独设立抵押。问题的关键在于公示产生的效力：对于经过登记的动产，如机动车、船舶、航空器，可以采取抵押的方式来设立担保。相同地，注册商标权和专利权，也可以设立抵押担保。这意味着，在上述抵押担保中，在不与抵押财产的特定属性不兼容和不违反特别法的规定的情况下，也可以适用不动产抵押的相关规定。[116]

此外，如果一个动产添附于被抵押的不动产上（acceda ad un immobile ipotecato），那么不动产抵押的效力是否及于该动产。我们在此讨论的不是抵押权的扩张效力，即因抵押财产的改良、添附、添加等而附着于抵押财产的情形，而是另外一种情形——动产虽然成为被抵押的不动产的一部分，但该动产仍保持自身的完整性和可区分性（从物和天然孳息）。在这些情况中，对动产办理具有独立的公示以便使抵押担保的效力及于该动产，这种做法是不适宜的。

事实上，抵押的效力并不扩及这些依附性动产。对抵押财产进行扣押时，扣押的效力（effetto del pignoramento）及于从物、孳息

116 在戈拉看来，在可以兼容的范围内，针对动产抵押可以适用一系列的规定，比如《民法典》第 2809 条关于抵押权的特定性和不可分性的规定，《民法典》第 2811 条关于改良和从物的规定，《民法典》第 2813 条关于抵押物毁损的风险的规定，《民法典》第 2814 条关于用益权和空虚所有权上的抵押权的规定，《民法典》第 2822 条关于在他人财产上的抵押权的规定，《民法典》第 2824 条关于撤销的规定，《民法典》第 2825 条关于不可分物上的抵押权的规定，《民法典》第 2855 条关于抵押效力扩大的规定，《民法典》第 2868 条关于第三方抵押人的规定，《民法典》第 2872 条关于抵押权缩减的规定，《民法典》第 2878 条关于抵押消灭原因的规定，以及《民法典》第 2899 条关于禁止给其他债权人造成损害的放弃抵押权的规定。赞同该观点的还有图奇。具体参见 Gorla e Zanelli, *Del pegno. Delle ipoteche*, 235 s.; Tucci, *Ipoteca mobiliare*, 4。

以及其他附属的动产（accessorio mobiliare）。主债权人的优先受偿权，及于扣押时的不动产以及添附于不动产上的动产。

三、从物

《民法典》第2810条第1款规定，抵押权可以设定于不动产“及其从物（pertinenze）”。针对在航空器上设定的抵押，《航空法》第1029条专门规定，抵押担保的效力扩及“从物以及可分离的部分”。

如果抵押财产包括不动产的从物——地窖、阁楼、停车位以及相关住宿设施——那么需要在办理登记时予以注明。这意味着，在设立抵押的法律文件中也应包含相关的内容。实体法将主物的法律规则扩展到从物，但不包括不动产公示方面的内容，也不包括对抗第三人的效力方面。[117] 如果针对抵押不动产的从物，第三人办理了法律文件的登记，那么抵押债权人与第三人之间因权利竞存产生的冲突，并不适用《民法典》第818条和第819条，而是依照《民法典》第2644条规定解决。

如果抵押的不动产的从物是动产，那么围绕该从物，可能会产生抵押权与先取特权之间的冲突：一方面，对主物的抵押权扩及该从物；另一方面，某些情况下基于法律规定的先取特权也可能自动及于该从物（如《民法典》第2762条规定的设备销售者的特权；又如1993年9月1日颁布的第385号法令第43条和第46条规定

117 持此观点的是加佐尼，参见 Gazzoni, *La trascrizione immobiliare*, Ⅰ, 88 ss.。对此，一些学者反对将从物列入其中，但并没有充分的证据和论证，具体参见 Gorla e Zanelli, *Del pegno. Delle ipoteche*, 230; Gentile, *Le ipoteche*, 39; Ravazzoni, *Le ipoteche*, 27。

的情形，该情形针对的是银行对企业的融资贷款的情形）。[118]

在解决此类问题时，需要仔细甄别，以区分作为从物的动产（bene mobile pertinenziale）和企业动产（bene mobile aziendale），这使得区分的过程比较复杂。此外，还需要将从物与下列动产区分开来：这些动产是随着不动产的产生而产生，但其与不动产之间并不存在附属关系，比如装饰性的动产；在特定的情况下，其可能会与不动产一起被扣押，但同时又遵循动产执行程序。

不可否认的是，《民法典》第 2810 条将从物纳入抵押的客体范围，并且简单地规定抵押权人的优先受偿权及于扣押时（pignoramento）的从物。只有在强制执行时，才有可能出现抵押权与某些动产先取特权冲突的情形。在这个意义上，只要在扣押

118　参见 Cass., 10 marzo 1980, n. 1584, in *Foro it.*, 1980, Ⅰ, 2528 ss., con nota di Tucci, *Il particolarismo legislativo del privilegio industriale*; Cass., Sez. Un., 9 aprile 1984, n. 2255, in *Foro it.*, 1984, Ⅰ, 2239 ss., con nota di Pezzano; Cass., 26 gennaio 1985, n. 391, in *Dir. fall.*, 1985, Ⅱ, 395 ss.; Trib. Ascoli Piceno, 31 ottobre 1985, in *Fall.*, 1986, 567 ss., con nota di Cantele, *Sull'estensione del vincolo ipotecario gravante su edificio industriale*; Trib. Bolzano, 8 maggio 1985, in *Vita not.*, 1986, 338 s.; Cass., 29 settembre 1993, n. 9760, in *Foro it.*, 1994, Ⅰ, 1840 ss.。

司法实践中也曾出现过不同于前述一般做法的判决，但属于个案。在其案中，针对某个与工业综合体有关的机械，法院最终判决该机械受不动产抵押的约束，而非受工业性先取特权的约束。具体参见 Cass., 6 gennaio 1979, n. 52, in *Foro it.*, 1979, Ⅰ, 2078 ss., con ampia nota di Tucci, *Garanzia a tutela dei finanziamenti dell'impresa e "superprivilegio" dei crediti di lavoro*。

关于航空器的从物，可参见意大利航空公司案：Trib. Roma, 14 febbraio 1986, in *Dir. fall.*, 1986, Ⅱ, 399 ss., e in *Dir. mar.*, 1986, 942 ss., con nota di F. Bianca, *In tema di prescrizione di ipoteca aeronautica*; App. Roma, 19 gennaio 1988, in *Dir. mar.*, 1989, 188 ss.; Cass., 24 luglio 1989, n. 3486, in *Giust. civ.*, 1990, Ⅰ, 117 ss., con nota di Lo Cascio, *Concorso e graduazione dei crediti assistiti da privilegi aeronautici*, in *Foro it.*, 1990, Ⅰ, 923 ss., e in *Dir. fall.*, 1990, Ⅱ, 412 ss.。

时这些从物仍然存在（《民法典》第 2912 条），抵押的效力及于登记时已经存在的动产，[119]以及在抵押登记办理后添加到不动产上的动产。[120]

有疑问的是，如果法律为某些动产先取特权规定了特定的公示形式，比如《民法典》第 2762 条规定的设备的销售者的先取特权，那么是否这类先取特权的效力总是优先于抵押权，又或者，当两者发生冲突和竞存时，是否应优先适用《民法典》第 2644 条规定的原则，即根据各自公示的日期的先后来决定权利的优先顺位。

四、改良物与添附物

《民法典》第 2811 条规定，抵押权的效力扩及设定抵押的不动产的改良物、建筑物和其他添附物（accessioni）：针对主物的不动产抵押登记扩及于所有人。上述效力的扩张是自动的，无需在登记簿上办理任何形式的注明。

（一）改良

改良是对财产的一种物理性改造和改变，这种改变会增加不动产的价值，并且改良自身不具有独立性，也即改良与原财产融为一

---

119 戈拉和鲁比诺对此提出了解决方案，参见 Gorla e Zanelli, *Del pegno. Delle ipoteche*, 230; Rubino, *L'ipoteca immobiliare e mobiliare*, 163。

120 参见 Ravazzoni, *Le ipoteche*, 24 s.。此外，基于《民法典》第 1153 条从抵押不动产所有权人处购买动产这一特别情形，可参见 Rubino, *op. cit.*, 162, n. 244。如果是船舶抵押，一般认为抵押包括从物，包括清单中载明但在之后形成的从物，具体参见 Spasiano, *Ipoteca navale e aeronautica*, in *Enc. dir.*, vol. XXII, Milano, 1972. 882。

体，无法区分（比如土地复垦，又如维修建筑物）。由于改良并非独立的实体物，因此没有法律制度能将改良从抵押权效力或强制执行中排除出去，也不可能将改良物从其附着的不动产中分离开来而只对不动产强制执行。但是，法律完全可以规定，就改良后的抵押财产的变卖所得，主债权人仅能就改良部分的价款主张优先受偿权，或者仅能就改良前的物的原始价值部分——扣除改良部分对应的价款——主张优先受偿权。

诉讼债权人可以从改良中获益，因为由于改良增加了不动产的价值，债权人可以通过获得更高价款来实现自己的债权。唯一的例外情况是，购买抵押物的第三人对抵押财产进行改良的情形（《民法典》第 2864 条第 2 款和第 3 款）：如果第三人按照法律规定将其购买抵押财产的法律文件进行了登记，在登记后对抵押财产进行了改良，那么如果之后抵押财产被强制出售，在出售的财产价值范围内，第三人有权要求将改良的费用从出售价款中扣除。针对这种情形，在适用时应对《民法典》第 2864 条中的改良（miglioramenti）作扩张解释，即也适用于第三人导致的添加物（addizioni）和增设的添附物（accesioni）。[121]

另一方面，可以想象存在这样一种抵押，即用于抵押的不动产是未来改良价值范围内的不动产。这种抵押方式，完全没有效率，曾被规定在 1905 年 12 月 22 日颁发的第 592 号法律第 14 条中，担保的债权是旨在进行土地改良的农业信贷：这种抵押是一种意定抵押，作为独立的抵押模式，设定在改良了的土地上。

121　参见 Rubino, *L'ipoteca immobiliare e mobiliare*, 162, n. 244。

（二）添附物

根据一般原则，抵押登记的效力及于在抵押财产上施工产生的新建筑（nuove costruzioni）。这种情形，既包括在被抵押的土地上建设的新建筑物，也包括在已有的建筑物上施工形成的加层（nuovi piani）。

如果抵押财产是土地或地上权（diritto di superficie），那么根据《民法典》第934条有关添附的取得原则，抵押权的扩展是逐渐进行的，最终及于所形成的建筑物（costruzione）。[122]因此，并不适用理论界发展出的有关出售未来物的规则——该规则要求，当未来之物真正形成并具有独立的法律地位时，才能产生物权效力。[123]

如果在抵押财产上进行了加层建设，《民法典》第2873条允许通过缩减来使加层部分摆脱抵押的拘束：如此的目的在于避免抵押权人因此而获得不当的利益（indebito vantaggio）。

但是，如果建筑物是由第三人完成的，那么在适用法律时，需要在有关抵押的法律规定与实体法（diritto sostanziale）之间进行协调。

如果完成施工建设的第三人是地上权人，而且在抵押登记前已经将其建设权进行了登记，那么抵押权的效力不能扩及之后完成的建筑物。

---

122 参见 Gambaro, *Il diritto di proprietà*, in *Tratt. di dir. civ. e comm.*, dir. da Cicu e Messineo, cont. da Mengoni, Milano, 1995, 757 ss.; Bianca, *La proprietà*, 349。

123 参见 Rubino, *La compravendita*, 187 s.; Bianca, *La vendita e la permuta*, in *Tratt. di dir. civ. it.*, dir. da Vassalli, Torino, 1972, 339, e 2 ed., Torino, 1993, Ⅰ, 382 ss.; Cass., 10 marzo 1997, n. 2126, in *Giur. it.*, 1998, 684 ss., e in *Riv. not.*, 1997, 941 ss.。

反之，如果完成施工建设的第三人并无任何权利，那么应适用《民法典》第936条等规定。抵押权的扩张不能损害第三人的权利，也不能损害土地所有人的权利。[124] 因此，土地所有权人仍有权要求第三人清除其完成的工作物；如果第三人使用的是他人的建筑材料，建筑材料的所有权人，有权要求该第三人返还从工作物上拆下的材料；如果拆除是由被抵押土地的所有权人实施的，第三人以及建筑材料的所有权人，有权要求返还从工作物上拆下的材料。

如果抵押财产是土地，并且抵押效力扩及建筑物，当修建建筑物是善意地占用了部分临人的土地，那么如果法官根据《民法典》第938条将建筑物以及所占用的土地的所有权授予建造者，此时抵押扩及修建建筑物时善意的占用部分。[125]

同样的标准和规则也适用于永佃权人、用益权人和共同管理人实施的添加物（addizioni）。如果添加于不动产的物不可分离，那么对不动产的抵押权及于该物，因为两者已经成为一个物（incorporazioni）。反之，如果添加于不动产的物可以分离，那么抵押的存在不妨碍其要求将该物分离，但同时应遵守有关的规定（如《民法典》第975条、第986条和第1593条）。

就意定抵押而言，法律允许当事人通过在抵押合同中约定，或者在单方设定抵押的意思表示中通过单独的条款，来排除抵押权的效力扩及添附物。例如，在土地上设立抵押时，可以约定担保仅扩及之后在土地上建设的某些建筑。这种解决方式是基于对合同自治

124　持此观点的意见，参见 Rubino, *L'ipoteca immobiliare e mobiliare*, 166 s.; Tamburrino, *Della tutela dei diritti (Delle ipoteche)*, 106 s.; Ravazzoni, *Le ipoteche*, 29。持相反观点的意见，参见 Gorla e Zanelli, *Del pegno. Delle ipoteche*, 240。

125　参见 Rubino, *op. cit.*, 167; Tamburrino, *op. cit.*, 110。

的尊重，并可以从《民法典》第934条找到依据。该条一方面规定了添附物属于土地的所有权人，但另一方面允许当事人通过协议作出不同的约定。这意味着，允许当事人通过约定限制抵押效力的扩张和延伸。如果当事人作出了此类约定，那么应在抵押登记簿上进行注明，否则将不能对抗抵押债权人。如果是在抵押登记完成后和建筑物施工结束后，当事人通过协议约定排除抵押权的扩展效力，此时构成对抵押权的部分放弃。

五、孳息

不动产抵押的效力及于尚未成熟的孳息（frutti pendenti）——此时孳息属于不动产的一部分；在孳息与不动产分离后，孳息属于动产，这将导致抵押的效力将不再及于孳息。[126]

抵押人对抵押财产天然孳息的处分权，不因抵押担保的存在而受到限制：原物的所有权人可以将天然孳息分离，并可对天然孳息进行自由处分。

当存在多个债权人时，上述规定具有非常重要的意义。一方面，抵押债权人和银行债权人——已经向企业进行了融资贷款的银行，对分离的孳息享有先取特权——两者之间不会发生债权冲突；另一方面，抵押债权人和对天然孳息享有特别先取特权的权利人（如《民法典》第2757条、第2763条至第2765条）之间也不会发生冲突。但是，在抵押债权人与对未成熟的孳息享有担保权的银行

126 持此观点的，参见 Gorla e Zanelli, *Del pegno. Delle ipoteche*, 238。不同的观点，参见 Rubino, *L'ipoteca immobiliare e mobiliare*, 170; Gentile, *Le ipoteche*, 51。

债权人——银行向债务人发放了农业信贷，对该债权则以尚未成熟的孳息作为担保——则可能发生冲突。此时两个担保权利之间的冲突，将依据各自公示形式的优先顺位予以解决。只有当抵押人的处分行为超出了对孳息正常利用的范畴，并对抵押担保造成损害时，债权人才有权提出反对和异议，并有权采取《民法典》第 2743 条和第 2813 条规定的救济措施。

在抵押财产被扣押后，如果仍有尚未分离的天然孳息，那么这些尚未分离的孳息则属于强制执行的范围。基于抵押而产生的优先受偿权也扩展延伸至这些尚未分离的孳息。[127] 反之，如果是在天然孳息与原物分离后，才对原物进行了扣押，那么需要另外单独对动产进行扣押。

如果第三人购买了孳息，那么在抵押权人和第三人之间可能发生权利冲突，此时解决的关键是，在孳息与土地分离前，是否已经办理了扣押。[128]

抵押权的效力也及于尚未收取的法定孳息。但如果对法定孳息进行了处分，则在某些情况下不能对抗抵押债权人（《民法典》第 2812 条第 4 款和第 5 款）。[129]

处分未到期租金的法律文件，如果租赁的期限不足 3 年（也即未按照《民法典》第 2643 条第 9 项进行登记）或者没有登记，仅在扣押前有明确日期和自扣押之日起不超过一年期限的情形下，可以对抗抵押债权人，这与《民法典》第 1605 条的规定相一致。

127　参见 Rubino, *L'ipoteca immobiliare e mobiliare*, 170; Ravazzoni, *Le ipoteche*, 30。

128　关于该规则，参见 Rubino, *op. cit.*, 170。

129　Gorla e Zanelli, *Del pegno. Delle ipoteche*, 253 s.; Gazzoni, *La trascrizione immobiliare*, Ⅰ, 306.

反之，处分未到期租金的法律文件，如果在抵押登记前已经进行了登记，那么可以对抗抵押债权人，但该对抗效力有时间限制，该期限最长为自扣押之日起不超过1年。由此可见，当抵押债权人与对天然孳息处分行为发生冲突时，并不是按照两者登记的先后顺序来解决：即便抵押登记在先，只要符合法律规定的时间要求，抵押债权人仍需接受租金债权被转让或被免除的结果。从法律技术的角度来说，一方面是因为《民法典》第2644条不能适用于此处讨论的处分行为，[130] 另一方面是因为抵押人根据法律仍享有对抵押财产的用益权。另外，对于那些在处分法定孳息的法律文件登记后的债权人，法定孳息的处分对他们都具有对抗效力，这是因为此时应适用《民法典》第1605条规定。[131]

此外，在理解《民法典》第2812条时，应结合《民法典》第1605条的内容进行解读。因此，在任何情况下，对租金的免除——发生于超过三年时间并没有登记的——按照习惯对预付租金提出的抗辩仍可以对抗抵押债权人，但以具有确定日期的书证为条件。[132]

六、不动产用益物权

抵押权也可以设定于不动产的使用收益权、地上权、永佃权以及对永佃土地所有权人的权利，以及空虚所有权。如果被抵押的权利有时间限制且自登记之日起二十年内届满的，那么抵押权的期限

130 Gazzoni, *La trascrizione immobiliare*, Ⅰ, 299 ss.

131 参见同上书，第302页。

132 参见 Rubino, *L'ipoteca immobiliare e mobiliare*, 171 s.。

应与权利的期限一致，即其期限为该权利本身的剩余期限。

（一）用益权

针对用益权设定的意定抵押，无需通知空虚所有权人——需要注意的是，《民法典》第 980 条第 2 款规定的是针对转让的情形，对于抵押并不适用。因为抵押债权人对抵押财产并无使用收益利益，而这也证明了本规则的正当性。[133]

如果抵押权设定于用益物权上，那么用益物权的消灭，会导致该抵押权的消灭。比如，用益权人死亡、用益权期限届满、用益权合同所附的解除条件成就，以及不行使用益权的时效届满等，上述情形都可能导致用益物权消灭，进而导致抵押消灭。

在某些情况下，用益权的消灭不会导致抵押的消灭（如《民法典》第 2814 条规定的情形）。用益权的消灭是由于用益权人放弃权利、滥用权利，或由于用益权人取得空虚所有权导致的，抵押权将持续至以其他方式引起用益权消灭的情况发生。用益物权人不得通过自己的行为——如使作为抵押财产的用益物权终止的行为——剥夺债权人的抵押权。然而无论如何，用益物权的确消灭了，只是用益物权的消灭不能对抗抵押债权人：万一进入强制执行程序，那么强制执行的结果是变卖原来被抵押的用益物权，这将导致从空虚所有权中重新分离出用益物权。[134]

《民法典》第 2814 条还对在空虚所有权上设定抵押权做了

133　Rubino, *L'ipoteca immobiliare e mobiliare*, 185；拉瓦佐尼虽然也持相同的结论，但理由与鲁比诺不同，参见 Ravazzoni, *Le ipoteche*, 30, n. 42。

134　Gorla e Zanelli, *Del pegno. Delle ipoteche*, 261.

规定。

原则上，在空虚所有权上设定抵押时，用益物权消灭，则抵押权扩展至整个所有权。但是正如前文所述的例外情况，在用益物权的抵押权持续的状态下，抵押权扩展至整个所有权，不能损害以用益物权作为抵押财产所担保的债权。对空虚所有权享有抵押权的债权人，可以启动强制执行将整个财产进行出售，然后从变卖所得中将用益物权对应的价款分出——在评估价款时应根据变卖财产时用益物权的价值来计算——以用益权为抵押的债权人在实现债权后如果仍有剩余的价款，则余款将由以空虚所有权为抵押的债权人用于清偿债权。

反之，如果是以用益权设定抵押的债权人发起的抵押权实现程序，那么不能拍卖出售完全所有权。事实上，法律规定的目的在于维持担保——在用益权上设定的抵押担保——的不变性，而非旨在扩大抵押债权人的权利。因此，在物被变卖后，原被抵押的用益权将再次获得重生，重新恢复。

（二）地上权

根据《民法典》第 2810 条，地上权可以作为抵押财产，对此可以从两个方面理解。即用来抵押的，既可以是允许他人在地上或地下进行建造和保留建筑物的权利，也可以是土地上已经存在的建筑物的所有权（《民法典》第 952 条）。

在建筑物顶层上增建新的楼层的权利——《民法典》第 1127 条做了规定——该权利本身不具有可抵押性，因为它属于所有权人的一项权利。

根据《民法典》第954条，除非有相反约定，地上建筑物的灭失不导致地上权的消灭。因此，抵押权将继续存在，但此时抵押权的客体只是在地上建造建筑物的权利，而不包括建造物。但之后，当新的建筑物完成时，抵押权将自动及于该新建筑物。[135]

地上权因期限届满或其他原因而消灭。但是根据《民法典》第2816条，抵押权设定在土地上，在地上权合同签订并完成登记后，任何情况下抵押权都不能扩展至建筑物——即便土地的所有权人变成了建筑物的所有权人，也不例外。[136]

根据地上权的一般规则（《民法典》第954条第1款），因期限届满而消灭的地上权，将导致地上权人设定的物权——包括抵押权——一同消灭。而且，如果地上权的内容指向的是建筑物，土地所有权人将变成建筑物的所有权人，也将不再受抵押权的约束。但是如果根据设立地上权的协议，地上权人对地上权的消灭享有对价权（un corrispettivo），则针对地上权人登记的抵押权转移至该对价上。

此外，以在他人土地上建造建筑物为内容的地上权，会因超过20年不行使而消灭，进而导致抵押消灭。[137]

与前述情况不同的是，如果地上权是因其他原因而消灭，则会导致其与土地所有权的合并。比如，地上权人在建筑物尚未完成时放弃地上权而消灭；又如，地上权因混同——地上权人与土地的所

135　Rubino, *L'ipoteca immobiliare e mobiliare*, 185. 相反的意见，参见 Pugliese, *Della superficie,* in *Comm. del cod. civ.,* a cura di Scialoja e Branca, Bologna-Roma, 1976, 616。

136　Gorla e Zanelli, *Del pegno. Delle ipoteche*, 270; Gentile, *Le ipoteche*, 93 s.

137　参见 Rubino, *op. cit.*, 179。

有权人归属同一人（既可以是地上权人，也可以是土地所有权人，还可以是第三人）——而消灭。在上述情况下，根据《民法典》第2816条第2款，以地上权设定的抵押权和对土地设定的抵押权，将继续分别存在，每个抵押债权人都有权将作为抵押财产的权利进行变卖以实现自己的债权。与前文有关用益权的情形相同，在抵押地上权的情形中，一方面会导致地上权与空虚所有权合并，另一方面，在所有权被出卖后，两个权利将分别恢复。[138]

（三）永佃权

《民法典》第2810条规定，永佃权及对永佃土地所有权人的权利，可以作为抵押财产。

在永佃权上设定抵押的重要性和意义是有限的，特别是随着永佃权的日趋衰减，这种趋势更为明显。因此，此处仅对《民法典》第2815条——该条是有关永佃权抵押的具体规定——的主要方面进行分析。[139]

主要的问题是因永佃权消灭而给抵押造成的影响。

在购买永佃权（affrancazione）完成时，永佃土地所有人权利上的抵押权转移至购买永佃权的应付价款上：抵押权转化成一种针对价款的优先受偿权事由。根据《民法典》第2643条第7项，如果购买永佃权登记完成于司法变卖之前，那么购买永佃权可以对抗抵押债权人。另外，永佃权上的抵押权扩展至整个所有权。

---

138 Gorla e Zanelli, *Del pegno. Delle ipoteche*, 271.

139 关于理论界的不同观点，参见 Rubino, *L'ipoteca immobiliare e mobiliare*, 188 ss., 373; Gorla e Zanelli, *op. cit.*, 263 ss.; Gentile, *Le ipoteche*, 85 ss.。

如果永佃权因期限届满而收回或终止，则永佃权上的抵押权转移至改良物的对应价款上。

为了有效地保护债权人的利益，《民法典》第 974 条规定，债权人可以参加收回出佃土地的诉讼，并且可以行使购买永佃土地所有权的权利。尤其是，如果永佃权人的债权人在所有权人收回出佃土地的请求进行登记前已经在该土地上设定了抵押，并且没有在可以参加诉讼的有效期间内及时接到土地的所有人提起收回土地诉讼的通知，即使收回了出佃的土地，永佃权人的债权人依然可以行使购买永佃土地所有权的权利。由此可见，在解决利益冲突——冲突的一方是想要收回出佃土地的出佃人，另一方是永佃权人的债权人——时，法律显然更有利于永佃权人的债权人：只有他们有权评估并决定，土地改良的价款是否足以覆盖自己的优先受偿权，或者通过购买永佃权来将抵押扩展至整个所有权。

在收回永佃权和永佃权期限届满的情况下，在抵押人权利上设定的抵押权总是能够扩展到整个所有权。

如果永佃权因超过 20 年时间未行使而消灭，那么以永佃权作为抵押财产而设定的抵押也将随之消灭。尽管法律对此未做规定，抵押权将扩展至整个所有权。

如果永佃权是因上述事由之外的情形而消灭，如永佃权人放弃而消灭，所有权人和永佃权人因混同而变成同一人，以其中一个权利设定的抵押，将扩展至整个所有权；反之，如果抵押权设定在两个权利上，那么即便发生了混同，但设定在这两种权利上的抵押权继续分别存在。只是在最后一种情况下，有争议的是，抵押权人应就其中一项权利来实现抵押权，还是可以用完整所有权来实现抵押权，然后将变卖所得在抵押人和永佃权人的债权人之间进行分配。

（四）空虚所有权

以空虚所有权设定抵押权，在《民法典》第2814条至第2816条的都有明确规定。这种情况在上文中已有论述，在此不再重复。

七、不能用于抵押的权利

《民法典》第2810条列举的清单具有强制性效力。[140]

因此，不动产使用权和居住权，根据《民法典》第1024条规定不可转让，也不能在其上设定抵押。[141]

积极地役权不能与需役地分离而独立作为抵押财产。[142]如果为了某项已被抵押的不动产的考虑而设立了地役权，那么抵押权的效力将扩展至地役权，在该不动产被强制执行以实现抵押权时，地役权也将一并被强制执行。

不动产的从物，如果法律禁止与主物分离而单独转让，那么也不能单独作为抵押财产。比如，依据1989年3月24日颁布的第122号法律建造的停车场。

作为一种立法选择，法律不允许转抵押，但这并非一般原则

---

140 参见 Gorla e Zanelli, *Del pegno. Delle ipoteche*, 227 s.; Tamburrino, *Della tutela dei diritti (Delle ipoteche)*, 78 s.。

141 参见 Gorla e Zanelli, *op. cit.*, 228; Fragali, *Ipoteca (diritto privato)*, 788。

142 参见 Rubino, *L'ipoteca immobiliare e mobiliare*, 191; Fragali, *op. cit.*, 788; Tamburrino, *op. cit.*, 79; Grosso e Deiana, *Le servitù prediali*, 2 ed., in *Tratt. dir. civ. it.,* dir. da Vassalli, Torino, 1955, 201; Biondi, *Le servitù*, in *Tratt. dir. civ. e comm.*, dir. da Cicu e Messineo, Milano, 1967, 132。

（事实上《民法典》第 2792 条规定了转质押）：抵押所采取的公示方式及机制，不允许在已经办理抵押登记的情况下再办理转抵押（graduazione di subipoteche）。法律允许抵押权人以自己的债权出质，但应按照《民法典》第 2843 条在抵押权登记页的空白处进行注明。只有在这种情况下——但有先取特权的情况除外——在就变卖所得进行分配时，该债权人相较于其他无担保的信用债权人，将享有合法的优先受偿权事由，并可依此主张参与变卖所得的分配。

完全所有权人，是否可以在享有全部权能的情况下，仅以其中的某个定限物权作为抵押财产，对此大多数学者持否定意见，即不能仅以用益权、仅以空虚所有权、仅以地上权设定抵押。只有当用益权作为一项权利为用益物权人享有时，用益物权人才可以用其设定抵押。[143]

同样地，绝大多数学者也认为，完整所有权人不能以财产的某一抽象的份额来设定抵押。此外，一个权利人对于其拥有的同一财产，不能将该财产分成数个份额进而在该份额上设定多个抵押，进而使数个抵押同时共存且拥有相同的顺位。

八、他人之物与未来物

（一）他人的财产

法律禁止以他人财产抵押和办理抵押登记。事实上，根据《民法

143　参见 Rubino, *L'ipoteca immobiliare e mobiliare*, 145; Tamburrino, *Della tutela dei diritti (Delle ipoteche)*, 91; Gorla e Zanelli, *Del pegno. Delle ipoteche*, 237; Gentile, *Le ipoteche*, 43 ss.; Mariani, *Tre casi di diritto ipotecario*, 63 s.; Chianale, *L'ipoteca*。

典》第2822条第2款和第2828条，如果抵押人并非物的所有权人，仅在物被抵押人取得情况下，登记有效。如果在设定抵押的法律文件（在意定抵押时为抵押协议；在诉讼抵押时为法院的裁决）形成时，抵押财产（曾）属于债务人，但在办理抵押登记时，抵押财产已经不再属于债务人，那么登记无效，并且这种变更可以对抗抵押债权人。比如，某人在抵押法律文件形成后，办理抵押登记前，因时效取得抵押财产；又如在抵押法律文件形成后将抵押财产转让给第三人，并在办理抵押登记前，将购买抵押财产的法律文件进行了登记。[144]

上述禁止性规定有两个理由。一方面，在实体法层面，出卖人出卖他人之物，有使买受人取得物的所有权的义务，其履行该义务使物权发生变动的事实不具有溯及既往的效力。因此，在抵押人获得抵押财产的权利之前，债权人不能成为抵押权人。另一方面，在不动产公示层面，需要遵守立法者在解决权益冲突时的立法选择和设定的规则。只要抵押设立人没有变成抵押财产的权利人，那么就不会发生抵押债权人和以获得所有权原因的权利人（aventi causa del vero proprietario）之间的权益冲突，因为法律优先保护后者——后者无论如何都已经从实际所有权人处获得了权利，至于其是否已经将有关购买所有权的法律文件进行了登记则不予考虑。[145]

相反，没有法律要求，抵押人取得权利的法律文件必须在抵押登记前办理登记。就判断抵押登记是否有效而言，登记连续原则（principio di continuità）对抵押登记的效力也具有重要的意义：根

---

144 参见 Rubino, *L'ipoteca immobiliare e mobiliare*, 110; Tamburrino, *Della tutela dei diritti (Delle ipoteche)*, 192; Ravazzoni, *Le ipoteche*, 59 s.。

145 参见 Gorla e Zanelli, *Del pegno. Delle ipoteche*, 237; Gazzoni, *La trascrizione immobiliare*, Ⅰ, 138 ss., Ⅱ, 210 ss.。

据《民法典》第2650条，取得不动产的法律文件应当登记，如果没有登记，那么之后的抵押如果已经办理了登记，则抵押登记可以产生设立担保的效力，并可对抗取得不动产的权利主张。但是，当取得不动产的法律文件已经办理了登记，则会导致抵押登记与其他公示形式之间冲突，此时抵押登记仍具有效力，但应按照原登记的顺序而产生效力。如果抵押登记违反了法律的禁止性规定，即以他人财产进行抵押登记，那么该登记无效（nulla），并且在抵押人取得抵押物的所有权后，应重新办理抵押登记。[146]

如果抵押财产是单一法人实体的专项财产（patrimoni separati），那么也应遵循上述规则。比如某个公司作为抵押人办理了抵押登记，抵押财产中的不动产是专项财产，并且该不动产的用途按照《民法典》第2447条-V进行了登记，只要抵押债权人再次陷入"不能对前述特定用途的不动产专项资产主张任何权利"。此时是以他人财产为客体办理的抵押登记，因此该登记无效。但是以具有特定用途的财产办理抵押登记时，则应适用不同的规则：此时，登记只是在不符合特定用途时无效。

在意定抵押的情形，法律认可设立抵押的法律行为将产生债的效力：设立人有使债权人取得抵押担保权的义务。[147]

针对禁止在他人财产上设定抵押，1982年3月25日颁发的第5号法律规定了一种例外情形：以国家担保（garanzia statale）的抵

146 参见 Relazione del Guardasigilli (n. 1147)。另参见 Rubino, *L'ipoteca immobiliare e mobiliare*, 112; Tamburrino, *Della tutela dei diritti (Delle ipoteche)*, 191; Fragali, *Ipoteca (diritto privato)*, 785。相关判决，参见 Cass., 10 settembre 1991, n. 7674, in *Banca, borsa, tit. cred.*, 1993, Ⅱ, 250 ss., con nota di Tardivo, *Ipoteca su beni altrui e garanzie aggiuntive nei mutui c.d. agevolati*。

147 参见 Rubino, *op. cit.*, 113 ss.; Fragali, *op. cit.*, 755。

押贷款，该类担保是有关区域规划的经济和公共住房的房产，“作为《民法典》第2822条第一款的例外情形，为了融资设立的担保可以办理登记且登记有效，在将协议（该协议是指1971年10月22日颁布的第865号法律规定的协议）办理登记后，抵押担保将生效，在区域规划主体获得房产后无需再办理额外的公示”[148]。

如果抵押人取得用于抵押的财产的行为被判定无效，此时仍属于以他人财产设定抵押的情形，也应适用相应的规则，但存在两种例外情形。第一种例外是，如果第三人在取得不动产的法律文件办理登记后五年才提出无效诉讼请求，而在其诉讼请求被登记之前，抵押权人基于善意已经办理了抵押登记，那么此时根据公示公信（pubblicità-sanante）原则，即便法院最终支持第三人的无效诉讼请求，那么也应保护抵押债权人的利益，该判决对其不发生效力。第二种例外是建筑法（Testo unico sull'edilizia）（2001年6月6日颁布的第380号行政命令）第46条第3款规定的情形。该条规定的是因缺乏必要的城市规划信息而导致不动产买卖合同无效的情形：宣告合同无效的判决“不影响根据已登记法律文件获得的担保权利……只要先于旨在请求宣告合同无效的诉讼请求的登记”。

（二）未来物

以未来物设定的抵押，仅自未来物存在时起，对该未来物的抵

148 参见 Gerbo, *Riflessioni in ordine all'ipoteca iscritta ai sensi del decreto Nicolazzi-bis*, in *Vita not.*, 1983, 725 ss.; Gorla e Zanelli, *Del pegno. Delle ipoteche*, 301 s.; Lo Schiavo, *L'ipoteca su beni altrui ed il decreto "Nicolazzi-bis"*, in *Scritti Capozzi*, Ⅰ, Milano, 1992, 755 ss.。另参见 Trib. S. Maria Capua Vetere, 19 settembre 2000, in *Vita not.*, 2000, 1342 ss., con ampia nota di Tardivo, *Ulteriori note in tema di decadenza e revoca della convenzione ex art. 35 legge N. 865/1971 e di riflessi sull'iscrizione ipotecaria ex art. 10-ter.*。

押权登记有效。这意味着，当事人可以通过协议约定在未来物上设定抵押，只是将登记的效力推迟至未来物存在时。[149]

以待建建筑物（edificio futuro）设定抵押的，该建筑物应具有独立性。因此，可以适用《民法典》第2645条-Ⅱ第6款规定的标准，该款规定在建和待建建筑扩及各单元的墙壁、房顶和初步完工的建筑物：如果没有上述工作物，那么建筑则不具有自身的独立性，即便此时抵押人已经基于添附规则而取得其所有权，仍然不能据以办理抵押登记。

《民法典》第2825条-Ⅱ规定了一种非常重要的例外情形，这种情形是为了保障建设资金，以待建或在建建筑物或整个建筑物设定的抵押。从该条规定的文字表述来看，毫无疑问，只要满足法律规定的条件，可以立即据以办理抵押登记。这些条件包括：首先，抵押应为意定抵押；其次，担保的应是为保证建设进行的融资，且已经办理了登记；再次，被担保的债务应用于特定的目的，并可以由抵押权人进行审核。需要注意的是，以购买土地为目的的融资，为其设定的抵押担保，不能立即办理抵押登记，因为该条规定针对的是建筑资金。[150]此外，此类担保必须是融资担保，且应符合银行法的规定。《民法典》第2825条-Ⅱ不能类推适用于其他情形，因此如果不满足上述列举的条件，那么有关未来建筑物的抵押登记无效。[151]

149　参见 Gorla e Zanelli, *Del pegno. Delle ipoteche*, 303。

150　参见 Tardivo, *Trascrizione del preliminare di vendita e finanziamento fondiario*, in *Vita not.*, 1997, 114 ss.。

151　参见 Ravazzoni, *Le ipoteche*, 61。关于未来物的发展以及登记效力和相关的冲突，参见 Chianale, *Le ipoteche*。

就船舶抵押和航空器抵押而言，根据特别法的规定，在宣布开始建造船舶或航空器的声明被注明后，可以用建造中的船舶或航空器设定抵押，并在登记部门就建造中的船舶和航空器办理特定的登记。

最后，根据 1963 年 1 月 27 日颁布的第 34 号法律，建造中的获得行政特许经营权的高速公路，也可以用于抵押。我们可以推论，这种情形下登记的是土地，但实际上涉及的是未来物。[152]

九、共有的不动产

共有不动产抵押涉及许多操作层面的问题，对此民法典第 2825 条做了专门规定，值得注意的是，尽管该条规定是意定抵押，但该条规定可以适用于各种类型的抵押。[153]

在以共有的不动产设定抵押时，应征得全体共有人的同意，但存在两种例外情形。第一种例外情形是，在以船舶设定抵押时，经过占共有物 16/24 以上份额的多数共有人的同意，可以设定抵押。第二种例外情形是民法典第 1108 条最后一款规定的情形，即为担保偿还重建或改良共有财产的贷款，在共有不动产上设定抵押权的，应经过占共有物 2/3 以上份额的多数共有人的同意。

抵押权的效力及于每个共有人享有的份额，因此有多少共有人的份额，就有相应数量的抵押。[154]

152　Fragali, *Ipoteca (diritto privato)*, 755.

153　鲁比诺支持扩展，并得到了一些学者的赞同。参见 Rubino, *L'ipoteca immobiliare e mobiliare*, 145, n. 160; Tamburrino, *Della tutela dei diritti (Delle ipoteche)*, 198。

154　参见 Rubino, *op. cit.*, 145; Tamburrino, *op. cit.*, 199。

绝大多数的问题与被抵押的共有物的分割有关。

根据《民法典》第1103条，共有人可在自己份额内处分自己的权利，也可以在其上设定抵押，但应符合《民法典》第2825条的要求。《民法典》第2825条规定了一种复杂的担保机制，目的在于使抵押权人不会因共有财产被分割而受到影响，即无论是将共有人拥有的个人抽象份额用于抵押，还是以共有的特定不动产来担保部分债权，抵押权都不会受到影响。

如此一来，抵押的效力及于整个财产，如果不动产在共有物分割时被分配给设立抵押的共有人，那么无论是其他共有人在此之前以该不动产设定的抵押，还是该共有人在其他财产上设定的抵押，均溯及既往的消灭。另一方面，如果分配给一名共有人的财产不是其最初设定抵押的财产，则抵押转移至其他可供抵押的财产上，或者将优先受偿权转移至因共有物分割而应支付的折价款或结算差额款上。

有争议的是，如果抵押人只是共有人中的一员，那么是否应该载明该共有人受抵押权约束的份额。[155] 对相关法律制度的重构和分析表明，此时需要区分两种不同的情形。

（1）如果抵押人只是共有人中的一员，且抵押的财产是其个人对共有物享有的抽象份额。

如果共有物分割时，该共有人（抵押人）获得一个或多个不动产，且其获得的不动产的价值与其对应的份额相当，那么抵押的效力存在于其获得的财产上，就好像其一开始办理抵押登记时，就是

155　赞同列明份额的观点，参见 Tamburrino, *Della tutela dei diritti (Delle ipoteche)*, 201。反对列明份额的观点，参见 Rubino, *L'ipoteca immobiliare e mobiliare*, 150。在鲁比诺看来，提及这点实在无关紧要。

以这些财产设定的抵押。

如果共有物分割时，该共有人（抵押人）获得的财产的价值超出其对应的份额，因此其有义务就超出部分向其他共有人支付差价补偿，这种情况下，抵押的效力存在于其获得全部财产上。但是根据法律规定，此时其他共有人对其应支付的差价款享有法定抵押权，共有人的法定抵押权优先于债权人的抵押权。

如果在共有物分割时，该共有人（抵押人）没有被分配任何被抵押的财产，或者分配的财产的价值低于其对应的份额，那么其有权要求其他共有人向其支付差额补偿，此时，原抵押权转移至该共有人应当获得的差额补偿上，即抵押权人可以针对该共有人应得的差额补偿来主张优先受偿权。此时，优先受偿权既存在于该共有人被分配的全部财产，也存在于其应获得的差额补偿款，但不得超出之前设定抵押的财产的价值。

最后，如果分配给共有人的财产是性质上不能抵押的财产，此时会导致担保消灭。

（2）如果抵押人只是共有人中的一员，且抵押的财产是共有财产中的某一个单独财产。

如果分割给该共有人的财产，正是设定了抵押的财产，那么抵押担保的效力将继续存在于该财产上，且不必再办理其他额外的公示手续。

如果在分割财产时，分配给该共有人的财产不是被其设定了抵押的财产，那么抵押权转移至分割后该共有人获得的财产上，但转移后的抵押权维持原抵押权的顺位。此外，根据《民法典》的规定，在共有物完成分割登记后，抵押债权人应在 90 日内重新办理抵押登记。[156]就性质而言，该登记本质上是一种注明。转移后的抵押财产的担保范围，以先前抵押的财产的价值为限。但是也存在一种例外的情形，即当抵押财产被整个变卖的情况，此时抵押债权人的优先受偿权应以变卖的价款为限，同时应与原抵押财产的价值相当。[157]抵押权的转移，不得损害针对全体共有人的抵押权，也不得损害共有人因财产分割而享有的法定抵押权。

如果在财产分割时，分配给该共有人的是一笔钱款或者其享有的是财产的折价补偿款，那么对该笔钱款，抵押债权人在原抵押登记的顺序和先前抵押财产的价值范围内，享有优先受偿权。最后，与前述情形相同，如果分配给共有人的财产是性质上不能抵押的财产，此时会导致担保消灭。

十、船舶与航空器

以船舶和航空器设定的抵押，具有一些独有的特性。[158]原则上，只要与抵押财产的性质不冲突，有关不动产抵押的规则可以适用于

156　经过90天后仍然可以办理登记，但此时不能保有原来的优先顺位，参见Tamburrino, *Della tutela dei diritti (Delle ipoteche)*, 204, n. 26。

157　Gorla e Zanelli, *Del pegno. Delle ipoteche*, 314.

158　参见Rubino, *L'ipoteca immobiliare e mobiliare*, 211; Tamburrino, *op. cit.*, 96 ss.; Ravazzoni, *op. cit.*, 34 s.; Spasiano, *Ipoteca navale e aeronautica*, in *Enc. dir.*, vol. XXII, Milano, 1972, 873 ss.; Tucci, *Ipoteca mobiliare*, 4 ss.; De Marchi, *L'ipoteca navale: considerazioni e raffronti con l'ipoteca immobiliare,* in *Vita not.*, 1987, 63 ss.; Righetti, *Ipoteca navale ed aeronautica*, in *Dig. comm.*, vol. VII, Torino, 1992, 535 ss.; Boero, *Le ipoteche*, 354 ss.。

船舶和航空器抵押。[159]

船舶和航空器抵押只能是基于当事人的意愿而设定，即法律未规定也不承认法定抵押和诉讼抵押。法律允许的例外情形有两种：第一种是由港务长（ufficio dal comandante di porto）或港口当局（autorità consolare）依职权设立的抵押，该类抵押担保的是在生活物资短缺的情况下，为了向船员和乘客支付相应钱款而进行的必要贷款；第二种是由船长在船舶共有人的份额上设立的抵押，其担保的是，某个设立了军备和废物处理公司的共同所有人使用船舶运输所产生的费用。

在共有船舶上设立抵押的决议，应经过 16/24 以上份额的多数同意。如果同意的比例达到了简单多数，即 13/24, 并且事先获得船舶注册地法院的授权——法院的授权应以命令的形式作出，并且应听取不同的意见——的情况下，也可以就整个船舶设定抵押。该规则也适用于以共有的航空器设定抵押的情形。

单个共有人，在征得其他共有人的简单多数同意的情况下，可以用其享有的共有份额设定抵押。

抵押物可以是船舶、浮动平台（如海洋平台）、航空器。此外，抵押财产也可以是建造中的船舶和航空器。不能以军舰和其搭载的武器设定抵押。经抵押人同意，船舶抵押也可以扩展至租金（nolo），即在设立抵押后，因将船舶或航空器出租而产生的债权。此外，抵押的效力还及于抵押物的从物以及可分离物——但是如果某个分离物属于他人所有，且有确定日期的书面文件证明或在公共

159 参见 Gorla e Zanelli, *Del pegno. Delle ipoteche*, 519 ss.; Tamburrino, *Della tutela dei diritti (Delle ipoteche)*, 99。

机构登记，则不受抵押权的约束。

设立抵押的法律文件应采用书面形式，否则将会导致抵押无效，此外，法律规定中所采用的术语“trascrizione”（登记）表明，在办理抵押登记时，法律文件应采用认证的形式。登记具有设权效力并可以采取多种形式：如果抵押的船舶是大船（nave maggiore），则应在国籍文件上（atto di nazionalità）登记编号和注明；如果是小船，即在海岸附近或内海航行的船舶，又或者海洋平台，则应在登记簿（registro di iscrizione）上进行登记；如果是正在建造的船舶或航空器，则应在专门的登记簿上进行登记；如果抵押的是航空器，则应在国家航天部进行登记，并在航空器编号证书上进行注明。

根据《民法典》第 2839 条规定，在办理登记时，需要提交两份附有申请人签字注明的原始文件及其复印件；此外，还应适用《民法典》第 2831 条规定和第 2839 条第 1 项中有关指示债券或不记名债券的规定。当在公共登记部门完成登记后，抵押将获得自己的优先权顺位。在抵押权登记页的空白处，则可以办理《民法典》第 2843 规定的需注明的事项。

就利息计算而言，优先受偿权除了覆盖抵押财产扣押后的利息外，还可以向前扩展，但仅限于扣押前一年的利息。但是法律规定，当事人可以在协议中明确约定可以将抵押优先受偿权对利息的效力扩及更长的年限。

在船舶抵押的情况下，《民法典》关于抵押财产赔偿的代位的规定（《民法典》第 2742 条）还应适用《船舶法》第 572 条，该条是对《民法典》所设定规则的补充（在航空器的情况下，则适用该法第 1037 条）。如果被抵押的船舶发生灭失或毁损，除非用于修理故障，船东因船舶遭受的损坏或造成共同故障而应向船东提供的赔偿，抵押权产生后的援助或救援（如果在扣押前未收取），以及更普遍的保险赔偿。此外，在船舶和飞机被淹没的情况下，或者航空器坠落在机场的控制范围内，如果所有权人不提供补偿，主管当局将着手清除残骸并代表国家出售，并从变卖所得中扣除因此支付的费用，超出的部分将在并存的抵押债权人中进行分配。

《船舶法》第 577 条规定，抵押人的担保义务期限为两年，自被担保的债权履行期限届满之日起开始计算，但因与抵押担保直接相关原因而导致时效暂停和中断的除外。这意味着，就抵押担保而言，并不存在一个法律强制规定的、不可违反的届满期限；相反，该期限是一个可变的期间，并与被担保的债权紧密相关。[160] 因此，有关更新的制度在此不存在适用的空间。

十一、机动车与记名政府证券

1927 年 3 月 15 日颁发的第 436 号行政命令规定了针对机动车的先取特权，这也被认为是《民法典》第 2810 条最后一款规定的抵押。[161] 根据《民法典》第2779条，当与动产先取特权发生竞合时，机动车的抵押权被置于第 2778 条前十项的先取特权之后。

机动车抵押权只能设定在机动车的所有权上。至于种类，既可

---

160 Volli, *Ipoteca navale*, 162.

161 参见 Rubino, *L'ipoteca immobiliare e mobiliare*, 202 ss.; Tamburrino, *Della tutela dei diritti (Delle ipoteche)*, 99 ss.; Ravazzoni, *Le ipoteche*, 35 s.; Arpenti, *Autoveicoli*, in *Nss. dig. it.*, *App.*, Torino, 1980, 601 ss.; Tucci, *Ipoteca mobiliare*, 7; Boero, *Le ipoteche*, 370 ss.。

以是意定抵押，也可以是法定抵押——法定抵押时被担保人是未获付款的机动车销售者，或者代为支付机动车价款的第三人。由于特别法在此领域未作规定，因此似乎应该认为，有关共有分割人的法定抵押规则，不适用于机动车抵押的情形。尽管法律未予规定，但一般认为机动车诉讼抵押登记的效力应得到法律的认可。[162]

设定抵押的法律文件应采用书面形式，否则无效；而且为了办理公示登记的需要，还应对法律文件进行认证。

要想产生抵押的效力，应在机动车登记部门办理登记，并应在所有权证书上（certificato di proprietà）进行注明。抵押登记应由利害关系人提出申请——即便是法定抵押也不例外，因为登记部门并没有登记的义务。《民法典》第 2688 条规定了登记的连续性原则，但并未重申《民法典》第 2650 条第 3 款有关不动产法定抵押的效果——根据《民法典》第 2650 条第 3 款，在不动产法定抵押的情况下，本质上产生了向前溯及力。因登记产生的机动车抵押权，效力为一年，自产生抵押的法律文件之日开始计算。就抵押的优先顺位而言，登记序号决定登记顺序：与之相关的，一般认为可以适用《民法典》第 2853 条和第 2854 条，而且如果因同一法律文件同时产生了销售者的法定抵押和履行辅助人（sovventore）的法定抵押

162　反对机动车诉讼抵押的观点，参见 Rubino, *L'ipoteca immobiliare e mobiliare*, 204; Trib. Milano, 2 ottobre 1967, in *Foro pad.*, 1968, Ⅰ, 147 ss., con nota adesiva di Montel, *Ancora sui limiti di ammissibilità dell'ipoteca sugli autoveicoli*。支持机动车诉讼抵押的观点，参见 Barbieri, *Ipoteca giudiziale su autoveicolo*, in *Arch. giur. circ.*, 1956, 10 ss.; Gentile, *Le ipoteche*, 121; Tamburrino, *Della tutela dei diritti (Delle ipoteche)*, 171; Trib. Cremona, 19 maggio 1965, in *Foro pad.*, 1966, Ⅰ, 85 ss., con nota contraria di Montel, *Ancora in tema di ipoteca giudiziale sugli autoveicoli*; Trib. Bologna, 8 giugno 1968, in *Foro it.*, 1968, Ⅰ, 3120; Cass., 13 maggio 1971, n. 1378, in *Foro it.*, 1971, Ⅰ, 1191 ss.。

权，则两者具有相同的顺位。

如果有关机动车的抵押登记申请被登记部门以存在形式瑕疵为由予以拒绝，那么法律允许申请人向法院院长寻求救济，法院院长可以命令——该命令应以不可异议的决定（decreto non reclamabile）的形式——登记保管人办理登记，如果登记部门仍不办理，也可以安排书记官（cancelliere）或公证人（notaio）办理。

关于财产赔偿代位的一般规定也适用于机动车抵押的情形；抵押代位的效力也及于第三人因损害机动车而应支付的赔偿款，并且抵押债权人可以要求向自己支付。此外，法律还规定，如果未经抵押权人同意，抵押人将其抵押的不动产转让给第三人，那么有关债务人的期限利益照顾也将随之消灭。

机动车抵押的期限不得超过五年，自办理登记之日起开始计算；但当事人通过协议约定再抵押五年的情形除外属于后者的，应重新办理登记且新登记维持之前登记的效力顺位。有关更新的规定不适用机动车抵押。

《民法典》第 2810 条明确规定，根据特别法的规定——无论是之前的还是之后的——可以对国家定期收益设定抵押权：国家公债所采取的公示形式及公示机制，使得可以在其产生的债权上设定一个物权性的担保，并且采用抵押的模式。[163] 最后一次有关的立法是 1963 年 2 月 14 日第 1343 号行政命令，目前这种担保已经失去了实际意义，而且只涉及政府发行的记名债券和纸质债券。

163　参见 Rubino, *L'ipoteca immobiliare e mobiliare*, 218 ss.; Tamburrino, *Della tutela dei diritti (Delle ipoteche)*, 94 ss.。

十二、行政特许经营权下的财产

理论界倾向于将对公共不动产的特许经营权类比为地上权，也倾向于承认这种对他人财产的物权的性质属于私权。[164]有时，法律规定可以对特许经营的财产和特许经营者建设的工作物设定抵押。

矿藏属于不可处分的国家财产。根据 1927 年 7 月 29 日第 1443 号行政法律，对矿藏的利用应取得行政许可，此外，根据 1999 年 8 月 4 日第 339 号立法性政令第 14 条，上述规定也适用于河流。根据《采矿法》（第 22 条），在获得主管机关授权后，可以办理抵押权登记和转让被授予的行政许可权，也即如果采矿权因强制执行而需要对其进行司法拍卖时，也需经过主管的授权。[165]在理论界，一般认为此种情况下抵押权设定在行政许可特权上，而非设定在不动产上。似乎也可以适用法定抵押和诉讼抵押的相关规定。[166]在进行登记时，无需说明抵押权约束的具体的不动产，但是应说明被授予的采矿权所涉及的地域范围以及相关参数。当采矿权期限届满时，抵押权转换为属于采矿权人的债权，即采矿权人应在其将矿藏返还

164　参见 Rubino, *L'ipoteca immobiliare e mobiliare*, 180; Fragali, *Ipoteca (diritto privato)*, 786 s.; Mariani, *Tre casi di diritto ipotecario*, 45 ss.; Cass., 6 giugno 1968, n. 1711, e Cass., 11 novembre 1969, in *Foro it.*, 1968, Ⅰ, 3016 ss.; Cass., 22 novembre 1969, n. 3805, in *Foro it.*, 1970, Ⅰ, 446 ss.。

165　关于矿产抵押，参见 Rubino, *op. cit.*, 182 ss.; Protettì, *Dell'ipoteca e dei diritti del creditore ipotecario nel diritto minerario vigente*, in *Riv. dir. min.*, 1953, 78 ss.。

166　Trib. Torino, 20 giugno 1956, in *Riv. dir. min.*, 1956, 141 s. 另参见 Rubino, *op. cit.*, 183。

给国家机关之前，至少提前一个月通知抵押债权人。如果采矿权人放弃采矿权或因在规定期间内未行使而被取消采矿权，那么在一年时间内抵押权继续有效，在此期间，抵押权人可以要求强制出售被抵押的采矿权。主管部门可以通过拍卖重新分配一个采矿许可，同时要求新的采矿权人有义务实现抵押债权人的债权。当然，主管部门也可以等待一年，因为在这段时间债权人已经完成了强制执行程序的启动。对于采石场和泥炭，如果属于公共所有且私人没有处分权，则应适用有关矿产的规则；如果属于个人所有，则当然可以用于抵押，无需再履行其他手续。

港口也是国有财产的一种（《民法典》第 822 条），具体又可能包括水域、码头、码头泊位、在港区建造的建筑物（例如车辆停车位、商业或办公场所）。[167] 海事管理部门可以授予他人关于港口不动产的占用权和使用权，甚至是排他性的，但必须是附期限的；根据法律，港口使用权人在获得主管机构事先批准的情况下，能够以其在港口国有财产上建设的建筑物设定抵押。[168] 在抵押财产被出卖或被强制执行时，购买人或最终的竞买人将成为在国有财产上建设的建筑物的所有权人，但只有在出让当局授权的情况下才能接管出让人拥有的特许权。由该规定可以推定，在此类财产上也可以设定法定抵押和诉讼抵押。当港口使用权终止时，建设在国有财产上的不可移动的建筑物将归国家所有，且无需进行赔偿或补偿；此

167 参见 D'Aniello, *Porti*, in *Nss. dig. it.*, XIII, Torino, 1966, 292 ss.; Acquarone e Vipiana, *Porti turistici*, in *Dig., sez. comm.*, XI, Torino, 1995, 184 ss.。

168 参见 Trib. Trieste, 3 marzo 1997, in *Foro it.*, 1998, I, 931 s.。在该案中，某片国有海域被授予私人临时占有和使用，在该海域上建立了建筑物，并在该建筑物上设立了抵押，虽然办理了登记，但法院命令解除登记。

外，当港口使用权因期限届满时，相关权限可能因收回（revoca）而失去效力，此时当事人只能针对那些较为稳定的建筑物（opere stabili）要求赔偿；相关权限也可能因没收而失去效力，此时当事人不能针对已经完成的建筑物要求补偿（rimborso）。

属于公共领域部分的内河港口区，在特别授权范围内建设的建筑物抵押方面也适用前述海港的相同规则。

属于国家所有的机场、属于国家航空财产，其实际也适用有关港口的规定。国家行政管理部门可以将机场的土地使用许可授予私人，允许其建造机库或其他建筑物和系统，以及与空中交通相关的设施。如果要在这些建筑物上设定抵押权，则应事先经过特许部门的授权批准。如果特许权被撤回或没收，则应适用前述有关港口部分的规定。

特许经营的铁路属于国有资产，可以通过协商的方式在其上设定意定抵押，但必须在用于铁路运营的个别建筑物和设施上办理抵押登记，并延伸到机车和运营车辆，以及其他属于铁路的从物。此外，在借贷协议签订后获得的不动产或设施，即使它们在特许权结束时将转归国家所有，也可以在其上设定抵押：设定抵押的法律文件必须只指明作为担保标的物的铁路路段和设施类型，以便在购买或建造资产后办理抵押登记。

高速公路以及相关的从物和设施也属于国有财产，取得特许经营权的公司和机构，可以针对 1963 年 1 月 27 日第 34 号法律规定的融资，在其上设立抵押权，但应事先经过 A.N.A.S 的批准。当授权被收回、没收或者被放弃时，抵押权人的优先受偿权转移至特许经营权人可能因此而应获得的补偿上。

私人在获得特许后在公共土地上建造的体育设施可以在其上设定意定抵押，以便为符合1988年11月4日第464法律规定的优惠贷款提供担保。如果是全新的工作物，在融资期限届至前所有权归国家所有，在此期间，特许经营人只能为了担保该融资而将工作物进行对物抵押；如果是在已有工作物上进行的施工，特许经营人受到使用目的和用途的限制，但其可以在获得主管机关批准后，转让体育设施；当需要强制变卖时，则无需经过相关部门批准。对于上述第二种情形，可以办理法定抵押登记和诉讼抵押登记。

十三、工业产权证书

2005年2月10日颁布的第30号立法性政令（《工业产权法典》）的第138条、第140条、第195条和第196规定，可以在工业产权证书上设定担保，可以适用于无形财产的专利权客体（发明、实用新型、植物新品种）或者注册型的权利（注册商标、外观设计、集成电路布图设计）。[169]

这类担保属于普通的民事担保，能够改变债权人之间的平等地位。然而不确定的是，上述担保究竟属于质押——《民法典》第2806条规定的权利质押，还是更确切地说，应将上述担保归入抵押的范畴——因为这类担保中的公示形式并非质押的占有，而恰恰采取的是登记的模式，而这正是抵押的公示形式。

《工业产权法典》第140条规定的担保仅限于通过协商方式设

169 参见 Piepoli, *Autonomia privata e garanzie reali sulla proprietà industriale*, in *Contr. e imp.*, 2009, 627 ss.。更多的论述，参见 Chianale, *Le ipoteche*。

定的意定担保。由于法律没有明确规定法定担保，因此似乎这类担保中不存在法定担保的适用空间；存在疑问的是，是否可以类推适用诉讼抵押的规定，在其上设立诉讼抵押登记。[170]

工业产权法典建立了一套与权利证书相关的公示机制，该机制很大程度上受到不动产公示机制的影响。当发生权利竞存时，将依据登记的先后顺序确定各个权利的优先顺位，但在确定登记的先后顺序时，则依据“提出申请的顺序”。具体负责登记的是意大利专利商标局，该局是意大利经济发展部的下设机构。

《工业产权法典》第138条规定，“无论有偿还是无偿，生者之间设立、变更或转让……根据本法第140条设定的关于前述权利证书的担保权利”的合同，应当登记。这类登记的效力对应于抵押登记的一般效力：上述登记是使得担保可以对抗第三人——已经获得并且合法的保有工业产权权利的主体——的实质和必要条件。

当抵押债权人与第三方购买人之间发生权利冲突时，解决的方案是优先保护先办理登记的一方，即便其相关法律文件的签署期限在后也不例外。当抵押债权人与其他质押债权人之间发生权利冲突时，解决的方案是优先保护后者，即质押债权人，仅在设立抵押的法律文件登记之前已经办理了执行扣押时例外。登记在先解决了放弃工业产权的权利人与被担保债权人之间的冲突。担保权的登记还具有在多个登记债权人之间建立优先受偿权先后顺序的附加功能。

担保的登记是通过提交具有专门形式的注明申请（apposita nota）来完成的，根据《工业产权法典》第195条，该申请应包括：

170　支持诉讼抵押的意见，参见Rubino, *L'ipoteca immobiliare e mobiliare*, 222; Ravazzoni, *Le ipoteche*, 35 s.。

1. 登记申请人的姓名和住址，如果是委托办理的，还应写名代理人的姓名和住址；2. 用于担保的工业产权权利人的姓名；3. 合同的性质或办理登记的事由，同时还应包括担保的内容，并应载明担保的具体金额；4. 请求作为担保财产的工业产权权利清单。此外，在注明时还须附上经认证的设定担保的法律文件的副本，并确保该副本内容与原件内容一致。

以工业产权权利证书设定的物权担保，在办理登记时还应说明担保的债权金额。担保的债权应是金钱之债。有疑问的是，是否应该严格根据法律规定的字面含义（即金钱之债）开展解读，并受唯名论原则的约束，将上述规则严格的限于担保金钱之债上，[171]还是应将法律规定中的担保金额理解为是有关担保债权的解读，正如不动产抵押的情形。[172]无论怎样，基于登记而确定的担保金额，都构成优先受偿权的上限。为了与抵押的机制相协调，应该认为，公示机制的作用使得担保对抗第三人，直到登记注明中的最大债权得到实现。

十四、在有价证券上设立的抵押

长期以来，意大利的法律学者敏锐地感觉到商业实践的需要，掌握了汇票抵押和股份公司利用抵押权为债券提供担保的法律技巧。针对为公司债券提供抵押担保，现行《民法典》在采纳司法实践经验的同时规定了一个一般性条款。

实际上，关于票据抵押的规则和关于公司债券抵押担保的规

171 参见 E. Gabrielli, *Il pegno "anomalo"*, Padova, 1990, 209。

172 鲁比诺已经对此提出了疑问，参见 Rubino, *L'ipoteca immobiliare e mobiliare*, 223。

则，两者是在不同层面上进行的设计，要解决的问题也完全不同。票据抵押规则反映的是抵押发展过程中的一个历史问题和曾经的应对方案，针对的是如何在不遵守抵押制度严格的形式要求——无论是设立的形式要求还是转让的形式要求——的情况下来实现抵押担保的转让。然而为债券提供抵押担保所要解决的问题则完全不同，其作用在于通过物权担保来强化债券的发行和强化投资者对债券的配置，以促进金融市场的更好发展和更好地进行融资。

在以债券为抵押财产设定的抵押中，需要区分票据法律关系和该关系背后隐藏的原因关系。就此处讨论的问题而言，基本的原则恰恰是将抵押担保限制在票据法律关系层面。

由此，我们可以得出几个重要的推论。

如果抵押担保的是票据债务，那么该抵押担保的范围并不包括票据法律关系背后的原因关系而产生的债务；反过来，如果抵押担保的债务是票据基础法律关系产生的债务，那么该抵押担保的范围并不包括票据债务。[173] 因此，如果买卖达成后买方迟延支付价款并为此签发一张汇票，此时，基于买卖法律关系会产生法定抵押，但该法定抵押的担保范围仅限于基础法律关系产生的债权；同时，如

173　参见 Rubino, *L'ipoteca immobiliare e mobiliare*, 45 s.; Gorla e Zanelli, *Del pegno. Delle ipoteche*, 326 s.; Fragali, *Ipoteca (diritto privato)*, 794; Andrioli, *Sulla cambiale ipotecaria*, in *Banca, borsa, tit. cred.*, 1964, Ⅰ, 18 ss.; Martorano, *Titoli di credito,* in *Tratt. di dir. civ. e comm.*, dir. da Mengoni, e Schlesinger, Milano, 2002, 630 ss.。

此外，在出票人和第一个持票人之间，两者之间的关联并未完全分离，因此如果为原因债权设立了抵押，那么票据持票人可以援引该抵押。相关论述，参见 Pavone La Rosa, *Apertura di credito garantita da pegno e anticipazione bancaria*, 463 s.; Libertini, *Questioni in tema di ipoteca cambiaria,* in *Riv. dir. civ.*, 1969, Ⅱ, 63 ss., spec. 81 ss. 另参见 Pio, *La cambiale ipotecaria,* in *Riv. dir. ipot.*, 1972, 1 ss.。

果要想为票据债务也设定担保，则双方应通过协商的方式明确设定新的抵押，且该抵押属于意定抵押。[174]

一般认为，可以在同一个法律文件中为两个法律关系——票据法律关系和基础法律关系——设立抵押。[175] 此外，鉴于两个法律关系之间相互独立，因此这是两个不同的抵押，应当分别办理抵押登记，并且无论是适用的规则还是法律事实构成上，两者都具有独立性，特别是消灭的事由，一个是随着票据债务的消灭而消灭，另一个则随着基础法律关系之债的消灭而消灭。

最后，基于票据法律关系的无因性，票据债权的消灭将会导致票据抵押的消灭，而且该消灭独立于基础法律关系。[176]

正如普通抵押一样，为债券设定的抵押可以是意定抵押；如果债券并不是直接作为执行的依据，而是在普通诉讼中作为一种工具以便获得一个与证券债务相关的给付之诉判决，那么也可以是法定抵押。如果发行无记名债券的目的仅在于为债务人提供便利，以最大化的发行，那么不能适用诉讼抵押。[177]

对于指示债券，《民法典》第 2839 条规定需办理注明手续，即

---

174 参见 Rubino, *L'ipoteca immobiliare e mobiliare*, 47; Gorla e Zanelli, *Del pegno. Delle ipoteche*, 327, n. 9; Trib. Napoli, 22 novembre 1957, in *Foro it.*, 1958, Ⅰ, 159 s.; Trib. Taranto, 29 marzo 1976, in *Giur. Comm.*, 1976, Ⅱ, 805, con osservazioni di Menghi。

175 至于哪个是抵押权的扩展，这是一个关于设立人意思表示的解释问题，应由审理法院决定，具体参见 Cass., 15 febbraio 1967, n. 391, in *Foro it.*, 1967, Ⅰ, 1549 ss.; Rubino, *op. cit.*, 46 s.。

176 参见 Cass., 14 marzo 1980, n. 1724, in *Banca, borsa, tit. cred.*, 1981, Ⅱ, 288（在该案中，担保因超过三年期限而消灭）。

177 持此观点的是鲁比诺，参见 Rubino, *op. cit.*, 60; 戈拉和坦布里诺持反对意见，参见 Gorla e Zanelli, *op. cit.*, 327; Tamburrino, *Della tutela dei diritti (Delle ipoteche)*, 228 s.。

在债券上注明债券已办理抵押登记的情况。这种公示形式，尽管是产生担保效力的必要条件，但并不会使抵押权获得票据权利的属性。[178] 正是因此，只有抵押权转让时才适用被担保的债券的相关规则：抵押之债从属于债券债务，遵循主债务的相关规则。这意味着，即便是从非票据权利人处获得的，也受到票据法的保护。即便是以债券设定担保，总是需要当事人在债券之外另行签订担保协议，而该协议是办理抵押登记和注明的依据。因此，对于此类抵押担保不适用票据法上的抽象原则和文义证券原则。就问题的实质而言，值得注意的是，票据的抽象原则是为了保护持票人，以使其可以对抗票据债务人，即票据债务人不能基于其对票据基础关系债权人的抗辩来对抗持票人，如果将抽象原则扩展延伸适用于抵押关系，那么既会损害抵押人的其他债权人的利益，也会损害被抵押的票据受让人的利益，因为法律并未授予后两类人抗辩权，也不会改变不动产的交易规则。[179]

一般认为，《民法典》第 2844 条和第 2845 条规定表明，票据文

178　这种解决方案如今已经得到普遍认可，参见 Rubino, *L'ipoteca immobiliare e mobiliare*, 57 ss.; Pavone La Rosa, *Apertura di credito garantita da pegno e anticipazione bancaria*, 455 ss.; Martorano, *Titoli di credito*, 644 ss.; Guglielmucci, *L'ipoteca cambiaria come garanzia extracartolare*, Milano, 1966, 65 ss.; Partesotti, *I titoli all'ordine*, 2 ed., in *Comm. del cod. civ.*, fond. da Schlesinger, cont. Da Busnelli, Milano, 2003, 143 s.; Gorla, e Zanelli, *Del pegno. Delle ipoteche*, 338 ss.; De Martini, *Girata di cambiale ipotecaria e trasferimento dell'ipoteca*, in *Banca, borsa, tit. cred.*, 1949, Ⅱ, 111 ss.; Trib. Napoli, 3 ottobre 1953, in *Riv. dir. comm.*, 1954, Ⅱ, 286 ss., con nota siglata di Mengoni, *In tema di cambiale ipotecaria nel fallimento*; Di Gianbattista, *Temi e problemi sull'ipoteca cambiaria*, in *Rass. dir. civ.*, 1999, 28 ss.。

179　参见 Pavone La Rosa, *op. cit.*, 458 s.; Fragali, *Ipoteca (diritto privato)*, 794; Cass., 2 giugno 1978, n. 2754, in *Giust. civ.*, 1979, Ⅰ, 157 ss.; Trib. Taranto, 29 marzo 1976。

义原则不适用于此处讨论的情形。如果认为登记无效进而要提起无效之诉，那么即便票据已经被转让给另一人（prenditore）而且该受让人并未在抵押权登记页的空白处进行注明的，那么诉讼应对已经办理登记的债权人提起。质言之，法官在判决中可以命令解除抵押的效力，而在相关的诉讼中持票人并未参与，而由于其未参与，也就是在没有废除票据上注明的情况下废除了抵押的效力。因此，对于受让人而言，在证券上注明的文字，并不适宜作为其信任存在抵押的依据。[180]

此类抵押不具有票据权利的属性，这一点在实践中具有重要的意义。首先，对于票据的持票人总是可以对其提起抗辩——即便其已经办理了抵押注明手续也不例外——抗辩既可以是主张抵押设立协议无效，也可以是主张抵押登记无效。类似地，如果抵押登记注明的内容（nota di iscrizione）与在票据票面上注明（annotamento sul titolo）的内容不一致，如果不动产登记部门有记载的，应优先按照该记载的文字内容来确定效力。[181] 此外，票据债权人也可以主张某些与抵押有关的抗辩：这些抗辩可能是与票据的本身属性有关——比如被抵押的票据无效、不具有效力，再如所附解除条件已经具备或者所附生效条件不具备；也可能是抵押财产不属于法律规定的可抵押的财产，还可能是抵押因债权消灭之外的原因而消灭。[182]

签发票据和以票据设定抵押有时会遵循截然不同的规则。无权代

---

180 Guglielmucci, *L'ipoteca cambiaria come garanzia extracartolare*, 77 ss.

181 但是在鲁比诺看来，四个金额如果不一致（即抵押设立文件中的金额、登记部门的金额、票据上金额、在票据上注明的金额）仍然有效，但应以金额较小者为准。参见 Rubino, *L'ipoteca immobiliare e mobiliare*, 58, n. 161。

182 参见 Rubino, *op. cit.*, 58 s.; Martorano, *Titoli di credito*, 649 s.; Partesotti, *I titoli all'ordine*, 140 ss.。

理人签发的汇票，其票据效力约束的正是该无权代理人——该汇票仍可正常流通——但是如果该无权代理人在票据上设定了抵押，那么该抵押将不具有效力——即便在票据上已经办理了注明也不例外（《民法典》第2822条）。两者的不同还体现在无民事行为能力人的法定代理人的权限方面：根据票据法，法院可以批准父母签发汇票，但根据《民法典》第320条，在获得监护法官批准后，父母可以在为票据设立抵押担保；根据《民法典》第375条，在经过法官准许后，监护人可以实施上述两种行为，但应事先征求监护法官的意见。[183]

十五、续论（一）：指示证券

除了指示汇票外（cambiale ordinaria），任何种类的指示证券——即便该证券代表的并非金钱之债（比如，代表商品的证券，该类证券的作用在于履行交付货物的债务并且担保货物的瑕疵）——都可以作为抵押财产。[184] 此外，在实践中，较为常见的是一种为汇票提供的抵押（ipoteca a garanzia di cambiali），特别是关于将来付款汇票（pagherò cambiari）的抵押：这是一种交易工具，其功能在于可以更为简易地对承诺付款的行为提起诉讼：一方面，这类票据适用票据的抽象性原则和文义性原则；另一方面，这类票

---

183 如前所述，这是一种职责上的划分，因此是强制性的。因此不允许从法官那里获得应由监护法官颁发的决定，因为这是后者权限范围内的事项。

184 持此观点的意见，参见 Gorla e Zanelli, *Del pegno. Delle ipoteche*, 336; Rubino, *L'ipoteca immobiliare e mobiliare*, 48; Fragali, *Ipoteca (diritto privato)*, 794; Maiorca, *Ipoteca (diritto civile)*, 69; 马里亚尼则持相反意见，但未说明理由，具体参见 Mariani, *Tre casi di diritto ipotecario*, 276。

据又通过抵押担保得到强化，可以在不遵守抵押的严格的形式要求的情况下进行流转。对于农业汇票，也可以为其设立抵押担保来强化其信用。然而，这类汇票的规则具有自身的独特性，与抵押担保制度并没有太多的一致性。[185]

所有的票据债务，都可以通过设立抵押来得到担保，如出票人的债务、背书人的债务。此外，如果事先没有明确约定，抵押担保的范围仅限于专门为其设立担保的票据债务，不能延及扩展至后续因背书而产生的后手的票据债务，也不能延及扩展至抵押设立前已存的前手的票据债务。[186] 当然，抵押设立人也可以将其抵押担保的范围扩展至设立前的若干个或者全部债务，也可以扩展至设立后的若干个或者全部债务——此时属于《民法典》第 2852 条规定的“根据已存关系可能产生的债务”的情形；甚至，抵押设立人还可以将其担保范围扩展限定在某一类债务（比如仅限于背书人的债务）。之后，任何针对被担保债务人提起票据之诉的人，无论是通过直接方式还是通过追索都可以援引抵押。

根据一般原则，如果是意定抵押，那么用于登记的法律文件，需要采取公证的形式或者经过认证的私证书的形式。

此外，在设立抵押的法律文件中需要准确地载明担保的债权以

185 关于这类票据，参见 Pavone La Rosa, *Apertura di credito garantita da pegno e anticipazione bancaria*, 475 ss.。

186 参见 Gorla e Zanelli, *Del pegno. Delle ipoteche*, 327; Guglielmucci, *L'ipoteca cambiaria come garanzia extracartolare*, 91 ss., 111 ss.; Pavone La Rosa, *op. cit.*, 462, n. 175; Vigo, *Impresa*, 17。另参见 Martorano, *Titoli di credito*, 631, n. 436。鲁比诺和马约卡一方面认为抵押担保的是将来支付票据记载的金额，另一方面认为抵押担保扩及之后而非之前的债务，如此一来，实质上是忽略了票据上多个债务之间的相互独立性，具体参见 Rubino, *L'ipoteca immobiliare e mobiliare*, 48; Maiorca, *Ipoteca (diritto civile)*, 69。

及必要的充分信息。一般认为没有必要完全重复证券的内容，只要载明出票日期、付款期限、出票人和债权人的种类、付款金额即可。

办理抵押登记后，该登记的效力旨在优先保护指示证券的持有人。这意味着，设立抵押行为是为了第一个受让人的利益，或者当证券被流通转让后，抵押是为了最后一个被背书人的利益。如果指示证券是为出票人自身的利益而签发的，也可以为该抵押人的利益设立抵押担保：票据法律关系的无因性（抽象性），使得票据关系不会因票据债务的混同而消灭，这也导致无论是针对抵押人还是为抵押人利益而设立的抵押登记都是有效的。如果在抵押设立后，指示证券没有再被背书转让给他人，那么抵押的受益人将是设立文件中指明的人；反之，如果指示证券又被背书转让给他人，那么抵押登记的受益人则是证券的持有人，也即根据证券法律规定受让证券的人；需要特别注意的是，在抵押协议签订后办理抵押登记前，此段时间内发生的背书转让，不必采取认证的方式。[187]

在主管部门办理完登记后，登记保管人将在被担保的债券上进行注明，此时应由申请人出示该证券。注明是产生担保效力的必要

187　持此观点的是戈拉，他认为法律未要求在背书时需经过认证的原因是减少票据流转中固有的风险，即在背书转让中可能会存在伪造的签名，他的观点也得到其他学者的赞同，具体参见 Gorla e Zanelli, *Del pegno. Delle ipoteche*, 345 s.; Tamburrino, *Della tutela dei diritti (Delle ipoteche)*, 217; Pavone La Rosa, *Apertura di credito garantita da pegno e anticipazione bancaria*, 448; Ravazzoni, *Le ipoteche*, 59, 68; Martorano, *Titoli di credito*, 635, n. 441。但也存在不同的观点，如 Cass., 25 novembre 1948, n. 1835, in *Foro it*., 1949, Ⅰ, 863 s.; Rubino, *L'ipoteca immobiliare e mobiliare*, 49; Mariani, *Tre casi di diritto ipotecario*, 282 ss; Maiorca, *Ipoteca (diritto civile)*, 70。尽管他们也认为通过背书转让的抵押独立于背书的形式，但他们认为，为了最后被背书人的利益而办理的登记，有必要进行认证，因为在某种意义上，这是对抵押设立行为的补充和完善。但他们的意见目前仍属于少数人的意见。

条件，如果没有注明则会导致登记无效。[188]

法律允许当事人在债券上记载先前已经存在的债权债务（preesistente obbligazione）：经债权人和债务人协商同意，双方可以基于已经有抵押担保的债务，再签发汇票。此时，存在两个法律关系，一个是票据法律关系，一个是票据法律关系的原因关系，由于两个法律关系并不相同，因此尽管针对原因法律关系设定了抵押担保并办理了相关登记，但不能基于该抵押担保登记而在新签发的汇票上办理抵押注明手续，因为如果可以这么做的话，将意味着原抵押担保的效力等级及优先顺位，也将适用于票据法律关系。[189]因此，如果双方当事人经协商同意签发汇票，则该协议应包含设立新抵押担保——该新担保不同于为原因关系设立的担保——的内容，新抵押的担保范围是票据债务，其优先顺位则以办理登记的时间为准。

实践中可能产生疑问的是，如果在抵押登记办理之前，指示证券被遗失、失窃或毁损，此时该如何处理。当上述不幸情况发生时，对于债权人而言，如果是为了维持抵押担保的效力，那么并不能立即启动公示催告程序（procedura di ammortamento del titolo）。事实上，根据公示催告程序的规定，当无人提出异议时，法院可以命令批准支付票据金额；但是，法律并未规定可以命令登记保管人在没有票据的情况下办理抵押登记。然而，票据的持有人可以在出

188 这种意见是较为普遍的观点，具体参见 Rubino, *L'ipoteca immobiliare e mobiliare*, 51; Gorla e Zanelli, *Del pegno. Delle ipoteche*, 331; Pavone La Rosa, *Apertura di credito garantita da pegno e anticipazione bancaria*, 448 ss.。上述学者进行了广泛的论证，并且援引《民法典》第2841条作为无效的依据，因为如果没有注明的话，那么将会使第三人不知道也无法确定现持票人是否享有行使抵押的合法权利。相反的意见则认为，只要通过对照抵押设立文件和债权文件，能够确定被担保的具体债权就足够了，具体参见 Libertini, *Questioni*, 66 ss.。

189 质疑的意见，参见 Partesotti, *I titoli all' ordine*, 138, n. 53。反对意见，参见 Libertini, *op. cit.*, 66。

示公示催告判决后从出票人处获得票据的副本，如此一来，可以在该副本上办理抵押登记及注明。

在商事交易中，商人之间还存在票据债务更新的实践：当事人经协商达成债务更新协议后，重新签发新的票据以替代旧的票据——特别是当原票据的期限届满时——有时还会产生债的更新的效果。[190] 如果旧的票据还附有抵押担保，那么为了办理注明手续，还应向登记部门提交新的票据。至于当事人之间的债务更新协议则应采取认证的方式，并且也应提交给登记保管人。[191] 此外，如果签发新的票据产生了债的更新的效果，那么应明确约定原抵押担保仍对更新后的债权有效，并符合《民法典》第 1232 条的要求。[192] 在具体办理时，应扩大适用《民法典》第 2887 条规定，由当事人先出示重新签发的票据，然后登记保管人再在票据上办理注明手续，并载明原担保向新票据转移的情况。[193] 鉴于现行法律没有具体的规定，登记保管人不能在抵押登记权页的空白处办理任何注明。[194]

190　对此的一般论述，参见 Pavone La Rosa, *Apertura di credito garantita da pegno e anticipazione bancaria*, 267 ss.; Martorano, *Titoli di credito*, 656 ss.; 关于抵押公示，参见 Mariani, *Tre casi di diritto ipotecario*, 287 ss.; Vigo, *Impresa*, 24 ss.。

191　参见 Pavone La Rosa, *op. cit.*, 466, n. 183。

192　因此，如果抵押人是债务人之外的第三人，为了维持担保的效力，当出票人和持票人达成关于更新的协议后，还应得到第三人的附议（adesione）。在这种情况下，只要第三人的附议采取的是认证形式就足够了。参见 Cass., 4 maggio 1990, n. 3727, in *Giur. it.*, 1990, Ⅰ, 1, 1710 ss.。

193　参见 Pavone La Rosa, *op. cit.*, 466; Martorano, *op. cit.*, 657 s.; Gorla e Zanelli, *Del pegno. Delle ipoteche*, 334。另参见 Chiomenti, *L'annotazione dell'ipoteca sulle cambiali di rinnovo può sanare la mancata annotazione sui titoli originari?*, in *Riv. dir. comm.*, 1980, Ⅱ, 165 ss.。

194　参见 Gorla e Zanelli, *op. cit.*, 331; Rubino, *L'ipoteca immobiliare e mobiliare*, 52, n. 134。但也存在不同的判决，如 Cass., 19 maggio 1978, n. 2256, in *Foro it.*, 1978, Ⅰ, 2785 ss.。似乎该判决认为有必要在登记的空白页处注明更新的情况。

十六、续论（二）：无记名证券

根据《民法典》第2831条第1款规定的字面含义，无记名证券可以通过设立抵押的方式获得担保。

没有理由认为应将对无记名证券的抵押担保限于公司债券的情形。对该类抵押担保，《民法典》第2831条第3款做了专门的规定，其正当性基础在于此类债券是面向公众发行的，且持有人数量众多。此外，对于其他种类的无记名证券，则可以适用一般规定。[195]

首先，任何面向公众大量发行的无记名债券都可以通过设立抵押的方式来获得担保。此外，如果无记名证券的权利内容包括了获得股息的财产性权利，那么该股息也可以通过抵押获得担保，如果无记名证券的权利内容包括了财产性权利和参与管理的权利（partecipazione cooperativa），那么该权利也可以通过抵押获得担保。由抵押担保而赋予股东的优先特权，与红利分配和公司清算时财产的再分配有关，这些构成股东基于公司法律关系而对公司享有的可能产生的债权（crediti eventuali），因此可以适用《民法典》第2852条来获得担保。

当汇票或指示证券是面向公众发行时，也可以适用为无记名证券设定抵押的规定。[196] 此外，面向公众发行并非抵押登记效力的必要条件，公司的单个债务也可以通过设定抵押获得担保。[197]

---

195 参见 Tamburrino, *Della tutela dei diritti (Delle ipoteche)*, 224 ss.。

196 参见 Martorano, *Titoli di credito*, 666 s.。

197 持此意见的是坦布里诺，参见 Tamburrino, *op. cit.*, 226 s.。相反的观点，参见 Martorano, *op. cit.*, 663 ss.。

为债券持有人利益设立的抵押登记，遵循的正是集体抵押或公众抵押（ipoteche chiamate collettive, o di massa）的规定。基于《民法典》第2831条第3款，抵押登记应载明债券发行人，但无需记载债权人，因为此时尚不知晓债权人的身份，后者需要在认购之后方才能够确定。但是根据公司法的规则，抵押登记应载明债券发行人和其地址，因为根据《民法典》第2412条，如果公司想要在超出公司净资产的范围外发行债券，只有在提供担保的情况下，其发行才是合法的。依据《民法典》第2852条，抵押所担保的债权应是认购债券之后产生的债权，并且该债权可以是根据已存关系可能产生的债权。[198]

事实上，作出发行提供实物担保债券决议的机构应当指定一名公证人，该公证人应为债券持有人的利益，来负责办理该担保所必需的手续。

根据《民法典》第2412条，以公司不动产设定的一级担保且金额不超过公司不动产价值2/3，可以发行债券。对于此种情形，应由公证人员负责调查核实公司是否存在上述资产以及是否满足上述条件。

抵押登记时应载明债券发行人、发行决议的日期、债券的类别、编号和债券的金额。除此之外，法律没有规定登记保管人需在债券上再作相关注明。事实上，登记的细节应由公司负责。此处尽管提及相关内容，但并没有太多的实际意义，即便未记载也不影响担保的效力。[199]

根据规定，在指定债券持有人的共同代理人——该代理人应由

198　参见 Gorla e Zanelli, *Del pegno. Delle ipoteche*, 340; Rubino, *L'ipoteca immobiliare e mobiliare*, 61; Fragali, *Ipoteca (diritto privato)*, 797。

199　参见 Rubino, *op. cit.*, 60。

债券持有人大会通过决议任命或由法院通过裁决方式任命——后，在抵押登记页的空白处应当登记该代理人的名字。注明时应当提供债券持有人大会的决议或者任命的司法决定复印件。类似地，如果代理人终止代理且任命新代理人的，也应办理注明手续。[200] 鉴于代理人是债权人的代表，其享有民法典第 2418 条规定的权利，也可以向其寄送有关抵押事项的传票和通知，以及企业登记和信息，和司法部门指定的公告。[201] 如果在办理登记时没有登记或注明债券持有人的共同代理人的名字，《民法典》第 2845 条第 3 款规定，此时传票和通知应当寄给司法机构任命的专管人。[202]

十七、续论（三）：记名证券

《民法典》第 2823 条仅提及了指示证券和无记名证券，可以理解为是针对这类证券的特别规定。就记名证券而言，其也可以通过设定抵押来获得担保，但是一般认为，此时只能适用一般规定：在办理登记时不需要在证券上进行注明；转让抵押时应适用民法典第 2843 条的规定。[203]

200 参见 Rubino, *L'ipoteca immobiliare e mobiliare*, 61, n. 173。

201 关于共同代表人的权力，参见 Rubino, *op. cit.*, 62 ss.。

202 在鲁比诺看来，司法任命是扩充适用《民法典》第 2417 条的结果：相关的职权应属于公司所在地法院的院长，其在听取当事人意见后，通过发布不可置疑的命令的方式作出决定；之后，当债权人选出代表人并完成注明后，管理人的职责将自动终止。参见 Rubino, *op. cit.*, 65。

203 参见 Gorla e Zanelli, *Del pegno. Delle ipoteche*, 336。但也有学者认为，对于记名证券，可以类推适用不记名证券的相关规定，参见 Pettiti, *I titoli obbligazionari delle società per azioni*, Milano, 1964, 144 s.; Libertini, *Questioni*, 79 n. 40。

与之相关的主要的问题是，如何办理公司发行的记名证券的抵押登记？

一方面，根据抵押的规则，似乎登记时只需登记单个的认购人，无需记载证券的类型和编号，也无需注明共同代理人的名字，如果发生诉讼，相关通知应分别向每个证券持有人发出。[204] 另一方面，根据前述关于公司债券发行的法律规定，似乎不能在作出发行债券决议后再收集债券认购人的名字，而应是先办理抵押登记再发行债券。

因此，为记名债券设定的抵押担保，在办理登记时似乎应该类推适用法律关于无记名债券的相关规定，即《民法典》第 2831 条第 3 款规定。[205] 因此应先办理抵押登记，然后再进行债券的发行和认购，如此可以保证法律机制的一致性，即尽管是两种债券，但无论是记名债券还是无记名债券，就抵押担保的登记机制而言则只有一个，且在共同代理人的权利方面，两者也不会因债券种类而有差别。

此外，理论界还对附抵押担保的债券转化时——记名债券转为无记名债券，或无记名债券转为记名债券——抵押担保的规则进行了讨论。[206] 就登记而言，应根据设定抵押时债券的种类来确定其适用的规则。因此，当记名债券转变为无记名债券的，将导致以下义务：

204　鲁比诺持此观点，参见 Rubino, *L'ipoteca immobiliare e mobiliare*, 67。

205　持此观点的，参见 Libertini, *Questioni in tema di ipoteca cambiaria*, in *St. Scaduto,* Padova, 1968, 23; Martorano, *Titoli di credito*, 633, n. 440。马约卡持相反观点，其认为任何情况下，登记都应是为所有债券持有人的利益而登记，参见 Maiorca, *Ipoteca (diritto civile)*, 68。

206　除了普通的记名债券与不记名债券之间的相互转换外，过去还存在从储蓄性债券向普通记名债券的转换。

一是将债券转变的情况办理注明手续；二是如果没有任命共同代理人的，应任命共同代理人，并在抵押权登记页空白处注明；三是相应的法律文件应进行认证。[207]在注明手续完成前，对第三人而言，抵押仍保留原抵押——与记名债券相关的——效力，因此，相关的通知仍应分别向利害关系人发出。[208]相同地，当无记名债券转变为记名债券时，应在抵押权登记页空白处进行注明，并采取认证的方式。[209]

十八、票据上所附抵押的转让

根据《民法典》第2831条，附抵押担保的指示证券，如果被转让给其后手，那么该指示证券上所附的抵押担保将随之一并被转让给受让人。此时，受让人不负有办理《民法典》第2843条规定的注明义务。

《民法典》第1995条规定，有价证券的转让也包括有价证券固有的从权利，因此指示证券上依附的抵押权在转让时也应基于证券转让的规则、通过背书的方式实现。善意取得有价证券的占有人基于证券流通的相关规则，也取得相应的抵押担保；[210]抵押权属于证

207 参见 Rubino, *L'ipoteca immobiliare e mobiliare*, 67。该学者指出，向不记名债券的转换不构成一种更新，因此无需作出继续维持担保的明确表示。

208 参见同上。无论如何，第三人都有权要求进行注明，并向登记部门提交必要的文件。

209 参见 Gorla e Zanelli, *Del pegno. Delle ipoteche*, 336 s.; Rubino, *op. cit.*, 67; Martorano, *Titoli di credito*, 667 s.。

210 针对第三人保护的详细论述，参见 Pavone La Rosa, *Apertura di credito garantita da pegno e anticipazione bancaria*, 456 ss.; Partesotti, *I titoli all' ordine*, 138 ss.。但是，马尔托拉诺认为，抵押担保的转移是依据《民法典》第1263条，而非第1995条和第2011条，具体参见 Martorano, *op. cit.*, 627 ss.。

券的受让人，是票据债权的从权利；此外，没有必要适用有关不动产所有权转让的规则——记名证券的取得和不动产所有权取得，法律为两者提供的解决方案并不相同，要求也不一样。

根据票据法，当事人可以实施回头背书（la girata di ritorno）——该类背书是为之前的票据债务人的利益而实施的背书。票据债务并不因混同而消灭，票据债权仍可以通过后续背书被转让。[211] 基于担保的从属性，这导致抵押权也不消灭。对此，可以举实践中常见的一种情形为例。比如甲签发了一张汇票（vaglia cambiario），并且为该汇票提供了抵押担保，之后甲成为该汇票回头背书的被背书人（giratario di ritorno），其打算根据《民法典》第 2843 条规定办理汇票转让的注明手续：此时本质上属于一种抵押人为自己利益设立抵押的情形。

上述规则也适用于其他类似的票据权利转让的情形。比如，一张出票时即附有抵押担保的汇票，持票人因未获付款而发起追索，某个背书人或被追索人在支付款项后取得法定代位权。[212] 此时根据票据法的规定，向追索人支付了款项的背书人或被追索人获得了针对出票人的债权，同时也将导致抵押权随之发生移转，当事人无需再办理其他额外的公示措施。

上述规则也应适用于所有其他因背书而产生的法律效果。关于担保的背书赋予被背书人所有关于抵押实现和保全的权利，即便未

211　关于回头背书，参见 Pavone La Rosa, *Apertura di credito garantita da pegno e anticipazione bancaria*, 291; Partesotti, *I titoli all' ordine*, 108 ss.。

212　参见 Rubino, *L'ipoteca immobiliare e mobiliare*, 54。

履行《民法典》第 2843 条规定的注明手续也不例外。

无论如何，《民法典》第 2843 条规定的注明手续都具有重要的意义，主要体现在两个层面：一是可以确定与抵押有关的传票和通知的适格接收人；二是可以确定有权同意解除抵押登记的适格主体。如果票据持票人想要为了自己的利益而办理注明手续，那么除了应出示该票据外，还需要办理票据上相关背书连续且真实的认证。[213]

在某些特别情况下，为了实现抵押权的转让，还有必要根据《民法典》第 2843 条规定在抵押权登记页的空白处进行注明。

如果是在提示承兑被异议后再进行的背书，或者是在提示付款期限后进行的背书，此时会产生债权普通转让的效果，此时需要办理《民法典》第 2843 条的注明手续；此外，如果采取非背书的方式而在证券上设定法律约束力，比如质押或假扣押，那么也需要办理《民法典》第 2843 条的注明手续。

如果出票人在签发汇票时附有“不得转让”（non all’ordine），此时仍然可以通过一般的方式进行转让，并且产生债权转让的一般效果。此种情况下，应办理《民法典》第 2843 条的注明手续。

与抵押担保有关的法律行为——比如将抵押权的顺位向后调整，此时并不受调整证券法律关系的规则的约束——也需要在抵押

---

213 根据鲁比诺的观点，持票人可以针对未经认证的前手行使追索权；在帕尔泰索蒂看来，如果不存在为了现持有人的注明，那么可以向不动产登记的债权人发出通知，该债权人应立即通知其被背书人，后者——直至现持票人——应对背书人未履行债务承担损害赔偿责任。具体参见 Rubino, *L’ipoteca immobiliare e mobiliare*, 54; Partesotti, *I titoli all’ ordine*, 139 s.。

权登记页空白处进行注明。[214]

无记名证券上依附的抵押权在转让时，同样依循无记名证券转让的规则，这意味着应将无记名证券交付给受让人。面向公众发行的证券，不能根据《民法典》第 2843 条办理注明，因此传票和通知交给《民法典》第 2845 条规定中的证券持有人的共同代理人或司法机构指定的专管人。

214　参见 Rubino, *L'ipoteca immobiliare e mobiliare*, 54。

第十四章　抵押登记及顺位

一、抵押的公示形式

《民法典》第2808条第2款规定，抵押权“通过在不动产登记簿上进行抵押登记而设立”，即赋予登记设立抵押的效力。但是，抵押登记并不适用抽象性原则（astratta）：如果没有设立抵押的法律文件，或者设立抵押的法律文件无效，那么即便在登记部门完成了相关的登记，单纯的抵押登记也不能产生合法有效的担保效力。另一方面，如果设立抵押的法律文件存在瑕疵，那么抵押登记也不能弥补该瑕疵。比如，如果抵押合同被法院判决宣告无效，那么该无效判决将推翻第三人已经取得的权利——即便该第三人是基于善意且已经办理了抵押登记——且没有时间限制。

如果当事人没有办理抵押登记，那也不意味着没有任何法律效果；反之，可能仍会产生一些重要的、特别的法律效果。理论界认为，当存在设立抵押的法律文件时，债权人成为抵押的权利主体——尽管该权利是一种对人的权利，但具有自身的独立性（autonomo）——该权利针对的是债务人或者为债务人提供抵押担保的第三人。这种权利可以放弃，而且如果放弃的，不必遵守《民法典》第 2879 条有关放弃抵押登记的规定。理论界还认为，这种权利受到时效的限制——该时效的时间为十年——时效具有独立性，与债务履行的期限无关。

根据当今的理论，特别抵押的法律文件——其主要是意定抵押，但也包括法定抵押残留的一些痕迹——能够产生一些额外的具有实质意义的法律效果，体现在一系列的消极义务和积极义务——当然都对应于债权人的利益。如此一来，就意定抵押而言，因受到抵押人意愿的影响，在合同层面，抵押担保的特征变得更富层次和更加多面。

在抵押登记办理前，抵押人具有消极义务：一方面，其不得实施可能妨碍办理抵押登记的行为；另一方面，不得预先实施可能导致抵押财产价值减损的行为。这意味着，抵押人不能改变抵押财产的事实状态，也不能在抵押财产上创设足以对抗抵押债权人的权利。根据《民法典》第 2743 条，债权人享有要求提供补充担保财产的权利，该权利正是源自抵押人设立担保的意愿——一旦抵押人表明设立抵押的意愿，那么债权人就可主张《民法典》第 2743 条规定的提供补充担保财产的权利。

在积极义务方面，抵押人有义务配合办理合法有效的抵押登记：如果是通过单方行为设立的抵押，那么应向债权人提供设立抵押的证书和文件，应向债权人交付经过签名和认证的证书和法律文件；如果抵押的财产不符合《民法典》第 2650 条有关登记连续性的要求，还应办理其获得抵押财产的相关登记。

如果抵押人是债务人之外的第三人，那么该抵押人与被担保的债务人之间的实体法律关系，也受到《民法典》第 2868 条以下条款的规制，并且该法律关系只是源自设立担保的法律文件，与是否登记无关。

由此可见，登记唯一的设立效力体现在可以产生一种能够对抗第三人的优先受偿权，即对抵押财产——即便该财产已经为第三人获得和控制——进行强制执行，并优先于其他债权人，就拍卖或变卖所得的价款清偿自己债权的权利。这种效力完全类似于基于登记而产生的先取特权的效力。此两种体系——一种是抵押登记的优先权，一种是基于登记的先取特权——并行的机制，可以在《民法典》第 2916 条中找到依据。该条规定，在分配因强制执行取得的收入款项时不予考虑的情形既包括扣押后登记的诉讼抵押权，也包括扣押后登记的为生效而必须登记的先取特权。

二、抵押权顺位

如果在同一财产上存在数个抵押权，就有必要采纳和规定一个标准，以解决数个竞存的债权人之间的债权冲突。抵押担保依托不动产的公示机制来进行公示，就解决抵押担保之间的竞存而言，这种机制显得非常适宜，也是一种完美的工具。即每个抵押权，依据其办理抵押登记的时间来确定各自的优先顺位。当同一财产上存在数个抵押权时，那么根据每个抵押权的优先顺位来解决这些抵押债权人之间的冲突，如果多个抵押权是在同一天办理的登记，那么仍然根据登记的时间先后顺序来确定。具体而言，根据登记保管人办理登记时分配的编号先后——该编号根据登记的时间先后进行编制——予以确定。

根据登记日期的先后确定抵押权顺位，这一严格的规则有时也会因未获清偿的抵押债权人的代位而被打破和校正。不同的抵押债权人，在同一债务人的不同财产上设定了不同的抵押，实际上是对所有的抵押财产创设了一种具有聚合效果（cumulativa）的担保，逐渐形成一个内部存在一定次序等级的整体（graduazione collettiva），这允许因次序在后而未能实现抵押权的债权人，可以用序位在先债权人未强制执行的财产——即便该财产并非次序在后抵押权对应的抵押财产——来实现自己的债权。

如果在同一财产上存在抵押权和经过登记公示的先取特权，而且两者之间发生了冲突，那么仍然可以根据顺位先后来解决两者之间的冲突。

由此可见，抵押权的顺位并非抵押的必要元素和核心要件，也并非担保物权的内在属性和特质，其仅是抵押优先受偿权的一种方式。这指的是，抵押权顺位机制能够确立一种顺序，这一顺序的作用在于，当同一财产上存在数个抵押权且需要对该财产强制执行获得的款项进行分配时，可以按照该顺序在数个抵押权之间进行分配。

如果在一个抵押权之前没有其他抵押权的存在，那么实践中将这类抵押权称为“第一等级抵押权”，与之相关的是抵押登记的日期，而非抵押优先受偿权在分配中位置。长期以来，这一术语广为流传，并在先前的法律中有所体现。这样的例子很多，其中比较重要和有影响力的是 1993 年 9 月 1 日颁布的第 385 号法律第 38 条，其在描述定义时使用了“不动产作一级抵押担保”的表述，又如《民法典》第 2412 条第 3 款，该款规定在发行债券时使用了“不动产作一级抵押担保”的表述。

就抵押权的优先受偿顺位而言，在部分层面上，当事人仍有意思自治的空间，可以通过协商在合同中进行约定。

当事人对抵押权顺位的处分主要体现在抵押债权人可以通过协商的方式，对抵押权顺位进行处分。抵押人——无论是债务人还是第三人——似乎也有权在设立抵押后再设立其他抵押，并且赋予在后设立抵押先于在先设立抵押的抵押权顺位。在这种情况下，也可以适用《民法典》第2843条规定。如此一来，在设立第二个抵押后，在前一个抵押权登记的页边空白处注明第二个抵押权的顺位优先于第一个抵押权。而且在实施上述操作时，无需征得第一个债权人的同意，因为这是基于抵押人在设立第一个抵押时的保留条款——根据该条款，抵押人保留为在后设立的抵押权赋予在先顺位的权利。

当事人也可以通过协商对抵押权的优先顺位进行安排。

理论界认为，当事人可以通过协商作出变更的情形有很多。比如当事人可以通过协商对优先受偿权设定终止期限或解除条件；当事人也可以通过协商事先约定确定优先受偿权顺位的规则，比如可以规定抵押的效力排在之后登记的某个抵押权的后面，或者约定某个在后登记的抵押权具有与某个之前登记的抵押权相同的顺位；可以约定在抵押财产强制执行未成功变现时，对债务人的其他财产约定优先受偿权。但是需要注意的是，在这些约定中，只有当事人约定的终止期限和解除条件可以对抗第三人，同时这种约定作为担保的内容受《民法典》第2878条第6项的调整。

三、抵押登记的方式

《民法典》第 2827 条对办理抵押登记的机构和地点做了规定。根据该条，抵押登记应在不动产所在地的不动产登记部门进行，该条规定中的机构和地点是强制性的，如果违反将导致登记无效。如果当事人向不具有管辖权的登记部门申请登记，该登记部门应拒绝当事人的申请。此种拒绝不属于《民法典》第 2674 条规定的情形，而是与政府部门职权划分相关。即一般所说的法律并未规定和赋予该部门相关的职权，因此不具备法定条件。

根据《民法典》第 2677 条，登记申请应在法律规定的向公众开放的工作时间段内提出，目前工作的时间是工作日的上午 8 点到 12 点，以及每个月最后一个工作日的上午 11 点。由于无论是就抵押设立的判定，还是解决抵押公示与其他公示之间并存时的利益冲突，办理抵押登记的时间先后以及编号先后意义重大，起着至关重要的作用，因此在法律规定的日期和时间以外提出登记申请以及在该申请基础上办理的登记，应属于无效登记。

抵押登记申请也可以通过邮递的方式提出。

根据不动产登记公示制度的一般规则，任何人都可以向登记部门提出登记申请。但是在适用地籍登记制度的地区，能够合法有效地提出登记申请的仅限于具有合法利益的人，也即注册受益人，[215] 因此，在抵押登记的情况下，申请人只能是债权人。此外，在一些

215 参见 G. Gabrielli e Tommaseo, *Commentario della legge tavolare*, 328 ss.。

情况下，申请人也可以扩展至其他主体，比如尽管尚未办理抵押登记，但已经从抵押债权人处获得了关于担保的权利的人；又如保证人，即如果债权人没有办理抵押登记申请，那么允许保证人以债权人的名义提出抵押登记申请。

债权人和债务人也可以通过协商，约定不得申请办理抵押登记，但该约定仅具有债的效力，适用《民法典》第1379条规定，并且该约定不能对抗第三人也不能对抗登记部门——这意味着，如果一方违反上述约定，向登记部门提出了登记申请，那么该登记的效力不受影响，依照相关的法律规定产生约束力。

根据《民法典》第2846条，除当事人另有约定外，抵押权登记的费用由债务人承担，但应由申请人预付。相关的费用中较为重要的是为办理抵押登记而支付的税款和印花税；如果是意定抵押，相关的费用还包括为制定相关权利证书和法律文件的而支出的费用。[216]

为了完成登记，申请人应先垫付相关的费用。之后，垫付费用的申请人可以依法追偿。特别值得一提的是，在向债务人追偿时，申请人可以从抵押财产强制执行取得的收入中实现自己的债权。实际上，根据《民法典》第2855条，抵押权的优先受偿范围包括为办理登记和续展登记而支出的费用。

四、登记的注明

《民法典》中有关不动产公示制度的规定是基于当时的背景而

216 该方案为鲁比诺所采纳，参见 Rubino, *L'ipoteca immobiliare e mobiliare*, 83; 至于受遗赠人预先支付的费用，参见 Cass., 29 aprile 1997, n. 3708, in *Vita not.*, 1997, 872 ss.。

设计的，主要是建立在纸质法律文件的基础上。整个公示机制中的各种操作和手续，都依赖于不动产登记部门的工作人员在纸质文件上以文字书写的方式来实现。[217]

登记保管人在收到登记申请时，应对申请文件和申请书进行审查，在受理当事人申请的同时应给申请人分配申请号，并给予申请人相应的收据（《民法典》第2678条第3款）。之后，登记保管人应根据提出申请的顺序，将申请人提交的用于登记的权利证书登记在该部门制作的总登记簿中。然后，再将注明的内容复制在专门的登记簿中。在完成登记后，登记保管人应向申请人出具一份表明完成登记的公文原件，在其下端注明登记的时间和序号以及抵押登记税费的支付情况。在完成上述手续后，再在分类册和注册记录中进行其他注明，这些注明的作用在于检索保存在相关部门的注明和法律文件。

在申请登记时，应提交两份附有申请人签字的原件，在登记完成后，将在其中一份上注明登记已经完成并将该份原件返还给申请人。注明的内容应以"清晰可懂的文字"书写而成。这种机制与《民法典》第2839条的要求一直持续存在，直至1985年2月27日第52号法律颁布才得到改变。后者引入了新的机制，两份原件之一可以是在法律文件的底部注明。在实践中，很多情况下办理登记

217　参见 Mariani, *Ipoteca e trascrizione*, 591 ss.; D'Orazi Flavoni, *Conservatore dei pubblici registri*, in *Enc. dir.*, Ⅸ, Milano, 1961, 153 ss.; R. Triola, *Trascrizione,* in *Enc. dir.*, XLⅣ, 1992, 967 ss.。需要注意的是，根据《民法典》第2675条，过去曾经有一段时间是由登记部门的经办人个人为其造成的损害承担责任，后来随着1973年11月25日法律改革，其责任适用国家雇员责任的规定（1983年1月21日第22号法律）。

的工作人员习惯在申请人提交的法律文件的底部进行注明，但事实上，根据前述1985年第52号法律，该法禁止这种习惯做法——例外的情形是当注明需要登记机构的主管人员实施时，方可采取这种做法。

申请人应在注明的文件上签名，如果未签名将导致登记无效，而且登记保管人有权拒绝办理后续公示手续。

技术进步也给登记手续的办理带来了巨大的变化。

首先，过去实践中通过手写抄录特定登记簿上的注明内容的做法已被废弃，取而代之的是通过机器进行复制。1969年第789号法律规定，可以使用复印件；然后，1985年第52号法律也承认了早已在实践中普及的做法，即在其中一份原件上注明。由此，《民法典》第2664条规定的步骤，即将原始登记申请书之一放入存放登记申请书的专门登记簿内，就变成了简单地将申请人提交的文件之一进行绑定。

1985年第52号法律还开启了新的保管机制。之后，在20世纪90年代又引进了信息化系统下的申请机制：申请人在申请时提交纸质法律文件和光盘，工作人员在进行登记后直接在上面进行盖章；两份文件中，一份保存在专门的登记簿中，另一份在证明已经完成登记公示后返回给申请人。

如今，随着电子技术的发展，相关的申请也可以通过电子化来实现。

尽管申请的方式也变得更加多样，但在两份原件上进行注明仍然是必要的步骤。

五、在登记时查明相关主体的身份

《民法典》第 2839 条列举了注明应包括的内容。

首先是相关主体的身份信息。法律要求，在注明时应载明债权人、债务人或者为债务人设定抵押的第三人的姓名、出生地点、出生日期、税号；如果是法人公司或非法人组织，则应载明其名称、住址、税号；如果是非法人组织或合伙，还应载明抵押设立文件中确定的代表人的身份信息。尽管家事法进行了改革，但相关的改革内容并未引入抵押领域，特别是《民法典》第 2659 条有关夫妻财产制的内容。

如果抵押人是由债务人之外的第三人，那么也必须载明债务人的相关信息，因为该信息是确定被担保债权的必要信息。

如果抵押登记系统中抵押人（无论是债务人还是债务人之外的第三人）的信息是错误的，那么该错误将导致无法确定抵押人，进而导致登记无效。

对于法人（无论是商业公司还是其他组织），一般认为载明法人的名称、住址和税号，即充分满足了《民法典》第 2839 条的要求。此外，对于必须履行企业登记义务的公司，似乎还应结合《民法典》第 2250 条规定，载明该条规定中要求载明的信息。

对于非法人组织和合伙，法律要求的是载明设立文件确定的代表人的身份信息。对此，将法定代表人信息的载明限于意定抵押或法定抵押似乎更为合理，因为打算办理诉讼抵押登记的债权人可能无法找到必要的信息。

其次是债权人的住址。债权人应在申请中载明其在不动产登记机构所在地的法院辖区内选定的住所——根据《民法典》第 2844 条，通知和传票，除了可以亲自送达于当事人外，也可以送达于当事人选择的最后住所（如果不是该住所则会导致通知或传票的送达无效）。但是无论如何，住所地的选择不会导致登记无效：如果当事人没有选定住所地，那么可以将通知和传票送达于抵押登记部门，或者送达于其他法律规定的地点。

对于土地信贷之债，贷款机构有权选择其注册办事处的住所，即使它不属于主管法院的管辖范围。

六、登记金额

在登记时，应载明抵押所担保的债权总金额。该项登记事项非常重要，此处登记的总金额既是为了满足抵押特定性原则的要求，同时也构成抵押财产担保的债权范围上限。

如果抵押所担保的债权是已经清算的金钱债权，那么债权总额与抵押登记的金额一致，债权人不得在抵押登记时记载超出清算的金钱债权总额的金额。但是如果抵押人希望为债权人的部分债权提供担保，那么其在抵押设立文件中设定的担保金额可以低于债权总额，登记时则以该设立文件中记载的金额为准；如果被担保的债权是持续性的金钱之债，或者是需要通过所谓的“黄金条款”（clausole-oro）来重新评估确定，那么抵押人也可以在设立抵押的法律文件中设定高于债权总额的担保金额，以用于办理抵押登记。

如果抵押设立文件中记载的债权金额与登记注明中记载的债权

金额不一致，那么当需要对抵押财产强制执行以实现抵押债权时，应按较低金额确定抵押登记的效力。

有时，在办理抵押登记时，相关的债权并非金钱之债，或者债权尚未完成清算，此时需要确定一个债权金额以作为抵押所担保的债权额；对该债权金额，当事人在办理抵押登记的文件中载明的，以登记文件中载明的金额为登记金额；如果登记文件中未载明的，当事人也可以通过后续的补充协议予以确定，但此时应符合《民法典》第 2835 条规定的一般规则，即补充协议应采取认证的形式，并将经认证过的补充协议提交登记保管人，由登记保管人将该补充协议与原登记文件一起归档。根据《民法典》第 2838 条，登记的金额未在登记文件中确定的，由债权人在登记注明中进行确定，一般认为，此处债权人的确定权具有独立自主性，因此可以是单方行为且仅有债权人即可。

如果登记注明中记载的债权金额低于真实的债权总额，债权人可以另外办理补充抵押登记，但是每个登记将根据各自的登记时间分别确定优先顺位。

如果登记的金额未在登记文件或其他文件中确定的，债权人可基于自由裁量独立决定登记注明的金额，但缩减的权利除外。

根据法律规定，如果金钱之债是偿还一定数额的外币，那么应通过支付相应的外币来消灭债。但这并不意味着在办理抵押登记时，也应以外币来记载登记的债权金额；[218] 否则将会与确定性原则

218 持此观点的意见，参见 Roppo, *Iscrivibilità di ipoteca per somma determinata in moneta estera*, in *Riv. dir. priv.*, 1996, 55 ss.。相反的意见，参见 Oppo, *Finanziamenti in ECU, clausole monetarie e garanzie del prestito*, in *Riv. dir. civ.*, 1985, Ⅰ, 197 ss.; Gorla e Zanelli, *Del pegno. Delle ipoteche*, 223; Trib. Roma, 14 marzo 1986, in *Giust. civ.*, 1986, Ⅰ, 2271 ss., e in *Banca, borsa, tit. cred.*, 1987, Ⅱ, 350 ss., con nota di Inzitari, *Iscrizione ipotecaria in valuta estera e decorrenza degli interessi post-fallimentari sui debiti dell'amministrazione controllata*。

背后的法理——正是为了保护市场的效率和保护不动产债权，才确定了抵押债权确定性原则——相违背。因此，外币债权人应指明以意大利法定流通货币表示的金额，但该金额不必严格限于办理登记时外币兑换后的金额，而可以是一个估算的金额，该估算的金额可以将因汇率波动而造成的负面影响考虑在内。[219]

基于相同的理由，如果抵押所担保的债权金额是基于财务参数所计算的金额，或者是需要通过黄金条款或类似条款予以估算的金额，那么这种金额也不为法律所允许。[220]

一种较为特别的情况是 1993 年第 385 号立法性政令第 39 条规定，该条规定的是为土地信贷债权提供抵押担保的情形。该法规定，对于有指数化条款（clausole di indicizzazione）的贷款，银行以实际到期金额为抵押担保债权，如果在登记注明时记载了该贷款中的指数化条款，则登记金额将自动调整。上述规定最初适用于基于指数化条款（clausole di indicizzazione）的贷款利息，之后也被适用于为持续融资（crediti indicizzati in linea capitale）设定的抵押。[221]

七、其他应当注明的内容

注明的内容应包括能够确定抵押法律文件——作为登记依据的

---

219 参见 Oppo, *Finanziamenti in ECU, clausole monetarie e garanzie del prestito*, 201 ss.; Gorla e Zanelli, *Del pegno. Delle ipoteche*, 224。

220 参见 Cass., 18 agosto 1956, n. 3134, in *Giur. it.*, 1957, Ⅰ, 1, 38 ss., con breve nota favorevole di L. Ferri, *Ipoteca, clausola oro, decorrenza degli interessi*, ed in *Foro it.*, 1957, Ⅰ, 2026 ss.。

221 参见 Gorla e Zanelli, *op. cit.*, 224。

法律文件——的要素：包括权利证书的类型、时间，受理或认证的工作人员的名字，或者诉讼抵押中作出相关司法裁决的法官。对相关证书或文件的记载，也能够更准确地确定抵押担保[222]：这一方面是因为针对债务人，债权人可以利用多种途径或方式来办理抵押登记，但不同的方式有不同的要求而且效果也不完全一样，比如相关的上诉即可能是因为意思表示有瑕疵，也可能是因为被撤销；另一方面是因为第三人如果需要核查，也只能对已经登记注明的内容进行核查，此时已经完成的不动产登记公示的内容中，将包括该公示所依据的相关法律文件和证书。

但是如果登记注明时欠缺了上述信息，并不会导致登记无效。

登记时应当载明债权所生利息和年金；如果没有记载利息和年金的相关信息，那么根据担保的确定性原则，不能根据《民法典》第 2855 条将抵押所担保的范围进行扩展。一种例外的情形是 1993 年第 385 号立法性政令第 39 条第 2 款规定的情况，即为了担保银行发放的中长期贷款而设定的第一等级的抵押登记。至于利率，可以通过当事人的付款行为进行推定，并在抵押权的空白页处注明。这意味着，此时确定的利益也受抵押的担保，而且与本金的抵押权处于相同的顺位。

登记注明应载明债务履行的期限，这一内容可能会影响第三人的利益，因为根据《民法典》第 2880 条，对第三人取得的独立于债权之外的财产，抵押权自取得权利证书登记时起经过 20 年因时效届满而消灭。但是如果在注明中未记载债务履行的期限，则不会导致登记无效。

222　参见 Gorla e Zanelli, *Del pegno. Delle ipoteche*, 362。

登记注明应载明抵押财产的性质和状态，相关信息应符合《民法典》第 2826 条规定的要求，包括：不动产的性质、所在地、地籍册上载明的信息；对建设中的建筑物应当就其地籍册中所载明的资料进行说明。[223] 对于诉讼抵押，对被抵押的不动产，只需在登记注明中记载即可。

抵押注明应载明抵押权的期间，但该期间不得超过 20 年；如果附解除条件，即所附条件成就时抵押权消灭的，还应载明所附的解除条件。

八、抵押登记效力对利息与费用的扩及

鉴于担保的确定性原则既适用于债权也适用于债权金额，由此产生的一般规则认为，抵押财产的担保范围针对是主债权，但不包括主债权的从债权。

无论抵押属于何种类型（意定抵押、诉讼抵押、法定抵押），在抵押财产被扣押前以及扣押期间发生的利息和费用属于抵押担保的范围。需要注意的是，一般认为此处法律规定中的“年”并非指的公历年，而是指的实际应当计算利息的时间（年）。

但是这以在登记注明中记载存在利息为前提，并且应载明利息的标准。登记注明中可以包括已经迟延支付的利息，但是因损害赔偿而产生的利息，并不能当然和自动地被纳入优先受偿权的范畴，

223 参见 Ravazzoni, *Le ipoteche*, 64。另参见 Cass., 2 ottobre 2003, n. 14675, in *Riv. not.*, Ⅱ, 212 ss.（在该案中，地籍册注明了某块土地的信息，涉案土地是经财产分割而获得，但并未履行相关的法律手续）。

而应由当事人在关于损害赔偿的法律文件中将相关利息计算在登记金额范围之内。关于利率，应用百分比的方式表明，也可以用其他允许通过代数运算的方法表明。如果是法定利率，即使没有数字说明，只要在注明中用文字表述提及即可。实际上，可能简单地提到债权是有息的（fruttifero）就足以实现这个目的。如果是可变利率，在登记注明中载明构成计算利息的基础的财务参数也足够了。[224] 此外，作为一种对利息计算的替代方案，债权人也可以根据《民法典》第 2838 条，基于自由裁量确定一个金额并表明该金额包括了利息在内，然后在登记注明中载明：但是在这种情况下，显然抵押优先受偿权覆盖了包含利息的债权额，而该债权额与抵押设立文件中的债权额（不包括利息）不一致。抵押优先受偿权也扩及延展至已经迟延支付的利息。

对利息和费用的扩展以三年为限，该限制属于强制性规定，当事人无权作出不同的约定，否则相关约定无效，且基于约定而进行的登记注明也将失去效力。此外，根据《民法典》第 2855 条，对本金设定的抵押担保登记，效力也及于扣押之年届满后到期的利息，但仅限于依法律利率计算的利息，并且计算至抵押财产被出售时。一般认为，如果要想主张该条规定中与年金有关的优先受偿权，也须在登记注明中载明存在利息以及相应的利率。[225]

224　参见 App. Genova, 28 aprile 1990, in *Banca, borsa, tit. cred.*, 1991, Ⅱ, 746 ss.。

225　参见 Gorla e Zanelli, *Del pegno. Delle ipoteche*, 392; Cass., 3 dicembre 1986, n. 7184, in *Foro it.*, 1987, Ⅰ, 39 ss.; Rubino, *L'ipoteca immobiliare e mobiliare*, 87, n. 71; Cass., 8 settembre 1983, n. 5526, in *Giust. civ.*, 1983, Ⅰ, 3182 ss.。最高法院第 7184 号判决认为，通过在登记中注明利率已足以保护第三人的利益；第 5526 号判决进一步指出，最终的期限取决于转移不动产的命令，而非仅取决于其竞拍是否成功。

根据《民法典》第2855条，因抵押引起的额外的诉讼费用和年金，当事人也可以通过特别的约定和专门的登记来将其纳入抵押担保的范围，这将导致在本金债权抵押之后的抵押，将具有与本金的抵押相同的顺位。相同地，其他的债权的从权利，比如诉讼之外发生的费用、不动产获得的保险赔偿、债权人垫付的税款，以及当事人约定的惩罚性赔偿。《民法典》第2855条规定中相关约定，既可以是在设立抵押的原法律文件中载明，也可以是在之后通过补充协议的方式达成，甚至可以是抵押人的单方行为。无论哪一种，应根据对应的规定，采取认证的方式并办理登记注明手续。

九、登记无效与登记的更正

如果登记所依据的法律文件或在注明中，关于债权人、债务人、债权数额或抵押财产的内容存在遗漏或不准确将导致登记无效。导致无效的瑕疵应达到以下程度，即第三人通过阅读文字无法确定相关的内容，因为没有理由要求第三人对设立抵押的法律文件进行核查，第三人也没有这样的义务。

对于那些不会导致登记无效的错误，利害关系人可以申请更正，相关的费用由申请人承担（申请人一般也是更正登记的获益方）。《民法典》第2841条第2款仅规定了通过法官命令进行的更正，相关的命令应在庭审结束时由法官作出。但是，如果利害关系人——特别是债权人同意——达成了协议，也可以不通过法官命令进行更正。更正登记自注明之日起开始产生效力，但如果有第三人在更正前已经取得了关于抵押的权利，那么更正登记不能对抗该第三人。

如果登记注明中遗漏的内容或者不准确之处会导致抵押登记无效，那么此时就有必要重新办理抵押登记手续。在重新办理登记后，抵押权的顺位依照重新办理的抵押登记来确定。

十、相关法律文件的保存

根据《民法典》第 2839 条，在办理登记注明手续时，除了提交申请书外，还需一并提交设立抵押的法律文件（的证书）。但是，如果在提交登记注明申请前，申请人已经将法律文件交给同一登记部门进行归档保存，那么申请人在申请登记时就无需再提交该法律文件。交给登记部门保存的法律文件，应由登记保管人将其放入专门的卷宗中保存，以便公众查询。如果法律文件是公共机构公布的文件或法院作出的司法文书，那么应对该文件的复印件进行认证，并向登记部门提交经过认证后的复印件。如果用于办理抵押登记的法律文件是私人书面文件，那么应对抵押设立人的签名进行认证，或者通过司法部门进行确认。如果原件保存在公证机关处或者在其他公共档案处，那么应对复印件进行认证。如果通过司法部门对私人书面文件中的签名经过了确认，那么应将原件以及经过认证的判决书复印件一并提交。

在外国制作的文件应是被承认的文件，以便于确认该文件的性质和真实性。显然，这里外国制作的文件，并不包括意大利驻外使馆制作的文件。

在国外形成的公证和私人证明的契约，必要时进行合法化或加注，必须存放在公证档案或公证人处，然后才能在意大利使用。但如果是在奥地利制作并用于完成土地登记手续的私人文件，则免除交存义务。[226]

十一、死者财产的登记

根据《民法典》第2829条，当在死者的财产上设定抵押时，可以针对该死者进行抵押登记；只有当继承人已取得财产并进行了登记的，才应针对该继承人进行抵押登记。该规定涉及的是抵押财产所有人在其死亡前设定的抵押权的情况。比如关于给付的司法判决，又如抵押合同或者关于法定抵押的转让合同。

如果继承人未接受继承，那么应针对死者进行抵押登记。如果被告已经接受了继承人的身份但尚未办理接受遗产的登记手续，人们认为在这种情况下，债权人具有选择权，即其可以选择针对死者办理抵押登记，也可以针对继承人办理抵押登记。[227]如果继承人已经按照《民法典》第2648条办理了接受遗产的登记，那么必须针对继承人办理抵押权登记。

但是如果继承人有多人且只有其中的部分人已经办理了接受遗产的登记，那么此时的抵押登记应分为两部分：一部分是针对已经接受遗产的继承人，对应的是他们应继承的份额；另一部分是针对

226 上述制度源自1996年12月31日第669号法律第3条，该法后转化为1997年2月28日第30号法律。

227 Rubino, *L'ipoteca immobiliare e mobiliare*, 311; Gorla e Zanelli, *Del pegno. Delle ipoteche*, 321; Ravazzoni, *Le ipoteche*, 65.

死者办理，对应是余下的部分。

债权人也可以在遗产分割完成后再办理抵押登记。在这种情况下，债权人在办理抵押登记时，应将获得作为抵押财产的不动产的继承人列为抵押人，并针对该继承人办理抵押登记；该继承人将承担所有的抵押责任，但其可以根据《民法典》第 754 条，向其他共同继承人行使追偿权。

一个有争议的问题是，如果死者在其生前以某个不动产向债权人提供抵押担保并形成了法律文件，之后该不动产以遗赠的形式被受遗赠人取得。此时，一方面，债权人不能针对死者办理抵押登记，因为《民法典》第 2829 条解决的是死因行为导致的一般情形；另一方面，债权人也不能针对继承人办理抵押登记，因为此时该不动产的所有权已经归受遗赠人所有。因此，债权人将不能再办理抵押登记。

在某些情况下，遗产的临时管理人，在事先获得司法机构的批准后，也可以在遗产上设定抵押。比如临时保管人在其有限的权利范围实施的行为（《民法典》第 460 条）；又如遗产的临时保佐人（《民法典》第 529 条）；再如按遗产清单接受继承的继承人，最后如遗嘱执行人。在上述这些情形，均适用《民法典》第 2829 条规定，应针对死者办理抵押登记；但已经按照《民法典》第 2648 条规定办理接受遗产登记的继承人除外。

十二、同时申请的抵押登记

抵押登记将赋予抵押权相应的优先顺位。因此，受理登记注明以及在总登记簿上登记的时间先后具有重要的意义。

针对同一不动产，可能会发生数人同时申请抵押登记的情况。《民法典》第2853条肯定了根据申请顺序确定优先权顺位的规则，并且认为即便在同一天提出的申请，也应按照申请时间先后确定优先权顺位。

但是在适用地籍登记制度的地区，不适用《民法典》第2853条。因为根据该登记制度，基于同时申请进行的抵押登记具有相同的抵押权顺位。另外，在判断是否符合同时的要求时，应以登记为判断标准。

基于《民法典》第2678条，每个抵押登记申请人每次只能提出一个申请，因此数人同时在同一登记机构提出登记申请，只是一种无法实现的假设情形。而且根据该条规定，一人也不能够同时提出数个申请——因为该条规定，登记保管人每次只能受理一个登记注明，因此上述问题不可能存在。

如今的电子系统更不允许提交重叠的申请：申请人提交的注明申请，系统总是根据接收的时间先后进行编号排序。因同时申请而产生冲突的情况将不会再发生。

如果数人同时针对同一项不动产提出登记申请，那么登记部门将向所有同时申请人分配同一号码，且在登记部门寄发给每个人申请人的受理通知中进行注明。由于同时申请涉及的是一个事实判断（giudizio di fatto），因此登记部门在通知的注明可以作为有效充分的证据，但能够证明该注明是伪造的除外。[228] 理论界注意到，想要

228 参见 Gorla e Zanelli, *Del pegno. Delle ipoteche*, 384; Mariani, *Ipoteca e trascrizione*, 160。但也有学者认为，无需证明该注明系伪造，参见 Gentile, *Le ipoteche*, 280。

分享抵押权顺位的债权人之间，可能会通过出示各自的申请以及书面声明的形式来达成同时申请的协议。[229]但是，登记部门履行的是公共管理职能，而非私法自治的范畴。因此，如果当事人提出的申请实际上并非同时提出的，那么即便债权人之间已经达成了协议，登记部门也应拒绝分配给其相同的编号。

即便是同时提出的登记申请，但如果债权人基于某法律文件，如甲文件，提出登记申请时——典型的情形是意定抵押——提到还存在其他法律文件，如乙文件，并基于乙法律文件提出了同时登记申请，那么此时不能适用《民法典》第 2853 条规定。这种情况事实上与放弃顺位的情形相同，因此登记保管人在分配抵押权顺位时，应给予两个抵押权顺位，其中基于乙文件的申请顺位要后于基于甲文件的顺位。

《民法典》第 2854 条规定，就相同财产在同一顺序中进行抵押权登记的债权，根据相应总额按比例进行登记，该条规定针对的是数个抵押债权竞合的情形，而且在抵押债权人之间并无先后之分，相较于其他无担保的信用债权人和顺位在后的抵押债权人，他们共同构成一个整体。

《民法典》第 2853 条规定，针对同一人的不同财产同时提出的抵押登记申请，将分配同一编号。这个规则的正当性基础是为了避免出现抵押权之间的竞存，这种竞存既可能是因未获清偿的抵押债权人代位而引发，也可能是第三方购买人向债权人清偿债权而导致。

229　在拉瓦佐尼看来，可以允许债权人通过友好协商的方式就抵押优先受偿权进行协商。参见 Ravazzoni, *Le ipoteche*, 79。

十三、登记保管人拒绝办理抵押登记的情形

在收到登记申请时，登记保管人对申请材料有一系列审查的权力。

首先，登记保管人应对是否满足不动产登记公示的必要条件进行审查。[230]一方面，登记保管人应审查登记申请是否符合法律规定的管辖条件，以及申请是否是在法律规定的工作时间内提出。另一方面，登记保管人应对申请人提交的用以登记的法律文件是否符合法律规定进行审查。比如，申请人提出诉讼抵押申请的，登记保管人应对其提交的司法文书进行审查，特别是该司法文书是否属于法律规定的文书种类：如果是法定抵押登记申请，应审查申请人提交的转让协议是否能够产生法定抵押的效力；如果是意定抵押，应审查设立抵押的协议是否符合法律要求。此外，还应对申请人提交的法律文件以及其他必要文件进行审查。但是登记保管人无权就申请人提交的法律文件的效力和合法性进行审查，因为这类问题应由司法机关通过审理予以确定。质言之，登记部门无权对申请文件进行实质审查。

《民法典》第 2674 条规定了登记部门可以拒绝办理登记的事由，包括以下情形：登记申请书和法律文件不是以清晰可懂的文字写成的；意定抵押中的法律文件未采取书面形式的，或者设定抵押

230 参见 G. Gabrielli, *Questioni recenti in tema di pubblicità immobiliare*, in *Contr. impr.*, 1989, 825。

的遗嘱属于法律禁止的情形的；抵押设定人的签名未经认证的；基于经过认证的私人书面协议的复印件提出了登记申请，但该私人书面协议原件并未交公证人或公共机构归档保存的；在国外制作的文件未经认证的；未载明债权人、债务人、第三方抵押人、登记金额、作为抵押财产的不动产的相关信息，以致相关信息无法确定的。同时该条还规定，在其他情况下，登记保管人不得拒绝或迟延接受登记申请。通过这种方式，《民法典》第2674条一方面赋予了前述拒绝办理登记事由的强制性，另一方面表明登记保管人拒绝办理登记具有例外性，即原则上应当办理，只有法律规定的情形才可以拒绝。此外，针对解除抵押登记，《民法典》第2885条规定，附解除条件的，仅在向登记保管人说明条件已经成就的情况下，登记部门方能办理解除登记手续。

登记保管人拒绝办理抵押登记的，应在申请文件上签注，并载明拒绝的理由；当事人也可以要求起草一个拒绝登记的纪要，该纪要应由公证人或司法人员起草，并由两名证人作证（《民法典》第2674条）。

利害关系人不服登记保管人作出的拒绝登记决定的，可以向法院提起诉讼，以确认自己的权利；如果还有其他相对人的，可以一并提起诉讼。此外，利害关系人也可以诉诸法官评议会（camera di consiglio）（这种解决机制并非强制，基于当事人自己的意愿），由其通过简单审理后，确定拒绝是否合法。

根据《民法典》第2888条，如果保管人拒绝解除登记的，申请人可以向登记机构所在地的法院提起诉讼。在审理时，应适用《民事诉讼法典》第737条等相关规定：法官应听取登记部门办理人员和主管机关的意见；应以附理由的裁决的形式作出决定，当事人可以在收到通知后 10 日内向上诉法院提起申诉，但不能向最高法院上诉。一般认为，即便属于紧急情况，法官不能下令裁决立即生效，因为《民法典》第 2884 条确定的原则是，应根据终审判决作出的确认解除的最终决定方可办理解除抵押登记。如果登记已经被注销，那么法官评议会作出的决定将不能被撤销。

对于其他拒绝登记的情形，申请人可以援引《民事诉讼法典》第 745 条寻求救济。申请人可以向保管人所在地的治安法官、地方法院院长提出申诉。除此之外，还应传唤主管部门，尤其将法院作出的决定向司法部和财政部递交。相关的决定应是以附理由的裁决的形式作出，并且不能向上诉法院申诉，也不能向最高法院提起上诉。

如果登记公示采取的是地籍登记机制，那么上述所有规则都不再适用，因为 1929 年 3 月 28 日颁布的第 499 号行政命令第 12 条，明确规定既不适用有关登记公示的规定（即《民法典》第 2674 条规定）也不适用有关拒绝解除登记的规定（即《民法典》第 2888 条）。事实上，在这种公示机制下，权利人可以通过诉讼程序寻求救济，即通过向法院申诉和向上诉法院上诉的方式来获得救济。[231]

十四、附保留的登记

《民法典》第 2674 条-Ⅱ规定，当登记保管人有依据认为法律文件或抵押的可登记性存在严重疑问时，根据当事人的要求，登记保管人可以作出附保留的登记。需要注意的是，附保留登记的事由

231 参见 G. Gabrielli e Tommaseo, *Commentario della legge tavolare*, 421 ss.。

与拒绝登记的事由完全不同，附保留登记的事由包括，对提交的设立抵押的法律文件是否适格存在疑问，或者对该法律文件是否符合法律规定存在疑问。

要求作出附保留登记的当事人应向司法机构提出异议，并在附保留登记页的空白处注明登记已经被申请异议。基于该规则的特殊之处，似乎应该认为登记申请人和抵押债权人都应有权启动诉讼：一方面，如果不允许申请人提起诉讼，将会导致法律逻辑的不一致——法律允许任何人可以申请登记，但当登记保管人作出附保留登记时，又否认该申请人可以获得登记；另一方面，抵押债权人正是抵押登记的受益人，而这也符合该条规定的文字表述。

当事人提出异议的，应自附保留登记完成后 30 日内，向登记部门所在地有管辖权的法院提出。当事人在向法院书记处提出异议后，法院应在 30 日内通知附保留登记的承办人；未通知的，法院不得就案件开展审理。之所以如此，目的在于给登记保管人留下时间以在附保留登记页空白处注明该登记已经被提出异议。由于法律并未要求需作出专门注明，因此该注明应由登记部门完成，并且以其收到异议通知的日期为依据分配相应的编号。如果当事人未向法院提出异议，那么附保留登记将失去所有的效力：因此在空白处注明异议提出情况，具有非常重要的作用，因为通过该注明的内容，第三人可以了解附保留登记仅具有临时效力。

法院应传唤附保留登记承办人、公诉人（pubblico ministero）以及其他相关方，法官评议会应在 10 日内作出附理由的裁决。如果对法院的裁决不服的，可以向上诉法院提起申诉，并应通知登记承办人。无论是登记保管人还是公诉人都有权提出申诉。如果申诉的，应自收到法院决定之日起10日内向上诉法院提出；上诉人应将审理日期通知其他相关主体。对上诉法院作出的决定，无权向最高法院提起上诉。[232]无论是初级法院的决定，还是上诉法院的决定，都应在附保留登记页空白处予以注明。

法律还补充规定，法院发布的法令可以立即执行。如果法院受理了上诉，那么该条款毫无用处，因此不具有预示性效力，因为附保留登记本身是有效的登记，只是附有保留而已。但如果法院未受理上诉申请，则似乎又具有误导性。事实上，如果一审法院作出的决定是否定性的，即否认登记的效力，那么该决定被注明在登记页的空白处后，也会为第三人所知晓并产生影响。但如果之后上诉法院作出的最终决定推翻了一审法院的决定，作出有利于登记申请人的决定，那么该最终决定也将被注明在登记页的空白处，并使原登记恢复效力。事实上，上诉法院的最终决定具有溯及力，因为原附保留登记的效力之一是决定了抵押权的优先顺位位次。这是由在登记页空白处的注释机制产生的，不适合在注册登记簿中将新的特定编号归属于债权人。在一审作出否定决定之后和二审决定作出之前这段时间，附保留登记不能对抗第三人，但之后该登记重新取得对世性的除外。如果第三人在一审法院作出否定性决定后，购买了附保留登记的不动产，那么该第三人并未受到损害。因为根据法律，他们很清楚，在没有最终决定注明的情况下，附

232 参见 Cass., 23 agosto 1997, n. 7940; Cass., 7 febbraio 1992, n. 1405, in *Vita not.*, 1992, 1224; in *Nuova giur. civ. comm.*, 1993, Ⅰ, 494, con nota di Mazza。但也有人持赞同态度，参见 G. Gabrielli, *Questioni recenti in tema di pubblicità immobiliare*, 827 s.; Oberto, *Rifiuto di trascrizione e trascrizione con riserva nel sistema della legge 27 febbraio 1985, n.52,* in *Riv. dir. civ.*, 1990, Ⅰ, 265 s.。

保留登记具有自身的效力，并且可能会使抵押债权人根据原登记日期获得相应的优先权顺位。

针对附保留登记发起的异议，如果以驳回而告终，则司法机构作出的决定中不包含命令解除登记的内容，否则将无法解释为何要在登记页的空白处注明该决定内容。为了实现该目的，可以根据《民法典》2884 条采取措施。

十五、登记续展与重新登记

《民法典》第 2847 条规定，自抵押登记时起，其效力存续 20 年。在期间届满前没有办理续展的，抵押权消灭，抵押权人针对不动产的优先受偿权终止。

该条规定中的时间，既非时效期限——因为其并非因权利人不行使权利所致——因此不能适用有关诉讼时效中断和诉讼时效中止的规定；也非除斥期间，因为其并非必须实施某个特定的法律行为的时间。总而言之，该期间仅能因办理续展登记而被打断，并且在强制执行期间，该期间仍然计算。

与《民法典》的规定一致，法律禁止登记保管人在抵押凭证中标明依法应当续展和续展的期限。

续展登记应在 20 年期限届满前办理，续展完成后，将开启一个新的 20 年的期限，该期限自续展登记完成日起开始计算。续展登记没有次数限制，因此可以将抵押的期限经续展后延长至与抵押债权相对应的期限。

但是如果抵押登记被解除，则续展登记也将失去效力。

也可以为抵押限定期限，且可以设定该期限低于20年。如此一来，可能会出现抵押债权期限与物权担保期限不同的情形。如果为抵押设定的期限违反（超过）了《民法典》第2847条规定的期限，那么仍可以办理续展登记。但是如果为抵押限定的期限低于20年，那么抵押期限届满后将不能办理续展登记。

续展登记以办理新的登记的方式进行的，并取代之前的登记。[233] 申请人须向登记部门提交与原登记内容相符的两份原件，并在其中载明想要将原登记进行续展的意愿。与原登记内容相符，意味着续展登记申请应重复原登记申请中的基本信息，否则将属于《民法典》第2841条规定的无效的情形。事实上，公示对第三人具有约束力，此时进行的公示以续展登记注明为客体，续展登记必须详尽无遗地涵盖原登记中的信息。但是就抵押设立文件而言，申请人可以提交上次登记时提交的注明文件即可。

如果抵押的不动产属于第三人所有，那么只要该权利的移转已经进行了登记的，续展也对该第三人发生效力。一般认为，如果没有载明新的所有权人的，那么将导致续展登记无效。如果抵押债权已经被转让，那么在办理续展登记时，既可以原债权人的名义进行，也可以债权受让人的名义进行。

如果抵押因经过20年期限届满而终止，债权人依然可以办理新的登记，此时抵押权按照新的登记日期确定优先权顺位：没有办理续展登记，抵押登记的效力终止，但设立抵押的法律文件的效力不会因此而失效。因此，如果被担保的债权仍然存在，可以基于原

---

233 关于更新的模式，参见 Rubino, *L'ipoteca immobiliare e mobiliare*, 521; Mariani, *Ipoteca e trascrizione*, 307 s.。

设立抵押的法律文件，在同一财产上办理新的登记。但是上述规则并不适用法定抵押，因为法定抵押中，需要登记部门的主管人员在登记产生法定抵押效力的法律文件的同时办理法定抵押登记。

此外，尽管《民法典》第2848条仅提及债权人，但该规则一般也适用于任何被允许提出抵押登记申请的人。

根据《民法典》第2881条，如果被担保债务因某个事由消灭，但该消灭事由被宣告无效或不存在，或者抵押债权人的放弃被宣告无效以及等级未被保存的，可以重新办理登记，且按照新登记的日期来确定优先权顺位。在抵押登记被解除的场合，如果被担保的债权并未消灭，且债权人的同意未推翻设立抵押的法律文件，那么也应适用上述规则。

优先受偿权的期限，自重新登记日起开始计算。[234] 如果第三人已经受让了被抵押的不动产，并且已经将其受让不动产的法律文件进行了登记，那么新的登记不能对抗该第三人。此时实际上适用的是《民法典》第2644条规定的一般规则：已实施的登记，对产生于该登记之前的、自前权利人处取得的权利进行的登记的人不产生效力。该条规定的规则适用于生者之间购买抵押财产的情形，但不适用于继承的情形——新的登记总是能够对抗继承人。

十六、抵押权的消灭

在法律政策选择层面，如果越强调抵押担保的从属性，抵押制

234　参见 Ravazzoni, *Le ipoteche*, 78; Cass., 2 novembre 2000, n. 14337, in *Giust. civ.*, 2001, Ⅰ, 1014, con nota di Triola。

度的灵活性就越低，进而债权市场的灵活性也就越低。禁止抵押权可以脱离所担保的债权而独立消灭，会产生两个后果：一方面，它放弃了一些可能会鼓励向债务人放贷的激励措施，同时增加了针对债务人的优先受偿权的静态属性；另一方面，这会导致抵押债权人无法通过转抵押（subipotecha）的方式——通过在抵押财产上为自己债务设立抵押——自行实现债权。相反，抵押权人对其抵押的处分自由越大，以不动产为担保的债权市场就越有效率。

在不转让债权的情况下，可以为某人——即便该人对债务人不享有债权——的利益而向其转让抵押权，对受让人可能会产生法律上的利益。但《民法典》第2808条规定衍生出的从属性原则，阻止了此类处分行为：抵押权不能归属于不是被担保债权人的人。

因此，抵押权人可以向债务人的某个无担保信用债权人转让其抵押权。

但是，这种解决方案遭到了理论界激烈的反对。有的反对理由是基于其产生的实际后果，因为这种实际后果会使抵押权的转让显得可憎。比如，原抵押债权是一个可能发生的债权，但如果转让后担保的是一个已经确定的现实债权，那么此时抵押就实际上获得了完全的效力；又如，一个一般抵押债权人可以利用其有利地位对债务人的多个财产获得多项抵押登记，慢慢地获得超过其他债权人的优势地位；再如，如果抵押财产担保的债权是一项即将到期的债权，如果被转让去为另一个远期债权提供担保，那么该抵押将随之被延长期限。

还有的反对理由是基于对第三人利益的保护，因为不动产公示完成后也会对抵押权的转让造成障碍。事实上，抵押登记中载明的金额构成了抵押担保的上限，第三人知晓该上限。从另一方面来说，在抵押登记中载明抵押债权的金额，并非抵押登记公示的首要目标。

《民法典》第 1232 条和第 1275 条表明，债权人和债务人可以通过协商，将抵押从属于原抵押债权之外的其他债权。就第 1232 条规定而言，如果当事人达成了明确的一致意见，抵押仍对新的债权有效；就第 1275 条规定而言，抵押人可以为债务加入人（espromissario）、债务承担人（accollatario）和代位付款人（delegatario）的利益而继续承担担保责任。尤其是在债务更新的情况下，可能会出现上述那些实际操作上的不便，因此为一些学者所抱怨，并强调第三人必须承受担保债权的变更。因此可以说，就不动产公示制度而言，要求保持原担保债权，并不涉及第三人的利益。

但是，《民法典》第 1232 条和第 1275 条均明确要求需征得抵押人的同意，方能使更新后的债权人，或者因债务承担、代位支付、债务加入而出现的新的债务人获得抵押担保。基于上述这些规定，理论界概括出以下禁止性规定：禁止在未经抵押人同意的情况下，将抵押财产用于担保原抵押债权之外的其他债权。

在学者之间，似乎并无争议的是，如果债权人之间经过协商，约定将抵押担保的效力扩及同一债务人的一个或多个债权人，那么该合同是有效的，但仅具有债的效力。当事人无意产生转让抵押权的物权法律效果，也无意产生转让抵押权优先顺位的法律效果。合同效力源自内部关系，因为基于当事人的意愿，抵押债权人有义务让一名或多名无担保债权人参与其发起的先取特权执行程序，或者无担保债权人要求抵押债权人不行使可能损害无担保债权的抵押权。[235] 然而，将抵押优先受偿权扩展至债务人的——现在和未来的——所有债权人，将会导致优先受偿权被架空，对此应将其解释为对抵押权的放弃。

十七、对抵押权顺位的处分

《民法典》第2843条规定，抵押权顺位推后的，应在抵押权登记页的空白处进行注明，由此可以推论出多种处分抵押权顺位的情形。比如，交换抵押权顺位，即两个抵押债权人，无论是否连续，通过协商约定相互交换各自的抵押权顺位；抵押权顺位的降级（posposizione di grado），即较前顺位的抵押权人同意将其抵押置于其他抵押权人顺位之后，且不改变他们的抵押顺位；顺位的推后，即处于同一抵押顺位的数个抵押权，其中一个抵押权降级，排在其他抵押权顺位之后；抵押权顺位的均等化，即抵押权顺位连续的两个或多个的抵押债权人，经协商后赋予各自的抵押权具有相同的顺位。

对抵押权的处分具有物权效力，因为抵押权顺位的变化会反映在抵押优先受偿权的内容上，并且通过在抵押权登记页的注明而具

235 参见 Gentile, *Le ipoteche*, 237 ss.; Cass., 16 novembre 1978, n. 5286, in *Giur. it.*, 1979, Ⅰ, 1, 1309 ss., ed in *Riv. dir. ipot.*, 1979, 153, con nota di Genta, *Dichiarazione unilaterale del creditore di voler estendere la prelazione ad alcuni soltanto degli altri creditori*; Trib. Ivrea, 28 luglio 2000, in *Giur. it.*, 2002, 313 ss., con nota di Musolino, *Estensione dei benefici ipotecari*（抵押债权人将优先受偿权延及其他债权人：法院承认了合同的合法性，并排除了必须采取书面形式）。

有对抗第三人的效力。但是此种情况下，变化的只是抵押权的优先顺位，而非抵押权的转让。抵押权顺位变化后，取得新顺位的债权人，有权根据自己的优先受偿权顺位参与抵押财产变卖的收入分配，但每个抵押权仍按照各自原来的公示形式发生效力，并从属于原担保债权。如果原担保债权因履行而消灭，那么抵押权也将随之消灭。此外，无论是根据《民法典》第2644条来确定其对第三人的效力，还是根据《破产法》第45条和第67条确定破产程序中的对抗效力，抑或计算担保的20年时间，都以其实际登记的日期为准。

如果是交换抵押权顺位，那么会受到一些限制。这些限制来源于法律设定的一般原则，即当事人之间的合同不得损害第三人的权利。

不得损害介于两者之间的其他债权人的利益，这意味着，如果交换的两个抵押权顺位是非连续的，那么原在后顺位的抵押权将取得在先顺位，但优先受偿权的金额以原在先顺位债权的金额为限，否则介于两者之间的债权人将因两人顺位的交换而遭受更大的损失——因为在其后登记的债权，本应在其之后获得清偿。此外，如果符合《民法典》第2856条规定以致中间顺位抵押权人可能无法实现债权，则交换抵押权顺位时应征得中间顺位抵押权人的同意，至于金额多少则不予考虑。抵押权顺位交换也不得损害在后债权人的权利。

显然，处分抵押权顺位的人应是抵押权人。处分时，无需征得抵押财产所有权人的同意——即便抵押人是为债务人提供抵押的第三人的情形也不例外，因为抵押权顺位的处分不涉及其利益，也没有什么法益会因此而受到损害。

对抵押权顺位的处分，应采取书面形式，否则无效：一方面是因为，对于推后顺位的抵押权人而言，这实际上是一种对抵押优先受偿权的部分放弃，应适用《民法典》第2879条的规定；另一方面是因为，根据《民法典》第813条和第1350条，对抵押权的处分也应采取书面形式。此外，为了完成在抵押权页空白处的注明手续，应向登记部门提交一份经过认证的法律文件；如果法律要求需要征求其他主体同意的，还应提交他人同意的认证文件。

为了能够在将来的强制执行程序中行使抵押优先受偿权，还应按照《民法典》第2843条的要求，将对抵押权顺位的处分情况在抵押权登记页的空白处进行注明。理论界一致认为——尽管这种观点很可能没有太多的依据——可以基于注明的先后来解决竞存时的权利冲突，比如当存在多个抵押权顺位的获得者时，又如抵押权顺位的获得者与抵押债权的获得者之间的冲突。

十八、在空白处的注明

抵押登记也可以作为一种附属的形式，成为其他公示形式的客体。比如注明，具体表现为在其他登记的空白处进行注明，但也具有公示的效力。[236]

有时，抵押登记注明可能是在另一个注明的空白处进行。此时，抵押登记注明之前已经存在一个登记注明，而抵押登记注明是

236 参见Rubino, *L'ipoteca immobiliare e mobiliare*, 337 ss.; Mariani, *Ipoteca e trascrizione*, 459 ss.; Ravazzoni, *Le ipoteche*, 74 ss.。

在前面一个注明的空白处进行的注明。两者之间的区别会带来一些技术操作上的不同。比如，先以用益权设立的抵押，而后又将该用益权转让的情形：针对用益权消灭，应在设立注明的空白处进行注明，此时无需专门通知，与用益权有关的所有法律事实都被取消。

理论界较为流行的观点认为，与法律未规定的行为或事实相关的可选性的注明，应当承认其效力。比如以下情形中的注明已经得到了认可：在抵押登记后签发票据而办理的注明；抵押人在抵押登记后死亡，抵押财产被转让给继承人或受遗赠人，为此而办理的注明；法院命令更改抵押人或债权人的姓氏。在上述这些情形中，选择性的注明只具有单纯的公示–通知的效力（effetti di mera pubblicità-notizia），因此无论如何都不应违反抵押制度的基本原则。

这种解决方案也留下了令人困惑之处，因为它没有在民事法律中找到具体的法律依据，也与不动产公示机制不相适应。事实上，一个公认的原则是，应当进行公示的情形具有强制性。

与抵押登记申请相比，注明手续在某些方面并不相同。

《民法典》第 2843 条第 3 款包含一个针对所有注明的规则，并要求提交经过认证的法律文件。提交注明申请时，应以双份原件的特别说明形式向登记部门提交申请，申请书中应载明为完成公示手续所必需的信息。其中一份原件交由登记部门办理登记。

《民法典》第 2843 条对注明的法律效力做了统一的规定。根据该条，未完成上述注明的不具有约束力。这种表述事实上过于简单和概括。注明行为可以产生的物权效力，或者是针对抵押权顺位，或者针对被担保债权，或者导致抵押担保消灭。因此，就理论层面而言，应放弃这种试图为注明设定单一效力的论调，而应根据具体的情况分别建构相应的法律效力。

如果登记部门拒绝办理注明手续，根据一般规则，申请人可以对此提起上诉。但是法律没有规定附保留的注明，因为《民法典》第 2674 条–Ⅱ将附保留的情形限于抵押登记和法律文件的登记。

法律关于注明的规定的情形有：对遗漏内容和不准确内容的更正（《民法典》第 2841 条）；抵押权的转移或者因转让等原因而发生的情形（《民法典》第 2843 条）；抵押债权的继承性转让；抵押债权人发起的扣押（《民事诉讼法典》第 544 条）；在强制执行启动后转让抵押债权的行为（《民事诉讼法典》第 554 条）；在为已获清偿的债权人的利益而对债务人其他财产设定的不动产享有次代位权的第三人（《民法典》第 2866 条）；与抵押权顺位有关的法律事实（《民法典》第 2843 条）；债权人变更其选定的住所的（《民法典》第 2842 条）；对抵押进行解除、限制和缩减的，任命债券持有人的共同代表人的；与附保留登记有关的申请和决定的；《民法典》第 2857 条第 3 款规定的代位权的情形；宣布登记文件无效、被撤销、被解除和被废除的，应在文件登记的空白处加以注明（《民法典》第 2655 条）。

实践中一种常见的抵押注明是与土地信贷债权有关，规定在《银行法》第 39 条第 2 款。根据该条规定，融资协议和金钱债权构成两个不同的行为，登记保管人根据融资人签发的凭据办理不动产抵押登记，并应在抵押登记页空白处注明。

该规定明确界定了借款人适宜注明的行为类型。因此，如果抵押人是债务人之外的第三人且抵押人承担登记义务，为了办理注明手续，无需经过第三方抵押人的同意。

在贷款合同中，当事人可以通过协商的方式，就与影响贷款银行支付利息相关的各种事项进行约定，比如利息的类型或者计算的方法。关于利息的不同事项也属于应当注明的内容。与注明相对应的这部分利息，尽管是新内容，但与原抵押登记具有相同的顺位。

对付款收据（quietanza）的注明效力主要体现在两个方面。

一方面，上述注明可以省去债权人在诉讼中的证明（债权存在的）责任，并且在支付后，可以有效地证明原授予的债权以及最终支付的债权总额。对收据的注明，并不以抵押登记的有效为条件——因为抵押登记以原始的融资合同为效力依据，也不就款项的支付起任何声明性或设定性的作用。

另一方面，登记注明能够将支付时约定的利息变动纳入抵押担保范围内。但是关于该目的，注明的必要性仅体现其使得债权人可以参与抵押财产变现收益的分配；其仅具有公告通知的效力，并非将抵押效力扩及新的利息和对抗第三人的必要条件。这意味着，扩展后的抵押权可以超过登记时设定的金额，并且利息与原抵押具有相同的顺位，因此可以具有对抗效力，比如可以对抗已经办理登记的第三方购买人或者已经办理登记的后续抵押债权人。

第十五章　抵押的保全

一、针对抵押物损毁风险的救济措施

《民法典》第 2813 条为抵押权人提供了一种预防性的救济措施。根据该规定，当债务人或第三人实施了可能导致抵押财产毁损的行为时，债权人可向司法机构提出请求，责令其停止该行为或采取必要措施，以避免抵押权受到损害。这是一种保全性的诉讼（azione di tipo inibitorio），类似于《民法典》第 1171 条和第 1172 条规定中的诉讼。[237]

可能使抵押财产发生毁损的行为多种多样。首先，这些行为可能是积极的作为，也可能是消极的不行为。比如，破坏种植在被抵押的土地上的作物、移除抵押财产的从物、拆除被抵押的建筑物、不对抵押财产进行必要的维修、怠于对被抵押土地进行维护保养（如轮作）。[238] 其次，也可能是自然事件，例如发生洪水或山体滑坡使抵押财产面临危险时，抵押人——可能是债务人或也可能是债

237　Frignani, *L'inibitoria per prevenire il pericolo di danno alle cose ipotecate*, in *Riv. dir. ipot.*, 1970, 181 ss.; Fragali, *Ipoteca (diritto privato)*, 802; Ravazzoni, *Le ipoteche*, 41.

238　Gorla e Zanelli, *Del pegno. Delle ipoteche*, 257 s.; Mariani, *Della ipoteca immobiliare*, 338 ss.; Ravazzoni, *op. cit.*, 40.

务人之外的第三人——却怠于处理和采取措施。[239] 再次，在非抵押财产上实施的行为，也可能会使抵押财产处于危险中。[240] 比如在他人土地上实施的可能危及抵押财产的施工，又如新建工厂或挖掘施工。最后，一些虽然不会危及抵押财产的物质形态，但可能会减损抵押财产市场价值的行为，也属于《民法典》第 2813 条规定的行为，可以适用本条规定。比如，在被抵押的土地上用一种价值更低的作物来替代原来种植的作物，或者排放污染物进而可能导致抵押财产在市场上的吸引力降低的行为。

针对《民法典》第 2813 条规定中的遭受损害的风险，鉴于该条规定并未对损害和风险的程度予以规定，因此理论界认为无需达到严重的程度，任何可能导致抵押财产损毁的风险，都足以启动该条款。[241] 比如，无需满足额外的条件，也无需核查抵押财产是否仍足以担保债权实现（该条件出现在《民法典》第 2743 条规定中，针对的是要求提供补充担保的情形）。

实际上，《民法典》第 2813 条中关于损害风险的表述并不让人满意，也不具有说服力，因为该条规定并未区分风险的来源。实际上，应当考虑风险的不同来源进而区别对待——比如危险是因抵押财产所有权人的行为而致，还是因相邻土地权利人的行为而致。[242]

239　尽管论调不同，但实质相同，参见 Gorla e Zanelli, *Del pegno. Delle ipoteche*, 257 s.; Ravazzoni, *Le ipoteche*, 40。相反的观点，参见 Tamburrino, *Della tutela dei diritti (Delle ipoteche)*, 129; Gentile, *Le ipoteche*, 79。

240　相关举例，参见 Gorla e Zanelli, *op. cit.*, 257 s.。

241　Rubino, *L'ipoteca immobiliare e mobiliare*, 348; Gorla e Zanelli, *op. cit.*, 257 s.; Tamburrino, *op. cit.*, 130 s.

242　Ravazzoni, *op. cit.*, 40. 该学者的解释在当下具有代表性，其认为损害的风险可能是来自于债务人、提供抵押物的第三人或者第三方购买人，以及任何可能给物造成损害的其他第三人。

如果是因抵押财产所有权人的行为而使抵押财产可能遭受损害，那么此时涉及的唯一的利害关系人是抵押债权人。[243]针对这种情况，《民法典》第 2813 条明确规定了抵押财产所有权人不得损害担保的义务。所有权人的权利——从抽象的层面也包括损害物的权利——因抵押权的存在而受到限制。质言之，所有权人应保持抵押财产的完整性，在尊重抵押权的基础上行使其权利。因此在这种情况下，允许抵押权人针对任何可能损害抵押财产的行为采取措施是合理的，因为这可以使债权人获得全面的保护。这种解决方案对应的保护模式是一种已有的保护措施，比如针对用益权滥用行为，也有类似的规定（《民法典》第 1015 条）。

但是，如果是因第三人——该第三人是与抵押财产相邻的土地的物权人——的行为而使抵押财产可能遭受损害，那么《民法典》第 2813 条在适用时应受到一定的限制。事实上，相较于法律为所有权人、用益物权人、占有人提供的预防性保护（《民法典》第 844 条、第 1171 条和第 1172 条），此种情况下给予抵押债权人一种更广泛的预防性保护是完全不合理的。因此，如果是因第三人的行为而可能使抵押财产遭受损害时——尽管《民法典》第 2813 条对此未作规定——法律在为所有权人提供救济时设定的限制也同样适用于抵押权人。因此，如果是针对第三人在相邻土地上的新施工，那么只有当施工尚在进行且自施工开始之日起未超过 1 年时（《民法典》第 1171 条），抵押权人才可提起施工警告之诉；如果是

243 对于所有权人，其被等同于用益权人，或者使用权人或对抵押的不动产享有居住权的权利人。

因惧怕来自第三人土地的风险给抵押财产造成损害，那么抵押权人应证明是严重损害且是紧急危险（grave e prossimo）；如果是因第三人在土地上排放（烟雾、气味、噪音等）而可能给抵押财产造成损害的情形，法官应当核查该排放是否超过了正常忍受限度（《民法典》第 844 条）。

最后一种情形是第三人——其并非抵押财产相邻土地的物权人——实施的可能会使抵押财产遭受损害的行为。一方面，从字面来看，《民法典》第 2813 条规制的情形似乎也包括这种情形。但需要注意的是，法律为抵押权人提供的预防性救济机制，应与法律规定的相邻关系纠纷解决机制相协调。另一方面，不动产所有权人也不能在相邻关系之外，针对第三人可能造成的损害提起预防诉讼：针对因侵权行为可能造成的损害，法律并未提供任何的预防性自卫措施。因此可以再次得出结论，授予担保物权人预防性诉权完全不合理。

根据《民法典》第 2813 条，法院审理后，应责令停止可能造成危险的行为，并责令行为人采取必要措施以避免担保受到损害。[244] 因此，法院命令的内容并非完全是禁止性的。在避免担保受到损害的必要措施中，也可以包括责令恢复原状（rimessione in pristino）。比如，建造的工作物可能带来损害时，责令拆除该工作

244　Frignani, *L'inibitoria per prevenire il pericolo di danno alle cose ipotecate*, 184 s. 在该学者看来，应区分情况对待，即停止危险行为的命令应适用于不法的危险行为，而采取预防性保护措施的命令，则是针对合法但却可能给抵押财产带来损害的行为。围绕预防性保护措施，理论界存在争议的是，是否可以采取“假扣押”，对此，鲁比诺支持，真蒂莱则持反对态度，具体参见 Rubino, *L'ipoteca immobiliare e mobiliare*, 349; Gentile, *Le ipoteche*, 78。

物。[245] 此外，如果经过审理法官准许在采取适当防范措施的情况下继续施工，法官也可以责令为债权人提供一笔保证金。[246]

就诉讼层面而言，预防性诉讼应按照紧急程序的形式进行，因为普通程序不符合立法目的。因此，可以适用《民事诉讼法典》第669条-Ⅱ等规定中的担保措施。但是需要注意的是，法院一旦同意或驳回相关的措施，将不会进入下一审理阶段。因此，根据上述解释，债权人也不能诉诸《民事诉讼法典》第700条规定的临时保障举措。[247]

二、保护占有之诉与返还财产之诉

如前所述，抵押担保的核心是在不移转抵押财产占有的情况下进行的担保。因此，在理论界形成了一种较为牵强的解释，认为应当允许抵押债权人基于抵押权主张对抵押财产的占有保护。由此引

245 理论界总体上认为，抵押债权人应受到限制，即其只能针对将来可能受到损害的危险采取措施。具体参见鲁比诺，该学者的观点得到了坦布里诺的赞同。后者进一步提出，抵押债权人无权援引《民法典》第2813条进行抗辩；反之，在这种情况下，其应针对已经发生的损害通过法律规定的典型的救济方式寻求救助。具体参见 Rubino, *L'ipoteca immobiliare e mobiliare*, 349; Tamburrino, *Della tutela dei diritti (Delle ipoteche)*, 130。

246 对于能否将预防性保护措施强加给债务人，鲁比诺持否定态度，但戈拉和坦布里诺持肯定态度，具体参见 Rubino, *op. cit.*, 349; Gorla e Zanelli, *Del pegno. Delle ipoteche*, 258; Tamburrino, *op. cit.*, 1330。

247 关于持普通程序的观点，参见 Frignani, *L'inibitoria per prevenire il pericolo di danno alle cose ipotecate*, 183 e 187; Tamburrino, *op. cit.*, 131。两位学者都认为和同意可以诉诸《民事诉讼法典》第700条。关于紧急程序的观点，参见 Rubino, *op. cit.*, 350; Ravazzoni, *Le ipoteche*, 41。折中的观点，参见 Maiorca, *Ipoteca (diritti civile)*, 75。该学者认为，针对此处讨论的救济措施，既可以在占有人所在地，也可以在原告所在地启动程序。

申的观点是，抵押权人可以提起归还占有之诉和保持占有之诉。虽然都是担保，但立法者针对抵押和质押设定了不同规则，作出了不同的选择，而基于动产属性以及《民法典》第 1153 条规定的一般原则，立法者对动产质押提供了不同的救济途径。《民法典》第 2789 条允许质押债权人提起占有之诉来寻求自我救济，并要求必要时交付相关的动产。

就抵押而言，当作为债务人的抵押人怠于或不行使其救济权时，抵押债权人只能通过代位的方式（in via surrogatoria）来提起占有之诉。这意味着，当第三人——无论是为债务人设立抵押的第三人，还是抵押财产的第三方购买人——丧失对抵押财产的占有时，抵押债权人无权提起占有之诉，因为在抵押债权人和第三人之间并不存在任何债权债务关系——代位诉讼的条件之一是存在债权债务关系。[248]

毫无疑问，抵押权人有权提起确认之诉（azione di accertamento）。诉讼既可以是要求确认其享有的担保权，也可以是要求确认某个权利属于抵押财产；既可以是针对设定抵押的债务人（抵押财产的所有权人），也可以是针对第三方抵押人或购买抵押财产的第三人。因此，如果抵押财产被进行了改良或存在从物，而抵押权扩及改良和从物，那么对此也可以提起确认之诉。同样地，还可以针对地役权的存在与否提起确认之诉——既可以是要求确认被抵押的不动产对其他不动产享有地役权，也可以是要求确认在抵押登记前被抵押的不动产上不存在为他人利益设定的地役权。实际上，上述两种情

248　参见 Rubino, *L'ipoteca immobiliare e mobiliare*, 21。

况涉及的都是抵押权的扩展。[249] 基于相同的理由，抵押权人可以提起确定地界之诉（《民法典》第 950 条）和设置界石之诉（《民法典》第 951 条）。

但是，确认地役权之诉的目的在于通过判决确认享有地役权，进而排除第三人妨碍或干扰行使地役权的行为（《民法典》第 1079 条）。相对地，还可以提起否认之诉，通过该诉讼，原告可以要求停止妨碍行为和骚扰行为（《民法典》第 949 条）。围绕抵押债权人是否可以基于上述目的而提起预防性诉讼，理论界尚未形成一致意见。[250]

从与抵押制度结构的一致性来看，似乎采取否认说更为合适。

首先，根据《民法典》第 2813 条，当债务人或第三人实施的行为可能使抵押财产毁损时，抵押权人可以为自己利益而独立提起预防性诉讼。这一诉讼涵盖了抵押债权人的整个预防性保护范围，因此当不存在《民法典》第 2813 条规定的危险时，没有理由再额外赋予其他的预防性救济措施；相反，从《民法典》第 2813 条，

249 参见 Rubino, *L'ipoteca immobiliare e mobiliare*, 351; Grosso e Deiana, *Le servitù prediali*, 2 ed., in *Tratt. dir. civ. it.*, Torino, 1955, Ⅱ, 1046。但是如果在抵押后登记的用益权，债权人则对其没有诉的利益，也不能对抗他们。

250 理论界对此存在多种观点。格罗索和德亚纳支持和赞同授予抵押债权人确认役权之诉（azione confessoria）的权利，允许其提出具有禁止性内容的诉求，以支持《民法典》第 2813 条规定的内容；而鲁比诺则认为，抵押债权人只能通过代位的方式提出否认之诉和确认役权之诉，但不能提出纯粹的确认之诉（mero accertamento），反之其可以请求作出停止干扰的命令，但允许提起直接诉讼的除外——比如依照《民法典》第 2813 条提起的诉讼——在非常少的情况下才会发生，比如对被抵押的土地造成永久性的损害的情形；比翁迪也认为，只能通过代位方式提起相关诉讼。参见 Grosso e Deiana, *op. cit.*, 1046; Rubino, *op. cit.*, 351; Biondi, *Le servitù*, in *Tratt. dir. civ. e comm.*, dir. da Cicu e Messineo, Milano, 1967, 634。

我们恰恰看到一种更能反映抵押交易结构的制度特点：抵押权人没有对物的使用收益权，不是抵押财产物质形态完整性的“哨兵”（sentinella），因此法律赋予所有权人的救济手段并非都适宜赋予抵押权人。

其次，由于《民法典》第2813条提供的救济应适用诉讼法中的紧急程序，因此这意味着如果等待法院审理后作出禁令可能已经为时已晚，起不到作用。[251]

最后需要注意的是，如果所有权人想要提起否认之诉或确认地役权之诉，则应当通知抵押债权人参加诉讼，此时应类推适用《民法典》第1012条。[252]事实上，通过诉讼可以查明在抵押的不动产上，究竟是否存在用益物权，并且判决结果对抵押权人也具有效力（败诉的一方也应承认判决关于抵押债权人的效力）。否则的话，抵押债权人可能不知晓诉讼的存在以及诉讼结果，进而会为了自己的利益再次提起确认之诉。

三、损害赔偿

如果抵押财产在抵押期间受到损害，那么会导致一系列后果，只是后果的严重程序可能有所不同。

首先，可能会在债的法律关系层面产生一些冲击，此时适用的法律是《民法典》第1186条和第2743条。

251　对此进行强调的是鲁比诺，参见Rubino, *L'ipoteca immobiliare e mobiliare*, 351。

252　参见Grosso e Deiana, *Le servitù prediali*, Ⅱ, 1048。

如果债务人是以自己的财产设定的抵押，并且因债务人的原因而导致抵押财产发生损毁或灭失，那么此时应首先适用《民法典》第 1186 条有关担保责任部分的规定。[253] 事实上，债务人的行为只要使抵押财产减少，该行为就足以导致期限利益的丧失，债权人就可以要求债务人立即履行债务。该条规定并未提及其他额外的条件——既未要求需担保财产不足，也未分配给债权人要求提供补充担保的义务。

从《民法典》第 1186 条的文字表述来看，该条规定似乎仅限于债务人以自己财产设立意定抵押的情形。[254] 实际上，理论界更倾向于认为，当抵押是由债务人之外的第三人提供时，期限利益也立即丧失。[255] 可以肯定的是，当债务人实施了损害抵押财产的行为时——无论债务人是抵押财产的占有人还是持有人——《民法典》第 1186 条可以为债权人提供保护。再次强调的是,《民法典》第 1186 条不适用于法定抵押和诉讼抵押的情形。[256]

导致财产减少的应是债务人的原因，通常认为这指的是债务人因故意或过失导致的减少。[257] 债务人的原因也可以是法律行为，甚至可以是登记之后实施的可以对抗抵押债权人的行为，正是因此才会减损担保的价值。比如，设立税收先取特权（privilegio fiscale）

253 显然，如果抵押登记是为了担保将来的债权或可能债权，这不会产生任何后果，参见 Rubino, *L'ipoteca immobiliare e mobiliare*, 357, n. 40。

254 Rubino, *op. cit.*, 358.

255 Gorla e Zanelli, *Del pegno. Delle ipoteche*, 294, n. 1.

256 Rubino, *op. cit.*, 358; Gorla e Zanelli, *op. cit.*, 294, n. 1.

257 Rubino, *op. cit.*, 359 s.

的行为——税收先取特权优先于抵押权。[258]

《民法典》第 2743 条规定，当抵押财产灭失或毁损，包括因意外事件而灭失或毁损，以致抵押财产不足以担保债权实现时，债权人可以要求提供其他物权担保；如果没有提供其他财产作为担保的，债权人可以立即要求债务人履行债务。理论界认为，相较于《民法典》第 1186 条，《民法典》第 2743 条具有前者残留的痕迹。特别是，该条规定适用的情形是因第三人的过错，以及非意定抵押中因不可归责于债务人的原因而导致的抵押财产毁损或灭失。[259] 因此，根据该条规定，抵押财产灭失或毁损时，只有未提供新的担保时才会导致期限利益立即丧失。本条规定既不包括抵押财产市场价值降低的情形，也不包括抵押财产因正常使用而导致价值降低的情形。

《民法典》第 2743 条在规定中使用的表达是“其他财产”（altri beni），因此根据本条提供的新担保必须是物权性担保（natura reale）。[260] 但是基于本条规定的立法目的，似乎可以推论和认为，即便仅提供了具有人保性质（natura personale）的担保也符合该条规定的立法概念，因为就本条规定而言，重要的是提供适当的新担保。[261]

258　相关例证，参见 Rubino, *L'ipoteca immobiliare e mobiliare*, 359, n. 47。

259　参见 Rubino, *op. cit.*, 360 ss.; Tamburrino, *Della tutela dei diritti (Delle ipoteche)*, 132 ss.; Maiorca, *Ipoteca (diritto civile)*, 76。这些学者对《民法典》第 1186 条和第 2743 条的适用范围进行了讨论。

260　持此观点的是鲁比诺，但坦布里诺认为，新的担保应与被替代的担保具有相同的属性，例如也同样是抵押担保。参见 Rubino, *op. cit.*, 361 s.; Tamburrino, *op. cit.*, 136。

261　Ravazzoni, *Le ipoteche*, 40.

如果实施的某项行为足以导致抵押财产脱离可抵押财产的范围，那么该行为等同于将抵押财产毁损。比如，债务人为了转让的目的，将可移动的工作物与土地结合成一个整体，或者将浮动建筑物加固在河岸上使两者成为一个整体。

当抵押财产是船舶和航空器时，适用的规则有所不同。抵押一旦设立，在债权人的债权获得清偿前，船舶的所有权人无权通过在船舶登记簿中解除的方式对船舶进行处置，航空器的所有权人无权在登记机构处解除登记。但是即便存在抵押，仍允许在紧急情况下自愿拆除船舶或飞机，但船东应提供银行承诺的保证，该保证的内容是担保抵押权人的债权。

有学者提出，是否可以通过侵权责任来为抵押债权人提供救济。事实上，学者争论的是，抵押债权人是否可以基于《民法典》第 2043 条，对造成抵押财产损害的行为提起侵权之诉，进而要求承担侵权责任。需要特别注意的是,《民法典》第 2742 条规定的财产赔偿代位并不包括损害赔偿。在该条规定的情形中，抵押优先受偿权是通过抵押财产损毁灭失时应得的赔偿金额得以实现。因此对第 2742 条的理解时，不应从侵权责任角度展开。

如果损害是由债务人造成的，那么债权人不能提起侵权之诉。[262] 事实上，基于财产责任的一般原则，在抵押担保之外再额外增加损害赔偿性质的债权，没有任何意义（完全无用）。反之，如果抵押财产是因第三人的原因而毁损灭失，那么抵押债权人可以针对该侵权行为提起侵权之诉。此时，债权人起诉的内容正是对自己

262 参见 Rubino, *L'ipoteca immobiliare e mobiliare*, 352 s.。

担保物权造成的损害。此时的损害并非是因侵权行为而造成的担保财产价值的减损，而是该行为可能导致将来无法通过强制执行实现全部债权。[263] 如果抵押财产没有遭受损害，债权人出售质押财产时的价格也未（不会）受影响，则应认为此时没有造成损害。

如果债权人获得了足以覆盖全部债权的新担保，即满足了《民法典》第 2743 条规定，那么债权人就不能再提起损害赔偿诉讼，此时可以将提供的新担保理解为是一种特别形式的赔偿。[264]

四、与第三人的权利之间的冲突

在抵押模式下，抵押财产的所有权人仍享有对抵押财产的处分权，而这可能会导致权利冲突的情形，即某个民事主体可能取得抵押财产的所有权，进而与抵押权人之间发生权利冲突。

（一）抵押债权人与抵押财产所有权人之间的冲突

冲突可能发生在抵押债权人与取得抵押财产所有权的主体之间，即第三人获得了抵押财产的物权，并根据《民法典》第 2643 条进行了登记，此时会发生《民法典》第 2644 条规定的效果。这源自法国的抵押制度。特别是当抵押人将抵押财产的所有权或其他物权转让给第三人时，就会出现这种情况。

如果在抵押登记办理前，受让抵押财产所有权的第三人先办理

263　Rubino, *L'ipoteca immobiliare e mobiliare*, 353 s.

264　参见上书，第 354 页以下。该学者还论述了第三人侵权和无法提供充足担保时的责任竞合，以及第三人提供担保时《民法典》第 2911 条的适用。

了登记，对此种情况下的权利冲突，《民法典》第2644条给出了解决方案。即第三人将优于抵押债权人得到保护：一旦办理了受让登记，即使受让行为可以追溯到更早的日期，同一转让人的任何权利登记，对受让人都不产生效力。也就是说，抵押登记对第三人没有约束力。

但是如果抵押登记在先，那么将适用一般原则，并且根据该原则，尽管抵押人仍有权对抵押财产进行处分，但抵押权人可以对抗之后获得抵押财产的人。

此外，即便受让人（即第三人）已经办理了登记，还应根据其受让的权利的类型分别讨论。

如果是在抵押登记后，又在抵押财产上登记设立了地役权、用益权、使用权或居住权，那么地役权人、用益权人、使用权人或居住权人不能对抗抵押权人，抵押权人可以不受约束的拍卖该抵押财产。[265] 上述后设立的权利将随着抵押财产的变卖而消灭，权利人可以对变卖的收益主张权利。对于地役权、使用权和居住权，上述规则的正当性在于这些权利本身不能单独转让或不能转让；对于用益权而言，抵押财产由于用益权的脱离而成为空虚所有权，此时出售会使变卖所得变少，这显然会损害抵押债权人的利益。尽管法律规定上述权利不能对抗抵押债权人，但这并不意味着抵押债权人可以认为从未设定过这些权利，法律只是出于保护抵押担保价值的考虑，使债权人可以在不区分用益权的情况对抵押财产进行强制变卖。[266]

265 Rubino, *L'ipoteca immobiliare e mobiliare*, 369 ss.; Tamburrino, *Della tutela dei diritti (Delle ipoteche)*, 116 s.

266 参见 Grosso e Deiana, *Le servitù prediali*, Ⅱ, 354 ss.。

强制性地役权和强制性共有构成了上述规则的例外情形，这两种权利可以对抗抵押债权人，而且根据《民法典》第2742条，支付给所有权人的补偿金应当用于清偿抵押债权。[267] 但是，如果是依家父指定取得的地役权（《民法典》第1062条），无需办理登记即可对第三人产生效力，这并未违反一般规则，因为无论如何，地役权都是源自与被抵押的不动产有关的处分性的法律文件。[268]

如果居住权属于《民法典》第540条第2款规定的情形——在继承时为了配偶利益而设立的居住权，那么也应适用《民法典》第2812条有关居住权部分的规定。之所以如此，仍然是因为居住权不能转让。此外，尽管这种情形属于法定遗赠（*legato ex lege*），但仍需遵守遗产受让登记的一般规则。[269]

但是，如果在抵押财产上设定的是地上权或永佃权，那么应适用有关受让第三人的相关规定。之所以如此，是因为在这些权利类型中，地上权人和永佃权人获得了广泛的使用收益的权利。[270] 因此，抵押债权人应将地上权和永佃权与空虚所有权分开，分两次分别进

267　参见 Rubino, *L'ipoteca immobiliare e mobiliare*, 369, n. 94; Gorla e Zanelli, *Del pegno. Delle ipoteche*, 245; Gentile, *Le ipoteche*, 60, 63; Grosso e Deiana, *Le servitù prediali*, Ⅱ, 1003。

268　参见 Gorla e Zanelli, *op. cit.*, 250 s.; Grosso e Deiana, *op. cit.*, 1003。尽管两者总体相同，但后者采纳了通过时效取得地役权的相反的方案。批评性的观点，参见 Ravazzoni, *Le ipoteche*, 34。

269　关于居住权的法定遗赠，参见 Mengoni, *Successioni per causa di morte. Successione necessaria*, 3 ed., in *Tratt. dir. civ. e comm.*, dir. da Cicu e Messineo, cont. da Mengoni, Milano, 1992, 167 ss.; Id., *Successioni per causa di morte. Successione legittima*, 6 ed., in *Tratt. dir. civ. e comm.*, Milano, 1999, 170 ss., 186 ss.。在蒙格尼看来，就适用《民法典》第2812条而言，对相关登记的审查扮演着重要的角色。

270　参见 Rubino, *op. cit.*, 368; Gorla e Zanelli, *op. cit.*, 251; Tamburrino, *Della tutela dei diritti (Delle ipoteche)*, 115 s.。

行强制出售，除非地上权人和永佃权人可以援引法律有关受让第三人的保护措施——这些措施包括释放财产的权利和涤除权。

（二）抵押债权与债权性用益权之间的冲突

如果第三人通过合同，获得了针对抵押财产的债权性用益权（un diritto personale di godimento），并且办理了登记，那么抵押权人与该第三人之间也可能会发生权利冲突。实际上，只要抵押债权人未扣押抵押财产，这种冲突情形实际上并不会发生，因为债权性用益权的权利人无权行使与抵押权不兼容的权利。

我们首先来讨论租赁中可能出现的这种冲突。

对此，需要考虑有关的法律规定，即《民法典》第 1599 条。根据该条规定，如果租赁合同签订的时间先于租赁物转让的时间，那么该租赁合同可以对抗第三人，但租赁期限超过九年的除外——此时需要依照法律办理登记。同时该条规定，未经登记的不动产租赁，自租赁时起未经过九年的，不得对抗第三方买受人。这意味着，当事人未办理登记，并不必然导致租赁合同绝对不能对抗第三人，即并非适用《民法典》第 2644 条规定的标准，而是导致租赁合同的期限被缩减至九年以内。但是当租赁物被强制出售时，租赁合同对第三方买受人的对抗效力，还要受到《民法典》第 2923 条的规制。在部分事项上，《民法典》第 2923 条的规则与《民法典》第 1599 条规定并不一致：除了保留《民法典》第 1599 条有关对抗第三人的规定外，《民法典》第 2923 条还规定，当租赁价格低于公正价格或者先前租赁价格的 1/3 时，第三方买受人不受该租赁的约束。

如果租赁合同的期限未超过九年且合同签订日期先于抵押登记

的日期，又或者租赁合同的期限虽然超过九年但在抵押登记前已经办理了登记，那么承租人完全可以对抗抵押债权人，也可以对抗强制变卖中的买受人，但《民法典》第 2923 条第 3 款规定的情形除外。如果租赁合同的期限未超过九年且合同签订日期后于抵押登记的日期，又或者租赁合同的期限超过九年但在抵押登记后才办理的登记，但两种情形中合同签订日期都早于抵押财产被扣押的日期，那么根据《民法典》第 2923 条，两种情形下的租赁合同都可以对抗第三人。总之，当租赁合同期限超过九年且未办理登记时，在计算对抗效力的九年时间时，是自抵押财产被扣押之日起开始计算。因此可以说，在租赁的情况下，相较于无担保信用债权人，抵押债权人的地位没有任何特别之处。[271]

其他需要登记的债权性用益权的情形，是不动产典质契约（《民法典》第 2643 条第 10 项），以及当公司或社团的存续期超过九年或者期间未定时，以不动产使用权或其他不动产物权出资的公司契约和参股契约。在这些情形中，与前述情况相同，债权性用益权的权利人并不会立即与抵押债权人发生权利冲突。事实上，抵押权对抵押财产自然孳息的扩展效力也是自抵押财产被扣押之日起开始。但是由于没有类似《民法典》第 1599 条的实体法规定，如此一来，这些情形下对第三人的对抗效力，仍应适用《民法典》第 2644 条以及有关扣押的规则。[272]

271　参见 Gentile, *Le ipoteche*, 66 ss.。另参见 Tamburrino, *Della tutela dei diritti (Delle ipoteche)*, 121 ss.; Maiorca, *Ipoteca (diritto civile)*, 138; Rubino, *L'ipoteca immobiliare e mobiliare*, 375; Ravazzoni, *Le ipoteche*, 38 s.。在鲁比诺看来，在判定对抗租赁合同时，相关的日期应是抵押登记的日期，而非扣押的日期。

272　Gazzoni, *La trascrizione immobiliare*, Ⅱ, 284 ss., 306 ss.

（三）抵押权人也可能与其他享有优先受偿权的权利人发生权利冲突

根据法律，抵押权的客体是抵押财产的所有权，如此便与现行法律设定的结构完美的契合——在同一不动产上可以同时并存数个抵押权。不动产公示制度通过优先顺位机制解决了抵押权人之间的权利冲突问题，这种优先顺位是根据每个抵押权登记的时间先后分配和确定各自的顺位。抵押债权人根据各自的优先顺位，依次参与抵押财产变现后的收益分配。诉讼法要求执行法官预先确定优先顺位的次序并编制清单，在抵押财产强制售卖后，根据该优先顺位在债权人间进行分配（《民事诉讼法典》第 510 条和第 596 条）。

当抵押权人与特别先取特权人之间发生权利冲突时，根据《民法典》第 2748 条第 2 款，法律优先保护特别先取特权人，即便抵押登记先于特别先取特权登记也不例外。这意味着，当对抵押财产进行强制售卖后，在分配收入时，特别先取特权人将先于抵押权人从中获得清偿。

有时，在设立先取特权时，法律要求采取公示形式。特别是《民法典》第 2775 条–Ⅱ规定的不动产特别先取特权的情形，对该条规定的应当登记的预约合同，理论界认为登记是预约合同的核心要件。如果先取特权的设立需要办理登记，那么其与抵押权的关系体现为对变卖财产分配时的优先顺位。在确定优先次序时，在登记部门的编号和登记顺序就具有非常重要的作用，此时解决的方式同于抵押权之间竞合的情形，依照各自的优先顺位解决。但是，无论如何不会出现适用《民法典》第 2644 条来确定优先性的问题，因为《民法典》第 2644 条旨在解决不兼容行为之间的冲突。

（四）抵押债权人与扣押债权人之间的冲突

如果法院依其他债权人申请查封扣押了抵押财产，那么此时也会与抵押权人发生权利冲突。

如果抵押权登记先于扣押登记，那么此时抵押债权人不会受到扣押的影响，在强制执行程序中仍可行使优先受偿权。

但是如果扣押登记先于抵押登记，那么即使在扣押登记日之前已经形成了抵押设立法律文件，在分配强制执行取得的收入款项时对抵押权也不予考虑（《民法典》第 2916 条），且不得据此对抗强制变卖的买受人（《民法典》第2919条）。[273] 由此又引发了各种推论。

鉴于在分配强制执行收入款项时不予考虑扣押后登记的抵押权，有人据此推论认为，该抵押权既不能对抗申请扣押财产的债权人，也不能对抗加入诉讼的债权人——包括在抵押登记后加入诉讼的债权人，还不能对抗被强制售卖的不动产的买受人。[274]

需要强调的是，无论如何，扣押后登记的抵押权都是一个合法有效的担保物权：如果强制执行程序在抵押财产被强制售卖前终止，或者强制售卖被法院确认为无效，那么抵押债权人既可以

273　参见 Bonsignori, *Gli effetti del pignoramento*, in *Comm. del cod. civ.*, dir. da Schlesinger, Milano, 2000, 116 s.。破产程序中，在抵押不动产被扣押后办理的诉讼抵押登记，不能对抗破产债权人，参见以下判例及评注：App. Firenze, 12 marzo 1997, in *Giur. it.,* 1998, 77 ss., con nota di Buoncristiani, *Anche in caso di concordato preventivo persistono gli effetti conservativi del pignoramento*。

相同地，在假扣押的情况下，根据《民法典》第 2906 条，在扣押后办理的抵押登记，对扣押债权人不具有效力，参见 Cass., 1 marzo 1995, n. 2302。

274　Rubino, *L'ipoteca immobiliare e mobiliare*, 375.

对债务人主张优先受偿权，也可以向其他启动新的扣押的债权人主张优先受偿权。[275] 但是，如果在强制执行程序进行过程中，登记的效力被剥夺，抵押债权人仍可针对债务人行使基于登记而产生的权利。例如，其可以主张《民法典》第 2742 条和第 2813 条规定的权利。

（五）抵押权与登记的预约合同之间的冲突

《民法典》第 2654 条−Ⅱ规定，属于《民法典》第 2643 条第 1—4 项规定的预约合同应当办理登记，并且在预约合同登记后办理的任何针对转让承诺人的登记，不得对抗对本约合同的登记，或者裁决预约向本约转化的判决。如此一来，可能会产生第三方购买人和抵押债权人之间的权利冲突。比如，出卖人通过预约合同，承诺将不动产出售给购买人，又将该不动产抵押给另一债权人。此时，一方面，预约合同中的购买承诺人在满足法律规定的情形下，针对不动产享有特别先取特权；另一方面，抵押债权人对同一不动产享有抵押优先受偿权。

对于此类冲突，《民法典》第 2748 条第 2 款似乎提供了解决方案——根据该条规定，除法律另有规定外，享有不动产先取特权的债权人优先于抵押债权人。简而言之，先取特权人将优先于抵押权

275 提出该观点的是鲁比诺，参见 Rubino, *L'ipoteca immobiliare e mobiliare*, 124。相关司法判例，参见 Cass., 7 marzo 1961, n. 481, in *Foro it.*, 1961, Ⅰ, 877 s.; Cass., 6 luglio 1968, n. 2304, in *Foro it.*, 1968, Ⅰ, 2770 ss.; Cass., 1 marzo 1995, n. 2302; Trib. Catania, 10 giugno 1966, riformato da App. Catania, 22 luglio 1966, in *Riv. not.*, 1967, 109, e in *Riv. dir. ipot.*, 1966, 271, con nota di Bonis, *Della cancellazione delle formalità ipotecarie posteriori al pignoramento*。另参见 E. Gallo, *Ipoteche inefficaci e ipoteche inopponibili*, in *Foro pad.*, 1966, Ⅰ, 935 s.。

人，即便抵押权登记先于先取特权登记的，也不例外。[276]但是，这样一种解决机制过于形式主义，并且严重影响整个制度的效率。抵押债权人的风险在于，如果抵押人在抵押登记后又与他人签订了预约合同，那么此时抵押权人将无法对其获得的担保效力作出有效评估。正是因此，理论界更倾向于一种相反的解决方案。即当预约合同中的买受人的先取特权，与抵押权发生冲突时，应根据双方各自进行登记的先后来解决他们之间的权利冲突，此时的标准有点类似于《民法典》第 2644 条所采取的一般标准。[277]

但如果抵押登记是在预约合同登记之后办理的，那么尽管此时抵押登记仍然产生担保物权的效力，但不能对抗——已经办理了本约登记或者其履行本约的诉请被法院所采纳的——预约合同中的买受人。

如果当事人通过预约合同为受让方设定用益物权，那么在此之后办理的抵押登记的效力将仅限于空虚所有权，且不能对抗预约合同中的权利受让人；反之，如果当事人旨在通过预约合同向受让方仅转让空虚所有权，同时为转让方保留用益权，那么抵押登记权的

276　参见 Cian, *Alcune questioni in tema di trascrizione del contratto preliminare*, in *Riv. dir. civ.*, 1997, Ⅰ, 377; Di Majo, *La trascrizione del contratto preliminare e le regole di conflitto*, in *Corr. giur.*, 1997, 517; Cass., 14 novembre 2003, n. 17197, in *Notar.*, 2004, 130 s.; Trib. Genova, 18 gennaio 2001, in *Notar.*, 584 s.。

277　参见 Tucci, *Conflitto tra privilegio del credito del promissario acquirente per mancata esecuzione del contratto preliminare e ipoteche iscritte prima della trascrizione del preliminare medesimo*, in *Banca, borsa, tit. cred.*, 2001, Ⅱ, 476 ss.; G. Gabrielli, *La pubblicità immobiliare del contratto preliminare*, Ⅰ, 552 ss.; Gazzoni, *Trascrizione del preliminare di vendita immobiliare e obbligo di dare*, in *Riv. not.*, 1997, 30 ss.。最高法院判例，参见 Cass., Sez. Un., 1 ottobre 2009, n. 21045, in (tra l'altro) *NGCC*, 2010, Ⅰ, 266, e *Giur. it.*, 2010, 1049。

效力将仅限于转让方保留的用益权。但是，上述两种情形都适用《民法典》第2814条规定。

此外，作为对一般规则的补充，《民法典》第2825条-Ⅱ规定了一个例外性的规则：为担保土地建设性债权（credito fondiario），针对预约合同中的转让方设立的抵押，优先于在抵押登记前已经办理登记的预约合同，但以预约合同受让人在预约合同或后续协议中接受的债务部分为限。这意味着，如果没有债务承受，那么将回归一般规则，即抵押权不能对抗已登记预约合同中的受让人。该条规定事实上仅与担保的规则相一致，但既违反了《民法典》第2645条-Ⅱ所设定的一般规则，也违反了抵押的不可分性原则，且独立于抵押债权人的意愿。如此一来，为贷款债权人利益保留的便利被大大减少，而这正是因为法律为了保护预约受让人而为其提供的便利。

针对《民法典》第2825条-Ⅱ，理论界提出了一种限缩解释。限制的路径是要求被担保的债权必须属于1993年9月1日第385号法令（该条规定也为《民法典》第2825条-Ⅱ所援引）所规定的土地建设性债权的范畴，即该债权必须是由一级抵押所担保的中长期银行贷款。[278] 此外，抵押应是意定抵押，担保的应是“为保证建设而发放的融资贷款”。这意味着，应是为了关于建筑物的建设或翻新改造，而不能仅仅是为了购买土地的所有权。最后，还需要预约合同中的受让人承担（accolli）融资债务——既可以承担全部也可以承担部分份额：如果建筑物的所有单元都通过预约合同被出售，且

---

278 参见 Tardivo, *Trascrizione del preliminare di vendita e finanziamento fondiario*, in *Vita not.*, 1997, 114 ss.; Ravazzoni, *Le ipoteche*, 46。

是并存的债务承担（accollo cumulativo di quota），贷款银行可以起诉原债务人——原债务人与债务承担人负连带责任，但是在办理完登记后，应针对每份预约合同对应的建筑物的部分分别进行强制执行。这样一来，债权人实际上面临的是一种抵押的分拆，无需债务人就被担保债务的分割达成一致协议，原债务人也仍受债务的约束。如果采取的是免责的债务承担（accollo liberatorio），那么受让人应以其获得的不动产承担责任，但应以其承担的债务份额为限。

《民法典》第 2825 条-Ⅱ规定，抵押登记的客体是"待建或在建中的单个建筑或整个建筑物"。基于此，有理由认为，如果最初抵押的客体是用于建设的土地，那么这种抵押也应优先于预约合同，因为根据《民法典》第 2811 条，此时登记的效力扩及之后的建筑物。

五、未获清偿的抵押债权人的代位权

对不动产享有抵押权的债权人，如果该不动产的全部价值被用于清偿顺位在先的其他债权人，以致其债权未得到实现，此时，如果已实现债权的在先抵押权人对其他财产享有抵押权，那么未获清偿的债权人可以取代已实现债权的抵押权人，在其抵押登记范围内对其他财产享有优先受偿权。[279] 如果顺位在先的抵押权人在多个财

279　参见 Gorla e Zanelli, *Del pegno. Delle ipoteche*, 399 s.; Rubino, *L'ipoteca immobiliare e mobiliare*, 396 s.; Ravazzoni, *Le ipoteche*, 81 s.; Mariani, *Della ipoteca immobiliare*, 364 ss.; Fragali, *Ipoteca (diritto privato)*, 809 s.; Bocchiola, *Surrogazione legale e subingresso ipotecario*, in *Rass. dir. civ.*, 1980, 14 ss., spec. 27 ss.; Fontana, *Note in tema di surrogazione del creditore perdente*, in *Rass. dir. civ.*, 1988, 570 ss.。

产上享有抵押权，但其仅选择某个存在后续抵押权的财产进行强制执行，这是完全合法和可行的，因为这正是担保不可分原则的体现，该原则要求每个抵押财产都对整个债权承担担保责任。[280]

由此可见，本处讨论的代位权制度具有为所有抵押债权人创设一种共同担保的效果，具体是通过因后续代位而产生的集体顺位来进行调整。此外，如果顺位在先的抵押权人有多个抵押财产，那么特殊抵押权的债权人也可以从中获得便利，因为其可以在多个财产上获得累积性的抵押权。

如今，未获清偿的抵押债权人的代位权，以顺位在先的抵押权存在多个抵押财产——该债权人为同一债权而在债务人的多个不动产上设定抵押——为前提[281]。比如，抵押财产是一个可分的不动产，且仅用不动产的部分实现了抵押债权；又如某个意定抵押或法定抵押中，抵押财产是数个不动产，且这些不动产都位于同一登记机构的辖区内；再如基于一个设立特别抵押的法律文件，在不同不动产上设立了数个抵押，如在位于不同登记机构辖区的多个不动产上设定的意定抵押或法定抵押；最后，还可能是——这种情形也是更重要的情形——基于一个司法文书，为担保一个债权设立的多个诉讼抵押。

诉讼抵押的情形是最为重要的情形，因为此时的抵押是基于一个具有一般效力的抵押设立文件，该文件并未明确设定抵押的具

280 理论界的观点，参见 Rubino, *L'ipoteca immobiliare e mobiliare*, 396, n. 40。该学者否定了针对抵押债权人遭受的损害的赔偿。

281 如果在先的债权人针对另一不同的债权办理了抵押登记，在先抵押的统合效力将消灭，这为代位提供了正当性基础，具体参见 Gorla e Zanelli, *Del pegno. Delle ipoteche*, 403。

体财产，它允许在判决作出后，可以针对债务人拥有的全部的——包括在判决作出后才获得的——不动产办理抵押登记。由此可见，未获清偿的抵押债权人的代位权制度的实际效果是，当存在一个顺位在先且有多个抵押财产的抵押权时，如果该抵押债权用其中一个抵押的不动产实现了债权，那么顺位在后的其他抵押债权人——即便这些抵押权所对应的抵押财产不同——将受到一个顺位（graduazione unica）的调整，至于顺位则取决于每个抵押权各自的登记日期。[282]另外，根据公示性原则，代位权的行使也应办理登记。

概括而言，《民法典》第 2856 条规定是在抵押制度中构建了一种类似“俄罗斯轮盘”的机制，这种机制既可能有利于特别抵押权人，但也有可能损害特别抵押权人，至于是有利还是损害则完全是偶然和随机的。再加上，根据该制度，代位的效力还及于那些在未获清偿的抵押权登记后才获得的不动产——如果被代位的抵押权的效力及于这些后获得的不动产——那么可以得出这样的结论，《民法典》规定的抵押登记制度非常缺乏效率。

与未获清偿的抵押债权人的代位权相比，《民法典》第 1203 条第 1 项规定的法定代位则是完全不同的机制。根据该规定，如果存在两个债权人，其中一个因抵押权等原因而享有优先受偿权，另一债权人向该享有优先权的债权人支付后，将取代获得受偿的债权人的抵押债权人地位。[283]在《民法典》第 1203 条规定的情形，未获清

282　参见 Gorla e Zanelli, *Del pegno. Delle ipoteche*, 397 s.。针对顺位在后的债权人，该学者阐述了代位相较于部分清偿所具有的优势。

283　参见 Carpino, *Del pagamento con surrogazione*, in Scialoja e Branca (a curadi), *Comm. del cod. civ.*, Bologna-Roma, 1988, 72 s.。

偿的债权人需向享有优先受偿权的债权人进行付款才能取代后者的地位。这意味着，代位人除获得享有优先受偿权的债权外，其原债权未受影响，仍然可以主张原债权。而且，此时应直接适用《民法典》第2843条规定，按照该条规定的方式在登记簿上进行登记注明，抵押权的顺位也不会因此而变化。

围绕未获清偿的债权人的代位，理论界存在广泛的讨论，但对法典的现行规定几乎没有相关的法学研究成果。

在操作层面，该规则主要是为了达到三个目的。

首先，该制度的目的在于为未获清偿但抵押财产较少的债权人提供有限的保护，因为这种保护以顺位在先的抵押债权得到完全实现为前提。[284]

其次，未获清偿的抵押权人的代位不会损害第三人的利益。这是因为，尽管未获清偿的抵押权人可以取代顺位在先的债权人的地位，但其抵押权的顺位并未改变，因此代位既不会对先于被代位的抵押权办理登记的抵押债权人造成损害，也不会对那些先于未获清偿的抵押权而办理登记的受让第三人造成损害（《民法典》第2857条）。相较于顺位在先且已获清偿的债权人，这里的第三人虽然是输家，但当其依法办理登记后，其可以保护自己免受未获清偿的债权人随后进行的登记的损害，因为此时的权利冲突将适用《民法典》第2644条。

最后，即便发生代位，也仍应遵守抵押公示的有关规则。《民法典》第2857条第3款规定，代位权的行使应当在已受清偿债权

284 参见Rubino, *L'ipoteca immobiliare e mobiliare*, 396; Bocchiola, *Surrogazione legale e subingresso ipotecario*, 28。

人的抵押权登记页的空白处注明，注明时应向登记部门提交说明发生抵押不足所在顺序的情况的复印件。

在适用地籍登记制度的地区，也仍然适用《民法典》第 2856 条和第 2857 条。在这种机制下，代位人向法官提出专门的申请，法官则作出修改登记的命令，该命令通常也具有设立效力。根据法律规定，发生代位时，应当提交一份经过批准的或根据《民事诉讼法典》第 598 条具有最终效力的分配计划，但这只是形式上的区别，没有实质不同。

此外，《地籍法》第 15 条第 3 款还规定了代位抵押债权的数额不明的情况，此时未获清偿的抵押债权人，可以在其向法官提出的申请中决定债权的金额，但债务人提出特别程序要求缩减的除外。显然，这与《意大利民法典》中的代位机制并不相同。因为根据《民法典》的机制，代位并不会改变债权的任何要素，特别是无需重新确定抵押登记的债权金额。但是该条规定符合地籍法制度的内在逻辑，也是该制度的技术性要求，因为法官在作出命令时需要确定债权的金额。

第十六章　抵押担保的消灭

一、抵押的缩减

《民法典》将抵押的缩减作为债务人的权利来予以规定。但是，法律并不禁止因债权人放弃部分抵押权而导致的抵押缩减。这是一种约定的抵押权缩减，表现为基于债权人放弃而部分解除抵押登记，没有什么太多的研究价值，《民法典》甚至没有进行规定。[285]

抵押权的缩减有两种：一种是减少抵押登记中记载的债权金额，另一种是将抵押权限定在部分抵押财产上。当部分抵押权消灭时，应在不动产登记簿上进行注明，但原设立抵押的法律文件仍保持不变。

只要抵押债权尚未进行结算，那么抵押权的缩减就是被允许的。[286] 比如某个受到抵押担保的非金钱之债（无论是诉讼抵押，还是意定抵押或法定抵押）；又比如受到诉讼抵押担保的债权的价值——如需要通过另案判决确定的损害赔偿之债。在这些情形中，抵押登记时记载的金额由债权人确定（《民法典》第 2838 条），因

285　Ravazzoni, *Le ipoteche*, 104.

286　参见 Gorla e Zanelli, *Del pegno. Delle ipoteche*, 464 ss.; Rubino, *L'ipoteca immobiliare e mobiliare*, 487 ss.; Ravazzoni, *op. cit.*, 105。

此如果债权人登记的金额超出了实际情形，那么赋予债务人请求缩减抵押的权利，构成对债务人的一种保护和救济。[287]

登记金额超出债权金额的1/5的，[288]可以减少登记金额方式进行缩减，缩减的金额为超出的1/5部分。法官对债权进行的计算只是出于缩减金额的目的，属于一种临时性的措施，对后续进行的最终结算和清算没有约束力。

通过将抵押登记限制在部分财产上进行的抵押权缩减，一般出现在概括抵押的情形中，如今主要是指的诉讼抵押，也即根据司法裁决而产生的诉讼抵押登记。[289]《民法典》第2828条赋予债权人广泛的选择权，其可以在任何属于债务人的——现有或将来的——不动产上设定抵押权。这意味着，作为一种纠正，可能需要解除某些财产上的抵押。

根据《民法典》第2875条，只有当抵押权登记时的价值及后来的价值，因从物价值的增加超过了登记债权总额的1/3时，可以视为抵押财产的价值超过应当提供担保的价值，此时方可通过限定抵押财产来进行抵押权的缩减。缩减对应的是也是超出的1/3部分。如此一来，就在抵押财产价值和抵押债权额之间留出空间。

如果抵押财产的数量或者登记金额是通过约定或者判决被确定的，则不得对物的数量或金额进行缩减。事实上，在意定抵押的情

287　参见 Cass., 20 maggio 1969, n. 1766, in *Foro it.*, 1970, Ⅰ, 945 ss.。

288　在计算原债务是否因部分清偿而消灭了1/5以上时，应计算本金和利息之和。其中在扣押前，是以约定的利率计算利息；在扣押后，则根据《民法典》第2855条按照法定利率计算，相关的判例参见 Cass., 22 settembre 2000, n. 12536, in *Giust. civ.*, 2001, Ⅰ, 398 ss., e *Vita notar.*, 2001, 280 ss.。

289　参见 Gorla e Zanelli, *Del pegno. Delle ipoteche*, 466; Rubino, *L'ipoteca immobiliare e mobiliare*, 484 ss.。

形中，对抵押财产进行缩减是不可想象的，因为设定抵押的法律文件应明确记载抵押财产的情况。但如果是通过协议为将来可能发生的债权设定的抵押担保，且债权额是由合同或判决所估算确定的，那么允许对抵押权进行缩减。

针对抵押权缩减，《民法典》第 2873 条规定了两个不同的规则：一个是关于支付部分金钱债务情况下的缩减，一个是针对被抵押的不动产上进行加层建设后进行的缩减。

根据该条第 2 款规定，当债务人部分支付了抵押文件中记载的金额时，有权要求缩减抵押登记中记载的金额，但不得要求缩减抵押财产，否则将违反抵押担保的不可分原则。鉴于担保的从属性，主债权部分消灭也将导致担保责任的部分消灭。但是此种情况下的缩减，以债务人部分支付的金额使原债务 1/5 以上消灭为条件，但不限于一次性支付，也可以是多次部分支付后累计达到 1/5 以上。如果债务人在缩减后又进行了部分支付，还可以再次进行抵押权的缩减，但仍应满足法律规定的 1/5 的条件，而且在计算该 1/5 时应以原登记的债务总额为基数计算。[290]

1993 年第 385 号政令第 39 条也对抵押权缩减做了规定，该条也包括两个规则。第一个规则重复了《民法典》的规定（因此其实没有太大的用处），允许债务人在每支付原债务总额的 1/5 后，可以请求缩减抵押权。第二个规则赋予债务人请求限缩抵押财产的权利，即当剩余的抵押财产足以担保尚未支付的金额时，债务人可以请求限缩抵押财产的范围。然而，第二个规则情况下的缩减，即可

290 Rubino, *L'ipoteca immobiliare e mobiliare*, 484, n. 4. 另外，1993 年 9 月 1 日第 385 号立法性政令第 39 条第 5 款也规定，计算 1/5 时以与原债务为基数计算。

能是因为债务人部分支付了债务而发生，也可能是因为抵押不动产价值的增加而发生。无论哪种情况，其实都违反了禁止对意定抵押权进行缩减的禁止性规定——在意定抵押的情况下，债权金额和抵押财产都应在抵押法律文件中予以明确记载。

《民法典》第 2873 条第 3 款规定，在建筑物上设定的抵押权，当建筑物上发生加层后，抵押人可以要求对抵押权进行缩减，缩减的方式可以是要求全部或部分解除加层部分的抵押担保责任。抵押人的缩减请求权，应符合有关超出担保债权额 1/3 的要求。

即使抵押财产仅有一个物，只要该物是由相互区分的部分组成或可以被轻易地区分开，也可以适用抵押权的缩减。此时应适用抵押登记部分有关抵押权客体的相关规定和标准。

二、抵押权缩减的形式与诉讼保全决定

抵押权缩减的第一种模式是基于债权人的同意，正如《民法典》第 2877 条规定的那样。当债务人符合法律规定的请求缩减的条件（比如因清偿部分债务而缩减），且债权人同意时，债务人有权请求缩减，此时由于抵押责任部分消灭，因此实际上属于部分解除抵押登记的情形。反之，如果抵押债权人基于自由裁量而同意缩减，无论是同意限缩抵押财产的范围，还是同意缩减抵押登记的金额，即便不符合法律有关数额限制的规定，都可以进行限缩，只是此时属于放弃部分抵押权的情形，进而会导致抵押登记的部分解除。

如果抵押债权人不同意缩减，那么就需要通过诉讼的方式缩减，此时应由法院通过普通程序进行审理，原告既可以是债务人，

也可以是为债务人设立抵押的第三人，可以是受让抵押财产的第三人，还可以是抵押登记顺位在后的债权人。[291] 一般认为，这种诉讼是债权性诉讼而非物权性诉讼。[292]

抵押权的缩减应办理注明手续，办理时应提交两份原件，并记载于登记页的底部。

针对为债券设立的抵押担保，《民法典》并无抵押权缩减的相关规定。[293] 与之相关的规则，只能根据解除抵押登记的相关规定进行推演，但无论如何这种情形下的缩减都构成一种特别的情形。概括而言，对于指示证券，如果是缩减登记的债权金额或者限缩抵押财产的范围，那么为了履行《民法典》第 2887 条规定的注明手续，需要向登记保管人出示和提交全部被担保的债券；但是，如果是因支付了部分债务而进行缩减，那么只需出示和提交已经兑付的债券就足够了。如果是基于协商而实施的缩减，那么债权人的同意是办理解除抵押登记的必要条件。

《民法典》第 2877 条对不同情形下抵押权缩减的费用承担做了规定，该条规定既涉及基于协议的缩减，也涉及根据法院判决进行的缩减；既涉及缩减登记的必要费用，也涉及可能发生的诉讼费用。根据该条，如果缩减的是抵押债权的金额，且是因债权人的原

291 参见 Gorla e Zanelli, *Del pegno. Delle ipoteche*, 469; App. Milano, 7 aprile 1978, in *Foro pad.*, 1978, Ⅰ, 29。关于放弃要求缩减抵押，包括沉默方式的放弃，参见 Cass., 22 settembre 2000, n. 12536。

292 参见 Rubino, *L'ipoteca immobiliare e mobiliare*, 490; Gorla e Zanelli, *op. cit.*, 403; Tamburrino, *Della tutela dei diritti (Delle ipoteche)*, 334; Ravazzoni, *Le ipoteche*, 107; Trib. Palmi, 16 aprile 2002, in *Foro it.*, 2002, Ⅰ, 2498。

293 参见 Pascucci, *La restrizione dell'ipoteca cambiaria*, in *Riv. dir. ipot.*, 1959, 13 ss.; Trib. Trani, 23 settembre 1958, 105 ss.。

因导致登记金额超过担保金额的，那么费用应由债权人承担；否则，由债务人承担。[294]如果缩减是根据判决进行的，则诉讼费用由败诉方承担，但双方当事人之间适用抵销的除外。

近几年在理论界引起广泛争议的是，法院是否可以通过包含临时性保全措施的命令来实现抵押权的缩减以及对应的解除抵押登记。[295]

对此，较为流行的观点认为应当采取否定性方案。理论界几乎一致同意，应当否认可以通过临时性保全措施来进行抵押权的缩减，理由在于：从形式角度看，此时应适用《民法典》第2884条有关解除抵押登记的规定，该条要求的判决必须是已经生效的判决；从实质的角度看，抵押权的缩减构成对抵押担保的不可逆转的变更，这意味着如果通过临时性保全措施对抵押权缩减后，即便抵押债权人之后胜诉，也事实上被剥夺了抵押担保。[296]

三、抵押权的消灭

《民法典》第2878条对抵押权消灭的主要原因做了规定，并在

294　参见 Rubino, *L'ipoteca immobiliare e mobiliare*, 492 s.; Ravazzoni, *Le ipoteche*, 107。采纳这种规则的判例，参见 Cass., 5 aprile 1990, n. 2866, in *Giust. civ.*, 1990, Ⅰ, 2599。

295　参见 Salanitro, *Riduzione e cancellazione di ipoteca con provvedimento d'urgenza*, in *Banca, borsa, tit. cred.*, 1982, Ⅱ, 311 ss.。判例参见 Trib. Crema, 8 marzo 1982; Trib. Catania, 3 maggio 1982; App. Lecce, 28 aprile 1995, in *Giur. it.*, 1996, Ⅰ, 2, 305 s.。

296　参见 Ravazzoni, *op. cit.*, 114; Trib. Alba, 14 maggio 1996, in *Foro it.*, 1996, Ⅰ, 3211; Trib. Roma, 7 aprile 1998, in *Banca, borsa, tit. cred.*, 1999, Ⅱ, 614; Ronco, *Distonie tra cautele processuali ed extraprocessuali: in tema di restrizione e cancellazione di ipoteca*, in *Giur. it.*, 1996, Ⅰ, 2, 305。

规定中罗列了常见的——但并非具有强制性的——消灭原因。这些原因，有的是与抵押登记的形式要求有关，有的是与担保法律关系有关，有的是与抵押权有关，还有的是与抵押财产有关。立法者在规定《民法典》第 2878 条时主要考虑了抵押制度的两个基本特征：抵押的从属性（相较于主债权）以及抵押登记的设权属性。

抵押担保的从属性意味着，主债权的消灭将导致抵押的消灭，即便未办理解除抵押登记也不例外。《民法典》第 2878 条第 3 项实际上规定的是导致设立抵押的原因法律关系的消灭。导致主债权消灭的法律事实，自动会导致担保的消灭；此时，抵押登记已经不再具有任何约束力，此种情况下的通过解除抵押登记进而伴随的债的消灭，只是一种公示通知的效果，因为其效力事实上——仅限于——只是将一个已不具有效力的公示形式去除而已。此外，如果导致债权消灭的原因事由不存在，或者被宣告无效，或者因其他原因而未能产生法律效力，那么抵押登记将恢复其效力（《民法典》第 2881 条）。从这个意义上，可以说抵押权的解除抵押登记具有排除优先受偿权“死而复生”的效果。

相反，抵押登记的设权效力（efficacia costitutiva）意味着，解除抵押登记将导致抵押——即便此时被担保的债权仍然存在——的消灭。因此，解除抵押登记是一种独立的抵押权消灭事由，其完全是构建在不动产公示形式层面上，而非实体权利层面。《民法典》第 2878 条第 1 项对解除抵押登记做了规定：解除抵押登记也具有设权效力，只是该效果与抵押登记的效果相反。

仍然是在抵押公示层面，《民法典》第 2878 条第 2 项规定，未在《民法典》第 2847 条规定的期限内办理续展登记，抵押权也将消灭。此种情况下，期限的计算是独立进行的，并且具有独立的效果，与被担保债权无关，总体上适用的是有关登记公示的规则。

导致抵押消灭的事由还可能与抵押权有关。债权人可以放弃抵押权（《民法典》第 2878 条第 5 项）。此种情况下债权人放弃的客体是担保；只能通过间接的方式得出放弃的内容还包括同意解除抵押登记。再次提醒，如果未办理抵押权解除抵押登记，那么在债权人的放弃被宣告无效后，抵押权将恢复原效力。此外，根据一般原则，抵押权限定的期间不满 20 年的，那么该期间届满或所附解除条件成就时，抵押权消灭。此时的抵押权消灭事由实际上也是与抵押权权利本身有关：如果抵押登记时并未载明抵押权的终止时间或者未记载附解除条件，也不妨碍抵押权消灭的效果。

当抵押财产通过司法拍卖被转让时，抵押担保也随之消灭，此时法院应命令办理解押登记。抵押权的作用在于授权债权人通过变卖抵押财产并以变卖所得来实现债权，因此随着抵押财产被变卖，抵押权也就没有继续存在的理由。上述规则也适用于抵押财产仅部分实现抵押债权的情形。[297]

最后，抵押物的灭失也会导致抵押担保消灭。对此，《民法典》第 2878 条第 4 项有规定，下文还会专门论述。但这种情形存在例外，即《民法典》第 2742 条规定的例外情形。

除上述情形外，还存在其他导致抵押担保消灭的事由，这些被分散规定在其他法律中。

《民法典》第 2869 条规定，如果抵押人是债务人之外的第三人，当因债权人的原因可能使得向其支付了债款或抵押财产被强制

297　参见 Gorla e Zanelli, *Del pegno. Delle ipoteche*, 496。

变卖的第三人无法取得债权人的质权、抵押权和先取特权等权利的代位权的，则第三人提供的抵押担保消灭。

《民法典》第2814条规定，设定于用益权上的抵押权，当用益权因期限届满而消灭时，抵押权也将随之消灭。

根据《民法典》第2825条规定，如果共同共有人中的一人在共有财产上设定了抵押，那么当其被分配的财产不包括设定抵押的财产也不需要向其支付差额，抵押也将消灭。

此外，《民法典》第1232条和第1275条明确规定担保的从属性原则。根据该原则，一方面，在债务承担时，债权人解除原债务人履约义务的，如果抵押人不同意继续担保的，抵押消灭；另一方面，在债务更新的情形，如果抵押人与债权人未就原债权的抵押权对新的债权继续有效达成一致意见的，原抵押权消灭。

四、抵押物的灭失与抵押权的消灭

抵押物的灭失会导致抵押担保的消灭。

但是为了保护债权人，在抵押物灭失时，还应适用《民法典》第2742条，根据该条规定，当抵押物灭失或毁损时，抵押权转变成一种非典型的优先受偿权，此种权利的效力针对的是因抵押物灭失而从保险人处获得的赔偿金额。此外，如果抵押财产是建筑物及其所在的土地，那么当建筑物倒塌时，抵押权仍然有效，并且当然（*ipso iure*）及于之后重新建造的建筑物。如果抵押的是地上权且抵押人是地上权人，那么土地上的建筑物灭失时，抵押权仍然继续及于地上权。

在抵押物灭失的众多情形中，一种较为重要的是情形是冲刷地的情形，此时会导致被分离的部分脱离抵押的束缚。此外，被分离的部分应是“明显的、可以辨认的”土地（《民法典》第 944 条），因一般河水的冲击力而使该部分的物质形态发生了变化，即使该部分与原抵押财产相分离，并失去该部分，此时仍需要根据具体的情况和具体的事实——特别是分离的部分是否保留了独立的形态和是否与其他土地合为一体——来进行进一步的分析。比如，如果根据地籍的规定可以其单独登记注册，那么此时没有理由认为抵押权已经消灭，因为根据抵押不可分原则，此时抵押权的效力仍及于被分离的部分；取得了分离部分土地的所有权人，应根据法律规定支付补偿费，在计算补偿费时，应在取得土地的所有权人获得的增值范围扣掉抵押担保部分。

类似的情形还有《民法典》第 938 条规定的导致抵押物灭失的情形，即作为抵押财产的土地的一部分，因被建筑物占用而消灭。[298] 如果抵押物的所有权人没有在法律规定的期限内对占用土地提起异议，并且法官将建筑物及占用的土地的所有权授予建造者，此时会使抵押财产发生根本性的变化，即被占用的部分被融入建筑物中成为其一部分，进而失去其之前的可区别性和独立性。简而言之，当一开始在土地上建筑时，抵押权的效力扩张至建筑物上，但随着法院判决将所有权授予建造者，该部分上的抵押担保责任被解除，抵押也随之消灭。

一般还认为，无论是作用于抵押物的客观事件（比如建筑物从

298　参见 Rubino, *L’ipoteca immobiliare e mobiliare*, 413。

土地上分离，或者浮动平台与固定的河岸分离），还是使抵押物失去可交易性的法律事实（比如河流和泉水因 1994 年 1 月 5 日第 36 号法律而变为国有财产），都属于导致抵押物灭失的情形。

因公共利益而实施的征收（espropriazione）也会导致抵押的消灭。此时，根据《民法典》第 2742 条最后一款，抵押权的效力及于因被征收而取得的补偿金，此时的抵押权变成一种非典型性的优先受偿权。

相同的情形还有为了公共管理需要进行的添附，也即所谓的征用（occupazione acquisitiva），这是指在紧急情况下为了公共利益的需要，在非征收的土地上建造用于公共管理的建筑物，此时在被征用土地上登记的抵押权将消灭。[299] 事实上，此时构成一种土地形态的不可逆转的改变，并且伴随而生的是一个——属于公共管理部门的——新的财产。

最后，一般情况下，当作为抵押财产的权利因期限届满而终止时抵押权也随之消灭（如《民法典》第 2814 条规定的用益权、第 2816 条规定的地上权、第 640 条第 2 款规定的为附期限的遗赠提供的担保），又或者因 20 年未行使权利而消灭。[300] 特别注意的是，鉴于具有消灭效力的期限的计算可以因抵押债权人的行为而中断，此时也适用于抵押担保的消灭。

如果因权利主体弃权而导致所有权消灭，进而由国家根据《民法

299　参见 Trib. Verona, 30 gennaio 1989, in *Foro it.*, 1990, Ⅰ, 2646 ss., e in *Giust. civ.*, 1990, Ⅰ, 1381 ss.。

300　参见 Gorla e Zanelli, *Del pegno. Delle ipoteche*, 498; Rubino, *L'ipoteca immobiliare e mobiliare*, 178 s.; Maiorca, *Ipoteca (diritto civile)*, 105; Ravazzoni, *Le ipoteche*, 29。相反的观点，参见 Tamburrino, *Della tutela dei diritti (Delle ipoteche)*, 145 s.。

典》第 827 条取得该物的所有权，那么此时并不会导致抵押的消灭，因为此时应将国家视为取得抵押财产第三人，并适用相关的法律。[301]

显然，在动产抵押的情形中（船舶、航空器、机动车），抵押物的灭失将会导致针对该物的抵押权的消灭，但针对该物的灭失存在保险赔偿的除外。

如果我们继续推演，最后需要分析的情形是，当没收财产（刑法或行政法）的对象是抵押财产时，此时两者的关系如何处理。对此，宪法法院的意见是保护第三人的权利，即将其从没收财产的相关事实中抽离，并且认为其主观上没有过错和可归责性。[302] 但是，此时也需要考虑没收财产的结果，因为结果也可能具有不同的形式。如果被没收的财产应被销毁，或者被划入国有财产，或被纳入其他国家或地方机构不能处分的财产范围，此时抵押将随之消灭；反之，如果被没收的财产被出售，或者被公共机构受让并且可以被处分，那么只要抵押债权人能够证明其主观上是善意的并且没有过错，那么抵押权将继续有效。[303]

五、抵押权的时效

早在罗马法时期，罗马法学家就区分了两种时效，一种是针对

301　Gorla e Zanelli, *Del pegno. Delle ipoteche*, 204, 498.

302　Corte Cost., 17 luglio 1974, n. 229, in *DPT*, 1975, Ⅱ, 50, e Corte. Cost., 29 dicembre 1976, n. 259, in *DPT*, 1977, Ⅱ, 482 (confisca doganale), e Corte. Cost., 20-11-1995, n. 487 (confisca penale antimafia).

303　Cass., 9 marzo 2005, n. 13413; Cass., 10 maggio 2005, n. 22157; Cass., 11 febbraio 2005, n. 12317; Cass., 21 novembre 2007, n. 45572.

债务人的时效，一种是针对第三人的时效，而抵押权时效被划入针对债务人的时效中。

针对债务人的时效，现行法律并未将其作为一种独立的制度予以规定。根据一般规则，当被担保的债权消灭时，债务人——也是抵押财产的所有权人——可以援引债务消灭而主张抵押消灭。时间的流逝并非作用于抵押上。事实上，通过之后的不断续展，抵押可以不受期限限制的担保某个债权。比如，根据《民法典》第1864条为永久年金设定的抵押，如果按照要求进行了续展，那么该抵押也可以永久存续（但永久年金被赎回的除外）。

除了导致抵押担保消灭的一般时效外——对于该类时效，受让抵押财产的第三人总是可以援引作为抗辩——《民法典》还特地为第三人取得财产的时效做了规定，即《民法典》第2880条：对第三人取得的财产上设定的抵押权，无论被担保的债权情况如何，自第三人将受让财产的法律文件登记之日起，经过20年而消灭。

如今，抵押权时效是一种权利——债权人针对第三人的权利——消灭时效。为了与抵押之诉的强制执行属性相协调，现在这种时效针对的是抵押财产的受让第三人，而不再是占有抵押财产的第三人（terzo possessore）。随之而来的是，时效期间的计算独立进行，与第三人对抵押财产的占有无关。

尽管其是一种消灭时效（prescrizione estintiva），但并不适用《民法典》第2935条规定的一般原则。如此一来，即便权利尚不能行使，时效期间也开始计算：比如《民法典》第2852条规定的情形，此时就包括被担保债权尚未产生的情形；又如被担保的债权尚不能要求履行时，也开始计算。[304]

20 年期限自受让法律文件办理登记时开始计算。此时，登记本身除了具有自身的典型效力外，在其上还附加了一种额外的公示通知的效力。[305] 相同地，对于时效取得的第三人，只有当其依照《民法典》第 2651 条办理了登记时，方可计算时效。

抵押权时效独立于被担保的债权。即便债权人和债务人之间的债权时效发生了中止，抵押权时效的 20 年期限仍然继续计算。

《民法典》第 2880 条规定了抵押权时效的例外，但限于抵押权时效的中止或中断。此处的中止和中断应直接与抵押有关，并且与债权人和受让第三人之间的关系有关。一般认为，下列情形可以导致抵押权时效中断 [306]：债权人扣押抵押财产；加入已经启动的强制执行程序；将执行依据通知第三人；依据《民法典》第 2813 条针对第三人提起损害赔偿请求；行使《民法典》第 2742 条规定的代位权，以及第三人承认抵押权。

抵押权的续展登记，不产生时效中断的效力。[307]

《民法典》第 2880 条规定的抵押权时效，并不适用于为债务人提供抵押的第三人。对于第三方抵押人，法律另外单独提供了救济和保护的途径。[308]

304　参见 Gorla e Zanelli, *Del pegno. Delle ipoteche*, 504 s.; Rubino, *L'ipoteca immobiliare e mobiliare*, 518; Maiorca, *Ipoteca (diritto civile)*, 98。

305　参见 Gorla e Zanelli, *op. cit.*, 504 s.; Maiorca, *op. cit.*, 98。基于继承获得权利的人无权援引 20 年时效规定，因为继承人基于给付原因而替代了被继承人的地位（抵押债务人或第三方抵押人）。

306　参见 Gorla e Zanelli, *op. cit.*, 504; Rubino, *op. cit.*, 518; Mariani, *op. cit.*, 499; Ravazzoni, *Le ipoteche*, 110。

307　参见 Rubino, *op. cit.*, 518, n. 75; Gorla e Zanelli, *op. cit.*, 504, n. 3。

308　参见 Rubino, *op. cit.*, 517; Gorla e Zanelli, *op. cit.*, 506。

针对船舶抵押和航空器抵押，《船舶法》第 577 条和第 1037 条分别规定，无论是针对债务人还是针对受让第三人，时效期间为 2 年，自债权期限届满之日起开始计算。[309]

六、对抵押财产的时效取得

理论界有学者提出，当第三人基于时效取得制度而获得抵押财产的所有权时，抵押权是否会因此消灭？还有学者提出，当第三人基于时效取得制度而取得抵押财产的某个物权，且该物权的内容少于用益权，那么该第三人是否优先于抵押债权人，且抵押权的效力仅及于空虚所有权。针对上述问题，需要再次从对不动产的占有与抵押债权之间的关系入手进行分析。

对于上述问题，理论界倾向于作出否定回答，即对抵押财产的时效取得不会导致抵押消灭。[310]

从《民法典》自身来看，其有关时效取得采取了较为概括的表述方式，第 1153 条第 2 款并未包括不动产时效取得的内容：法律并未规定，通过时效取得制度获得的所有权，可以推翻或压制已经登记的抵押权。只有在物上设定的用益物权会随着时效取得所有权而终止。之所以如此，理由是无论相较于所有权人还是相较于其他

309 参见 Volli, *Ipoteca navale*, in *NSDI*, Ⅸ, Torino, 1963, 155 ss.; De Vita, *Note in tema di prescrizione ex art. 577 cod. nav.*, in *St. Auricchio,* Napoli, 1974, 539 ss.; Cass., 19 ottobre 1991, n. 11059, in *Dir. trasp.*, 1993, 854。

310 持此观点的，参见 Rubino, *L'ipoteca immobiliare e mobiliare*, 412, n. 23。持相反态度的，参见 Gorla e Zanelli, *Del pegno. Delle ipoteche*, 499 ss.; Maiorca, *Ipoteca (diritto civile)*, 105; Ravazzoni, *Le ipoteche*, 85 s.。

用益物权人，法律更“偏爱”（preferenza）占有者，因为前者怠于认真对待和忽略（trascurano）了行使自己的权利。与前述权利不同，抵押权并不体现为对物任何事实上的支配性权力。因此，不能苛责抵押债权人放弃对物事实上的支配力，也不能因此而认为其有过失，更没有理由要优先保护第三人对物的占有。

抵押债权人也没有义务时刻监督所有权人对不动产进行占有。当然，抵押债权人有权提起《民法典》第2813条规定的诉讼，以阻止可能对抵押物造成损害的行为；也能通过以自己名义起诉或通过提起代位诉讼的方式，来阻止他人通过时效取得制度获得抵押财产的所有权。[311] 但是，抵押担保制度并未施加给抵押权人任何对抵押物的控制义务，即没有要求其像所有权人行使权利时那样对物进行事实上的支配。

最后，就时效取得权利人和抵押权人之间的冲突，现行法律中没有任何线索可以表明应优先保护时效取得人。

相反，对《民法典》第2880条的分析表明，现行抵押制度已经拒绝了这种古代的抵押消灭形式——因第三人对物的占有和时效取得而导致的抵押消灭。该条规定是历史解释的支点，而这种历史解释认为立法者抛弃了占有可以导致抵押消灭的观念。[312] 总而言之，第三人对物行使的事实上的支配权，不再被列为抵押担保消灭的事由之一。

抵押的公示原则也可以从侧面佐证和强化上述结论。实际上，如果占有人不知道所有权人（即其时效取得的相对人）是谁，此处所分析的利益冲突，并非仅存在于占有人和抵押债权人之间，还有

311 持此观点的，参见 Gorla e Zanelli, *Del pegno. Delle ipoteche*, 500; Ravazzoni, *Le ipoteche*, 37 s.。

312 Cass., 15 maggio 1925; Cass., 10 aprile 2000, n. 8792, in *Giust. civ.*, 2001, Ⅰ, 1325 ss.

可能是因为无法在不动产登记体系中查找到具体的个人。[313] 如果不动产登记本身不能够阻止时效取得，那么其也不能阻止保护抵押权人。况且，此处强调的利益冲突中的核心双方是时效取得中的占有人和抵押债权人：不动产公示制度事实上也为抵押债权的流转提供了便利。如前所述，没有理由要优先保护占有人，也没有理由要限制现行抵押公示制度的效力。

最后，没有任何线索来支撑所谓的时效取得溯及既往原则，根据该原则，占有人在——时效取得期限届满前的——占有期间实施的处分行为也具有法律效力。[314] 在取得时效起算前办理的抵押登记以及相关的续展登记的效力，不因占有人对抵押财产的取得而受到影响，更不受到损害。

上述论证也足以使我们用相同的回答来解决第二个问题，即通过时效取得获得了用益物权的情形。通过时效取得制度获得用益物权的第三方占有人，将止步于抵押债权人面前。[315]

既然时效取得不会导致抵押的消灭，那么需要讨论由此衍生出的一些操作上的细节问题。

原则上，债权人应针对抵押物的所有权人发起抵押权实现程序，但以下情形除外：一是判决已经确认抵押物适用时效取得；二是为了启动《民法典》第 2653 条第 1 项规定的诉讼而将诉讼请求办理了登记。[316]

---

313 参见 Gorla e Zanelli, *Del pegno. Delle ipoteche*, 501。

314 Cass., 10 aprile 2000, n. 8792. 在该案中，最高法院反而认为时效取得具有溯及既往的效力。

315 Ravazzoni, *Le ipoteche*, 37 s.

316 参见 Rubino, *L'ipoteca immobiliare e mobiliare*, 413。

与时效取得有关的判决，即便已经依法办理了登记，仍然不能对抗抵押债权人。这意味着，当抵押物被强制变卖时，已经符合取得时效条件的占有人，将不能对抗强制变卖中的受让人。

但在地籍登记机制中，解决机制则有所不同。基于时效取得制度获得的所有权，可以推翻在不动产上设立和登记的所有权利，但善意的受让物的第三人——根据现行司法判例确定的规则——是基于对地籍册上时效取得之前的登记或注明的信任而受让物的除外。这意味着，在登记册上没有登记的情况下，可以对所有权人——该所有权人也是时效取得权利人的相对人——主张抵押权实现程序，而在拍卖程序中购买不动产的善意第三人，尽管可以获得权利，但要以承受时效取得的风险为代价。

七、放弃抵押权与解除抵押

抵押权的放弃存在多种形式。

如果尚未办理抵押登记，债权人可以放弃基于设立抵押的法律文件所赋予的办理抵押登记的权利；此时，采取书面形式并非放弃的生效要件。[317]

如果已经办理了抵押登记，债权人可以放弃基于设立抵押的法律文件所赋予的抵押权，对于这种形式的放弃，《民法典》第 2879 条规定，放弃必须是明示的（espressa）并且需采取书面形式，否则无效。此种情况下，放弃将导致抵押担保消灭，相应的应办理解

317　Rubino, *L'ipoteca immobiliare e mobiliare*, 230 s.

除抵押登记，并且，在解押登记完成后，不能基于原（同一）设立抵押的法律文件重新办理新的登记。[318]

如果已经办理了抵押登记，由于登记具有设权效力，因此债权人可以放弃基于特定的登记公示而产生的抵押权，也即其同意办理解押登记。此种情况下，法律允许当事人基于原设立抵押的法律文件办理其他的登记。[319]

但有疑问的是，在解释层面，如果设立抵押的法律文件是一般性的，似乎放弃应仅限于抵押登记，然而如果设立抵押的法律文件是专门的，那么是否也应扩展至基于该文件而产生的权利。[320]

此外，无论是法定抵押还是意定抵押——尽管通常是针对意定抵押——在已经登记的情况下，对抵押权的放弃都视为同意解除抵押。对于诉讼抵押，由于其源自一个具有一般意义的法律文件，其差异可能更为明显。对抵押权的放弃会导致抵押担保的消灭，因此相关的司法文书也就不再适宜作为其他登记的依据。基于放弃的效力，如果是采取的认证的形式，那么可以获得解除所有已经办理的登记，以及那些打算登记但尚未办理的登记。但是如果基于同一设立抵押的法律文件而办理了多个抵押登记，而同意解除抵押只是针对某个特定的登记，那么此时其他的登记仍将维持其效力，并且仍可基于该设立抵押的法律文件而办理其他登记。

在实践中，在放弃的意思表示和同意解除抵押之间几乎没有区

318 Gorla e Zanelli, *Del pegno. Delle ipoteche*, 484 s.; Rubino, *L'ipoteca immobiliare e mobiliare*, 505.

319 参见同上。

320 Rubino, *op. cit.*, 505.

别。基于书面形式并且包含放弃内容的协议，即便该协议未采取认证的形式，只要该协议符合放弃的要求，或者协议上的签名经过核查属实，或者协议可以证明同意解除抵押，那么当事人可以请求法院作出解除抵押的命令。

根据《民法典》第 2879 条，放弃应采取明示的形式——因此放弃的意思表示不能是模糊不清——和书面形式，否则无效。此外，如果向债务人作出的放弃意思表示是未经认证的书面协议，此时法律要求债务人必须向登记保管人提交一份经过认证的协议，这实际上是强迫债务人还需获得一份判决，在该判决中确认放弃表示上的签名是真实的。

由于法律规定放弃需采取“明示”的形式，对于这一要求，一般认为这意味着必须是旨在放弃抵押的直接的意思表示。《破产法》第 127 条规定构成该规则的一个例外，即抵押债权人毫无保留的投票支持破产协议时，推定其是对抵押的绝对放弃。放弃抵押的意思表示是单方意思表示，但并非到达即生效的意思表示（non recettizia）；[321] 有关公共部门的认证或经过认证的私人协议等形式要求，仅是为了办理解除抵押登记的需要，也即有关登记的一般形式规定。

放弃抵押也可以附条件，既可以是附生效条件，也可以是附解除条件。如果附的是生效条件，那么只有在向登记保管人证明条件已经成就时，方才办理解除抵押登记；如果附的是解除条件，那么可以立即办理解除抵押登记，并且立即发生效力。[322] 但在以下情形

321　参见 Rubino, *L'ipoteca immobiliare e mobiliare*, 506; Maiorca, *Ipoteca (diritto civile)*, 108。两位学者认为，可以在不通知抵押财产所有权人的情况下，办理抵押的注销登记。对此，理论界并无争议。

322　Rubino, *op. cit.*, 506, n. 34.

中，一旦放弃失去效力且已经办理了解除抵押登记，债权人有权重新办理抵押登记：一是附解除条件放弃中解除条件成就的；二是放弃被判决宣告无效的；三是《破产法》第127条规定的协议破产情形中，协议未被批准或未被认可，或者被宣告无效或者被解除。

就放弃抵押的意思表示而言，还需分情况讨论相关的要件。如果放弃的是单个的抵押登记，那么放弃也构成同意解除抵押登记，此时应适用有关解除抵押登记的相关规定。反之，如果放弃的抵押担保是源自一个具有一般意义的法律文件，那么此时没有理由对其区别对待，也没有理由要求采取更严格的形式。

对抵押权的放弃，如果满足法律规定的要求，将会导致解除抵押登记。如果——在抵押权被解除前已经取得了附有抵押权的权利人，与抵押物的所有权人之间——发生权利冲突，《民法典》第2879条第2款规定了一种类似于《民法典》第2644条所采纳的解决方式，即在解除抵押登记前根据《民法典》第2843条办理相应注明的第三人，放弃抵押权对其不生效力。[323]

八、基于债权人同意的解除抵押登记

根据《民法典》第2882条，基于各方当事人同意的解除抵押登记，应当根据“提交的载明债权人同意的文件进行”。如果债权人死亡，则同意的权利由承受被担保债权的继承人或受遗赠人行使。

同意解除抵押登记属于单方法律行为和到达即生效的行为

323 Rubino, *L'ipoteca immobiliare e mobiliare*, 507 s., ed n. 37; Gorla e Zanelli, *Del pegno. Delle ipoteche*, 492.

（atto recettizio），因此在同意到达债务人或其他利害关系人前，行为人可以撤销该行为。

如果抵押债权已经消灭，那么债权人应当也有义务办理解除抵押登记；如果抵押登记无效，同样适用该规则。[324]

根据《民法典》第 2883 条第 1 款，同意人应具备解除债务人债务的资格，即有资格收回债权并出具解除债务的收据。如果同意人是未成年人和禁治产人，则需要在其保佐人的辅助下做出同意。但如果是被授权准许经营商业企业的禁治产人，只要拟被解除抵押登记的抵押所担保是其经营的企业的债权，则无需任何辅助即可做出有效的同意。如果是未成年人，其父母做出同意的，应事先取得监护法官的批准，但抵押所担保的债权是未成年人被授权经营的企业的债权的除外；收回投资和同意解除抵押登记，法律明确要求必须取得监护法官的批准授权（《民法典》第 374 条第 2 项）。

《民法典》第 2883 条第 2 款禁止无行为能力人的法定代理人和任何其他管理人——即使法定代理人或管理人被授予债权索取权和解除债务的权利——在债权没有得到实现的情况下同意解除抵押登记。理论界在对该条进行解读时，将其理解为一个禁止性规定。也就是说，如果债权从未发生或者通过非清偿的方式而消灭，也不能同意解除抵押登记，而只能通过诉讼和生效判决来解决。[325]事实上，《民法典》第 2883 条针对的是通常的清偿情形，正是因此，才专门

324　参见 Cass., 2 aprile 2001, n. 4793, in *Giur. it.*, 2002, 724 ss., con nota di Monticelli; Cass., 26 luglio 1994, n. 6958, in *Foro it.*, 1995, Ⅰ, 851 ss., e in *Banca, borsa, tit. cred.*, 1996, Ⅱ, 308, con nota di Stingone。

325　Rubino, *L'ipoteca immobiliare e mobiliare*, 532; Gorla e Zanelli, *Del pegno. Delle ipoteche*, 511.

规定同意解除抵押登记应具有收回债款的资格，也只是针对这种情形，才设置了债权需要得到实现这一条件。对于其他情形，无行为能力人的监护人应遵循有关对财产特别管理的规定，特别是有关转让无行为能力人不动产的规定——这些规定的要求与解除抵押登记的要求相同。

仍然是《民法典》第 2883 条第 2 款，该款规定将“任何其他管理人”与无行为能力人的法定代理人置于相同的地位，将两者相提并论。理论界认为，适用该规则的情形包括一般委托中的代理人、管理他人财产的管理人，以及包括商事公司在内的私法人的管理人等。[326]一方面，一般委托代理中的代理人应适用《民法典》第 1708 条的有关限制性规定；另一方面，对于法人中的管理人，同意解除抵押登记被视为公司的事务，遵循处理公司事务的相关规则；[327]最后，管理他人财产的管理人，如果其同意解除抵押登记，则属于特别管理行为，因此应获得法官的批准。

如果依照《民法典》第 2843 条办理了注明登记，则需分情况进行讨论。受让抵押的新债权人，为了执行已经办理的注明，是唯一有权作出同意解除抵押登记的主体。[328]反之，如果注明的内容是

326 参见 Rubino, *L'ipoteca immobiliare e mobiliare*, 532 s.。但该学者将法人排除在外。另外，关于此问题的文献整理，参见 Cittadini e Comite, *Un problema particolare in tema di capacità per consentire la cancellazione delle ipoteche (gli amministratori)*, in *Vita not.*, 1985, 461 ss.。

327 参见 Cass., 2 aprile 1975, n. 1185, in *Foro it.*, 1976, Ⅰ, 1972 ss., in *Giur. it.*, 1976, Ⅰ, 1000 ss., ed in *Giust. civ.*, 1975, Ⅰ, 914 ss., ed in *Riv. dir. ipot.*, 1977, 49 ss.; Ravazzoni, *Le ipoteche*, 113。本规定不适用于法人。

328 参见 Rubino, *op. cit.*, 531。如果没有注明，原债权人仍有办理注销登记的资格，但向未注明的受让人进行赔偿的除外。

关于在抵押债权上设立权利或其他限制，则既要取得原债权人的同意，也要取得设定权利的权利主体的同意。

《民法典》第 2882 条第 2 款，对同意解除抵押登记的文件的形式做了规定，该条援引了有关登记的相关规定。因此，经过认证的法律文件的复印件，可以提交给登记保管人作为办理解除抵押登记的依据。[329]

《民法典》第 2882 条第 2 款援引了《民法典》第 2821 条。后者规定，抵押权的设定应当通过公证书或者私证书的形式进行，否则无效。但需要注意的是，《民法典》第 2882 条第 2 款对第 2821 条的援引不包括第 2821 条第 2 款的内容——第 2 款禁止通过遗嘱设定抵押权。事实上，《民法典》第 2821 条第 2 款的禁止性规定，重点并非强调行为的形式，而是行为的类型。此外，与同意设定抵押不同，没有理由不允许债权人在遗嘱中作出同意解除抵押登记的表示。

此外，《民法典》第 2882 条还援引了《民法典》第 2835 条和第 2837 条。如果采取的是私证书的形式，则签字应当被认证或获得司法证明；应向登记部门提交文件的原件，但如果原件被保存在公共档案馆或公证人处的，可以提交经过认证的原件的复印件。如果是在外国制作的文件，则应当是被承认的文件（有关规则参见前述抵押登记部分）。

尽管法律规定了严格的形式主义，但在公共管理部门同意解除的情形中，要求也有所缓和。此种情况下只要有管理部门的决定就

329　Rubino, *L'ipoteca immobiliare e mobiliare*, 498.

足够了，但如果是具有法律行为的性质，则应遵循相同的规定，即也应就相关行为的真实性进行审查核实。[330]

如果登记采取的地籍登记制度，则不适用《民法典》第 2882 条、第 2884 至第 2886 条，以及第 2888 条；但仍然适用《民法典》第 2878 条和第 2883 条。在操作层面，在土地登记册中登记的权利将被涂销。[331]

九、基于司法判决的解除抵押登记

如果债权人不同意解除抵押登记，还可以通过司法判决予以解除，即登记保管人根据终审判决所确认的解除，办理解除抵押登记。

解除抵押登记之诉具有物权诉讼的性质，应适用《民事诉讼法典》第 21 条的规定，但已经证实不存在债权或债务人已经履行的除外。适格被告应是原债权人或依照《民法典》第 2843 条登记注明中的主体，并且只有在抵押债权上设立了权利或限制并适当注明的情况下才需要合并。在办理时，应向登记部门提交证据，以证明判决是终审判决且已经生效。

《民法典》第 2884 条还提及其他由主管机构作出的最终决定所确认的解除，因此通过仲裁机构也可以作出确认解除的决定，但不包括一审法院作出的临时性——尚未生效的——判决。

---

330 例如 art. 47, d.p.r. 29 settembre 1973, n. 602, nel testo introdotto dal d.lgs. 26 febbraio 1999, n. 46; art. 60, 3 co., d.p.r. 28 gennaio 1988, n. 43; art. 64, d.lgs. 8 luglio 1999, n. 270; art. 31, d.p.r. 13 febbraio 1959, n. 449。

331 参见 G. Gabrielli e Tommaseo, *Le servitù prediali*, 40。

可以作为解除抵押登记的决定包括：在强制变卖后，法院作出的向拍卖中的竞买人转移不动产和解除抵押登记的命令，但不动产担保的是竞买人承担的债务的除外（《民法典》第 2878 条第 7 项以及《民事诉讼法典》第 586 条）；在涤除权程序中法院作出的命令（《民事诉讼法典》第 794 条）；破产程序中法官作出的解除抵押登记的命令（《破产法》第 136 条）；[332] 法院下令解除为担保购买永佃土地的资金而设立的抵押的命令（1966 年 7 月 22 日第 607 号法律第 6 条）。

与抵押权缩减相同，有学者提出是否可以通过紧急程序来实现抵押权解除。前述有关抵押权缩减的分析同样适用于此处讨论的问题，只是应额外考虑《民法典》第 2884 条提出的要求——该条要求必须是最终生效裁决。这意味着，就通过《民事诉讼法典》第 700 条规定的命令来实现抵押权解除抵押登记而言，该要求是一个难以逾越的障碍。[333]

十、解除抵押登记的方式；登记保管人拒绝办理解除抵押登记的情形

解除采取的方式与登记的方式相同，需要提交申请书、法律文件（意定抵押或诉讼抵押）。

解除抵押登记的具体方式是，在原有登记的空白处注明，并且

332 参见 Vigo, *Impresa*, 155 s.。

333 持此观点的判例，参见 Trib. Milano, 17 ottobre 1999, e Trib. Milano, 26 novembre 1999, in *Giur. it.*, 2000, 954 ss.; Trib. Macerata, 14 dicembre 1987, in *Giur. mer.*, 1989, 588; Trib. Rieti, 28 gennaio 2002, in *Nuovo dir.*, 2002, 253, con nota di Lazzara。反对的判例，参见 Trib. Perugia, 9 dicembre 1991, in *Foro pad.*, 1992, Ⅰ, 78 ss.。

应当载明同意或命令解除抵押登记的文件与实施解除的时间，同时还应由经办人的签字。如果抵押登记还办理了续展登记，那么解除抵押登记只需针对续展登记即可。解除抵押登记的法律文件应被放置于特别登记簿中保存。

解除抵押登记既可以是全部解除，也可以是部分解除——仅解除部分抵押财产上的登记。特别注意的是，部分解除抵押登记实际上构成对抵押财产的限制。

解除抵押登记，无论是基于当事人的协商还是基于法院判决都可以附条件。此时只有在向登记部门证明条件已经成就时，方可实施解除行为（《民法典》第 2885 条）。

根据《民法典》第 2888 条，如果登记保管人拒绝将登记解除，申请人可向司法机构提出异议。当事人应向登记部门所在地有管辖权的法院提起，由合议庭在听取登记部门和公诉人的意见后，法官评议会（camera di consiglio）以附理由命令的方式作出决定。命令解除的决定，是不可变更和不可撤销的命令，因为解除抵押登记具有不可逆转的效力（effetti irreversibili）。[334]

异议程序审理的客体是登记部门拒绝登记的行为以及其拒绝的理由。这意味着，可以对拒绝的理由进行讨论和争辩，比如申请解除抵押登记的法律文件存在瑕疵，或者未履行《民法典》第 2885 条规定的义务。有关实体性的争议或者有关主体的法律地位等事由，不属于此类审理的范畴，此时应通过争讼程序解决。

根据法律规定，如果法院未采纳申请人的意见，驳回其异议，

334 实际上否认了可以适用《民事诉讼法典》第 742 条。参见 Gorla e Zanelli, *Del pegno. Delle ipoteche*, 521; Ravazzoni, *Le ipoteche*, 115。

申请人还可以向上诉法院提出申诉（reclamo），但上诉法院作出的决定，不得再提起上诉。尽管法律如此规定，但一般认为，如果法院支持申请人的意见，公诉人或登记保管人也可以向上诉法院提出申诉。[335]

除了上述方式外，申请人也可以立即向法院提起争讼程序。另一方面，初级法院和上诉法院也可以命令以普通形式提出解除请求，与反对解除人相矛盾，进而宣布他们在自愿管辖范围内没有管辖权。

在地籍登记体制中，不适用《民法典》第 2888 条。

十一、解除已登记的银行贷款抵押

关于银行的单行法对银行贷款抵押的解除做了改革，根据新规定，要“简化为银行发放的不动产贷款抵押的解除手续”。根据新规定，只要满足以下两个条件，即可适用上述规则：（1）债权人必须从事银行活动或金融活动，或者相关融资是由社会保障机构为其成员提供的；（2）被担保的债务必须源自“贷款合同”。[336]

这是一种新的例外规定，其既不适用抵押权的缩减也不适用于抵押财产的限缩。

335　参见 Rubino, *L'ipoteca immobiliare e mobiliare*, 541 s.; App. Cagliari, 5 giugno 1995, in *Riv. giur. sarda*, 1996, 414 ss.。相反意见，参见 Gorla e Zanelli, *Del pegno. Delle ipoteche*, 521。

336　并非任何其他抵押融资的形式都可以适用新规定，例如在银行开设的活期存款账户。关于新规定适用时的主观条件和客观条件的讨论，参见 Petrelli, *Cancellazione di ipoteche a garanzia di mutui nella legge 2 aprile 2007, n. 40*, in *Notar.*, 2007, 294 ss.。该学者认为，规定中“社会保障机构发放的融资”（“finanziamenti concessi da enti di previdenza obbligatoria”）仅限于“借贷”（“mutui”）。

这种解除形式是一般规则的一种替代形式，但并非排除一般的解除抵押形式。为银行贷款设立的抵押担保，仍可按照一般的形式办理解除抵押登记。

当被担保的债务消灭时，基于银行贷款而产生的抵押也将自动消灭。在登记保管人收到债权人通过电子方式发送的通知后，登记保管人将“办理抵押的解除手续”，但债权人声明继续维持抵押登记效力的除外。整个过程无需对文件进行认证。

这种新的机制与《民法典》第2847条的规定并不一致。因为根据这种新的机制，抵押登记的效力并不维持20年，而是随着债务的消灭而消灭，即便是在不足20年时消灭也不例外。质言之，债的消灭在两个层面产生效力：一方面其是抵押权（物权意义上）消灭的原因；另一方面其是抵押登记效力消灭的独立事由，即便未办理解除抵押登记也不例外。

整个解除抵押手续包含若干个部分。

首先，债权人向债务人出具一份载明债务消灭具体日期的声明。无论债务是因何种原因而消灭，都会导致《民法典》第2878条第3项规定的抵押消灭，也就足以剥夺相关登记的法律效力。

之后，债权人应自债务消灭之日起30日内，将债务消灭的事实通知登记保管人。

但是如果债权人基于正当的理由，在30天内通知相关部门和债务人，则抵押继续有效。至于通知的形式，应遵循《民法典》有关抵押续展登记的规定。从属性原则在此表现为，只有当被担保的债务继续存在时，抵押登记才能继续维持其效力。由此导致的结果是，正当的理由与合理拒绝同意解除抵押登记的理由相一致，即任何债权人都可以对抵押人（债务人或第三人）提出的理由。

根据规定，债权人应自债务消灭之日起30日内通知登记部门。对于债权人而言，这个时间期限是明确且固定的期限（termine perentorio），因此必须在此期限内提出，特别是不动产登记的确定性和法律保护的严肃性不允许也不承认其他解决措施。但是对于债务人而言，这个时间期限则是通常的期限（termine ordinatorio）。事实上，债务人只是简单地接收债权人关于维持抵押效力的通知而已。

债权人还应说明其所依据的正当理由是什么。这样的好处是，如果债务人对其理由不认可，则可以对此提起诉讼，此时诉讼属于《民法典》第2844条规定的情形。

如果登记保管人收到了债权人发来的债务消灭的通知，并且在30天内内没有收到要维持抵押登记效力的特别要求，那么登记保管人应当办理解除抵押登记手续。

反之，如果在债权消灭之日起30日内，登记保管人收到了债权人发送的关于维持登记效力的特别通知，那么登记保管人应在次日办理注明手续。此种情况下的注明并不会产生新的20年的时间，而是维持其原来的效力，因此在其期限届满前仍应办理续展登记，并且期限的计算自原登记之日起——而非注明之日起——开始计算。

十二、为债券设定的抵押的解除抵押登记

如果解除的是为债券设定的抵押担保，那么会存在一些特殊的规则，并且存在一些特别的问题。

如果被担保的债券是无记名证券，此时涉及的主要是公司债

券，对此法律并未规定特别的规则。有权同意解除抵押登记的主体是无记名债券的持有人，也即公司的债权人。如果是一个抵押，但符合《民法典》第 2873 条第 2 款规定的数量要求，此时可以办理部分解除抵押登记。[337] 鉴于设定抵押担保是发行债券的前提条件，因此债券持有人对抵押担保的放弃完全无效。但如果是在债券发行后放弃抵押，此时抵押担保已完成了其作为债券发行的前提条件的使命，因此可以放弃抵押担保。此种情况下，无需征得每个（即全体）债券持有人的同意，因为根据《民法典》第 2415 条，债券持有人大会有权就“变更债券的条件”作出决议，因此也包括放弃抵押担保的决议。之后，债券持有人的共同代理人以适当的形式发布同意解除抵押登记的决议。

由上可见，对不记名债券的抵押担保的解除抵押登记，如同其设立时那样，无需将债券交给登记部门，也无需登记部门在其上做任何注明，[338] 应由债券的发行机构负责办理解除抵押登记。

至于指示证券，《民法典》第 2887 条规定，解除抵押登记应“获得不动产登记的债权人的同意”，即法律更“偏爱”已经办理了抵押登记或者根据《民法典》第 2843 条办理了转让注明手续的一方。[339] 向债券持有人支付了款项的债务人，有权根据《民法典》第

337 关于这点，参见 Rubino, *L'ipoteca immobiliare e mobiliare*, 66。正如马里亚诺指出的那样，仅有关于债券抽签的公证（《民法典》第2420条）并不足以导致解除，因为与之对应的仅是被担保债务的消灭——这当然构成担保消灭的事由——但仍需获得同意解除抵押登记的表示。这也适用于为记名证券设定的抵押担保登记。关于马里亚诺的论述，参见 Mariani, *Ipoteca e trascrizione*, 519。

338 Rubino, *op. cit.*, 66, n. 193.

339 参见 Martorano, *Titoli di credito*, 662 s.。在马尔托拉诺看来，法律对该方案的采纳，意味着通过该背书对抵押进行的转让，可以针对第三人发生效力。（转下页）

1200条规定的一般规则，要求免除其对该占有人的抵押担保责任。如此一来，同意和配合办理解除抵押登记，就变成了债券持有人的义务。

《民法典》第2887条还规定应将“同意解除抵押登记的文件同债券一起提交给登记保管人”，登记保管人在注明完成后将债券返还给申请人。此外，在债券上注明解除抵押登记并不是抵押消灭的事实构成。事实上，注明导致的结果是，债券持有人将不能再声称存在抵押担保，因为该抵押登记已经被注销了，而且在债券上也没有相关的注明。

无论是基于《民法典》第2887条规定的文字表述，还是基于《民法典》第2884条规定（在此情况下只能适用该条规定），还是基于显然的道理——债券持有人与该流程无关或者其可以拒绝交付。总之，当根据法院的最终判决提出解除抵押登记时，在办理注明时不需要交付债券，否则会妨碍解除抵押登记的进行，并且也不具备对债券金额进行结算的前提条件。[340]

（接上页）但瓦谢拉里认为，基于法律做了明确规定，因此现占有人不能再向登记部门出示存在背书的认证文件。

340　参见Gorla e Zanelli, *Del pegno. Delle ipoteche*, 518 s.; Martorano, *Titoli di credito*, 661; Trib. Genova, 5 novembre 1954, in *Riv. dir. ipot.*, 1961, 138 ss.; Trib. Asti, 17 febbraio 1961, in *Riv. dir. ipot.*, 141; Trib. Roma, 30 dicembre 1960, in *Riv. dir. ipot.*, 1962, 111 ss.; Trib. Spoleto, 9 novembre 1961, in *Riv. dir. ipot.*, 1962, 117 ss., con nota Bonis, *Ancora sulla cancellazione dell'ipoteca cambiaria in base ad ordine giudiziale*; Trib. Reggio Calabria, 29 novembre 1963, in *Riv. dir. ipot.*, 1965, 269 s.; Trib. Varese, 6 luglio 1964, in *Riv. dir. ipot.*, 1967, 114 ss.; Trib. Sanremo, 10 aprile 1992, in *Giust. civ.*, 1993, Ⅰ, 1661 ss.; Trib. Trani, 9 maggio 1961, in *Riv. dir. ipot.*, 1961, 151; App. Milano, 7 giugno 1963, in *Riv. dir. ipot.*, 1967, 120, con nota di Bonis, *Cancellazione di ipoteca cambiaria. Sentenza sostitutiva dell'esibizione dei titoli all'ordine*。

《民法典》第2887条第2款规定，解押登记办理后，将丧失对抵押被解除前的背书人的追索权。也即公示形式的完成将会导致票据法律关系的消灭。在抵押登记解除前的背书人，如果由于债务的抵押性质而支付了款项，那么将失去对抵押权的代位权。但是该规则仅针对那些在抵押登记后进行的背书，无论是为担保主债务而设立的抵押，还是为担保该背书人之前的票据债务而设定的抵押。

第十七章　受让第三人

一、购买抵押财产的第三人的法律地位

受让抵押财产的第三人（以下简称为“受让第三人”），既可以通过向抵押债权人支付债款来解除抵押财产上的负担，也可以通过行使涤除权来解除抵押财产的负担，还可以选择向债权人交付抵押财产来解决纷争。[341] 如果第三人未履行以上任何一种形式，则可以依据《民法典》第 2808 条针对抵押财产强制执行，并以该第三人为被执行人。

受让第三人还包括以下情形：（1）取得被抵押的不动产的永佃权或地上权的权利人；（2）从为债务人设定抵押的第三人（即抵押人）处购买抵押财产的人；（3）因他人放弃而取得权利——该权利是针对被抵押的不动产的权利——的主体。（4）取得抵押财产份额的主体，但该受让人仅当财产被分割且获得抵押财产时，方属于受让财产的第三人。

341　参见 Rubino, *L'ipoteca immobiliare e mobiliare*, 407 ss.; Gentile, *Le ipoteche*, 306 ss.; Fragali, *Ipoteca (diritto privato)*, 778 ss.; Maiorca, *Ipoteca (diritto civile)*, 115 s.; Ravazzoni, *Le ipoteche*, 84 ss.。

但是为债务人设立抵押的第三人的继承人，不属于此处所讨论的“受让第三人”。此外，如果为债务人设立抵押的第三人，在将抵押财产转让后又重新取得抵押财产，这种情形也不属于“受让第三人”。

如果受让第三人在取得抵押财产后，又将该抵押财产再次转让，那么新的受让人将享有原受让第三人的相关权利。

但如果第三人获得的是在被抵押的不动产上设定的地役权、使用权、用益权和居住权，则不属于此处所讨论的“受让第三人”，此时债权人如果依据《民法典》第2812条启动强制变卖程序，则强制变卖程序及于这些权利。[342]

受让第三人，要想行使法律所赋予的相关权利，需将其受让抵押财产的法律文件进行登记。[343]

受让第三人，如果其个人本身也负有清偿被担保债权的义务，则不能行使法律赋予的上述相关权利。[344] 因此，以下情形中的受让人不属于“受让第三人”的范畴：（1）第三人为债务人设立了抵押，债务人又从该抵押人处受让了抵押财产的，受让抵押抵押财产的债务人不属于“受让第三人”；（2）连带债务人中的一人，受

342 参见 Gentile, *Le ipoteche*, 309; Gorla e Zanelli, *Del pegno. Delle ipoteche*, 246 ss.。在戈拉看来，法律赋予第三方购买人的很多权能，也可以赋予其他权利主体，如地役权人、用益权人、使用权人和居住权人，但提起涤除之诉的权利除外。

343 Rubino, *L'ipoteca immobiliare e mobiliare*, 408; Gentile, *op. cit.*, 311 s.

344 参见 Cass., 11 novembre 1977, n. 4890, in *Giur. it.*, 1978, Ⅰ, 1, 243 ss.; Cass., 8 giugno 1979, n. 3265, in *Foro it.*, 1980, Ⅰ, 152 ss., con nota di Ciappi; Cass., 30 maggio 1995, n. 6052, in *Giur. it.*, 1996, Ⅰ, 1, 990 ss., con nota di Scardigno; Trib. Napoli, 2 febbraio 2002, in *Dir. fall.*, 2002, Ⅱ, 758 ss., con nota di Di Gravio, *L'opposizione del terzo datore di ipoteca per debito non proprio*; Trib. Velletri, 4 novembre 1983, in *Dir. fall.*, 1984, Ⅱ, 1094。

让为担保连带债务而设定抵押的抵押财产的，受让人不属于“受让第三人”，但债权人放弃针对受让抵押财产的连带债务人的连带债务的除外；（3）如果同一债务既有保证又有抵押，保证人取得该抵押财产所有权的，保证人不属于“受让第三人”；（4）取得抵押财产的受赠人和受遗赠人，如果负有偿还主债务的义务的，也不属于“受让第三人”。

由于强制变现抵押财产针对的是“受让第三人”，因此法律也赋予该第三人抗辩权，通过行使抗辩权，第三人可以对抗发起强制变现程序的债权人。

如果在债权人提起诉讼前，受让第三人已经将其受让抵押财产的法律文件办理了登记，那么债权人在起诉债务人时，应当——也有义务——将第三人一并起诉；否则，根据《民法典》第2859条，就债务人在诉讼中未提出的全部个人抗辩（比如因意思表示存在瑕疵或行为人欠缺行为能力，设立抵押的行为应被宣告无效），受让第三人可以对债权人提出主张。[345]

反之，如果债权人提起诉讼在前，受让第三人办理登记在后，则执行程序对该受让第三人具有完全效力，不会受到任何限制。

在抵押财产强制变现程序中，那些判决作出后债务人可主张的抗辩，受让第三人在任何时候也都可以主张（比如时效期限抗辩或者债务已被清偿抗辩）。同样地，任何情况下，受让第三人也都可以主张抵押合同无效或抵押登记无效抗辩，还可以主张第三人对债权人享有的个人抗辩，以及与执行依据和执行行为的有效性有关的

345 Rubino, *L'ipoteca immobiliare e mobiliare*, 421; Gorla e Zanelli, *Del pegno. Delle ipoteche*, 415, n. 1。相反意见，参见 Gentile, *Le ipoteche*, 318。

抗辩。

如果执行依据并非是司法裁判文书，那么此时应当认为，受让第三人可以在执行程序中主张所有的抗辩，无论是否属于个人抗辩（eccezioni personali）。[346]

受让第三人不能主张关于债务人的先执行抗辩权（beneficio della preventiva escussione del debitore），也不能主张分割抗辩，即存在多个抵押财产时，要求与其他抵押财产按比例确定应担保的债权份额，否则就违背了抵押不可分原则。[347]

受让第三人也可以通过支付法院判决确定的款项，进而解除其财产上的抵押担保责任。可以肯定的是，此时并不存在指向第三人的新的财产转让行为，但根据一些学者的观点，无论如何，此时毕竟发生了强制变卖，该强制变卖可以作为财产取得的独立事由，也即第三人此时可以要求将该独立性适用于其原取得财产的法律文件。[348]这与《民法典》第 2643 条第 6 项规定的禁止登记——该条规定“在为第三买受人利益解除不动产上抵押程序中进行销售的情况除外”——相矛盾，因为第 6 项适用于所有第三人通过强制变卖程序受让抵押财产的情形。[349]这意味着，如果要想实现《民法典》第 2644 条所规定的目的，唯一可以办理的登记，是第三人原受让财产时的法律文件。

346 参见 Rubino, *L'ipoteca immobiliare e mobiliare*, 421 s.; Ravazzoni, *Le ipoteche*, 87。

347 参见 Rubino, *op. cit.*, 424 ss.。

348 参见 Rubino, *op. cit.*, 440; Maiorca, *Ipoteca (diritto civile)*, 120。

349 关于将《民法典》第 2643 条第 6 项适用于第三人的情形，参见 Gazzoni, *La trascrizione immobiliare*, Ⅰ, 326。该学者认为，在这种情况下，政令并未发挥其自身的作用，《民法典》第 2896 条要求的注明，只是为了起到公示和通知的目的。

二、受让第三人对抵押财产的权利

第三人取得抵押财产时，如果第三人对该抵押财产还享有地役权或其他物权，则地役权以及其他物权将因混同而消灭（《民法典》第 1014 条规定了用益权、第 1072 条规定了地役权）。第三受让人针对抵押财产的这些物权，“在第三人交出抵押财产后或对第三人实施强制变现程序后，将重新恢复”，因为如果不这样的话，抵押债权人将从物权的追及力（diritto di seguito）中获得一种不正当的优势（vantaggio non giustificato）。类似地，于抵押权登记时为第三人获得的抵押财产或者其他土地上设立的地役权，其效力同样重新产生——但此时是为了保护抵押债权人的利益。

在抵押财产被用于强制变现时，（原）属于受让第三人的权利将重新恢复效力。如果该权利是对物使用收益的权利，被强制执行的受让第三人，可以对竞买中标人继续主张这些权利。如果该权利是地役权，且被抵押的土地是需役地而受让第三人的其他土地为供役地，则在强制变现时的效力也及于地役权。如果该权利是抵押权，那么应在登记在后的债权人发起的强制执行程序中行使其抵押权，即针对该登记在后的债权人，要求用变卖所得的价款优先清偿受让第三人的债权。[350]

《民法典》第 2862 条第 2 款和第 3 款规定，由于其实际上违反

350　参见 Rubino, *L'ipoteca immobiliare e mobiliare*, 432; Gorla e Zanelli, *Del pegno. Delle ipoteche*, 440。与鲁比诺不同，戈拉认为抵押仍然存续，甚至可以针对竞拍成功者行使抵押权。

了权利因混同而消灭的一般原则，因此这两款规定属于例外性规定（natura eccezionale），不能将其类推适用（applicazione analogica）于其他情形。[351] 这意味着，属于受让第三人的用益物权，不能对抗已经加入强制执行程序的无担保信用债权人。因此，可以不受限制地将抵押财产进行强制变卖。在分配时，抵押债权人可以在空虚所有权对应的价值范围内优先受偿。如果债权实现后还有剩余，则地役权人、用益权人、使用权人和居住权人根据《民法典》第 2812 条第 2 款的规定，对剩余部分进行分配；如果还有剩余，则在受让第三人的无担保债权人之间进行分配。

三、瑕疵担保责任与抵押代位

受让第三人，如果向登记债权人偿还了担保债权金额，或者交付了被抵押的不动产，或者被强制执行的，则“有权向其前权利人索赔，即使是无偿取得财产的也不例外”（《民法典》第 2866 条第 1 款）。这种情形属于普通的瑕疵担保（ordinaria garanzia per evizione），依据的是买卖合同领域中的一般规则，产生的是受让人对其转让人享有的一种权利。[352]

如果是无偿取得财产的，转让人应当也有义务支付抵押所担保的主债务，因为根据《民法典》第 797 条，追夺应基于转让人个人的原因，体现为未履行债务。同样的担保也被授予受遗赠人，针对

351 Rubino, *L'ipoteca immobiliare e mobiliare*, 433 ss.

352 参见上书，第 436 页及以下。另参见 Gorla e Zanelli, *Del pegno. Delle ipoteche*, 442 ss.。

的是未履行债务的继承人。

根据《民法典》第 1487 条第 2 款，即使有排除因物被追夺而产生的责任的约定，那么此类约定无效，出卖人应当对由其行为所引起的追夺承担责任。因此一旦追夺发生时，唯一能做的只有放弃追究责任。

受让第三人除了可以主张物被追夺时的担保责任外，在很多情形下还可以主张代位权。

第一种代位权规定于《民法典》第 2866 条第 2 款至第 3 款：受让第三人，如果向登记债权人偿还了抵押债权金额，或者交付了被抵押的不动产，或者被强制执行的，“在为已获清偿的债权人的利益而对债务人其他财产设定的抵押权登记范围内，第三人享有次代位权”。行使次代位权应当根据《民法典》第 2843 条的规定进行相应的注明；并且，如果在此期间，其他抵押财产为其他第三人受让取得，只要次代位权人的登记在先，那么次代位权也及于这些为其他第三人受让的抵押财产。对于《民法典》第 2866 条，一些学者认为，该条规定是一个细化条款，是在抵押领域再次确认《民法典》第 1203 条第 3 项规定的规则；[353] 而另一些学者则认为，《民法典》第 1203 条第 3 项规定是一个一般性条款，《民法典》第 2866 条则是特别条款，是对 1203 条第 3 项的有限变更。[354] 还有学者则更精确地指出，抵押中的次代位权明显不同于普通代位权[355]：民法

353　Gorla e Zanelli, *Del pegno. Delle ipoteche*, 445.

354　Rubino, *L'ipoteca immobiliare e mobiliare*, 439.

355　参见 Maiorca, *Ipoteca (diritto civile)*, 142; Tamburrino, *Della tutela dei diritti (Delle ipoteche)*, 316 ss.; Carpino, *Del pagamento con surrogazione*, 92 ss.。

典第 2866 条适用的范围应限于抵押权的代位，其完全没有规定债权代位的内容；对于内在担保（inerente garanzia），仍应适用有关履行的规定（《民法典》第 1203 条及以下规定）。

《民法典》第 2866 条第 2 款规定了抵押中的代位权，该代位权与第 2866 条第 1 款规定的追夺之诉密切相关。如果受让第三人被债权人追夺了抵押物，那么这将使其对抵押物的转让人享有债权；并且，已获清偿的债权人在其它财产上享有的抵押权，也为受让第三人所享有。[356]至于抵押权的优先顺位，则依照各自产生的顺位决定。

也可以针对登记在后的其他受让第三人行使代位权。

《民法典》第 2866 条第 2 款规定的抵押代位，也适用于为债务人提供抵押担保但财产被强制执行的第三人，即其可以针对其他抵押人行使抵押代位权。

《民法典》第 2866 条调整的是抵押权代位的情形，此时还可能同时存在债权代位清偿。

《民法典》第 1203 条第 2 项规定，为不动产取得人的利益，在取得作为抵押财产的不动产价格的范围内，向一个或多个抵押债权人进行的给付发生法定代位。受让第三人没有清偿债务的义务，但其并非没有利益所在，因为其可以通过向债权人付款而解除其获得的不动产上的抵押担保责任。只有在这种情况下，第三人代位取得的才是已获实现的债权人的抵押债权（credito ipotecario）。而如果是抵押财产被强制执行或第三人交出抵押财产，如前所述，并不存在债权代位，彼时发生的仅是《民法典》第 2866 条第 2 款所规定

356 Carpino, *Del pagamento con surrogazione*, 92.

的抵押的代位（surroga ipotecaria）。

随着抵押债权代位的发生，第三人成为向其售卖抵押财产（即出卖人）人的债权人；但在债的法律关系层面，尽管并无债务承担的明确协议，但其向抵押债权人支付债款，其实已经履行了支付价款的债务，债权代位的标的——债权本身——也随之消灭。因此，此时剩下的就只有《民法典》第2866条所规定的抵押的代位。

这是一种例外情形，目的是保护那些在自己财产上设有抵押的受让第三人。[357] 此时抵押的功能不再是普通抵押所起的担保债权实现的作用，而是赋予所有权人一种提取权。基于这种权利，当抵押财产被强制变卖时，所有权人可以从变卖所得中收取款项，该款项的金额则与其已经支付的抵押债务相等。通过这种方式，意大利的法律体系采纳了德国土地信贷之债的典型的解决方式。这种规则的正当性基础是出于对受让第三人的保护——相较于其他顺位在后的债权人，该第三人已经向其中一个抵押债权人进行了付款。如此一来，受让第三人会更愿意向抵押债权人支付债权，而不是让抵押财产被强制变现。当顺位在后的抵押债权人启动强制执行程序时，受让第三人会行使其提取权，即收回其已经向在先债权人支付的金额。

四、损害、改良与孳息

受让第三人是物的所有权人，但为了保护抵押债权人的利益，其应尽到一定的注意义务。如果因受让第三人的重过失导致不动产

357　Gorla e Zanelli, *Del pegno. Delle ipoteche*, 206.

受到损害，进而给登记债权人造成损害，受让第三人应承担损害赔偿责任。[358] 但是将第三人的责任限于重过失的情形，将随着抵押财产被扣押而不再继续存在，因为此时第三人变成了财产的保管人（《民事诉讼法典》第 559 条）。

对受让第三人的责任追究，只能在强制售卖后以特别诉请的方式提出，因为只有在强制售卖时，才能确定登记债权人所遭受的损害，即因可归责于第三人的事由而使财产遭受损害，以至于不足以实现债权。

在对抵押财产完成强制变卖后，抵押债权人既可以针对受让第三人主张损害赔偿请求权，也可以针对原债务人主张剩余未受清偿的债权，两种权利是相互替代的权利（in via alternativa），至于行使哪个权利，抵押债权人享有选择权。即债权人既可以选择向原债务人提起无担保债权之诉，也可以向第三人提起抵押之诉。如果是后者，损害赔偿构成对抵押财产的补充。

受让第三人可以对被抵押的不动产进行改良和添附（addizioni）。[359] 与《民法典》第 2811 条规定不同，此时抵押权的效力不能扩展至该第三人进行的改良和添附，理由在于，如果适用《民法典》第 2811 条，一方面将会严重损害第三人对不动产的使用利益；另一方面将会使抵押债权人获得不正当的利益（vantaggio ingiustificato）。因此，如果改良和添附是可以移除的且移除不会给不动产造成损害，第三人有权移除改良物和添附物；反之，在变卖

358 参见 Rubino, *L'ipoteca immobiliare e mobiliare*, 353 ss.; Gorla e Zanelli, *Del pegno. Delle ipoteche*, 432 ss.; Gentile, *Le ipoteche*, 338 ss.; Ravazzoni, *Le ipoteche*, 89 s.。

359 参见 Rubino, *op. cit.*, 428 ss.; Gorla e Zanelli, *op. cit.*, 434 ss.。

不动产时应将改良物和添附物一并处分，但抵押权人无权以改良物和添附物部分的价值优先清偿自己的债权。根据《民法典》第 2864 条，在受让第三人完成登记后进行的改良，受让第三人有权要求将改良部分对应的价款从不动产的售卖价款中扣除。

改良包括所有增加的不动产的价值，无论该价值增加是源自客观的活动（attività materiali）还是源自法律性活动（attività giuridica）。如果抵押权的效力扩及至新的建造物，那么还包括为建造建筑物而支出的费用。但是奢侈性改造而支付的费用（le spese voluttuarie），以及保存行为而发生的必要费用，不属于改良物的范畴。

如果出售不动产的价款，与改良前该不动产的价值和改良价值之和不相符，则应根据上述价值，将出售所得价款按照比例分为两部分（《民法典》第 2864 条第 3 款）。[360] 但适用这种操作的条件是，抵押财产拍卖所得价款既不足以清偿抵押债权人，也不足以支付对不动产进行改良的受让第三人。事实上，如果售卖所得的价款包括两部分的价值（即改良物的价值以及未改良前的不动产的价值），但所得价款不足以清偿全部抵押债权，那么此时受让第三人将全部获得清偿，因为相较于原担保，此时的抵押债权人并没有任何损失；反之，如果允许其可以与受让第三人进行债权竞合共同参与分配，那么反倒使抵押债权人获得了不正当的利益（ingiustificato vantaggio）。

根据《民法典》第 2865 条，被抵押的不动产自扣押之日起，受

360　参见 Gentile, *Le ipoteche*, 347。

让第三人应支付由不动产所生的孳息。[361]相同的规制也适用于涤除权的情形：如果受让第三人是在抵押的不动产被扣押之后，要求行使涤除权的，那么自扣押之日起，受让第三人应支付该不动产的孳息；如果是在扣押之前要求行使涤除权的，那么应自通知之日起支付不动产的孳息（《民法典》第2890条）。如果基于涤除权，受让第三人应向抵押债权人给付一定的损害赔偿性质的利息，那么此时受让第三人无需支付孳息，因为利息替代了孳息（surrogano i frutti）。[362]

五、向抵押债权人付款

受让第三人可以在抵押债权人办理登记时选择的住所地向其进行支付，但其更倾向和选择在实际居住地支付的除外。

需要注意的是，不同于《民法典》第1180条规定的债务人之外的第三人向债权人履行债务，受让第三人向抵押债权人的履行有其自身的个人利益。这意味着，即便债务人对受让第三人的履行提出异议甚至反对，债权人也不能拒绝受让第三人的支付和履行。[363]但是如果被担保的债权是非金钱之债，或者因违约而造成的损失赔偿金额尚未结算，此时如果受让第三人要求支付登记金额的，抵押债权人则有权拒绝（支付该金额）。

受让第三人支付的金额应包括登记的金额以及《民法典》第

---

361 参见 Gorla e Zanelli, *Del pegno. Delle ipoteche*, 440 s.。

362 Gorla e Zanelli, *op. cit.*, 441.

363 关于可以将多个不同规定适用于支付了钱款的第三方购买人的论述，参见 Rubino, *L'ipoteca immobiliare e mobiliare*, 446 s.。

2855 条规定的从属性费用，比如之前两年的利息，以及相关的法定利息。

在抵押财产被扣押后受让第三人也可以提出履行请求，但应在强制售卖前提出。行使该权利没有时间限制，在强制变卖过程中也仍然可以行使。

六、交付被抵押的财产

受让第三人也可以向抵押债权人交付不动产，配合其进行强制执行程序，如此的好处是其将被免除对财产的照顾义务。

受让第三人交付不动产，从法律属性上来看，其属于强制执行程序中众多义务免除形式（forma di estromissione）中的一种，其效力是失去对财产的占有权和处分权。[364] 根据《民法典》中的一些规定，受让第三人在交付不动产后仍然享有所有权（比如《民法典》第 2862 条第 1 款和第 2863 条第 2 款），或者保留法律赋予其的权利（比如针对强制售卖价款余额的索取权、针对改良物的权利、支付抵押债权金额的权利）。因此，对于交付不动产，一方面可以将其抽出强制执行程序，另一方面其涉及的是扣押的所有财产。此外，由于交付不动产的一方事实上放弃了在强制执行程序中的自我辩护，因此一旦交付不动产后，就不能再撤回，而且，也不能附条件或附期限或附其他限制性约定。[365]

根据法律规定（《民法典》第 2860 条），交付不动产的一方应

364　Rubino, *L'ipoteca immobiliare e mobiliare*, 443; Maiorca, *Ipoteca (diritto civile)*, 126.

365　参见 Rubino, *op. cit.*, 443; Gentile, *Le ipoteche*, 325。

具有转让能力（capacità di alienare）。这意味着，交付不动产属于特别的管理行为（straordinaria amministrazione），也即属于超出限制民事行为能力人识别能力的事项。

对于交付不动产的程序，立法者做了精心设计。[366]

交付抵押财产应通过声明的方式实施，声明应自抵押财产被扣押之日起10日内，向依强制执行程序有管辖权的法院的秘书室（cancelleria del tribunale）作出。[367]秘书室应出具第三人已经声明交付抵押财产的证明，第三人应负责将该证明交登记机构在扣押登记页的空白处进行注明，并应自注明时起5日内通知申请扣押的债权人。一般认为，进行注明是第三人丧失处分权的必要条件（《民法典》第2861条第1款）。[368]之所以需要向扣押债权人进行通知，是因为交付抵押财产行为，从性质上看属于到达即生效行为（natura recettizia）。

根据扣押债权人或任何其他利害关系人，甚至还包括有关部门的申请，初审法院应当任命一名管理人以负责对抵押不动产的强制变现事宜。在不动产提交给管理人之前，第三人负有保管责任，这意味着第三人有权要求任命其为管理人。为了行使自己的权利，受

366 参见 Rubino, *L'ipoteca immobiliare e mobiliare*, 443 ss.; Mariani, *Della ipoteca immobiliare*, 411 ss.; Gorla e Zanelli, *Del pegno. Delle ipoteche*, 421 ss.; Gentile, *Le ipoteche*, 324 ss.; Maiorca, *Ipoteca (diritto civile)*, 126; Ravazzoni, *Le ipoteche*, 87 ss.。

367 有学者认为扣押登记的时间更为重要，参见 Rubino, *op. cit.*, 443, n. 152；但也有学者认为应以通知第三人的时间为准，理由是第三人可能并不知道扣押登记的时间，参见 Gorla e Zanelli, *Del pegno. Delle ipoteche*, 423; Gentile, *op. cit.*, 325; Maiorca, *op. cit.*, 125。

368 持此观点的是鲁比诺，参见 Rubino, *op. cit.*, 444; 但真蒂莱认为，就对抗第三人而言，如果已经办理了扣押登记，那么再要求进行注明，并不会增加任何效果，参见 Gentile, *op. cit.*, 331。

让第三人有权要求参加已经启动的强制执行程序。比如其有权要求将改良物对应的价款从售卖价款中扣除。但是如果第三人是为了要获得售卖价款给付债权人后的余额部分，则其不必参加强制执行程序，因为其本来就是强制执行标的物的所有权人。

如果在强制售卖前，强制执行程序终止，则会导致交付抵押财产的各项法律效果消灭。

随着不动产的交付，无需等到强制变卖，在受让第三人获得不动产之前属于第三人的物权将恢复其效力；相同地，地役权，如前所述，也将恢复其效力。该规则的正当性基础在于，交付抵押财产的声明在重要性上等同于转让声明。此外，在声明交付抵押财产和强制变卖抵押财产之间这段期间，属于在受让第三人自己的物上设定的权利，也会产生一些法律后果。比如，如果受让第三人是用益物权人，那么一方面，其将继续保持对物的占有，并且可以继续收取孳息，并按照《民法典》第 1002 条规定编制清单和提供适当的担保；另一方面，尽管仍然任命管理人，但该管理人仅负责与空虚所有权有关的强制执行事项。受让第三人所实施的改良被规定在《民法典》第 985 条，该条使用的术语是用益（usufrutto），但在强制执行程序中与改良有关的债权，则被规定在《民法典》第 2864 条；此时尽管受让第三人仍然是物的所有权人，但应遵守法律关于用益物权人注意义务的规定。

七、解除抵押与涤除权

受让第三人的其他权利，还包括启动解除物上抵押担保责任的程序，但这仅是一种不太重要的功能。

这种程序的相对人是所有针对转让人已经办理了登记的债权人。这意味着，一方面，不包括受让第三人的债权人，即便他们可能针对相同的财产享有抵押权；另一方面，也不包括转让人的无担保信用债权人，因为他们对受让第三人取得的财产无权提起权利主张，但之后提起撤销之诉的除外。

受让第三人应通知登记债权人和前所有权人，这种通知的形式通常被称为“涤除要约”。它实际上是一个单方法律行为，且属于到达即生效意思表示（recettizia），第三人正是通过该意思表示来行使其涤除权（diritto potestativo alla purgazione）。涤除要约的内容包括：首先，应载明第三人受让不动产的法律文件，应载明法律文件的生成日期以及相关的登记日期；其次，应载明约定的价格，或者受让第三人想要向登记债权人支付的金额；受让第三人选择的住址，该住址应在强制变卖程序管辖法院的辖区内。

在不动产被扣押后，受让第三人也可以发出涤除要约，只要在扣押之日起 30 日内完成通知即可。在这种情况下，强制执行程序将被中止，直到解除抵押完成。

之后，受让第三人应以申请书的方式，向强制执行管辖法院的院长提出申请，以确定提存价款（deposito del prezzo offerto）的方式；地方法院院长通过裁决的形式作出决定。在完成送达后 60 日内（该期限为固定期限），受让第三人应按照地方法院确定的方式提存价款，并向书记室提交提存证明、附登记证明的受让财产法律文件、关于抵押状态的认证摘要（estratto autentico），以及其向所有等级债权人和前所有权人发送的要约原件。

如果受让第三人未按照要求的形式提存价款，那么其解除抵押的请求将不发生效力，但请求人对登记债权人的损失承担责任的除外。

如果第三人按照规定提存了价款，地方法院院长通过裁决指定一名法官负责审理案件，案件的当事人包括受让第三人、前所有权人和所有登记债权人，并确定一个固定期限，以便受让第三人在该期限内通知其他当事人。在庭审中，法官应审查确认提存和其他诉讼活动是否符合规范，在确认符合规范后，应通过裁定的方式命令办理解除抵押登记——解除在第三人取得不动产前已经办理的抵押登记——并作出分配价款的决定。

如果受让第三人在抵押财产被扣押前发出了涤除要约，登记债权人仍可以启动普通强制执行程序并阻止涤除程序；如果涤除要约是在被扣押后发出的，登记债权人也可以要求恢复已经启动的强制执行程序。在收到第三人发出的要约之日起 40 日内（该期限为固定期限），任何登记债权人均有权向有管辖权的法院的院长提出异议，但该权利的行使应满足以下条件：一是应通知受让第三人以及前所有权人；二是在通知中应包含在要约价格或（受让第三人）声明价值基础上提价 1/10 以上的意思表示；三是提供相当于前述增加的价格部分 1/5 的保证金；四是申请的原件和复印件应当由申请人或其特别授权代理人的签字。在这种情况下，法院将决定启动强制变卖程序，并以即时债权人提供的价格进行公开拍卖。如果没有即时债权人，那么只有当所有其他登记债权人同意时，方可阻止强制执行程序。

八、强制涤除

如果受让第三人仍应支付购买抵押财产的价款，那么根据《民法典》第 2867 条，登记债权人有权要求受让第三人直接向其——而非售卖人——支付相应的价款。[369]同时，为了受让第三人的利益，其可以要求解除已经支付了全部价款的不动产上的抵押。强制涤除（purgazione）有利于登记债权人，目的在于避免繁琐的强制执行程序，以及使其可以通过受让第三人应付的价款来获得清偿。

该条规定要求第三人已经将其受让不动产的法律文件进行了登记，只有这样其才在法律意义上具有受让第三人的资格，并且区分了两种情形。

第一种情形是第三人应支付一笔钱款，且该笔钱款足以满足所有登记债权人的债权。因此，任何一个抵押债权人都可以启动强制涤除程序，并且该程序有利于所有抵押债权人。

第二种情形中，第三人仍应支付一笔钱款，但该笔钱款的清偿期尚未届至，或者该笔钱款的金额低于所有登记债权人的债权总额，或者其债务的客体与登记债权的客体不同。在这种情形下，强制涤除以所有登记债权人的同意为前提，即所有登记债权人均同意接受一笔推迟了期限的付款，或者同意接受部分清偿，或者同意接受不同于其原债内容的给付。

369 参见 Rubino, *L'ipoteca immobiliare e mobiliare*, 467 ss.; Gorla e Zanelli, *Del pegno. Delle ipoteche*, 447 ss.; Tamburrino, *Della tutela dei diritti (Delle ipoteche)*, 318 ss.; Jannuzzi, *op. cit.*, 919 ss.。

债权人也可以通过诉讼外的途径提出强制涤除的要求，但如果第三人拒绝时，债权人应通过诉讼的方式提出，但该诉讼是对人之诉（azione personale），而非对物之诉，也即可以对第三人的所有财产提起诉讼。行使强制涤除权的，向登记债权人的付款应以登记的抵押债权金额为限，以及《民法典》第 2855 条规定的从属债权。最后，强制涤除是不可分割的，也即受让第三人应向所有登记的抵押债权人进行支付。

此时，受让第三人不能以交付不动产的方式回避强制涤除，因为此时交付不动产的解决方式已经被排除。

如果支付的价款在清偿抵押债权人后仍有余额，则余额部分归转让人所有。

第四编

融资担保

第十八章　融资担保

一、融资担保的历史沿革与理论发展

融资担保的相关规则，是随着动产担保法律的现代化和统一化而逐渐形成的，也是这一过程的产物，更是超国家立法的成果，目的是推动金融产品的全球化发展，并为金融商品的全球化交易提供便利，即为保障交易的确定性和稳定性，防止交易的一方因无法清偿债务而带来的风险。[1]

1　参见 Ferrarini e Giudici, *Le garanzie su strumenti finanziari nel diritto comunitario: orientamenti e prospettive*, in *Il fall.*, 2002; Annunziata, *Verso una disciplina comune delle garanzie finanziarie*, in *Banca, borsa, tit. cred.*, 2003; Macario, *I contrati di garanzia finanziaria nella direttiva 2002/CE/47*, in *I contratti*, 2003; E. Mastropaolo, *La nuova normativa europea sui contratti di garanzia finanziaria (direttiva 2002/47/ CE del 6 giugno 2002)*, in *Riv. dir. comm.,* 2003; Grossi, *La Direttiva 2002/47/CE sui contratti di garanzia finanziaria*, in *Eur. dir. priv.*, 2004; E. Gabrielli, *Il pegno*, in *Tratt. dir. civ.*, dir. da Sacco, Torino, 2005; Id., *Contratti di garanzia finanziaria, stabilità del mercato e procedure concorsuali*, in *Riv. dir. priv.*, 2005; Bartolomei e E. Mastropaolo, *I contratti di garanzia finanziaria*, in F. Mastropaolo (a cura di), *I contratti di garanzia*, in *Trattato dei contratti,* diretto da Pietro Rescigno ed Enrico Gabrielli, Torino, 2006, t. Ⅱ; R. Marino, *Recepimento della direttiva 2002/47/CE sui contratti di garanzia finanziaria. Le innovazioni nel diritto delle garanzie reali*, in *Rass. dir. Civ.*, 2005; Gardella, *Le garanzie finanziaria nel diritto internazionale privato*, Milano, 2007; E. Gabrielli, （转下页）

根据传统的动产担保理论，动产担保以转移动产的占有为要件。长期以来，很多学者都致力于说服本国立法者并希望能够在立法层面抛弃这种观点，解除两者之间的严格关联。关于融资担保的法律规定采纳了这种观点，回应了理论界的需求。

事实上，长期以来，人们一直希望能够为债的流转提供一种安全保障，但占有性动产担保无法满足这一需求。在这一背景下，理论界向立法者建议对动产担保进行改革，要求将动产担保从严格的转移担保财产这一形式要求中解放出来。正是受到理论研究的启发并接纳了理论界建议，人们开启了对动产担保体系的现代化重塑。[2]

就动产担保的历史发展而言，其第一个发展阶段是工业革命时期。在这一阶段，企业为了扩张其商业活动，从外部融资的需求不

（接上页）*I contrattidi garanzia finanziaria*, in *Digesto 4, Disc. priv., sez. civ., Agg.*, 2007; Crespi Reghizzi, *Lex rei sitae e disciplina delle garanzie mobiliari*, Milano, 2007; Guccione, *I contratti di garanzia finanziaria*, Milano, 2008; Candian, *Garanzie finanziarie*, in *Enc. dir., Annali*, Ⅱ, vol. 2, Milano, 2008; Agnese, *I contratti di garanzia finanziaria nel diritto civile*, Torino, 2009; Murino, *L'autotutela nell'escussione della garanzia finanziaria pignoratizia*, Milano, 2010; E. Gabrielli, *Garanzie del credito e mercato: il modello comunitario e l'Antitrust*, in *Giust. civ.*, 2011 ss.; Id., *Le garanzie finanziarie. Profili generali,* in Gabrielli e Lener (a cura di), *I contratti del mercato finanziario,* in *Trattato dei contratti,* diretto da Pietro Rescigno ed Enrico Gabrielli, Torino, 2 ed., 2011; Canalini, *La nuova disciplina dei contratti di garanzia finanziaria: commento alle modifiche introdotte dal d.lgs. 24 marzo 2011, n. 48*, in *Leggi civ. comm.*, 2012; Fiorentini, *Le garanzie finanziarie,* in *Trattato dei diritti reali*, diretto da Gambaro, Morello, Ⅴ, Milano, 2014; E. Gabrielli, *Garanzie finanziarie e fallimento*, in Villanacci (a cura di), *I crediti nel fallimento*, Padova, 2015。

2 参见 E. Gabrielli, *Il pegno "anomalo"*, Padova, 1990, 94 ss.; Id., *Sulle garanzie rotative,* Napoli, 1998, 27 ss.; Id., *Il pegno*, in *Tratt. dir. civ.,* dir. da Sacco, Torino, 2005, 23 ss.。

断增长，动产担保正是随着这一需求的发展而进入了快速发展时期。在这一时期，与传统形式不同，融资的形式开始呈现出自身的特点：一方面，传统的融资形式采取的是借贷之债和销售之债（loan credit e sale credit; Geldkredit und Lieferantenkredit）的二分法，即债权——融资者（credito-finanziatore）模式（这种模式通过古典的消费借贷制度或者该制度的衍生模式实现），及债权——供应商（credito-fornitore）模式（这种模式是指一方即时交货而另一方延期付款，通过计算应付商品的价款的差额的方式实现）。[3]

在担保体系的发展过程中，欧洲的法典制定者们敏锐地觉察到，需要一种更辩证的物权担保理念，并基于该目的在不同的时间设计了多种形式的法律工具。[4]

就盎格鲁-撒克逊民族的普通法模式而言，其动产担保体系起初沿袭了大陆法系的足迹，规定了一种需要债务人转移担保财产占有的一般质押模式，也即所谓的质押（pledge），在这种模式下，为了克服担保财产必须转移所带来的弊端，其设计了一种基于所有权转移的担保模式（by way of security），即由当事人约定并赋予债权人可以在债务人不履行债务时通过诉诸衡平法来使担保财产脱离

3　参见 Goode, *Commercial Law*, London, 1982, 706; Drobnig, *Typen besitzloser Mobiliarsicherungsrechte an Mobilien*, in *Zeitschrift für Rechtsvergleichung*, 1972, 132。

4　参见 Veneziano, *Profili di diritto comparato e di diritto del commercio internazionale*, Milano, 2000, 12; Alb. Candian, *Le garanzie mobiliari. Modelli e problemi nella prospettiva europea*, 2001, 253 ss.; De Cores e Gabrielli, *El nuevo derecho de las garantías reales*, Madrid, 2008; AA.VV. in Lauroba Lacas y Tarabal Bosch (a cura di), *Garantías reales en escenarios de crisis: presente y prospectiva*, Madrid, 2012; Fiorentini, *Il pegno,* in *Trattato dei diritti reali*, diretto da Gambaro, Morello, Ⅴ, Milano, 2014, 8 ss.。

债务人，以实现担保。[5]

与此同时，英国的立法者还允许当事人利用押记（charge[6*]）的制度并将两者结合起来进行创设担保，通过这种模式，英国立法者提供了多种可能，人们不但可以就确定的动产（fixed charge）——无论是现有的还是将来的[7]——创设担保，还可以通过浮动押记（floating charge[8]）的模式就整个公司财产创设担保，而无需将担保财产从公司中剥离并转移占有，如此一来，也不会打断公

---

5 但是，这一制度并未成功地在英国扎根，因为禁止流押从未被立法所接受，债权人平等待遇的保护被委托给判例，该判例以表面所有权理论（ostensible ownership）为基础，取消了以所有权转移为抵押的交易，理由是这种交易违反了1571年的《欺诈性转让法》（*Fraudolent Conveyance Act*）。英国法官的考量事实上复刻了大陆法系立法者的监管意图，即避免债权人在债务人资产的真实规模上受骗。参见Goode, *Commercial Law*, 713; *leading-case, Twyne's Case*[1601], 76 E.R. 809。

* 中国大陆并无与英国法中的"Charge"一词相同的法律定义，一般译为"抵押"或"担保"，中国香港地区译为"押记"。为了与中国大陆的"抵押"一词相区别，笔者采取"押记"的译法。——译者

6 1854年的英国《卖据法》（*Bills of Sale Act*）随后进行了多次改革，引入了押记制度（charge），其最初只能以有限的特定动产设定担保，且只能提起衡平法之诉，并在按揭中承认其以担保的方式达成的转让所有权的协议的效力。

然而，司法实务部门最初的疑问在于，在没有转移占有的情况下，债务人如果仅有表面的偿付能力，该如何避免风险？后来立法者通过引入的公示机制消除了这一问题。事实上，通过对《公司法》的改革，公司登记册的设立使得以公司资产设立的担保变得更为容易，也更有保障。

7 在英国法中，可以用未来的财产来设立担保这一规则，最早可以追溯到案件*leading case Holroyd v. Marshall*, (1862) 10 H.L.Cas.19。

8 参见Goode, *Legal problems of credit and secutity*, 2 ed., 1988, 46 ss.; E. Gabrielli, *Sulle garanzie rotative*, 47 ss.; Galanti, *Garanzia non possessoria e controllo della crisi d'impresa: la floating charge e l'administrative receivership*, in *Quaderni di ricerca giuridica della Banca d'Italia*, 2000, *passim;* E. Gabrielli, *Il pegno*, 41 ss.; Fiorentini, *Il pegno*, 10 ss.。

司的生产。[9]

通过这种方式，英国规定了一种动产担保的“一般”模式，这种模式目前也被其他国家—— 这些国家的共同特征是经济获得了显著发展——的法律所采纳。[10]

从英国开始，包括美国[11]和其他普通法系国家，公示是非占有动产担保的核心要素，无论是英国式的按揭（mortgages）还是押记（charges），无论担保人是自然人还是法人，要想使担保合法生效并能够对抗第三人，[12]登记都是必不可少的条件。

在德国，正如其他欧洲大陆国家一样，《德国民法典》的立法者在法典中仅规定了以转移质押财产占有为必要条件的质押担保，但在19世纪末期，德国的商业实践和金融界已经认识和了解到所谓的 besitzlose Mobiliarsicherheiten，即所谓的非占有性动产担保。[13]

实践中曾经实际使用的有两种机制：一种是所谓的担保性所

9　需要强调的是，在英国法律体系中，通常立法者和法院并不总是处在相同的赛道，甚至有时追求的目标也并不一致，由此导致的是，尽管动产担保的登记规则已经生效，但传统的司法实务仍坚持根据“推定通知理论”进行裁决，即只要不能向他们证明登记查询的结果，那么仍会宣告设立的押记不能对抗第三人。

10　值得注意的是，中国法律也采纳和规定了浮动抵押制度。具体参见 E. Gabrielli, *Ipoteca e garanzia fluttuante nel diritto cinese delle garanzie del credito*, in *Riv. dir. priv.*, 2009, 103 ss.; Id., *Garanzia mobiliare "Dǐyāquán" e il problema del conflitto tra diritti reali di garanzia*, in *Riv. dir. priv.*, 2015, 7 ss.。

11　关于美国的法律，参见 Gilmore, *Security Interests in Personal Property*, vol. Ⅰ, Boston, 1965。

12　Veneziano, *Profili di diritto comparato e di diritto del commercio internazionale*, 37.

13　参见 Serick, *Le garanzie mobiliari nel diritto tedesco*, Milano, 1990, 7 ss.; Fiorentini, *Il pegno*, 30 ss.。

有权转移（Sicherungsübereignung），即在以担保为目的出售担保财产的同时，通过约定为让与债务人设定占有权；另一种是Sicherungszession，即信托让与债权，此类让与无需按照《德国民法典》第1273条规定通知被让与债权的债务人。[14]

除了上述两种形式外，基于当事人的意思自治，特别是在商法领域还发展出了所有权保留（Eigentumsvorbehalt）[15]的担保模式，以满足债权人——供应商的特别利益需要。

为了克服担保模式对转移担保财产的严格要求，商法的担保模式表达了抛弃转移占有原则的强烈诉求，目的在于留给债务人对担保财产充分的处分权，这在德国的司法实践中早已有所表现，德国的法院并没有在禁止流押条款面前止步不前。事实上，这也曾被规定在《德国民法典》第1299条，立法理由是，在这种情况下，债权人占有的正是属于自己的物。[16]

但是，上述德国和英国关于动产担保的法律机制，不仅表现形式不同，而且无论是司法层面还是立法层面的指导思想也不同：在德国模式下，其通过担保性所有权转移制度，选择赋予担保效力秘密性（segretezza），同时放弃了所有关于设立担保和担保对抗第三

14 《德国民法典》第1273条：（1）权利亦得为质权之标的物。（2）权利质权，除基于第1274条至第1296条另生效果者外，准用关于动产质权之规定。第1208条及第1213条第2款之规定，不得适用。

15 《德国民法典》第449条：（1）动产出卖人将其所有权保留至价金支付完毕者，有疑义时，应认为所有权之转移，系以价金之全部支付为停止条件。（2）仅于出卖人解除契约者，始得依保留所有权请求返还标的物。（3）所有权之转移系取决于买受人清偿第三人之债权，即如其与出卖人有关联企业之债权者，保留所有权之约定为无效。

16 A. Candian, *Le garanzie mobiliari. Modellie problemi nella prospettiva europea*, Milano, 2011, 267.

人效力的形式要件要求。与之不同的是，英国的立法者则选择公示担保的效力。如此一来，无论是在形式上还是在实质上，非占有性担保都合法有效。

在北美洲地区，[17]担保法沿袭了英国的路径。在20世纪下半叶，在前述英国担保模式的基础上，北美地区还创设了新的担保模式，比如附条件买卖（conditional sale），在这类买卖中需完成特定的公示形式方才生效，又比如要求在债务人的财产上设定替代性担保（alternative di garanzia），[18]再如通过转让可交易的债权设定担保。[19]

1962年，在美国统一州法全国委员会（National Conference of Commissioners on Uniform State Laws）以及美国法律协会（American Law Institute）的推动下，旨在保障安全交易而重新修订的《美国统一商法典》（UCC）第9条被批准生效，这给之前的法律架构带来了根本性的改变。重新修订的《美国统一商法典》第9条如今仍被规定在1972年的最终版本中，该条规定成功地将保护第三人的需要、意思自治原则和动产担保模式的创设三者结合起来。

事实上，在美国的法律体系中引入了一种关于担保的统一概念：所谓的担保权益（security interest）涵射了所有当事人想要创设的动产担保的约定和经济活动，至于其法律架构和当事人赋予其的名称，则无关紧要。[20]

17　参见 Veneziano, *Profili di diritto comparato e di diritto del commercio internazionale*, 121 ss.; A. Candian, *Le garanzie mobiliari. Modellie problemi nella prospettiva europea*, 111 ss.。

18　比如实地存货质押（field warehousing）、信托收据（trust receipt）、代理商留置权（factor’s lien）。

19　比如应收账款融资（account receivable financing）。

20　参见 Di Costanzo, *Sui security interests*, Napoli, 2010, 9 ss.; Fiorentini, *Il pegno*, 21 ss.。

根据这种架构，就占有性动产担保而言，其随着当事人合意的达成而成立，并自财产交付之时具备对抗第三人的效力，而对于所有的非占有性担保权益，为了使其能够具备对抗第三人的效力，[21]则适用有关公示的一般规则，并且规定担保的设立文件应在官方登记机构进行登记；至于登记地，则应根据债务人的姓名或名称确定。

此外，随着所谓的声明登记制度（notice filing）的引入，登记的方式也被显著的简化，当事人只需向登记机构提交融资声明（financing statement）即可，所谓的融资声明是一份包含债权人和债务人姓名、地址、债务人签名以及担保财产情况的文件。[22]与登记制度同时引入的还有先申请主义规则（first to file），根据该规则，第一个办理登记的人将优先于那些就同一担保财产在先达成担保协议的人；在英国，上述规则也被扩展适用于推定告知[23]（constructive notice）的情形。

与前述国家发展路径不同，在法国和意大利，动产担保法律制度几乎没有变化。直至不久之前，法律界仍总体上对非占有性担保嗤之以鼻，指责这种机制“不透明”（occulte）和会损害第三人、债权人或担保利益人的法益。

事实上，与意大利立法者的做法相似，法国的立法者也是通过

21 《美国统一商法典》将有效担保的设立分为三个阶段：第一步被称为设立（creation），是指达成担保协议（security agreement），该协议使债权人取得针对担保财产的权利；第二阶段，称为担保权益的发生（attachment），是协议正式生效的阶段，此时债务人被授予某些权利，同时债权人应给付约定的对价（value）；最后一个阶段是担保权益的生效（perfection），此时，担保将取得对抗第三人的效力，在多数情况下表现为在融资声明（financing statement）的登记。

22 § 9-402(1) UCC.

23 Gilmore, *Security Interests in Personal Property*, 512.

逐渐在现有体系中增加新的动产抵押形式和列举优先受偿权事由的法律技术，以实现其对特定经济领域进行干预的策略和目的，如仅针对某些商事交易引入了所谓的非占有性动产抵押和无形财产抵押（nantissement o gage sans dépossession），之后又引入了所谓的融资租赁（crédit-bail）、塞松·戴利转让机制*、信托担保（fiducie-sûreté）。直到2006年3月23日，[24]法律才对动产担保进行了更大范围的改革。在此次改革中，《法国民法典》中引入了（《法国民法典》第2333条）一种新的更具一般特征的质押模式，即所谓的普通质押（gage commun），这种担保概念下用于担保的财产可以是任何有形的动产，也可以是将数个动产一起设定担保，无论是现有的还是未来物。[25]与此同时，在《法国商法典》中则引入了股票质押（gage de stocks），并被规定在第L527-1至L527-11条中。[26]

* 此为法国的一种关于信贷机构如何得到应收货款的机制，这种机制是一位叫塞松·戴利（Cession Dailly）的法国议员提议的，因此也以其名字命名。在该机制下，债权人可以通过签订一份特殊的文件以购买或抵押的方式把对某些债务人的债权转让给信贷机构。——译者

24　参见 Fiorentini, *La riforma francese delle garanzie nella prospettiva comparatistica*, in *Eur. dir. priv.*, 2006, 1154 ss.; M. Giorgianni, *La riforma francese delle garanzie nella prospettiva comparatistica,* in *Eur. dir. priv.*, 2008, 1155; Fiorentini, *Il pegno*, 37 ss.。

25　《法国民法典》第2333条：（1）质押是出质人授予债权人在现在或将来的动产或一组有形动产上优先于其他债权人受偿的协议。（2）被担保的债权既可以是现有的也可以是未来的债权。在后一种情况下，它们必须是可确定的。

26　根据修改后的新规则，这种无需转移占有的动产质押在设立时必须达成书面协议，且协议的内容应至少包括以下内容，即当事人的情况、被担保的债权以及质押财产（《法国民法典》第2336条）。此外，要想使质押获得对抗第三人的效力，则还应在具有管辖权的商事法院（Tribunal de commerce）办理登记（《法国民法典》第2337条），这实际上消除了任何可以通过善意取得获得所有权的可能。关于公示机制还存在其他重要创新，比如原来较为麻烦的查询，现在可以通过统一的网站免费查询全国范围的情形。（转下页）

至于意大利，立法者除了在电子证券、银行融资和半成品等方面做了一些微不足道的改革外，并未在动产担保领域开展实质性的创新改革，基本仍维持过去的机制。

这种过程导致，至少在意大利如此，动产担保设立中意思自治的边缘化，进而导致担保法律制度的效率在两个方面受到影响，一方面取决于当事人富有创造性的想象力——他们努力寻找一种可以利用的工具和模式来创设新的担保形式；另一方面取决于立法者的自由裁量——他们在这个过程中，有时通过在具体领域中寻找单个的优先权机制，以满足具体实践的需要，以至于特殊规定不受控的飞速增长，如此一来，慢慢地、不可避免地、打破和破坏了债权平等对待原则（*par condicio creditorum*）。

如今，这一原则已经被简化为一种历史的幻象。

通过前文的描述，显而易见的是，各国的规定和法律水平非常参差不齐，这使得在国际交易中，特别是在金融市场中，找到一种可靠的、具有确定性的担保模式非常困难。欧盟的立法者已经认识到，有必要制定和颁布一个专门的指引，该指引的任务在于为证券交易和结算创设一种行之有效的法律框架，约束所谓的系统风险（rischio sistematico）——这种风险表现为当企业失去偿债能力时造成的负面影响从内部系统传播到外部系统，而处于危机中的企业有

（接上页）在商事质押担保方面，立法改革还涉及担保实现，新的法律允许债权人在没有司法介入的情况下通过自己的行为来启动质押权实现，唯一的条件是其应给予债务人八天的宽限期（《法国商法典》第 L521-3 条）。至于《民法典》中的质押，则拆除了“禁止流质”之墙（《法国民法典》第 2348 条）。

最后，此次改革免除了所有权保留制度的公示义务，因为这种制度已经被明确的列为一种担保的形式，并被引入和规定在《民法典》第 4 卷（《法国民法典》第 2329 条）中。

可能在其经济和金融活动受到这种外部负面影响的冲击。[27]

系统性风险，既是这种交易机制固有的风险，又难以预防和消除。

二、欧盟关于融资担保合同指引的源起

尽管各国法律规定如此参差不齐和不同，但对动产担保体系进行现代化重塑的需求仍然强烈。在此情况下，立法者开启了逐渐现代化重塑的过程，首先是制定欧洲动产担保共同法（diritto comune），以实现各国法律的协调和统一，为此立法者制定了一些指引。

指引旨在满足国际金融市场的需求，特别是克服因国际金融市场缺乏统一的规定而带来的不确定性和低效率，这种不确定性和低效率主要是因为投资者的操作可能受到多个不同国家法律规定的约束，而这些国家之间的规定又往往并不相同。这种情况吓阻了投资者的投资活动，使其因担忧风险而不敢投资——这些风险有的是因信息不对称所致，有的是因法律冲突所致，即相同的行为在一国有效但在另一国却无效。另外，这种情况还会使投资者因不同法律的矛盾和冲突导致的低效而降低投资意愿。

欧盟的立法者现在似乎已经意识到上述问题以及动产担保法律

27　事实上，这个目标已经被欧盟的立法者追求了一段时间，他们早在金融服务行动计划中就提到了它，并且部分是随着单一货币欧元的引入而启动的，其目的之一是实现市场的有效整合和创建共同的欧洲融资担保法，这将能够为市场提供更大的安全性，并以统一的方式规范支付和证券结算系统的交易。

机制存在的问题，并且认为主要的问题存在于因不同国家法律之间的不协调和冲突所引起，特别是担保人、担保债权人和第三方债权人之间的冲突。

为了设计一种能够融合现有动产担保体系的规则，欧盟制定和颁布了相关的法律文件，它们包括：2002年5月29日颁布的《欧盟理事会破产程序规则》，即2000/1346/CE号指引，该指引于2002年5月31日生效；欧盟1998/26/CE号指引；欧盟2002/47/CE号指引，该指引后经修订，即欧盟2009/44/CE号指引。

上述指引，尽管针对的领域和问题不同，但如果不是将他们割裂开来观察而是作为一个整体来看待，我们可以看到一个旨在创设一种新的、全球化的动产担保体系的总体设计，这个新的体系能够引导各个欧盟成员国逐渐修改本国的动产担保规定，并将所有以金钱或金融资产为客体的担保统一在该类担保之下。

事实上，2000/1346/CE号指引的部分规定涉及以金融资产设定的担保。

比如，指引第5条规定，启动破产程序不得损害债权人享有的物权，也不得损害第三人的财产性权益——无论客体是物质性的还是非物质性的，是动产还是不动产，是确定的财产还是可能随时间变化的不确定的财产集合体，只要在破产程序启动时，财产位于任一成员国境内，便适用本规定。对金融资产享有担保权的债权人不受在另一个成员国可能启动的破产程序的影响，除非这是在担保所在国启动的二级破产程序。指引第6条规定，在法律允许抵销的情况下，启动破产程序不影响债权人的抵销权，即其有权以自己的债权抵销债务人对其享有的债权。这意味着，即便某个成员国的破产法不承认破产情形下的抵销权，那么抵销权仍可以有效地对抗破产程序。

此外，第 9 条还规定："在与第 5 条规定不冲突的情况下，破产程序对支付或结算系统或金融市场的参与人的权利和义务的效力应专由该系统或市场所适用的成员国法律确定。"

一些学者认为，上述规定旨在保护市场或结算系统免受外国参与者启动破产程序的影响，这也得到了 98/26/CE 号指引第 8 条的印证。[28]

欧盟 98/26/CE 号指引——该指引被转化为意大利 2001 年第 210 号立法性政令，该政令旨在为金融市场上经营的银行和中介机构的业务和运营引入统一的破产法规则，以保护债权人的权利免受破产和随之而来的破产清算的影响——是另一个关于融资担保的早期指引。

就动产担保的相关规定而言，它规定了破产程序对支付以及证券和金融工具交易操作的影响；规定了以金融资产设定的担保，在破产程序中以及与各国中央银行和欧洲中央银行达成的交易中如何实现；指引还对有关电子化金融工具的法律适用做了规定。

在该指引所涉及的众多问题和相关规定中，值得注意的是，一方面，指引试图对破产法规则进行统一，以便保证破产程序中支付交易——作为相关结算系统的一部分的中介机构进行的支付和证券转让业务——的稳定性；另一方面，通过对冲突的管理，确立了法律冲突时确定准据法的规则，即指引第 9 条规定——该条规定是一个国际私法规则。

就第一个层面而言，指引第 1 条就担保给出了明确的定义，该

28　Ferrarini e Giudici, *Le garanzie su strumenti finanziari nel diritto comunitario: orientamenti e prospettive*, 1001.

条规定："任何人可以随时以任何方式和形式实现的与货币、金融工具或其他资产相关或相关的任何权利，以确保履行系统内的转移指令或与中央银行职能相关的操作产生的当前或未来义务。"

担保的稳定性是立法者所追求的目标之一，也被作为神圣原则予以规定，这既体现在指引第 2 条——该条明确规定了命令的终局性原则，根据该原则，即便启动了破产程序命令也可对抗第三人，并且破产程序对破产参加人的权利和义务不具有溯及力，即不得溯及至破产程序开始前的权利和义务——也体现在第 6 条第 3 款和第 8 条的结合规定中。

根据前述第 1 条规定，在破产程序开始前为破产参加人的属于第 2 条规定的债权所设立的担保，以及第 2 款规定的权利，应适用第 8 条规定。

第 8 条，除了规定在破产程序中担保的实现外，还将下列情形排除在适用范围之外：一是根据第 2 条规定的破产程序开始前的债权；二是与中央银行职能有关的交易系统参加者或金融中介破产时，其他市场参加者为前述破产人发出的转账指令。同时该条还规定，在破产程序开始后设立的担保，一律不受保护。根据该条第 2 款，担保的实现，包括由质押构成的担保，"根据管辖它们的法律和合同规定进行，即便与有关破产程序的规则不同也不例外，但第 3 款规定的情形除外"。

对担保的保护以及担保的不可侵犯性则在第 8 条第 6 款得到明确规定，该款规定："任何诉讼，包括无效之诉，不得损害第 1 款规定的担保的实现。"

此外，第 8 条第 3 款规定，破产程序确定的净额结算合法有效。

实现担保债权或抵销后超过债权的余额部分应归入破产清算程序。

第 8 条旨在加快破产程序中担保的实现，确保当事人可以获得担保财产的对价，即便违反破产法的规定也不例外。

最后，第 9 条包括两个层面的规定：一个是有关冲突法的指引，一个是有关实体法的规定。

第 1 款规定，权利转让的方式以及金融商品的转移方式，担保的设定和实现等，适用会计账簿所在地、账户所在地或管理地或登记注册地国家的法律。这是关于冲突法的指引。

第 2 款则引入了一项实质性权利规定，因为它将意大利关于转让方法以及建立与电子化证券担保的规则扩展到了未进入意大利的账户或管理系统或集中存管的外国证券。

1. 上述指引在 2009 年被予以修订，即 2009 年 5 月 6 日颁布的 2009/44/CE 号指引，新的指引增加了破产法的规定，比如，新指引第 4 条规定:“成员国可规定，对交易的参与人启动破产程序不应妨碍该参与人结算账户中可用的资金或证券用于履行该参与人在启动破产程序之日在系统中的义务。此外，成员国还可以规定，此类参与者的与系统相关的信贷工具可用于对抗可用的现有抵押品，以履行该参与者在交易体系中的义务。”

2. 第 5 条也增加了有关处分行为不可撤销的内容，根据该条规定:“在互操作系统的情况下，每个系统都在自己的规则中确定不可撤销的时刻，以尽可能确保所有相关互操作系统的规则在这方面的协调。除非构成可互操作系统一部分的所有系统的规则明确规定，否则系统在不可撤销时刻的内部规则不受与其可互操作的其他系统的内部规则的影响。”

3. 仍然是关于破产程序，新指引第 7 条规定："对交易者在破产程序开始前因系统交易而产生的权利和义务，以及与破产程序开始前的交易有关的权利和义务，破产程序不具有溯及力。"

4. 新指引第 9 条的立法理念与此相同。[29]

三、欧盟 2002/47/CE 号指引及其内容

欧盟的立法者，意识到动产担保法律制度应与破产法律制度相协调，此中的冲突显然是担保人、担保债权人和第三方债权人之间的冲突为了能够设计一种能够融合现有动产担保体系的规则，在颁布前文所述相关指引后，欧盟于 2002 年颁发了关于融资担保合同的指引，即 2002/47/CE 号指引，该指引的内容已转化为意大利 2004 年 5 月 21 日所颁发的第 170 号立法性政令的内容。

2009 年 5 月 6 日颁布的第 2009/44/CE 号指引，对 2002/47/CE 号指引的部分内容做了修订。

根据 2002/47/CE 号指引，融资担保是指"资金借款人（prenditore

29 具体参见 2009/44/CE 号指引。根据该条规定："系统运营者或参与方对就某一系统或任何可互操作系统向其提供的抵押担保的权利，以及成员国中央银行或欧洲中央银行对向其提供的抵押担保的权力，不受对以下各方启动破产程序的影响：（有关系统或某一可互操作系统的）参与方、非参与方的可互操作系统的系统运营者、成员国中央银行或欧洲中央银行的对手方，或提供抵押担保的任何第三方。

"为了满足这些权力，可以将这些抵押担保变现。如果证券（包括证券上的权利）是作为第一段所述的抵押担保提供给参与方、系统运营方或成员国中央银行或欧洲中央银行的，而且后者的权利或代表其行事的证券持有人、代理人或第三方对证券的权利或代表其行事的证券持有人、代理人或第三方对证券的权利已合法记录在位于某一成员国的账簿、账户或集中存款系统中，则这些实际作为抵押担保提供的证券的持有人的权力的确定，在受该成员国法律的管辖。"

di fondi）向资金出借人（datore di fondi）提供资产，以最大程度地降低资金出借人在资金借款人未能履行债务时可能遭受的财务损失风险”[30]。

就适用范围而言，2002/47/CE 号指引受到严格的限制，体现为对合同的主体有明确的要求，即仅适用于合同一方当事人为公共机构、中央银行、受审慎监管的金融中介机构、中央银行的交易对手、结算代理人或清算所、自然人以外的其他人的担保协议；至于另一方当事人，只要属于适用指引的实体即可。

在这个意义上，指引似乎更倾向于帮助那些拥有充足自身资本的公司。这样一来，可以为这些公司和公共当局、中央银行、受审慎监管的金融中介机构设计一个专门的、统一的私法体系。

此外，2002/47/CE 号指引沿袭了前述指引规定的足迹：一方面，并未规定与前述指引相矛盾和冲突的规则；另一方面，通过对前述指引所引发问题的进一步深入研究，并通过对相关问题的规定，补充和完善了之前的指引。

事实上，正如指引在序言部分讲的那样，该指引旨在建立一个欧盟层面的担保制度。在该制度中，可以在证券和现金上设立担保，设立的形式既可以是设立担保物权，也可以是通过转让证券的所有权的方式设立，还可以通过回购协议的方式设立，该制度旨在

30　参见 2006 年 12 月 20 日欧盟理事会和欧盟委员会关于 2002/47/CE 号指引的报告。

在对 98/26/CE 号指引的修订（通过 2009/44/CE 号指引）中，担保被定义为“所有为担保与系统相关的债权或债务可行的活动，包括但不限于第 1 条的融资担保、2002/47/CE 号指引第 A 款第四段的融资担保，以质押形式提供的担保、以回购协议形式或类似形式提供的担保，以及其他提供给成员国中央银行或欧洲中央银行的担保。

确保金融交易参与者交易行为的稳定性，避免因依据某个成员国的破产法而提起无效之诉或撤销之诉而带来的不确定性。事实上，为了提高融资担保合同的法律确定性，各成员国必须确保各国破产法的某些规定不适用于上述合同，特别是那些会阻碍融资担保实现或影响其有效性的技术性规定，如目前常见和常用的关于净额结算、补充担保和置换担保的规定。

立法者希望通过该法律制度，来帮助完成金融市场的整合和提高金融市场的效率，以及提升欧盟金融系统的稳定性，进而在欧盟范围内实现金融服务的自由竞争和资本的自由流动。

2002/47/CE 号指引所涉及的担保，仅指以金融资产或钱款为担保财产的担保，且必须是因融资债务——由金融性质的合同产生的债——而产生的担保，其仅与融资担保合同有关。因此，如果某人尽管对担保财产享有权利，但如果其权利是基于融资担保合同之外的其他法律文件，或者是基于法律规定，或者是因破产程序的启动或继续，适用某个法律原则，那么则不属于 2002/47/CE 号指引的适用范围。该指引重申了 98/26/CE 号指引中的冲突法规定，即融资担保合同应适用登记地、账户所在地、集中存管地国家的法律。

此外，2002/47/CE 号指引借鉴了盎格鲁-撒克逊的模式，[31] 在第

31 Ferrarini e Giudici, *Le garanzie su strumenti finanziari nel diritto comunitario: orientamenti e prospettive*, 1002. 根据两位学者的观察，指引的特点是采用了英国法的分类方法，即强调功能性，该方法在欧洲金融市场中发挥了重要作用。因此，按照普通法规则担保合同可以分为两类（第 3 条）：一类是质押式金融担保（security financial collaterals），此类担保并不导致担保财产所有权的转移；另一类是所有权转移式金融担保（title transfer financial collaterals），该类担保通过转让所有权来起到担保作用。从意大利法学的角度来看，如果依据这种划分，那么以金融商品作为担保财产的担保应被划入第一类，而回购协议类担保（特别是指引第 3 条第 D 款规定的情形）则应被划入第二类。

2 条对融资性担保合同涉及的一系列概念进行了界定。

指引第 2 条第 2 款和第 3 款对合同的形式要件和内容做了规定。根据这两款规定，合同应采取书面形式，并应载明所担保的“融资性”债务，以及担保的等级和种类（债可以是未来的、偶然的或可预期的），也可以是时不时出现的特定种类和类别（of a specified class or kind arising from time to time）。

如果担保财产是钱款并且没有移转钱款的所有权，则资金必须存放在担保债权人处，或交由第三人——该第三人是为担保债权人的利益——保管，或者必须存入指定的第三方账户——该第三方账户由双方通过所谓的担保式金融安排协议（security financial collateral arrangement）指定。如果作为担保财产的钱款转移了所有权，则不能适用最后一种方式。如果担保财产是无记名证券，则应通过将证券交付担保债权人或第三人的方式设定担保。如果担保财产是电子化金融商品，且没有转移担保财产的所有权，则在担保人账户办理登记时应载明金融商品是担保的客体；但如果是转移金融商品的所有权，则应记入担保权人或其指定的第三人的账户。

指引第 4 条规定，各成员国应确保担保不需要任何额外的形式。从意大利国内法的角度来看，在一些学者看来，第 4 条规定可能将导致《意大利民法典》中有关特定日期的要求无效；另一方面，如果从更广泛的角度看待该规则，则似乎可以解释为应放弃所有担保的公示形式要求，而这也构成了功能性担保的一个支点。[32]

指引第 5 条规定，债权人在实现担保权时，如果担保财产是金

32　参见 Ferrarini e Giudici, *Le garanzie su strumenti finanziari nel diritto comunitario: orientamenti e prospettive*, 1003。

融商品，则其无需任何事先通知，也无需遵守某些“宽限期”，更无需任何公共机构的批准或诉诸任何公共程序；如果担保财产是钱款，其可以通过简单的抵销来实现担保，此时同样无需任何事先通知。第 5 条第 3 款还规定，各成员国应确保将担保与破产程序隔离开来，并允许将破产视为能够确定担保实现的事件。

指引第 6 条规定了对作为担保财产的金融商品的使用权；第 7 条规定各成员国应承认根据担保合同而进行的证券或货币所有权转移的物权效力。[33]

物所在地法（*lex rei sitae*）这一规则，如今已经得到欧盟各成员国的承认。根据该规则，融资担保合同的履行，以及融资担保合同对抗第三人的效力，应根据融资担保财产所在国家 / 地区的法律进行评估，这使得可以在遵守指引的情况下实现消除因适用他国法律所带来的不确定性，因为这种不确定性可能正是因为金融交易时未考虑他国立法情况所致。如此一来，在不影响该指引对直接持有的证券的适用的情况下，问题变成确定以书面形式作为担保财产的金融商品的所在地，当然这些金融商品可能为一个或多个中介机构持有。如果担保受益人设定的担保合同有效且具有可适用性，则根据相关账户所在国的法律，对任何存在冲突的权利人或权利，融资担保都具有对抗性，并可根据该国法律实现担保。

就保护融资担保的稳定性而言，针对相对人存在的破产风险以及随之而来的破产可能，指引第 8 条规定直接冠以“破产法若干规则的不适用”的标题。根据第 8 条，各成员国应确保融资担保合同

33 参见 Ferrarini e Giudici, *Le garanzie su strumenti finanziari nel diritto comunitario: orientamenti e prospettive*, 1003。

以及根据该合同提供的融资担保，“不能仅因存在下列情形而被宣告无效、可撤销或不具有效力:（1）融资担保合同的成立或融资担保财产的提供是在收到清算程序或重组措施开始通知之日，但完成和提供的日期早于相关命令发出之日或通知之日;（2）在破产程序通知之前或在最终命令作出之前或在法院的判决或命令颁布之前或其他与破产程序相关的官方决定作出前的某个期间内，当事人签署了融资担保合同或提供了融资担保财产”。

针对上述时间，该条还规定，各成员国应确保，如果在清算程序或重组通知之后，但在清算程序或重组程序启动时，融资担保合同已经成立或已产生融资担保义务，或已提供了担保，那么“只要担保受益人能够证明他不知道也不可能知道此类程序的通知，融资担保应具有对抗第三人的效力，并对第三人具有法律约束力”。

此外，如果融资担保合同规定，当担保财产价值或担保债权额发生变化，担保人有提供融资担保或补充担保的义务；或者约定可以通过提供与原担保财产价值相同的担保财产以置换原担保财产，各成员国应确保提供担保财产、提供的补充担保或履行的置换担保“不能仅因存在下列情形而被宣告无效、可撤销或不具有效力:（1）融资担保财产的提供是在收到清算程序或重组措施开始通知之日，但完成和提供的日期早于相关命令发出之日或通知之日;（2）在破产程序通知之前，或在最终命令作出之前，或在法院的判决或命令颁布之前，或其他与破产程序相关的官方决定作出前的某个期间内，提供了融资担保财产”。此外，在不影响§§1-3 的情况下，该指引“针对第 1 款第 B 项和第 I 点第三段规定的特定期限内完成的交易，成员国破产法规定无效的，依照成员国的国内法处理”。

关于破产程序启动的效果，第 9 条第 1 款规定，破产程序不具有溯及效力，由此导致的结果是，基于第 3 款的规定，似乎可以将第 1 款解释为一种免除的情形，即免受各国法律关于担保设立的破产撤销之诉。

第 9 条还规定，即使在启动破产程序之前的可疑期内发生了补充担保或置换担保的情形，那么补充担保和置换担保应被认为有效。该规定涉及的问题，意大利的法律制度中已经予以解决。

从上述对指引的分析可以看出，上述旨在建立统一的欧洲动产担保体系的过程，其最重要的特征似乎在于：一方面，表现为前文所述的对“融资担保”合同的“宽泛”界定；另一方面，表现为采纳了功能主义担保的理论。[34] 从功能主义视角定义物的担保，这在 2002/47/CE 号指引中尤为明显，该指引第 2 条第 2 款引入了功能等效原则，即移转对担保财产的占有和通过其他方式限制担保人对担保财产的处分权，两种方式具有相同的功效。

根据指引的规定，“本指引中提及的‘提供’的担保或‘提供’融资担保，均应理解为已经完成了与融资担保有关的交付、转让、持有、登记，或其他使担保财产处于担保权人或其指定的人的占有或控制之下的方式”。该表述清楚地表明了立法者的选择，即对转移占有应从其所起到的功能来评估，基于移转占有来限制债务人对担保财产的处分。

34 参见 E. Gabrielli, *Il pegno "anomalo"*, 74 ss.; Id., *Sulle garanzie rotative*, 13。

四、意大利 2004 年 5 月 21 日 第 170 号立法性政令

意大利于 2004 年 5 月 21 日颁布的第 170 号立法性政令，将 2002/47/CE 号指引的内容引入意大利的法律制度体系，其主要的目的也是保护市场交易的确定性，使其免受市场交易固有的“系统风险”。除此之外，第 170 号立法性政令还在动产担保的设立方面赋予当事人极大程度的意思自治。

在这个意义上，似乎立法性政令也明显表露出对动产担保领域意思自治的偏爱。[35]

第 170 号立法性政令，为了实现其所追求的对融资担保体系进行简化的目标，引入了融资担保的新的定义，即“以金融资产为标的物并旨在确保履行融资性债务的任何其他物的担保合同”。

尽管上述规定仅限于融资担保领域，但似乎表明立法者已经为动产担保领域的意思自治打开了一扇新的大门，即法律主体可以在现有法律规定的担保形式之外为融资性债务创设新的担保形式。因为立法者在法律规定中，在“融资担保合同”一词之侧，还明确使用了“提供担保”（prestazione di garanzia）的表述。

第 170 号立法性政令引入了非常重要的法律创新，这些创新一

35　参见 E. Gabrielli, *Garanzia e garanzie reali*, Ⅱ, 1022 ss.; Id., *Studi sulle garanzie reali*, Torino, 2015。

方面导致一系列法律规定[36]被废止，另一方面又通过新的规定对四个主要的方面做了变革，它们分别是：担保设立的要件、担保的功能，担保的实现以及破产领域的改革（无力清偿的程序、清算程序、重整程序）[37]，也即担保的流转和对抗效力方面。

关于该立法性政令的适用主体范围，根据第 1 条第 D 项，要想适用第 170 号立法性政令，合同的当事人（因此包括担保人和被担保人）应符合该款规定的范围。

就客观要件而言，第 170 号立法性政令规定，融资担保合同的标的应是“金融工具”。具体而言，包括以下方面：一是“金融工具”（即 1998 年第 58 号立法性政令第 1 条第 2 款第 A—E 项所列的内容，以及意大利经济发展部在 2002 年 6 月 6 日关于 2002/47/CE 指引报告中所列举的内容）；[38]二是“现金”，即“存入账户的资金或用于返还资金的类似债权，例如货币市场上的存款”，纸币和硬币除外（参见第 1 条第 H 项）；三是与欧洲中央银行系统以及支

36 就立法性政令所产生的新效果而言，其删除了一些规定，需要指出的是，第 11 条包含了一个关于从法律体系中删除或被修改的条款清单。这个操作是必要的，一方面是为了对该领域的规定进行重新安排，另一方面也是为了与最近颁布的众多立法文本和规定相协调。比如 1998 年第 58 号立法性政令、第 213 号立法性政令以及 2001 年第 210 号立法性政令。

37 根据该立法性政令第 1 条第 R 款，“清算程序”包括“破产、强制行政清算以及任何其他旨在对公司进行清算并涉及行政或司法机关干预的措施”；根据第 S 款，“重整程序”包括“受控管理、与债权人的安排、暂停支付负债和将资产返还给法律规定的第三方以及旨在恢复公司并影响第三方权利的任何其他措施”。

38 根据 2004 年第 170 号立法性政令的法律条文，该政令似乎想要扩大可以作为融资工具的证券的种类和目录清单，同时也打开了这样一种可能，即根据特别的法律，比如 2002/47/CE 号指引规定，还可以出于规范担保合同的目的，确定其他不同的工具并将其定性为金融工具。

付和证券结算系统的功能相关的“被接受作为交易担保的资产”。

通过对第 170 号立法性政令的梳理可以发现，法律在进行规定时提及和提供的相关定义包括：“金融工具”（attività finanziarie）[39]；“融资担保合同”（contratto di garanzia finanziaria）[40]；“补充担保条款”（clausola di integrazione）[41]；“结算净额条款”（clausola di “*close-out netting*”）[42]；“置换担保条款”（clausola di sostituzione）[43]；“导致担保实现的情形条款”（evento determinante l'escussione della garanzia）[44]；“等值担保条款”（garanzia equivalente）[45]；“提供担保”

39　与欧洲中央银行交易或 2001 年第 210 号立法性政令第 1 条第 1 款第 R 项规定的系统交易有关的账户或金融工具。

40　参见第二编注释 170。

41　补充担保条款，是融资担保合同中的条款，该条款规定，在以下情形中应当在原担保的基础上提供融资担保或对原融资担保进行补充：（1）被担保的金融债务总额因市场变化而发生改变，这种改变可能是因当前市场价格变化所致，也可能是因原担保财产的价值发生变化所致；（2）如果由于第（1）项所述原因以外的其他原因导致被担保的金融债务总额被改变。

42　是指融资担保合同中的某个条款或包含财务担保内容的合同的条款，或者在没有合同情况下的某个法律规定，根据上述条款或法律规定确定的情形：（1）债权人可以立即要求债务人履行债务且转化为要求债务人支付与其估值现值相等的金额的义务，或者该义务被支付与其相等值的钱款的债务所替代，同时原债消灭；（2）由各方分别计算自己对另一方所享有的全部债权，然后双方进行清算并计算出净差额，有负债的一方向另一方给付，之后双方的法律关系将归于消灭。

43　是指融资担保合同中的某个条款，根据该条款，只要与原担保财产价值相等，可以替换全部或部分担保财产。

44　是指当事人约定的不履行或任何其他类似事件的发生，将使担保权人可以根据合同或法律规定，启动融资担保财产的执行或激活结算净额条款。

45　担保客体是货币时，此时两者应具有相同的金额和估价；当担保的客体是金融商品时，此时金融商品的发行人和债务人应相同、金融商品属于相同的发行类别或等级，且具有相同的面值、估价和属性；当融资担保合同有特别约定时，即合同约定当发生影响或可能影响作为担保财产的金融商品的价值的事件时，可以转让（担保财产）。

（prestazione della garanzia）[46]；“融资工具”（strumenti finanziari）[47]。

五、欧盟 2009/44/CE 号指引与意大利 2011 年第 48 号立法性政令

欧盟相关指引的实施生效带来了融资担保领域相关规则的统一，这一方面减轻了司法部门和与担保相关的行政部门的工作负担，同时也使担保的设立、成立、生效和实现变得更为简便。

然而从指引实施之初，债权作为担保财产在金融市场中的重要性就显现出来。这种情况导致欧洲中央银行管理委员会于 2007 年 1 月决定，在欧盟境内可以用债权设定担保，并承认其合法性。[48]

在这个意义上，欧洲议会和理事会已经评估了修改相关指引的可能性，以便将这些指引的适用范围扩展至以债权设定担保的情形。[49]

46　是指金融资产的交付、转让、登记等行为，随着该行为的完成，金融资产本身由担保的受益人或代表其行事的人占有或控制；在债权质押或债权让与的情况下，是指将设立债权质押或债权让与事项通知债务人，或获得债务人的同意。

47　法律规定的金融工具，以及意大利经济发展部根据意大利中央银行和国家公司委员会与证券交易所的提议，在 2002 年 6 月 6 日关于 2002/47/CE 指引报告中所列举的内容。

48　参见 2008 年 4 月 23 日欧盟理事会和欧盟委员会关于修改 98/26/CE 号指引和 2002/47/CE 号指引的报告。

49　欧盟立法者似乎想要通过此次修改达到以下多个效果：首先是在操作层面，放宽某些与动产信贷有关的形式要件（比如首先通知和办理登记），允许债务人可以放弃某些权利（比如对债权人的抵销权，又如放弃银行保密规则，该规则会妨碍担保债权人获得足够的信息来充分评估相关债权的价值）；其次是在经济影响层面，欧盟的这种干预可以提高金融交易中担保的流动性。（转下页）

基于上述目的，2008 年 4 月提出了一个关于修改 98/26/CE 号指引和 2002/47/CE 号指引的提案。

2009 年 5 月 6 日批准通过了新的欧盟指引，即 2009/44/CE 号指引——该指引不仅修改了 98/26/CE 号指引的部分内容，也对 2002/47/CE 号指引做了部分修改。

新的指引增加和引入了一系列与担保更直接相关的新规定，而其优先的目标是要将债权列入担保财产的范畴，承认为担保融资之债而在债权上设定的担保的效力。

如前所述，指引的目标是通过简化担保设立的过程（为代价），以强化欧洲金融市场一体性、提高市场效率、优化市场参与主体的权利确定性和减少市场风险。

欧洲议会和欧盟理事会曾努力创建了一个统一的欧共体法律框架，以保证结算指令和净额结算*的最终性质，以及融资担保在国

（接上页）在实体层面，鉴于目前欧盟各成员国在债权担保方面所适用的模式和法律技术各不相同，这与制定关于证券和现金的融资担保指引之前的情况一样，在欧元体系内的统一化，目前仍面临较大的障碍。但是，将欧盟关于融资担保的指引扩大适用于以债权设立的担保，能够创设一种更加公平的竞争环境，也能够为所有欧盟市场的参与者创造一种处分债权的更好的环境，这也有利于消费者 / 债务人。

此外，随着市场的发展，不同国家之间系统之间的连接数量出现了爆炸式增长，这是在颁布两个指引时所未曾预见到的。

最后，2006 年 11 月通过的旨在提高欧洲清算和结算系统的效率的基础设施服务提供商行为准则，也加强了这一趋势。

* 净额结算，是指在进行双方或多方的资金转账前，先对各方账户上的余额进行相互冲减，之后才转移剩余资金金额的结算方式。比如在银行之间，在净额结算的情况下，银行把与每笔支付有关的信息传送到清算所，参加清算所的所有银行，在发生支付义务的时候，并不立即通过银行间资金转账结算每一笔支付，而是在约定的时期（称作清算周期）内让债权和债务累积起来，然后使某些往来支付相互抵销。在清算周期期末的指定结算时间，银行只须把支付净额转给清算所。（转下页）

内外市场参与者的效力。但当上述指引在欧盟成员国生效几年后，在支付系统和证券结算系统的结算中，欧盟立法者认为有必要对98/26 /CE 号指引以及 2002/47 / CE 号指引进行进一步澄清和简化。

对此，可以参考欧盟委员会关于 98/26/CE 号指引的运行报告。该报告指出，总体上 98/26/CE 号指引已经产生了效果，并且正在发挥正确的作用，但是由于金融市场运作中发生的变化，也由于引入了 2004/39/CE 号指引（该指引与金融工具市场有关）以及其他指引，在支付和证券结算系统部门，在跨国系统之间完成的交易越来越多，因此有必要进行一定的修改和增加新的规定。[50]

事实上，该项指引旨在为跨境使用融资担保建立一个统一的共同体法律框架，实际上废除了传统法律对担保施加的大部分形式要求。

另一方面，立法者指出，欧洲央行决定自 2007 年 1 月 1 日起，将债权引入担保并承认其可以作为适格的担保财产。因此，欧洲央行实际上已经建议扩大 2002/47/CE 号指引的适用范围。

（接上页）净额结算分为双边净额结算和多边净额结算。如中国证券登记结算公司公布的《关于调整公司债券结算业务有关事项的通知》，对符合条件的公司债券提供净额担保结算服务。在金融市场上其他交易中也广泛适用净额结算。——译者

50 比如，关于净额结算条款（clausola di compensazione per close-out），人们认为各成员国之间还可以在立法层面实现更好地协调，特别是不能限制该条款在担保合同领域的适用。

事实上，就抵销而言，尽管欧盟的多个指引中对其都有所提及，但几乎都未——如果有的话，那也是以打擦边球的方式触及——涉及担保合同，其更多是被视为一种执行的方式，于是就出现了期待在欧盟层面能够作出关于抵销的更加明确和统一的定义，这种干预的迹象最早出现在破产领域。

事实上，根据一些欧盟成员国的国内法，如果交易的一方破产，那么破产方对其他方的债权就不能再被抵销，这种规定会危及市场的有效性和效率，因为市场参与者会担心如果交易对手破产，他们将无法在交易中依赖受法律保护的抵销机制。

然而在这件事上所期望发生的改革，被推迟到数年后才得以实现。

对于此点，欧盟委员会 2006 年 12 月 20 日关于 2002/47 / CE 号指引的评估报告就已经面临这个问题，报告的意见与欧洲中央银行的意见一致，认为证券结算系统的进一步协调，将有助于在所有成员国的信贷机构之间创造一个公平的竞争环境。

根据委员会的报告，如果以债权设定担保变得更为简便，消费者和债务人也将受益，因为允许债权作为担保财产可能会带来更充分的市场竞争，也能为债权的利用和处分带来更好的环境。

在欧盟立法者看来，为了便利债权的利用，重要的是废除或禁止一些行政管理的相关规则。比如通知和登记义务，这些义务会使得债权的转让变得不可能。类似地，为了不损害担保债权人的地位，债务人应可以和能够放弃对债权人的抵销权。同样的原则和需要也应适用于引入债务人放弃银行保密规则的情形，因为如果不这样的话，担保债权人将没有足够的信息来充分评估相关债权的价值。

此外，欧洲议会和欧盟理事会于 2008 年 4 月 23 日所颁布的第 2008/48/CE 号指引，不受关于担保合同的新指引规定的影响。

欧盟的立法者还指出，各成员国没有使用不授予担保受益人强制执行权，因此相关条款应被废除，并进而认为应对 98/26/CE 号指引和 2002/47/CE 号指引进行修订。

关于 2002/47/CE 号指引，立法者的干预主要是两点：一是在“主体”方面进行修订，增加条款中规定的主体的类型；二是将债权增列入可以作为担保财产的范围，这点意义重大。从这个角度来看，新增的条款补充完善了之前指引中相同的内容，并且似乎是针对大规模债权转让情形而设计的，如证券化的情形。事实上，为了限制对融资担保的当事人增加的行政干预，指引明确指出，各国法律可以对该类担保施加的唯一形式要求，是要求担保财产应在被担保人或代表被担保人的第三人的控制下，但并未排除允许担保人更换担保或撤销超额担保的技术规定。指引不应禁止成员国可以规定通过列入债权清单的方式来转让债权。

沿着相同的修改思路，对第20条的修改也是采取了在原规定基础上增加有关债权的内容的方式。根据修改后的内容，该指引“不影响作为担保财产的金融工具或债权的相关合同条款的运作或效果，例如金融工具的发行条款中包含的权利、义务或其他条件，或任何其他权利、义务或其他适用于此类金融商品的发行人和持有人之间或相关债权的债务人和债权人之间的条件”。另外增加了第23项，根据新增的内容，各成员国有权通过制定规则以保障第三人尊重有关债权的融资担保合同，这种权利不受该指引的影响。

债权在指引的正式文本中被明确提及，其先是被增加在原有表述之后，被增列为融资担保合同的客体之一，后又成为法律规定的客体。

就第一部分而言，可以参考新指引第1条第4款第A项和第5款规定。这两处增加的内容的意义，远胜过单纯的增加术语性的内容，因为此处的法律条文明确规定“如果以书面形式的债权清单或以法律上等效的形式，将债权提供给担保债权人，那么足以确定作为担保的债权，以及足以证明在当事人之间存在以债权设立的融资担保法律关系”。

就第二部分而言，增加的是第1条第C项第4段。该段规定，各成员国可以选择将下列债权排除在本指引适用范围之外：一是债务人属于 2008/48/CE 号指引第 3 条规定的消费者的情形；二是债务人属于欧盟委员会 2003/361/CE 号指引附件第 1 条、第 2 条第 2 款和第 3 款所定义的微型或小型企业的情形，但如果债权人或担保人属于本指引第 1 条第 B 款第 2 段规定的企业的除外。

围绕相关概念的界定，新的指引也有一些创新，提出了一些新的概念表达。比如所谓的“通过转移证券所有权设定的融资担保合同”，该合同被定义为“一种包括回购协议在内的合同，在该合同中，担保人将担保财产的所有权和相关权利转让给担保债权人，以确保被担保的债权能够得到实现”；又如所谓的“设定物的担保的融资担保合同”，该类合同是指“担保人为担保债权能够实现而提供的融资担保，担保的方式是提供某物作为担保财产或将担保物交付给担保债权人，在担保权成立时担保人仍保留其对作为担保财产的物或权利的全部权益”；此外，指引还对“债”进行了重新定义，根据指引，债是指“根据第 2006/48/CE 号指引第 4.1 条定义的信贷机构（包括同一指引第 2 条中列出的实体）以信贷合同形式产生的金钱之债”。

除上述创新外，一个非常重要的、实质性的变更表现为第 2 条第 2 段的新表述。通过该款规定，指引明确“下列权利不影响向本指引规定的担保受益人提供的融资担保：（1）置换权；（2）担保人享有的取回超额担保的权利；（3）以债权设定担保的担保人有关收取孳息的权利”。

与客观要件的情况相同，新指引对原指引规定的形式要求也进行了修订。

第 3 条（该条的标题为形式要件）增加了第一段的内容。根据引入的新规定，“除第1条第5段规定的情形外，对于以债权作为担保财产设定的融资担保，各成员国不得要求当事人必须证明完成所谓的登记形式或通知债务人，方才承认融资担保的创设效力或有效性，或者担保成立或担保的优先权或担保的可执行性。但是，各成员国可以为了确定担保优先性或对抗第三人的效力的目的，要求当事人必须履行比如登记或通知等特定的形式。”

之后委员会向欧洲议会和欧洲理事会提交了一份报告，阐述了应维持现有规定的理由。

当指引开始生效时，人们就立刻意识到有必要将指引的规定扩展适用于债权，因为通过这种方式可以使所有成员国的信贷机构获得平等竞争的机会，并且可以实现以债权作为担保财产和标的的跨境交易。

此外显而易见的是，为了使证券交易也能够受到融资担保规则的制约，这种引入同样是必要的。

基于这种考虑，指引的第3条引入新的第三段内容，根据新的内容，“除93/13/CE号指引的内容外，各成员国应确保债务人可以通过书面形式或其他法律规定的形式合法有效地放弃以下权利：针对债权人的抵销权；当债权人将其债权转让或质押或以其他方式设定担保时，针对债权受让人或质押权人或担保权人的抵销权；源自银行保密规则的权利，这些权利将阻止或限制债权人提供有关债权或债务人的信息，进而妨碍债权人将债权用作担保财产的能力”。

如前所述，欧盟的立法者将融资担保规则扩展适用于债权，其目的还包括为消费者（他们同时也是债务人）获得信贷提供便利。

特别值得一提的创新是修改了所谓的担保的强制没收权（diritto di appropriazione della garanzia）。

修改前的指引第4条规定，各成员国有权不承认或不授予担保权人的担保强制没收权——根据这种权利，当担保实现的条件满足时，担保权人可以将担保财产作为自己的财产进行没收和保管，而不是将担保财产进行变卖。但是没有任何成员国行使该权利（即不承认强制没收权）。新指引废除了该规则，同时对其进行了修订。

在保留其他规则的同时，指引还通过第5条规定引入了其他的重要创新，即所谓的对担保的用益权（diritto di utilizzazione della garanzia）。这指的是，担保权人有权通过转让所有权或转让担保的物权的方式，将担保转让给第三人。

事实上，如今的第5条，一方面保留了原指引的完整表述，另一方面明确将债权排除出该条的适用范围。

在引入欧盟指引时，意大利立法者通过2014年3月24日颁布的第48号立法性政令，对指引的内容做了多处修改。[51]

从法律体系的视角来看，上述修改中最重要的是将债权引入融资担保的客体范围，使其可以成为担保合同的标的。

至于债权，则被定义为“根据2006/48/CE号指引第4.1点规定，与信贷机构通过借贷合同所形成的金钱之债”。

根据2006/48/CE号指引，信贷机构是指以下情形：一是从事从公众收取存款或其他应偿还资金并以自己的账户发放贷款业务的企业；二是2000/46/CE号指引所规定的电子货币机构。基于上述

51 具体修改内容参见2011年第48号立法性政令第2条。根据该条规定，2004年第170号立法性政令被修改的内容包括：第1条第C款、第D款、第Q款；第2条第1款、第2款；第3条；第5条和第10条。

规定，一方面应当认为，根据指引的规定，由意大利中央银行、意大利邮政、意大利国有银行（Cassa Depositi e Prestiti）发放的贷款也属于上述债权的范畴；另一方面应当认为，融资担保合同主体的范围被扩大了。

与此同时，根据意大利 2014 年 3 月 24 日颁布的第 48 号立法性政令，该政令不适用于债务人是 2008/48/CE 号指引规定的消费者的情形，但“债权的担保权人或担保人属于本政令第 1 条第 1 款第 D 项第 2 段规定的机构除外”。

基于上述规则的引入，意大利的立法者为其量身制定了一个特别的规则，一方面规定以债权设定担保所要满足的要件，另一方面规定这类担保对抗第三人所要满足的条件。

意大利 2014 年第 48 号立法性政令除了接受欧盟指引的规定内容外，还在第 2 条规定，以债权为担保财产设定融资担保的，担保合同应采取书面形式，并且提供担保时应提交书面形式的证明，该书面形式的证明应载明担保设立的具体日期以及作为担保财产的金融资产，至于向担保权人交付担保财产（即债权），“向担保权人交付包含了用于担保的债权的书面文件”即可，因为这“足以证明当事人之间完成了融资担保财产（即用于担保的债权）的提供行为”。

意大利 2014 年第 48 号立法性政令第 3 条对债权融资担保的效力做了规定，根据该条，“符合本政令第 2 条要求的担保在融资担保合同当事人之间合法有效”；但是如果要使担保具有对抗第三人的效力，还应“根据民法典的规定通知债务人或取得债务人的同意”。

六、融资担保合同的类别

就体系重构而言，通过对意大利本国制定法的分析，似乎可以看出，意大利的立法者在界定“融资担保合同”时是通过担保所涉及的功能层面来对其进行归类。

为了实现这一目的，其采取的是种属的立法技术，也即将其归入其所属于的合同类群。

就性质而言，“类别”（categoria）和“种类”（tipo）分别作用于不同的操作层面，“类别”是针对具有相同的功能的多种合同——按照种类划分，这些合同属于不同的种类——的统一。就融资担保合同而言，是为了满足融资交易的安全性和保障性的需要，也即为了预防将来可能出现的无法清偿债务而产生的负面影响。

事实上，立法者所指的“融资担保合同”涵盖了多种合同种类，这些合同相距遥远且并不相同，它们唯一的共同点在于，无论其具体的法律构造如何，它们的功能都在于起到动产担保的作用。

因此，这种类型化是基于合同所追求的相同功能而展开，它包括多个种类和子类的合同，这些不同种类的合同包含明显不同的形式结构，但具有统一的基础。即无论各个合同表现为何种形式结构，它们所追求的功能都相同。

上述情况表明，融资担保合同的类别与作为种类分类依据的形式结构无关，因为其分类时考虑的是经济活动的交易结构以及具体的目的，与法律为了实现担保功能而事先筛选的具体的担保种类无关。[52]

基于上述体系化构建的基本框架，在确定是否属于融资担保合同和是否能够适用相关规定时，应考虑的主要因素包括三个，分别是当事人的性质、合同的标的以及合同的原因。

首先，融资担保合同的主体具有特定性，合同的当事人应属于下列情形：一是属于2004年第170号立法性政令第1条第1款第D项中第1—4段列举的机构，比如公共机构、中央银行、金融机构等；二是一方当事人为法人或非法人组织，即不能是自然人，[53]此时不包括消费者的情形，但第2条-Ⅱ列举的情形除外。

其次，融资担保合同的标的具有特别性。具体而言，融资担保合同的标的物应为金融资产，即合同标的应是“金钱、金融商品、

52 参见 E. Gabrielli, *"Operazione economica" e teoria del contratto*, Milano, 2013, 134。

53 坎迪安（Candian）对此持不同意见，他认为该规定同样可以适用于个体企业主，但不能适用于那些未被第36条规定社会团体。具体参见 A. Candian, *Garanzie finanziarie (dir. comunit.)*, in *Enc. dir. annali*, Ⅱ, 2, Milano, 2008, 611。

选择将自然人排除在该规则适用范围之外，表明了融资担保的特殊性，特别是这类合同可能会导致合同双方当事人缔约能力的失衡；这种失衡可能会导致一方滥用权利，而这种风险显然是立法者极力避免的。即立法者的假设是，这类主体与市场上的机构相比，其处于明显的“弱势”地位。

从本质上讲，这种立法选择的逻辑，与不把——与公司签订的合同中——对消费者保护规则扩展适用于法人的逻辑相同，因为根据已经指出的内容，相较于个人而言，法人机构的行为具有明显的组织性。对此，参见 E. Gabrielli, *Sulla nozione di consumatore*, in *Riv. trim. dir. e proc. civ.*, 2003, 1149 ss.; Id., *Il consumatore e il professionista*, in E. Gabrielli e E. Minervini (a cura di), *I contratti dei consumatori*, Ⅰ, in *Trattato dei contratti*, diretto da P. Rescigno e E. Gabrielli, Torino, 2005, 5 ss. (ora anche in Id., *Contratto e contratti. Scritti*, Torino, 2011, 425 ss.); A. Fici, *Clausole vessatorie nel contratto tra professionista e consumatore* (*sub* art. 33, d.lgs. n. 206/2005), in E. Navarretta e A. Orestano (a cura di), *Dei contratti in generale*, vol. Ⅳ, in *Commentario del codice civile*, diretto da E. Gabrielli, Torino, 2011, 773 ss.。

债权、与欧洲中央银行有关的市场交易、2001年第210号立法性政令第1条第1款第R项所列的情形，以及为上述交易提供并被接受的担保财产”（意大利2004年第170号立法性政令第1条第1款第C项）。

最后，融资担保合同担保的必须是金融债务的履行，即“无论是附条件的还是将来的债务，这种债务以支付一定钱款或交付金融商品为内容，包括债务人之外的人提供担保的情形”[54]（意大利2004年第170号立法性政令第1条第1款第O项）。

由上可见，在融资担保合同的定义中，其特别提及了担保原因这一要素，而这一要素可以将多种典型合同或非典型合同聚合起来，而不考虑各种合同特有的形式构造。

如此一来，在意大利的法律体系中引入了一种具有广泛内涵的担保概念，这个概念的特征是强调功能（profile funzionale）而不是形式结构（struttura formale）。

现代担保法进一步确认了这样一种观念，即根据交易者所追求的实质利益，担保功能——其支配统一的经济活动——可以在多个方向上发挥作用，并且可以通过多种——法律规定的形式结构不同——但具有相同功能诉求的担保类型实现。[55]

立法者提供的关于融资担保合同的概念，以及2004年第170号立法性政令第6条规定——该条规定，如果融资担保合同规定了

54　根据第T款，金融工具是指“第1条第2款第A—E项规定的金融工具和关于融资的单一法律规定的金融工具，以及意大利经济发展部根据意大利中央银行和国家公司委员会和证券交易所的提议，在2002年6月6日关于2002/47/CE号指引报告中所列举的内容”。

55　参见E. Gabrielli, *Il pegno “anomalo”*, 74 ss.。

通过转移所有权来实现担保功能，包括了回购协议条款，该约定合法有效，应按照约定的条款内容确定其约束力，无需考虑其类型——都提出了一个具有深远影响的融资担保概念。

事实上，立法者在表述时不仅指向传统的物的担保类型，而且指向“任何以金融资产为客体而设立的物的担保合同”。对于后者而言，只要其担保的是融资性债务即可，至于其是否与法律规定的担保原因名称相同则无关紧要。

如此一来，在法律体系层面，立法者在保留传统的质押之外，又引入了新的制度，这种新的担保类型可以是任何“以金融资产为客体而设立的物的担保合同”（即出质人以物的担保的名义为受益人设立融资担保，此时出质人在设立质押的同时仍保留质物的所有权），也可以是以担保名义转让所有权的合同（比如出质人将质物的所有权转让给质押权人，以保证担保的金融债务将来能够得到实现）。

事实上，2004 年第 170 号立法性政令第 6 条就已经明确规定了让与担保的合法性，并承认其效力，该条规定“如果融资担保合同规定了通过转移所有权来实现担保功能，包括回购协议条款，该约定合法有效，应按照约定的条款内容确定其约束力”。

需要注意的是，对于回购协议条款，不适用《民法典》第 2744 条规定的内容。

对于让与担保——此类担保中既可以通过转让债权，也可以通过转让担保财产的所有权——则适用第 5 条第 2—4 款。

一个重大的创新是关于流押条款，即在此类担保中不适用流押条款的规定。这一创新，似乎一方面颠覆了流押条款制度的历史传统，但从另一方面来看，似乎这种规定又具有其正当性。特别是从欧盟和意大利立法者的角度来看，不可否认存在着保护债务人及其第三方债权人的需要，但这种需要可以由其他条款来予以保障，以实现利益的平衡。比如，法律规定，无论是担保的设立还是担保的实现，所有权的转移必须且只能基于合同当事人——这里的当事人应满足立法性政令第 1 条第 D 款的规定，且不能是自然人——的自愿。因此，在双方的交易和谈判中，任何一方当事人都不会处于弱势地位。如果平衡被打破或违反了上述要求，此时应通过第 8 条规定的“实现条件”来对情况进行评估，同时应适用“合理”原则和合理标准（principio e del criterio della “ragionevolezza”），以通过后续评估来重新判断担保财产是否存在超过担保债权的价值。

等效担保原则——建立等效担保的情况下，后提供的担保并非新的担保——以及可以将该义务约定为净额结算条款的内容，这两点也适用于让与担保的情形（无论让与的是债权还是所有权）。

此外，立法性政令还规定，担保如果要取得对抗第三人的效力，无论是担保合同本身，还是担保财产的提供，都需要提供书面形式的证明，对此应理解为，也可以采取“电子形式或有关法律规定的任何其他可以长期保存的形式”[56]。

相关的书面证明——除了前述以债权设定担保的情形外——应能

56 对于担保资产的提供，根据 2004 年第 170 号立法性政令第 1 条，是指金融资产的交付、转让、登记等行为，随着该行为的完成，金融资产本身由担保的受益人或代表其行事的人占有或控制；在债权质押或债权让与的情况下，是指将设立债权质押或债权让与事项通知债务人，或获得债务人的同意。这意味着，根据该政令第 2 条第 2 款规定，此处书面形式的证明，对此应理解为，也可以采取电子形式或有关法律规定的任何其他可以长期保存的形式。

够确定担保设立的具体日期以及作为担保财产的金融资产。对此，只需根据第 83 条–Ⅱ和 1998 年第 213 号法令的规定在金融中介机构的账户处办理金融资产的登记，并在相关现金账户上注明即可。[57]

值得一提的是旨在对担保物的交付模式进行简化的规定（2002/47/CE 号指引已经有规定，[58] 意大利 2004 年第 170 号立法性政令第 3 条也有规定）。根据该规定，“就本立法性政令所规定的被担保人的权利以及被担保人对抗第三人的权利，只需满足第 2 条规定的条件即可，除此之外无需其他条件，即便现行法律有其他的规定”。

上述规定重申了第 2 条的内容，这意味着融资担保合同的订立被显著的简化，也意味着应适用 1998 年 6 月 24 日公布的第 213 号法律政令中的相关规定，包括在登记簿中进行登记注册的机制、在当事人指定的账户中进行备注的要求，以及在中介机构持有的账簿中就电子金融资产进行登记注册的规定。对于这种机制，从第一眼看去，似乎突破了《民法典》中关于对抗第三人效力的要件要求，特别是《民法典》中有关设立时需要载明具体日期的书面文件的要求，因为第 2 条非常明确地指出，为了具有对抗第三人的效力，仅

---

57 以金融资产设定的担保，根据 2002/47/CE 号指引第 2 条第 H 款，相关账户是指由担保受益人保存的登记簿或账户，其中以书面形式登记向担保受益人提供金融工具担保的记录。

58 欧盟 2002/47/CE 号指引规定，欧盟各成员国不得规定“融资担保合同的设立、成立、效力、生效或融资担保的提供必须……符合特定的形式”，结合该指引第 10 点立法理由所列的清单，特定的形式应包括以下情形：符合特定形式要求的文件或以特定形式制定的文件；在官方或公共机构登记或在公共登记簿中登记；在报纸或期刊或官方登记簿或出版物中或以任何其他方式发布公告；通知公职人员；出示特定形式的证据以证明合同或金融资产的日期、被担保债权的金额或其他方面。

需满足第 213 号法律政令的要求即可，无需具备“额外条件”。

由此，是否需要满足具有确定日期的条件这一问题，可以通过关于担保的证明的相关规定予以解决，因为前述立法性政令第 2 条 B 款明确规定：“证明应能够确定设立日期以及作为担保财产的金融资产。”

七、特别的担保权利：处分担保财产的权利

在担保的形式构造方面，立法性政令第 5 条一方面扩大担保内容的特征以及受担保债权人在法律规则方面的权力范围，另一方面引入了担保的使用权原则（principio del “diritto di uso” della garanzia）。

立法者通过这种方式事实上采纳了理论界的相关建议。长期以来，理论界都致力于探索在保留物的担保效力的同时，挖掘可以利用担保财产进行生产经营活动的可能，这是一种旨在对动产担保体系进行现代化改造的演化路径之一。

在这个意义上，第 5 条规定，“质押权人可以根据当事人在融资担保合同中的约定，通过包括转让等方式处分被质押的金融资产”。

事实上，立法者在《民法典》中已经规定了质押权人对质押财产的使用权，即质押债权人在“获得质押人同意”的情况下（《意大利民法典》第 2792 条）可以使用质押财产，立法性政令的规定只是将《民法典》规定的这一原则进行了扩展而已：一方面，立法性政令规定“处分”（disporre）金融资产也可以通过转让的方式（anche mediante alienazione）——这与欧盟指引的规定一致；另一方面，在规定使用权（更准确地是将其理解为用益权）时增加了下

列表述，即“转让融资担保的权利……就像自己的财产一样”。

立法性政令第 5 条第 2 款规定，“质押债权人行使第 1 款规定的处分权的，有义务在‘被担保的债务’到期之前恢复（ricostituire）担保以置换原担保，即置换的担保应与原担保具有相等价值”。为了解决人们的忧虑，第 3 款规定：“质押权人对担保的恢复性重构，不构成新的担保，而被视为自原担保提供之日起设立。”

上述原则——建立等效担保的情况下，后提供的担保并非新的担保——以及可以将该义务约定为净额结算条款的内容，这两点也适用于让与担保的情形（无论让与的是债权还是所有权）。

通过规定不是“设立新的担保”的方式，立法性政令再次确认了流动担保在意大利担保法律体系中的合法性和有效性。因为根据该规定，只要置换的担保（也即重构的担保）是“等值担保”[59]，那

59　为了能够使担保权人更好地利用融资担保，该条最后还规定，如果在质押权人恢复担保前发生了担保实现的条件，对于此种情形，当事人可以将质押权人的恢复担保义务列入“结算净额条款”的适用范围。

净额结算实际上是一种抵销机制，只是根据这一机制，融资担保项下合同双方本来的债务履行期限被“归零”，并且双方互负的债务变成立即应付的义务。此时，根据情形，可能是一方向另一方支付一笔与估算现值相等的金额，也可能是由各方分别计算自己对另一方所享有的全部债权，然后双方进行清算并计算出净差额，有负债的一方向另一方给付，之后双方的法律关系将归于消灭。

此外，该条款所具有的特点，同样是回购协议或让与担保等其他担保合同的运行要素，是一种用于担保合同的特别的净额结算形式。在此基础上，当担保实现事件发生时，将根据该条款产生抵销的效果。

如果双方未约定“结算净额条款”，则“质押权人应根据本政令第 4 条规定实现担保债权”。

该立法性政令第 7 条重申了欧盟指引的规定，该条规定：“净额结算条款合法有效，并根据其约定产生法律上的约束力，即使在针对其中一方启动重组或清算程序的情况下也不例外。”可见，该条完全承认“净额结算条款”在破产程序或重整程序启动中的效力。

么担保财产置换后仍将维持原担保的效力。事实上，立法性政令第 1 条第 L 款规定："担保客体是货币的，此时两者应具有相同的金额和估价；当担保的客体是金融商品时，此时金融商品的发行人和债务人应相同、金融商品属于相同的发行类别或等级，且具有相同的面值、估价和属性；当融资担保合同有特别约定时，即合同约定当发生影响或可能影响作为担保财产的金融商品的价值的事件时，可以提供的其他（担保财产）。"

对流动担保的承认，还表现在法律文本中有关概念、定义中。比如除了之前提及的"置换条款"外，法律还对"补充条款"（第 1 条第 e 款）（clausola di integrazione）、"等值担保条款"（la clausola di garanzia equivalente）做了规定。

就等值担保条款而言，尽管——从狭义的角度来看——其并非是针对流动担保的功能和运作而设计，然而它们表明在融资担保制度构建方面的稳定发展的立法趋势，即赋予融资担保最大程度的灵活性和弹性。

此外，如前所述，第 170 号立法性政令第 5 条赋予质押权人处分质押财产的权利，这不仅是对流动担保的立法承认，更是在体系上的认可。

质押债权人行使第 1 款规定的处分权的，有义务在"被担保的债务"到期之前恢复（ricostituire）担保以置换原担保。

质押权人通过等值担保恢复的担保不构成新的担保，而被视为自原担保提供之日起设立。

为了能够使担保权人更好地利用融资担保，第 5 条最后还规定，如果在质押权人恢复担保前发生了担保实现的条件，对于此种情形，当事人可以将质押权人的恢复担保义务列入“结算净额条款”的适用范围，如果双方未约定“结算净额条款”，则“质押权人应根据本政令第4条规定实现担保债权”。

但是根据2011年3月24日颁布的第48号立法性政令引入的新规定，即第5条第4款-Ⅱ，如果质押财产是债权，则质押权人无权处分被质押的债权。

八、续论（一）：担保实现

根据2004年5月24日颁发的第170号立法性政令第4条规定，质押债权人有权采用比民法典规定的方式更迅捷、更简便的方式强制执行担保财产（escutere di garanzia），因为就实现担保权这一特定事件而言，其“有权按照合同约定的方式开展以下活动，即便在重整（risanamento）或清算程序中也不例外：（a）出售被质押的金融资产，并从中扣除与其债权相对应的部分，直至被担保的债权全部实现；（b）如果金融资产为现金之外的其他财产，且融资担保合同中明确约定了没收（appropriazione）金融资产的权利以及对金融资产的评估标准，那么可以在被担保债权的范围内，将被质押的金融资产占为己有；[60]（c）为消灭债务的目的而将用于担保的钱款用于抵充债务”。

在前述情形中，质押债权人——如果我们沿着指引规定的路

60 就“没收”（appropriazione）这种方式而言，根据指引规定的退出条款（第4条第二段和第三段），各成员国有权自主决定是否将这种特殊的执行和实现方式引入国内法，但意大利立法者并未启动和激活该退出条款。

径，该指引既未规定关于意图通过强制执行手段实现质押的前置义务，也未规定强制执行必须采取的方式。比如公开拍卖或其他形式。最后，也未规定必须在等待一段时间之后才能实施相应的执行措施——的义务仅限于事后的通知。即在担保实现后，应“立即将采取的执行措施和所获得的金额以书面形式通知担保人，或通知负责重整或清算程序的机关，并同时退还多出的余额”。

如此一来，上述规则的正当性基础将取决于适用“合理性”（ragionevolezza）标准，而这也是实现担保的指导原则，对此 2004 年第 170 号政令第 8 条规定：“金融资产的实现条件以及该金融资产和担保金融债务的评估标准，必须符合商业上的合理性标准。此处的合理性是指合同中有关实现条件以及评估标准的约定，是否符合意大利中央银行和意大利金融市场监管局根据国际惯例起草的担保条款的范式。”由此导致的结果是，如果“有关金融资产的实现条件约定违反了商业合理性时，只要当事人之间尚未事先达成协议，那么可以在本政令第 4 条第 2 款规定的通知之日起三个月内提起诉讼，以重新确定按照同一规定应支付的数额”。

如果在此过程中启动了破产程序，根据该政令第 5 条第 3 款规定：“如果从商业角度看，当事人之间确定的金融资产的实现条件以及金融资产和金融债务的评估标准不合理，只要上述确定程序是在清算程序开始前一年内发生的，那么清算组织自清算程序开始之日起六个月内，可以出于本条第 2 款规定的目的提起诉讼。”

在我们的法律体系中引入合理性标准（这是典型的普通法的做法）——这已被规定在立法性政令第 4 条第 6 段中，根据该处规定，与执行担保有关的规定“不影响根据国家法律确定的义务，即在确定执行金融资产的实现条件时，或对融资担保进行评估时，以及在计算融资担保债务时，应按照商业合理性标准”——是一次创新，因为通过它似乎想引入另一个一般性条款，而该条款的规则性内容，则需通过解释予以明确，特别是在具体案件中由司法机关（giurisprudenza）通过确定融资担保实现的条件来解释和明确。

在这个意义上，不难预见的是，合同法和债法体系中的一般条款，如诚实信用原则和公平原则（correttezza），将构成对该标准的补充。此外，对于评估该标准所涉及的合理性的参考要素，政令第8条第2款提供了一些指引，事实上该款规定："此处的合理性是指合同中有关实现条件以及评估标准的约定，是否符合意大利中央银行和意大利金融市场监管局根据国际惯例起草的担保条款的范式。"

需要注意的是，合理性标准不仅用于担保实现条件的经济评估，而且也适用于融资担保财产变现的形式和标准的程序性评估。

如果"有关金融资产实现条件的约定违反了商业合理性时，只要当事人之间尚未事先达成协议，那么可以在本政令第4条第2款规定的通知之日起三个月内提起诉讼，以重新确定按照同一规定应支付的数额"（第8条第2款）。

经济不合理之诉，尽管是对金融资产实现条件定义的重复，但却反映了立法背后的深层考虑，即必须保证交易稳定和安全（stabilità e certezza）。因此，不能通过诉讼来对该政令第4条规定的欠款数额重新确定的前提条件是，当事人之间事先围绕"金融资产的实现条件以及对金融资产的评估标准"达成了协议，因为此时该协议表明双方当事人对担保价值达成了一致意见。

此外还应注意的是，法律赋予了破产程序中相关机构提起"经济不合理之诉”的资格，这种诉讼属于对破产财产的重组之诉（azione di ricostituzione del patrimonio concorsuale.），因为这种诉讼的效果是为了实现广大债权人的利益。

事实上，如果对金融资产的变现根据商业层面的标准是“不合理”的，那么这种“不合理”背后很可能隐藏着针对破产债权人的欺诈行为——在这个意义上，破产程序中相关机构提起的“经济不合理之诉”显然是为恢复相应破产财产而诉，目的在于维护破产债权人的利益。

九、续论（二）：担保的对抗效力及债权人之间的权利冲突

融资担保关于《破产法》的规定，为担保在破产情况下享有实质性豁免提供了依据，在某些交易中不受破产的影响。

事实上，第 9 条起到了保障融资交易稳定性和确定性的作用，使担保合同免于因某些条款而被宣告不具有效力或失去效力甚至沦为破产撤销之诉的对象——这些情况都可能会导致担保无法实现。

立法性政令，一方面规定《破产法》的某些规则不适用于融资担保，另一方面规定应使用欧盟指引确定的一般原则。如此一来，在立法层面重申了关于流动担保的理论建构，承认了习惯法（diritto della prassi）中关于保护融资担保的法律技术。

沿着这一路径，基于欧盟指引确定的基本原则——即便针对担保人或担保权人启动了清算程序或重组措施，融资担保合同仍依照该合同规定的内容发生效力——同时根据第 9 条第 1 款规定，融资

担保合同不会因某个特定时间发生的客观性事由（ragioni di natura oggettiva）而自动无效或失去效力。

事实上，根据第1条第N款规定的破产程序启动时间，与意大利2001年第210号立法性政令第3条第1—3款规定的暂停支付负债或向第三方返还资产的效力发生的日期和时间相一致。[61]

对融资担保合同或担保的设立，是否能够产生破产效力或破产程序的影响，有一个时间节点，至于该时间节点的确定，则应根据2004年第170号立法性政令第1条第N款和第8条、2001年第210号立法性政令第3条第1—3款综合确定。

事实上，第9条想要避免的是这样一种情形，即仅仅因为清算程序或/和重整程序或破产程序启动的时间是早于融资担保合同的设立——或与融资担保合同的设立时间相同——这一客观事实，就可以“自动”导致融资担保合同失去效力；因为当融资担保是在破产程序启动后设立时，融资担保合同的相对人可能完全不知道与破产相关的信息。

上述规定的作用在于阻却所谓的“零点规则”的适用。根据“零点规则”，破产宣告具有追溯效力，即从破产宣告之日的零时起开始生效。基于放弃“零点规则”进而消除破产宣告的追溯效力，意味着《破产法》第44条等规定不能适用于那些并非在破产宣告

61 如果是根据《关于银行的单一法律》或《关于融资的单一法》而启动的行政强制清算，则暂停的效力是“自清算人就任之日起产生，且在任何情况下都从命令清算的规定之日起的第三天起产生。意大利中央银行根据《关于银行的单一法律》第85条所述的会议记录确定清算人的成立时间”；但如果破产是“根据法院作出的判决启动的，有关效力是从宣告判决的那一刻起产生的，为此目的必须由书记官在底部证明，并注明小时和分钟”。

后设立的担保。

豁免规则旨在保护全球化金融市场背景下相关交易和抵押担保的稳定性，特别是在如今交易全球化的背景下，交易者不可能了解市场上参与交易的企业的全部经营情况（这与破产法制定时的旧经济体系不同）。

无论如何，第 9 条规定——正是因为该条旨在避免融资担保合同仅因某个客观情况的存在而失去效力——将规制的重点转移至担保受益人的主观状态，即针对那些想要挽救融资担保合同效力的担保受益人，允许其通过举证证明的方式来获得免受破产影响的效果，这不同于当前法律关于破产撤销之诉和《破产法》第 44 条中有关被告的事由。

如果担保权人是在破产程序开始的同时或破产程序开始后设立的融资担保或取得了担保权，其除了可以通过证明不知道破产的情况来获得免责，也可以通过证明“不应当知道破产程序的启动”来获得免责。

与之相关的一个重要问题是，如何证明不可能知道（impossibilià di conoscere）破产程序的启动，包括如何证明和证明到何种程度，因为基于此处讨论的问题，似乎不能适用推定规则——该规则目前在司法领域常被用于讨论知道（conoscenza）和可知性（conoscibilità）两个概念的辩证关系。

事实上，确定破产程序启动所产生的实质性和程序性效果的生效时间，对于置换担保和补充担保的可撤销性问题也具有重要意义。

对于该问题，应当指出的是，对破产法领域影响最大的干预措施之一是基于第 9 条第 2 款而作出的修订，该款规定是关于破产撤销之诉针对置换担保和补充担保的可撤销性，或者更确切地说是不可撤销性的规定。

在理解处分行为的不可撤销性时，应结合前文所述第 5 条第 2 款和第 3 款规定进行理解。根据第 5 条第 2 款，质押权人有义务在“被担保的债务”到期之前恢复担保以置换原担保，即置换的担保应与原担保具有相等价值”；第 3 款规定：“质押权人对担保的恢复性重构，不构成新的担保，而被视为自原担保提供之日起设立。”

该规定的第一部分还规定，可撤销规定也适用于那些与质押具有等效担保的法定担保类型，即便它们不同于质押或相互之间也不相同，比如债权转让、让与担保和“提供保证”。

尽管上述融资担保的规定仍存在诸多限制，但即便如此，该条规定也表明质押似乎已变成其他不同种类典型担保的“抽象性规定”。

如前所述，流动担保已经获得了“法定类型”（tipicità legale）的属性，第 B 款更强化了这一属性，该款规定在评估的两个层面进一步扩大诉讼的范围。

首先，该款在法律层面明确了客体的范围（根据规定，现在可以用作担保财产的不再限于 1998 年第 213 号立法性政令规定的电子形式的债券和国债，而是任何金融商品）；其次，凡是符合本立法性政令规定的“担保”（collateral）定义的任何种类的担保，都可以适用本规定；最后，就担保的效力和功能而言，其对破产撤销这一更重要的问题作了更多规定。

事实上，立法性政令规定，置换担保与原担保具有完全相同的效力，目的在于确定担保的连续性以及可疑期，同时规定其基本原则，即提供置换担保——基于其流动机制以及其存续的独立性（即不因担保财产的不同或改变而受影响）——不构成新的担保，而被视为自原担保提供之日起设立。

至于《破产法》层面一个非常重要的问题，即如何确定提供担保的时间，对此，也应适用第 9 条确定的连续性规则（“自原担保提供之日设立”），并且适用于补充担保条款的情形。事实上，根据第 9 条第 C 款，根据补充条款提供的担保，视为自被担保债务的同时提供。属于第 1 条第 E 款第 1 项规定的，则视为自原担保提供之日提供，如果没有原担保，视为自签订融资担保合同时提供；属于第 1 条第 E 款第 1 项规定的，自提供补充担保时计算。

上述规定，事实上确立了置换担保和补充担保与被担保债务产生时间的同时性，其效果是对上述情形不能适用《破产法》第 67 条第 2 款规定的撤销制度。但是对于补充性担保，在确定其可疑期时，都应从原担保提供之日开始计算，如果没有原担保的，应自合同签订之日起开始计算，这指的是当原担保财产的价值或融资担保债权总额因市场波动发生变化的情形。

相反，在其他情形（比如因双方协议而增加债务），尽管仍然适用同时性原则——补充担保与被担保债务同时——但可疑期的计算标准并不发生改变，即从提供补充担保之时开始计算。

就债权人之间权利冲突而言，无论是其与一般规定（《破产法》第 53 条）之间关系，还是就其与特别规定——质押权人或特别先取特权人关于担保实现——之间的关系，现有的立法性政令第 4 条并未作出清晰的规定。

针对那些想在破产程序中主张质押权和先取特权的债权人，《破产法》第 53 条规定了可能的救济路径：破产法官在听取破产债权人委员会和破产管理人意见后，可以根据《破产法》第 107 条规定批准债权人负责和直接变卖担保财产；变卖后的所得，破产法官在听取破产债权人委员会和破产管理人意见后，可以批准变卖人从中先支付享有优先受偿权的债权人。

尽管相较于其他破产债权人，质押债权人的债权得到了优先清偿，但整个的过程需要在与其他破产债权人的询问中进行内部审视，以保障其他破产债权人的权益。

实际上，就对破产财产的执行权而言，质押债权人不比其他无担保债权人具有更大的权力，因为与无担保债权人一样，质押债权人不能针对破产财产采取或发起个别执行措施；相反，其他债权人可以通过合法手段使其实施的自我保护措施（执行）中止或受挫。

其享有的权力仅限于——在查明其债权及债权的顺位等级，且被破产人认可后——与其他债权人一起就破产财产变卖所得价值进行分配。此时，如其质押权具有优先受偿权，那么其相较于其他债权人将享有优先地位和先取特权，并可使其在分配变卖价款时优先获得分配。

如果质押债权人的债权没有被得到认可或没有被纳入破产债权，那么其无权对质押财产行使出售权，因为如果其在质押债权未查明且未被纳入破产债权的情况下，却在《破产法》规定的方法之外实现其债权，那么其有义务向破产人返还变卖所得价款；如果给破产人造成损害的，还应承担损害赔偿责任，甚至有可能因此触犯《破产法》第 232 条第 2 款第 1 项规定的罪名，进而承担刑事责任。

质押债权人对质押财产变卖所得所享有的优先权及于债权本金、利息和支出的费用；如果变卖所得未能使其债权得到完全清偿，那么剩余的部分将成为无担保债权，其应与其他无担保债权人竞争分配其他破产财产。质言之，质押债权中未获清偿的部分，在待遇上与其他无担保债权人的债权相同（《破产法》第 54 条第 1 款）。

根据《破产法》第 111 条第 2 款和第 3 款规定，从资产清算中获得的款项按以下顺序支付:“（2）根据法律规定对出售的财产享有优先受偿权的债权;（3）无担保债权，包括前述第 2 项规定的债权中未获清偿的债权和前述第 2 项规定的债权中未获清偿的部分（即在担保财产被变现并被转化为钱款时，其数额不足以使债权得到完全清偿）。破产财产不足以清偿所有无担保债权人时，以确认的各个债权人的债权数额为基础按照比例分配”。在这种模式中，一方面将质权债权人未获清偿的债权部分等同于（equiparazione）其他无担保债权人的债权，另一方面在破产程序中也辅以适用比例原则，它们共同体现了《民法典》第 2741 条第 1 款规定的精神。

在质押债权获得破产人的认可后，如果想要启动变卖质押财产程序，质押债权人必须获得破产法官的许可，破产法官在听取债权人委员会和破产管理人的意见后，以指令的方式（con decreto）确定变卖的方式。在这种模式下，对质物的出售实际上是一种破产出售（vendita fallimentare），其受到破产法官的直接控制，并按照该法官确定的方式出售，由此导致的结果是，未获法官许可的出售将引发其他的额外效果，尤其是会导致出售行为无效（对此破产机构可以依法提出申请），但根据《民法典》第 2929 条规定，变卖无效不影响善意第三人获得的权利。

在债务人破产时，破产法提供了相同的保护措施，其既保护受质押担保的债权人的利益，也保护其他债权人的利益，保护后者免受通过设立质押来规避平等原则，或规避流质条款禁令或为了实施欺诈。

就这一方面而言，事实上，一旦破产人在破产程序中查明和确认质押享有的优先受偿权，破产法官在听取债权人会议意见后（如果是任命）——如果向质押债权人完全清偿债权的支出在经济上对破产更有利时，因为这会导致获取质物并将其归入破产财产——可以授权破产管理人“通过向质押债权人清偿债务的方式收回质押财产，或者根据《破产法》第53条第2款规定的方式出售”。

显然，如何选择将取决于破产管理人的评估。具体而言，破产管理人应基于破产清算的整体进程和破产清算的整体管理策略，对是否合适和经济上是否便利进行评估。

理论上，也可以在质押债权被确认之前变卖质押财产，因为从法律规定的表述来看，破产法官也可以在破产债权人会议组成前进行干预，批准对质押财产的出售。

如果是授权破产管理人负责变卖质押财产，前述规则也同样适用。此时，一方面，对质押财产的变卖应通过普通程序形式实现；另一方面，质押债权尚未获得最终的承认，对质押权人和先取特权人的保护，应适用《破产法》第100条第3款，暂时列入其应得的份额。

在出售质押财产的场合，无论是债权人还是破产管理人具体负责实施转让行为，只要变卖所得的价款超出所担保的债权，那么超出部分将按照《破产法》第111条规定的分配顺序在其他债权人间再次分配；相反，如果变卖所得价款不足以清偿债务，那么享有先取特权的债权人，可在其未获清偿的债权余额的范围内，就变卖其他财产所得再次参与分配。但是由于此时先取特权已经随着其所指向的物的消失而消失，因此未获清偿的债权余额将与其他无担保债权具有相同的地位，并适用相同的分配机制。

正如前文所述，特别法（2004 年第 170 号立法性政令）赋予债权人在破产程序之外通过独立自主形式实现担保债权的权利，因为该法似乎允许债权人针对融资担保财产实现担保的权利，而且该实现不以债权事先获得认可为条件。

担保债权人——沿着欧盟 2002/47/CE 号指引规定的路径，该指引既未规定质押权人关于意图通过强制执行手段实现质押的前置义务（这与《意大利民法典》第 2796 条规定不同），也未规定强制执行必须采取的方式，比如公开拍卖或其他形式，最后也未规定必须在等待一段时间之后才能实施相应的执行措施——的义务仅限于事后的通知。即在担保实现后，应"立即将采取的执行措施和所获得的金额以书面形式通知担保人，或通知负责重整或清算程序的机关，并同时退还多出的余额。

因此，担保人进入清算程序或者重整程序，[62]并不影响融资担保债权人实现担保，他可以依据 2004 年第 170 号立法性政令第 4 条第 1 款直接和独立启动担保债权实现程序，但其应在担保财产实现债权后立即以书面形式向清算机构或重整机构报告相关的信息，包括变现的方式和结果（显然该报告的目的旨在使相关机构得以评估，以便其决定是否提起"经济不合理之诉"）。与此同时，如果变卖所得超出所担保的债权，则应将超出部分返还给清算机构或重整机构。

62　关于清算程序和重整程序的定义，参见本编注释 37。

这意味着，担保权人可以在破产程序之外和不适用《破产法》第53条规定的情况下来实现融资担保权，无需在担保债权被查明并被认可为破产债权的情况下启动融资担保债权的实现程序，且不受任何条件的限制，也无需经过任何批准或授权。这也意味着，担保债权人可能完全实现其债权。

如果我们将上述方式与破产程序中的质押实现规定进行比较，那么从这个角度来看，融资担保规定的特殊性显而易见。另一方面，正是可以在司法途径之外和超越破产程序来实现担保，才使得其更能够实现欧盟2002/47/CE号指引所追求的核心目标，即“在融资担保合同一方无法履行债务时，保障交易的稳定性和限制违约行为的外溢效应”。

在这种模式下，由于欠缺对融资担保债权的事先审查，因此可能会对担保人及其债权人的利益造成损害。不可否认，的确有保护担保人及其债权人利益的必要，但这与融资担保的立法目的不可兼容，两者不能同时兼顾。正是因此，为了实现利益的平衡，有必要事后对其实现的“合理性”进行审查。

在欧盟层面，立法者规定这种事后审查机制，旨在协调各方和实现利益平衡。即一方面优先照顾担保权人的利益和满足市场的需要，另一方面满足对担保人及其债权人利益提供保护的需要，为各成员国提供一种法律技术上的可能。即允许各成员国“保留立法中或在立法中引入事后控制机制，以允许法院针对与融资担保的实现或评估以及融资担保债权的计算等事项进行事后控制。这种控制应允许司法机构对融资担保的实现或评估是否符合商业惯例和是否符合合理性标准进行审查”。

参考文献

1. Acquarone e Vipiana, *Porti turistici*, in *Dig., Sez. comm.*, XI, Torino, 1995.
2. Airoldi, *Pegno di libretti di deposito bancario al portatore*, in *BBTC*, 1979, II.
3. Agnese, *I contratti di garanzia finanziaria nel diritto civile*, Torino, 2009.
4. A. Candian, *Le garanzie mobiliari. Modelli e problemi nella prospettiva europea*, Milano, 2001.
5. A. Candian, *Garanzie finanziarie (dir. comunit.)*, in *Enc. dir., Annali*, II, 2, Milano, 2008.
6. Alcaro, *Il possesso. in Commentario Schlesinger*, Milano, 2003.
7. Ambrosini, *La revocatoria fallimentare delle garanzie*, in *Quaderni di giurisprudenza commerciale*, Milano, 2000.
8. Angelici, *Le azioni*, in *Il codice civile. Commentario Schlesinger*, Milano, 1992.
9. Angelici, *Le garanzie bancarie*, in *Tratt. Rescigno*, vol. 12, 1985.
10. A. Orestano, *Accordo normativo e autonomia negoziale*, Padova, 2000.
11. Aranda Rodriguez, *Anuario der. civ.*, 1990.
12. Aranda Rodriguez, "*Pegno*", in *D. 4 ed. civ.*, XIII, 1995.
13. Arpenti, *Autoveicoli*, in *Nss. dig. it., App.*, Torino, 1980.
14. Asquini, *Usufrutto di quote sociali e azioni*, in *RDComm.*, 1948, I.
15. Azzaro, *Il «pegno rotativo» arriva in Cassazione: ovvero «come la dottrina diventa giurisprudenza»*, in *Giust.civ.*, 1998, I.
16. Azzaro, *Pegno «rotativo» e operazione economica*, in *Riv. dir. comm.*, 2000, II.
17. Annunziata, *Verso una disciplina comune delle garanzie finanziarie*, in *Banca, borsa, tit. cred.*, 2003.
18. AA.VV. in Lauroba Lacas y Tarabal Bosch (a cura di), *Garantías reales en escenarios de crisis: presente y prospectiva*, Madrid, 2012.

19. A. Fici, *Clausole vessatorie nel contratto tra professionista e consumatore* (*sub art. 33, d.lgs. n. 206/2005*), in E. Navarretta e A. Orestano (a cura di), *Dei contratti in generale*, vol. Ⅳ, in *Commentario del codice civile*, diretto da E. Gabrielli, Torino, 2011.
20. Bartolomei e E. Mastropaolo, *I contratti di garanzia finanziaria*, in F. Mastropaolo (a cura di), *I contratti di garanzia*, in *Trattato dei contratti*, diretto da Pietro Rescigno ed Enrico Gabrielli, Torino, 2006, Ⅱ.
21. Barbiera, *Le garanzie atipiche e innominate nel sistema del codice del 1942*, in *BBTC*, 1992, Ⅰ.
22. Barbiera, *Responsabilità patrimoniale. Disposizioni generali*, in *Commentario Schlesinger*, 1991.
23. Barbiera, *Garanzia del credito e autonomia privata*, Napoli, 1971.
24. Barbeiri, *Ipoteca giudiziale su autoveicolo*, in *Arch. giur. circ.*, 1956.
25. Barillà, *Il pegno tra codice civile e legislazione speciale: in particolare sulla rotatività*, in *NGCC*, 2006, Ⅱ.
26. Baudry, Lacantinerie e De Loynes, *Del pegno, dei privilegi, delle ipoteche e della espropriazione forzata*, Ⅰ, Milano, 1912.
27. Bernardini, *Revoca della sentenza di condanna e cancellazione della ipoteca giudiziale*, in *Riv. trim. dir. proc. civ.*, 1969.
28. Benedetti, *Dal contratto al negozio unilaterale*, Milano, 1969.
29. Bianca, *La vendita e la permuta*, in *Tratt. di dir. civ. it.*, dir. da Vassalli, Torino, 1972 (2 ed., Torino, 1993, Ⅰ).
30. Bianco, *La pubblicità immobiliare*, Torino, 1976.
31. Biondi, *Le servitù*, in *Tratt.*, dir. da Cicu e Messineo, Milano, 1967.
32. Bianchi, *Delle ipoteche*, in *Il dir. civ. it.*, a cura di Fiore, Napoli, 1896 (2 ed., 1924-1925).
33. Bigliazzi Geri, *Usufrutto, uso e abitazione*, in *Tratt. dir. civ. e comm.*, dir. da Cicu e Messineo, cont. da Mengoni, Milano, 1979.
34. Bonfante e Cottino, L*'imprenditore*, in *Trattato di diritto commerciale*, Ⅰ, Padova, 2001.
35. Bonfatti, *L'accertamento del passivo e dei diritti mobiliari*, in *Le procedure concorsuali. Il fallimento*, Tratt. dir. da Ragusa maggiore-Costa, 1997.
36. Bongiorno, *Profili sistematici e prospettive dell'esecuzione forzata in auto-*

tutela, in AA.VV., *Processo e tecniche di attuazione dei diritti*, 1989.

37. Bonsignori, *Gli effetti del pignoramento*, in *Comm. del cod. civ.*, dir. da Schlesinger, Milano, 2000.
38. Bongiorno, *La tutela espropriativa speciale del creditore pignoratizio*, in *RDP*, 1990.
39. Boero, *Le ipoteche*, in *Giur. sist. civ. comm.*, Torino, 1984(2 ed., 1999).
40. Bocchiola, *Surrogazione legale e subingresso ipotecario*, in *Rass. dir. civ.*, 1980.
41. Bonis, *Ancora sulla cancellazione dell'ipoteca cambiaria in base ad ordine giudiziale*, in *Riv. dir. ipot.*, 1962.
42. Bonis, *Cancellazione di ipoteca cambiaria. Sentenza sostitutiva dell'esibizione dei titoli all'ordine*, in *Riv. dir. ipot.*, 1967.
43. Bonis, *Della cancellazione delle formalità ipotecarie posteriori al pignoramento*, in *Riv. dir. ipot.*, 1966.
44. Bonis, *Pubblicità ipotecaria*, in *Nss. Dig. it.*, *App.*, Ⅵ, Torino, 1986.
45. Bonilini, *Autonomia testamentaria e legato*, Milano, 1990.
46. Borsi, *Brevi note sull'ammissibilità del pegno bancario «rotativo»*, in *Riv. dir. comm*, 1996, Ⅱ.
47. Bosticco, *Dubbi applicativi in tema di opponibilità dell'atto costitutivo di pegno e revocabilità del soddisfo da parte del creditore pignoratizio*, in *Il fall.*, 2004.
48. Bouchè, *In materia di pegno irregolare*, in *Banca, borsa, tit. cred.*, 1978, Ⅱ.
49. Braun, *Professors and Judges in Italy: It Takes Two to Tango,* in *Oxford Journal of Legal Studies*, 2006.
50. Briolini, *I vincoli sui titoli di credito*, Torino, 2002.
51. Brizzi, *Cosa e valore nel pegno rotativo*, in *Dir. giur.*, 2000.
52. Bucciante, *Frazionamento d'ipoteca ed annotazioni*, in *Riv. dir. ipot.*, 1964.
53. Buoncristiani, *Anche in caso di concordato preventivo persistono gli effetti conservativi del pignoramento*, in *Giur. it.,* 1998.
54. Bucalo, *Il giudice comepetente a concedere l'assegnazione di cui all'art. 2798 c.c.*, in *GI*, 1976, Ⅰ.
55. Busani e Canali, *Strumenti dematerializzati: circolazione, vincoli e conferimento in fondo patrimoniale*, in *Riv. not.*, 1999, Ⅰ.

56. Capaldo, *Le pubblicità*, in *Tratt. dir. civ. notariato*, Napoli, 2009.
57. Carriero, *La legge sulla dematerializzazione degli strumenti finanziari: tecniche giuridiche ed obiettivi*, in *FI*, 1998, Ⅴ.
58. Callegari, *Il pegno su titoli dematerializzati*, Milano, 2004.
59. Callegari, *Note in tema di dematerializzazione*, in *GI*, 2001.
60. Cariota Ferrara, *I negozi sul patrimonio altrui*, Padova, 1936.
61. Carresi, *Commentario al diritto italiano di famiglia*, a cura di Cian, Oppo e Trabucchi, vol. Ⅲ, Padova, 1992.
62. Carpino, *Del pagamento con surrogazione*, in Scialoja e Branca (a cura di), *Comm. del cod. civ.*, Bologna-Roma, 1988.
63. Carnevali, *Il pegno di cosa futura*, in *Giust. civ.*, 1999, Ⅰ.
64. Cardarelli, *Ipotecarie (imposte)*, in *Dig., Sez. comm.*, 1992, Ⅶ.
65. Cantele, *Sull'estensione del vincolo ipotecario gravante su edificio industriale*, in *Fall.*, 1986.
66. Carozzi, *Conferme e precisazioni sulla struttura del pegno rotativo*, in *Giust. civ.*, 2000, Ⅰ.
67. Castronovo, *I principi di diritto europeo dei contratti e il codice civle europeo*, in Alpa e Buccico (a cura di), *Il codice civile europeo*, Milano, 2001.
68. Cavone, *Il pegno omnibus e la tutela dei creditori concorrenti*, in *Corr. giur.*, 2001.
69. Carassi, *Il pegno omnibus*, in *NGCC*, 1986, Ⅱ.
70. Cenni, *Il patto di rotatività nel pegno: una strada ormai in discesa*, in *Riv. not.*, 1999.
71. Chironi, *Trattato dei privilegi, delle ipoteche e del pegno*, 2 ed., Torino, 1917-1918.
72. Chinè, *Pegno. Pegno rotativo*, in *Enc. giur. Treccani*, 2006.
73. Chinè, *Sul pegno omnibus di libretto di risparmio al portatore*, in *Corr. giur.*, 1998.
74. Chinè, *Il pegno «rotativo» tra realità e consensualità*, in *Giur. it.*, 1996, Ⅰ.
75. Chiomenti, *Il titolo di credito. Fattispecie e disciplina*, Milano, 1997.
76. Chiomenti, *Una prassi di trasferimento di titoli azionari girati «in garanzia» (e considerazioni sul pegno di azioni nominative)*, in *RDComm.*, 1994, Ⅰ.
77. Chiomenti, *L'annotazione dell'ipoteca sulle cambiali di rinnovo può sanare*

la mancata annotazione sui titoli originari?, in *Riv. dir. comm.*, 1980, Ⅱ.
78. Chianale, *Le ipoteche*, in *Tratt. dir. civ.*, dir. da Sacco, Torino, 2005（2 ed., 2010）.
79. Cittadini e Comite, *Un problema particolare in tema di capacità per consentire la cancellazione delle ipoteche (gli amministratori)*, in *Vita not.*, 1985.
80. Cian, *Alcune questioni in tema di trascrizione del contratto preliminare*, in *Riv. dir. civ.*, 1997, Ⅰ.
81. Ciccarello, "*Pegno*", in *Enc. dir.*, XXXII, 1982.
82. C.M. Bianca, *Diritto civile.* Ⅶ., Milano, 2012.
83. C.M. Bianca, *Il divieto del patto commissorio*, Napoli, 2013.
84. C. Maiorca, *Ipoteca (diritto civile)*, in *Noviss. dig. it.*, Ⅸ, Torino, 1963.
85. C. Maiorca, *Il pegno di cosa futura e il pegno di cosa altrui*, Milano, 1938.
86. C.M. Bianca, *Patto commissorio*, in *NDGI*, Ⅻ, 1976.
87. Colombo, *L'azienda e il mercato*, in *Tratt. di dir. comm. e pubbl. econ.*, dir. da Galgano, Padova, 1979.
88. Colombo, *Problemi risolti e irrisolti nella giurisprudenza sul pegno*, in *Banche e banchieri*, 1989.
89. Costanza, *Dubbi sull'esistenza di pegno di cose future*, in *Corr. giur.*, 1998.
90. Costanza, *Garanzia e gestioni. Osmosi e censure*, in *Fall.*, 2008.
91. Costanza, *Recensione a E. Gabrielli, Il pegno "anomalo"*, in *Riv. trim. dir. proc. civ.*, 1991.
92. Corsi, *Il regime patrimoniale della famiglia*, in *Tratt. dir. civ. e comm.*, dir. da Cicu e Messineo, Milano, 1984.
93. Colesanti, *Mito e realtà della "par condicio"*, in *Fall.*, 1984.
94. Conte, *Atti esecutivi illegittimi e provvedimento d'urgenza (e cenni sulla costituzionalità del rapporto tra ordinanza ex art. 186 quater c.p.c. ed iscrizione ipotecaria)*, in *Giur. it.*, 2000, Ⅰ.
95. Cormio, *Ipoteca giudiziale in base a decreto ingiuntivo*, in *Giur. it.*, 1961, Ⅰ.
96. Comporti, *Diritti reali in generale*, in *Tratt. dir. civ. e comm.*, dir. da Cicu e Messineo, cont. da Mengoni, Milano, 1980.
97. Costanza, *Valori mobiliari: titoli di stato in pegno*, in *CI*, 1991.
98. Criscuoli, *La costituzione per testamento dei diritti reali limitati*, in *Giust.*

civ., 1964, Ⅳ.

99. Cupido, *Costituzione di pegno su titoli azionari* , in *Società*, 1997.
100. C. Zaccaria, *Diritti di proprietà intellettuale e finanziamento alle imprese: le garanzie reali sulla proprietà industriale*, in *Riv. dir. privato*, 2013.
101. Crespi Reghizzi, *Lex rei sitae e disciplina delle garanzie mobiliari*, Milano, 2007.
102. Canalini, *La nuova disciplina dei contratti di garanzia finanziaria: commento alle modifiche introdotte dal d.lgs. 24 marzo 2011, n. 48*, in *Leggi civ. comm.*, 2012.
103. Drobnig, *Typen besitzloser Mobiliarsicherungsrechte an Mobilien*, in *Zeitschrift für Rechtsvergleichung*, 1972.
104. De Cores e Gabrielli, *El nuevo derecho de las garantías reales*, Madrid-Buenos Aires, 2008.
105. Di Costanzo, *Sui security interests*, Napoli, 2010.
106. Dabormida e Pistone, *Conferme dalla Cassazione in tema di pegno rotativo*, in *Corr. giur.*, 2000.
107. Dabormida, *Risolto dalle Sezioni Unite il conflitto in tema di pegno irregolare*, in *GI,* 2002.
108. D'Aniello, *Porti*, in *Nss. dig. it.*, ⅩⅢ, Torino, 1966.
109. Dabormida, *Validità del patto di rotatività in sede di revocatoria fallimentare*, in *Fall.*, 2001.
110. De Martini, *Determinatezza o determinabilità del pegno e fallimento*, in *CI*, 1994.
111. Dalmartello, *Ancora sul pegno irregolare*, in *BBTC*, 1956, Ⅱ.
112. Dalmartello, voce *«Pegno irregolare»*, in *Noviss. dig. it.*, Ⅻ, Torino, 1965.
113. Dell'Anna Misurale, *Profili evolutivi della disciplina del pegno*, Napoli, 2004.
114. Degni, *Delle ipoteche*, in *Comm. del cod. civ.*, dir. da D'Amelio, Firenze, 1943.
115. De Marchi, *L'ipoteca navale: considerazioni e raffronti con l'ipoteca immobiliare*, in *Vita not.*, 1987.
116. De Vita, *Note in tema di prescrizione ex art. 577 cod. nav.*, in *St. Auricchio*, Napoli, 1974.

117. De Martini, *Girata di cambiale ipotecaria e trasferimento dell'ipoteca*, in *Banca, borsa tit. cred.*, 1949, Ⅱ.

118. De Martini, *Sulla natura giuridica del deposito cauzionale*, in *Giur. it.*, 1947, Ⅱ.

119. De Nova, *Recensione a E. Gabrielli. Sulle garanzie rotative*, in *RDC*, 1999, Ⅰ.

120. De Poli, *Pegno su titoli obbligazionari e fallimento del costituente*, in *Dir. fall.*, 2000, Ⅱ.

121. Di Gianbattista, *Temi e problemi sull'ipoteca cambiaria*, in *Rass. dir. civ.*, 1999.

122. Di Majo, *La trascrizione del contratto preliminare e le regole di conflitto*, in *Corr. giur.*, 1997.

123. Di Gravio, *L'opposizione del terzo datore di ipoteca per debito non proprio*, in *Dir. fall.*, 2002, Ⅱ.

124. Di Lauro, *Inapplicabilità dell'art. 53 legge fallim. ai beni costituiti in pegno dal fallito presso un Monte di pegno disciplinato dalla legge n. 745/1938*, in *Dir. fall.*, 2000, Ⅱ.

125. D'Orazi Flavoni, *Pubblicità inutile e rifiuto del Conservatore*, in *Riv. not.*, 1951.

126. D'Orazi Flavoni, *Conservatore dei pubblici registri*, in *Enc. dir.*, Ⅸ, Milano, 1961.

127. R. Triola, *Trascrizione*, in *Enc. dir.*, XLⅣ, Milano, 1992.

128. Dusi, *Sulla costituzione di pegno*, in *Riv. dir. comm.*, 1909, Ⅱ.

129. E. Gabrielli, *Contratti di garanzia finanziaria, stabilità del mercato e procedure concorsuali*, in *Riv. dir. priv.*, 2005.

130. E.Gabrielli, *Contratto e operazione economica*, in *Digesto, Disc. priv., Sez. civ., Agg.*, Torino, 2011.

131. E. Gabrielli, *Il pegno*, in *Tratt. dir. civ.,* dir. da Sacco, Torino, 2005.

132. E. Gabrielli, *I contratti di garanzia finanziaria*, in *Digesto 4, Disc. driv., Sez. civ.*, *Agg.*, 2007.

133. E. Gabrielli, *Recensioni di D. Henrich*, in *Zeitschrift für Europaisches Privatrecht*, 4, 2007.

134. E. Gabrielli, *Garanzie del credito e mercato: il modello comunitario e*

l'Antitrust, in *Giust. civ.*, 2011.

135. E. Gabrielli, *Le garanzie finanziarie. Profili generali*, in Gabrielli – Lener (a cura di), *I contratti del mercato finanziario*, in *Trattato dei contratti*, diretto da Pietro Rescigno ed Enrico Gabrielli, Torino, 2 ed., 2011.
136. E. Gabrielli, *Garanzie finanziarie e fallimento*, in Villanacci (a cura di), *I crediti nel fallimento*, Padova, 2015.
137. E. Gabrielli, *Ipoteca e garanzia fluttuante nel diritto cinese delle garanzie del credito*, in *Riv. dir. priv.*, 2009.
138. E. Gabrielli, *Garanzia mobiliare "Dǐyāquán" e il problema del conflitto tra diritti reali di garanzia,* in *Rivisita di diritto privato*, 2015.
139. E. Gabrielli, *"Operazione economica" e teoria del contratto*, Milano, 2013.
140. E. Gabrielli, *Sulla nozione di consumatore*, in *Riv. trim. dir. e proc. civ.*, 2003.
141. E. Gabrielli, *Il consumatore e il professionista*, in E. Gabrielli e E. Minervini (a cura di), *I contratti dei consumatori*, Ⅰ, in *Trattato dei contratti*, diretto da P. Rescigno e E. Gabrielli, Torino, 2005
142. E. Gabrielli, *Dell'oggetto del contratto*, in *Comm. del codice civile,* dir. da E. Gabrielli, Torino, 2011.
143. E. Gabrielli, *Del pegno*, in *Comm. del codice civile*, dir. da E. Gabrielli, *Della tutela dei diritti*, a cura di Bonilini e Chizzini, Torino, 2015, vol. 2.
144. E. Gabrielli, *Garanzia e garanzie reali*, in F. Mastropaolo (a cura di), *I contratti di garanzia*, in *Trattato dei contratti*, diretto da P. Rescigno e E. Gabrielli, Torino, 2006.
145. E. Gabrielli, *Il contratto bancario di pegno su titoli*, in AA.VV., *Pegno e gestione centralizzata dei titoli di Stato*, 1996.
146. E. Gabrielli, *Il contratto e le sue classificazioni*, in E. Gabrielli (a cura di), *I contratti in generale,* in *Trattato dei contratti*, diretto da P. Rescigno e E. Gabrielli, Torino, 2006, Ⅰ.
147. E. Gallo, *Il frazionamento dell'ipoteca*, in *Foro pad.*, 1962, Ⅲ, ed *in Riv. dir. ipot.*, 1962.
148. E. Gallo, *Ipoteche inefficaci e ipoteche inopponibili*, in *Foro pad.*, 1966, Ⅰ.
149. E.Gabrielli, *Il contratto e l'operazione economica*, in *Riv. dir. civ.*, 2003, Ⅰ.

150. E. Gabrielli, *Il pegno "anomalo"*, Padova, 1990.

151. E. Gabrielli, *Le garanzie rotative*, in *I contratti del commercio, dell'industria e del mercato finanziario*, trattato diretto da F. Galgano, Torino, 1995.

152. E.Gabrielli, *L'operazione economica nella teoria del contratto*, in *Riv. trim. dir. proc civ.*, 2009.

153. E. Gabrielli, *Recensioni di D. Messinetti. Le strutture formali della garanzia mobiliare*, in *RCDP*, 1991.

154. E. Gabrielli, *Rotatività della garanzia*, in *Digesto. disc. priv., Sez. civ., Agg.*, 2011.

155. E. Gabrielli, *Spossessamento e funzione di garanzia nella teoria delle garanzie reali*, in *Il fall.*, 2002.

156. E. Gabrielli, *Sulle garanzie rotative*, Napoli, 1998.

157. E.Gabrielli, *Tipo contrattuale*, in *Enc. giur. treccani*, *Agg.*, Ⅷ, Roma, 2000.

158. E. Mastropaolo, *La nuova normativa europea sui contratti di garanzia finanziaria (direttiva 2002/47/ CE del 6 giugno 2002)*, in *Riv. dir. comm.*, 2003.

159. Faggella, *Il pegno commerciale*, Milano, 1924.

160. Favara, *Affidamento del pegno a persona diversa dal creditore e obbligo della custodia*, in *BBTC*, 1965, Ⅱ.

161. F. Bianca, *In tema di prescrizione di ipoteca aeronautica*, in *Dir. mar.*, 1986.

162. F. Danovi, *Decreto ex art. 148 c.c. e ipoteca giudiziale: una tutela "soggettivamente" differenziata*, in *Corr. giur.*, 2002.

163. F. Ferrara Jr., *L'ipoteca mobiliare*, Roma, 1932.

164. Finardi, *Efficacia reale del pegno rotativo: posizione consolidata della giurisprudenza*, in *Il fall.*, 2000.

165. Finardi, *Orientamento antiformalistico della giurisprudenza di merito in tema di pegno rotativo*, in *Fall.,* 1998.

166. Fiorentini, *Il pegno*, in *Trattato dei diritti reali*, diretto da Gambaro e Morello, Ⅴ, Milano, 2014.

167. Fiorentino, *Del conto corrente. Dei contratti bancari*, in *Commentario del*

cod. civ., a cura di A. Scaloja e G. Branca, Bologna-Roma, 1969.

168. Fiorentini, *Le garanzie finanziarie,* in *Trattato dei diritti reali*, diretto da Gambaro e Morello, Ⅴ, Milano, 2014.
169. Fiorentini, *La riforma francese delle garanzie nella prospettiva comparatistica*, in *Eur. dir. priv.*, 2006.
170. Ferrarini e Giudici, *Le garanzie su strumenti finanziari nel diritto comunitario: orientamenti e prospettive*, in *Il fall.*, 2002.
171. Fontana, *Note in tema di surrogazione del creditore perdente*, in *Rass. dir. civ.*, 1988.
172. Fontana, *Pegno senza spossessamento: ancora qualche riflessione sulla legge 24 luglio 1985, n. 401*, in *Quadrimestre*, 1991.
173. Forchielli, *I contratti reali*, Milano, 1952.
174. Foschini, *In tema di pegno di titoli di credito*, in *banca, borsa, tit. cred.*, 1965, Ⅰ.
175. Foschini, *Pegni anomali e revocatoria fallimentare*, in *Il fall.*, 2002.
176. Frignani, *L'inibitoria per prevenire il pericolo di danno alle cose ipotecate*, in *Riv. dir. ipot.*, 1970.
177. Fragali, *Ipoteca (diritto privato),* in *Enc. dir.*, vol. XXII, Milano, 1972.
178. Fragali, *"Garanzia"*, in *Enc. dir.*,XVIII, 1969.
179. Gasperoni, *Modalità di costituzione del pegno sui titoli azionari nominativi e legittimazione del creditore pignoratizio*, in *Banca, borsa, tit. cred.*, 1951, Ⅱ.
180. Gambaro, *Il diritto di proprietà*, in *Tratt. di dir. civ. e comm.*, dir. da Cicu e Messineo, cont. da Mengoni, Milano, 1995.
181. Gazzoni, *Trascrizione del preliminare di vendita immobiliare e obbligo di dare*, in *Riv. not.*, 1997.
182. Gazzoni, *La trascrizione immobiliare*, 2 ed., in *Comm. Schlesinger*, Ⅱ, Milano, 1998.
183. Gazzoni, *Qualche dubbio sul pegno rotativo (in attesa di spiegazioni...)*, in *Riv. not.*, 2000, Ⅱ.
184. Gatti, *Pegno irregolare e fallimento del debitore*, in *RDComm.*, 2000, Ⅰ.
185. G.B.Ferri, *Operazioni negoziali «complesse» e la causa come funzione economico–individuale del negozio giuridico*, in *Dir. giur.*, 2008.

186. G. Costantino, *Le espropriazioni forzate speciali*, Milano, 1984.
187. Genta, *Dichiarazione unilaterale del creditore di voler estendere la prelazione ad alcuni soltanto degli altri creditori*, in *Riv. dir. ipot.*, 1979.
188. Gentile, *Le ipoteche*, Roma, 1961.
189. Gerbo, *Riflessioni in ordine all'ipoteca iscritta ai sensi del decreto Nicolazzi-bis*, in *Vita not.*, 1983.
190. Gesterding, *Die Lehere vom Pfandrecht nach Grundsatzen des römischen rechts, Greisswald*, 1831, 2 Aufl.
191. G. Gabrielli, *La pubblicità immobiliare del contratto preliminare*, in *Riv. dir. civ.*, 1997, Ⅰ.
192. G. Gabrielli e Tommaseo, *Commentario della legge tavolare*, Milano, 1989.
193. G. Gabrielli, *Libri fondiari,* in *Nss. dig. it., App.*, Torino, 1984.
194. G. Gabrielli, *Questioni recenti in tema di pubblicità immobiliare*, in *Contr. impr.*, 1989.
195. G. Gabrielli, *La pubblicità immobiliare del contratto preliminare*, in *Riv. dir. civ.*, 1997.
196. G. Gabrielli, *Patrimonio familiare e fondo patrimoniale*, in *Enc. dir.*, XXXII, Milano, 1982.
197. G. Gabrielli, *Il rapporto giuridico preparatorio*, Milano, 1974.
198. G.Gorla e Zanelli, *Del pegno. Delle ipoteche*, in *Commentario del codice civile Scialoja e Branca*, 3 ed., Bologna, 1968.
199. G.Gorla e Zanelli, *Del pegno. Delle ipoteche,* in *Comm. cod. civ. Scialoja e Branca*, 4 ed., Bologna-Roma, 1992.
200. G.Oberto, *Rifiuto di trascrizione e trascrizione con riserva nel sistema della legge 27 febbraio 1985, n.52,* in *Riv. dir. civ.,* 1990, Ⅰ.
201. Gigliotti, *Patto commissorio autonomo e libertà dei contraenti*, Napoli, 1997.
202. Gilmore, *Security Interest in Personal Property*, Boston-Toronto, 1965.
203. Gioia, *Giudici e legislatore concordi sul pegno fluttuante: il consenso prevale sulla consegna*, in *Corr. giur.*, 1998.
204. Giova, *La proporzionalità nel pegno e nell'ipoteca*, Napoli, 2012.
205. G. Pescatore, *La funzione di garanzia dei patrimoni destinati*, Milano,

2008.

206. Gisolfi, *Il punto sull'ammissibilità del patto di rotatività nel pegno*, in *Riv. not.*, 2006, Ⅲ.

207. G. Mirabelli, *Contratti speciali*, in *Il diritto civile italiano*, a cura di Fiore, 2 ed., Torino, 1905.

208. Good, *Commercial law*, London, 1982.

209. Goode, *The modernisation of personal property security law*, in *Law Quarterly Review*, 1994.

210. Goode, *Legal problems of credit and secutity*, 2 ed., London, 1988.

211. Gardella, *Le garanzie finanziaria nel diritto internazionale privato*, Milano, 2007.

212. Grosso e Deiana, *Le servitù prediali*, 2 ed., in *Tratt. dir. civ. it.*, dir. da Vassalli, Torino, 1955.

213. Gradassi, *Terzo datore di ipoteca e azione di rilievo del fideiussore,* in *Banca, borsa, tit. cred.*, 1995, Ⅱ.

214. Galanti, *Garanzia non possessoria e controllo della crisi d'impresa: la floating charge e l'administrative receivership*, in *Quaderni di ricerca giuridica della Banca d'Italia*, 2000.

215. Greco e Vercellone, *I diritti sulle opere dell'ingegno*, Torino, 1974.

216. Greco e Vercellone, *Le invenzioni e i modelli industriali*, Torino, 1968.

217. Grisi, *Forme e modelli della garanzia*, in *Riv. crit. dir. priv.*, 1997.

218. Grossi, *La Direttiva 2002/47/CE sui contratti di garanzia finanziaria*, in *Eur. dir. priv.*, 2004.

219. G. Stolfi, *In tema di pegno per crediti indeterminati*, in *RDComm.*, 1975, Ⅱ.

220. Guglielmucci, *L'ipoteca cambiaria come garanzia extracartolare*, Milano, 1966.

221. Guccione, *I contratti di garanzia finanziaria*, Milano, 2008.

222. Guerrera, *Realizzo del pegno di libretto di deposito costituito dal terzo e revocatoria fallimentare dei pagamenti*, in *BBTC*, 1996, Ⅱ.

223. Guizzi, *Girata simulata e girata fiduciaria: spunti per una ricerca*, in *RDComm.*, 1996, Ⅰ.

224. Inzitari, *Iscrizione ipotecaria in valuta estera e decorrenza degli interessi post-fallimentari sui debiti dell'amministrazione controllata.*, in *Banca,*

borsa, tit. cred., 1987, Ⅱ.

225. Inzitari, *Effetti del fallimento per i creditori,* in *Commentario Scialoja Branca alla legge fallimentare*, Bologna, 1988.
226. Inzitari, *Effeti del fallimento per i creditori*, in *Le procedure concorsuali. Il fallimento,* Tratt. dir. da Ragusa Maggiore – Costa, Torino, 1997.
227. Jaeger, *Par condicio creditorum*, in *Giur. comm.*, 1984, Ⅰ.
228. Jorio, *Le crisi d'impresa. Il fallimento*, in *Tratt. dir. priv.*, Milano, 2000.
229. La Torre, *Il «pegno» nell'«impegno» di un giurista «impegnato»*, in *Giust. civ.*, 2005, Ⅱ.
230. L. Capaldo, *Natura, contenuto e profili problematici delle norme bancarie in materia di pegno*, in *Il fall.*, 2002.
231. L. Ferri, *Ipoteca, clausola oro, decorrenza degli interessi (caso di intavolazione, deciso con argomenti validi anche per il sistema generale: è nulla l'iscrizione con clausola di valore)*, in *Foro it.*, 1957, Ⅰ.
232. Libertini, *Questioni in tema di ipoteca cambiaria*, in *St. Scaduto,* Padova, 1968.
233. Libertini, *Questioni in tema di ipoteca cambiaria*, in *Riv. dir. civ.*, 1969, Ⅱ.
234. Lo Schiavo, *L'ipoteca su beni altrui ed il decreto "Nicolazzi-bis"*, in *Scritti Capozzi,* Ⅰ, Milano, 1992.
235. Lo Cascio, *Concorso e graduazione dei crediti assistiti da privilegi aeronautici*, in *Foro it.*, 1990, Ⅰ.
236. Lobuono, *I contratti di garanzia*, in *Tratt. notariato*, dir. da P. Perlingieri, Napoli, 2007.
237. Lombardi, *Costituzione di pegno e "sufficiente indicazione" del credito garantito*, in *Il fall.*, 1997.
238. Lombardini, *Considerazioni sull'autotutela esecutiva e sulla tutela cautelare per la vendita del pegno*, in *RTDPC*, 2004.
239. Lordi, *Del pegno*, in *Commentario D'Amelio e Finzi*, Ⅴ, Firenze, 1943.
240. Lordi, "*Pegno civile*" e "*Pegno commerciale*" , in *NDI*, Ⅸ, 1939.
241. Lugaresi, *Le acque pubbliche*, Milano, 1995.
242. Luminoso, *Deposito cauzionale presso il terzo e depositi irregolari a scopo di garanzia*, in *Giur. comm.*, 1981, Ⅰ.
243. Lupacchino, *Il pegno irregolare al vaglio delle Sezioni unite*; in *Il fall.*,

2001.
244. Mariani, *Tre casi di diritto ipotecario*, in *Riv. not.*, 1948.
245. Mariani, *Della ipoteca immobiliare*, Milano, 1958.
246. Mariani, *Ipoteca e trascrizione*, 3 ed., Milano, 1955.
247. Mazzamuto, *L'esecuzione forzata*, in *Tratt. dir. priv.*, dir. da Rescigno, vol. 20, Torino, 1998.
248. Macario, *Azione revocatoria e prestazione di garanzia*, in *Dir. fall.*, 2006, Ⅰ.
249. Macario, *I contrati di garanzia finanziaria nella direttiva 2002/CE/47*, in *I contratti*, 2003.
250. Macario, *Trasferimento del credito futuro ed efficacia verso i terzi: lo «stato dell'arte» (di giudicare)*, in *Riv. dir. priv.*, 2000.
251. Magnano, *L'autonomia privata e le garanzie reali: il tentativo di un superamento del principio di tipicità*, in *NGCC*, 2002, Ⅱ.
252. Maimeri, *Pegno rotativo: la dottrina ispira la Cassazione. Prime osservazioni*, in *BBTC*, 1998, Ⅱ.
253. Mancini, *La riconosciuta normalità del pegno «rotativo»*, in *Giur. comm.*, 1998, Ⅱ.
254. Martorano, *Cauzione e pegno irregolare*, in *Riv. dir. comm.*, 1960, Ⅰ.
255. Martorano, *Titoli di credito*, in *Tratt. di dir. civ. e comm.*, dir. da Mengoni e Schlesinger, Milano, 2002.
256. Martorano, *Titoli di credito*, in *Tratt. di dir. civ. e comm.*, dir. da Cicu, Messineo, Milano, 1994.
257. Martorano, voce *«Cauzione»*, in *Encl. dir.*, Ⅵ, Milano, 1960.
258. Tavormina, *Realizzazione coattiva del pegno e norme bancarie uniformi*, in *RDCo*, 1975, Ⅰ.
259. Mazzarella, *Sulla derogabilità dell'art. 2797 c.c.*, in *Banca, borsa, tit. cred.*, 1977, Ⅰ.
260. Mazza, *Tutela giudiziaria del creditore e procedure di autotutela esecutiva (spunti comparatistici)*, in *NGCC*, 1995, Ⅰ.
261. M. Bouche, *In tema di pegno irregolare*, in *BBTC*, 1979, Ⅱ.
262. M. Bussoletti, *Garanzie bancarie*, in *BBTC*, 1990, Ⅰ.
263. Mengoni, *Successioni per causa di morte. Successione necessaria*, 3 ed., in *Tratt. dir. civ. e comm.*, dir. da Cicu e Messineo, cont. da Mengoni, Mi-

lano, 1992.

264. Mengoni, *In tema di cambiale ipotecaria nel fallimento*, in *Riv. dir. comm.*, 1954, Ⅱ.

265. Mengoni, *Gli acquisti "a non domino"*, 3 ed., Milano, 1975.

266. Menegus, *La legge tavolare*, Milano, 1986.

267. Meo, *Impresa e contratto nella valutazione dell'atipicità negoziale. L'esempio della fideiussione "omnibus"*, Milano, 1991.

268. Messineo, *Costituzione di pegno, mediante compossesso fra creditore pignoratizio e debitore, e suoi effetti*, in *BBTC*, 1949, Ⅰ.

269. Messineo, *Manuale di diritto civile e commerciale*, vol. Ⅱ, parte Ⅱ, 8 ed., Milano,1952.

270. Messineo, voce *«Anticipazione bancaria»*, in *Noviss. dig. it.*, Ⅰ, Torino, 1957.

271. M. Giorgianni, *Diritti reali (diritto civile)*, in *NNDI*, 1960, Ⅴ.

272. M. Giorgianni, *"Forma degli atti (diritto privato)"*, in *Enc. dir.*, XVII, 1968, ora in *Scritti minori*, Napoli, 1988.

273. M. Giorgianni, *La riforma francese delle garanzie nella prospettiva comparatistica*, in *Eur. dir. priv.*, 2008.

274. Minniti, *Patto marciano e irragionevolezza del disporre in funzione di garanzia*, in *RDCo*, 1997, Ⅰ.

275. Molle, *I contratti bancari*, Milano, 1981.

276. Molle, *In tema di vendita del pegno nell'apertura del credito garantita da titoli*, 1957, Ⅱ.

277. Morozzo Della Rocca, *Separazione consensuale omologata ed iscrizione di ipoteca giudiziale*, in *Dir. fam.*, 1988.

278. Montel, *Affidamento del bene gravato da pegno ad un terzo designato dalle parti e titolarità dell'obbligo di custodia*, in *Nuovo dir.*, 1967.

279. Montel, *Ancora in tema di ipoteca giudiziale sugli autoveicoli*, in *Foro pad.*, 1966, Ⅰ.

280. Montel, *Il pegno mediante concustodia tra le parti*, in *Econ. cred.*, 1961.

281. Montel, *I soggetti del rapporto possessorio e di compossesso*, in *Nuovo dig.*, 1958.

282. Montel, *In tema di cd. costituzione di pegno mediante compossesso fra*

creditore pignoratizio e datore, in *BBTC*, 1951, Ⅰ.
283. Montel, "*Pegno*" , in *Nss. dig. it.*, 1965, Ⅻ.
284. Montesano, *Oggetto del pignoramento, oggetto della distribuzione e tutela esecutiva del creditore pignoratizio*, in *Studi Asquini*, 1965, Ⅲ.
285. Morano, *La costituzione in pegno di azioni e quote di società di capitali*, in *RN*, 2004, Ⅰ.
286. M. Rescigno, *Il privilegio per i finanziamenti bancari a medio e lungo termine a favore delle imprese con particolare riguardo alla rotatività del suo oggetto*, in *Banca, borsa, tit. cred.*, 1999, Ⅰ.
287. M. Rescigno, *Le garanzie rotative convenzionali: fattispecie e problemi di disciplina*, in *Banca, borsa, tit. cred.*, 2001, Ⅰ.
288. M. Rescigno, *Contributo allo studio della par condicio creditorum*, in *Riv. dir. civ.*, 1984, Ⅰ.
289. M. Rescigno, *Titoli rappresentativi e circolazione delle merci*, Milano, 1992.
290. Musolino, *Estensione dei benefici ipotecari*, in *Giur. it.*, 2002.
291. Murino, *L'autotutela nell'escussione della garanzia finanziaria pignoratizia*, Milano, 2010.
292. Naldini, *Operazioni di finanziamento e garanzie di terzi*, in *Il fall.*, 1996.
293. N. Cipriani, *Patto commissorio e patto marciano*, Napoli, 2000.
294. Niccolini, *Scioglimento, liquidazione ed estinzione della società per azioni*, in *Trattato Colombo Portale*, vol. 7, 1997.
295. Nicolò, *Deposito cauzionale e titoli di credito: effetto traslativo*, in *RDC*, 1939.
296. Nicolò, *Deposito e contratto a favore di terzo*, in *RDCo*, 1939, Ⅱ.
297. Oppo, *Finanziamenti in ECU, clausole monetarie e garanzie del prestito*, in *Riv. dir. civ.*, 1985, Ⅰ.
298. Oppo, *Recensione a Rubino. La responsabilità patrimoniale. Il pegno*, in *RDC*, 1944, Ⅰ.
299. Palazzolo, *Acque pubbliche*, in *Enc. dir., Agg.*, Ⅳ, Milano, 2000.
300. Pacifici e Mazzoni, *Trattato dei privilegi e delle ipoteche*, Firenze, 1904.
301. Partesotti, *I titoli all'ordine*, 2 ed., in *Comm. del cod. civ.*, fond. da Schlesinger, cont. Da Busnelli, Milano, 2003.

302. Pascucci, *La restrizione dell'ipoteca cambiaria*, in *Riv. dir. ipot.*, 1959.
303. Palermo, *Contratto preliminare*, Padova, 1991.
304. Palermo, *Funzione illecita e autonomia privata*, Milano, 1974.
305. Palermo, *L'autonomia negoziale*, Torino, 2011.
306. Palummo, *Pegno irregolare e fallimento*, in *Dir. fall.*, 2004, I.
307. Panzani, *Pegno irregolare di saldo liquido di conto corrente e data certa dell'atto*, in *GC*, 1996, I.
308. Panzani, *Pegno rotativo ed opponibilità della prelazione*, in *Il fall.*, 1999.
309. Partesotti, *Il pegno di azioni,* in Pellizzi (a cura di), *I titoli di credito*, Milano, 1980.
310. Partesotti, *Le operazioni sulle azioni*, in Colombo e Portale (a cura di), *Trattato delle società per azioni*, vol. 2, Torino, 1991.
311. Pavasini, *Pegno rotativo*, in AA.VV., *Il pegno nei rapporti commerciali*, Milano, 2005.
312. Pavone La Rosa, *Apertura di credito garantita da pegno e anticipazione bancaria*, in Portale (a cura di), *Le operazioni bancarie*, II, 1978.
313. Pavone La Rosa, *L'anticipazione bancaria nella disciplina del nuovo cod. civ.*, in *Riv. trim. dir. e proc. civ.*, 1959.
314. Perris, voce *Data. Data certa*, in *Nuovo dig. it.*, vol. IV, Torino, 1938.
315. Petraglia, *Giurisprudenza di legittimità e pegno omnibus: recenti tendenze*, in *Corr. giur.*, 1997.
316. Pettiti, *I titoli obbligazionari delle società per azioni*, Milano, 1964.
317. Petteruti, *Sulla ipotecabilità di alloggi ceduti ai sensi della l. 560 del 1993*, in *Vita not.*, 1995.
318. Petrelli, *Cancellazione di ipoteche a garanzia di mutui nella legge 2 aprile 2007*, in *Notar.*, 2007.
319. Pezzani, *L'ordinanza successiva alla chiusura dell'istruzione e l'ipoteca giudiziale*, in *Corr. giur.*, 2000.
320. Piazza, *Osservazioni in tema di vaglia cambiario all'ordine proprio*, in *Banca, borsa tit. cred.*, 1970, II.
321. Piepoli, *Autonomia privata e garanzie reali sulla proprietà industriale*, in *Contr. e imp.*, 2009.
322. Pio, *La cambiale ipotecaria*, in *Riv. dir. ipot.*, 1972.

323. Picardi, *Assegnazione del pegno e giudice competente*, in *RDP*, 1974.
324. Piepoli, *Autonomia privata e garanzie reali sulla proprietà industriale*, in *Contratto e impresa*, 2009.
325. Piscitello, *Costituzione in pegno di beni dell'impresa e spossessamento*, in *BBTC*, 2001, Ⅰ.
326. Piscitello, *Le garanzia bancarie flottanti*, Torino, 1999.
327. Poli, *Il pegno di azioni*, Milano, 2000.
328. Pollice, *Contributo allo studio del compossesso*, Napoli, 1993.
329. Porraro, *Pegno, garanzia rotativa e revocatoria fallimentare nel sistema delle garanzie mobiliari*, in *Corriere giuridico*, 1998.
330. Portale, *Osservazioni sul contratto col terzo detentore del pegno*, in *TRD-PC*, 1962.
331. Porzio, *L'anticipazione bancaria*, Napoli, 1964.
332. P.Perlingieri, *Dei modi di estinzione dell'obbligazione diversi dall'adempimento*, in *Commentario Scialoja e Branca*, 1975.
333. P. Perlingieri, *I negozi su beni futuri. I. La compravendita di "cosa futura"*, Napoli, 1962.
334. P. Perlingieri, *Interpretazione abrogante della'art. 2823 cod. civ.? (In tema di iscrizione di ipoteca "su beni futuri")*, in *Riv. giur.*, 1968, Ⅱ.
335. Pratis, *Della tutela dei diritti*, Torino, 1985.
336. P. Rescigno, *Note sulla atipicità contrattuale (a proposito di integrazione dei mercati e nuovi contratti di impresa)*, in *Contr. impr.*, 1990.
337. Rescigno, *Introduzione*, in *Tutela dei diritti*, in *Tratt. di dir. priv.*, dir. da Rescigno, vol. 19, Torino, 1985.
338. Presti, *Il pegno irregolare: profili ricostruttivi e disciplina fallimentare*, in Caprio e Presti (a cura di), *Le garanzie nel credito alle imprese*, 2001.
339. Presti, *La situazione dei titolari di garanzie reali nel fallimento*, in *Riv. dir. proc.*, 2000.
340. Provinciali, *Pegno mediante concustodia*, in *Dir. fall.*, 1951, Ⅰ.
341. Protettì, *Dell'ipoteca e dei diritti del creditore ipotecario nel diritto minerario vigente*, in *Riv. dir. min.*, 1953.
342. Protettì, *L'ipoteca nella giurisprudenza*, Padova, 1971.
343. Pugliese, *Della superficie*, in *Comm. del cod. civ.*, a cura di Scialoja e

Branca, Bologna-Roma, 1976.

344. Pugliese, *Sull'usufrutto dei titoli di credito*, in *BBTC*, 1952, Ⅰ.

345. Pugliese, *Usufrutto, uso e abitazione*, in *Tratto di diritto civile*, dir. da Vassalli, Torino, 1954.

346. Punzi, *La tutela del terzo nel processo esecutivo*, Milano, 1971.

347. Rago, *Manuale della revocatoria fallimentare*, 2 ed., Padova, 2006.

348. Rago, *Pegno rotativo e sostituzione dei beni*, in *Dir. fall.*, 1999, Ⅱ.

349. Ragusa Maggiore, *Pegno irregolare e ingiunzione. Il caso è chiuso*, in *Corr. giur.*, 2002.

350. Ragusa Maggiore, *Pegno rotativo e natura onerosa o gratuita della garanzia a favore di un terzo*, in *Dir. fall.*, 1999, Ⅱ.

351. Ragusa Maggiore, *Sulla opponibilità al fallimento del pegno su "buoni cassa" collegati alla emissione di titoli obbligazionari*, in *Nuova giur. civ. comm.*, 2000, Ⅰ.

352. Ragusa Maggiore, *Vendita di cosa infruttifera, oggetto del pegno e prelazione degli interessi*, in *Dir. fall.* 1975, Ⅱ.

353. Ravazzoni, voce *Ipoteca, I) Ipoteca immobiliare*, in *Enc. giur. treccani*, ⅩⅦ, Roma, 1989.

354. Ravazzoni, *Garanzia (diritti reali di)*, in *Dig. disc. priv., Sez. civ.*, Ⅷ, Torino, 1992.

355. Ravazzoni, *Le ipoteche*, in *Trattato di diritto privato*, dir. da Rescigno, vol. 20, 2 ed., Torino, 1998.

356. Ravazzoni, *Le ipoteche*, in *Tratt. di dir. civ. e comm.,* Milano, 2006.

357. Ragusa Maggiore e Consolo, *L'ipoteca giudiziale ex art. 655 c.p.c.: un istituto davvero manifestamente in regola con gli art. 3 e 24 Cost.?*, in *Resp. civ. prev.*, 1989.

358. Realmonte, *Il pegno*, in *Trattato di diritto privato*, dir. da Rescigno, vol.19, t.I, 2 ed., 1997.

359. Realmonte, voce *«Pegno (I, in generale)»*, in *Enc. giur.*, 1990.

360. Righetti, *Ipoteca navale ed aeronautica*, in *Dig. comm.*, vol. Ⅶ, Torino, 1992.

361. Roppo, *Iscrivibilità di ipoteca per somma determinata in moneta estera*, in *Riv. dir. priv.*, 1996.

362. R. Marino, *Recepimento della direttiva 2002/47/CE sui contratti di garanzia finanziaria. Le innovazioni nel diritto delle garanzie reali*, in *Rass. dir. civ.*, 2005.
363. Ronco, *Distonie tra cautele processuali ed extraprocessuali: in tema di restrizione e cancellazione di ipoteca*, in *Giur. it.*, 1996, Ⅰ.
364. Rubino, *L'ipoteca immobiliare e mobiliare*, in *Tratt. di dir. civ. e comm.*, diretto da A. Cicu e F. Messineo, XIX, Milano, 1956.
365. Rubino, *La responsabilità patrimoniale. Il pegno*, in *Tratto di diritto civile*, dir. da Vassalli, 2 ed., Torino, 1956.
366. Rubino, *Modalità della costituzione del pegno mediante affidamento della cosa ad un terzo che già la deteneva per conto del concedente*, in *FD*, 1952, Ⅰ.
367. Rubino, *Recensione alla prima edizione di Oppo*, in *Riv. dir. comm.*, 1944, Ⅰ.
368. Rufini, *Considerazioni sull'accertamento della data del pegno bancario anche alla luce della disciplina contenuta nel testo unico in materia creditizia*, in *BBTC*, 1976, Ⅱ.
369. Ruggeri, *Il pegno rotativo*, in *NGCC*, 2002, Ⅱ.
370. Ruscello, *Il pegno sul credito. Costituzione e prelazione*, 1984.
371. Sacco e De Nova, *Il contratto,* Ⅰ, Torino, 2004.
372. Sacco e Caterina, *Il possesso*, Milano, 2014.
373. Salanitro, *Conto corrente bancario*, in *Dir. banc.*, 1988.
374. Salanitro, *Le banche e i contratti bancari*, in *Tratto di diritto civile*, dir. da Vassalli, Torino, 1983.
375. Sanzo, *Pegno irregolare e procedure concorsuali: le Sezioni unite dirimono un contrasto, ma, forse, non sciolgono i dubbi*, in *BBTC*, 2003, Ⅱ.
376. Sassani, *Il pegno rivisitato. Un trattato moderno su un istituto antico*, in *Riv. esec.*, 2006.
377. Sassi, *Garanzia del credito e tipologie commissorie*, Napoli, 1999.
378. Santosuosso, *Regime patrimoniale della famiglia*, in *Giur. sist. civ. comm.*, Torino, 1995.
379. Salanitro, *Riduzione e cancellazione di ipoteca con provvedimento d'urgenza*, in *Banca, borsa, tit. cred.*, 1982, Ⅱ.
380. Schlesinger, *L'eguale diritto dei creditori di essere soddisfatti sui beni del*

debitore, in *Scritti in onore di Mengoni*, Milano, 1995, Ⅰ.

381. Scaroni, *Le garanzie rotative*, in *NGCC*, 1999, Ⅱ.
382. Schermi, *Riflessioni sul pegno; in particolare, il pegno di titoli di credito all'ordine*, in *Giust. civ.*, 1999, Ⅰ.
383. Scozzafava, *Dei beni, in Il codice civile. Commentario*, a cura di Schlesinger, Milano, 1999.
384. Semiani Bignardi, *La ritenzione nell'esecuzione singolare e nel fallimento*, Padova, 1960.
385. Sena, *I diritti sulle invenzioni e sui modelli di utilità*, in *Tratt. Cicu e Messineo*, Milano, 2011.
386. Serick., *Eigentumsvorbehalt und Sicherungsübertragung*, 2. Aufl. Heidelberg, 1993.
387. Serick, *Le garanzie mobiliari nel diritto tedesco*, tr. it., Milano, 1990.
388. Simonetto, *I contratti di credito*, Padova, 1953.
389. Simonetto, *Sulla natura della cauzione*, in *Banca, borsa, tit. cred.*, 1954.
390. Sicchiero, *Osservazioni in tema di trascrizione ed iscrizione di atti o di ipoteca con riserva*, in *Giur. it.*, 1989, Ⅰ.
391. Spasiano, *Ipoteca navale e aeronautica*, in *Enc. dir.*, vol. XXII, Milano, 1972.
392. Spinelli, *Le cessioni liquidative*, vol. Ⅰ, Napoli, 1959.
393. Stella, *Il pegno a garanzia di crediti futuri*, Padova, 2003.
394. Stingone, *Il pegno rotativo nella teoria delle garanzie reali*, in *Dir. fall.*, 1998, Ⅱ.
395. Stingone, *Sulla validità e opponibilità del pegno bancario «rotativo»: nuove conferme dalla giurisprudenza*, in *Dir. fall.*, 1998, Ⅱ.
396. Tamponi, *Sulla clausola estensiva della garanzia pignoratizia ai crediti presenti ed ai crediti futuri*, in *RDC*, 1974, Ⅱ.
397. Tardivo, *Mutui fondiari ed edilizi e attività notarile: ipoteca e frazionamento*, in *Vita not.*, 1988.
398. Tardivo, *Trascrizione del preliminare di vendita e finanziamento fondiario*, in *Vita not.*, 1997.
399. Tardivo, *Ipoteca su beni altrui e garanzie aggiuntive nei mutui c.d. agevolati.*, in *Banca, borsa, tit. cred.*, 1993, Ⅱ.

400. Tardivo, *Ulteriori note in tema di decadenza e revoca della convenzione ex art. 35 legge N. 865/1971 e di riflessi sull'iscrizione ipotecaria ex art. 10-ter.*, in *Vita notar.*, 2000.
401. Tamburrino, *Della tutela dei diritti. (Delle ipoteche)*, in *Commentario al codice civile*, 2 ed., Torino, 1976.
402. Troiano, *La cessione di crediti futuri*, Padova, 1999.
403. Troplong, *De' privilegi e delle ipoteche*, Napoli, 1847.
404. Tucci, *Commento all'art. 46*, in Capriglione (a cura di), *Commento al Testo Unico delle leggi in materia bancaria e creditizia*, 2 ed., Ⅰ, Padova, 2001.
405. Tucci, voce *«Cauzione»*, in *Dig. IV. Disc. priv., Sez. civ.*, Ⅱ, Torino, 1988.
406. Tucci, *Il particolarismo legislativo del privilegio industriale*, in *Foro it.*, 1980, Ⅰ.
407. Tucci, *Conflitto tra privilegio del credito del promissario acquirente per mancata esecuzione del contratto preliminare e ipoteche iscritte prima della trascrizione del preliminare medesimo*, in *Banca, borsa, tit. cred.*, 2001, Ⅱ.
408. Ungari Trasatti, *Costituzione di pegno a favore di terzo e revocatoria fallimentare*, in *NGCC*, 1999, Ⅰ.
409. Vaccarella, *Titolo esecutivo, precetto, opposizioni*, 2 ed., Torino, 1983.
410. Valentino, *Le cessioni dei crediti. Il Factoring. La cartolarizzazione*, Napoli, 2003.
411. Veneziano, *Le garanzie mobiliari non possessorie. Profili di diritto comparato e di diritto del commercio internazionale*, Milano, 2000.
412. Veneziano, *Profili di diritto comparato e di diritto del commercio internazionale*, Milano, 2000.
413. Viale, *Le garanzie bancarie*, in *Tratt. dir. comm. e dir. pubbl. econ.*, dir. da Galgano, Padova, 1994.
414. Vidiri, *Le clausole di prelazione e la denuntiatio nell'attività negoziale e nel diritto societario*, in *GC*, 2002, Ⅰ.
415. Vittoria, *I problemi giuridici dei consorzi fidi*, Napoli, 1981.
416. Vittoria, voce *«Pegno II) Pegno irregolare»*, in *Encl. giur. it.*, ⅩⅫ, Roma, 1990.

417. Vivante, *Trattato di diritto commerciale*, vol. Ⅳ, 5 ed., 1926.
418. V. Panuccio, *La cessione volontaria dei crediti nella teoria del trasferimento*, Milano, 1955.
419. Weiller, *Pegno di diversi creditori su porzioni determinate per quantità d'una massa omogenea di cose fungibili*, in *BBTC*, 1965, Ⅱ.

译后记

随着最后一遍校稿的结束，本书的翻译工作即将画上句号。回顾整个翻译过程，应该说我非常荣幸能够翻译本书，它使我获益良多，特别是对意大利的担保物权体系以及担保物权的一些基本原理有了更深的认识。

意大利的法律体系有其自身的特殊性，因而具有很重要的研究价值。一方面，古罗马人在意大利这块土地上创造了辉煌的文明，特别是古罗马法，对现代西方法律文明有深远的影响，这也使得意大利的法律制度和法律理论研究至今都无时无刻不透露出罗马法的气息；另一方面，意大利又与法国和德国相邻，其在近代法律发展中先后受到两国的影响，19 世纪制定的《意大利民法典》深受《法国民法典》的影响，20 世纪又借鉴《德国民法典》的立法成果制定了 1942 年《民法典》。

这种多元化的背景，使意大利的法律呈现出一种综合体，既有古罗马法的身影，又有《法国民法典》的烙印，还努力借鉴吸收德国最新的法律发展成果。可以想象的是，意大利立法者在制定 1942 年《民法典》时，面对既有的《法国民法典》历史传统和《德国民法典》的相关发展，在筛选抉择和折中平衡时需要考虑的问题何其之多。然而《意大利民法典》立法者成功地融合了两者，既非一味固守《法国民法典》的传统，也非一味照搬《德国民法典》的法律经验，而是将两者进行了一定的筛选折中。在物权领域表现得更是明显，比如意大利物权变动一方面采纳法国的模式，另一方面吸收德国的登记制度，但又不承认登记的抽象性。在担保领域，意大利的法律体系也对两国民法典兼收并蓄。这导致的结果是，一方面尽管使用的是相同的术语，但其表达的内涵却并不完全相同；另一方面尽管面临的是相同的问题，但规制的路径也不尽相同。

本书是加布里埃利（Gabrielli）教授和基亚纳莱（Chianale）教授合著的作品，两位教授对意大利担保物权制度，主要是质押和抵押分别进行了系统的阐述，两位教授结合罗马法、《法国民法典》和《德国民法典》，从制度历史演化、立法考量和理论界的争鸣等视角，对《意大利民法典》有关抵押和质押的相关内容进行了详细的论述。两位教授还结合欧盟最新的立法指引以及商事实践的最新发展，比如流动质押、让与担保、融资担保、功能性担保等前沿问题进行了阐释，这些问题也是我国理论界和实务界当下的关注要点，因此本书内容具有较强的研究价值。

从法律方法来看，本书内容对法典化背景下的法律适用也具有“教科书”的价值。比如一个具体的技术性问题，两位作者在实际分析时却常常跨越《民法典》的多个章节、多个部分。

由于意大利学者深受罗马法影响，习惯用拉丁语表达法律术语，因此在翻译该部作品的过程中会时不时地碰到拉丁语词汇，坦率地说，这类词汇给翻译工作带来了不小的困难，但也让我借此机会感受到了罗马法的魅力。特别是每次为了准确翻译拉丁语，都需要对拉丁语词汇研究一番，通过研究，不仅了解了拉丁语的意思，也了解到相关法律制度的罗马法渊源。

鉴于汉语和意大利语两种语言的差别较大，为了尽可能地保持原汁原味，重现作者的观点和思想，本文在翻译时以直译为主、意译为辅。在意译时将意大利原文注出，为大家提供参考。鉴于法律语言表达的需要，两位教授惯用长句，在翻译时译者尽量进行了拆分，以方便阅读，但有时为了保障逻辑严密而使用了长句，在此特别予以说明。

此外，在本书翻译的背后有很多无私奉献的人，借此一并表达衷心的感谢：

感谢加布里埃利教授和基亚纳莱教授的信任，感谢他们给我们提供这部内容丰富、博大精深的作品。

感谢斯奇巴尼（Schipani）教授和费安玲教授，如果不是他们一直致力于中意学术交流，不辞辛苦从中协调，“意大利民商法丛书”项目可能不会诞生，我也不会有机会翻译该书。特别感谢费安玲教授之前为中意学术交流作出的贡献，其组织翻译的《意大利民法典》为我的翻译提供了很多有益的借鉴。

感谢商务印书馆的支持，感谢编校人员为本书的出版所付出的辛苦劳动。

特别感谢我的家人，感谢他们在本书翻译过程中对我的支持，让我有更多的时间投入本书的翻译。

最后，本人知识有限，翻译中难免有不准确甚至错误之处，恳请各位同人斧正。

李　超

2025 年 2 月 18 日

作者简介

安杰洛·基亚纳莱（Angelo Chianale，1963— ），当代意大利著名法学家，意大利都灵大学法学院资深教授，在物权、债法、比较法、公证等方面发表了大量著作。著有《抵押》《论预约合同登记与财产所有权移转》《公证文书作为书面证据的比较研究》等。

恩里科·加布里埃利（Enrico Gabrielli，1956— ），当代意大利著名法学家，意大利罗马第二大学法学院资深教授，乌拉圭天主教大学法学院荣誉教授，在民法、破产法、金融法，特别是合同和担保等方面发表了大量著作。著有《不规则质押》《质押》《合同法总论》《合同、市场和破产程序》《中国法中债权担保的抵押和浮动担保》等。

译者简介

李超，北京化工大学文法学院法律系副教授，研究领域为民法、罗马法、比较法，著有《侵权责任法中的受害人同意研究》《论我国民法典编纂中受害人同意的立法路径及体系定位》，译有《抵销与寄托》等。

图书在版编目（CIP）数据

担保物权制度 /（意）安杰洛·基亚纳莱，（意）恩里科·加布里埃利著；李超译. --北京：商务印书馆，2025. --（意大利民商法丛书）. -- ISBN 978-7-100-25308-6

Ⅰ. D935.463.2

中国国家版本馆CIP数据核字第2025QK9327号

意大利民商法丛书

担保物权制度

〔意〕安杰洛·基亚纳莱 恩里科·加布里埃利 著

李 超 译

商 务 印 书 馆 出 版

（北京王府井大街36号 邮政编码100710）

商 务 印 书 馆 发 行

北京市十月印刷有限公司印刷

ISBN 978-7-100-25308-6

2025年8月第1版 开本880×1230 1/32

2025年8月北京第1次印刷 印张24⅛

定价：138.00元